JOURNAL OF JUSTICE

《司法》第八辑

法国司法前沿 专号

French Legal System and Judicial Reform

徐昕 主 编

主 办　北京理工大学司法研究所
　　　　江西师范大学政法学院

本辑执行主编　周建华　安托万·卡拉邦

编辑委员会

常　怡　陈瑞华　范　愉　傅华伶　贺卫方　季卫东

梁治平　龙宗智　王亚新　徐　昕　於兴中　张卫平

厦门大学出版社
XIAMEN UNIVERSITY PRESS

国家一级出版社
全国百佳图书出版单位

Contents

目　录

法国司法制度

法国司法改革

CONTENTS

French Judicial System

French Judicial Reform

编 者 按

　　法国司法制度是研究世界司法制度发达史的典型样本。它经历了罗马时代以来的法律与司法变革,融合了人类历史上有代表性的多种司法类型。自843 年法兰西建国以来,法国司法制度经历了封建司法制度、君主专制司法制度、大革命司法制度、中央集权司法制度、宪政共和司法制度等阶段。

　　15 世纪前,法国古代公国拥有各自的领主法院,数量众多,与巴黎高等法院拥有同级的司法权。在许多地方,国王的司法权有名无实。1461 年后,路易十一及其继任者努力控制封建势力:承诺保护诸侯并赋予其免税权;组建强大的皇家军队;设置常设性中央司法机构;召开三级会议削弱大贵族的权力。自查理九世(1560—1574 年在位)起,国王禁止封建领主设立新的法庭,也不允许在领主法院上自行设立领主上诉法院。自 1693 年起,所有先前由领主支付薪酬的法官一律改由国王任命和付酬。通过废除司法决斗、强化当事人上诉权、减少领主法院、扩充王室法院的案源、建立大法官、司法总管和检察署制度,国王逐渐从封建领主手中夺取了司法权,建立君主专制司法制度。

　　1789 年法国大革命废除了君主专制司法制度,建立以三权分立为基础的大革命司法制度,以人民司法取代王室司法,确立法官以"法国人民名义作出判决"的原则。1790 年法令确立的司法框架中的某些制度沿用至今,例如,作为法国独创性司法体制的普通法院与行政法院二元制。同时,制宪会议对司法机构进行开创性改革。民事领域,市镇设治安法庭,各省设民事法庭,审理针对治安法庭和商事法庭判决的上诉,此为大审法院之雏形。刑事领域,违警罪法庭、轻罪法庭和重罪法庭相继设立。为保证司法统一,最高法院和若干跨省区的上诉法院亦建立起来。

　　中央集权司法制度始于 19 世纪初拿破仑时代的法兰西第一帝国。这是法国司法史上的里程碑。拿破仑亲自领导大规模的立法活动,编纂了《民法典》(1804 年)、《民事诉讼法典》(1806 年)、《商法典》(1807 年)、《刑事诉讼法典》(1808 年)和《刑法典》(1810 年)。司法机构进行重大调整,等级更加分明。

最高法院作为最高司法机关，行使司法职能，并有权对整个司法系统进行指导和监督。民事方面，每个行政大区设立的民事法庭，对一审案件拥有广泛的管辖权，并受理对治安法官判决的上诉；每三省设立一个上诉法院，复核民事和商事法庭的判决。刑事方面，法国确立了起诉、预审和审判职能分立的原则，赋予检察官提起公诉的权力。

随着法兰西第五共和国的建立，特别是 1958 年宪法出台，法国转型为宪政共和司法制度。中央集权司法制度正在进行大规模改革：初审法院取代治安法庭；大审法院取代省级民事法庭；特别是建立宪法委员会，设置违宪审查法官的职位。在此体系下，行政法院系统和普通法院系统并存，两者皆有不同层级的机构设置，对各自管辖的诉讼案件拥有终审权。行政法院系统由行政法院、上诉行政法院和最高行政法院组成；普通法院系统由基层法院（包括小审法院、大审法院、轻罪法院、重罪法院、商事法院等）、上诉法院和最高法院组成。法国专设权限争议法庭，受理两个法院系统的案件管辖权争议。法国宪法委员会独立于立法权、行政权和司法权之外，它的裁决对所有公共权力机构，包括立法、行政和司法机关均具拘束力。作为欧盟和欧洲理事会成员国，法国亦属欧盟司法体系的一部分，法国公民在某些情况下可向欧盟法院和欧洲人权法院提起诉讼。

健全的司法制度是国家履行司法职能的前提。普世性的程序正义理念、赢得公民信任的司法原则、塑造司法权威的文化传统，是法国司法制度具有世界性影响力的重要因素。司法独立、法官中立、当事人平等、公开审判、司法机构固定及常设等原则，是民众获得公正审判和有效司法救济的重要保障。这些司法原则都可追溯至法国司法制度的各时期，绝大多数原则也在全球范围内得到公认。

和许多国家一样，法国正在经历司法改革。最近完成的一轮司法改革中，法国刑事司法制度作出了较大调整，受害人获得更充分的保护，打击犯罪的力度增强；乌特尔案的发生，将预审法官制度推上风口浪尖，支持与保留的观点相持不下；邻近法官的出现，适应了纠纷数量增长的强烈需求，但暴露出的司法质量问题令人担忧。欧洲一体化的进程下，欧洲人权法院也正影响着法国司法改革的动向。

《司法》第八辑推出《法国司法前沿》专号，汇集了法国相关领域的代表性论文 34 篇，访谈实录 2 篇，分为法国司法理论、法国司法制度和法国司法改革三部分，基本代表了法国司法领域的前沿性研究，相信能在一定程度上为中国的司法研究提供参考，为遭遇瓶颈、关键问题上无法突破的中国司法改革提供借鉴。未来，《司法》杂志还将适时组织有关德国、日本、美国等专门性的司法前沿研究。

●法国司法理论

时至 21 世纪，法国的司法正面临转变，法官的职能需予以重新界定。对于转变过程中的难题，安托万·卡拉邦认为，法国司法应采取私有领域中的管理办法。司法面对纠纷的大规模发展、法律复杂化等挑战，判例的重要性日益凸显。在司法文化变迁过程中，法官在现实中的多种职能需要被认识。国家权力的授权是法官权威之来源，而为公民提供司法服务的质量则确立了法官职能的合法性。

丹尼斯·萨拉斯认为，当前法国的司法机构革新正由于缺乏富有意义的改革而受到限制。而司法程序的改革是所有改革中最必要的，职权主义诉讼制度应当抛弃。面对乌特尔案揭露的种种制度缺陷，最高司法委员会应实现完全自治，宪法委员会应当能在事后审查法律的合宪性，提请审查的范围需进一步扩大。

奥德·勒热内指出，法国"司法与法律之家"的存在，反映了司法制度在合作关系与行动的地域属性方面所面对的新挑战，因此揭示的亲民司法结构中的矛盾反映了民主化司法与制度化司法两种司法模式之间的张力。

法国宪法保障各级法院拥有相对于行政权、立法权的独立地位，法官的独立与公正客观的裁决亦受保障。但乔治·蒙德·贡斯当主张，司法作为一种公共服务，法官不履行或履行不当应受处罚。为便于执行处罚权，最高司法委员会的受理范围应当扩大。

雅克·戈迈耶认为，司法功能的领土化过程所依赖的是两个司法领土概念间的关系：一是雅各宾政权遗留的司法领土概念，一是公民和社会发展所需的司法领土概念以及社会活动中所涉及的司法领土概念。1958 年的改革回应了第一个概念，社会改革的产生在司法力量的参与下得以促进。

近十年来，普通司法系统中的司法官向法律职业外的其他领域流动，以谋求职业发展。而过去，法官和检察官的这种职业流动现象是罕见的。安娜·布瓦若尔试图探寻这种现象的意义与司法官向法律职业外领域发展困难的原因。

维奥莱·胡塞通过 20 世纪 90 年代法国的政治丑闻，研究政治与法官关系的转变。他认为，司法行为（独立）可能性的条件之一，就是在此背景下政界与司法界两者疏离的机制。

关于司法在社会中的地位，菲利普·图洪库瓦主张应审视司法独立的程度，同时考虑立法、司法、行政之间保持的关系，首先应思考对于法治国家的作用。法国司法权威仍处于讨论之中，应设立最高司法委员会，实现完全自治。

当下的司法与媒体关系被认为是纯民主的当代幻想。安托万·卡拉邦认为，人们对司法制度的指责已从其功能紊乱到不称职，这种微妙转变导致媒体替代制度进行监督。由于能更好地呈现民意，媒体已然成为纯民主的竞技场；而法院则脱离了感性和理性的框架而成为公开场所。我们正在见证媒体，这个可以游离民主本位的幻想的真正含义。

雅克·戈迈耶通过分析权力关系的形式与原因，揭示了媒体与司法的权力关系。他认为，由于司法不能完全扮演社会控制的角色，故媒体对真相和正义的解读应当允许。城市事务中司法职能的重新构建可依靠媒体与司法的互补性。

为了能让司法服务贯穿于公众日常生活，拉近司法与公民的距离，贯彻亲民司法理念，法国司法部门于 20 世纪 90 年代设立了"司法与法律之家"。2002 年，司法系统内部增设"邻近法院"，2005 年它的管辖权有所扩大。安娜·维为根认为，这种制度虽然在纠纷数量上能够处理大量琐碎、小型的纠纷，但也付出了牺牲质量方面的代价。从社会选拔邻近法官，有助于缓解这一问题。

法官的实践与史学家的工作相似，让－克莱蒙·马旦认为，他们的判断标准与时代相连接，两者获得的"真相"即使不同，也至少具有相同的界限，受到同样的限制。

●法国司法制度

二战后，欧洲一体化与国际条约的制定，导致外部的法律原则"渗入"法国法律体系。这给法国带来了国际法庭判例。克里斯托弗·苏拉尔认为，法国法院的作用在法官工作复杂化的过程中并未削弱，法院的权力由于国际法律原则的采纳反而有所提升。

面对社会问题司法化、诉讼增加的现实，欧洲所有的司法体系都在重新整合。让－保罗·让指出，司法机关正面临一个管理层面上更趋合理化的改革，标记就是"新公共管理"方法的引入。为定位法国的司法现状，理解其变革，应对法国司法体系与欧洲相似国家的司法体系进行比较研究。

基于档案材料记录的最高司法委员会(1947—1958 年)的历史,阿兰·邦考揭示了这一机构在发展过程中所经历的来自官僚体制、政治、社团等多方面的规范化进程。该进程淋漓尽致地展现了政治和官僚—司法等各种力量的影响,对在回归与创新之间摇摆的改革富有启发。

让—路易·哈尔佩林的报告从历史的角度重新审视欧洲四个主要国家(德国、英国、意大利、法国)近两个世纪以来法律职业与司法的发展,对比了职业道德、职业培训与选拔等方面的相似与不同,指出影响法律职业发展与司法的最主要因素是政治与道德因素。

乌特尔案反映了法官培养与责任方面的问题,丹尼尔·吕代强调,国家法官学院在法官人才培养中扮演重要角色。相比将可能出现的涉及法律程序扩大到法官判决的问题交给立法者介入,由司法判例解决的效果会更好。

贝珂那尔·斯蒂赫认为,法国普通法院系统与行政法院系统二元体制的形成有深刻的历史原因,包括法国在内的许多国家都采取了这种二元司法体制。行政法院法官利益的独立性应当被认可,他们了解行政管理,能够胜任这方面的工作。

当前,法国正面临侵犯人身财产安全行为不断增长的趋势,刑事司法日益受到立法者关注。而刑罚化运动中便产生了如何平衡自由与安全的基本要求的问题。让·达内认为,刑事司法部门应加强管理,因为个人自由正在遭受日渐增强的监控之威胁,公共机构或个人滥用监控手段的行为应严格处罚。

基于对欧洲各国刑事诉讼程序充满矛盾的变革的研究,让·普拉岱尔指出:一方面,这场变革仍表现出国家所属法系的特殊性;另一方面,在欧洲法律、特别是欧洲人权法院判例的影响下,各国的刑事诉讼程序开始相互接近。

对于法国刑事诉讼中的法官独任制,伊夫·斯特里克莱认为,实定法常在法官独任制与合议制之间摇摆。独任制有利于对罪犯进行教化,合议制则能降低主观主义的风险。而法官合法性的来源,便是依法中立裁判。

关于扩大辩护权范围的刑事诉讼法典修订提案,埃蒂安·威尔杰斯在指出可行之处的同时,也提出一些措施在本质上是无意义的拖延程序,对于预算来说也不现实。辩护权与调查效率之间应达到一种微妙的平衡。

对 2011 年 4 月 11 日颁布的关于刑事司法中公民参与和审判未成年人的法案的实施效果的研究表明:刑事司法中,陪审团制度使公民具有一定的参与度。在严重犯罪案件中,普通公民可通过陪审团获得法庭上的一席之地,重罪法庭亦称"人民法庭"。儿童法庭、上诉法院的刑罚执行庭等法庭亦适用陪审制度。

家庭的变化正在对司法活动产生影响，于佩·鲍思·普拉蒂尔认为，家庭的发展在诉讼审查中得到部分体现，而法律不适当的问题亦暴露出来，家庭法中法官造法的功能占据了一定份额。

贺林欣、奥勒连·罗舍认为，法国最高法院判决意见，一方面对既判力范围加以限制，另一方面严格适用单一诉讼原则，而实践中两者都有失偏颇。近年来的新趋势是，在探索司法效率与诉权保障两者的平衡过程中，两种规则相互靠近，并逐渐形成了保证实体权利前提下的集中诉讼的司法模式。

鉴定在法律规范中的普遍化令正义形成的基础遭受质疑。洛朗斯·迪穆兰指出，司法人员可将司法鉴定作为工具，但也可能因此受到限制。司法鉴定作为将知识引入司法空间的形式，有助于构成一个法官权限和角色的新式调色板。

●法国司法改革

法国最高司法委员会承认，法国仍面临着广泛存在的司法信任危机问题。公众意见、政治人物以及司法机关本身都是司法批评的主要来源。司法机关应集中处理好与三者的关系，才能重塑司法公信力，其关键在于扩大信息交流。抽样调查研究表明：公众对司法总体上信任，但仍有不满；即使对司法认识不足，仍然对司法改革抱有较高的期望。

雅克·戈迈耶、波努瓦·于埃尔指出，法国司法的转变伴有宏观政治、社会等新生因素，法国司法具有严重的工具化倾向，并将面临两种前景：一是失控的司法过度膨胀；二是民主渴求得以满足。作者勾画了符合新型民主要求的法国司法改革的轮廓。

阿·玛蒂娜阐述了 2007 年至 2012 年法国司法改革的关键步骤。在"立法膨胀"与刑罚加重之间探索刑事司法有效性方面，改革加大了惩罚力度、反累犯斗争，难题也转移到刑罚执行阶段的改革效应上。关于公民基本权利保护方面的改革仍不彻底。在司法组织的现代化方面，司法版图的改革存在缺陷，重组举措规模大，但不彻底。

基于过去十年内法国刑事司法体系的改革，让一保罗·吉安指出，立法膨胀已延伸至实体刑法和刑事诉讼法。法国刑法体系已被颁布的一系列法律动摇，整体安全的方针被重新定位。对被害人权利的保护得以加强，打击严重性侵犯累犯被置于首位，系统化和加强打击犯罪成为刑事司法体系立法改革思路的立足点。警察和检察院在诉讼程序中的权力得以增强。

2009 年菲利普·莱热领导的刑事司法研究委员会向法国政府提交刑事司法改革报告,报告提出了刑事诉讼程序中废除预审法官在预备阶段功能的主张,并建议这些功能由新创设的调查和自由法官来承担。报告也建议,被害人有权对检察院的不予起诉决定提出异议。为减少拘留人员的数量,应预设六小时的司法拘留。

克里斯蒂娜·拉塞杰认为,莱热的报告颠覆了刑事诉讼程序。该报告排除了所有代替预审法官的可能性,指出废除预审法官须具备两个条件:一是彻底改革检察官的地位;二是提供法院辩护和救助的公共服务。

"恢复性司法"运动的推动者主张,在刑事领域提供一条介于康复与补偿之间的非专业化、非正式化的"第三条道路"。恢复性司法的研究就像一场动员社会各阶层团结的运动。桑德琳·列弗朗反思了这场社会运动,指出改革者原有的激情正在消失。

2011 年,拘留引发了新一轮的讨论。让·皮埃尔·丹蒂亚克指出,2009年拘留数量已创下了 600000 件的历史记录,拘留的适用在今后将大幅减少,这是明确的趋势。

2002 年以来,法国"日常生活的小纠纷"开始交由邻近法官解决。安托万·佩利刚认为,这样的改革解释了具体的司法系统危机,意图从根本上改变司法机关纠纷解决机制。此项改革的实施不仅要在一定程度上限制新法官,还应当修订司法活动的内容。

多米尼克·尤夫主张,自 20 世纪 90 年代起,禁止在强制基础上对未成年犯采用教育手段的司法理念发生了改变。未成年人司法政策对公共秩序表现出更多关注,发展出对未成年犯的新教育理念。根据这种理念,法律约束并不被教育排斥,未成年犯要为自己的违法行为承担刑事责任。2006 年向议会呈交的关于预防犯罪的法律草案,更表现出与传统司法指导原则的断裂。

本书的出版,缘于 2011 年我与法国司法高等研究所(IHEJ)秘书长安托万·卡拉邦(Antoine Garapon)先生的交流。该所是 1990 年由法国司法部资助成立的司法研究机构,所长由最高法院院长、宪法委员会主任、副总理和审计法院院长轮流担任,成员还包括教育部长、国家科学研究中心主任、国家法官学院院长、国家律师协会主席、国家公证员协会主席等。它坐落于塞纳河畔的法国国家法官学院,离巴黎圣母院不远。那年夏天,正在巴黎政治学院访学的李卓玥陪同我,应邀参观了法国司法高等研究所,热心的工作人员向我们介绍了机构的宗旨和成长,展示了他们的项目和出版物。回国后,我提议编辑《法国司法前沿》一书,得到卡拉邦先生的热烈响应。随后,在留学法国的周建华博士的组织下,我们启动了本书的编辑工作。周建华博士、安托万·卡拉邦法官担任执行主编。

当年参加"中国与欧洲司法正义的意义"国际学术研讨会时,我认识了担任会务工作、正在法国攻读博士学位的董士靖、阮叶海夫妇,他们的热情从会议期间延伸到会后,延伸到本书的策划。他们全面参与了代表性论文的选择、版权联络、组织翻译等组织和编辑工作。周建华、杨帆、巢志雄博士等对此亦有重要贡献。

法国《法律与社会》(*Droit & Société*)杂志慷慨授予翻译版权,感谢该刊及雅克·戈迈耶(Jacques Commaille)主编的支持。安托万·卡拉邦先生不仅授权翻译他的论文,也推荐朋友及法国知名学者的代表作,协助联络版权事宜。感谢所有授权翻译出版的机构和作者。

本书的出版当然离不开 26 位有留法背景的译者认真细致的翻译工作,特别是周建华博士承担了全书的编辑和译校统稿工作。

译 者(按姓氏字母排列)

巢志雄　中山大学法学院讲师

陈雪杰　华东政法大学法语教师

刁　颖　法国巴黎第二大学国际法专业博士

董士靖　法国马赛第三大学法律专业博士研究生

方颂华　南京大学法国语言和文学专业硕士研究生

宫林林　法语翻译

韩京京　法国巴黎第二大学私法专业博士研究生

贺林欣　法国巴黎第一大学社会法专业博士研究生

蒋莉君　法国巴黎第二大学商法专业博士研究生

李　贝　法国巴黎第二大学私法专业博士研究生

李晓兵　南开大学法学院副教授

李卓平　法国里昂第三大学商法专业硕士

林　茂　法国卡尚高等师范学院社会科学与政治研究所社会学专业博士研究生

卢边静子　法国巴黎第二大学国际经济法专业博士研究生

裴太雷　法国社会科学高等研究院文化人类学博士研究生

阮叶海　法国马赛第三大学公法专业博士研究生

田　庄　中山大学法学院法学本科生

王　娇　法国社会科学高等研究院人类学硕士研究生

王　倩　　法国马赛第三大学陆地运输法、海商法专业硕士

徐　琳　　湖南大学法学院副教授，法国尼斯大学国际法专业博士

杨　帆　　法国卡尚高等师范学院政治社会科学研究所（ISP）博士研究生

杨　宁　　法国里昂第三大学法学院欧盟法博士研究生

张　莉　　法国巴黎第一大学公法专业博士研究生

赵永升　　赵永升，法国巴黎第一大学经济学院金融学专业博士研究生，中
　　　　　国社会科学研究院欧洲所访问学者

周建华　　北京理工大学法学院讲师，法国蒙彼利埃第一大学私法和刑事
　　　　　科学专业博士

朱明哲　　法国巴黎政治大学法学院博士研究生

最后，再次对上述所有人士和机构致谢。

徐　昕

2013 年 6 月 4 日

21世纪初法国法官职能的重新界定

安托万·卡拉邦　著[*]　　周建华　译[**]

摘要: 这些年来,法国司法经历着重大的改变,例如集体社会的司法化和诉讼爆炸。为了解决这些改变所引发的新要求,法国司法需要采取私有领域中的管理办法。虽然司法的目的并没有改变,如同庭审仪式的参考意义;但是,它正面临另一种象征形式的衰退,例如法律由于其地位的下降而不再是合法性的中心源泉。面对纠纷的大规模发展、法律的复杂化、质量的需求、司法的活动等多方面的挑战,司法实践的发展无形中提升了判例的地位。要从现实出发去认识法官的多种职能,必须要实现司法的文化变迁,即法官的权威不只是来自于国家权力的授权,他们的合法性同时也来自于提供给公民的司法服务的质量。

关键词: 法国　司法　法官　职能　司法管理　判例

相比前面两个世纪的司法改革进程,法国司法改革在近三十年里可能走得更快和更远。我们正在经历社会文明的实质变迁,司法由于处于这场变化中的核心,其呈现的变化更加明显。过去几十年里社会发展呈现的集体生活司法化(judiciarisation)的特征,我们没必要再去争论。如果那些欧盟人权法院、宪法委员会(conseil constitutionnel)和国际刑事法庭的"大法官们"以后

---

[*]　安托万·卡拉邦(Antoine Garapon),法官,1991年以来担任法国司法高等研究所(l'Institut des hautes études sur la justice)秘书长。主要著作:《为寻求好的审判——试论司法仪式》;《美国审判和法国审判的比较研究——从法国法律文化和普通法文化角度出发》(合著);《小国家的理性、新自由主义和司法》。

[**]　周建华,北京理工大学法学院讲师,法国蒙彼利埃第一大学私法和刑事科学专业法学博士。

会处于中心地位,那么那些每天处理日常纠纷的"小法官们"则可能难以理解他们的职能(office①)到底是什么。

因此,我们应当首先研究法官职能产生混乱的原因,这样才能揭示出 21 世纪的法官们所面临的挑战,从而帮助法官掌握未来的司法改革方向,同时也帮助确立公民在司法制度中的新地位。

一、法官的角色危机(crise d'identité)

与现有的流行观点相反,法官职能产生混乱的原因不能只是通过诉讼爆炸或司法手段的限制进行阐释。它的产生具有诸多更深层次的原因,包括:无法满足的选择需求;半途而废的现代化进程;来自公众有些幼稚的信任(他们希望能提供更广泛的理性方法去满足他们的需求)。

(一)各种各样的理由

总而言之,法官角色危机的产生包括以下三个原因:工作任务量上的增加和工作内容的多元化;与其他同僚之间工作界限的模糊化;工作方式新类型的产生。

首先,关于其工作内容,指的是社会中琐碎诉讼(contentieux de masse)的大规模出现,纠纷呈现大众化(massification)倾向。此现象应当从下列情形进行阐释:

(1)案件受理数量的增加。刑事案件的增加是很明显的,而民事案件的增加从 20 世纪 80 年代至 90 年代期间也变得很明显。

(2)加强法官在案件中的介入。一个少年庭法官(juge des enfants)或家事法官(juge aux affaires familiales)为处理案件有时需要和儿童的父母会见十余次,这还不包括与儿童的见面次数;并且,这种现象将可能因为定期查阅案卷而加强。

(3)由于宪法委员会、欧盟人权法院和国家立法等方面的各种同质性和异质性的规定,法院的司法管辖权限增加,这也加剧了法官职能中的差异性。

(4)司法权限范围方面的限制,例如刑事方面不能只是对犯罪行为直接作出不起诉决定,而是应当对所有轻罪犯罪行为给予回应。

---

① 职能(office)既不等同于法官在诉讼中的功能(fonction),也不等同于法官介入的范围,并且也不等同于合法性;但是,职能(office)从后面的三个概念中都或多或少地吸收了一些内容。

其次,要特别关注法官和其主要同僚之间工作界限的模糊化,特别是:

(1)这些年检察院的职能发生了很大的变化,法律赋予它很多新的准司法职能,特别是出庭预先承认犯罪程序(la comparution sur reconnaissance préalable de culpabilité)的出现,把法官的职能边缘化。

(2)随着信息手段的发展,书记员(greffiers)也需要和法官就他们之间的工作职责进行重新划分。

最后,法官工作方式的改变。为应对增加的工作量,法院系统直接引用在企业内部适用的管理方式;这些引入的管理方法大多与原有的司法体制不同。当法官单独处理案件时,他必须学会用更快捷、更低廉和更有效的方式去辨别各种繁杂的术语。当法官找不到需要的方法时,他就会去反思这种功能或管理的合法性。采用客观数据衡量业绩的方法也成为司法领域内的唯一政治工具,它已经垄断了司法组织体制的全方面。

(二)无法满足的选择

上述三个原因的联合产生了一个矛盾的结果。司法体制有效地实现了现代化:归功于法官的努力和效忠,法院管理变得合理化,司法产出也得到很好的改善。然而,从满足公民需求和实现法官职能现代化方面,则是相反:其他司法系统的工作同僚,甚至法官自身都难以理解司法体制的运作,而且法官们的工作也被分割。

司法陷入一个未曾预料到的怪圈中:司法越是加强其运作的现代化使自己接近于企业式的管理,它就越丢失其原有的性质;司法越是往前发展,它的成员们就越发感觉到它在后退。它越能解决现有的问题,它就越加重了整体的病状。例如它为追求司法效率设置了多种独任制法官,但这些法官的参与却加重了司法的不安全性,并且加深了法官成员间的不和谐因素。司法越是集中于短期问题和目标的解决,它就越发使矛盾和问题更加深化。它越是积极乐于回答公民的需求,这种需求却变得永无限制,它会发现难以满足这种需求,从而感到非常沮丧。它越是热衷依赖于数据的反馈,然而它会发现这些数据往往失真,难以反映真实的情况。它越是热衷于数量的追求,它就发现自己逐渐丧失了原有的角色。司法改革正处于一个矛盾的旋涡中,它在获得的同时也失去了很多。

诸多困扰使人们逐渐忘记了刑事司法采用的新制度所追求的实质性目标,即对犯罪事实给予一个快速的、阶段性的、合适的结果。这些裁判不再考虑涉嫌犯罪行为者的个人品质等信息和那些非明显的细节信息。一个形式化最强的裁判结果,即适用法律和刑事法令的结果,被发展起来。而那些具有内涵的裁判需要更多的时间和成本，包括由检察官助理（délégué）通知采取的刑事和解（composition pénale）、医疗指令（injonction de soins）、为公共利益提供的社会工作（travail d'intérêt général）……因为缺乏合适的数据统计工具和调查报告，法院不知道谁是裁判的对象和为什么要对其进行裁判，例如被裁判者的年龄、家庭情况、成绩、工作等。然而，这些情况是可以由法院通过与同僚进行沟通就可获得的。

（三）介于管理和回答公众需求之间的槽糕推论

法官面临的角色危机不应当归咎于方法的欠缺，而应归咎于方法使用上的太过管理式（trop managériale）；不应归咎于拒绝改变，而是太过彻底改变；不应归咎于生产力的缺乏，而是由于生产过于强制和枯燥。因此，没有采取任何措施去约束管理；或者相反，我们也不能去指责那些忧伤的法官，因为错误已经成为集体工作现代化的自然结果。

司法的现状就如同一个企业对自己的工业流程实现了现代化，但是它没有更换自己的机器；或者这个企业增加了自己的产出，却从来没有采取市场调查；或者，它实现了信息化，但是它没有对自己的组织机构进行改革。这里存在一种谬论，即认为工业流程的改造就会实现机器的现代化，产出多就意味着能创造市场。问题不是来自于管理或信息技术，而是来自于在这一过程之中，没有协调好自产出以来的所有链条的改变，没有同时考虑到工厂、企业组织结构和市场的关系。

因此，现行的改革措施试图精简传统的庭审模式，将其限制在越来越严格的期间之内，相应的却是逐渐丧失了其实质性。虽然司法增加了裁判的数量，但是当事人对此如何想，我们并不知道。

这些年对法国司法的发展产生了误导，或者对法官职能产生了干扰因素，即认为管理改变了司法机构的全部，或者认为采取的改革措施已经足够实现我们所期盼的现代化。没有人向我们解释其中的内涵，因为这种内涵来源于公众和行动主体的共同愿望的深层次合意，或者介于法官、司法机构和公众需求中间达成的协议。这不是说应当中断程序的现代化，但是应当坚持到底，重新探寻法官工作的适应性问题。

（四）从高层出发

鉴于上面的认知，一种后退的迹象更为明显，它将解脱于重组（recentrage）和去司法化（déjudiciarisation）的辩证关系中。它所隐含的含义是：现在的问题是我们太过寄希望于法官，因此我们应当减少诉诸他们的纠纷，以便他们找回自己的角色——他们的本质角色是永远不变的。但这并不妨碍有时也应当赋予他们某些新任务。这些新的管辖权限具有充足的理由论证。宪法委员会的地位扩张,特别是对违宪合法性问题的处理,是一个很好的明证。管理是一件对法官工作进行合理化操作的事情,不应当全部被抛弃。群体性诉讼也是阐释法律渗透于社会关系之间的很好例证。

我们可以指责对每个违法行为(délit)的系统回复,但是它不能掩盖一个事实:现代人越来越不能接受在违法行为之后法律责任的缺失。现代人的容忍态度出现一个矛盾的现象:一方面,他们能容忍各种生活方式的共存;另一方面,他们却不能容忍对法律规则的违背。这点和他们的祖先则相反,后者一方面给予良好习俗充分的信任,另一方面他们也能极大限度地容忍对这些习俗的违背。我们在以后期盼司法机构的具体行动,期盼有效性(effectivité)成为公共政治的关键词(它也远离几十年来所提倡的象征性措施)。

著名的"有效期限"(temps réel)理论体现了一种意图提高时效的现象:所有人都希望一切应当尽快解决。我们可以对此进行延续,即"时间的短暂化(la temporalisation du temps)"。

很不幸,经济紧缩的因素一直存在着;虽然很多法国人拒绝承认这点,但是无法忽略它。这些关于预算紧张的事实在现实中却很难被提出:如果检察官提出,这是很失礼的;如果是裁判中提出,情况则更糟。

我们无法重新发现法官的职能,因为以往并不存在现有的现代化、信息革命或时间上的新关系。因此,我们应当重新创造法官的职能(应当放弃"重新集中"或"重新发现"的想法,因为这种想法的依据是法官的一成不变):今天的关键是要去理解发生的新事物和站到高处去观望。这也是为什么我们选择不是去寻找过去存在的模式,而是要寻找一些有关过去的参考资料和方法;后者会为我们对现在的重新思考给予想象的空间。

至今为止,为解决司法危机而构想的各种改良措施,要么集中在经济方面的因素(例如管理);要么集中在技术层面,即程序的完善。这些年所出台的大量调研报告②都集中在法律层面的改革。它们的缺陷之一就是集中于期待法律的改革。然而法律不再是解决的办法,它现在也变成了问题。因为法律文本质量的下降、制定的仓促、内容的摇摆不定,而且更多是一种政治妥协的结果,而不具有实际操作性,法律实际上已经丢失其权威性特征。各项调研报告所提出的改革措施却往往集中于法律和程序的改革,法院之间纠纷分配的重

---

② 金沙尔报告、卡迪也报告、库伦报告(这些都是呈交给司法部的司法改革报告,通常以领导改革小组的人员的名字命名——译注)。

组,公民和公众提出的那些显而易见的改革措施。

相比这种制度改革,实际上文化变迁更为重要。相比法官等级制度上的加强,更应当加强法官的社会化(socialisation)改革。与周边国家不同的是,法国现有的改革措施没有从操作(和它的法律)的现实出发。例如,是否必须减弱法官的管辖权限,这并不确定;而法官工作的方式可能应当重新研究。

我们是否准确知道法官的日常工作是什么？他们的日常工作可能并非那些被学者长篇大论评论的裁判或者那些成为专栏话题的裁判,而是那些重复性的裁判,旨在解决主体间的纠纷,同时追寻衡平和法律的严格适用？一直以来,没有真实的统计数据告诉我们法官工作的实质和表现。其实,那些着重理解实践操作以及将法官的人格和司法操作紧密联系起来的方法是具有重要意义的。

法官真正在做什么？他们的时间花在哪里？哪部分是分配给与法律有关的工作？他是否能切实感受到自己在从事法官职业？他的职业心在哪里？

这种来自于实际和职业运作而非法律文本的方法,至少呈现出两个方面的认识:第一,法官的绝大部分工作没有或者很少被不同的政治学派所考虑。第二,大家都知道法官实际上能"造法",但这点一直被学术界所抑制。现在则是到了为更好地界定法官工作而采取行动的时候了。为确保法律适用的统一性而延续的裁判文书中简单陈述的方式使得我们对法官职能难以进行全方面的思考。今天,必须结合法官行使职能的具体条件对其职能进行重新思考。

二、作出选择

想在同一时间内回应司法的所有需求,即追求高质量的司法和排除所有纠纷处理上的偏差,这种期望是不合理的。要在节约成本的前提下增加司法的产出,从而改善司法的质量,这必须依赖于好的政府和好的管理。因为管理是工具,而非目的。管理存在于私有领域,受到企业的价格和严格经济目标的调控,而这两个因素在所有公共机构中都缺失。这也是为什么司法管理的研究必须结合司法目标的重新界定而进行。

(一)寻求总量(flux)的实际控制

司法机关处于一个两难境地:在其上游,它要面对无法控制的工作任务;在其下游,受财政预算(甚至出现减少的倾向)的影响,它面临窘迫困境。司法机关没有其他选择,它只能在下游部分进行日常的成本压缩,而对上游则没有办法进行影响。这就是为什么控制总量的说法是错误的,因为司法不能控制总量,它只能寻求处理的办法。

1.控制受理案件的数量

如果没有对总量的实际控制的思考,那么我们的工作就毫无意义了。上游阶段的某些限制只能依赖于司法机构本身,但是除非它承担所有的后果,例如刑事司法系统性回复的政策。此总量的实际控制是所有情形的条件;同时,它也给公众和法官造成一种认为政治控制一切的认识。

2.法官管辖权限的合理化

法官的管辖权限随着改革进程而发展和增加,有时甚至无相应的责任承担,自然而然就产生,甚至无可争议(它们的产生有时应运而生,其中一些是在我们周边国家的同僚中不具备的);基于这种法国式法官管辖权限的毫无限制的增加,你将对现有的法国司法有个大概的了解。

鉴于上游控制手段的缺乏,那么就只能对下游阶段进行减压。唯一的改革方法就是有规律地引入一种人为的"去司法化"(面对监狱数量的增加已达到惊人的程度,通过集体赦免,特别是 7 月 14 日法国国庆节的集体赦免来减少监狱中的人数)。这样,直到今天,所有的政治改革集中于把法官从繁杂的纠纷案件中脱离出来,但是同时其他法律又给法官增加了很多新的任务,这种增加事先并没有经过协调,所以我们并不清楚这种"去司法化"改革是否在处理积压案件中确实有效。

3.怎么避免重新组合(recentrement)沦为欺骗者的游戏?

重新组合的方法在实施中可能会遇到一个中心和横向的难题:怎么保证法官在采取职能的集中化后节约的时间,不会被马上转移到其他方面? 怎么保障在民事方面节约的时间不被马上转移至刑事方面? 英国曾发生过类似的情况,从民事司法中减少的预算很快就产生了我们能预料的后果,因为它不可能同时减少刑事方面的法律援助。有时我们也过于扩大对调解(médiation)的适用。

如果我们继续坚持数量上的减少是法院减负的唯一方法,那么所有提出的方案就没有必要讨论了。一个只是着眼于减少成本和期限的改革思路对改善法国司法的质量是没有实质意义的。于是,在管理和司法之间产生了矛盾:法官被改造成控制总量的行政管理者和风险管理者;如此,我们就不会惊讶于他们逐渐丧失其职能。

4.控制法官在案件内的介入范围

我们太快而且太容易地进入法国的司法体系(有时为离开却需要花费很长的时间)。一个太容易被求助的法官是否会导致其工具化

7

(instrumentalisé)?在家事法官面前开展的第十次庭审有何意义？此行动是否成为象征性疲劳的特征？同样的问题也出现在上诉程序中。我们的邻国，如比利时，就意图限制或取消某些案件的上诉程序。在导致法官工具化的这个危险之外，还存在另一个危险，即质量下降的危险。就像我们考虑实现大学的大众化和贫困化是否能保证实质上的平等，我们询问诉讼途径启动的普遍化是否会损害司法制度的质量。

因此，应当纠正现有的这种做法，把与法官接触的时间点往后推迟，但是同时应当让这种接触变得更为有效，能产生积极的法律效果（这就是轻视法庭作用的技术，能避免执行中产生的问题）。和其他国家正在经历过分调整（surrégulation）的困扰一样，我们的司法体制是否也因为在某些情形下给予过多的保障措施，而在其他情形提供的保障措施不足而困扰？司法介入的情形是否过多？例如刑事程序，至少需要四名司法官③先后介入案件的审查，这是不是太多？因此，有必要减少形式上的保障措施和增加实质性的保障措施。自由和羁押法官（juge des libertés et de la détention）每天对同一个被羁押者所提出的要求释放的申请进行的审查能提供哪些实质性保障措施？这个问题通过乌特尔案被尖锐地提出来。

接近司法（l'accès à la justice）和维护司法公共服务的质量，这两个有时会产生冲突的价值应当结合起来。

5.“重复的任务，不再是司法”

法官在所有的琐碎诉讼中不采取个性化的处理，这种行为是否不应当定性为实质的司法行为？

我们强调重复行为不会得到同样的关注。这些堆积起来的裁判没有付诸执行，或者很少被执行。如果宣告的罚金未被征收或者刑罚未被执行，这部法律有什么用？所以，应当集中于我们能做的，特别是保证裁判和它们的执行的有效性。

从而达成一种共识，即在解除纠纷之前，先弄清楚纠纷的产生。

(二)非裁判性(extra-juridictionnelle)纠纷解决手段

司法涉及公民领域，我们要区分前面论述中涉及的经济模式（管理效率的提高）或法律模式（法律的改革）这两种途径的分析。由此，产生两个后果：首先公民自己寻求纠纷的解决，例如在公共医疗领域，生命的营养和卫生是健康

---

③ 检察官、预审法官、自由和羁押法官、轻罪法庭（如果是重罪案件，则是重罪法庭和重罪上诉法庭）。

的首要条件。随后,裁判是公民的权利,例如陪审团和公民陪审员形式的存在。此外,调解也很重要,每个人在解决纠纷时,即在维护自己利益之时,也运用自己的能力去参与司法。调解在北欧或美国运用的数量比较多,这可能是与基督教的理念,即赞成司法的内在化有关。

采取这种公民路径将可能产生认识上的混乱:原则上,采取传统的处理方法,即在庭审上由法官处理;其他手段例如 ADR 属于例外情形。我们建议颠倒一下主次顺序,即原则上通过调解解决纠纷,例外情形是传统的裁判方式。或者说,产生两个义务:一个是国家承担的由它提供给公民认真和诚信地自己解决纠纷的机会的义务,另一个是公民承担的在进入司法之前自己解决纠纷的义务。或者换句话说,司法首先是调解,然后才是裁判。

这种分析方法的颠倒将改变以往报告中呈现的推论方式,即从关于司法纠纷、程序和可适用法律的分析出发,观察"去司法化"现象下法官的管辖权限范围。基于这样的视角,ADR 曾被认为是司法即这种纠纷处理纵向模式的"替代物"(alternatifs)。ADR 作为纠纷解决的横向机制,其性质被界定为合同式纠纷解决方式。但是,这里其实滥用了合同和司法。ADR 属于哪种合同? 法官是否在当事人不求助司法时就不能出现? 当事人在寻求司法,但没有寻求法律的适用。法官虽不能在司法的每时每刻都出现,但是他能使其合法性权威覆盖当事人的所有行为。

应当根据每种纠纷的性质考虑采用最合适和最民主的解决方法。哪些是有争议的当事人? 他们为什么诉诸司法? 谁促使了他们的行为? 他们会接受哪种纠纷解决的方式?

成熟的民主是应当在求助法院这个唯一途径之外设立其他能让人产生信任的纠纷解决机制。这些方式完全是司法的,而并非司法的替代。它们的出现绝不是偶然性的,而是应当渗入普通的司法过程中。这样的认识将有助于减少时间、精力、金钱、脑力方面的浪费,提供简单且有效的解决方案。这不只是司法案件总量管理的内部手段,而应当成为为公众提供的最佳纠纷解决的方案。

1. 合意式会谈

许多重复性纠纷很是浪费司法的时间和精力,但是如果法律适用所使用的标准(norme)能更清楚些,就能找到一个更快捷和被公众接受的方法。在标准的数量计算方面(注意它与裁判的区分,如在离婚案件中,裁判决定分离的原则性问题,而标准则是涉及赡养费的给付),也即损害数额的计算和表格,这个目前需要法官根据案件的具体情况来判断,构成纠纷解决中的重要内容。

如果此计算标准比较清楚，它可以优化裁判，减少提起诉讼的需求，促进和解的产生。

2. 具有代表性的行政委员会

作为第一个建议的延续，第二个建议则是构想一些负责纠纷解决的非裁判性公共机构。近三十年来，纠纷从司法转移至其他纠纷解决主体，一些专门的委员会为预防纠纷和减轻司法负担而设立。例如，道路事故受害人的赔偿（1985 年 7 月 5 日颁布的法律）、无保证金的支票、个人破产、医疗纠纷中的部分类型、反不正当竞争纠纷等。我们在这些方面已取得经验，但每次会产生同样的疑虑：担心对弱者权利保护的缺失，或纵容侵权者责任的逃脱；然后却寻求新的平衡以补充法律的规定。

如同上面提到的合意式会谈，负责处理这些纠纷的委员会应把能代表当事人的协会或组织合并过来，给予它们一个民主参与的权利。这种联合关系的动力将有助于司法的日常运作，因为这不只是限于司法的管理，而且着重于司法的运作。

3. 严密且成系统性的纠纷解决方案

在每次的司法改革中，调解都成为改革的重点，但是我们都认识到它在实践中并没有表现其强大的生命力。所有的改革报告都提到法律规定的友好解决纠纷程序的发展非常缓慢。历史也证明了这点，从大革命时期古老理念的技术创立，到 1978 年调解员重设引发的批评。然而，这些程序的改革都设置了旨在鼓励调解（conciliation）、调停（médiation）、和解（transaction）发展的制度（2012 年关于调解协议的司法确认程序的改革）。因此，调解发展缓慢的原因不存在于法律文本中，而是在于司法职业者（包括司法官和律师）的消极态度。我们需要去寻求法国人内心对它们产生文化抵触的原因：他们很难自己去组织调解，并且这也与他们对国家的期盼有所差别。当然大家的观念也在逐渐发生改变，这点被那些从事调解的协会的发展而证明（我们的国家同样也以非常丰富的联合关系为特征）。现在的关键是构建提供纠纷解决的实实在在的公共服务，避免司法私有化（privatisation）或更糟糕的司法共同体化的双重危险。④

这就是为什么我们应当讨论的是"纠纷的解决"，而非纠纷的"替代性"解决，也并非"第三条道路"。对纠纷采取非裁判性的解决途径在今天而言其类型呈现多样化：可以是免费的，例如司法调解员（les conciliateurs de justice）；

---

④ 如同加拿大的某些经验所呈现的那样，甚至也包括法国自身呈现的情况。

也可以是有偿的,例如调停(médiation),由有资格的人士或协会进行。这些纠纷解决途径根据各地的实际情况会有所不同,它可能由当事人直接提供资金支持或由公共权力埋单。问题的关键,首先是承认此类纠纷解决机制的中心位置,然后就从行政和预算的角度使其合理化。怎样在此波浪起伏的期间对这种参与性司法进行组织,同时还能保留现有纠纷解决体系的生命力?

不要指望法国会从国家层面提供调停的公共服务,因为其成本高昂而且不合适;但是可以考虑由地方层面(collectivités territoriales)承担此方面的组织。实际上把调停设置在地方也比较适宜,因为此纠纷解决的功能正好能恢复社会关系的紧密,这正好是地方的职能之一。

一旦确立了一种亲民、非裁判性的公共司法的存在,接下来就需要界定其和现在求助于司法的政治体制之间的链接。事实上,对于日常生活的纠纷(家庭、信用、房租、工作),研究已经验证对于将要求助司法的公民来说获得第一次咨询的机会非常重要。这样就有可能使这些公民选择其他的途径去解决纠纷。

这种纠纷解决机制的成功同样依赖于与法院之间建立的链接。不能只是建立一些程序上的环节,还应当让法官和检察官意识到调解适用的意义,并且能够推动调解的适用,例如推广检察官控制下的刑事调解(médiation pénale)的适用范围;鼓励法官在紧急审理程序中提议调解的适用,甚至推迟裁判的作出以确实推动调解的运用。不能只是发表一些意识形态方面的言语,而是应当具体分析此伟大项目实现的条件,克服法官的文化、培训和心理障碍,提供律师方面的经济动力。

(三)裁判系统内部(intra-juridictionnelle)的纠纷解决机制

对法官还建议采取纠纷解决的另一种途径,即在刑事领域中引入民事方面的纠纷解决机制,例如出庭预先承认犯罪程序和刑事和解(la composition pénale)。司法机构在内部设置了两级制,此不是指存在第一审和第二审之间的级别,而是处于在庭审框架内的普通审判(此阶段的保障机制比较完善,但是具有冗长和公开的风险)和与检察官或法官的面对面之间的级别。如同非裁判性纠纷解决机制与民主息息相关,这些裁判系统内的纠纷解决体制即使是在庭审形式主义的阴影下进行,它们也应当被认为是司法的另一种表现。它们要求检察官、法官和律师重新思考他们各自的地位和保障措施。因此,这种新方式不是无奈之举,也不是疏导案件的简单途径,而是创造一种与新公民关系有关的司法,创造法律的新主体和法官的新角色。

这些实践从一个主体的新概念出发,主体不再只是主观权利的享有者,而是具有能力的。他们拥有决定自己命运的新能力，这就是许可的动力和为之所能的动力。这种司法的形式将推动公民自己主动行动，而不是被动承受。司法机构会动员他对司法的参与（或者更延伸些说，让他去负责司法的执行）。他的参与不是最重要的，更重要的是他能对战略进行决定。个人不再是消极的，不再是"刑事链条中的一个消极被动者"⑤，而是成为一个行动者。如此就可能剥离了法官和当事人之间的"父子关系"。当然，也不能特别夸大该个人的作用，让他承担那些他无法做到的事情。

这些新的方法推动了自 1945 年以来加强当事人参与自己裁判的司法新运动的发展。它们都旨在加强个人的意愿，当然这些意愿的体现需要仔细区别开来：接受（acceptation）意味着此提案将可能在一种强制的环境下被实施（这就是为什么我们接受出庭预先承认犯罪程序）；加入（adhésion）也有相同的含义，但是在一个强制性比较弱的环境下进行（民法典特别强调法官应当寻求家庭参与到他所提出的方案中）；协议（accord）也用于刑事措施中；应当把合意（consentement）放在意愿最为自由的情形中，也就是不能受到外界的约束和法律上的强制，例如婚姻解除情形中的合意离婚（divorce par consentement mutuel）。这些说明是很重要的，因为其有助于将它们与合同领域（如仲裁协议和仲裁条款）区分开来；由此，应当与"司法的合同化"（la contractualisation de la justice）区分开来。因为这不是合同，而涉及的是公民关系（une relation civique）。

区分公民关系和普通关系（如商业关系或恋人关系）的特点是当事人的不对等（asymétrie）。它们把个人主体和公共权力一方放到一起，不论是法官或检察官，还是行政机关代表或者被选举的议员，他们参与进来不是代表国家或政治体，而是基于公民契约（un pacte civique）。这个公民契约与国家或政治体无关，它是一个特殊的记载，更多的是道德层面的（但是不要与信念混淆起来）；或者，它更具有象征意义，因为它超越了行政机关的功能特征。它意味着公民避免将普通的生活置于公共权力控制之下，但因为暴力、严重的违法或者对社会治安的危险，而有可能重新被控制。这种公民关系不应当沦为一个肤浅的理念，即认为公民之间互相讲究礼貌的公民结构。它应该更加深入，我们难以随意对它进行定义，因为它源于民主政治中那些与超验性彻底分离开来的无人继承的生活部分。

检察官和被控告人之间有可能建立一种交流，因为他们的利益虽有差异

---

⑤　Jean Danet, Portrait de prévenus en usagers de la chaîne pénale, (à paraître).

但同时具有共同性:检察官所代表的社会需要免除公共资源的浪费(例如组织庭审和执行的困难),被控告人也希望能避免风险和公众的蔑视。检察官并非是一位假想的法官,不会像法官那样因为提议和解就有损其性质,检察官体现的是一种新性质,即作为公民社会的代表。这种公民关系没有因为其形式上的垂直关系而成为一种附属,而是创造出横向关系层面的具有象征意义的形式主义。即使因为第三条道路,即出庭预先承认犯罪程序和刑事和解而使得检察官和被控告人的关系更进一步,但是并没有禁止民事法院的案件受理权力。改革方案也设想民事法官和当事人之间也能保留在庭审框架外的其他关系。应当把这种新的裁判体系内的方法的意义不仅限于对积压案件的梳理和削减,而是应当考虑从此延伸的法官新职能的内涵。这是避免产生现在边缘化情况的重要条件。

为了理解这些发展,应当在上游考虑用"回复"(réponse)取代"起诉"(poursuite)。这意味着司法机构的回应并不必然是裁判性质的。这种逐渐转变将导致司法机构行为的多元化,不再只是传统的"起诉—庭审—刑罚"的路径,而是呈现多元化的路径。司法机构的行为也不必须是形式主义或庭审式的,这就能很好地理解改革所产生的新含义。裁判活动和庭审、检察官和法官之间产生分离。应当独立地思考"回复"的含义和检察官的地位。这不是一个独立的司法权威机构,也不必羞于去宣扬,它就是社会的代表(如同律师代表他的客户)。

以程序和仪式复杂为特征的庭审不再是司法处理纠纷的唯一方法,当然它会作为一种参照方法而存在。所有的案件没有必要必须由法官通过庭审中的纠纷解决方法来处理。它们应当按照其重要性和各自的特征来采取适合的方法。这是对纠纷处理给予合适的回复的一种谨慎的职业态度。多元化的纠纷解决机制不会产生竞争,它们会引发对每个案件去进行思考:哪个是最准确的处理方法。当一个协商性纠纷解决方案被提出,司法的介入不是说对违法行为的加倍处理,而是对此主题给予第二次机会,通过公民的行为而进入,弥补他们公民权的缺失。

这种简单纠纷处理的新方法将确立律师的新地位,他成为类似"关系工程师"(l'ingénieur d'une relation)那样的法律顾问,他还有可能成为权力机关安排给委托人的代理人。

这种方法还有助于解决执行的问题,注意不要与法律的应用和实施混淆起来。一个双赢的关系允许刑罚执行的积极实施。刑罚历来是作为对违背刑事法律的行为的一种例外的承担,但是我们可以赋予其积极的一面。这种措施因为与我们民主社会的演变共存而变得更加有价值。

最后，实践证明行政惩罚措施的运用很有效率，甚至比司法程序的运用结果更容易让人接受。例如对轻罪行为的刑事裁定程序（ordonnance pénale délictuelle）。道路纠纷在司法机关受理的刑事纠纷总数中的比例在近十年内从 32％增加到 48％，且不存在道路安全方面的重大事故。这更多归功于雷达的发展和减速的提倡。这些都有助于这些年来道路安全的改善，其预防性政治手段也取得相应成功。此外，那些对抗性弱的司法制裁措施是否属于行政惩罚措施？所有的道路违法行为，除了如同故意杀人那样的最严重的行为，都可以接受行政处理：这种行政处理的稳定性可能比在法院处理更有效率。同时，还是应当保留向法院起诉的可能性。

三、确认司法的新形式

法官的工作得到大范围的发展，但是很多新形式没有被承认。这种对法官职能的不同方面的承认，具有两重意义：承认他已实现的，并鼓励他做得更好。

一直以来，传统的观点认为法官的职能限于一种贵族式的司法，即在形式主义的庭审中进行，而其他的活动都是次要的，不能算法官的真正职能。然而，实际上法官在庭审之外，主要在他的办公室里花费了很多的时间。这样，就产生了一个矛盾的现象，法官的很多实质性工作今天得不到学术界和同僚的认可，学者们在专著中也很少论及此变化，仍然把重点集中在庭审的模式上。这就是为什么今天我们提出对法官的不同职能进行划分。法官的职能包括四种：保障公民自由的宪法职能，保护公民的守护职能，刑事职能，解决纠纷和解释法律的职能。

解决纠纷，保障自由，守护公民，惩罚，创造判例。只是简单说及处理案件的数量、处理期间、必要资源的使用，这种论述并未涉及司法的含义、司法的质量、公众的满意程度。而这些后面的内容都涉及法官的职能。

（一）保护公民自由的职能

为理解此新宪法功能，最好从自由和羁押法官谈起。该法官的设立起初只是复制预审法官，然后把其羁押职能分离过来。后来，自由和羁押法官的职能发生扩张，先是对外国人的羁押问题，最近也包括住院和精神病治疗的监控措施。他汇集了刑事职能和民事职能，但是这样的说法不能反映法官的实际情况，他应当是更多地在于保障公民的权利，因为他是把公民从原来禁锢的监禁机构中解脱出来。

此行为超越了法国法律的关于私法/公法、国内法/国家法的主要区别,它也取得了来自欧盟法院(CJUE)和欧洲人权法院(CEDH)判例的支持。然而,此独特的功能却没有被学术界、司法官群体和社会公众所认同。自由和羁押法官因为其没有技术性而不被人看好。所以,我们应当将此功能的价值体现出来,赋予应当给予它的象征、法律规定层面、个人或制度上的认可。只有当法官们找到了自己职业中规定的利益和象征性的认可,才能很好地履行此职能。

此新功能的价值应当受到重视,成为法治国家的良好运作的重要组成部分。它完全独立于传统的庭审,所以我们建议为其提供一个适宜的庭审场所,以展示其职能的特殊性。应当把案卷材料交给法官们,不只是形式上的走过场,而是由一个常设的机构具体负责;此举很重要,因为这是功能的核心。措施的利益和意义不只是以数量来衡量的。只有当法官的功能涉及适用法律时,他的工作才会变得具有技术性,他也会积极去走访羁押场所、精神病治疗机构和监狱场所。

(二)守护的职能

此职能在于守护某些特殊的人员。儿童法官、家事法官、监护法官所处理的纠纷在很多情况下不存在法律关系认定的困难,而更多涉及人类情感的处理。法律提供一些具体的指标,例如保护危险中的儿童,为保护儿童的利益而作出决定,这些给予法官很大的裁量空间。法官们大多也单独办公,有时需要到庭外去听取他人意见。不同于自由法官的是,这些法官要处理与情形有关的非常详细的信息。

这种司法的形式主义比较弱,容易接近,而且以口头程序为主。因此,它的司法形式对当事人来说比较容易理解。

这类机构似乎让人觉得其处理的纠纷很少具有经济方面的影响,而其他司法裁判则对公共财政具有直接和重要的影响。这其实是一种误解:例如在儿童法院和省议会(conseils généraux),家事法官和法国房屋补助机构(CAF),监护法官和保护性机构之间。

(三)惩罚性和缓刑职能

这项职能需从下列现象去进行分析:刑事法官们工作的分割化,刑罚发展中存在的问题(监视、预防危害性风险和罪犯的重新回归社会——刑事法官介于检察院和执行刑罚法官之间的地位)。

应当区分预审法官的查明真实职能,判断事实和适用刑罚的裁判职能和刑罚执行的职能。这些不同的职能应当协调好。今天我们进入一种状态，基于自动收集整理的事实而进行的刑罚宣告变得越来越不重要，失去其可信性。这种形势不应再持续。

我们认识到，那些最为严厉的裁判，也就是包含最大风险的，例如收容儿童、有条件假释等，是由法官来决定的。因为它们很难处理，而且法官的地位放在这儿容易避免被批评。然而，此堡垒被攻破，这些年法官看到自己的裁判和工作被置于国家公开讨论的舆论之尖。这些导致法官们产生被否定的感觉，他们不再受到这个等级体制中的支持。

然而，大家忘记了这两个职能中的一个特征需要结合职业社会学的支持，这涉及的是一个"谨慎操作"⑥的职业。这些以职业者所面临的独特情形为特征。他们在非常复杂的人类社会事件中工作。弗洛伦·尚比（Florent Champy）说这份工作不应当是，或者主要不应当是机械地适用科学惯例和知识。面对特殊、复杂的问题，职业者们作出决定，有时要有着赌博的因素，工作因为脱离系统的控制而变得难以推测。⑦ 这就意味着培训、经验、评议等等。

其他的问题：负责采取具有明显侵犯权利的保护性手段（收容和监护中的父母权、刑罚执行的释放）的管辖法官是否随后应当掌握该手段的执行，也即例如确保监护措施的管理，跟踪所有的刑事措施的执行？他们能否确保司法职能的目的是在保护人们的权利？

这种保护将扩展到哪里？一些法官，例如小审法院的法官被要求面对最无力保护自己的人群来作出裁判。他们应在自己的职能行使中确保法律面前的人人平等。他们应该意识到自己的使命。

(四)纠纷解决和创造判例的职能

这个职能即法官的最传统的职能在这些年得到了急剧的发展。发展的原因多样化：呈交给他们的案卷材料的复杂性急增，法律数量的增加和标准汇编的堆积而导致的法律复杂性的增加。最有经验的法官，即使其在刑事方面有着非常丰富的经验，也认为实践中难以理解刑事法律，无法保证不会产生任何错误。从一项规定转到另一项规定，刑事法律条文在农业、城市或交通等法律中过于分散，非常庞杂。只有那些在大的法院机构内部长期在专门的领域审理特殊案件的专业法官才有可能掌握此类案件的处理方法，但是要求该法官每周开一次庭的想法是难以实现的。

---

⑥ Florent Champy, *La sociologie des professions*, PUF, 2012.

⑦ Ibid., p. 82.

　　另一个明显的发展是国内法以外的法律渊源的重要性增强,例如欧洲人权法院的判例。该法院构建的欧洲诉讼模式(例如合宪性优先问题的引进就是法律欧盟化的另一个结果)剥夺了法国的某些特点,这也使得国内某些人产生一种对正处于消亡之际的职权主义模式的怀念,甚至在所有人中引起对所适用法律的不安全性的担忧(但这种协商性的一致性还未完成,例如拘留方面的规定)。此外,应当把司法融入欧盟的标准中,同时比较其他国家已完成的内容,停止仅采取一种纯法国或法式的司法分析视角。司法的新边界必然是欧洲的。

　　这些主要的发展已被广泛认同,然而它们的承认和概念化还在进行中。我们将继续腼腆地揭开面纱,教导和思考法官是否一直是"法律的口舌"。将裁判定位为三段论推理是实证主义采取的观点,管理的方法意味着采用费率表的计算和进行合理的选择,我们仍然无法取得对现代纠纷职能的真正理论分析。如果继续撰写非常具有强制性的裁判(最高法院的裁判),依然会有这样的感觉。今天我们应当考虑职能行使的条件,也即实现的具体可能性和限制,旨在为确保其判例性职能的发展空间。因此,明确说明法官所"为",和恢复裁判帮助司法机关适应实践情况的工具,此在精神层面和政治层面都非常重要。

　　有所改变的是,法官越来越多地行使解释法律规范的功能(注意不是权力)。这种做法在没有命名的条件下被实践广泛接受,因为如果命名则可能回到关于"法官政府"(le gouvernement des juges)的无意义讨论中。言及法官是法律的创造者,如此其实是唤起法国社会的睡着的恶魔,我们基于美好意愿所提出的此改革性措施将可能导致"规则性裁判"(arrêts de règlement)的回归,成为大革命成果的后退。这种沉默是否可能? 这种权力如果没有命名是否就不会强大,因此被其他对抗权力(contre-pouvoirs)所限制?

　　1. 职能和增加的权力(pouvoir incrémental)

　　在查清哪些是对抗权力之前,我们应当考虑此新权力(即增加的权力)所采取的特殊形式。这种权力不能等同于法国大革命时期之前的旧王朝所采取的规则性裁判,后者已经受到人们(包括学者)的质疑,用以约束国王权力,并且它们的运用也导致了我们知道的恶习的产生。此新权力是一项具有双重含义的客观权力:它不是由法官直接执行,而是由提起诉讼和参与辩论的当事人所分担。法官在这里不是为证明意愿的表达,而是解释原则和法律;他们让别人展开对话,把这些人在不同时期表达的意愿组合起来,逐渐产生一种不同的政治,甚至不同的政治层面(国家、国际、欧洲、联合国等)。这种权力是匿名和非集中化的，它被不同性格的人所执行。法官们中的一部分也不是国内的，他们因此不会受到法国传统的约束，不必遵循后者所告诉他们应做和不应做的。

英语中给予这种权力形式一个特定的名称，即"增加的"（incremental）。鉴于很多词语和其本土文化密切相关，具有非常特殊的意义，所以无法被直接翻译过来（例如 qualification，clerc 等）。该词语意味着它以一种非常隐秘的方式，通过重复性行为和微小、难以觉察的改变而创造出来。它是持久适应的结果（每一次操作中都会加入一些次要、例外的改变）。这是一个信息学和经济学（我们现在社会中最为重要的两个发展空间）的术语。因此，这不是一种创设的权力，而是一种组织的权力。它不能像政治权力那样，可以通过代表的形式将权力转让出去。这是一种分散性的权力。当然，对法官而言，此权力具有创设法律规范的作用，但是它是集体产生的（如今，当我们在衡量规范的创造者时，这就是一种最为常见的创造方式，例如责任方面的规范制定）。

更好的方法是将此纠纷解决的新职能和其他已经论及的职能方式区分开来。给予其一个特定的命名就是一种控制方法，让其"服从于名称上文字的定义"，同时也让它更加清晰可见。

2. 谁最能确保法律的安全性？

如果关于法官职能的盲目认识不会产生让公民难以忍受的后果，也不会很严重。一直以来，大家认为法官的职能应限于法律的适用，因为法律赋予他们此职能的合法性和确保法律的安全性。然而相比民法典的精神永存，这形势被彻底地改变了。法典化本是被认为是宣扬法国法律统一化和简单化特征的基本方法，由此成为区分成文法国家和判例法国家的主要区别。然而，这种法典的发展如今引发了公众强烈的不安全感，原因包括：大量增加的法律文本编撰得非常粗糙和糟糕；法律更多是政治妥协的结果，并非司法实践的结果；许多法律规范的堆积；跨国性纠纷的复杂性加强。法官此时成为负责减少这种复杂性的责任人。

因此需要通过法律以外的其他手段来维护法律的安全性。这些年所发展的手段就是在法律领域，如同在其他领域一样，把自由方面的约束更多留给行为者采取职业规范、操作规则等实现。甚至通过控制上游的参数（例如，对犯罪倾向的诊断，教育调查的司法手段）来控制裁判。裁判由此变为一个合理的选择，一个容易计算风险的方法。

3. 纠纷解决职能和其可靠性

这些年，法国法官职能的发展也面临一个非常新的现象，即法律的全球化。法官们接触到各种司法体系，他们每天日益融入这个法律全球化的世界中,而其他国家(如普通法国家)早就承认此权力的形式。一方面,法国法官不能抵抗,执行机关也不能拒绝他们的法官接受并非本国法官的裁判。例如合宪性优先问题的引入:公民向斯特拉斯堡和卢森堡提起诉讼,虽然难以容忍,但也不能禁止。

全球化是由跨国家之间单方面的参与组成的,从民间团体到民间团体,从企业到企业,法官在这里占有中心的位置。这种参与并非某些人所为的意愿的结果,而是出于组织世界的需求。因此,全球化启动了一种单方的吸引,一种集团的效应,即通过缓慢的渗透而聚集到一起。

法国法官在全球化的发展中投入很快,因此他们纠纷解决的职能中存在一个新的内容,即对制定全球性法律的参与。这种认为全球化是通过法官纠纷解决职能而发展的意识是非常重要的,有助于确立他们在制定全球性法律中的地位。还有另一个补充原因,即不是看其参与的总量,而是看其质量。法国法官的担忧应当在此全球化方向中,在法官的对话之中予以考虑。只有他们有时间和可行的方法,他们才能参与进来。

法律的全球化引发法律职业的重组,这点已被美国著名律师公司(law firms)的发展所证明。这些公司的出现颠覆了律师团体,司法官整体也面临必须提高质量的挑战。然而,如果司法不能保持全球范围的质量均衡,将存在一种致命的不均衡。当纠纷解决职能的质量不是等级制中评估的对象,而是法律顾问们之间互相承认的对象,它们的发展就不是同一水平上的。在全球化的时代,必须要确立其可靠性。

4. 复杂性的挑战:律师和法官共同面临的文化转折点

法官和律师以不同形式面临对法律职业者提出的复杂性和提高质量的挑战。他们必须把一个依附于庭审和辩论的手工业者概念转化为一个更加职业化和集体化的产出活动。因此,我们必须考虑法官集体工作的必要性(和他们的同事或者在外援助手的帮助下),律师职业也面临因大的组织结构的产生而引发的改革。这些深受个人主义文化影响的律师,因考虑预算和法律的复杂性,需要组建更加集体化的工作体制。

法国司法正处于一个关键点:源于同一文化的法官和律师面临同样的困难。他们都意识到全球化竞争的加剧。律师对此没有选择,因为他们面对竞争和世界的变化,而美国式工作方法被证明更加具有经验和成效,他们必须成立法律公司进行集体化的工作。法官面临的竞争则是最近产生的,由于他们所作出的裁判有可能会被拿去和其他国家的司法裁判进行比较,同时,他们也需要改善律师团队的质量。这些是法官职能面临竞争的新因素。

处理那些非常复杂且具有很严重后果的经济领域的案件是司法所面临的一个新任务。并不是说这些经济案件因为其经济价值而应当获得更为特殊的对待，而是因为这些案件中通常代表法官在全球性案件中的态度（看一下起诉到欧洲人权法院和欧盟法院的律师国籍即可明了）。或者更深入些，这关系到公共司法对这类纠纷的态度。面临的风险就是看到这些经济案件彻底离开司法管辖的领域，而进入其他的司法空间（例如商业仲裁）。

5. 裁判的同质化（homogénéiser）

造成今天关于司法质量的认识混乱，有一个重要原因就是实践的严重不统一。这同样也涉及了家事法官、执行刑罚法官和小审法官的裁判。这些裁判根据法官在行使自己职能的理念的不同而有所差别。

这种差别可能来源于各种司法服务的封闭性。这不仅存在于刑事司法服务和民事、家庭司法服务，而且存在于刑事司法服务内部，介于自由与羁押法官、刑事审判法官和刑罚执行法官之间。这是由法官之间的沟通障碍导致的。这些障碍来源于职业组织结构本身所存在的问题或者精神层面的认识。一些法官认为自己无须去了解别的法官所做的事情（相应，他们的同僚也不能介入他们手头的事情）。这就是一种个人主义（或者我们可以称为"孤立主义"）和独立主义理念的结果。"如果职位买卖的现象消失，这些拥有不可罢免特权的司法法官将获得其所在职位的一种所有权。"[8]或者，借用霍里欧（Hauriou）的论述，法国的法官在行使着"自己所拥有的职位的一种所有权"。[9] 这种认知是不存在于最高行政法院的法官们心中的，或者也很少存在于英国和美国法官心中。

这种差别，有时是不能被缩减的，甚至有时它们是安全的，因为其见证了法官独立的生命力。并且我们也知道法官因为其职权行使的自由性而不可能像企业和行政机关那样取得一致性的结果。然而，前提是这种差异性不能太过，有时也应当适度控制，今天的情形显然不是这样。我们的法律应考虑到这种平衡是在确保法律的必要自由，而法律对于确保一致性也是无能为力。

与民法典的制定者的期望相反，法律已经不能确保司法的安全性，也不能准确预测法官的裁判。这些更多是判例（jurisprudence）的责任，当然，前提是我们要对这个概念赋予新的含义。传统的观点认为判例就是指在最高法院的

---

⑧　Jacques Krynen, *L' Etat de justice en France. X Ⅲ e — X X e siècle, tome 2: L' Emprise contemporaine des juges*, Paris, Gallimard, 2012, p. 417.

⑨　Ibid., p. 351.

控制之下由全体法院对法律规定结合法学理论作出解释;今天,这种新认识将更加具体和明确:在法国的实践中,不同的法官们根据哪种方法解决呈交给他们的问题? 应当给判例这个旧制度一个更为具体的界定,而不能限于学者们对某个法律问题的论述。分析的重心应当回归到今天的法国法院怎样有效地对纠纷作出裁判。这就是我们为什么提出"具体判例"(jurisprudence concrète)的概念。

第三个认识是:构建判例应当采取积极的方法,收集类似裁判,整理它们的关系并进行比较,然后得出裁判的思路。它不再是像以往的旧判例的制作,由学术界对最高法院裁判进行分析即可,而是应当开启阀门和采取一种新的视角。在重要裁判的制定中,需要加上提出的各种解决方法的内容,对数额的比较分析,从而呈现出实践的多样性。一方面要使判例统一起来,另一方面也要使数字统一起来(例如民事诉讼法典第700条中的数额和损害赔偿的数额)。在这里,观察和协调的职能是必要的。

第四个认识是:从现代角度出发,进行仔细的统计,分析框架的建构,判例的陈述和公开,这些是司法的一项特殊且新颖的任务。法院应当着手这项任务,而不是把其留给某些协会去进行,或者只是简单地在网络上列举出目录。国家法官学院在此领域则走在前面,这不仅应当得到鼓励,而且应当被合理化。这项工作有助于促进司法官、律师和法律顾问们行动的一致性。如果这种对司法裁判合理化的行动不能由司法机关自身进行,那么应当在法官的控制下由其他主体完成,例如,监狱机关配合刑罚执行法官,省议会配合少年法官,专业律师负责经济案件,保险公司负责参数的制定。

四、司法不仅是以"法国人民"的名义作出,而且应当是为法国人民而作出

本文着重研究了法国司法所面临的文化变迁。基于此,我们推论和分析出法官职能所包含的内容。对这次变迁用一个词语来进行总结,我们认为它对法官们不是要求其革新(révolution),而是一种转化(rotation)。以前基于权力产生的纵向思路,认为法律无一例外都是来源于高层,即统治共和国资源的权威机关,但是现在我们应当更多地从横向的角度去重新进行界定。

在法国的传统中,法官自认为是一个教徒,即司法的奴仆和国家的中流砥柱。这些也导致那些象征性标志,即宣誓、裁判和义务的产生。一直以来,法官对公共服务表达其效忠的态度。他们也因为减少期间、改善产出(他们对此

甚至可以用恐惧来形容)、工作方法的现代化而显得很痛苦。他们所做的一切,有时会承受很大的误解,甚至他们的努力不被其精神依托的国家所承认。但是,这些司法的新形式将带领法官们去直接考虑公众的需求。

法官们以后要考虑的是应当直接把注意力转移至公民,更多考虑公民的期望和关心他们的需要。不一定是法官去提醒他们,而是由公民自己表达。这并不是说改变法官作出判决的内容,而是要求法官采取不同的方式,用一种比较容易理解和读懂的方式撰写判决。这不是指要求法官们比以往做更多的事情,而是应当从思想上意识到有义务使判决更加容易被理解的重要性。这就要从法律的实践中进行审查。这种越过形式主义庭审的司法新形式是否会迷失方向? 那些主要的利益关系者是怎么想的? 因为这方面的资料很少,我们很难去理解其真实情况。

法官以法国人民的名义作出裁判,但是这个"人民"早已是一个抽象的象征,也即法官职能合法性的源泉根本不起作用。正在进行的文化变迁要求法官们不仅以法国人民的名义,而且应当为法国人民作出裁判。因此,法官们应当与当事人进行"面对面"的交流,向他们提出其他选择性纠纷解决方式,这些不是在避开司法,而是让当事人自己去寻找更合适的司法,并且尽快给予他们一个司法处理的结果。近年来,最高司法委员会(conseil supérieur de la Magistrature)把法官的责任追究纳入了审查范围中,这明显给予了公民对此类行为进行投诉的一个平台。这些现象都导致法官和公众之间关系的横向化发展。

这不是在废除法官的权威,而是强迫法官们去重新思考:面对调停对诉讼形式主义的免除,法官在这样的城市中怎样找到自己的新位置? 在一个平等的、个人的民主社会里,怎样保留自己作为被认可的第三方的客观地位? 这些都是法官们现在,也是在将来思考他们的职能时所要考虑的问题。

Redefine the Functions of French Judges in the Early 21st Century

Antoine Garapon

Abstract:The French justice system has undergone several important changes in the last decades, among which an ever-increasing juridisation of collective life, and a boom in litigation. To address these new demands, a solution was sought in the adoption of management methods imported from the private sector. Meanwhile, the goals assigned to justice have remained unchanged, as have the references to the ritual aspects of the trial. So that justice may be finding itself gradually emptied of its symbolic power, as the law loses its authority as a central source of legitimacy. The challenges posed by mass litigation, the greater complexity of legal issues, and an increased demand for quality, have led actors of the judicial system to adapt the way they practice the law, while the actual activity of courts and jurisprudence first of all— is being largely ignored. It is time to think through all the cultural implications of these contemporary changes, and examine the realities on the ground, to try and recognize the variety of roles played by judges in contemporary society. The judge's office, indeed, no longer derives its authority only from the power of the State, but also from the legitimacy that comes with the quality of service provided to citizens.

Key words: France; justice; judge; office; judicial management; jurisprudence

法国的司法和民主：
一个尚未实现的法治国家*

丹尼斯·萨拉斯　著**　李晓兵　译***

摘要：如果司法的位置和职能在 20 世纪 90 年代经历了显著的变化，真正富有意义的改革的缺失则限制了司法机构的革新。作者在此阐述了阻止法国全面承认法官的合法性和真正的司法权的阻力究竟在哪里。在所有需要的改革中，应该说司法程序改革是最为必要的，同时抛弃职权主义诉讼制度。最近发生的乌特尔案正暴露了这种制度的弊端。在机构制度方面，应保障最高司法委员会完全的自治，允许宪法委员会对法律的合宪性进行事后审查，扩大其提请审查范围。最后，司法制度应该优先考虑道义救济手段，以改善法官的行为，肯定法官价值；同时，应对制度下的所有层级提出强制性要求，把追求更好的司法作为己任，唯有如此才可以增加公众对于司法权方面的信心。

关键词：法国　司法　民主　法治

"请您想一想，首先是法兰西，继而是国家，最后是作为上述两者主要利益的保护者——法律"。这句话是戴高乐政府 1962—1967 年间司法部长让·福瓦耶(Jean Foyer)回忆录的开端，概括了司法在我们政治文化中的位置。① 司法本身并没有自己的一席之地，而是和其他行政手段一样，长期作为一种行政

---

　* 原文出处：Denis Salas, *Justice et démocratie en France：un Etat de droit inachevé*, in Philippe Tronquoy (dir.), *La justice, réformes et enjeux*, Les cahiers français, n°334, La documentation française, Sept.—Oct. 2006, pp. 3～8.

　** 丹尼斯·萨拉斯(Denis Salas)，法官，国家法官学院讲师。

　*** 李晓兵，南开大学法学院副教授。

　① Jean Foyer, *Sur les chemins du droit avec le Général*, *Mémoires de ma vie politique* (1944—1988), Paris, Fayard, 2006.

手段为单一制和中央集权制的国家服务。司法权由区别于律师的职业法官行使,并自拿破仑时期以来作为政府部门存在。法律依然是存在于法律文本之中,而非在判例之中,罗伯斯皮尔甚至希望将"判例"一词在词典之中取消。第五共和国为成文法加冕,将国家行政元首——共和国总统"作为司法独立的保障人"(宪法第 64 条)。对于深深地植根于我们历史、文化,甚至与王室权力相关联的法律概念这一遗产,如何能够提出质疑呢?

随着时代更迭,民主风尚的演变,法律在社会中的作用不断提升,突破口一点一点地打开。重大的政治调整(二战后和冷战后)带来的各种震动对于欧洲各国法治国家的建设起到了决定性的作用。90 年代反政治腐败的努力使得法官们能够在政治方面迈出一步,但没有带来重大的改革。法国仍时时处在 1958 年建立的"司法权威"体制之下。法国司法的悖论之处在于:所有的变化几乎没有什么变化,文化的影响依然非常重要,对于民主社会的期望并未变弱。处在这种不确定的状态,权力反复争夺的中心,司法制度渐渐暴露在重压下,终于在乌特尔案中全面曝光。

然而,所有讨论的因素都在我们的手中。我们很了解其问题之所在,并有多种分析。法国司法的情况并不明朗,问题很多,因为三个关键的改革都混乱地挤作一团,无限期地被拖延。首先,政治权力和司法权威的平衡关系远没有实现。最高司法委员会的地位不尽如人意,检察官身份的危机,宪法委员会作用微小,这些都证实了这一点。由于上述改革迟迟不能进行,我们的法治国家依然处于痛苦的未实现的状态。与此同时,乌特尔案全面暴露了我们刑事程序长期存在的危机。自从议会受理这一问题,公民们就开始等待政府对于预先羁押权(la détention provisoire)滥用的答复。对于我们的职权主义诉讼制度,一直未停止修改,但是仍然导致了严重的体制性错误。现在是否是时候对其进行改革?最后,乌特尔案导致的信任危机对法官提出了责任的要求。由于法官和政治之间长期冲突的影响,责任感经常表现为这样的认识,即法官应为自己的错误"付出代价"。支持道义方式而不是纪律性惩罚的拥护者在我们国家依然是少数派,而许多国际法院对此则由反对转为支持。程序、制度和职业,在这三个问题上,许多工作就摆在桌面上,而这只是一个简短的概括。

一、职权主义诉讼制度的落伍

第一个挑战源自于我们的司法与舆论民主的接近性。[2] 这就是处在城市中心的我们的司法。它不再像以前一样，脱离群众而高高在上，体现国家权力。随着司法更贴近社会现状的趋势，司法应该开始倾听不满与控诉，并及时作出回应（这一点与立法者可以推迟回复不同）。然而这样一来，在舆论面前，司法活动就毫无掩饰。司法判决直接面对公众的批判，有时甚至是激烈的批判。舆论的关注把司法体制运行缺陷、司法语言晦涩难懂、审判流程不固定等问题暴露无遗。司法的公众不再是听证席上的公众了。一些刑事案件已经成为公众媒体里的丑闻。在乌特尔案后（案件中多名被告人在审理前曾被拘押数年），全体社会都在揭发这种扼杀自由的司法，揭发这种对临时拘押权的滥用。有人对此提出异议，如何避免类似事件的再次发生？但是他们同样又提出，如果法官轻率地将犯罪的危险重新推向社会，那又该如何接受呢？人们在指责司法权力滥用的同时，也在指责保障的缺乏。法官作为司法机构中面对公众的唯一对象，就成了刑法平民主义（populisme pénal）环境下媒体风暴的聚焦点。

然而，司法机构并不是消极被动的：应对公众指责，努力进行沟通（这是新的媒体聚焦对象所扮演的角色），增强判决的易读性，例如公布公报。总之，司法机构更加开放，包括它的组成上。[3] 但同时也发现其落后的等级体系在这种情况下显得尤为沉重。司法机构远没有起到保护作用，相反在舆论面前经常表现得畏首畏尾，这就更在内部加重了法官的压力，使其更加封闭，同时削弱了审判独立性。同时，人们感到国家不再为司法进行担保。更深层次则意味着与法官权力相关联的历史、文化遗产也受到质疑。在这样一种在中世纪就在法国及其他成文法国家形成的诉讼程序中，只有法官承担着寻求真理的任务。法官——预审法官——依职权用书面的、非公开的、非对审调查的手段收集所有证据。职权主义诉讼制度文化的特征在于整个调查程序是连续的过

---

② 在舆论民主里，所有的代表都处于他们所代表的委托人的永久控制之下，同时其他主体，例如媒体、法官、民间团体、社会民意，在广泛媒体化的政治背景下起着积极的作用。

③ 例如，根据 2002 年 9 月 9 日法律设立的邻近法官可以在轻罪法庭就职（2006 年 9 月，有 530 人作为邻近法官上任，当时整个普通司法机构有 7700 名法官）。

程，这就解释了为什么刑事诉讼法典又称为刑事预审法典。审判的核心权力完全交给了受政治操控的法官，那么法官行使权力只能有一个结局：完全体现国家的统治。

(一)庭审优于预审

改革没有触及古老的职权主义诉讼制度，而是在此基础上加入了陪审团制度。从此，两种寻求司法真理却互相矛盾的方式并行存在。一种方式建立在口头辩论及公民的判断上，另一种基于材料文件的编写，在这方面原告拥有被告不可比拟的权力。我们仍然处在一种自立宪会议以来，书面预审制度和公众审判之间的妥协状态，这两种制度构成了我们刑事诉讼的双面性。乌特尔案暴露了这种制度的弊端和落后性，同时显示出庭审相对于预审制度的优势。实际上，重罪法庭分别于 2004 年 6 月和 2005 年 11 月两次在听证中纠正了预审阶段出现的同一个严重错误(临时羁押权的滥用)。因此这就是为什么按照两种相互矛盾体系运行下的诉讼程序不再可行的原因。如果我们真的想要告别这种制度，不仅要公开关于临时羁押的争辩，而且对于临时羁押的时间也要有限制。根据维吾(Viout)的报告，目前的几个草案都特别建议，在预审第 6 个月的时候预审庭要进行公开听证。④

(二)重新思考我们的程序，不是从预审的角度……

但仅是这样足矣吗？相对于正确解读适用法律，我们的同胞们更希望司法能够对他们的利益、生命和孩子进行保护。在舆论民主中，司法不再仅是基本权利的保管者，而是安全保障的提供者。我们期望司法能够保护人民，也就是说，司法能够排除主要危险，例如组织性犯罪、恐怖主义或恋童癖。这个任务是不是还没有结束？关于个人自由和权利之间平衡的司法争论只会随着人们对恋童癖等重罪的"巨大恐惧"而被曲解。如何能够进行平衡？关于乌特尔案，议会委员会建议成立预审机构负责预审，由不同的职业法官来分别行使调查权。⑤ 最近的一些改革草案(例如预审法庭)支持对法官居主导地位的诉讼制度进行改革的看法。但新体系强化了法官的主导地位，同时弱化了律师可以参与的庭审环节。迟迟不愿听取外部的声音，这种做法减弱了外部意见所

④ 旨在从乌特尔案的司法处理中吸取教训的工作组调研报告，司法部，2005 年 2 月(此工作组由让·奥利维耶·维吾，里昂上诉法院的总检察长领导，此报告正文可在司法部网站上查阅)。现行计划载于 2006 年 8 月 13 日的《费加罗报》。

⑤ 负责调查乌特尔案中司法滥用原因的议会调查委员会的报告，国民议会，2006 年6 月。

带来的影响，强化了审判程序，不利于司法。

（三）……而是从公开庭审的角度

这就是为什么需要从公开听证的角度而不是从预审的角度重新思考我们的程序。这意味着把集中的权力分散，由法官们来行使。对材料的预审不再是一名法官的独立任务，也不再是多名法官的集体工作。前期准备阶段应该是法官和辩护人之间，多轮讯问（中间插有听证）之间真正互动的产物。讯问期间应定期插入间歇以对讯问的进展情况进行总结。总之，我们应该从逆向反推这种历史进程，并把我们刑事诉讼程序的重心从预审转到听证上去。听证主张在所有人面前指明"公正的位置"，只有这样，才能重建我们正在坍塌的制度。从此以后，判决的权威性在于发言和相互辩论统一存在的这种程序。⑥在乌特尔案中因重罪法庭陪审团判决上诉改革而作出的最后司法裁判里，司法既生产毒药又生产解药，即临时羁押权滥用和公开听证并存，这难道不是我们所总结出的重大教训吗？

二、最高司法委员会，一个必要的伟大的改革

同时，随着司法地位的改变，司法权与政治权之间需要划出新的界限。这是国会委员会（Commission Parlementaire）工作中需要解决的另一个问题。自从 2000 年宪法改革尝试失败后，这种争论几乎无人再提。相反，从那时起，司法部长的权力开始强化，削弱了最高司法委员会的作用及检察官的自治权。这样看起来，最高司法委员会的改革不太现实。⑦ 随着其他欧洲民主国家的发展，这种差距逐渐形成并无法衡量。欧洲其他民主国家都拥有自治的高级委员会，表现在拥有自己的预算及重大权力。然而这种机构在我们国家却扮演行业调控者及司法和政治权力之间中间人的角色。

它的介入本应防止检察官法律地位（检察官的任命只是简单询问最高司法委员会的意见），甚至是总检察官法律地位（在部长级会议上任命）的不稳

---

⑥ 关于这点，参见 A. Garapon et D. Salas, *Les Nouvelles sorcieres de Salem*, Lecons d'Outreau, Paris, Le Seuil, 2006.

⑦ 2000 年 1 月的改革曾建议改变最高司法委员会的组成（新组成中多数为外部人员）。

定。我们听一下一位总检察官最近的一份证词。⑧ 在一桩引起媒体轰动的连环杀人案中，受害人在供述时提到了这个人的名字。既然从他的职务上来说属于司法体系而不是作为一个"公共执行机构"而存在，那么其是否可能受到调职方式的制裁？⑨ 这种情况让人想起关于仆役身份的一篇报告，部长不需要因为下属的忠诚，而认为自己亏欠下属什么。一种尊重分权制的民主实践应赋予司法体制内的职位其应有的保证。司法体系中检察官的地位会增强（其任命需经过最高司法委员会的批准）。另外，当机构的可靠性受到侵犯或者在法官受到不合理侵犯时，最高司法委员会应在这种情况下宣扬"沟通政策"。⑩

如果最高司法委员会在最近的一份报告中提出的改革建议能够被采纳，将会有助于稳定政治和司法两种权力的关系：它提出有条理地安排在一个群体之内考虑检察官任命程序和法官任命程序的统一性问题；最高司法委员会拥有建议权或至少得提供其同意的意见。它同样在其组成问题上提出法官和非法官的均等，和取消国家元首作为主席主持最高司法委员会（以及司法部长作为副主席），⑪其主席由委员会成员选举产生，任期一年并得连选连任，这在该机构内部确立了一个真正的"执行职位"。

三、一个正在出现的宪法文化

这里，还应该给宪法委员会一个位置。回顾这一机构自 1958 年以来的发展轨迹，可谓是一个奇迹，但是其发展势头似乎有些停滞。在宪法委员会创立之初，曾被认为是"控制议会政体走向旁门左道的利器"，其角色是处理选举争

---

⑧　Jean Volff，Un *procureur généraldans la tourmente*，*Les dérives de l'affaire Alégre*，Paris，L'Harmattan，2006.

⑨　Ibid．，p. 118.

⑩　最高司法委员会在就某位法官因属于犹太教而被要求回避的主题，于 2004 年 3 月 11 日向共和国总统呈交了此类意见（Rapport d'activité 2003—2004，p. 129 et s.）。

⑪　最高司法委员会注意到，这一主持不能发挥效果，因为在实际上，所有的讨论和决定都是在他们未出席的情况下作出的，在实践中任何一次投票，国家元首或司法部长的共同出席或参加几乎是不会发生的。*Rapport du CSM*，*op. cit.*（Chapitre II，*Réflexions pour une réforme*）．

议,特别是避免成为"无效拥护者的闹剧"。⑫ 在宪法委员会初期的法律合宪性审查过程中,它大胆地加进来了一个关于"宪法团"方面（bloc de constitutionnalité）的判例（1971）,并为政治少数派提交审查打开了大门（1974）。我们的宪法委员会因此通过其渐进式的发展,已经近似于一个真正的宪法法院。宪法委员会的审查是简单的预防式审查,继承了将法律神圣化的法律文化,总是依赖于政治性的提请,并需要在特别短的期限内启动（在法律公布之前）,这就缩减了它的适用空间。联想到我们 1992 年的刑法典——1994 年 3 月 1 日生效——并未在其颁布之前由议员们提交给宪法委员会进行审查,在 2001 年 9 月 11 日之后通过的各种安全方面的法律更是没有被左翼或右翼的议员们提交审查。在此情况下,一个神圣同盟对于恐怖主义进行打击的反应强化了我们议会民主多数的作用。2004 年 3 月 9 日关于有组织犯罪的法律（loi Perben II）对于刑法进行了大范围的修改,并不存在与两个宣言的不一致。我们是否满意将解释性指示只交给睿智的检察官?如何接受法律文本授权警察和检察官新的权力却并未随之规定更高层次的保障?

这就是为什么在此时要跳出限制性的框架,即将宪法委员会权力局限于限制性的权力范围,并规定了精确的提请审查人数。所有的民主国家都有一个实施事后审查的宪法法院,要么通过可裁判的诉讼,要么通过先诉性审查（由法庭提交）。宪法委员会所要面临的一个主要问题就是"我们是要审查法律还是保障个人权利"。各个国家的最高法院的反应是通过其解释性的活动实现防止法律的侵害、保障个人权利。但是,可能只有联邦德国宪法法院知道其可以停止立法机关的权力但从不替代其行使权力,不会变成共同的立法者。一个真正的宪法法院应该受理其他法院提交的所有关于法律合宪性的问题并且进行审查。更有甚者,公民（以及其律师）也应该有权直接提交至该法院以保障其基本权利。⑬

这一演进的趋势是不可抗拒的。在我们的民主体制下大多数事实纳入公共舆论的忧虑之中,关于自由和安全的仲裁经常最后交给神圣的法官完成。很多法律制定出来的时候都会像打击有组织犯罪的斗争一样,比如非法移民或累犯的危险。面对法律对于变化无常的民意过于灵敏的反应,我们的法治

---

⑫ 1958 年 8 月 27 日,当时的司法部长米歇尔·德布莱（Michel Debré）在最高行政法院发表的关于 1958 年宪法性法律草案的演讲。

⑬ 这一思想由乔治·魏德尔（Georges Vedel）1993 年主持的宪法修改咨询委员会提出。1993 年 3 月 11 日,一个体现不同于该想主张的法律草案被提交给参议院。

国家几乎没有什么防御措施。宪法委员会也仅仅提供了一种微弱的平衡力量。只有欧洲人权法院（CEDH）较为迟缓地引进了一种均势（目前仍有85 000件未判决的案子）。议会多数觉得其自身的决定才是具有合法性的。另外，事实上，是否应该在我们的政治文化上不熟悉的制约平衡的体制中寻找一个平衡点。我们应该在安全维护和司法保障之间建立一个平衡。一个面向法官对话开放的宪法法院也许能促进这种在我们国家影响甚微的基本权利文化的发展。

四、重获信任，确立合法性

实际上，在这样一个不健全的法制国家里，法律职业人将直接面对公众舆论的波动。在乌特尔案后，不知所措的法官们所面临的挑战是如何重新找回已经失去的公信。⑭ 只要法官隶属于一种等级制度（可以说这种等级制度是这种职业体系所决定的）因而获得一定地位，类似问题就不会出现。因为此时，信任只有一个来源，那就是来自于上级，这种职业的唯一领导者——司法部长；对于信任的衡量主要取决于对任命权的政治忠实度。既然这种体系不再能够深入研究法官的职业身份——这种职业身份体现在法官和公众或和其合作伙伴之间的关系上——信任的建立就会成为一个永久的课题。在信任重塑角度，有两种方法值得思考。

（一）提倡惩罚

第一种方法提倡基于纪律用道义方法对不称职的法官进行惩罚。乌特尔案后这一问题重新成为热点。这种观点旨在回应对法官不负责任也不受法律制裁的不断指责。摆脱了职业利益保护的最高司法委员会坚决提出的惩罚政策有助于净化职业。在很多方面，乌特尔议会调查委员会提出的多项提议都支持这种观点：纪律法典、加强内部与外部控制、对侵犯辩护权的法官的惩罚。⑮ 最高司法委员会同样持这种观点，并认为道义方法应服务于纪律目的，

---

⑭ 例如，《马里安那周报（hebdomadaire Marianne）》中2006年7月3日登载的《法官的最大消沉》的报道中，提及"红法袍和黑法袍们很沮丧"，乌特尔案对他们进行了沉痛打击，法官们处于防御的地位，在他们律师的保护下看起来很惊慌……

⑮ 这是议会调查委员会提案中的第68条至74条。尽管调查可能引发集体的瘫痪，但是司法部仍然起诉布尔高（Burgaud）法官，指责他"没有对儿童提供的证言进行分析时未提供充分的保障"，"查明事实方面不充分"，特别是对于恋童组织的存在，最后，"侵犯了辩护权利"。参见《世界报（Le Monde）》，2006年8月28日。

并最终体现职业价值。完全不同的一个道义概念，虽然看起来有吸引力，但并不符合这种经常把道义同惩罚相提并论的法国司法体系。⑯

（二）……还是道义？

然而，欧洲法官咨询委员会以及"法国的法官道义委员会"则提倡另外一种更侧重于预防的方法。⑰ 相对于惩罚不当行为的道义方法，这些机构更注重道义，重视正当作为和改善行为举止。从道义角度，道义方法不再仅限于从"过错—惩罚"这一种角度来指责一种行为，而是用职业价值作为参考。司法道义可以扮演一种调控的角色，就像道义在一些普通法国家（如加拿大）的角色一样。它不是一种纪律性的管控而是职业职责意识所承载的公民道义。意大利法官联合会（AMI）在 1994 年通过的道义法典就是一个典范。要把责任限定在纪律范畴，至少要有三个层面的体系，在纪律惩罚的同时，还应设立一个旨在帮助实践参与者的有关道义的诉讼程序和建立一个处理参与诉讼的当事人的抱怨的机制。

（三）树立真正的职业责任

但在真正的职业责任方面还应该更加深入。除了用道义约束法官之外，还应适用行政管理等级制度中的日渐增加的职责。司法组织适应社会需要的体现是，它会对自己的行为进行分析，即所谓的责任感。这意味着倾听当事人的声音：民意测验、咨询律师公会及诉讼使用者、处理受审理人员的请求都体现了这一点。想想从 1999 年到 2005 年，法国因为不遵守审判合理期限的规定而被欧洲人权法院指责了 220 次之多，仅次于在这一点上被指责最多的意大利。议会调查委员会在听取乌特尔案中后曾指出在临时拘留的平均期限 24 个月（对于犯罪来说）之中，9 个月都是案件审理前的过长等待期。

提高"司法质量"⑱就应该让司法活动更关注于其结果、有效性以及对受审理人的影响，总之，要保持其始终一致不偏离方向。这对于一个习惯在纯净法律世界存在的职业来说是一种变革，而人们对于这种职业的评判不是从其

---

⑯ 参见最高司法委员会 2003 年 10 月 2 日呈交的关于司法官职业道德思考的意见（发表在 2003—2004 年度报告）。

⑰ 欧洲法官咨询委员会，《适用于法官职业的强制性规定和原则的意见（2002 年）》，转引自 Denis Salas et Harold Epineuse（dir），*L'éthique des juges，une approche européenne et internationale*，Paris，Dalloz，2003. 也参见由让·甘巴勒（Jean Cabanne）2003 年提交的有关司法官职业道德的调研委员会报告。

⑱ 参见欧盟委员会（CEPE）的工作成果，A. Potocki et J.-p. Jean in Systèmes judiciaires européens. Strasbourg，Editions du Conseil de l'Europe，2005.

判决的动机而是从其判决的结果。这种理解下的职业责任应涵盖双重层面：司法的和组织的。从这两方面更能让人感觉到这种职业旧模式的局限性。在等级模式下，信任会自然而然地随着权力等级制度下的层级高低而获得。在一个以公众为主导的模式下，信任的建立意味着对外部评价标准的认同和接受。所有对司法机构的评价都是逆向作出的。这就是为什么关于司法的争论不会停留在司法绝对独立派与强调司法权应有责任感派之间的无谓争辩中。应该摒弃"法官政府"和国家主权之间的对立，两者只能是此消彼长。在这种人为冲突的掩饰下，我们的司法日渐削弱的趋势只会更加严重。更何况在第五共和国诞生的行政权正经历的信任危机仍未到尽头。行政元首对于其政治责任的渎职可能导致刑事责任的承担，此时便为法官的权力打开了空间。⑲法官们如何在这种情况下不会让他人感到是一种想要摆脱的威胁？同样，司法机构又如何不会在从政治中获取的改革想法上停滞不前？

没有宪法根基，没有标志性担保人（司法部长？最高司法委员会？高等法院？），没有整体改革的前景，司法界好像被置于媒体愤慨的危险中。法官这个职业应该好好从其自身寻找其合法的根源而不是纠缠于和政治的争辩中。法官的合法性不是来自于选举这个根源而是来自于和公众的信任的契约。这种合法性体现在接受用内行观点的眼光进行自我反省的职业实践。这是和人民的一种直接联系——因为司法存在于民主之中——人民正在崛起，带来危险同样带来挑战。我们朝着民主的方向推进：在奠基者、选举者之外，还有诉讼者。面对新的权责，还应提出责任道义概念。在一个最高权力多元化的制度下，国家代表中的任何一方都不完全等同于国家，因为任何一方都只能行使最高权力的一部分。⑳从反面看我们"以法律为中心"的文化，这样就能够理解处在其应有位置的司法权。

---

⑲ Voir Jean-Louis Quermonne, La Vᵉ République, fin de règne ou crise de régime, E? tudes, septembre 2006. 作者观察到在五年的任职期间中，总统和他的总理建立了连带关系，每次危机都会对他们两者共同提出质疑（以前的总理承担"保险丝"的作用），这就使得国家元首应当定期对其政治责任中的犹豫不决的问题给予回复，特别是在 2005 年 5 月 29 日欧洲宪法公投失败后。

⑳ Georges Vedel, Cours de droit constitutionnel 1959—1960, cité par le Rapport d'activité du CSM 2004—2005, p. 88.

Justice and Democracy in France: a Country Ruled of Law Not Yet Implemented

Denis Salas

Abstract: If the position and functions of the judicial had significant changes in the 1990s, the lack of the true meaningful reform limits the innovation of the judiciary. Here the author explained the resistances in France which prevent to fully recognize the legitimacy of the judges and the real jurisdiction. Of all the reform needed, the reform of the judicial process is the most necessary, at the same time to abandon the inquisitory system. The recent Outreau case has exposed the drawbacks of such system. In the institutional system, we should protect the full autonomy of CSM, allow the Constitutional Council to exercise review of the constitutionality of the law and expand its scope of the review. Finally, the judicial system should give priority to the moral means of relief, in order to improve the behavior of the judge and affirmed judge's value; at the same time, all levels of the judicial system response to mandatory requirements for its mission to find a better quality of the justice. Only in this way we can increase public confidence on the judicial jurisdiction.

Keywords: France; justice; democracy; the rule of law

制度化司法与民主化司法[*]
——"司法与法律之家"所揭示的不同司法政治模式之间的矛盾：内行与外行

奥德·勒热内　著[**]

杨帆　译　　王娇　校[***]

摘要：在今天的法国，司法制度在合作关系与行动的地域属性方面正面临着新的挑战，而"司法与法律之家"的存在正是其具体体现。不同社会背景的行动者之间的合作揭示了亲民司法结构下，行为（是否司法属性）和公众（是否本"区域"居民）定义上的矛盾。这些矛盾本身又反映了两种司法模式之间的张力：制度化司法与民主化司法。最终也使得一个老生常谈的问题再次被涉及——司法职业化与司法民主化各自的合法性问题。

关键词：亲民司法　合法性　"司法与法律之家"　城市政策　政治社会学　地域

无论是出于司法系统内部还是外部的要求，有关亲民司法（la justice de proximité）的主题今天已成为法国司法现代化讨论的中心。在这种背景下，为了重塑司法与公民的关系，新的司法形式应运而生。这类反思很大程度上

---

　　* 原文出处：Aude Lejeune，*Justice institutionnelle*，*justice démocratique*. *Clercs et profanes*：*La Maison de justice et du droit comme révélateur de tensions entre des modèles politiques de justice*，Droit et Société，2007，n°66，pp.361～381.

　　** 奥德·勒热内（Aude Lejeune），美国麻省理工学院（MIT）人类学访问学者，法国高等师范学校卡尚校区（ENS Cachan）政治社会科学研究所（ISP）政治社会学博士。

　　*** 杨帆，法国卡尚高等师范学院政治社会科学研究所（ISP）博士研究生；王娇，法国社会科学高等研究院人类学硕士研究生。

表现于在一个充分转型的社会中司法应扮演何种角色。正是为了回应这种司法合法性危机,出现了以城市为单位的司法政策,其具体体现就是"司法与法律之家"(la Maison de justice et du droit,以下简称为 MJD)。① 为了发展出一种亲民司法政策,司法机构扩展出了全新的行为特性,采取了一种不止针对个人也针对大众的措施。② 然而,这种使得司法与亲民理念相一致的规定在一个主权制度框架内暴露出了问题,此种主权制度是以向使用者提供公共服务以及维护社会稳定为目标的。这也就是说,崇尚司法与公众的远距离理念和亲民理念之间的传统张力被重新提及。

第一批 MJD 在 20 世纪 90 年代初向公众敞开大门,它最早由一些希望对最"敏感"地区带来新的刑事解决方案的共和国检察官所创立。这种法官创举走在了司法制度化改革的前面。司法专业化因此成为了问题的关键。进而,公权力将 MJD 整合进了它们的政治秩序之中,这使得有关 MJD 的使命与性质问题随着政府的更迭不断地被提出。尽管有这些变动,我们仍可以把它大体定义为一种亲民司法机构,这种机构是为了便于权利的实现,和发展一种由书记官负责管理并处于法院院长权威领导下的可选择的纠纷解决途径(见附录一)。无论他们的行为还是干预的范围都随着时间的推移不断变化,这也证明了这些亲民司法机构职能的多元化。

有关 MJD 的反思很大程度上是由司法实务人士或者法学家们提出的。这些司法实务人士或者法学家的工作是处理一些轻微犯罪中暴露出的新的刑事问题,并且他们的工作往往具有被机构内部机制所限制的隐忧。我们的研究方法区别于这些分析,而是充分运用了司法政治社会学的路径。③ 据此,对于我们来说,关于 MJD 的问题就处在了由职业化所带来的制度司法模式与外行化所带来的民主司法模式之间的张力的核心点上。④ 一个具体的案例研

---

① 很多其他方面的因素也促使了 MJD 的产生,尤其是当现有司法框架面对新的人口问题时所表现出来的欠缺灵活性、对于提高司法解决率的强烈愿望,等等。

② Anne Wyvekens, *Entre politique et droit, la politique judiciaire de la ville*, in Jacques Commaille, Laurence Dumoulin et Cécile Robert(dir.), *La juridicisation du politique : leçons scientifiques*, Paris, LGDJ, coll. Droit et Société. Recherches et Travaux, 2000, pp. 209~210.

③ 我们的研究与严格的制度主义或者评价路径相区隔。

④ Jacques Commaille, *Territoires de justice : une sociologie politique de la carte judiciaire*, Paris, PUF, coll. Droit et Justice, 2000.

究⑤为我们展现了一个样本,使我们可以观察到司法部门的工作内容的重组,同时也使我们获得了由司法社会学所带来的新思考。它还使得每个行动者在其中对自己位置的定义和合法化的方式,以及每个人对司法与社会关系的构思方式,变得更加明晰。利用定性分析的方法,我们的研究立足于一些在同一个系统中完成的半直接的访谈式经验素材,这个系统我们可以理解为一个行动与决策相互依存的行动者的集合。⑥ 我们的目标是发现 MJD 是如何展现司法实务人士们所捍卫的司法观念与门外汉们(尤其是那些政治行动者)所主张的司法观念之间的张力。我们的研究想要说明司法所面对的挑战:一方面它需要回答它的职能远离司法殿堂并在迁移至外后的恰当性问题,另一方面它也需要考虑到"地区"(quartiers)因素所带来的新要求。以城市为单位的司法政策(尤其是 MJD 制度)的出台,使得行动者更加多元化,也扩大了司法与地方行动者(尤其是市政机构)之间的合作范围(一)。新的行动者被引入司法领域中,这使得多元化的价值得以共存。而这种多元化又造成了关于 MJD 的职能定位的争议和它所服务的群体定义的争议。更深一步来说,这些争议反映了制度化司法与民主化司法两种模式之间的对立,同时也揭示了在司法面临地方性知识的考验背景下,职业行动者与外行人各自的合法性问题(二)。

一、都市里的司法:行动主体和方式的多元化

1988 年 12 月 18 日颁布的并于 2001 年修正的有关求助诉讼和法律帮助的权利以及友好解决纠纷的法律确立了 MJD 的地位,并规定它应当建立在地方司法首脑与行政首长相互合作的基础之上。⑦ 它的法律框架是由城市司法政策所主导的,而这个城市司法政策的核心目的是建立一种司法的合作与地

---

⑤ 这项调查在 2006 年进行,包含了 30 次访谈等各种研究方法。

⑥ Jean−Daniel Reynaud, *Les règles du jeu*: *l'action collective et la régulation sociale*, Paris, Armand Colin, coll. U, 1989, p. 18 ; Olgierd Kuty, *La négociation des valeurs. Introduction à la sociologie*, Bruxelles, De Boeck, coll. Ouvertures sociologiques, 1998.

⑦ 1998 年 12 月 18 日颁布的第 1163 号法律有关求助法律解决和友好解决纠纷的, 2009 年 10 月 29 日颁布的第 1009 号修订司法组织法典中有关司法与法律之家的法令。

方化体制。⑧ 各种预防犯罪或者对于违法犯罪的镇压行动使得检察官们开始与其他行动者展开合作。这种情况下，大审法院院长的整合就作为一种新鲜事物出现了。然而这种关于合作方式的重新规定却带来了很多实践中的问题。尽管全体行动者对于摒弃传统意义上远距离、难以理解、太过正式的司法观念，并建立一个近距离、易理解以及人性化的亲民司法机构的必要性达成了一致。但 MJD 的职能以及定位，即亲民司法这个概念的内容，一直随着其核心价值的转换而变化。因此，地方上的各种谈判与博弈也促进了某公战略平衡的建立。这种战略平衡旨在于纳入不同的行动者的利益。

"MJD 制度得以实施的基础是市政府的支持行为。在市政府为 MJD 提供了大部分财政支持的情况下，就有很多边缘地带可供操控。如果市政府涉入这个程序之中，那么，为了权利的实现，检察官或者大审法院院长将会给予您一切其他的理由。司法部门的首长与行政部门的首长在制度上拥有不同的职责，检察官们需要加大司法解决途径的比重并畅通司法渠道，而市长的职责则是服务公众。这需要寻找一个满足所有人需要的中间正义，并尽量避免对某一特定职能的过分关注。"（市政府防范与安全部门的公务员）

官方文件为地方政府部门规范 MJD 的职责留下了很大的自由谈判和解释的空间。另外，从 1990 年第一个机构的创制开始，权利的实现与司法职业的重新定义就被着重强调。同时得到强调的还有司法对于市政政策重点"街区"的介入（见附录二）。正如一些创制者所说的，"我们还需要扪心自问：在这种整天想着争取尽可能多的选民、'愚弄一切'的，并且力图在意识形态领域肃清最大可能性的政党的环境下，我们所捍卫的这类形式的模糊特征以及它所指涉的参考系的多元性，为了扩大有可能再次凝聚的利益基础，有时是否是被

---

⑧ 城市司法政策是指"一项司法行动计划，在考虑到现代城市的特殊性的同时，旨在改进司法表现的集合，目的是在城市中保障平稳、社会团结以及权利的有效实现"。（Didier Peyrat, *La politique judiciaire de la ville*, Gazette du Palais, mars-avril 2000, p. 566）；亦可参见 1996 年 3 月 19 号关于城市司法政策的报告：城市敏感区域、权利救济、对于违法犯罪行为的处理。城市司法政策根植于城市政策的大背景中。这种城市政策"可以视作是在一个地域空间内，尤其是那些不稳定性较强的区域，向混乱宣战的措施，它由国家主导并在地方组织机构的配合下运作。"（COUR DES COMPTES, *La politique de la ville*, *Rapport au Président de la République suivi des réponses des administrations et des organismes intéressés*, Paris, février 2002).

自愿维护的?"⑨

因此,这些机构的职能逐渐发生了变化。或者它是全体公民权利实现的场所;或者它只是针对一些大行政区内居民的权利实现场所;或者它是提供选择性纠纷解决方式的场所。两个主要的不协调现象出现了。一方面,它使得司法权威的下放(délocalisation)的坚持者(也就是司法部),与那些认为下放应当只局限于司法的公共服务职能的人(也就是法官们)相对立。另一方面,它也让具有法律专业证书的地方法院的法官们,与那些机构及组织的合作者相对立起来。这些合作者往往是在市政政策的领域进行自己的话语构建。(见附录三中的图表)

(一)法律职业化:在司法功能的下放与权利的实现之间

关于 MJD 的职能导向定义的第一个关键点在于:它要么是一种可选择性诉讼程序方案,要么是面向于权利的救济。问题就在于 MJD 在地方组织(les Collectivités Territoriales)中的角色定位。也就是说,司法行为是否可以从法院抽离,而被放置于亲民司法机构中? 司法部的法律专家们认为这种职能下放是可期待的;但是在地方层级则相反,法官们对此表现得不甚积极。

"建立第一个司法中心的郊区是一个司法发展程度落后于本省其他地区的地方,尤其是在分级率(taux de classement)方面,它是比较特别的。也就是说,总体来说,当事情不很严重的时候,它并不是按照诉讼程序解决……进而,第二种情况,对那些众多的所谓的稍微严重的违法行为来说,轻罪刑事法庭的程序则显得不尽合理,因为它们对于被告延迟给付的规定往往让被害人很失望。"(司法部的一位高级官员)

本着解决那些"敏感地区",或者说"无法律"地区的轻微犯罪问题的目的,司法部鼓励在 MJD 内部设立一些解决冲突的新方式。这项政策是着眼于在这些地区再次引入法律。在这些地区,一些为了调整地区间明显差异的特殊举措已得到实施,但法律并没因此而奏效。这些行动的目的是为了缩小这一差距。MJD 被植入这一程序中,并参与了对这些地区的理想型的共和主义式的修复行动中。为了实现这些目标,司法部着重强调了 MJD 的刑事特征,这一特征构成了它的核心,并使得它区别于其他的法律救济机构。

"这些机构的司法定位必须被再次确定:它立足于司法行为的实践,同时也立足于契约效力的持久性。这些契约是由司法首长们在制定合作构架条约

---

⑨ Antoine Vauchez et Laurent Willemez, *Présentation du dossier Justices en réforme*, Droit et Société, 63/64, 2006, p.368.

时所共同设立的……如果法律救济发展的本质是为了满足公众对于司法信息的需求,那么人们就不会质疑 MJD 的首要职责是保证亲民司法的实现。"(司法年鉴中关于 MJD 的报告,2004,pp. 2~3)

这种可选择路径使得刑事司法中的需求矛盾得到了解决。(这种司法)"位于两个相互矛盾的指令当中。一方面,作为民事司法,它需要服从于避免法庭堵塞的需求;在相反的意义上,它需要加大强制力度,用当代政治语言来说,就是要保证刑事手段"。⑩ 类似于这些可选择性措施的出台,司法部强调了 MJD 管理轻微犯罪协调行为的职能,主要是在一些"最敏感地区"。基于法律,合作者们在这个任务的实现过程中扮演了重要角色,从而变成了一个不可或缺的因素。

"MJD 一定要设立在敏感地区。它必须是涉及刑事的、涉及违法犯罪的,即使达不到这些,我们也要设立一个实现法律救济的地方……⑪ 在这些没有法律的地区,一定要派驻警力、进行身份检查。起初,这些工作很庞杂,后来甚至出现了一些不公正现象,警察局受到的投诉和抱怨也越来越多。此时,就需要重新建构人们对司法和警察行为的信心,并且使得法律原则得以回归。我们通过司法中心(即 MJD——译注)来解决这些问题。这是非常值得一提的措施。"(司法部的一位高级官员)

然而,这种可选择的司法形式并不会使司法的权威与垄断属性消失。这表明了一种二元性,一方面,它表现为在法庭中作出司法裁判的行为;另一方面则是在 MJD 中作出司法处理的事实。前者是由法官组成的专业机构来实现的,后者可以由非职业的调解人在检察官(Parquet)的授权下来开展。⑫ 甚

---

⑩ Evelyne Serverin, *Quelles mesures pour la justice?*, in Loïc CADIET et Laurent Richer(dir.), *Réforme de la justice, réforme de l'état*, Paris, PUF, coll. Droit et Justice, 2003, p. 61.

⑪ 法律救济点指的是一些向所有公民提供免费法律信息的服务处,司法部强调了它的公共服务的职能。(Ministère de la Justice [en ligne], La *politique judiciaire de la ville*, http://www.justice.gouv.fr/ville/points).

⑫ 这股去职业化,或者说在司法领域去国家权力化的风潮,是由一些基层行动者(尤其是这些调解人)和知识分子发动的。

至有些人把这第二种情况称为"社会救济途径",它体现了司法功能的扩展。⑬
这种"温和"司法通过"教育"与"监管"⑭等方式来实现对违法犯罪行为的矫
正,体现了落实责任化(responsabilisation)的倾向。基于此种观点,MJD 成为
了这样一种"社会管理工具":它使得我们可以去寻求一种解决冲突的方式,而
这种方式是通过建立在当事人之间、着重强调"社会纽带的修复"⑮的关系来
实现的。这种新的司法解决模式倾向于"经营社会,而不是仅仅停留在法律的
书面表达(stricto sensu)"⑯。一些发起人和基层行动者讨论了这种呈现两种
不同波段的司法形式的出现,并且表现出对一些发展趋势的担心,因为它们可
能会带来一种针对一部分危险人群的"贴身监控"(proximité de contrôle)。⑰

"一些传统的法官曾经抵制司法中心,他们认为这种形式会使得司法迷失
方向,司法只能在法院中实现……法官的态度曾经非常分化,有 20% 是支持
司法中心的,其余的则持反对意见。大多数人当时是反对的,在我看来,现在
依然如此,只是方式上没有那么剧烈了。对他们来说,这是对司法的降格和扭
曲。"(司法部的一位高级官员)

司法职能的放权化并不是整齐划一的。大多数地方层级的法官虽然鼓励
可选择性诉讼模式的发展,但仍然对这种带有强烈象征意义的从法院脱离出
来的放权化表示出了一定担忧。

"我们在这问题上是比较分裂的,徘徊在不同的行动者之间:一部分人认
为 MJD 应该承担更繁重的职能,也就说所有的可供选择的途径;而另一部分
人则认为它的功能应当局限在一些特定的功能上……把所有的可选择性功能
都纳入 MJD 中是没有任何意义的,因为法院的象征性特征才是首要的。尤其

---

⑬　Charles Jarrosson, La *contractualisation de la justice*:*jusqu'où aller*, in Loïc
Cadiet et Laurent Richer(dir.),*Réforme de la justice*,*réforme de l'tat*, op. cit., p.
187;Luc Van Campenhoudt(dir.),*Réponses à l'insécurité*:*des discours aux pratiques*,
Bruxelles, Labor, coll. La Noria, 2000.

⑭　Anne Wyvekens, *Délinquance des mineurs*:*justice de proximité vs justice
tutélaire*, Esprit, 241(3/4), 1998, pp.158~173.

⑮　Anne Wyvekens, Le *traitement de la délinquance urbaine dans les Maisons de
justice*, Justices, 2, 1995, p.93.

⑯　Guillaume Métairie, *La justice de proximité*:*une approche historique*, Paris,
PUF, coll. Léviathan, 2004, p.137.

⑰　Yves Cartuyvels et Philippe Mary, *Politiques de sécurité en Belgique*:*les limites
d'une approche de proximité*, Déviance et Société, 26(1), 2002, p.43.

是针对未成年人案件来说。想象一下，为了一个在 MJD 中进行的法律诉讼，人们趋之若鹜、竞相前往。但这本该是一件多么庄严神圣的事情啊！"（某检察官）

为了在给公民提供公共服务的同时维护社会秩序，司法的两面性成为了关于 MJD 的第一个争论点。2002 年关于城市司法政策的报告中重新提到：它"应当充分考虑到司法任务的特殊性和司法行为的独立性"。[18] 作为一种权威，司法的职能是作出裁判。在这个框架内，它必须独立公正。"人们只能服从于城市司法政策，而不是所有其他的公共政策；只能让法官局限于那些他们理解的特定文件。"[19]与此同时，由行政机关组成的作为公共服务的司法，就应该去为公民提供服务，并且去适应合作者或重点地区的目标和要求。因此，关于亲民司法的概念被法律职业性从两个方面重新诠释了。一方面，司法部从司法机构的权威职能的角度来构建这个概念；另一方面，地方法官们从司法的公共服务职能的角度来解释它。

（二）司法地图还是"地域"性切分：MJD 适用于哪些地区？

如何为 MJD 选择恰当的地区的问题同样也出现在了市政领域。但是，对法律专业人士来说，在他们的观念里，是有一些司法覆盖不到的空隙的。市政行动者们会考虑到在享受市政政策特权的地区、"郊区"以及城市中心区之间的不平等性。以下是专业法律人员立场的自我阐述：

"法律救济优点的实现需要在一个符合标准的区域性的场所。所以 MJD 的好处就在于它在一个远离法庭的地方……创制了一个在距离最近的法庭也需要 15、20 甚至 30 公里远的地方也可以实现法律救济的场所，避免了当事人走远路。它的目的是建立一个亲民机构，使得每个人都可以尽可能地获得信息或者法律咨询。"（一位法官）

对于司法界人士，无论是法官还是检察官都认为 MJD 是全体法国公民的法律平台。按照这个观点，MJD 代表了司法机构的下放，因为它往往位于现有的司法体系最难以触及的地方。这样做是基于法律面前人人平等的原则，是为了确保每一位公民都能够享有这项服务。因此，MJD 与一场前所未有的对司法区域的分配活动有关，其旨在于"填补区域空隙"。[20] 法律专业人士认为这个灵活的机构代表了对司法覆盖不到的空隙的恰当解决办法，而不仅仅

---

[18] 2002 年关于市政司法政策的 SADJPV 报告。

[19] Didier Peyrat, *La politique judiciaire de la ville*, op. cit., p.565.

[20] 一位法官。

是简单地增加法院的数量。实际上,在预算紧缩以及由法律领域不断专业化而引发的技术性和精确法律程序发展的双重背景下,司法行动者们鼓励法院的高度集中。这项集中象征着司法的独立性与公正性并强调了司法职能的至高无上。㉑

"我们不能忘记一点,由于法律的纷繁复杂性,我们必须让这些活动掌控在相对专业的人士手中。即便在一审中,虽然我们是法律的通才,但我们还是有基本的区别,例如未成年人、残疾人和成年人由不同的人接待,刑事、民事和家庭案件分别由不同的人处理。我们必须保持头脑清醒,我们必须让我们的本领和才能有所专注。"(一位法官)

法律专业人士却在刻板的法院和灵活的 MJD 之间维持着鲜明的界限,前者集中且距离遥远,后者则与居民更贴近。一位专门研究这个问题的司法行动者也强调了亲民司法可能引发的危害。对他而言,问题在于区分司法场所,如法院和法律场所,司法意味着"提供法律信息和建议,提供法律程序的跟踪和告知诉讼案件结果",前者仅能够被公民调动,并是集中化的对象;后者则覆盖了一切亲民司法的方面。"我们甚至可以说,在全新的司法地图上,司法服务对所管辖的人来说越接近并越多地填补了司法空白,诉讼案件所在地问题就出现得越少……"诉讼案件往往能保持适当的距离。"㉒配合上它能使公民易于参与法律的优越性,司法界人士逐渐将参与司法的问题转换为参与法律的问题。从法院区域化问题到参与司法和法律问题的转化揭示了构建司法地图剧变的困难。因此,可以认为,面对无法改变法院所在地的困境,MJD 填补了司法职能在某些区域的空白。㉓ 它一方面是对有关问题的批评者们提交了一份回应;另一方面,也避免了对一审法院区域化问题的深入思考。

相较于对司法地图上的空隙这一问题的探讨,市政界人士则主要着眼于

㉑ Jacques Commaille, *Territoires de justice: une sociologie politique de la carte judiciaire*, op. cit., p.74.

㉒ Jean-Paul Jean, La mythique réforme de la carte judiciaire, entre justice de proximité et spécialisation des contentieux, in Lo? c CADIET et Laurent RICHER (dir.), *Réforme de la justice, réforme de l'état*, op. cit., p.263. 让一保尔·让是巴黎上诉法院的一名替补检察官、普瓦捷大学的助理教授以及"法律语司法"研究项目的前负责人。

㉓ 根据 Jacques Commaille 的研究,在法国历史上,关于司法在地化的反复争论已经造成了一种相对的保守主义。(Jacques Commaille, *Territoires de justice: une sociologie politique de la carte judiciaire*, op. cit.).

街道区域的划分。他们动员了一些共和主义者,并将 MJD 看成市政的一个工具。和司法界人士一样,他们强调 MJD 给予人们参与法律的职能。但是不同于后者的是,他们不断试图寻找为何司法机构与弱势群体的空间距离如此遥远,而这些人恰恰是最需要法律援助的人。

"政府给予正在建设的街区的拨款使 MJD 能够为居住在该街区的普通民众提供日常帮助。对这些居民而言,法律援助早已消失。……MJD 是重新管理社会的要素之一,这也是为社会注入正常状态的整体行动之一。所有制度的东西对本区的居民都表现为一种封闭的文化。……我们需要一个空间,一个街区,它们具有加引号的'社会毒害性',如果没有这个特殊的背景,就不会有 MJD 的出现。"(市政公务员,城市社会发展部)

在此,MJD 成为了一种让所有街区对公民共和主义理想变得敏感的工具,司法服务大众的一面也终于由此凸显。这项亲民司法政策瞄准的目标人群不尽相同,司法干预的区域也不一样。面对社会条件不佳的困难街区,建立一个亲民司法机构的目标在于缩小差距,并在这个被忽视的区域内引入正常的秩序。因此,MJD 也被看作是一个矫正区域歧视政策的工具。㉔ 从这个角度出发,这个亲民司法机构的目的是向街区民众提供法律咨询服务,但在此之外,通过聆听他们的问题,为他们提供帮助。被社会遗弃的例子并不鲜见,但"随着这种痛苦和聆听正式被纳入国家政策当中,我们见证了诉说得到认可和接纳,一项实践被正式化的过程,这也使一种新型管理社会的方式变得合法化"。㉕

"MJD 里工作人员的大部分工作是心理方面的。来到这儿的人能感觉到他们被倾听、被理解。我们抓住机会指导他们,详细为他们解释他们收到的法律文件。大部分干预者会为来这儿的人推荐更专业的心理学家。"(一位 MJD 的接待人员)

㉔ 所谓积极歧视的逻辑是指关注"那些特殊人群以及社会空间中的重点区域,并开展一些针对他们的特殊政策"。(Robert Castel, *Les métamorphoses de la question sociale. Une chronique du salariat*, Paris, Gallimard, coll. Folioessais, 1995, p.676)。在法国这些歧视的政策针对的是地域而非个人,"毋庸讳言,'地区性阻碍'或者'地区性歧视'是一种隐藏歧视性事实的方式,它并不赞成地域性,却赞成那些被这些地域定义了社会属性的个人。"(Dominique Schnapper, *La démocratie providentielle. Essai sur l'égalité contemporaine*, Paris, Gallimard, coll. NRF Essais, 2002, p.202)。

㉕ Didier Fassin (dir.), *Des maux indicibles. Sociologie des lieux d'écoute*, Paris, La Découverte, coll. Alternatives sociales, 2004, p.13.

　　我们由此找到了问题的关键,这也是现今公共行动管理问题和恰当的区域划分的关键。"差距和张力,可能出现在政治制度化的区域和那些管理公共问题时真实存在的区域之间,也就是说在制度的秩序和对公共行动不能超越这些秩序(否则随时有削弱它们的危险)的要求之间的差距。"㉖

　　在重新定义区域里这一机构的大环境下,目前司法的转型已延伸到对亲民司法的辩论之外。这样做是因为当地的民选代表和社会上的合作伙伴邀请司法部门一起参与到有关法律和司法的政策中。这一政策需考虑它的行动在有关平等方面产生的后果影响。除了合作伙伴关系的要求,当它确立了不同于传统刑事政策的城市司法政策之时,一个新的法律行动的概念也是必不可少的,这将减轻司法机关的特殊性。因此,"政策所表述的内容,不仅是该机构本身的行动模式,也是其自我运转的方式,这种方式还可能因为受到其他干预,遇到其他涉及相同情况、相同人和相同区域的政策影响而偏转。"㉗

　　福利国家的出现已经引发了对为了克服形式上的平等理念和实现部分公正的政策影响的质疑。整合政策的目的在于减少不平等现象,并为所有人提供更好的公共服务。㉘ 在那时,对使用权人更精确的分类实际上已经建立,这标志着对抽象而单一的公民这一定义的突破。㉙ 然而,在人口分布相对均匀的福利国家,允许建立从司法角度和行政角度都稳固的权利津贴。该津贴针对特定的个人和群体,其选择发放对象的逻辑十分刻板。今天,人口多样性以全新的方式让人们质疑当初的假定,并使人们思考权利津贴是否该以更关注个人的方式发放。现在,亟须管理的是那些特殊情况。㉚ 从 20 世纪 70 年代,更广泛地说,从 20 世纪 80 年代,这些新政策已经出现,它们植根于在经济或

㉖　Patrice Duran, *Penser l'action publique*, Paris, LGDJ, coll. Droit et Société, 1999, p. 75.

㉗　Anne *Wyvekens*, *Entre politique et droit*, *la politique judiciaire de la ville*, in Jacques Commaille, Laurence Dumoulin et Cécile Robert (dir.), *La juridicisation du politique: leçons scientifiques*, *op. cit.*, pp. 209~210.

㉘　Dominique Schnapper, *La démocratie providentielle. op. cit.*

㉙　Philippe Warin, Les *droits—créances aux usagers: rhapsodie de la réforme administrative*, Droit et Société, 51/52, 2002, pp. 437~453; Dominique SCHNAPPER, La *démocratie providentielle*, op. cit.

㉚　Pierre Rosanvallon, *La nouvelle question sociale: repenser l'état providence*, Paris, Seuil, 1995, pp. 197~199.

社会秩序中宣称的形式平等和真正不平等之间存在差距的理念。㉛

在将 MJD 定义为公民身边的法律服务平台之时，法律界人士强调：是这种救助形式把它定义成了公共服务。㉜ 这种对形式上的平等原则的推崇，并没有考虑公正的后果，将会加强该机构的王权特征。因为这种类型的政策是以"让社会从中心向外围的一元化"㉝为特征的。它还与物质条件的约束有关，尤其是预算方面的。法律专业人士对行动的后果持保留态度，他们认为穷人不属于应受特殊对待的一类人。在捍卫这一原则的同时，法官也反对引入双轨司法。这种双轨司法，借着将法律重新引入街区的名义，将区别对待合法化。

对于市政人士和社会干预者来说，问题则并非如此。在司法被授予的职能越来越宽泛的情况下，它被赋予了成为减少社会不公的强大动力的期望。"使用权人"一词的出现标志着与公民身份的这一抽象的共和主义理想化的定义的决裂。它提出将使用权人作为一个"社会意义上的"（socialement situé）㉞个体进行考虑。而形式上的平等程序这条死胡同则在今天被广泛强调。人们越来越意识到，对平等原则的追求，只有通过实施以公正为原则的差别对待政策才能够得以实现。这是一场"对公民身份的征服，并由此获得法律的主宰地位"。㉟ 因此，外行人士们表示，有必要扩大司法干预的范围，并使街区对民主共和主义理想重新敏感化。为了实现这一目标，他们强调的是结果而不是方式、手段。只有在法律程序得到改进的前提下，这些转变才可以想象。因为在这种模式下，决策不在行动之前而是在行动之时作出。因此，是由这些行动的结果指导后来的决策。"除了数量上的平等，程序法是对公正这一问题的理性思考。"㊱程序法的模式旨在确保相同的程序不会根据先前的经验预先确定内容，它将会配合突发事件以及那些被特殊对待的情况。因此，"从程序法的角度可以丰富和重塑机会平等的理念，而将其理解为机会的公平与合理。"㊲

㉛　Dominique Schnapper, *La démocratie providentielle*, op. cit.

㉜　Patrice Duran, *Penser l'action publique*, op. cit., p. 115.

㉝　Robert Castel, *Les métamorphoses de la question sociale*, op. cit., p. 676.

㉞　Patrice Duran, *Penser l'action publique*, op. cit., p. 51.

㉟　Maryse Badel, *La lutte contre les exclusions et la construction de la citoyenneté*, *Revue de droit sanitaire et social*, 35 (2), 1999, pp. 431~445.

㊱　Pierre Rosanvallon, *La nouvelle question sociale*, op. cit., p. 218.

㊲　Ibid., p. 219.

二、从区域检验司法：内行和外行合法性之间的张力

MJD 代表的是一种新形式的司法，它要求当地检察官和审判官有义务与新伙伴合作，尤其是政界人士，并以更广阔的视野去考虑社会问题。在司法权"反垄断化"的背景下，㊳因为在公共行动领域出现了合同雇员制、行政辖区区域化以及背景化分析等诸多新要求，如何看待司法机构在区域内行动的方式正在发生转变。这样做的目的是用更恰当的方式回应当前亟待解决的复杂问题。围绕着 MJD 的压力来源于法官、社会干预者和政界人士对其角色的各种疑问。

事实上，司法人士想了解的是：在行使司法职能的情况下，在当地与外行人士发展合作伙伴关系的可能性。如果地方法官执意维护 MJD 这一法律平台，是因为他们认为只有司法的公共服务才是结成合作伙伴关系的目的。然而，MJD 的"混合"资助机制，㊴增长了各合作伙伴对这个结构"所有权"的觊觎。一位检察官谈到这种合作关系在他看来具有的危险性："'因为资金是混合的'，它有时难以保持其独立性。我非常理解，对于特定的合作伙伴来说，采取集体行动的优势对他们产生的巨大诱惑。……但这使我们的工作变得更加困难，这也就是为什么，为了保持我们的独立性，必须不惜一切代价留在司法框架下，并不断参考一些最基本的原则，例如刑事调查原则、评估起诉时机原则、开展公共行动原则。"㊵一个新的分歧由此出现，一方面，法律界人士努力维护核心司法活动领域的封闭性；另一方面，市政人士，尤其是政界人士，表现出对安全、预防和镇压问题的支配意愿，更为普遍的是针对"敏感街区"这一突出的政治问题。在对司法职能的边界进行重新定义的背景下，法律界人士开启了重申他们的职业技能和合法性的过程。为做到这一点，他们使用了强调司法权威特殊性的论据，并发展了专业司法视角的言论。他们确保专业自主

㊳ Sébastian Roché, *Vers la démonopolisation des fonctions régaliennes : contractualisation, territorialisation et européanisation de la sécurité intérieure*, *Revue française de science politique*, 54 (1), 2004, pp. 43～70.

㊴ 面对一个旨在扩大司法财政中央化的运动，MJD 的财政来源则是地方行政组织，这似乎与主流趋势背道而驰。关于不同的合作之间的财政负担分配，已经被地方合约所固定了下来。

㊵ Francis Fréchède 曾经是一名检察官，他现在是上诉法院的一名律师（Francis Fréchède, *Les Maisons de justice*, Droit et Ville, 35, 1993, p. 134）.

和"法官职务终身制"㊶的意愿解释了他们对合作伙伴关系的戒惧。在此背景下，与地方官员尤其是市长共享某些检察官的特殊权力问题，让许多专业人士表示担忧，这些人不遗余力地抱怨着"司法的市有化"。地方官员对与安全有关的行动产生了日益浓厚的兴趣，但这一举动仅会加强上述的那种恐惧，以及给行动中各合作伙伴的角色之间必要的调整带来困难。因此，"法律职业者对政治干涉的恐惧并没有逐渐消失，相反，这种恐惧正是来源于对司法行动被列入政治势力的优先干预范畴的警觉。"㊷

"在这一点上，我们确实有点担心司法的市政化，这意味着我们将给予地方政府一定的检察官权力。现在看来，有一种政治意图，要将一部分预防犯罪的权力，尤其是要求检察官代表求助法律的权力，归于市长之手。我什么都不会说，我是法官，不是由我来表决法案，但它仍然引起了一定的担忧。"（一位大法官）

"我们可以有意愿参与城市政治，因为我们认为它不应该被封闭起来。问题是，我们无法与其建立联系，除非是市政法院对其他的施加压力。因此，我们正在进行一场权力的较量。"（一位未成年人法律保护者）

这种担忧也被法官工会所提及，他们特别强调，司法作为自由的捍卫者，反而可能对司法原则产生撼动的风险。例如，加强与警方的合作会加剧对检察官的工具化使检察官产生丧失独立性的担忧。在更普遍的情况下，这可能还会让人们援引必要的有关权力分立的论据。

"在有关法官使命的问题上，法官工会一直会解释说，法官是自由的捍卫者。我们对《宪法》第 66 条所赋予我们的使命表示忧虑。现在我们感觉到，我们在越来越少地从事这项使命。"㊸（一位法官工会的法官成员）

说到底，是这种必须与他人分享特权的恐惧，让法官们对亲民司法的合理性产生了质疑。他们想了解：它是否符合市民的需求，或者说，它是否是一种合适的方法。在一般情况下，问题就会出现：司法机关能否在不失去其独立性的同时，调整区域内全体居民而不是个体的行为呢？

㊶　Anne Boigeol，Les *professionnels du droit et la pérennisation de leur magistère*，in Liora Isra？ L，Guillaume Sacriste，Antoine Vauchez et Laurent WILLEMEZ（dir.），*Sur la portée sociale du droit. Usages et légitimité du registre juridique*，Paris，PUF，2005，p. 217.

㊷　Thilo Firchow，*Institution judiciaire et développement social urbain*，Droit et Société，29，1995，p. 105.

㊸　2002 年 3 月 27 日的一场有关法律职业评估的听证会。

但是,面对这种初始式的司法观念,外行人士,尤其是社会干预者和当地官员认为,MJD的使命是为弱势群体提供公共服务。因为,我们可以说,司法已经被社会问题所利用:除了强制和惩罚国家权力以外,它还要与社会不公做斗争。不仅仅是维护个人权利的平台,更广泛地说,司法机关被构想为一种工具,它是众多公民共和主义理想的参与者之一。然后,我们的目标是建立一个实现公民权利的动力机制,使每个人成为法治原则下的社会化的个体。㊹这种宽泛的司法视野即意味着消除司法机构的特殊性,相反地,强调与其他机构的靠拢,更加向人民群众接近。特别是那些"街区"的弱势群体,已成为市政帮扶的目标。因此,MJD被看作是一种在市政框架下实施的众多服务举措之一。例如,以下是一位专区区长的看法:

"MJD是参与市政的一个小按钮,相较于其他以生活不稳定的大众为服务对象的机构来说,它并不是多么特殊的。……我会说,MJD在市政方面是非常有用的,但它远未被纳入组织当中。……真正的问题是,由于MJD是由司法部领导的,所以渐渐远离了以人为本的政策方向。"(一位专区区长)

地方官员、社会工作者或警察坚持自己对居民生活现状的认知,并主张更多地考虑那些当地现状和突发状况。在他们的观念中,司法必须受到在地化的检验。这其实是在表达希望法官和公民更为贴近的愿望。这些外行人士认为,当司法界人士自认为定义了公共利益而没有真正认清在地实情时,他们滥用了赋予他们的权力。当他们提到敏感街区问题时,这种感觉更加强烈了。

"我们感觉,司法与街区内发生的事情完全分离了。有一定文化背景并居住在其他街区的法官与生活在多事街区的人有巨大的文化差异。这导致他们作出让我们和生活在这些地区并正在忍受问题的人们难以理解的决定……。我认为法官应在该街区住上一段时间以便了解他们的问题。我们每天都生活在那儿,这让我们意识到了很多问题。"(一位警长)

因此,传统的专业化司法与公民掌控的司法形成了鲜明的对比。换言之,外行人士的合法性是通过对法律界人士所宣称的合法性的抗议而建立起来的。㊺ 他们所提到的这些问题在有关公共问题空间方面提出了新的概念。所

㊹　Didier Vrancken et Claude Macquet, *Le travail sur soi. Vers une psychologisation de la société？*, Paris, Belin, coll. Perspectives sociologiques, 2006, p. 5).

㊺　例如 Violaine Roussel 就分析认为法律与政治行动者合法性的构建都是基于与其他行动者的竞争基础上的。(Violaine Roussel, *Affaires de juges：les magistrats dans les scandales politiques en France*, Paris, La Découverte, série Politique et société, 2002)

以，他们承认存在着多元化的有关司法权划分的定义。与此同时，他们也很看重其他一些能力，这些能力是基于对当地的了解和肯定……司法机构有具体的、独特的必要性。

围绕 MJD 的定义的争论，反映了一个中心问题：法律专业人士和外行人士各自的合法性问题。合法性的博弈——或者，换句话说，在对立面的外行人士心中如何对专业进行定义[46]——这对所有人都是一个关键问题。这就是为什么对外行能力的认定并非是不言自明的。不是固定的司法边界，而是众多想被纳入游戏的行动者之间的谈判与博弈定义了它。每个人都试图通过定义关键问题让其参与游戏的行为合法化，同时，另一群人会设法将其排除在外。"如果有司法边界的战争，那么战利品就是成为领土上的主人。任何一个集团都想独自统治，至少，在它自己的领域内实现自治。任何公共规定都试图对其进行调整"。[47] 在司法领域寻求合法性，这一行为本身不是目的，但这是必不可少的一道步骤，它能够重新定义一整套建立合法性基础的价值。

结　　论

我们选择研究的案例，为了解内行和外行之间对司法关键问题不同理解之间的张力提供了支持。它说明了来自不同社会领域，围绕在 MJD 周围的人士给予亲民司法的众多的不同概念。为了促进他们的合作，官方文件为他们留下很多的解释空间，以鼓励他们进行内部协商。并存的多种问题导致两个主要矛盾张力的出现。第一个矛盾张力让法律界人士内部相互对立。虽然司法部努力促成在保障司法特权基础之上亲民司法机构的出现，并想了解其作为诉讼的替代品是否可能，但地方法官却想将 MJD 变为一个法律救济的平台。第二个矛盾张力则围绕 MJD 的职能领域的定义，甚至包括其目标受众。司法界人士引用"司法地图上的空隙"这一观点，并捍卫人人平等的原则，而市政人士和地方官员则根据地图上的不同"街区"来划分领土。这两种对 MJD

⑯　Christophe Colera, *Entre champ bureaucratique et champ juridique : les services juridiques administratifs*, in Liora Israël, Guillaume Sacriste, Antoine Vauchez et Laurent Willemez (dir.), *Sur la portée sociale du droit. Usages et légitimité du registre juridique*, Paris, PUF, 2005, p. 221. 50. Jean—Daniel Reynaud, *Les règles du jeu, op. cit.*, pp. 99～100.

⑰　Jean-Daniel Reynaud, *Les règles du jeu, op. cit.*, pp. 99～100.

职能的不同理解,涉及两个不同的假定,体现的是共和主义的公共行动方式与跨越了众多领域的新型关键问题的对峙。

法律专业人士的合法性将受到地方性知识的检验。在此期间,出现了一种新形式的民主合法性。非专业人士在法律领域参与的不断增加,敦促着法官去证明他们自身地位的合法性。面对着在他们看来是入侵者的外行人士,尤其是社会工作者和地方官员,他们的合理性建立在保存司法公正和独立性的需要上。相反,后者将司法看作所有公民生存权利平等化的工具。他们将他们存在的合法性建立在在地化和对当地情况熟悉的基础上。这场围绕着司法职能定义的辩论,使得这样一个首要的政治问题得到了强调。㊽

附录一:

MJD 是一种以尽量靠近市民司法(la jutice des citoyen)为目标的亲民司法机构。它一般由一个书记官(greffier)管理,并设有一个接待处,接待并引导人们转向合适的办事机构。它的职能主要有两个主轴:一方面,在这里,检察官代表会主持展开一些可选择性的刑事纠纷解决途径(调解、诉讼等);另一方面,它是一些司法辅助人员(律师、执行人员、公证员)进行活动的场所,也是一些专业权利组织(有关居住权、妇女及家庭权益的组织等)的活动场所,同时还有弱势人群帮助、民事调解(尤其是家庭纠纷方面)等方面的职能。它还接受一些从事"间隔与缓刑期的帮扶教育"(SPIP)以及对青年人的司法保护(PJJ)方面的工作的常设机构。

我们研究的 MJD 是职能主要集中于权利救济和民事行为的常设机构。2005 年,近 80% 的人曾经接受过 MJD 相关人员的服务,其中 4.5% 是由律师服务、7% 接受的是专业性权利组织的服务,还有 4% 是受到了司法调解员的接待。有关刑事方面的工作大部分是由法院来完成的,这就是为什么在 2005年,有关刑事调节与矫正方面的工作只占到了 MJD 工作量的 3.5%。

㊽　Jacques Commaille et Martine Kaluszynski(dir.），*La fonction politique de la justice*，Paris，La Découverte，coll. Recherches，2007.

附录二：

MJD 简史

20 世纪 90 年代，很多通函与报告⑭都暗示了：一些新的机构在法国的很多地区向公众敞开了大门，却没有法律来统一这些实践。在大多数情况中，这些新的机构都着眼于与检察院密切合作的选择性纠纷解决程序。在这一时期，关于权利实现的任务是排在其后的。八年后，来自社会党的司法部长玛丽里斯·乐邦琦（Marylise Lebranchu）把这些新兴的机构整合进了司法改革大规划中。1998 年 12 月 18 日颁布、并在 2001 年经过修正、有关求助诉讼和法律帮助的权利以及友好解决纠纷的法律，使得这些地方创新制度化了，并且因为这个法律，通过确定权利实现的优先地位的方式扭转了趋势。⑮ 同时，这个法律明确指出：司法部门领导在与市长达成共识的情况下，可以规定不同的司法及司法外部行动者之间的合作关系，并在一个地方公约中确定这些条款。总理在 2004 年的通函⑯中的讲话则显示出了 MJD 的职能将有可能管理更多的刑事犯罪行为。

---

⑭　Circulaire de la direction des Affaires criminelles et du service des Grâces du 2 Octobre 1992, *Les réponses à la délinquance urbaine*；Hubert Haenel et Jean Arthuis, *Propositions pour une justice de proximité*, *Rapport adressé au garde des Sceaux par la Commission sur la justice de proximité et les missions du juge*, Paris, Ministère de la Justice, 1994；Gérard Vignoble, *Les maisons de la justice et du droit*, Rapport adressé au ministre de la Justice, garde des Sceaux, Paris, La Documentation française, 1994；Circulaire de la direction des Affaires criminelles et du service des Grâces du 19 mars 1996, Politique judiciaire de la ville：zones urbaines sensibles, accès au droit, traitement de la délinquance.

⑮　1998 年 12 月 18 日颁布的第 1163 号法律有关求助法律解决和友好解决纠纷的，2009 年 10 月 29 日颁布的第 1009 号修订司法组织法典中有关司法与法律之家的法令。

⑯　求助法律和司法及城市政治中心（SADJPU）于 2004 年 11 月 24 日发布的关司法与法律之家和司法分支的通告（circotaire）。

附录三：

关于 MJD 的职能及职责范围定义的张力

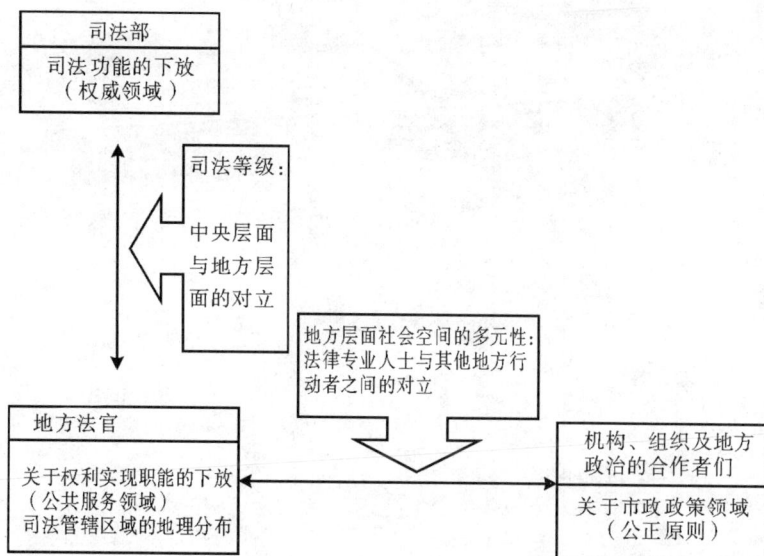

```
┌─────────────────────┐
│ 司法部              │
├─────────────────────┤
│ 司法功能的下放      │
│ （权威领域）        │
└─────────────────────┘

        司法等级：

        中央层面
        与地方层
        面的对立

                    ┌──────────────────────┐
                    │ 地方层面社会空间的多元性：│
                    │ 法律专业人士与其他地方行 │
                    │ 动者之间的对立          │
                    └──────────────────────┘

┌─────────────────────┐        ┌─────────────────────┐
│ 地方法官            │        │ 机构、组织及地方     │
├─────────────────────┤        │ 政治的合作者们       │
│ 关于权利实现职能的下放│        ├─────────────────────┤
│ （公共服务领域）     │◄──────►│ 关于市政政策领域     │
│ 司法管辖区域的地理分布│        │ （公正原则）         │
└─────────────────────┘        └─────────────────────┘
```

**Institutional Justice，Democratic Justice. Professionals
and Laypeople：The "Maison de justice et du droit"
Reveals Tensions Between Political Models of Justice**

Aude Lejeune

Abstract：Legal institutions in France are facing new challenges in terms of the partnership and territorial dimensions of their action，and the "*Maison de justice et du droit*" is part of this context. The collaboration between actors of various social backgrounds reveals contradictions with regard to the definition of the activities (jurisdictional or not) and the public (residents of the "districts" or not) of this legal structure of proximity. These contradictions display tensions between two models of justice：institutional and democratic. Finally, they reactivate the recurring question of the respective legitimacy of law professionals and lay actors.

Key Words: neighborhood justice; legitimacy; "maison de justice et du droit"; urban policy; political sociology; territory

司法和法国的分权概念[*]

乔治·蒙德·贡斯当 著^{**}　　　李晓兵 译^{***}

摘要：虽然《法国宪法》文本对于司法的规定是简明的，而且其中使用了"司法机关"一词，而非"司法权力"，但是各级法院所享有的宪法保障授予了它们相对于行政权和立法权真正独立的地位。除了法官享有独立之外，他们对于受审人的公正客观裁决也同样受到保障。但是，司法同样应该是一种公共服务，法官不履行或履行不当行为应受到应有的处罚。最高司法委员会的改革是必需和必然的，其受理范围的扩大便于处罚权的行使。

关键词：司法　司法权　司法机关　分权

21世纪必定是司法的世纪，因为它已经成为司法化的时代。[①] 在经常抱怨司法公共服务职能不当行使的同时，受审人也在不断请求司法发挥公共服务的作用。在如今司法正经历史无前例的认同危机的时候，这个矛盾引发了市民所期待的改革。司法的动荡提出了一个更普遍和深远的问题，即司法权在国家权力体系中的位置。在一系列必然的改革中，人们迫切要求行政权和立法权来对抗我们法官可能出现的对司法权的过度行使。这是另一个矛盾，因为只有在人们最终承认了司法的宪法职能：以法国人民的名义，由法官行使

---

　* 原文出处：Jorge Mendes Constante, *La justice et la conception française de la séparation des pouvoirs*, in Philippe Tronquoy (dir.), *La justice, réformes et enjeux*, Les cahiers français, n°334, La documentation française, sept.—oct. 2006, pp. 19~23.

　** 乔治·蒙德·贡斯当(Jorge Mendes Constante)，律师，法学博士。

　*** 李晓兵，南开大学法学院副教授。

　① Th. S. Renoux, Le pari de la Justice, *Pouvoirs*. n°99, 2001, pp. 87~100, spécialement p. 87.

阐述法律的至高无上权力,并具有法律效力。②

从这种意义上说,法国分权的概念,即行政权、立法权和司法权三权分立,不仅仅是一种政府管理规则、一种单纯的机构保障,它同时也是宪法公权力的组织功能保证,对于市民来说是自由和公正的保证。三权分立原则作为一种防止权力集中和滥用的有效手段,它的宪法意义被普遍承认意味着三种宪法权力在各自的领域行使着国家最高权力。

司法权在国家权力体系中有着双重位置,既是国家权力的一种,在国家机构内部又属于公共服务范畴。

一、司法机关和司法权

与欧洲其他国家的宪法不同,法国第五共和宪法并没有专门规定司法的章节,而仅是在其第八节"司法机关"中囊括了所有关于司法的简明规定。其中有三个条款是关于司法体系内的审判官和检察官的。第 64 条确认了司法权的独立性;第 65 条设立了最高司法委员会;第 66 条提出了司法权是个人自由的保护者的原则。

宪法在司法方面明显地保持沉默。③ 这种情况同样也出现在 1789 年的《人权宣言》中,只是提到了立法和行政权,对于司法权只字未提④。

这并不意味着在法国只承认"司法机关"而不承认"司法权力"。这种用词上的区别并没有什么实质含义。另外,第五共和宪法并没有更多关于"行政权"或"立法权"的表述,可是它们作为宪法公权力的存在从未受到过质疑。⑤

---

② Th. S. Renoux, La Constitution de 1958 et le pouvoir juridictionnel, *in* p. Truche, *Justice et institutions judiciaires. Les Sotices*, Paris, La Documentation française, 2001, p. 16.

③ Th. S. Renoux, *La constitutionnalisation du droit au juge en France*, in J. Rideau（sous la dir.）, *Le droit au juge dans l'Union européenne*, Paris, LGDJ, 1998, p. 109.

④ F. Luchaire, *Le droit de l'homme a la séparation des pouvoirs d'après la jurisprudence du Conseil constitutionnel français*, in Mélanges offerts à Jacques Velu — Présence du droit public et des droits de l'homme, Bruxelles, Bruylant, ULB, t. 1, 1992, pp. 441~451, spécialement p. 442.

⑤ Th. S. Renoux, *L'autorité judiciaire*, in D. Mau, L. Favoreu, J. —L. Parodi（*sous la dir.*）, L'écriture de la Constitution. Paris. Economica. 1992, pp. 667~711.

归根结底,司法权在其特殊性和专属性方面受到宪法的保护,⑥并被定性为是对公民权利的保证,对其行使的承认是宪法委员会的杰作,而非 1958 年《宪法》。

(一)分权

"法国的分权概念"⑦意味着法官权力及其他权力在宪法上同时存在。这种意义上,《人权宣言》第 16 条规定的分权不仅仅是如今具有宪法价值的政府规则,亦不仅是一种为了保护法官的原则,它首先是公民及受审人权利的保证。

宪法委员会确认了真正意义的司法管辖权属于法官,其职权行使的特殊性表明在一个法治国家里,无论是立法者还是政府都不能妨碍法官行使司法权,"在管辖范围内的司法审判审查权、对于判决发布命令的权力以及诉讼的改判权既不属于立法者,也不属于政府。"⑧

虽然宪法文本对于司法权的说明只有"司法机关"一章,但就是这个基本案例确立了法国三权分立的制度,即行政权、立法权和司法权。

宪法委员会明确规定了司法权,强调"无论司法人员还是行政人员,以法国人民名义作出裁决时"⑨,他们履行与国家主权行使不可分割的职能。

这种宪法承认的公权力⑩旨在保证受审人得到其应得的司法公正,是一种和行政权及立法权相独立的权力,三者不可分割地在其领域内行使国家主权。

---

⑥ Th. S. Renoux, Le *Conseil constitutionnel et* 1'*autonté judiciaire*. *L'élaboration d'un droit constitutionnel juridictionnel*, Paris, Economica, PUAM.

⑦ CC. décis. n°86−224 DC du 23 janvier 1987, *Conseil de la concurrence Rec.*, p. 7; *RJC*, pp. 1~303; *GDCC* n° 41, (cons. 15):"据此,除司法机关管辖的权限外,行政法院对那些由行使执行权力的行政机关和其代理人、共和国地方公共团体、或者根据它们的职权或控制之下的公共机构,行使其公共权力作出的行政行为,具有取消或更改的终审管辖权。"

⑧ CC, décis. n°80−119 DC du 22 juillet 1980, Validation d'aces administratif. Rec., p. 46; RJC, pp. 1~83; GDCC n° 29, (cons. 6).

⑨ C.C., décis. n°98−399 DC du 5 mai 1998, Loi relative à l'entrée et au séjour des étrangers en France et au droit d'asile, JORF, 12 mail 1998, p. 7092; Rec., p. 245, (cons. 15).

⑩ Th. S. Renoux et M. de Villiers, *Code constitutionnel*, Paris, Litec., 3ᵉ *édit*. 2004, p. 134 (souligné dans le texte).

在法国唯有法官可以行使司法权，在遵守宪法确立的原则下，法官至少可以选择任命方式。法官（"代表法国人民"行使权力）的介入是法治国家的核心。自然地，分权只有和权利保证联系在一起才有意义，特别是尊重法官的基本权利以及尊重辩护人的基本权利。只有在这个意义上，对权利的保障才会要求独立于立法和行政权的司法机构的存在，专门负责保障公民在法律面前的平等。

正是这个原因，《人权宣言》的第 16 条并没有把"权利的保障"和"权力分立"分开，因为首要的目的就是防止权力的滥用。因此，《人权宣言》的倒数第二条可以被解释为："在一个接受权力分立的社会里，如果不能通过有效的司法救济及尊重辩护人权利的手段来进行实现其权利的保障，那么这个社会就不能称得上有任何的宪法。"

（二）承认独立司法权的存在

《宪法》第 64 条通过规定独立的司法机关构建了最基本的宪法框架，旨在保证司法的质量。在这个意义上说，独立作为有效司法管辖权保障的基础，应是赋予法官首要的宪法保障。同样，既然这种独立的保障涉及所有的司法管辖权的职能，又关乎法官和案件当事人的利益，那么对于它的保障被置于宪法委员会的审查之下，这既能保障这种独立，同时又能扩大独立的内涵。

（三）宪法委员会的保护角色

宪法委员会首先提到独立原则源于《宪法》第 64 条关于司法机关的规定，而对于行政司法而言，[11]则是 1872 年 5 月 24 日法律作为共和国法律所确认基本原则的内容。对于宪法裁判者而言，独立不仅是行使司法权的必须，[12]同时也和司法权的行使是密不可分的。[13]"独立"这项宪法原则所涵盖的是所有

---

⑪　C. C. , décis. n° 30－119 DC du 22 juillet 1980, *Validation d'actes administratifs*, précitée (cons. 6).

⑫　C. C. , décis. n° 70－40 DC du 9 juillet 1970, *Indépendance des magistrats*, *JORF*, 19 juillet 1970, p. 6773; *Rec.*, p. 25; *RJC*, pp. 1～22; *GDCC* n°15, (cons. 2).

⑬　C. C. , décis. n° 94－355 DC du 10 janvier 1995, *Statut de la magistrature*, *JORF*, 14 janvier 1995, p. 727; *Rec.*, p. 151; *RJC*, pp. 1～618, (cons. 8); C. C. , décis. n° 92－305 DC du 21 février 1992, *Statut de la magistrature*, *Rec.*, p. 27; *RJC*, pp. 1～483. (cons. 64).

法官,既包括审判官、检察官,也包括财政法官(magistrats financiers)⑭和行政法官。

的确,通过对确立"法官地位"⑮的组织法的审查,宪法裁判者首先是"司法机关独立地位的主要保障者",⑯这些组织法是自动提请宪法委员会进行审查的。

通过在《宪法》第 64 条第 3 款中提出了法官地位的组织形式,1958 年《宪法》的制定者第一次明晰,如果没有法官的保护者地位,就不会存在独立的司法,并通过这个方法增强对司法秩序中法官(包括审判官和检察官)规范法律秩序的保障。

要求法官这种独特的地位改变时,组织法制定者的介入提出了严格要求,宪法不可避免地规定了对于法官群体强化的保障,其他任何公共职能都没有此地位,组织法的制定程序是特殊的,比一般的立法更为严格,需要绝对大多数同意通过,并且对其规定的所有条款更系统和全面的合宪审查。

宪法裁判者在审查时,总是要强调"组织法立法者"应该"遵守具有宪法价值的原则",特别是应"遵守司法机关独立的原则"。⑰

(四)独立性需求……

为防止作为任命法官的权力机关随意调任、罢免或者提升法官,保障司法独立性的第一要务便是法官的不可罢免性,即终身性。与此任命机构相对应的力量,法官的不可罢免性禁止在未执行包括为了防止所有随意任免的保障性措施的特定流程前对某位法官进行调任、撤职或者停职。

---

⑭　C. C,décis. n° 2001—448 DC du 25 juillet 2001, *Loi organique relative aux lois de finances*,(cons. 106),précitée:"鉴于,根据财政司法法典,审计法院是一个行政法院;如上所述,宪法保障其相对于立法权和行政权的独立性"。

⑮　C. C. , décis. n° 98—396 du 19 février 1998, *Loi organique portant recrutement exceptionnel de magistrats de l'ordre judiciaire et modifiant* les conditions de recrutement des conseillers de cour d'appel en service extraordinaire. Jorf. 26 février 1998, p. 2976; Rec. , p. 153,(cons. 3); C. C. , décis. n° 94—355 DC du 10 janvier 1995, Statut de in magistrature, précitée,(cons. 4); C. C. , décis. n° 92—305 DC du 21 février 1992. Statut de la magistrature, précitée,(cons. 7).

⑯　Th. S. Renoux, *Le Président de la République*, *garant de l'indépendance de l'autorité judiciaire*, Justice, n°3, 1996, p. 107.

⑰　C. C. , décis. n° 80—119 DC du 22 millet 1980, Validation d'actes administratifs (cons. 6).

此不可罢免性不包括检察机关，因为其行使的职责不同，且此举的目的是为了实施政府规定的刑法政策。由此检察机关还是按照章程服从于法国司法部长的领导，这并不影响司法主体的统一性。

对照等级制度从属的原则，检察机关应在任何情况下保持杰出的道德独立。归根结底，现如今，由于司法者行使与国家主权行使不可分割的相同的国家权利，在司法权力内部存在着单一性。

然而从广义的司法权独立原则来说，作为行使裁判权力的正式机构，宪法委员会明确规定了被审判者受管辖的司法机构，该机构给他们宪法上确定的独立性保障，这正是给予他们正义的保证。

（五）……司法机能的客观公正

在受保护的合乎宪法的独立性之外，现在还应加上客观公正的合宪需求。事实上，独立性决定了司法的客观公正性，但是对受审人来说；客观公正性与独立性保障同样重要，[18]因为这两者都是为了消除武断专制。受审人有权利享有独立且客观公正的审判，一个使其不受外界影响的只遵从法律和其自身意识的审判。在这个意义上，审判的独立性等同于责任。

欧洲人权法院的法律原则在人权方面的推动起着决定性的作用，因为这是一个"民主社会的法院应该赋予受审者的信心"。[19] 由此，对于欧洲的法官而言，这是"唯一值得称为享有完全司法权的法院，它能回应一系列的需求，例如相对于行政权的独立性，而其他法院则可能无法回应"。[20] 从 1975 年 2 月 21 日著名的戈尔德抓捕事件后，考虑到法律的优势原则在司法管理中与所有立法和行政干预相对立，法院就提出每项法律原则的期限，之后一直被严格遵守。法律使得审判者不仅仅是行为独立，而是"一个真正的独立"，这意味着司法机构无论在行使职权中还是在作为司法机构时都不隶属于其他任何权力机构，正如"正义以看得见的方式体现"。[21]

独立性和客观公正性已成为司法机能的基础性保障，完全向着成为受审者权益的保障发展。然而矛盾的是，如最高法院的第一任主席吉·甘尼维

---

⑱　Th. S. Renoux et M. De Villiers, *Code Constitutionnel*, *op. cit.*, p. 543 见上文。

⑲　CEDH, Arrêt *Piersack*, 1er octobre 1982; voir aussi CEDH, Arrêf *De Cubbert* 26 octobre 1984; CEDH, Arrêt *Belilos*, 29 avril 1988; CEDH, Arrêt *Hauschildt*, 24 mai 1989, Série A, n° 154 (§ 48).

⑳　CEDH, Arrêt *Beaumartin*, 24 novembre 1994, Série A, n° 296.

㉑　Arrêt *Golder* (§ 77).

(Guy Canivet)所指出的,这些新的特别有抱负的要求,只适用于那些隶属于建制法律规定体系内的职业法官,而不适用于那些保护机制相对薄弱的非职业法官。新法官在不断加入,其数量在明显增加,这都需要相同的保障,因为他们需要了解相同类型的受审人(邻近法官,平民法官)。㉒

二、司法权和司法的公共服务

共和国总统保障司法的独立性,并由最高司法委员会协助,这一点对于受审者来说是司法安全的重要因素。然而,从宪法层面上讲,司法是一种权力,但并不与其公共服务的使命相对立。在承认司法权独立性的同时不应忘记司法也是一种公共服务,在独立的名义下,法官的责任不应被国家责任所掩盖。㉓

(一)行政权,司法公共服务职能正常运行的保证

《宪法》第 64 条规定,共和国总统是司法权独立的保障人,这种职能与《宪法》第 5 条所赋予的仲裁者的角色完全吻合。㉔ 总统是最高司法委员会的负责人,同时最高司法委员会协助总统行使此职能。

法官在宪法上的独立性所导致的不可避免的必然结果即是其责任。因此,法官在行使司法审判权时的责任问题不容忽视。

和以往的想法不同,法官不是说在法律上对自己的行为不负责任,而是会受到最高司法委员会严重的行政处罚(罢免、停薪停职等)。《法官条例》第 43 条规定法官的失职构成行政错误。最高司法委员会对审判官行使惩罚权,同样司法部长对检察官行使惩罚权。

国家对司法公共服务的职能负责,也对法官行使的这种职能负责,同样对受审者因司法公共服务职能不当行使所带来的损害进行补偿。国家通过让失职法官缴纳赔偿金而保留向法官追诉的可能性。对于受审人由于司法公共服

㉒　Guy Canivet, Le juge judiciaire dans la jurisprudence du Conseil constitutionnel, *Les Cahiers du Constil constitutionnel*, n°16, octobre 2003 à mars 2004.

㉓　*Rapport fait au nom de la Commission d'enquête chargée de rechercher les causes des dysfonctionnements de la justice dans l'affaire dite d'Outreau et de formuler des propositions pour éviter leur renouvellement*, Président M. André Vallini, Rapporteur M. Philippe Houillon, n° 3125, 6 juin 2005.

㉔　Th. S Renoux., Le pouvoir judiciaire en France et en Europe. Approche comparative, *RDP*, 1999, n° 4.

务履行不当，并基于《司法组织法典》第 L.781-1 条㉕的规定，向国家索赔的案件，虽然在以往没有提及，但从现在起应该认识到这种案件的数量在递增，在近十年来已经有近 600 起。㉖

法官责任制的实行在今天看来是不可避免的趋势，并且通过确定具体的规则来强化这种责任。《调查委员会乌特尔案中司法滥用职权原因审查的报告》中建议司法在追究国家司法滥用责任之后，应向最高司法委员会提请对有过错的法官进行审查。最高司法委员会对法官违反民法及刑法中规定的原则和程序的行为进行惩戒。报告还主张所有对司法行使有异议的受审人应有权向共和国调停者提起申诉，如有必要，共和国调停者可以协助最高司法委员会审理。㉗

（二）最高司法委员会，不断变革中的宪法机构

最高司法委员会是三权之外的独立的宪法机构，自 1946 年 10 月 27 日《宪法》成立以来，一直处在不断变革中。第五共和国时期涉及最高司法委员会组织法的 1958 年 12 月 22 日第 58-1271 号条例（ordonnance），明确规定了其组成和权限。

议会后来通过的 1993 年 7 月 27 日第 93-952 号宪法性法律彻底改革了最高司法委员会的组成和权限，并进一步赋予了其自治权，却没有规定其机构及处理方式来保障其维护法官独立权的宪法使命。这就解释了为什么人们总是期待着下一次新的变革，以改变其组成和权限。

委员会现有人员不足。委员会由共和国总统、掌玺大臣及司法部部长（作为副主席）来负责，另外还有 16 名成员，其中只有四人不是司法系统的法官。共和国总统、议会主席及参议院主席各自任命一名成员，该成员既不属于议会也不属于司法系统，行政法院大会选举一名政府顾问。相对于审判官和检察官，这四个人在常设机构中出席。

共和国总统在委员会中的优势地位、司法部长参与其中（虽然只有建议权）、来自于法官职业的委员会成员的优势地位，这些问题引发了很多批评的

㉕ "国家有义务对于司法服务所造成的损失给予补偿。这种责任仅仅对于司法的严重疏忽或给予拒绝。对于因为法官个人的过错，则由法官身份条例中关于司法群体中的法官部分来进行处理。"

㉖ *Rapport fait au nom de la commission d'enquête chargée de rechercher les causes des dysfonctionnements de la justice dans l'affaire dite d'Outreau et de formuler des propositions pour éviter leur renouvellement*, op. cit.

㉗ 同上注。

声音。

委员会的权限目前也不够广，不足以保障法官的独立权。虽然最高司法委员会允许权力机构之间的合作来避免任命的武断，并通过行使行政纪律处罚权推动法官职业的良性发展。㉘ 但行政纪律处罚条例并无关于非法官职业委员会成员的规定。这是一个重大的缺失（大约有三万非职业法官、商事法院法官、劳资调解委员会顾问及社会保障委员会成员等）。

有一种改革草案建议在最高司法委员会组成中同等比例录用职业和非职业法官，采用直接选举的方法选出法官代表，并由职业和非职业成员轮流担任副主席。这种改革草案与欧洲模式，即社会非职业人员在其组成中占大多数的模式不相符合。但不论怎样，这个草案在 2000 年第一次尝试失败后，将会提请至宪法审议的终审。

总　　结

承认司法权是对受审者权利的一种基本保障，同时在法治国家内强化了分权制度。与时下的批评声音相反，我们并不是鼓动法官"暴乱"，而是把司法推向政治舞台，并辅之以相应的审查和平衡力量。这即是变化中的民主。司法的审查不会削弱政府，而是会改变政府。完全尊重三权即行政权、立法权和司法权的分立，证实了现代政府概念质的变化，它是司法公正浇灌下开出的民主之花的首要标志。

The Justice and the French Concept of the Separation of Powers

Jorge Mendes Constante

Abstract：It's simple about the provisions of the *French Constitution* text for the justice, and it use the word of the "judicial authority" rather than "judicial power". But it is awarded to the court at all levels the real independence with respect to the executive power and legislative power. In addition to enjoy independent, the judges are also being protected to make im-

---

㉘　最高司法委员会就法官的任命提供其同意意见，并拥有对于一些高端职位提供建议的权力，它同样也是其纪律惩戒机构。对于检察官的任命或纪律惩戒，最高司法委员会提供其简单的意见。

partial and objective ruling. However, the justice also should be a public service, the judge does not fulfill its mission or misconduct should be appropriately punished. The reforms of the CSM are necessary and inevitable, and the expansion of the scope of its admissibility will facilitate the punishment exercise.

Keywords: justice; judicial power; jurisdiction; the separation of powers

司法领域中领土稳定性特征的消退[*]

雅克·戈迈耶　著^{**}　　林茂　译^{***}

摘要:在法国,传统上而言,司法功能的领土化过程依赖于下列两个司法领土概念之间的关系:其一是雅各宾政权遗留的司法领土概念;其二则主要是社会活动中所涉及的司法领土的概念以及社会发展和公民所需要的司法领土的概念。1958 年 12 月 22 日的改革很好地回应了第一个概念,但这次改革仅构成了一个特例,不具有普遍性的特征。在其所实施的措施中,大多数政治代表的影响力促成了和解方案的产生以及保守主义的生成。尽管如此,在公共权力结构的变化及公共权力行使范围的变化过程中,司法力量的参与仍旧促进了社会改革的产生,同时这些改革也记录了司法系统自身领土的实际变化过程。

关键词:公共行动;司法版图;司法功能;司法政治;领土;领土化

近年来,法国与其他国家一样逐渐认识到"司法化"(judiciarisation)①的现象,尤其表现在社会问题、公共议题以及政治司法化的过程当中。② 位于政

---

　* 原文出处:Jacques Commaill, La déstabilisation des territoires de justice. *Droit et Société* , n° 42/43, 1999, pp. 239−264.

　** 雅克·戈迈耶(Jacques Commaill),法国尚高等师范学院社会科学与政治研究所教授。

*** 林茂,法国尚高等师范学院社会科学与政治研究所社会学专业博士研究生。

　① 　Jean-Paul Jean, La *judiciarisation des questions de société* , Après−demain, oct. 1997.

　② 　Voir, par exemple:Herbert Jqcob et al. , *Courts* , *Law& Politics in Compqrqtice Perspective* , London, New Haven, Yale University Press,1996.

治领域核心的腐败案件的处理与法官紧密相连，③这一现象表明了政治问题逐渐司法化。同时，司法的问题也越来越成为政治分析的核心。在近期的研究报告中，世界银行从多个维度利用"司法化"这个概念，甚至将其作为衡量一个国家的发展状况和民主化水平的重要指标。④

这一司法化过程发展的现实促使学界产生了大量的分析和研究。这些分析和研究除了自身的学术体系的相关性，作为重要的参考资料有选择性地记录了司法的各种功能。从系统和功能的角度出发，考虑到影响司法体制的多种因素，在精英群体和国家机构公务员眼中，以及在那些关心自身利益的公民眼中，司法的功能有其自身的特殊性。然而，将司法功能的实践与政治权威的权力行为联系起来，将法官放置于政治精英中间，这将有助于强化司法行为的核心价值。这一核心价值将通过公共行动的转型产生重要的社会意义。这一核心价值将成为社会规范的重要组成元素，在日常生活中被整合进入社会功能所产生的经济问题或社会问题的解决。⑤ 例如，近期有一项关于葡萄牙法官的研究，就是为了在相关领域建构出此类分析。⑥ 精神上的推动，尤其是精英知识分子精神、精英政治家和相关的精英职业群体对司法和政治之间新的权力关系所作的研究，相比于日常的致力于最大限度地关注普通人的司法功能的研究，所涉及的事件还是十分有限的。

司法功能领土化（territorialisation）的问题促使我们以上述的分析方式重新构建一种司法功能的两面性。并且，有关政治发展的研究表明，我们可以揭示出一种结构的转型（关于政治规范以及国家的地位、与之相关的领土的含义，公共行动的形式等）。在这种转型中，司法功能自身的转型也参与其中，并

---

③ 例如 David Nelken，The juges and Political Corruption in Italy，*Journal of law and Society*，23（2），1996；Violaine ROUSSEL，Les magistrats dans les scandales politiques，*Revue française de science politique*，48（2），1998.

④ Banque Mondiale，*L'Etat dans un monde en mutation，Rapport sur le développement dans le monde*，Washington，1997.

⑤ 对那些研究公共行动的专家来说，在公共行动框架中行动主体之间的磨合标志了这一行动的复杂性。它不再是纵向的不同行政等级之间的合作，而是横向的要求增加对外部社会规则的救助，这在司法案件中表现很明显。Patrice Duran et Jean-Claude Thoenig，l'*Etat et la gestion publique territoriale*，Revue française de science politique，46（4），1996，p.609.

⑥ 参见 Boaventura de sousa satos，Maria Manuel Leitão Marques，João Pedroso 发表在上述同一期号中的文章。

构建成一个新的解释样本。

一、司法的双重功能

(一)司法机关成为国家权力的工具

对法律的反思促使我们侧重于强调一种法律研究与社会科学研究不兼容的概念,这使得社会科学如同一种外在的科学,无法对法律问题进行深入的探讨。[⑦] 事实上,这种观点的形成超越了普通的人道主义的范畴,认为法律不能接受去除其神圣性的、回归日常生活的工作。这种工作致力于强调社会的、政治的、文化的以及体制的逻辑。准确地说,这些逻辑是确保法律建立的产物,否则,法律将有"丧失信仰作用"的危险。[⑧] 这一问题不仅在司法领域存在,在社会科学知识的传播过程中同样如此。在法国,社会科学知识的传播是非常缓慢的过程。尽管存在这种情况,然而司法体制仍然将逐渐面临"去神圣化"(désacralisation)的危机。在这些研究中,这种危机胜于社会问题政治化所产生的危机。例如在美国发生的事情就是一个证据,这样的事还没有在法国发生。但是在法国,人们认为"司法事件是政治事件"的观念是很普遍的,并且司法和政治之间联系特别紧密。[⑨] 进一步可以证明的是与之相连的政治科学的知识和政治学家的能力也是紧密连接在一起的。[⑩]

在法国,涉及司法功能的领土化政治的问题,我们首先需要做的是,必须意识到这种在我们的国家日渐兴起的趋势——即对司法功能给予特别的称

---

⑦　例如 Jacques Commaille,D'une "sociologie juridique" à une sociologie politique du droit, in Jacques Commaille, Laurence Dumoulin et Cécile Robert (dir.), *La juridicisation du politique. Leçons scientifiques*, Paris, LGDJ, coll. Droit et Société. Recherches et Travaux,1999.

⑧　Bernard Lacroix, Ordre politique et ordre social. Objectivation et analyse politique, in Madeleine Grawitw et Jean Leca (dir.), *Traité de science politique*, tome 1, Paris, PUF, 1985.

⑨　Herbert Jqcob et al., *Courts, Law& Politics in Comparatice Perspective*, op. cit.,p.78.

⑩　在今年美国的社会科学文献中致力于司法的文献里,我们可以看到确立作者重要地位的都是那些涉及政治科学的文章。Jacques Commaille, *Territoires de justice. Une sociologie politique de la carte judiciaire*, Paris, PUF, coll. "Droit et Justice" (à paraître).

颂，认为司法具有相比于政治权力更特殊的功能。这种对司法功能的认识，甚至可以导致国家成为类似于宗教组织的替代品。这种对司法功能特殊性的颂扬也产生了重要影响，并强化了司法机制的代表性。这种代表性本身来源于宗教并被宗教思想所渗透，见证了其仪式过程和公共空间的产生。⑪

在这种背景下，司法领域是公共权力的领域，也就是说司法活动的参与者也是国家政治领域的参与者和皇权活动的参与者。根据这一逻辑，我们可以追溯到马克思·韦伯所联系的政治概念，如政治集团、统治活动等。因此，既定领域中的强权和国家的定义是从这种联系中引申出来的吗？我们说一个统治集团是一个政治集团，是具有一定的规范的，并且同时它的规范有效性必须得到持续性的保障，这种保障是某种内在地理上的领土所赋予的，并且这种领土概念由国家政治规范的应用和威慑力所决定，这种威慑力是以行政管理为名义的一种物理的限制。⑫ 关于国家，曾有人将国家比作一个具有体制特点的政治企业。同时在规范的应用中以及对法律制定权力垄断的过程中，国家需要成功的行政管理。这涉及马克思·韦伯依靠领土机制⑬所阐述的"国家"这一术语，他认为，国家的概念与所有源自它所统治的领土范围内的所有行动相互交叉。司法功能的应用同时也是马克思·韦伯所说的"领土有效性"的重要应用。这一有效性"存在于刑法法律条文和其他法律规定中，这些规则的产生与一些集团内部领域的工作紧密相连。这些司法规则构成了政治集团预先假定的活动规则"。⑭

1958 年 12 月 22 日的改革是对司法功能领土化政治的突出体现。这也是法国司法系统重组的标志性历史时期，它准确记录了司法功能的活动进入了政治统治的体制化定义中，并以一种否定国家领土的方式出现。这一领域将必然成为对国家政治权力的支持。⑮ 因此，国际公法将领土作为国家存在的一个条件。⑯ 同时，这也表明实现这次改革的条件构成了对我们所命名的"公共政治"（politique publique）的一个解释，其也成为公共政治的实现形式

---

⑪　Cf. *La Justice en ses temples*, Paris, Errance, Poitiers, Brissaud, 1992.

⑫　Max Weber, *Economie et Société*, Paris, Plon, 1971, p.57(1ʳᵉ éd.1921).

⑬　*Ibid.*, p.58.

⑭　*Ibid*,. p.53.

⑮　Maurice Gailiard, *Introduction*, in ID. Cdir, Institutions et Territoire, Lyon, PUL, 1993, p.6.

⑯　*Ibid.*, p.9.

的特定代表,以及实现一种政治权威的代表的渴望。

1958 年改革事实上也是一种管理模式改变的表现,正如与国家主权相关事务的处理规则的制定,它代表了来自上层(par le haut)的规范的形式。这种形式被看成一种接受公共政治的完美解释,紧跟这种公共政治的是那些来自中央的推动力。⑰ 在这种情况下,在一个雅各宾式的国家政体中,⑱它的功能被人们赞扬。这归功于政治权力的概念,在这种政治权力中,行政机关占据了绝对重要的位置。⑲ 在这种情况下,我们才有可能谈论一种一元政治规范。在这种措施中,我们渴望实现自愿的政治行动,这也是一种政治表达,它致力于实现公共政治的司法功能的领土化改革。这种公共政治强调一种线性特征,从它诞生开始直到它的实现都是一种单向运动。⑳

司法权力的集中化是司法功能领土化改革的标志,㉑这一改革促进了权力的重新分配,特别是改良了那些市民不信任的行政机关中政治代表的权力行为。这些权力活动毫无信用可言,蛊惑人心的政治老手们宣称自己仅仅是个体利益的承担者。㉒ 这一改革主要是将相关的流程搁置,以便允许一些更有活力的政党参与到权力分配过程中,从而替换已有的政党代表。正如 1958 年改革的发起者米歇尔·德布黑(Michel Debré,戴高乐将军的忠实信徒,当时的司法部部长)所断言:"当有太多利益和太多意识形态的原因充斥其间时,

---

⑰ Jean-Claud Thoenig, La *gestion systémique de la sécurité publique*, Revue française de sociologie, XXXV−3,1994.

⑱ 政治家西哀士在结合法国是单一民族构成的这一概念的基础上,提出了一个更好的定义。即法国不是多个小的民族组成的一个集合体,在民主的基础上实行各自自治。法国是一个唯一的整体,由整合的各个部门构成。各部分具有单独的整体概念,因为它不是简单的独立单元,而是构成一个单一整体的部分。Cité par Michel Guillot, *Le gouvernement municipa de Thouret. A propos d'un projet méconnu*, in Maurice Gaillard (dir.), Institutions et Territoire, *op. cit.*, p. 57.

⑲ 我们还记得 1958 年 12 月 22 号的改革是在这样的背景下产生的,戴高乐将军是当时政府的首脑,他以特殊的名义全权授予。

⑳ Patrice Duran, *Penser l'action publique*, Paris, LGDJ, coll. Droit et Société, Série politique?,1999.

㉑ 我们同样记得改革删除了治安司法以及 150 个区级法院,在每个省建立一个一审上诉法院。甚至在一些人口密度大的省份建立多个这样的法院,以及在每一个区都建立一个初级法院。这样,上诉法院就得到了很好的维持。

㉒ Charles de Gaulle, *Mémoires d'espoir. Le renouveau* 1958−1962, Paris, Plon, 1970, p. 140.

想要获得一个深入改革的高等法院，几乎是一件不可能的事情。"㉓

当然，我们也不能排除保守的政治代表内部的分歧。然而与此同时，改革派内部更加关注直接的群体或个体代表的组织问题。并且，米歇尔·德布黑组织了专门的研究团体，包括高级法官在内，致力于司法系统重组和司法官地位改革的活动。这些法官的活动，构成了对司法改革过程双重"技术化"（techniciser），给改革提供了一种远离政治代表的合法性。同时，来自职业精英的一致赞同，保证了改革的胜利。㉔ 1958 年改革的准备工作动员了司法体制内部的力量，代替了政治意愿。这一改革有利于改革的政治带头人和法官之间的利益联合。法官群体的利益将普遍存在于司法集中化的意义中。同时为了形象的关系（首先建立距离），也为了物质的关系，在这种条件下，这种集中的趋势提供了在司法体系（法院）中获得更多席位的可能性，开启了更好的职业道路。

改革过程中也引发了激烈的批评，这些批评主要集中在改革所采用的特殊操作模式。㉕ 反对者在不停地强调改革的仓促。他们对在这种仓促行事中改革的产生和实现，以及围绕着改革准备的"秘密"进行都展开了批评。针对这些批评，改革的发动者们从国家和司法的角度，用政治挑战的概念进行了回应。作为一种机制，司法应当包含以下内容："独立的司法制度，受人尊重的法官群体，不受政治团体和工会影响的司法权力的责任，尽管这些团体常常梦想法院自愿忠于它们。这些司法的内容还应包括民主、权威、司法体制的名誉方面的问题。虽然这些团体和工会是社会的必要组成，但司法体制的主持者是

㉓　安娜·布瓦若尔 1987 年与米歇尔·德布黑进行的访谈，引自 Anne *Boigeol*, *Histoire d'une revendication：l'Ecole de la magistature* 1945－1958, Les Cahiers du CRIV, 7, 1989, p. 66.

㉔　司法功能领土化改革与同一时期医学学习以及参与其中的医院系统的结构是平行发展的，医疗群体的精英中出现了分化（医生是基础理论的研究者），这些分化与改革主要操作者的决定行动有联系。也就是说与罗伯特·德勃雷（法国著名医生，法国现代儿科的创始人）．米歇尔·德布黑（戴高乐总统时期的首相）的父亲有紧密联系。参见 Haroun Jamous, *Sociologie de la décision. La réforme des études médicales et des structures hopitalières*, Paris, éd. Du CNRS, 1969. ——译注

㉕　这场改革建立在无数法官在咖啡馆的谈话中，因此作者诗意地表达为"改革建立在无数的百叶窗中"。

精明而成熟的,他们将意识到自身对社会和民族的责任。"㉖

事实上,1958 年改革启动的司法功能领土化进程参与到了一个更加宏观的事业中,即促使法国进入现代化的过程。对比以前戴高乐时期的法律,1958年改革强化了国家和国家机制的作用。确切地说,现在国家概念的神圣被认为依靠复兴法官职业的神圣性。正如米歇尔・德布黑所说:"我们应该提供给国家它所需要的法官。"这也是作出这一选择的重要原因。这一选择,和那些由于重新赋予其地位以价值,并从而获得复兴权威能力的法官一起,在大的司法体系中产生了一种集中的司法功能活动。㉗ 并且,在那些各方面条件一般的人面前,拥有明确价值观的候选人转移了他们的职业方向。他们艰难的职业活动应该得到无可置疑的道德声誉以及与他们角色的伟大和尊严相匹配的物质进行补偿。㉘ 并且,这还涉及献给"法国法官"这一名号的尊严以及法兰西共和国的尊严㉙。同时这也是适应理性化的司法系统重组,这一重组随着民主的进程以及经济的发展,在前面数十年的时间中,逐渐被法国人民所熟知(我们的司法组织不适合这个国家民主和经济的进程,因为从法国大革命开始它就没有改变过)㉚。

1958 年改革很好地诠释了司法功能的概念,"领土"概念的应用完善了国家领土的内涵。政治权威统治下正当法律的实行是受到认可的。韦伯认为,这样一种政治集团的视角下,将强制权力(réguler la coercition)㉛规范化的观点来源于一种运作模式以及上层管理者的管理程序。根据这些,第一个"词语"应该属于总统,最后一个词语应该属于民众。在民主社会中,包括戴高乐将军创立的民主,从上层流下的权力河流保存着其积极性。㉜ 这种政治权威的证明建立在理性的需求之上。在法国的国家历史中,民主化的现代性张力

㉖　Michel Debré, *Trois Républiques pour une France*：*mémoires*, vol. 2：Agir 1946—1958, Paris, Albin Michel, 1988, p. 341.

㉗　这些解释 1958 年司法版图改革的文章,伴随着自身的法官地位的改革以及法官教育的改革。

㉘　Note non signée (A. N. B. 2688—OJ17315)

㉙　Michel Debre, *Trois Républiques pour une France*：*mémoires*, vol. 2：Agir 1946—1958, Paris, Albin Michel, 1988, p. 338.

㉚　A. N. B. 2688—OJ17313.

㉛　Philippe Braud, *Sociologie politique*, Paris, LGDJ, 4e éd., 1998, p. 16.

㉜　Institut Charles de Gaulle, *De Gaulle en son siècle*, tome 2：la République, La documentation française, Paris, Plon, 1992, pp. 323~324.

是激烈存在的。也就是说从上至下的权力路径和从下至上的权力路径中存在一种张力，这种张力标志了现代国家的建立：建立在政党代表重要性思想上的民主化过程和理性化过程。1958 年改革所建构的司法功能的领土化行动与第二种路径相关。这同时也与特殊的历史时期以及其所诠释的政治权力相关。这些都沉浸在现代化的神话中，这种神话的出现与第五共和国紧密相关。㉝

有研究表明，应用于改革的"公共政治"以及希望和并有意以政治权威的名义展示的那些"公共政治"只能受到政治权威的影响。司法功能的领土化政治及其在 1958 年改革中的发展就是公共政治在古典意义上的很好体现，这也是中央所创建的一种政治。这种政治通过官方的文件以及确定行动的相关法律项目所定义，并由权威的等级制度来规定。㉞ 即使在某种情况下，第五共和国的政治权力也强迫其自身组成，即使改革的内容最终将面临一种沉重的发展趋势，然而在这种趋势中仍然不可避免地朝着理性的方向进化，并且与相关的职业精英的利益集中结合在一起。这一改变的过程具有所有形式框架的特征，这一形式框架在公共政治分析中受到推崇。在这些分析中，公共行动减少了中央政府的干预，并减少了那些有目的的干预表述。由于这些原因，改革的实现被看成是致力于公共利益。1958 年改革涉及一种从中央到底层的公共行动的视角（"top down"），在这种行动中，等级体制中高位管理者管理着低位者（le haut gouverne le bas）。我们正处于一种纯粹的模型中。

"这种模型是实体性的公共行动（action publique substantialiste）。这一行动联合了法学家代表，在司法行动中减少了强制性的程式化的法律表述。这种实体性的公共行动的定义：第一，是在立法者的权威之下进行的，是在行政公务人员的职业之下进行的，是有能力的尊重事实和法律的；第二，这种行动是有标准规则的，如普世主义、形式主义等，这是政治志愿的要求所规定的行动；第三，这种行动以权威为后盾，借助司法技术的"科学"与理性的应用，促使揭示出共有的'善'以及公共利益"。㉟

㉝　Bruno Jobert, *Mode de médiation sociale et politiques publiques：le cas des politiques sociale*, L'Année sociologique, 40, 1990, p. 163.

㉞　Jean-Claude *Thoenig La gestion systémique de la sécurité publique*, op. cit., p. 371.

㉟　Jean-Gustave Padioleau, Les formulations institutionnelles in Jean-Claude Nemery et Serge Zachter（dir.）, *Gouverner les territoires*, Paris, Datar, la Tour d'Aigues, éd. de l'Aube, 1994, pp. 23~24.

(二)司法的功能是社会和公民的一次博弈(enjeu)

司法功能领土化政治的案例展现出一种公共行动(action public)㊱实现的可能性。这种行动被一定的政治代表所赞扬。这个案例构成了法国司法重组历史上的一个特例。这种司法功能领土政治化经常使人联想到司法的功能一直是由底层所发起的,它远离国家上层的定义,远离国家权力的纯粹表述。在以此为目的的政治争论中,司法的功能同法律本身一样,始终是争论的焦点。我们可以回想一下,最具代表性的国家法律或国家合法统治的工具是否可以成为现实生活中反对权力的工具?还是更多地成为了一种抵抗那些它所代表的内涵的工具,如抵抗合法性统治的工具。与此相关的最著名的论断要数马克思理论了。我们可以联想到"善法"(bon droit)的概念。这一概念可能构成一个政治挑战,并且不是简单的源于政治权威的意愿。㊲

涉及司法的功能,严格的司法功能概念与司法作为一种体制有相似之处。司法作为一种体制的合法性暴力应用的工具和社会关系的管理工具,是社会的主要守护者。它被具体化为司法宫殿(Palais de Justice)的存在,这一组织一直反对将司法功能渗透到社会的概念。司法作为一种体制,表现出类似宗教的一面,是一种突出的或超验性的权力。司法作为社会的保护者则表现出其群体性特征的一面。人类学特别适合赋予这种理想的司法和理想的政治之间交替的关系以价值。并且司法所研究的社会对群体社会中的冲突有其自身的多种解决办法。在群体社会中,社会关系的管理模式不是法律组织的或法律在知识上所代表的模式。这种管理模式是建立在文化规范、法律规范和政治秩序共生的框架中。它还发源于一种邻近司法(justice de proximité),一种群体性的司法(justice communautaire)。也就是说这种司法是一种蕴含非正式程序的司法,更多建立在公平的基础上而不是法律的基础上,是由个体和群体的智慧所产生的决定。我们将这些高尚的人称为"治安法官"(juge de paix)。近年来他们十分踊跃地参与各种社会公共事务,代表了一种与司法功能实践相联系的最具现代性的司法行为。

一方面,这种概念是一种外化在法官个体身上的内在规训;另一方面,集

㊱ Action public,在法国当代的法律社会学和政治社会学中,主要指公众为主体的集体行动,类似于社会行动。相比于主权国家和政府为行动主体的政治行动,公共行动的主动权在公众手中。

㊲ Louis Assier-Andrieu, *Le droit dans les sociétés humaines*, Paris, Natan, coll. Essais & Recherches,1996.

体性也在这一概念里得到体现。㊳ 这一概念有其自身的合法性，这种合法性不仅建立在相关的司法条文之上，也建立在司法职业群体之上。治安法官这一职业群体也被认为是冲突、纠纷和"无理取闹"（chicane）的根源，因此，司法的功能体制化就是其群体性减弱的标志。

这种司法的视角与和谐社会的视角相连，可以打通一种特有的、明确的政治概念。邻近司法受到赞扬，并促使公民进入司法系统的门槛平等，尤其是对他们中的贫困群体。并且，这种渗透在社会中的司法功能的概念，允许所有的公民自身参与到公共司法的产生中来，遵从公共精神的原则。也就是说这一原则授权公民之间通过大规模的竞争㊴（进入这一司法产生的领域），社会关系的管理在这里与公民对自身的管理一样有效。这种司法是反对中央权力的司法。㊵

如果上述第二种司法功能的概念在法国领土化历史上一直存在，从法国大革命至今，它同样意义深远地存在于美国司法功能的历史和争论中。亨利·R. 格里克（Henry R. Glick）重新提及了被认为是美国司法体制起源，并且在他眼里具有重要价值的司法体系："美国司法体系的通用结构和操作模式受司法本土化控制传统的影响，以及司法独立的影响。这种本土的监控在产生它的乡村与小城镇找到了根源，并且在和民众结合紧密的当地政府管理模式中找到了根源，这种管理模式在美国一直占优势。地方法官的形象如同中央政治标志，他们是地方法律领袖，在'贴近人民'的地方政府中强化了一种信仰。"㊶

在这样的分析框架中，这一位作者使我们重新认识到这两种司法之间的根本张力之所在。一方面，受理性化所激发的集中的观点，成为了一个形式上有影响力的例子，并允许建构一种绝对的公平，这就要求法官必须很优秀。另一方面，法律功能的实现，这一概念发源于底层。这也是作者认为在这些术语中我们最熟悉的，包括我们自法国大革命以来的关于司法功能的精神："法院

㊳　Jean-Guy Belley, *Georges Gurvitch et les professionnels de la pensée juridique*, Droit et Société, 4, 1986, p. 363.

㊴　来自米哈伯（Mirabeau）的论述，引自 Frédéric Chauvaud, *Le juge*, *le tribun et le comptable*. *Histoire de l'organisation judiciaire entre les pouvoirs*, *les savoirs et les discours* 1789—1930, Paris, Anthropos, 1995, p. 103.

㊵　Frédéric Chauvaud, *op. cit.*, p. 227.

㊶　Henry R. Glick, *Courts*, *Politics and Justice*, New York, McGraw—Hill, 1983, p. 19.

改革政治的实质是一种竞争。这种竞争存在于那些更加倾向从新的到旧的道路的替换，并相信司法的法律监督群体与那些相信公众监督的人之间。"㊷对该作者来说，司法体制改革的实行是在集中化的意识之下或在一种国家强权中央控制的意识之下，或者在一种封建权力之下，即不考虑或低估司法的地方基础。㊸

我们知道法国的法官是与社会发展紧密联系的，同时这一联系也带来一些问题，㊹如司法系统持续地招聘那些涉及选举的法官。也就是说在程序上，法官的合法性首先不是来源于他的技术能力，而是来源于他与市民的联系。公众选举确保了这些法官的合法性。在这种模式里面，法官群体所在的不同的法院扮演了重要的角色。法官的选举建立在公众民主选举（popular democracy）的基础上。相反，法官的筛选建立在众所目睹的功绩的基础上，将带来制造精英法官群体的危机。这一做法将隔离普通公民。㊺ 法官与公民的距离可以表现在他们工资报酬的情况。为了不使他们脱离一般的公民，他们的工资不应该太高。"因为大众不能从孤独的但具有特权的精英法官中获益，如同不能从那些与社会问题没有任何关联的法官中获益一样。法官应该同时和社会保持联系，并且他们的工资不应当比其他公民高很多。"㊻

在法国，司法功能领土化政治的历史也是一部抵抗司法系统体制化的历史。如同一种国家权力的工具，司法系统从体制化这种从上至下的视角中得到启发（bottom up）。这种体制化过程，为司法功能领土化政治提供了反面的参考，即司法系统应当优先考虑社会基础而不是以上层利益，将地方而不是中央作为优先考虑的对象。司法功能领土化对体制化的抵抗是有多种原因的：司法体制化以民主政治的名义取代公共行动中民众的参与；或者以政治策略的名义，由政治代表所采取的谨慎的与合法性相关的政治策略取代民众参与公共行动。这种策略在地方上行不通。1929 年至 1930 年的改革干预，对重建 1926 年废除的司法体系的原因以权力集中化的名义进行了解释。司法系

㊷　*Ibid.*，p. 55.

㊸　*Ibid.*，p. 68.

㊹　Christopher E. Smith，*Courts，Politics and the Judicial Process*，Chicago，Nelson Hall Publishers，2nd ed.，1887，pp. 185～186.

㊺　Anthony Champagne and Judith Haydel（eds），*Judicial Reform in the States*，Lanham（Md），University Press of America，1993，p. 184 et suiv.

㊻　Christopher E. Smith，*Courts，Politics and the Judicial Process*，Chicago，Nelson Hall Publishers，2nd ed.，1887，pp. 185～186.

统重组的合理化过程，或者是一些从这一时期直到 70 年代而临时取消或创立的司法重组计划，都对第二种从下至上的司法体系给予了足够多的解释。

维护地方的利益首先是维护那些在长期计划中影响法国司法功能领土化政治的人。适用改革的程序将或多或少地倾向于一种表达（expression）。当政治代表衡量自己在过程中的重要性，如同在 1929－1930 年改革中的情况，这些代表一直在推进下列观点，即司法系统以及司法系统的重建对支持地方生活的重要性：对经济发展的重要性（司法代表着很多的就业岗位和相关城市的商业活动），对社会发展的重要性（市民必须有权利享受邻近司法），对文化发展的重要性（法院是相关城市的一个地位象征——attribut）。我们发现，在这些争论中存在许多经典的二元对立的概念，如"小"与"大"（我们可以认为，"小"的法院不可能得到权力，民主的过程妨碍了这些"小"的法院，并使得这些"小"法院对是否要将这种妨碍诉诸司法犹豫不决？[47]）；又如"公平"与"不公平"的概念（在进入司法门槛的过程中司法部门看上去对普通公民的进入是能接受的，但实际上是不能容忍的。假设司法是重要的公共服务部门中的一个，由于它自身对社会的疏远，对普通公民来说它将成为一个禁地）；[48]又如"中心化"与"去中心化"的概念（1958 年改革的路径产生了以下影响。一位参议员致信给司法部长，他写道："现在我们谈论太多的去中心化、去集中化，领土的重置……这是我们应该为切断法院与地方城市中围绕在法院周围产生的活动作出选择的时候了。"）。[49]

二元对立的概念还表现在以下方面：如在关于强制方式的实施办法或者关于协商的实施办法上，没有什么比由权力机构推行的司法改革要好，因为此时没有给予类似国会讨论的自由，我们就经常难以发现其弊端。[50]又如在公民利益与精英利益甚至司法从业人员的利益（如法官）之间，司法改革没有考虑到法官的具体生活要求，如有些法官不想居住在小城市，[51]或司法从业人员的某些想法让人觉得他们对这一工作太感兴趣[52]。

由于司法改革导致某些法律的取消和建立太过频繁，以致在具体的司法

---

[47]　A. N. B. 2681.

[48]　A. N. B. 2658－OJ42127.

[49]　A. N. B. 2689－OJ17310.

[50]　Ibid.

[51]　A. N. B. 2658－OJ42127.

[52]　A. N. B. 2681.

实践中,法官的公信力受到了质疑。在 1930 年参议员致力于重新考虑 1926 年法律的论战中,由于 1926 年法律导致许多法令被取消,一名参议员为司法功能的邻近司法(justice de proximité)的运用被驳回进行了道歉,他的同事这样对他说:"我们不要怪罪众议员先生,但是他们有点太看重他们的区域了。我们投票针对的不是一部司法法律,而是一部选举法律。"53

当然,在公共行动的框架中,司法功能领土的概念是较少建立在参考上层国家利益的基础上的,而较多建立在地方利益基础之上,尤其是合法性所拥有的自身特定的民主观念的地方利益之上。在这种视角下,行动的方式与那些从上而下的行动方式是有所不同的。我们所观察到的社会网络行动或行动系统自身发展在地方层面以及中央层面上存在着多种含义的调整和重组。在建立全球司法功能领土化改革的计划或改革的临时计划(尤其是涉及司法权)时,我们也可以建立一个与不同国家地方本土交流的社会项目。在当地民选代表、政府成员以及司法部代表、警察局长和利益集团之间建立起一个有关社会发展的合作项目(在他们中间,司法助理——律师和诉讼代理人占据着重要的位置,在地方贵族中的影响力巨大)等等。在这种政治体制经济中,每一位置的持有者都借用公共利益的名义来消灭其对手,如利用发展公共利益的名义来清除个人利益的代表在系统中的位置。每一位置的持有者都不毫不犹豫地求助于政治家的支持(为了维护上诉法庭的支持,一位议员对司法部长说:"我简单地认为政治结果对我们对手的工作身份也有影响。"54)。他们或者强调文化的特殊性用以证明特殊的司法领土(同时,为了反对在尼斯建立上诉法院,因为建立这一法院将可能取消埃克斯上诉法院),他们的争论进一步适用于地方主义:"瓦尔河构成了一个分界线。自从它重新连接在一起,它流淌了一个世纪都没有消失。在东部,是尼斯大区,他们还是高卢人的风俗、习惯和道德(阿尔卑斯山以北的)。在西部,则是普罗旺斯,他们要求收回格拉斯(Grassois)地区以及这一地区的居民。在河流的两边,居民的性格和反应也不一样。"55同样,这种取消布罗尼(Bourge)上诉法院的可能性产生了以下反应,即大部分人都认为"布罗尼上诉法院构成了一个完全同质的司法单元,符合民族、经济、地理秩序的需要"。56因此不应该取消这一法院。

53　Ibid.

54　A. N. B. 709－CBB0101.

55　A. N. B. 709－CBB0201.

56　A. N. B. 714－CBB0801.

　　这一政治体制化的过程太复杂,在其中产生了多种活动主体,这些主体追寻着异质性活动的逻辑。[57] 这一过程通向某种司法功能领土化的政治习性。在这个背景下,长期的司法官僚主义,也就是说司法部中央的行政管理,变成享有特权的活动主体,在与司法负责人互动的条件下,管理着司法领土。或者它参考政治意愿获得一种资源,在那些司法部内部部门的流动中,依靠政治意愿几乎成为唯一的可以确保其部门发展的策略。或者它抽出在其所构成的元素之间的复杂关系,用以强化自身的原则,打上体制价值的印记和它自身所代表的利益的印记,进而建构一种持续的司法功能领土化管理。我们还可以看出一种国家中心行动的框架,在这一框架中,简单地说,中央官僚体系的权力确保了一种持久性,在缺少强烈并持续的激励机制的情况下,它可以分流出类似 1958 年特殊案例的雅各宾式政治权力。

　　按照传统上来讲,司法官僚体系的行动遵从理性化的考虑,尤其表现在司法管理的工具理性方面以及适应经济发展和人口发展方面。这种理性化的考虑在司法部表现明显,司法部的考虑表明其长期处于财政部的压迫之下。财政部倾向于将司法作为工具,植根于国家工具一体化的理性化过程。对这种移植的假设抛弃了司法部的特殊地位,司法部以其所承担的特殊符号功能的名义和法官们自我吹嘘的培养的"无私的财富"(capital de désintéressement)之名义,在这种特殊地位中司法系统假装是一种工具理性的、非财政支持的空间。事实上这种理性化压力由财政部所实施,在司法中央化的意义里运行。也就是说,在实现这种理性化的地方,经济和人口都得到了发展。它同样表现为通过将这种移植用于展示司法体制的特殊性,由司法系统的领土分配与其行政领土划分的不匹配所表现出来。这种不适应也引发了一定的问题。这些问题涉及必要的协调用以确保国家的服务行动(例如,公共安全问题,警察局长或警察在省级层面的工作有时由同一地区里三个检察官一起出席构成)。[58]

　　我们同样观察到在司法领域公共行动技术化的过程。这些技术和组织方

---

[57]　Jean-Claude Thoenig, *L'usage analytique du concept de régulation*, in Jacques Commaille et Bruno Jobert (dir.), *Les métamorphoses de la régulation politique*, Paris, LGDJ, coll. Droit ET Société ,1999, p. 39.

[58]　Dominique Fatto et Jean-Claude Thoenig? *La sécurité publique à l'épreuve du terrain. Le policier*, *le magistrat*, *le préfet*, Paris, L'Harmattan, IHESI, 1993. 这些活动主体提出了计划持续要求司法部取消检察官这一群体,因为检察官拥有上诉到省级法院的权力。而对检察官来说,相比于警察,考虑到公共安全,这将是检察官重新获取整合者角色的重要途径。

面的考虑一直被司法部门放在首要位置，根据法庭行动的标准、沟通的工具、人口和经济的指标，用以管理司法地图的现状（statu quo）或者是用以着手进行临时的调整。

二、司法领土参与公共权力领域的重组

通过对司法功能领土化政治的历史分析，揭示出了司法功能所展示的两面性。这种两面性成为下列现象的原因：从大革命开始的法国政治拥有非同寻常的保守主义，当然也不排除一些例外。正如历史学家所强调的：从19世纪直到1930年的这段时间，由于一些计划接替了这一保守主义提议，改革和计划交替进行，司法系统以及社会甚至大众都似乎共享一种共同的理念——我们不能最小限度地移动界限，也不可以进行自身最小限度的流动。因为司法领土好像被惩罚要执行绝对的保守主义。(59) 现代粗略的研究证明了这一说法。从1930年开始，1958年改革代表了一种特例，在近几十年中，这些关系网络，委员会、工作群体都成倍地增长，却并没有完成最小限度的改革。正如一位杰出的法官所评价的，上诉法院关于领土的重组日益固定，在绝大多数情况下，几个世纪以来，对于那些关于法庭的大案件和案件，司法地图并没有从1958年改革以后的必须适应中受益。(60)

一方面，司法功能的特殊性成为政治群体的基础组成部分以及合法性统治的特权工具。另一方面，以政治代表的名义、文明社会的名义、公民的名义，为了更加深入地进入基层，司法权力的收回仿佛是一些不停变化的因素，致力于贡献给这种领土的保守主义。尽管所有这些都有助于确定法国情况的特殊性，如法国的历史以及法国为别的工业化社会所做的贡献的特殊性，包括乡村存在的持久性、乡村的组成模式以及贵族微观社会中地方精英再生产模式的特殊性、司法功能植根地方传统的特殊性等，尽管我们有必要对这些特殊性进行强调，然而这种情况对法国来说却是不合适的。例如，在比利时，人们认识到自1830年8月爆发革命以来的强烈的稳定性。也就是说自从比利时独立

(59) Frédéric Chauvaud et Jean—Jacques Yvorel, *Les "terroirs judiciaires" en France de* 1789 *aux années* 1930, Droit et Société, 29, 1995, p. 100.

(60) Pierre Estoup, *La justice française. Acteurs, fonctionnement et médias*, Paris, Litec, 1989, p. 35; voir également du même auteur: *La carte judiciaire de France*, Gazette du Palais, Chron., 29, nov. 1986.

以来，司法领土的基础与 8 世纪宪法下的法国政体所建立的司法基础保持一致。⑥① 在美国，正如一位伟大的美国法官所说的那样：司法改革好比一场声势浩大的体育比赛，它的举行不是针对那些小地方的业余运动员。⑥② 实际上，改革者从 20 世纪开始就尝试改变国家司法的结构和组织。⑥③ 最终，对这个国家来说，政治逻辑和法律逻辑的融合创造了一种图景，这种情况有利于维持现状并促使作用于司法改革的政治计划变得不可能实现。⑥④ 在意大利，近年来关于法官的介绍仅仅针对第一层级的司法（1997 年的第 276 条法律）宣告了司法地理版图重组的诞生抑或是一种毫无理性的司法分配的诞生。⑥⑤ 在西班牙也存在类似的情况，司法系统的处境实际上是广受争议的。这些更多的是与地理版图有关的划分，不具有全球的一致性。这些具有本土特色的司法重组活动并没有回应现代性理论所指向的普世一致的终极概念。针对这种局面，相关领域的专家提出了"司法改革，一个不可完成的任务？"这一论调。⑥⑥

美国的一些学者发展了这些理论，但缺少兴趣面对一般的现状。我们认为一种显著的张力存在于司法组织中央的等级概念与另外一种更加敏感的美国式的地方司法基础的相关概念之间。⑥⑦ 实际上，政府的中央集权化可能是一个重要趋势，但地方司法在精神上仍然占据着重要的位置⑥⑧这种张力也通向一种保守主义，这种保守主义将导致政党的权力以及利益群体维护不同的司法功能概念。⑥⑨

---

⑥① Jean－Pierre Nandrin, *Justice de conciliation*, *proximité et carte judiciaire de 1830 à nos jours. Une comparaison franco－belge*, Revue interdisciplinaire d'études juridiques, 38, 1997, pp. 86～87.

⑥② Propos rapporté par Deborah Barrow and Thomas G. Walker, *A Court Dicides. The Fifth Circuit Court of Appeals and the Politics of Judicial* Reform, New Haven, London, Yale University Press, 1988, p. 263.

⑥③ Christopher E. Smith, *Courts, Politics and the Judicial Process*, op. cit. , p. 33.

⑥④ Anthony Champagne and Judith Haydel (eds), *Judicial Reform in the States*, *op. cit.* ,p. 164.

⑥⑤ Luigi Marni, *Poteenzialità e rischi della riforma giudizieria in otto*, Questione Giustizia, XVI (4),1997.

⑥⑥ Jose Juan Toharia, *La reforma de la jucticia,una misión imposible* ?,Claves de Razón Práctica,54,1995.

⑥⑦ Henry R. Glick, *Courts, Politics and justice*, op. cit. ,p. 68.

⑥⑧ *Ibid.* , p. 68.

⑥⑨ Christopher E. Smith, *Courts, Politics and the Judicial Process*, op. cit.

(一)公共权力的结构改变

面对这种保守主义,是什么理由促使法国思考司法领土化政治将成为改变这种保守主义的转折点,或者探讨人们已经在一种新的形式之下了解了这种政治?

首先,我们观察到国家的重组,在这种重组里,存在一种中央国家政权在高层推动。一种突出的国家政权的力量,在法国特殊的雅各宾国家传统里受到推崇,或者如同我们所提到的一种宗教代理的国家。假如我们给国家一条路,相比于它的合作伙伴们,它将发动更少的公共行动。⑦ 这涉及国家强加公共政治的概念,也是在多中心的政治总体格局中,给共建的公共政治让出一条路。⑦ 总之,公共行动不会再减少到只剩下政府行动。一种多元主体、多种不同地位的主体的行动禁止将政府的公共机构变成唯一的公共行动的行使者。⑦

这种国家地位的改变对机构地位的改变有重要贡献。这些机构展示了国家的权威,是国家支配的工具。这些工具的使用方式和它的领土的定义,对我们的目标来说是很重要的。

在政治功能和权力运用的下行概念中,负责司法功能运作的机构参与到上层(top down)的行动规划中。那些庞大的行政机构,尤其是承担封建时期履行皇权职能的机构,在关系到其自身能力的领域中的垄断情况下,是一种可以确保强制方式的合法性统治权力的自然组成部分。垄断和等级制度的权力概念越来越在各种实践中受到质疑。机构的地位与权力的方式紧密相连,唯一可以存在的,是下述修改:机构应该构成权力的组成部分,并与多个合作伙伴一起实现这一组成方式。

并且,在雅各宾国家概念的框架下,没有什么比尊重公共权力的传统更能体现权力至高无上的地位,尤其是中央国家机构的权力地位。也就是说它滋养了一种法律被国家具体化且国家伪造法律的狂热。⑦ 在这里,国家最终垄断了法律。作为一个现代社会规范的核心要素,我们必须承认应该将国家概

---

⑦ Jacques Commaille et Bruno Jobert (dir.) *Les métamorphoses de la régulation politique* , *op. cit.*

⑦ Bruno Jobert, *La régulation politique: le point de vue d'un politiste* , in Jacques Commaille et Bruno Jobert(dir.) *Les métamorphoses de la régulation politique* , *op. cit.* pp. 143~144.

⑦ Patrice Duran, *Penser l'action publique* , *op. cit.* , p. 18.

⑦ Louis Assier—Andrieu, *le droit dans les sociétés humaines* , *op. cit.* , p. 44.

念重新讨论。⑭ 从逻辑上来说，这一概念发源于法律并非唯一的管理科学理念。⑮ 在法律成为国家控制的一种表达的情况下，法律的地位问题也随之被提出。⑯

这些同样是新的操作方式，它可以和相互依赖的活动主体的公共行动一起用于肯定这种公共行动共建的特征，以及重新思考国家和市民社会的区分或者公共和私有的区分等。⑰ 公共行动越来越被定义为一种共同参与的行动，产生一种协调机制，和逐渐远离等级制度和官僚体系的解决办法的呼吁越来越多。⑱ 这也就是说，国家不再执行一种监护的权力，但是可以成为其他活动主体的合作伙伴。同时中央国家执行的领导模式也逐渐被一种不同行动的、多元主义的、开放的方式所替代。在这种关系里，配合占据了一个重要的位置。⑲ 这可能也会成为一个实用主义公共行动的问题，同时，这也可能仅仅是碎片化的一个方面。也就是说与实体论相反的是，公共行动使人接受的主要是以公共的、善的、外显的力量的名义，并整合进一种不确定的、偶然的错误的观念。⑳

首先，在这种新的环境下，结合实际提出这种领土的问题。在危机时期，领土可以发挥一种切实的庇护。㉑ 正如大家所看到的，很显然，在这样的一个国家权力碎片化的时代，以及对国家主权不断产生争议的时代，㉒提出领土问题一点都不令人惊讶。因为领土问题，更多的国家机器，构成了定义公共问题的领域。㉓ 正如我们所看到的，领土是政治群体的基础，如果领土概念是暗含在国家领土概念之中，那么我们正处在一个以前的领土秩序的群体曾经面临

---

⑭　Patrice Duran, *Piloter l'action publique, avec ou sans le droit*, Politiques et management public, 11(4), 1993, p. 3.

⑮　*Ibid.*, p. 4.

⑯　*Ibid.*, p. 3.

⑰　Patrice Duran, *Penser l'action publique*, op. cit., p. 23.

⑱　Ibid., p. 25.

⑲　*Ibid.*

⑳　Jean—Gustave Padioleau, *Les formulations institutionnelles*, op. cit., pp. 26～27.

㉑　Maurice Gaillard, *Introduction*, in ID. (dir.), *Institutions et Territoire*, op. cit., p. 6.

㉒　Patrice Duran, *Penser l'action publique*, op. cit., p. 76.

㉓　Patrice Duran et Jean—Claud Thoenig, *L'Etat et la gestion publique territoriale*, op. cit., p. 582.

的情况中。⑧ 对超国家民族水平的断言,以及对地方水平接近国家水平的断言倾向于一种叠加的方式。这种叠加由相关的自治者、利益承担者以及相互分离的策略组成。这种叠加保存了各自领土上政府的能力。⑧ 同时我们也观察到一种用以反对中央国家功能的秩序的地方领域司法秩序的收回。⑧

其次,机构化的领土出现得越来越少。这一问题从本质上而言,这是对政治系统的极大不适应,以及对民众的社会经验的不适应。⑧ 这一问题也是一种集体认同的建构方式,这些自然激发出一种更加合适的研究。⑧ 同时也给政治团体提出了一些基础的问题:"底层的小城镇是否也是日常意义中的领土? 我们是否应当将新的生活的低谷(bassin de vie)看作新的日常领土,并在其中组织一些互助服务? 是否应该设想在生活的低谷的框架内存在一种市民性(citoyenneté),并设置一种政治检测机制,这有可能会架空大多数城镇自己的民主概念?"⑧

这些关于机构领土化的质问主要是为了在活动主体之间强加一种横向的经济交换,它们相互竞争或相互弱化一种传统的涉及纵向的经济交换。正因如此,相比于那些行政机关和大机构,我们观察到越来越多的合作程序的发展来自不同的横向经济中的活动主体以及面临交叉困境的主体。⑨ 同时,行动所参照的意识形态的压力加剧了这种困境。也就是说,在国家急于发展一种单边实体的等级制度的并且分区化的行动的同时,也发展出一种多领土化的集体性,这种集体性围绕一种地方决策的计划而流动,其选举性最接近于地方

---

⑧ Jean—Claud Nemery et Serge Wachtier, Avant—propos, in ID. (dir.), *Gouverner les territoires*, *op. cit.*, p. 5.

⑧ Ibid., p. 7.

⑧ Joseph Lajugie et al., *Espace régional et aménagement du territoire*, Paris, Dalloz, 2ᵉ éd., 1985, pp. 710~711.

⑧ Sylvie Biarez, *Politiques publiques et transports urbains: comparaisons européennes*, in Jean—Claud Nemery et Serge Wachter (dir.), *Gouverner les territoires*, *op. cit.*, p. 178.

⑧ Jean—Claude Nemery, *Introduction. Aménagement du territoire: lieu d'expression des contradictions*, in Jean—Claud Nemery et Serge Wachter(dir.), *Gouverner les territoires*, *op. cit.*, p. 14.

⑧ Ibid., p. 14.

⑨ Patrice Duran, *Penser l'action publique*, *op. cit.*

领土。⑨ 这种压力也存在于规范性的计划中，也就是说，这种压力也存在于一种雅各宾式的中央集权模式与地方司法委员会的妥协之间。⑨ 可以确定的是，存在一种新的国家层面以下的领土路径，这种非国家的领土组织的创立是以国家的独立和解放为标志。⑨ 如果我们在国家领土的研究中谈论越来越多的国家概念，这是因为在某些因素的影响下，上述的不适应情况越来越多地出现在"公共权力"领土的话题当中。在这一过程当中，实现了一种传统的政治权威，也产生了公共问题的管理领域的分割问题。⑨

由上层所主导的权力概念可能伴随机构的概念，以一种严格、正式的方式，深入到其领土建立以及其稳定性建立的行动中。因此，我们越来越有必要在活动主体的网络以及不同水平的决策者之间的互动中制造公共行动。在社会不同的组成部分之间不断增加的社会质询导致了我们大量思考，并引导我们对领土以及领土化实际所实施的行为进行讨论。这更加明确地表明，各个机构领土化的管辖范围的划分的不适应性已经扩展到其他的管理方式和领导方式当中去了。这一社会质询的核心在于领土问题处理。⑨ 除此之外，这一质询也涉及大众权力的重组和获得的过程。⑨

谈及领土，考虑到领土可以重新建构它的表面，⑨我们可以发现一种强烈诉求的表达。如果不能将针对社会问题的处理以及传统机构的领土提案协调一致，这种诉求将引发一些社会问题。提出这种领土问题，将成为一种分析公共行动背景的方式之一，将公共行动变成一种不仅要求从中央出发来定义公

---

⑨ Louis Assier-Andrieu, *La cité doit — elle produire la société ? Cohésions institutionnelles et politiques de cohésion sociale à Perpignan*, in Louis ASSIER—ANDRIEU et al., Eléments d'analyse de la politique de la ville à Perpignan, Perpignan, Icress, mars 1997, multigr. , p. 29.

⑨ Louis Assier—Andrieu, *Réflexions sur le droit du social*, Nouvelles annales de la pensée politique, 2, 1999.

⑨ Patrick LE Gales, *La gouvernance urbaine en Europe. Eléments de restructuration du politique*, Mémoire d'habilitation à diriger des recherches en science politique, Université de Rennes I, Oct. 1996, multigr.

⑨ Patrice Duran, *Penser l'action publique*, op. cit. p. 76.

⑨ Patrice Duran et Jean—Claud Thoenig, *L'Etat et la gestion publique territoriale*, op. cit. , p. 590.

⑨ Ibid. , p. 583.

⑨ Sébastian Roche, *Sociologie politique de l'insécurité. Violences urbaines, inégalités et globalisation*, Paris, PUF, coll. sociologie d'aujourd'hui, 1998.

共干预的原则的行动,同时也要求从社会现实和行动的偶然性出发来定义公共行动。这一从领土问题出发分析公共行动的方法也使得国家发展所需的任务的完成不再被高层垄断,领土化的地方层面促使它在底层也可以实现。[98]同时,领土关系也在公共行动秩序辩证法的双重维度中受到重视。领土机制的稳定性和限制性标志着领土化的原则参与到构建政治合法性空间的过程中。并且这一原则致力于定义今天的公共问题管理动力空间,这一公共问题的管理以情况的多样性、解决办法的偶然性以及其地理支配的多变性为特征。[99]

(二)融入公共权力结构性改变中的司法体制

司法体制参与到一般的去领土化(deterritorialisation)现象的措施中来。尤其是必须面对全球的和地方的双重领土的压力以及新的社会质询形式。这一新的质询形式出现越来越多,建立起越来越多的新机构,这些机构要求获得部分经济和社会生活的管辖范围,同时也是民主和高效率生活的重要组成部分。[100]从去中心化改革到欧洲建设,体制化政治促使新的决策政治团体成倍增加,[101]直到引起了一种机制化的领土隔离。同时,公共问题性质的改变也定义了多种管理空间。这种情况越来越不符合政治行政的剪裁结果以及它们的领土基础。[102]在这样的背景下,司法的功能在其机制化的表达形式中,被看成一种用来减少机构干预的必要措施。司法的功能不再是仅仅体现在参与那些决定领土机制化的一般性原则当中,也致力于抽象的个体。司法的功能越来越多地被运用于社会生活的各个方面。这些和所提出的社会问题有关,这些问题出现在社会经济多种形式的现实当中,也涉及不同的地域。

一方面,在全球化的影响下,司法功能的实行问题以及司法功能的领土化问题面临司法管理超国家的模式机构,这种司法管理削弱了国家层面干预的

---

[98] Patrice Duran et Jean—Claud Thoenig, L'*Etat et la gestion publique territoriale*, *op. cit.*, p. 591.

[99] Patrice Duran, *Penser l'action publique*, *op. cit.* p. 79.

[100] François Ascher et Francis Godard, *Une nouvelle révolution urbaine*, *Le monde*, 9 juillet 1999, p. 15.

[101] Patrice Duran, *Penser l'action publique*, *op. cit.* p. 76.

[102] *Ibid.*, p. 76.

可能性，或者激发了一种传统司法领土的不稳定性。⑩ 另一方面，在公共问题全新的与本土化相联系的压力下，作为诱饵，从 20 世纪七八十年代开始，以它的背景分析考察为标志，司法的任务开始重新定位。也就是说，这种调整应面向社会文化环境。在社会控制重组的框架内实现司法的功能是很有必要的。这种社会控制从干预的本土化开始，采取强烈的申请形式促使司法系统移动到问题发生的地方。（例如，创建"司法和法律之家"或者司法分部）并将新的合作伙伴关系合同化（城市政治职业者——professionnels des《politiques de la ville》，其他的公共政治或机构的代表，如学校机构、地方选举代表等）。

这些新的合作伙伴更多地致力于公共权力机制化领土的不稳定性。在这种不稳定当中实现传统的司法功能，它们践行它们的使命，更多地参照行动的概念而不是秩序的理念，⑩更多地参照社会问题而不是公共权力的理念。它们更多是根据社会问题的类型建立起特殊的场景，并在其中行动，而不是在如同行政区划一样的常规标准的一般场景中行动。⑩ 这就解释了尝试建立一种新的独立于政治行政权力的司法功能领土化的可能性。

这些新的有关司法环境关系的报告有助于将司法功能领土化问题从中央层面（司法部的为政治权力层面，掌玺大臣署则为官僚体系）转向地方层面（地方的司法部门），并提出很多关于司法体制的问题。这些问题，我们认为在涂尔干思想的核心中也有所体现，机械团结（solidarite mécanique）和有机团结（solicarité organique）标志着一些复杂的分化的系统。⑩ 掌玺大臣署（La Chancellerie）区别于作为雅各宾派权力的左膀右臂的设定，它实际上也面临着一种司法化政治的发展。也就是说相关的法院以一种合同的方式，和它们不同的地方合作伙伴一起，定义出一种涉及新的领土化的司法政治。同时，司法如同机构和国家一样，即使它们承担一定王室皇权的功能，也同时必须面对

---

⑩ 下列的研究强调了司法领域所遭受的挑战，以墨西哥司法体系中北美自由贸易协定为代表。Héctor Fix Fierro et Sergio Lopez Ayllon, *Globalisation et changement juridique au Mexique：L'Alena, Droit et société*, 35, 1997.，同样，在 Wanda De Lemos 的文章中就监控的问题也作了阐述，尤其是对一国内部的司法设置与跨国犯罪。*la transnationalisation du champ pénal：réflexions sur les mutations du crime et du contrôle*, Droit et Société, 35, 1997.

⑩ Pierre Duran, *Penser l'action publique*, op. cit.

⑩ Patrice Duran et Jean—Claud Thoenig, *L'Etat et la gestion publique territoriale*, op. cit., p. 598.

⑩ Emile Durkheim, *De la division du travail social*, Paris, PUF, 1967.

一些偶然的可能性,承认这些参与特殊领土活动中的活动主体的存在。这些特殊领土决定了问题的定义,和施压于公共机构之间一种地方需求的强制的合作。事实上,也存在一种相关的传统地方法官在司法过程中自治情况加剧的局面。有关公共安全的文章显示,这种局面承认了等级制的金字塔的权重规则相对化。面临地方情况和地方问题的特殊性,这些法官像地方操作者(operateurs locaux)一样行动,参与到地方行动者的网络中来,与它们一起建立起临时的非正式合作。法官们面临着手处理解释和适应的工作,使那些属于正式结构的体系服从等级制度体系相对化。相比于完全由高层决定和规范的工作,我们同样也面临一种组织的无政府主义。这种无政府主义,更多地确保了司法世界存在一种结构化的区分。相比于等级制度,这种无政府主义的法官具有更多的自主性。这些都被其同伴(如警察和宪兵)所深刻了解。检察院也以维护公共安全的方式大量参与到一种突发的地方行动逻辑中来。[107]

刑事法律的转型参与到颠覆司法领土的首要过程中,检察官也变成了行动主体或者公共政治的合作伙伴。[108] 青少年的司法保护同样自称是将服务行动领土化,并参与到行动中去,在这种司法政治的框架下,地方选举产生的代表与司法部,就本土安全活动涉及犯罪处理的地方群体的经验等进行了协商。[109] 四方选举代表进入法院中,并加入了司法体制的网络,在重新分配居于法庭核心的法官服务中,通过地方部门的参与,可以更好地实现与田野访谈对象之间的工作。[110]

这种情况很难用一种社会问题领土化的观点来解释(territoires des problèmes sociaux),这种情况将给公共权力领土施加压力。在一种城市关系中,同时要求确保居民和街区的利益享受到公共服务是很难的。在这其中,市民有权力受到教育,警察以及司法的保护。[111] 这种诉求的表达是建立在下列

---

[107]　Dominique Catto et Jean—Claude THOENIG, *La sécurité publique à l'épreuve du terrain. Le policier, le magistrat, le préfet, op. cit.*

[108]　Ibid.

[109]　Jacques Donzelot et Anne Wyvekens, *La politique judiciaire de la ville: de la prévention au traitement Les groupes locaux de traitement de la délinquance*, Paris, CEPS, GIP Mission de re cherche Droit et Justice, IHESI, DIV, déc. 1998, multigr.

[110]　*Ibid.*, p. 35.

[111]　Ministere De L'*Emploi et de la solidarite*, *Demain, la ville*, tome 1, Paris, La Documentation française, 1998, p. 194.

的论断中，即司法版图在今天更加不适应法国的城市现实。[112] 它经常不认可城市革命。当这些中小城镇拥有好几个法庭的时候，也存在许多拥有 4 万到 5 万居民的郊区或者乡村没有任何的司法设置的情况。[113]

这种诉求是源自社会问题的领土现实的，偏向司法功能的社会维度，这种诉求不会导致忽略机构的维度。在这一维度中，我们最为忧虑的是将判决的功能重新交给法官，以及法律再次中心化干预的过程中，法律由于其角色必须保留其特殊性而不能扩展到社会整体的规范中来。[114]

这两种维度之间存在一定张力，这同时发生在大的政党当中，伴随着左派和右派的政治划分，出现在法官们的归属感的结构模式中。同时，机构的维度还可能作为唯一一种较易保存的机构的特殊性以及功能特殊性的方式。在这一视角下，面临一种社会问题司法化，司法问题领土化的压力，这种张力以卓越的公共权力的力量促使司法领土的合并。这种张力在有限的范围内，将赐予这些新的通过地方传统偶然性而形成的领土以权力。因此在司法世界中存在一种逻辑，即促使司法机构接近地方，促使地方自治组织在司法机构所代表的王室的繁荣和生机的力量中变成司法机构本身。[115] 我们也可以观察到对其的抵抗形式，例如在法庭中的抵抗，[116] 以及在司法对负债的处理过程中所遇到的抵抗。[117]

（三）司法功能领土化的新政策？

在这种司法领土的去稳定性的背景下，司法领土自身也加入到追问国家领土的背景中来，尤其是在法国，司法功能领土化改革已经初步开始了，在这些条件下，紧跟其后的不同模式都源自这种背景和逻辑下，重组后的国家政权将对这些进行管理。

例如，受掌玺大臣署的司法功能多元化管理制度启发的专家治国论

---

[112] Ibid. ,p. 194.

[113] Ibid. ,p. 201.

[114] Rapport du Comité de réorganisation et de déconcentration du ministère de la Justice, rapporteur: Jean—François Carrez, février 1994, p. 4.

[115] Anne Wyvekens, L'insertion locale de la justice pénale. Aux origines de la justice de proximité,Paris, L'Harmattan,1997, p. 341.

[116] Ibid.

[117] 相关法律对国家负债情况下涉及个人的利益在 1989 年 12 月 31 号的 Neiertz 法律中有规定。Cf. , dans ce même numéro, Delphine Sadaune de Oliveira, La réticence des juges face à l'application des lois sociales.

（technocratique）的路径被中断了，也就是说，没有一种对应的、内部的、技术的角度的政治方案⑪。或者它已经和政治家的路径结合在一起。⑲ 司法部长新的提案《关于司法地图的任务》刚到位：这一提案及其构成和条例可能激发的行动让我们认为这构成了对我们所提出的观点的完美解释。也就是说国家地位的转型，政治权威实行的方式都源自并显现出了领土问题，这是一个新的挑战。根据这一提案和已经建立的背景，一种源于这一提案的社会学描述性研究（sociographie）也被建立起来。我们再一次掌握了这些重要的因素用于澄清我们的司法功能领土化的政治路径及其转型。

这种由高级公务员（类似于我国由中央派往地方的专家调查组）指导的任务是十分有意义的。这涉及领土治理的代表大会以及地区行动代表大会（DATAR）。这种新的强大的关于司法功能领土化的救助实现了一种不同性质的学说。这一学说建立在具体的领土问题之上，并以一种跨任务的行政管理模式，强行进入司法机构处于垄断地位的体制领域。伴随着领土的划分，这也带来一些分析的工具以及领土治理的方法。但这些划分并没有与传统的司法机构同时诞生，也没有与行政层次的划分同时诞生。这就将导致经济低谷的问题（bassins économiques）或者乡村（pays）的问题。⑳

司法功能的领土化参与了新的公共权力的策略，后者正寻求发展一种新形式的空间组织形式，这种新的组织形式横跨行政区划。这种形式依靠历史地理、归属认同以及文化而建立，㉑并不完全与传统的行政区划相一致。这些都让这一问题备受争议。由于相邻发展的领土平等的用语更新，在空间上相

---

⑱　在 1994 年 2 月份的《Carrez 报告》中，涉及总统委员会的工作由一名审计法院的主要顾问、国家地理研究所的主任以及司法部所有的领导、警长、国库的管理者和司法系统的高级法官构成。

⑲　司法部长 Jacques Toubon 的计划，在 1997 着手建立一个国家层面的关于司法版图的咨询委员会，这是建立在各级选举代表以及执政党代表，司法权威和司法附属体系等所有成员达成共识的基础之上。

⑳　"国家是一个地理、文化、经济和社会紧密团结的整体。它表现出经济和社会利益团体的特征，同时也表现出城市和乡村空间上的团结一致。"Cf. DATAR, *Schéma national d'aménagement et de développement du territoire*, Paris, La Documentation française, 1996, p. 170.

㉑　Bernard Boureille et Nicole Commerson, *Proximités et aménagement du territoire*, in Michel Bellet, Thierry Kirat et Christine Largeron, *Approches multiformes de la proximité*, Paris, Hermès, 1997, p. 334.

邻的意义上，使得这一用语允许我们更好地进入公共服务领域。⑫

考虑到新的领土的层级⑬，以及领土管理方面的忧虑和城市政策（la politique de la ville）的忧虑，司法功能的领土化问题在新术语中屡次被提到。⑭参与司法功能领土化政治重新定位的活动主体认为，为适应地理的变迁，以及新的城市的发展和国家概念的整合，毫无疑问存在领土划分的多种可能。位于司法部核心的是文化的问题，司法系统改革不能被当做一个数据问题或法律问题予以解决。我们需要整合领土治理的逻辑，并带来一种新的文化，尤其是领土治理的代表大会以及地区行动代表大会（DATAR）的文化⑮。

新的代表大会文化（DATAR）明显地激励着司法世界中的工作秩序。这种代表的意愿经过选择，以现实主义的名义，将雅各宾司法功能领土化的视角与专制政权领导下的技术专家的概念相融合，从而使得雅各宾派式的中央权力与改革的视角决裂开来。雅各宾派或专家治国的概念已经过时了。正如一位政治头脑所说，现在不是 1958 年，我们不会实施一种反对所有人的改革。⑯符合对公共行动的新的定义，最重要的一个词是"实用主义的"。这也是为了参与到一种以与所有地方水平的团体交流为基础的司法变迁过程中来。这些地方团体包括：媒体、司法从业者、社会经济伙伴以及地方选举代表等，这种实用主义紧跟一种精密制订的询问计划。⑰这种实用主义标志着一种尝试变革的方式诞生了，从忠于领域治理的学说开始。同时，联系各组织的负责人，发展出一种将不同的有关活动主体集中化的概念。（国家不再误解地方代表的决定。⑱）这些活动对那些经常在代表大会（DATAR）以及城市政治框架中的谈话中被提及的内容给予了回应。谈到创立契约政治的重要性（politiques contractuelles），⑲谈到建立一种真正的合作伙伴关系以及一种与活动主体的

---

⑫　Ibid. , p. 334.

⑬　Assemblee Nationale, *Les tribunaux de commerce：une justice en faillite ?*, Rapport n° 1038, Paris, 1998, tome II, pp. 410～425.

⑭　Ibid.

⑮　*Ibid.* , p. 415.

⑯　Ibid. , p. 414.

⑰　Entretien avec Flavien Herrera, chef de la mission de réforme de la carte judiciaire au ministère de la Justice, 16mars 1999.

⑱　Ibid.

⑲　Datar, *Schéma national d'aménagement et de développement du territoire*, p. 170.

以国家（pays）概念为参考的联系（领土上所有的活动主体都应该被邀请加入成为它们未来的主角[130]）。这种回应也是在有效地发挥了柔韧性以及实用主义的方法框架中的，在寻求与其他活动主体共同发展机会的框架下，用以反对雅各宾文化[131]以及公共权力的霸权意志。

这也同时表明在司法世界中，除了领土管理的技术以外，新的公共行动的概念从一般的国家以及国家运作方式的转型中吸取了经验。在由 DATAR 提出的那些条例中，我们并没有远离美国所提出的策略计划的模式（planning strategique），同时也表明在 DATAR 负责的活动中也出现了这种模式。[132] 总之，在这种模式下，行动的目标源自合作伙伴之间的协商，并且决定总是在不断总结和偶然性并存的道路上产生的。相关的分析筛选了争议，在策略的协商过程中，我们甚至可以在相关参与者之间用"处理（traités）"这一词。这一分析和筛选的过程表明了社会行动主体之间反对和分歧的目的是为了更好地总结和归纳。[133] 伴随着实用主义理性的基本准则的贯彻，实用主义理性（rationalité pragmatique）统治了策略路径，并迫使法律和规则所遵从的规范理性（rationalité normative）退居其次，后者中通常存在着传统计划的形式主义（formalisme du planning traditionnel）。[134]

我们仍旧必须继续观察这种受 DATAR 文化和城市政治启发的公共行动学说的具体实施。如果我们试图从发展的角度去定位去多元化（各地区发展一致）的司法水平，我们可以发现新的法国司法版图的布局正在形成。正如 DATAR 提出的，存在一些公共服务的窗口（guichets），也就是说这些分部依靠运用共同的工具代表了服务网络的新形式。[135]这种司法版图的两个层面日渐占据重要位置。同时另外也有实际过程中的活动主体认为：我们无疑需要

---

[130]　Datar, *Le pays*, *nouveau territoire du développement local*, Paris, La Documentation française, 1996, p. 13.

[131]　*Ibid*.

[132]　Serge Wachter (dir.), *Politiques publiques et territoires*, Paris, l'Harmattan, coll. Logiques sociales, 1989.

[133]　Jean-Custave Padioleau, Un *mouvement de rationalisation de l'action publique urbaine*: *le planning stratégique*, in Serge Wachter (dir.), *Politiques publiques et territoires*, *op. cit.*, p. 180.

[134]　*Ibid.*, p. 186.

[135]　MINISTERE DE L'EMPLOI ET DE LA SOLIDARITE, *Demain*, *la ville*, *op. cit.*, tome 2, p. 95.

第一层面，这种在法律的入口层面和并不起决定作用的层面，作为司法分部的第一阶段提供了更多的信息。[136] 这种对司法版图的重新定义很明显被视为一种确认，将行政区划标注上所有的参考系统。[137] 这种确认通过不同的手段实施，如巡回法庭观众席的司法的扩展，大法院法庭中各个厅的分解机制，以及上诉法院的上诉国家委员会中通过政令对上诉法院以及初级法院上诉的基本原则的确定等。公共行动在司法功能领土化的方式中变得越来越实用。

对我们来说，问题不是 DATAR 文化的救助策略或者城市政治的救助策略是否是最恰当的，以及这种救助是否最终能够与法国司法版图的严重的保守主义决裂。简单地说，这涉及策略以及策略实施所需要的资源，这些都构成一种更加深刻的变化的证明。在这其中，尽管它自己也不断要求特殊性，司法功能的领土化问题还是仅以一种几乎不可抗拒的方式加入到这种变化中。

在这篇文章中，我们用大量篇幅转述了这一广大的司法功能领土化运动，它的进行是以司法改革作为工具重新划分各个司法系统的管辖范围。正如司法作为国家领土的要素，以及政治集团结构的工具一样。在这里司法领土也是公共权力的领土，在其近期的发展中，司法功能的领土化以新的公共行动的形式参与了以下问题的提出：是否是正确的司法版图的表达，是否适合法国以及雅各宾国家文化，以及是否揭示了一种制图技术上的解释。[138] 这些问题让人觉得一种司法领土持续被中央政治行政权威强加的观点仍旧是恰当的。

但是如果我们不对这种沉重的趋势发出抗议，这一司法功能的领土化是国家重组和重组过程中转型的显示器，我们仍然有其他的可能性参与其中。司法功能的领土化政治伴随着政治的局势建立在许多可能的变化的边缘。它或者是左派的或者是右派的，更多的偏向是社会的，或者体制的。它的这些参考系统都是由司法功能运用的概念所引发的。这些概念同时也是政治秩序的概念。其中，每个概念的权重都是由外在和内在两方面因素决定的。

正如社会和政治规范的工具一样，面向司法机制的等待的实质或者问题的本质都属于外在因素。内在因素不仅包括职业群体和机构的利益，也包括

---

[136] 此处引文出自让·保罗编著的国民议会对商业法庭的调查报告。Cf. ASSEMBLEE NATIONALE, *Les tribunaux de commerce*…, tome II, op. cit., pp. 415~416.

[137] Evelyne Serverin, *La proximité comme paradigme de constitution des territoires de la justice*, in Michel Bellet, Thierry Kirat et Christian Largeron, *Approches multiformes de la proximité*, op. cit., p. 74.

[138] Patrice Duran et Jean-Claud Thoenig, L'*Etat et la gestion publique territoriale*, op. cit., p. 611.

其所追寻的终极目标。伴随这种情况,有关的活动主体有下列情形中更能进行自我管理:在那些支持法国社会的地方传统所滋养的体制化传统的思潮中,在那些偏好在理性化的普遍过程中的司法功能协商中,在那些滋养了将司法功能保存起来或者复兴起来的信仰的思潮中。这经过了在全社会中积极的变革过程的考虑,也包括在那些最社会化的问题方面。针对这种局面,我们参考了民主的原则进行活动:在不同形式的公共活动中,以及权力的民主化和公民的监督中,确保平等以及公民的参与。

这些要素的活动处于张力的核心。这种张力存在于以下两者之间:优先倾向于对司法作为一种公共权力的工具再次确认方面以及司法与社会和经济的不断更新所产生的与行政系统的联系方面。这种张力解决的模式依靠对司法领土去稳定性的超越。

The Destabilization of Judicial Territories

Jacques Commaill

Abstract:In France, the politics of court reform have usually been poised between two concepts of judicial territories: one where they are first under the jurisdiction of the Jacobin State, the other, where they are principally "worked on" by society, the problems it encounters, and citizens' needs. Although the reform of 22nd December 1958 is the perfect expression of the first concept, it remains an exception in that the influence of political representation generally leads to compromise or immobility. The strong hand of the activity of justice in the structural changes of public authorities and their jurisdiction nevertheless implies reforms testifying to the *current destabilization of judicial territories*.

Keywords:function of justice; judicial map; judicial policy; politics of court reform; public territory

围墙外的司法官们[*]

安娜·布瓦若尔 著^{**} 林茂 译^{***}

摘要：近十年来,我们目睹了普通司法系统中司法官(Magistrature)①流动到法律职业之外的其他领域谋求职业发展。这种职业流动的现象以前很少出现在法官和检察官身上。因此,我们有必要探究这种现象的意义。司法官的行政模式和经济模式是否被整合进入其职业模式当中,并得到极大扩展?还是恰恰相反,司法官的司法特征仅仅赋予了这种活动以很小的边缘空间?本文旨在对这两个问题进行回答,并对司法官这个职业群体向法律职业以外的领域发展困难的原因进行分析。

关键词：职业习惯 司法官 职业流动 惩罚 集体策略

提及国家各种职业群体的不同之处,我们不能不提到这些职业团体以其自身能力所建构的"权力",这些权力在社会中大量传播。同时,这些职业团体也提供给国家大量的工作人员。② 司法秩序中的司法官作为其中一种职业群

---

* 原文出处：Anne Boigeol, *Les magistrats hors les murs*, Droit et Société, n° 44/45, 2000, pp. 225～247.

** 安娜·布瓦若尔(Anne Boigeol),法国卡尚高等师范学院社会科学与政治研究所教授。

*** 林茂,法国卡尚高等师范学院社会科学与政治研究所社会学专业博士研究生。

① 司法官(Magistrature)是作为法官(juge)和检察官(procureur)的整体总称。他们的群体称为 Magistrats。对此,本文参考金邦贵主编《法国司法制度》一书,将其译为"司法官"(参见金邦贵主编：《法国司法制度》,法律出版社 2008 年版,第 7 页)——译注。

② Marie－Christine Kessler, *Les grands corps de l'Etat*, Paris, Presses de la FNSP, 1986.

体,他们很少能跨越职业界限到别的领域占一席之地。③ 他们的职业传统,他们所受的教育,他们的行业组织,甚至任何事物都不能真正使他们产生流动的倾向。但是这种类型的流动在第五共和国的统治下却得到了明显的发展,其最为突出的一面可能是司法官职业的开放性得到增强。近年来,开始存在一种司法官的私有市场。因此,本研究试图分析,相比于其他的司法群体而言(行政司法官与经济司法官:la magistrature administrative et la magistrature financière),司法官与他们之间在职业的发展历史上,是否存在一种明显的差别? 又或者司法官的特点使得他们只能容忍职业流动在边缘存在? 本文的主要目的就是对这一问题作出回答,并分析为什么司法官很少参与到这种流动中,以及在什么情况下他们可能参与其中。④

一、国家司法机构中职业流动的差异

在较高等的国家职业群体中(如最高行政法院、审计法院等裁判主体),也不存在同样的职业流动历程。例如,最高行政法院是第一个能超出边界发挥其作用的国家机构。它认为自己是一个多功能的、无处不在的实体。相反,审计法院在很长一段时间里都坚持远离这些运动,认为应当有必要保持其独立性,为政府内阁的利益可以拥有一些特权。在 1910 年,总统会议发出一致决议,认为应寻找一个机会反对这种超脱于行政事务,可能存在的独立性(1879年由最高行政法院正式提出):"这一法院提案的扩展违背了法院的精神,并对法院的良好运行有害。我们很难设想会有终身不被罢免的司法官。即使以一个临时的头衔,也能长期固定地在行政系统的框架中保持其位置而无丝毫流动的迹象。"⑤

然而,这一稳定、毫不动摇的位置,也在逐渐弱化。审计法院司法官们的

---

③ 这种流动主要跨越三种行政位置:调职(司法官调动到其他机构的某一职位上工作),借调(司法官和其职位一起被分配到另一部门),停职(暂时从司法官系统中离职,例如为了在私人企业中工作而暂时离开法院。)

④ 本文基于法律和司法研究中心所 1998 年开展的研究:《"法庭外的法官"——法官职业领域以外的流动分析》(la Mission de recherche Droit et Justice:*la magistrature hors les murs. Analyse de la mobilité extra—professionnelle des magistrats*,1998)。这一研究既包括对问卷的数据分析也包括和正在流动当中的司法官们的访谈调查,为了方便,我们将这种司法官称为流动司法官。

⑤ Cité par Marie—Christine Kessler, *op. cit.*, p. 190.

行为也有所改变。在第三共和国的后期,他们与其最高行政法院的同事越来越像。在第二次世界大战的时候,所有的大机构都包含了这种职位流动的政治利益。这允许他们在其社会中奠定自己的影响力与威望。但是仍然有大部分司法官与这一流动运动保持距离。在 1939 年之前,即使在 1945 年二战结束以后,如果不是在殖民地的司法机关中,几乎没有在国家机构之外的司法官。然而社会的发展还是给司法官们提供了职位流动的可能性,对大部分的司法官来说,这种流动与战争结果的处理有关。更多的司法官的流动是在第五共和国的统治下,新的体制外的位置也为他们提供了条件。司法官进入市民社会有以下几个方面:伴随法律和司法的结构的欧洲一体化,司法官进入国际组织中;伴随司法官进入行政权威独立负责的经济法规的领域中(证券管理委员会、市场竞争管理委员会)以及在企业当中,司法官进入经济领域中;伴随着 1992 年法律的颁布,允许司法官脱离国家行政学院(ENA)⑥所规定给他们的职位,如高级公务员(administrateurs civils)和市辖区的区长(sous-préfets)等,从而司法官可以更全面地进入行政领域。总之,伴随日常事务以及行政事务的发展,司法秩序内司法官有一定的职位流动,但这种流动仍然是极其有限的。因为它只涉及 3% 的司法从业者,结合国家高等主体机构以及高等司法机构的总体人数考虑,真的太少了。⑦

我们可以发现相比于其他国家机构的实际行动,司法官的流动显得很迟缓。谈到司法官的实践,他们也参与到其他行政司法官或经济司法官的实践中去。这些调动在外的司法官所希望的,也是受到英美司法文化所鼓励的一些法学家所竭力主张的职业流动。但这种流动是为了迎合一种司法精英的流动循环,过分夸大了职业界限之间的透明程度。⑧

然而,即使有一定的运动迎合这种流动,一些结构性的原因仍然导致了这种发展变得十分缓慢和薄弱。一些对司法官群体的限制,以及司法官自我建构的职业习惯的方式,都促使这类流动的实践边缘化。

---

⑥ Ecole nationale d'administration.

⑦ 为了进行比较,让·吕克认为在高级公务员中的调动有 30% 关系到司法官。Jean-Luc Bodiguel, *La magistrature, un corps sans âme*, Paris, PUF, 1991.

⑧ 参见 Daniel Soulez-Lariviere, *Justice pour la justice*, Paris, Seuil, 1990.

二、司法官的职业习惯促使其不具有流动的倾向性

在大家眼里,司法官的职业文化首先建立在一种谨慎保存其独立性的基础之上,由于担心丧失其独立性,因此这一群体对独立性不停进行强调。⑨正如一位已经退休的司法官所说的那样,他自己也是一个司法官的儿子:"我父亲认为司法官不应该与那些需要庇护的申请人之间有任何的联系。"这种谨慎的保留可以被理解为自我封闭在法律的象牙塔内;此观点曾经被莫里斯·爱达杜(Maurice Aydalot,曾任上诉法院的检察官)所谴责。因此,司法官对公众进入法律系统非常忧虑,从而进一步引发了如何培养司法官与创建司法官学校的争论。⑩ 这种保守主义现在仍然存在于一些个案当中。传统上来说,司法官维系着与政治要员之间的联系,这种联系以一种庇护的形式出现,并外化为一些入职推荐信等。⑪ 他们中的小部分人为实现选举成为议员或被招致政府内阁的麾下,毫不犹豫地超越了这种职业界限。

传统的司法官模式与金钱之间同样是有距离的。这涉及不能听从于利益驱动。受到与司法官传统价值相反的动机的驱动,这些司法官离开一个仍具有一定神职精神的机构的行为,相比于仅受金钱的驱动而离开的那些司法官,显然前者体现出一种无私的价值观。一位司法官为了实现除司法功能外的其他的功能而跨越职业界限,常常会受到质疑。许多人怀疑他们是仅仅由于金钱方面的原因而离开司法系统,这对于致力于无私奉献的司法机构来说无疑是不能忍受的。所有人都在谴责这些为了薪酬而放弃理想的司法官。司法官自己主动流动也是沉浸在这种意识形态里,并且否认这种仅仅由于经济原因的离开。

"我们怀疑你做这一切都是因为钱。在司法官中间存在一种巨大的幻觉,即认为自己的薪酬很低,他们离开唯一理由就是物质…… 你可以花两个小时时间给他们解释这并不是我们行为的初衷,看看他们是否都相信你。"(司法

---

⑨　Cf. Alain Bancaud, *La haute magistrature judiciaire entre politique et sacerdoce*, Paris, LGDJ, 1993.

⑩　Anne Boigeol, *La formation des magistrats: de l'apprentissage sur le tas à l'école professionnelle*, Actes de la recherche en sciences sociales, 76/77, 1989.

⑪　Alain Bancaud, *Une nomination judiciaire sous la Ⅲ^e République*, Genèses, 26, 1997.

官，企业职员）⑫

司法官流动的脆弱性也有组织和体制的原因。司法官是一种有必要跨越不同等级级别的职业，在高级司法官级别上，职位是很少的。司法官职业在机构以外的扩张没有好处。即使这种流动没有强制打破职业的发展，对于管理这一职业来说，保持原地不动的位置更易于管理。当然也有一些流动促使司法官获得了更好的职业生涯，例如成为司法部长。在 1995 年，最高法院（la Cour de cassation）中一半以上的司法官以及上诉法院中三分之二的检察官（avocat général）在其职业生涯中都有所流动，特别是司法部部长、副部长或者技术顾问以及在政府内阁机构担任一定职务的人。

第三共和国时期，司法官开始了其职业化进程。司法官的职业考核的准入机制降低了司法官推荐制作用。通过强化其职业界限和加强外在的招聘限制，司法官准入机制一直在谋求保护其自身领土的办法。这一充满了行会主义的运动致力于防止这些司法官流动到司法系统之外。在 1958 年创建国家法官学院（ENM），我们通过竞争进入，在其中我们获得了教育，这种学校在一定程度上使得相关的司法官职业入口的关闭正式化。学生被塑造成为一位法官或者一检察官，而不是企业的法学家或者律师。律师事务所的实习在以前是必不可少的，现在也可以删除。国家法官学院的创建是按照国家行政学院（ENA）需要的模式，但它又和国家行政学院区分开来，并且在这种措施下面，使自己可以垄断司法官的职业化。国家行政学院是一所面向大众的学校。在学校的学习将在司法官群体身上产生一种主体精神的培养，并涉及一种机构的建立，这将促使这些司法官对司法系统以外的人员进入司法官团体的行为产生不信任，并且反对司法系统之内的司法官向外流动。

更具体的是，司法官在与其实践活动之间维系着一种暧昧的关系。他们中的一些人十分强调高等国家机构的运作模式，特别是涉及最高行政法院的职位，他们认为这对建立司法系统在社会上的威望必不可少。

同时，那些他们认为是其功能和行会的特征也使其远离大机构以外的事物。司法官不欣赏这种类型的流动实践，他们中的大多数在其职业生涯中从来没有遇到过流动的机会。这些人，正如我们所看到的，在流动中表现出来的是一种典型的巴黎人的性格，即在司法官整体中缺少集体性的行动策略。这

---

⑫　此段谈话的内容截取自以前在法律系统中从事司法官一职，而在访谈时已经进入企业工作的被采访者的口述。后文所引用的多段谈话结束后的括号里的职位表示被采访对象曾经担任司法官，后一个是因进行职业调动，现从事的职业。

就是国家法官学院、国家行政学院等机构与其他机构的不同。这种不同主要体现在：首先，因为法律规定这些机构有且必须有一定的流动性，司法官有机会流动至他们自身所属的机构外；其次，其他高等国家机构的成员，特别是最高行政法院的成员以及审计法院的成员，也已经完全整合进入职业流动之中，这已经成为其职业模式的构成部分。

因此，一份涉及国家法官学院学生的司法教育的调查表明，有很多的学生认为司法官有能力实现其司法的功能。[13] 然而司法官进入法律系统，并被吸纳进入职业生涯的代价，则是消除其自身对别的领域或部门的好奇心。

司法官的流动不是那么容易的，这存在许多组织上以及规定上的限制。在一个机构包括6000个司法官（2000年1月份的准确数据为6700个）的条件下，司法官主体不能被管理得像一个拥有较少员工的机构那样。人数和地理的分散性（33个上诉法院，181个合议庭，473个初级法院[14]）都对司法官的流动造成了困难。[15]

"司法官终身制、透明化和任命条件等致力于对司法官进行司法保护的制度都限制了他们的调动。在这种条件下，还存在在其他国家机构中所没有的冗繁的管理阻碍了司法官的流动。具体而言，当一个司法官离开了，我们不能马上找到代替他的人。比如，在整个芒什省（Manche）只有一个少年庭法官，他因为调动而离开了。在以后的9个月中，都不再有青少年法官，我们却不能立刻任命某个人担任这一职位。因此最高法院的领导试图对不同类型的职业流动的繁杂程度加以区分，他们认为职业流动是一件很糟糕的事情，以致迎接新上任司法官的行政部门只能等。"（司法官，行政机关公务员）

司法官的职业模式表现出一种非整合的流动趋势。也就是说这些司法官并没有真正地寻求这种流动。这种流动通常是在这样的情况下到来，即司法官并没有做一些特别的有利于这种流动到来的努力，而这种流动的产生仅仅是一种偶然的幸运。偶然碰到一个同事升迁调动了，在一种很偶然的环境中：这一结果在电话中告知了一个司法官，于是这个司法官搭上了这班末班车。

---

[13] Cf. Anne Boigeol, *Comment devient-on magistrat ? Enquête auprès de trois promotions d'auditeurs*, Vaucresson, CRIV, 1991.

[14] 相比较而言，行政司法系统包括6个行政上诉法院以及35个行政法庭。

[15] 除流动到行政法庭成为顾问以外，司法官在其他领域并没有太多的流动。总体而言，大概有800名司法官进行了这样的流动，然而这还不够，他们必须拥有一种职业领域之外的流动。

许多人都希望被这种幸运眷顾,伴随这种幸运的是一种通过获得其希望的位置所带来的满足感。很多人希望人们原谅他们作了这样流动的决定。但很少有人明确说出自己在主动寻找这种被调动。

考虑到所有这种保守谨慎所带来的司法官流动到法院外机会的减少,因此司法官流动只涉及他们中少数人这一现象也就变得十分平常。⑯ 这种边缘化的现象带来的流动几乎不受机构的支持。这一流动的过程仔细区分了司法官与行政司法官或者经济司法官的差别。

国家高级机构自我扩展到机构外部的能力,相比于这一机构参与到纵向的政治等级流动中的能力更强。这种纵向的政治流动同时也涉及机构的权威和个体成员的荣誉。机构在外部世界扩张的能力与其内在所培育的特性协调一致,并紧密相连。⑰ 对每个机构成员个体来说,伴随着一种互相连通的威望的准则(prestiges communicants),他们自身也受益于这种机构特权的增强。

司法官们的处境也是大不相同。然而在高级国家机构中,流动是合法的并且完全被整合进入职业实践中。问题是在司法秩序中这却是行不通的。在这种秩序里那些流动的司法官感觉到有必要给予自己的流动以正当的理由。这就需要司法官努力解构那些自己已有的利益,司法官在法庭之外的工作经验使人认识到司法和司法官的作用,尤其是通过终身教育这一迂回的渠道。作为回报,这一流动也使司法官认识并获得了到法庭之外工作的自由。⑱ 但是接受终身教育的学生太少了。如同管理一个国家机构一样,这些司法官并不能很好地管理自身的这种流动。

"我们还远远达不到管理单位如同管理那些高级国家机构的水平,如最高行政法院和法国矿业集团,这些机构用它们的智慧,安置它们的员工,有利于分部的发展,它们还研究员工重回单位的可能性,所有这些都涉及机构整体的利益。我们所做的却正相反。这是一个十分个体主义的单位,都为自己的利益考虑,都不考虑承担集体的那部分利益。"(司法官,企业职员)

负责管理单位的领导层很大部分是由其同辈选出来的司法官构成的,他们一点也不赞成这种司法领域外的流动。这些远离他们的日常考虑。特别是相比于那些待在司法领域里面的司法官以及那些从事行政司法官工作的司法

---

⑯ 在1998年4月份,一共有224名司法官调动,其中175名都是司法部以外的流动。有46名司法官是借调,72名司法官是暂时离职。

⑰ Marie—Christine Kessler, *op. cit.*, p.180.

⑱ 在1991年,一个调动司法官的组织成立了。

官,他们很担心他们的工作不利于那些流动的司法官。一些过分赞扬流动司法官的观点刺激了司法官工会联合会的成员,⑲使他们作出更为严格的规定来限制司法官的流动。

"在没有法学家的领域,你在法律事务方面无疑是很优秀的。但这并不表明你比你在司法秩序中工作的同事更优秀。"

说到最高司法委员会,它仅仅参与到流动条件的创造过程中。⑳ 因此,在时间上,我们不能就调动的机会去咨询最高司法委员会。它对那些在其流动以后又回到司法机构内的司法官也不是十分青睐,但是这一委员会的成员却构成了那些被同辈群体选出来的管理法院的司法官的大多数。从 1992 年开始直到今天,在这种条件下,对一个流动的司法官来说,最高司法委员会代表的是什么呢?

"一种类型的司法官职位,各省的司法官职位,从低级司法官到中级司法官,再到理想的高级司法官。升迁是靠资历的……这种司法官体系认为调动后的司法官是一些经济上充分富足的人。他们得到很多的好处——这里有一种很明显的嫉妒情绪——他们总是能得到好处……因此,当他们回来的时候,我们不能给他们好的职位。"(司司法官,行政公务员,后为企业职员)

理论上来说,能调动到司法部内的职位就更好。许多在位的司法部长(也称掌玺大臣,garde de Sceaux)都支持这种流动到法院之外的行为。他们中一些人甚至认为有必要再次加强司法机构与他们调离岗位成员之间的联系,以及那些在司法机制以外工作的成员的联系。㉑ 一个流动的司法官,一个对自己职业负责的司法官,同时也是一个职业生涯刚开始的司法官,他不能掌握整个司法官的关系网络并通过这个网络实现他们的流动。司法部长不会为了流动的问题而将所有的其他问题都搁置。这样可能会招致普通司法系统内的所有司法官对其不满。

除了司法部长自身利益关系的体现以外,流动的司法官称之为名不副实的"流动",最主要强调的还是机构精神中没有包含一种组织化的整合的流动。也因此,渴望流动的司法官或已经流动到法院以外的司法官对上述情况感到

---

⑲ 司法官们的上级对司法官们进行考核。

⑳ 在调动离开之前,司法官必须具备四年的工作经历。

㉑ Jacques Tonbon(雅克·杜朋),法国著名政治家,曾任法国司法部长与文化部长,其应聘司法部长职位的求职信中,曾经针对离职的或在职的司法官的问题发表意见,其意见被发表在司法官年报上。

很无奈。他们想走出司法世界：此领域之外的吸引司法官成为其中一员的区域，这一新的领域促使司法官与原来的机构再也没有联系。这些流动的司法官对他们原来的机构、原来的司法大家庭感到失望，甚至痛苦或愤怒。他们原来的机构不再照顾他们，对他们也不再感兴趣了。在与流动的司法官的对话中，他们的单位对待流动的态度几乎一致，这种抛弃他们的态度促使言论进一步激化。司法部长、高级司法官以及国家法官学院这样的教育机构，不会在机构中发生人事变动时考虑到流动到法院外的司法官群体。他们不会想到利用这些司法官的经历。事实上这些司法官的经历可以充实他们的机构，带来更多的反思。

上述情况有时候引起强烈的反响。或许这些流动的司法官更加需要的是重新属于这个家庭的标志，他们的经历也见证了他们重新被司法大家庭承认的需要。他们曾经远离这个家庭，当然也有一点点背叛的感觉。

这些流动的司法官走得太远，他们同样也面临在新的单位不受重用的问题。例如这个司法官进入了一家私人企业工作，他用"地狱旁边"来形容这种被人忽视的感觉，他们不被机构以及他们的体制所承认。

"从第一天到现在，我一直知道我被看作一个鼠疫病人，一个浑身长疮的人，一个背叛主人的人……我观察到从我一到来，我就立即被故意扔在地牢里面……我已经不存在了……我一直都是司法官，但是我的档案已经不在司法部的材料里了……与之相联系的，除了沉默，什么都没有。"（司法官，企业职员）

缺少集体行动的策略同样也表明流动的司法官们需要再次整合。我们参考他们针对这个问题所采取的策略，发现流动司法官群体自身内部也存在一定的差异和分化。一些人认为他们的经历对于加快他们职业生涯的提升并不构成一种优越条件，并不能促使他们在司法官职业生涯中获得破格的优待。有的人甚至认为拥有远大的抱负是一个错误。与之相反的是，他们法院外的工作经历也给他们带来不断增强的能力，正如他们喜欢强调的那样，这些能力应当被承认并看重，特别是在任命新的职位的时候，我们应当考虑到这种新的能力所带来的好处。一些流动的司法官也提出了同样的条件：假如给他们提供一个职位，在司法官职位整体中，这个职位应该允许将他们在司法系统之外所获得的经验变成一种资本。

"我认为我获得了某种经验。如果能确保我能拥有经济支持的职业生涯，我很愿意回到检察院中去。如果不能的话，我在别处能拥有收入更好的职业。"（司法官，跨部门行政机构工作人员）

但是司法官的任职系统和管理层并没有准备好迎接这些流动的司法官。司法系统内部的司法官们对所有可能扰乱他们升迁的风险都非常敏感。因此他们经常激烈地批评那些被认为是捷径的特殊优待。这种特殊的待遇分布在某些司法官身上,在其职业生涯中,他们很勤勉地工作,沿着正常的职业道路发展,但他们幸运地获得了提升。因此,另外一部分同样努力工作却没有获得这种"特殊待遇"的司法官,他们仍然停留在初级司法官的位置上,他们对中级司法官职位上的人充满了仇视。流动司法官的原职单位也不能容忍那些离开了司法队伍的司法官到别处去寻找象征或实物的报酬之后,称自己是带着远大的抱负再次回到单位中。他们想象着这种流动的司法官的工作:

"我相信那些沿着传统的职业生涯发展的人总是要面对这样的困境,即一个只工作一小时的工人与那些已经工作了十一个小时的工人之间的竞争。对那些离开队伍的人所投来的不信任恰好衬托出了司法官工作神圣的精神。在某些地方,他们已经还俗了。无疑,这样的事情在一点点发展。现在,有一些没有脱离队伍的司法官认为应该重视那些在机构之外高举火炬的司法官。但是我不敢肯定这是一种主流的思想。'你去外面寻找幸运,那现在就不要来吃我们碗里的饭——抢我们的饭碗。'"(司法官,国际组织人员)

确实有司法官调动到司法系统以外之后,又回到这一系统,并提升到等级制度中比较高的位置——检察院。司法系统内的某些司法官对此反应很强烈,因为这个司法官的晋升级别太高,超过了很多一直在司法系统工作的他的同事。[22]

另外,这种反应不是针对司法官职位,而是关乎所有的等级制度的机构。那些法国国家行政学院毕业后身居政府要职的人在中央的行政系统中也很小心地保护他们的升迁,也很仇视新来的人——尤其是司法官——以及所有那些有职业捷径的人。

三、流动的司法官:个人背景及其专业教育

这种流动曾经很少整合进入司法官的职业模式。司法官不想冒险成为机

---

[22]　在他刚到检察院工作不久,受最高法院的委托,司法部就撤销了在法兰西岛(大巴黎地区)的高等检察院为那些从调动中回来的司法官安排重要位置的决定。

构整体的代表,这一想法并不令人惊讶。㉓ 一幅流动司法官的素描肖像画允许他们展现出自身的一些特点。

比起他们仍然留在司法领域工作的同事,流动的司法官展现出的个人形象,正式性更少。相比于他们的同事,在进入司法官职位之前,他们更多地参与到别的职业当中去。这一点也可以说明一种流动的倾向。在他们所受的大学教育中,他们大多毕业于政治研究学院,拿到的文凭也多是政治研究方面的。他们也更少地接受国家法官学院所提供的常规的学科教育㉔。这种与流动司法官群体相联系的特征,同时也表现在巴黎人的职业传统中,这一点从他们流动中所获得的开放职位的位置,以及他们流动的方式都可以看出来。三分之二的流动司法官都是男性,司法官职位中有必要扩大女性成员的比例。

虽然流动的司法官世界是一个很小的世界,但它所展现出来的也是一些特殊的特征,一些很细微的特点,司法官与司法官之间的特征并不是同质的。有一些流动是很奇特的,另外一些就很平常。年龄的因素是第一次分配的标准。流动发生在职业生涯的前四分之一的情况是最多的(60% 的流动的司法官小于 36 岁)。这些流动都发生在等级制度的底层,这一点尤其为 1992 年法律所支持。另外一些流动——更罕见——是那些高等级水平的流动,他们中的一些人直接面临竞争进入大的国家机构,尤其是最高行政法院。私人领域的流动也很少。进入一个私有企业,在成为更高等级的司法官之前并不是一个贪图金钱而采取的策略,在这种条件下,企业中的空缺职位满足了司法官中断其职业生涯而进行流动的需要。

司法官们开始从事这种职业流动,这就像一次探险活动,充满了机遇和挑战。导致他们流动的原因,一部分来自特殊的个人背景,但同时这也是一定的专业教育促使其具有这种流动的倾向性。专业教育可以弥补他们最初流动倾向性的缺失。

跨越流动领域要求寻找那些对试图探索新领域的司法官来说必要的资源。流动作为一种社会资本是再清楚不过的。在司法官的流动关系网里,他们与那些可以在他们离职后提供新岗位的个人或机构建立联系,以便能顺利

㉓　关于那些流动司法官特征的细节,参见 Anne Boigeol, *La magistrature hors les murs*, *op. cit.*

㉔　高等学校中的各政治研究所为国家行政学院做准备,这个学院自己也是为进入大的国家机构和国家基础部门做准备。

进入一个新的领域。然而,那些不是源自社会关系网络功能的"流动"是很少的。[25] 司法生活并不倾向于同样的开放性以及这种关系网络。如果检察院的司法官和司法的领导与城市权威或地方行政领导有很多接触,他们可能在预防司法的特殊性和独立性方面更加保守。下面的一个例子就很特殊。一个曾担任检察官职务的人,不仅与很多人建立了职业上的联系,还与省长结下了友谊。然而,当他们再次相遇的时候,这个检察官却将被任命为一个公共大企业的负责人,他的新职务占领了公司中的领导功能。大多数时间,在等级制度中,中级的机构作为减压舱,都允许这种流动。司法部长制定了这种减压流动的准则,并且变成运输这些流动司法官的船舱。

这位部长为了解决多种立法问题或行政问题,招聘了一批司法官,他们享受一种特殊的地位,即司法部中央行政管理司法官(MACJ[26])。他们的活动将他们与其他的机构、其他的职业以及跨多个部门的不同的委员会联系起来。同时仍然是由司法部集中提供流动的主要机会。因此,这一司法部长的通道经常构成了通向流动的第一步。一些部门对司法部这种功能的理解要确切:例如商业法部门,或者公共行动部门。

但仍然有一些领域,例如工会领域,也能够构建成为流动的发动机。在工会中成为一个积极的活动家有助于省级的司法官增加他的社会资本,走出他自己的小圈子。下面的这个司法官的例子就很普遍:一个省级司法官,她同样也是工会组织成员,以这样的名义,她来到了巴黎。她预感到所属的工会办公室能开阔她的眼界,因此她参加了一个重要的改革委员会。加入这个委员会使她遇到了许多能帮助她获得调动到行政机关高级领导职位机会的人。在政府大规模改革的时候,他们能为她提供一个部级单位的职位。

工会或政治这条路允许一定数量的司法官走出他们孤立的司法世界,并且建构出自己的关系网络,得到更多的就业机会。仅通过单一的司法功能的活动,这些就业机会不是那么容易得到的,尤其是在职业生涯的初期。

除司法部和工会领域之外,也还有一些特殊的专门化的机构在今天是潜在的司法官职业流动的承担者。司法官们在公司法(droit des sociétés)、刑法和商法领域的能力得到肯定,这些司法官同样在处理经济事务的检察院(Parquets financiers)中,或者在司法部的特别部门中工作。或者他们已经离开了

---

[25]　我们所访谈的 50 个左右的司法官中,只有 5 个司法官曾经在被调职后紧接着就获得了一个新的职位。

[26]　Magistrat à l'administration centrale de la Justice.

其所供职的机构到另外的机构中工作,例如证券管理委员会(Commission des Operations de Bourse, COB)。那些私人企业或猎头公司正在寻找他们,或者他们已经被找到。

并且,那些有能力从事欧共体法律工作的司法官,或者有能力从事人权法工作方面的司法官对整合进入国际组织或国际法庭也很感兴趣。这些能力也允许他们通过社会网络,尤其是政治和工会或者其他的网络(如人权联盟)去取代别人,获得很好的职位。

流动之所以叫作流动,是因为一旦离开司法内部的职位,司法官们不断的调动或者将这种职业流动串联起来的愿望就会十分强烈。其中一些流动向司法官们打开了新的可能性的大门:例如证券管理委员会(COB),在这个组织中,脱离司法部门的司法官们经常有获得私人企业提供的职位的机会,或者外交部提供的机会,这些就允许司法官们在整个欧洲的组织中继续追求他们的职业流动。

四、在国外工作的司法官时代来临:位置和能力

司法官职位的对外封闭的状况同样也存在于其他的国家机构中,然而事实上这些机构却从没停止过寻找新的外来竞争者。在国外的司法系统中,一个外国司法官的到来在已有的职业群体中创造了一定的张力,老员工并不一定欢迎新来者。绝大多数时间里,根据 1992 年法律,在公共功能的框架中,国家行政统治者、副警察署署长在所在的国家机构中,他们都限制了迎接司法官的到来。这些也并不总是会制造不和的状况。同样一个民事行政机构也会向最高行政法院提供援助,并讨论在以前被民事行政机构占据的职位上任命一个新司法官。在高级公务员中对此的反应也是非常强烈的,正如帕里斯(Patrice Maynial)所强调的,即使这种情况也正在改变,高级行政管理系统对如何衡量私法(Droit privé)仍有一定的顾虑。㉗

这些司法官也承认,他们经常容忍,或采用一种顺应其发展、坐以待毙的态度(dose homéopathique),待在等级制度较低的位置上。在行政部门内部的司法官通常都有足够的机会升迁到自己理想的职位上,民事行政机构和高级国家机构,尤其是最高行政法院,有意将这些职位垄断,变成其自身的保留

㉗ Patrice Maynial, *Le droit du côté de la vie. Réflexions sur la fonction juridique de l'Etat*, Paris, La Documentation française, 1997.

猎物。这些司法官也可以假装占有在司法部之外的行政系统中区长或行政领导一类的职位。但是,司法官与高级国家机构的工作人员之间的直接竞争在行政系统中减少,大的国家机构也取消了留给司法官的位置。正因如此,司法官和大的国家机构之间在一些职位上竞争激烈。这些职位就包括国家宪兵队的总领导。目前,司法官和警察署署长以及国家委员会轮流交替获取这一位置。当下是警察署长是这一位置的总负责人,司法官是他的助手。

司法官同样也遭遇了一些既定的社团主义。一些部长、一些国家机构制造了一种高度单一自治的奇特文化,他们较难接受来自其他机构的新来者。外交部就是一个对这些流动司法官来说很不好的工作单位。"我们会很快让你明白外交部是专门预留给外交官的机构。"法国财政部的情况也不好。

"这里的问题是司法官简直像一个蠢笨的国王。我们有权利产生自己的想法,但是我们不能带领这个整体。外交部很喜欢将我们贴上右派的国家行政学院毕业生或者左派的国家行政学院毕业生这样的标签。"(离职后的司法官)

更多跨部门的机构是欢迎司法官的。在这种条件下,在跨部门的群体中部门的归属感原则(principe d'appartenance)被超越。但是在一定的情况下,拥有这种属性的群体彼此之间十分团结。并且,多个机构并存的,但拥有独立的行政权威的团体的出现对司法官来说是一个比较好的归宿,在这种条件下机构之间的竞争就会减弱了。

在欧洲的司法体系中,涉及这种新的体制,可能存在司法秩序司法官和行政秩序司法官中职位的再分配。但是这一状况还不是很稳定。

总之,在这些单位中,小部分的司法官能获得比较高的职位,他们和一些大机构的人员之间存在着更多的竞争,特别是和最高行政法院的人。一定的司法领导的职位也被国家司法委员会中的司法官所占领。这些都让司法官群体当中产生了一定的满足感。甚至有时,它会为司法官们在常设的职位之外创造特别的职位。同时有一些私人企业也想办法使司法官在它们的企业组织结构图之外成为它们的董事长顾问。

"那些要进入私人企业的司法官应该从最大的门进入,因为他必须沿着其他人的脚印向前走。也就是说司法官应该如同企业中别的员工一样进入这一企业。这种观点还认为,企业不是法学家的聚集体。否则,司法官在企业中是站不住脚的。"(司法官,企业职员)

相比于其他机构,司法官在司法领域以外的这种移植将更好地操作利用他们所具有的特殊能力。司法官们的特长不能被忽视。他们都是私法的法学家,都是司法领域的专家,并具有一定的象征权力以及司法官的光环:公平的形象、法律的威严、和崇高的道德威望。

同时,由于他们属于公务员中的较高等级,司法官的威望也可能使他成为区长等行政长官。在大部分情况下,我们都需要这种司法官的广义的司法能力。但是,在某些机构中(如证券管理委员会),这就需要一种很特殊的司法能力。这种能力很少有司法官具备。

"证券管理委员会要求司法官所具备的,是一种足够肯定的判断能力,用以遮掩一些利用法律漏洞的行为,如确认有价证券发行的种类是合法的。"(司法官,证券管理委员会职员,企业职员)

这也是符合大众需求的司法官道德特征的体现。同时,在最近 15 年以来,市场委员会,尤其是法国国际期货市场管理委员会中人事部门的管理(MATIF),存在着一些问题,甚至一些丑闻。"有必要象征性地标明这是一个严肃的有道德的市场。其中一个整顿 MATIF 形象的策略就是招聘一些司法官加入其中。"在这样的大机构中,雇佣一个司法官也是这一机构尊重道德伦理的标志。

"司法官在企业当中发展,考虑到一系列'事件',需要重建一个充满活力的内部道德伦理体系。我们将这一体系粘贴在那里,如同一个可以挡住所有不良行为的屏风。我不想在他们企业家的前景规划里,使司法官后悔给企业提供了一种道德层面的东西。"(高级司法官)

对公共生活、经济生活以及行政生活的刑罚化运动(pénalisation),为重新衡量司法官的价值贡献了力量,并且也有助于将他们在人才流动市场上变得很吸引人。这在跨职业竞争的框架中给他们提供了一种更有意义的生活。一些行政机构和体制发现了它们引进司法官后所带来的利益。

"我们所有的经验都告诉我们,许多的事情以刑罚或者民事法律的形式结束是有风险的。我们,司法以及司法官对一些案件的解决方式都对行政有很大的帮助。我们带来一种他们不具备的理性。行政领导最初对引进司法官的司法理性很犹豫,但很快意识到这种司法官的司法理性与最高行政学院毕业生的理性之间有很大区别,这是一种对公共权利的理性,是有助于国家政权的理性。我们司法官是这样表达的:'如果你错了,那么你就是错了,你必须承担责任。'我们不会以维护国家系统为借口对你进行袒护。"(司法官,行政机关公务员)

甚至在地方政府的中心,刑罚化运动也给那些流动司法官带来一种特殊的威望。在这些机构中,他们的同事很需要这些司法官对一些涉及省长责任方面的问题提出建议。

为司法官开放一个私有市场正成为与刑罚化运动相关的一部分（在出事之前，一些司法官已经被这些私有企业招聘）。一些企业正在寻找司法官为其服务，以便可以更好适应它们司法策略的技巧。所招聘的司法官也是由于其司法能力和对体制的详细了解，以及他们的功能，包括他们内部开的小灶（cuisine interne），以及他们的知识网络，由此而升职，并成为人们议论的对象等。这些都塑造了司法环境。

五、必要的适应性和难以改变的职业习惯

在司法机关以外工作，司法官们没有了司法系统的保护，他们必须适应一种新的职业环境。从国家司法官到流动司法官的通道使得一种真正的适应工作得以产生。这种适应工作不是那么简单的，随着流动的变化而有所变化。他们必须处理这两种司法文化的碰撞，放弃一些他们原生文化中的既定因素以便整合进入他们所要适应的文化。这种必要的转化是有代价的。但它也有它的优点——物质的或象征的，这些都是很重要的。除去少数例外，考虑到大部分流动的司法官都是满意的，甚至对他们的"出逃"很满意，这种适应是值得的（除了司法官系统对他们的态度）。他们中的许多人很少急着要回到他们的机构中去，但那些为职业生涯忧虑不已的年轻司法官除外。

流动常常伴随着一些正当的、理性的理由。这些理由也恰恰证明离开司法世界是很难的。相比于外界，这种司法官传统的职业习惯以不信任为标志，这是司法官们必须明白的。这些司法官关心自身的独立性，保留了他们的祭司精神，对他们公平的原则感到焦虑。他们很难同时拥有两种身份，换掉他们的司法官帽子即刻变成一个区长，或者是银行的司法领导，或者是行政系统的办公室主任，或者是一个欧盟组织的行政负责人等等。这种适应性我将在下面两个例子中分析：一个变成了区长的司法官和一个在私有企业工作的司法官。

在司法官的职业文化要素中，司法官对被重新安置在流动的框架是很敏感的。独立的问题就是其中一个比较敏感的问题。相比于所有冒险独立承担的人，司法官们显得更加高傲。他们经常感到自身有威胁，并因此一直在寻找机会通过额外的保障来强化自身。否则，到了一个新的行政组织或者在一个国际组织中——除了判决的功能以外——伴随着参与到一个新的等级制度中，他们敏感地发现丧失了自己的独立性。"不应将整合进入这种系统的困难藏起来，这个系统相比于他自己的那个系统，在等级制度方面限制更多。"一个流动到技术高

级部门的司法官这样认为。另外一个在外交部工作的司法官确认了这一点："当我是一个初级法院的司法官的时候，我是这个单位唯一的领导。当我到了中央行政机构，必须要适应的是，丧失自己的独立性，签署最少的单子，自己的工作常常被别人修正，修正别人的工作也被别人修正等等。"那些在国际行政机构工作的司法官也面临这种沉重的等级制度，这种等级制度是这些组织的标志。他们也同样指出这种职业文化的碰撞："在这里你必须适应的是，一段时间结束，它就把你根本改变了。你不再是你以前的样子。这让你想回到过去变得很难。"大多数的司法官都努力想留在这些机构里，他们有利的生活和工作条件，相较之下，使得他们一点都不羡慕那些在司法秩序内的司法官。一位很早以前就离职的司法官，现在在一个欧盟组织中工作，他这样说道，"我不明白我的司法秩序内的同事们怎么能够接受在那样差的条件下工作。"

对那些担任区长的司法官来说，其独立的问题一直外化成为一种对政治权力的服从。其他司法官对这种行为很不齿，正如下面这位流动的司法官所说：

"我们知道司法官一直在争取司法官独立、司法独立。但他们跑得像兔子一样快去追寻那些区长的职位，以为在那里他们可以拥有独立性，事实上他们正处在一种远离自身曾经确定理想的环境里。因此他们又想回来。我自问他们怎么才能在内心承担这一切。"（司法官，欧盟组织职员）

这种处在区长位置的司法官好像看上去很好地适应了这种困境，或者更多是他们通过针对最小化地丧失他们的独立性的做法，说服自己给这种位置和选择以正当理由。关于独立性，首先要强调的是哪怕是在他们身处一个不得不服从等级制度的位置，他们也不能丢掉的职业精神。他们认为这种位置也致力于他们自己也承认新来的司法官在他们的机构中外化成为了一种独立的代表。

"我觉得专区区长的队伍中的许多人都很欣赏这种我们所具有的独立的职业人格。我相信他们以前有这种独立性的感觉。但仅仅是在一种头衔下面，我们不得不丢掉我们的独立精神……但是 10 年的独立不会因为我们改变了机构就全部丢掉。"（司法官，大区区长㉘）

这些区长类型的司法官同样也通过对比别的国家机构的职位说明了他们自己的位置。特别是通过那些行政司法官或者经济司法官，当他们来到司法机构后，他们流动到司法体系之外并不是看作可以实现他们的独立性的一种方式。

"如果有司法官是独立的，那么他们一定是行政司法官。或者他们穿梭于地方行政机构和行政司法机构之间……审计法院的司法官是一些可以拥有让

㉘　法国的行政区划中，一个省划分为多个大区，每个大区的区长为 sous-préfet。

人惊异的独立性的……他们不停地穿梭…… 警察局总书记的旁边就是一个审计法院的小伙子。对他们来说,在流动过程中去别的领域是完全正常的事,这是为了面对那些需要他们判决的事情的现实…… 我有一种感觉——他们的成功就在于他们的独立……他们没有受到像我们那样多的对自身所处的职位的保护……"(司法官,大区区长)

通过调动进入行政司法官位置的是:

一些人是司法官,但是他们调职离开后到了行政系统,他们有司法官的职业习惯,并且他们将获得更多的自由。这些都是他们的标志,因此没有碰撞是不可能的。

区长型的司法官们通过比较他们在检察院和法院工作的同事的情况来说明他们自身的处境。区长属于省长管辖,即使这个省长是代理的,在等级制度结构中,区长仍然服从代理省长的管理。这就像一个检察官属于总检察官管辖一样。检察官和区长可以利用在地方的威望获取权力。这种权力服从总检察官以及省长的严格监控。

除了这种相关的独立性丧失以外,区长型的司法官应该重新安置他们和司法官之间的此消彼长弹簧式的职业习惯,在司法官看来,这些区长司法官特别不值得信任。区长司法官经常被怀疑想将公共行动引入到他们自己的位置上。

这也是通过他们行为的理性化过程,司法官才能说明他们所处的位置的利益。同时,这些区长司法官认为和普通人一起工作,并且他们在刑法领域经常遇到病理学的事情。这些都标志着他们司法官行动和统一的连续性。

并且,在地方行政系统工作的经验对司法官来说也是发现检察官权力的相关性的机会。

"我发现司法不考虑检察官的权力,省长在检察官之前就知道了一切。法官和检察官不了解国家的运行。"(司法官,大区区长)

因此,减少和司法群体距离的趋势,使得司法官独立性的减少相对化。这种趋势强调了他们的新工作与旧工作的一致性。并且机构通过重视司法官的功能,以此强调司法官适应了他们的职业习惯。除了他们新职业的利益以外,司法官也抱怨所引发的物质条件、住宿条件、个人条件等问题,这些问题都对他们的功能的发挥有影响,也使司法机关装备很差。

尽管有进一步的说明,成为区长打破了司法官职业生涯的一致性。促使一些司法官希望实现这种功能的主要原因常常应该在他们自己的个人生活中去寻找。这经常出现在他们的第一份工作中。在他们进入司法群体之前,有非常多的司法官在从事他们的第一职业(在 1997 年,三分之一的副警察署长以前是公务员。)在第一层级的职业生涯中,主管人事调动的整合委员会(commission d' intégration)不是那么慷慨。这些司法官很快就意识到,他们将长期待在初级司法官的位置上,他们的职业生涯将被堵塞。因此在这种流动中他们看到了提高他们待遇的可能性。一个司法官在总结他当区长的经验时说:"这里,我们的想法被考虑,我们被尊重,我们有权力,我们有武器。"作为对比,这是一个司法官整体意识的显示器。

　　流动的第二领域也涉及一种职业习惯的重要转变,这也关系到私有部门。这是一种高级别的流动。这种流动的实施是通过小部分在司法等级制度中较高级别位置的司法官所达成的,他们的年龄在五十岁左右。他们中的大多数都说都因为缺少感兴趣的职业道路而离开了司法官职位。他们的策略如同那些高级公务员的策略一样,这些高级公务员为了在私人部门工作都离开了国家部门。克斯多夫(Christophe Charles)分析了他们的策略。他认为那些离开国家部门进入私营企业的人,这种离开作为一种手段可以满足司法官们迫切的愿望,而这些愿望在等级制度的道路中不能很好地得到满足。㉙ 他们也曾经受雇于猎头公司,或者被律师调解机构、司法官调解机构所雇用。㉚ 他们认为外面的职业带来更多的收入,甚至带来在司法官职位当中所希望的最高工资。这些司法官的工资得到双倍增加,甚至三倍的增加。在固定的领域,他们也计划寻找更多的收入。然而他们也一直被生产力的问题所困扰。这种劳动效率的竞争也带来愤怒。企业的职业文化,相对于金钱,远离这种基于无私精神的所建立的公共服务文化。司法官离开了司法的公共部门到私有的部门去,除了放弃一定的独立性以外,他们的能力也不再倾注于公共利益部门,更多地是在个人利益部门。在这些大的司法机构——国家委员会和审计法院——不像与私有部门和大的技术机构相处那么容易。正如玛丽(Marie-Christine Kessler)所说:"公共部门很容易被人认为是重要价值的体现。"㉛

㉙　Christrophe Charles, Le *pantouflage en France* (*vers* 1880—*vers*1980), *Annales*, *ESC*, 42(5), 1987.

㉚　但是,有一些司法官,司法系统之外的机构很需要他们,但他们并没有离开司法系统。其中一名司法官认为,他不离开的原因在于他没有与之相适应的金钱关系作为在司法系统之外工作的保障。

㉛　Marie－Christine Kessler, *Fonction publique et secteur concurrentiel*, *Actualité juridique. Droit administratid*, 20 juin 1994. 如果内在的权威接受更多的司法官,而不是在 19 世纪 80 年代中期组织一个大的驱逐的浪潮。"他们并不想在这些离开的人面前展示他们的专制和限制别人的能力,也不愿意成为年轻的司法官眼里的监狱,他们认为这种司法官的输出是增长其机构威望的有利因素。"

司法官作为司法领导或者司法顾问，在私有企业中的工作，无疑是一次冒险。"硬着陆"（parachute d'acier）进入到私有企业当中来，这对一个司法官来说无疑是一个大胆的举动。一旦他们失败，他们会重新回到司法系统当中。然而，这也是需要一定的适应能力来通过从沉闷谨慎的司法官世界进入到粗犷厮杀的企业世界。正如一个在大公司担任总裁的司法顾问的司法官所表达的那样，这种能力需要我们投入自己的全部精力，将身心都整合到新的公司中去。

除此之外，律师事务所的整合也需要司法官在新的环境中、在一种新的文化中，具有一种职业习惯的有效适应性。一位高级司法官成为了一家律师事务所的律师，他认为他经历了从受保护的司法部门进入到自负盈亏的律师事务所的过程。他上了一艘在法律市场中搏斗的大船，在这艘船上，律师是贩卖法律的商人，应该被裁决的犯罪嫌疑人成了付钱的客户，因此他必须胜诉。他觉得金钱世界的冲击、法律市场的进攻、基于对不能持续赢利的顾虑，这些都迫使辞退那些不是充分有效的律师。

这种对前景的预测促使那些已经到河对岸的司法官（脱离了司法群体的司法官）更加理性化地思考他们的选择。他们解释他们离开司法官职位首先是基于一些精神和知识的因素。他们中的很多人自我辩解说他们的离开，是由于面对企业的司法行动给他们带来了一种尴尬。

"一些事情让我很震惊。比如我好像来得太晚了，我就像一个在战争结束以后才赶来参战的士兵。在这种争议中，在事情发生以后，或者在企业已经破产以后，好多年以后你们才来参与。多年以后，我们才对那些应该参与的人说。这让我觉得很尴尬，并且这也作为衡量我以前的决定的一个因素。"（司法官，企业职员）

绝大多数离职后进入私有部门的司法官都拥有特殊的司法轨迹，这些都对他们整合进入私有部门有好处。例如，在一个企业中，对企业中司法服务领导的职位有相关经验的司法官能更好地适应新的企业。这些司法官已经拥有在司法部司法服务的经历或者在如 COB 等行政权威机构中拥有一定的职能。同时，与企业有关的法律或司法问题的知识也能简化他们的适应性：许多的企业司法官都来自巴黎的经济检察院。

但是，这也有一定的特殊性，涉及他们的司法官地位，必须适应企业的要求，司法官所具备的这些特殊地位，对企业和银行是有好处的，这也是银行和企业要让司法官来工作的原因。在一定的条件下，他们的身份将会带来一种特殊的位置。

一个在大银行工作的司法官，被猎头中介机构招聘，也就意味着司法官服务于银行部门,在它们所表现出来的司法工程中工作。他花费了大量时间去改变人们对他的评价。这个司法官取得了适应性的完全胜利,并准备到 COB 去工作一段时间,以及到司法部下属的特殊机构去工作一段时间。但这表明,在不同的符号标志下,这些司法官对司法官整体的依附,不排除有一天他们将重新整合进入司法官职业的可能。

但是最好的整合进入企业或者银行的司法官,他们——最大限度估计——不会回到司法官职位,他们仍然与司法官头衔紧密相连。正如一种对司法大家庭的依附所表现出来的那样,这很容易理解,并且这种归属感构成了一种特殊资本,具有很大的价值,并且应该被支持。

大部分的司法官很看重对这种特殊资本的管理。这当然是因为他们对机构,对他们的行为规范以及社会资本的重新认识。也正是为了预见司法危机,甚至处理这些危机,司法官们被要求具备的。他们的司法能力应当被支持和运用。他们有必要维护与前同事、检察院之间的关系。他们所说的和寻找的,与他们所遇到的表现出来的让人难以捉摸。这也是一种氛围,一种感觉。他们和你所说的事情,这些都是属于他们的。回过头来,在企业工作的司法官密切关注着他们在司法部门工作的前同事(他们在市中心的午餐,他们被邀请到 Roland-Garros 等等)。这些都有助于维护良好的人际关系。

这些活动存在一定的困境。因为这些活动与法院外的游说活动(lobbying)的边界是不确定的。所有的这一切都在使自己不被一些压力团体所操控。对司法官来说,所有这些都是不利于产生法律效力的。

"如果一个司法官为了去进行游说活动而离开他唯一的司法领域,那么他就错了。很明显,这是对法律效力不利的,因为当我们离开的时候,应该知道同事们已经对他们的独立性感到非常生气。这些司法官的离开没有错。企业正在尝试使那些了解他们案情的司法官加入到他们中来。然而这是一个很严重的心理疾病。司法机构会有一种被人抢劫了财富的感觉。在企业中的司法官已经到河对岸去了。继续观看他们留在司法官职位中的同事的发展并不是被禁止的。但必须要知道是以怎样一种智慧的谨慎方法管理自己的行为。"(司法官,企业职员)

即使有些人认为这可以实行:

"这些司法官不能使自己受雇于那些想尝试司法游说的机构。这也是他们唯一要抵抗的危险。我认为这是很尴尬的——我知道这个情况存在——一些司法官运用他们的经验和知识预测评估案件胜诉的可能性,而这种司法程序正在进行中。"(司法官,银行职员)

　　律师事务所的例子同样有趣。在这种情况下,他们要求那些成为律师的司法官重组他们的关系,或者投入到这种形式中。㉜ 例如,律师衣服上佩戴的标志含义是为了避免角色混乱。这些现在变为律师的旧司法官将在法庭上遇到以前的老同事。

　　同样,这种适应有时也很难,甚至太难了。特别是司法官的特殊资本,这在与其他法学家竞争中被认为是一种优势,但很少被需求。同样,有时它也会失败,如果说这种失败很少见,那么痛苦的适应过程也很常见,一些受访的司法官告诉我们他们的痛苦,那些他们在流动中所遭遇的困难,这些都要求他们有一种献身精神。一些人发现这很难,五十年过去了,获得一种国际化的文化(那些需要说英语的工作)在银行成为必须,工资上涨代表的好处或更接近真正的权力的机会并不能补偿这种献身,他们中的一些人称这种感觉使人窒息。

总　　结

　　司法官职业外的流动会遭遇很多不同的限制。这些限制了他们的发展。即使我们谈论很多,我们还是不能实现高级机构之间的流动,以及那些如市政管理方面的国家机构的流动,仅有的这种流动的微弱发展都是结构性的,不仅是司法官的职业习惯不能使他们具有一定的倾向性。司法官职位的组织问题以及省级的主要单位的组织问题,都使这种流动变得很难实现,在司法官看来,这里没有对机构积极的集体策略,或者扩展到机构之外的能力。虽然司法官冒险的流动很少发展成为一个很大的媒介,但是它却促使在纵向的遵从机构权威的流动(纵向流动)比机构成员间的流动(横向流动)要好。这种流动只涉及很少的司法官,这些司法官有其自身的特点与个性,这些流动,在很大程度上,是一种社会资本的事情,在不同的部门都对他有利,正如工会部门,或者通向司法部的通道,那些流动的司法官也遭遇了团体(帮派)主义的问题,没有一个机构的成员会很高兴地看到自己的竞争对手来占领自己的地盘。但是他们的进入比他们的特殊能力更有意义,这种对公共生活及事业生活的刑罚运动,也提供了一种更为有价值并致力于简化他们的职业的流动。

　　这种新的功能的适应性必须要求获得一种新的文化。但也是一种适应,更为重要的是他们的职业习惯。首先,是理性化的工作允许他们更好地阐述自己

―――――――――

　　㉜　详情参见 Laurent Thevenot, *Les investissements de forme*, Cahiers du Centre d'études de l'emploi, n° spécial conventions économiques, 1985.

流动会获得的利益。通过一些智慧的理由,能帮助他们对职业习惯的适应。然后强化保存走出法院围墙的司法官的特性,他们尝试减少在新环境中的限制,最后是对这种特性的精密管理。更为具体的是他们的社会资本,他们希望维持这种特殊的位置。

还有一个有待提出的问题是关于那些流动后又回到司法系统的司法官。司法官应该提供给司法一种公正无私的形象。㉝ 如果这一问题的提出涉及所有的司法官职位,这种形象并不会冒险去受司法官的政党位置或他们的流动形象的影响。对司法秩序中的司法官们来说,他们将展现出一种特殊的敏锐性。在这种条件下,他们重新进入到对其个人传统的司法官形象的赞颂和欣赏中。司法官保守的问题重新成为现实。并且,在公正无私的外表下,在反思司法官职位的核心的过程中,这类问题将前所未有地增多。

Judges and Prosecutors "outside Courts"
Anne Boigeol

Abstract:In France the judiciary is seen as a career and it is auite unusual for judges and prosecutors to practice professional mobility outside the courts. The slight increase in this mobility over the last ten years should therefore be questioned. Will this phenomenon develop in the same way as it has for administrative or financial judges who have incorporated mobility into their professional model or will the specificity of the judiciary limit this mobility? This paper deals with the reasons why judges and prosecutors are traditionally not concerned with extra-professional mobility.

Keywords:Collective strategy; Judges and prosecutors; Penalization; Professional habitus; professional mobility

---

㉝ 同样,欧洲人权法院也提醒人们注意这一观点。

政治丑闻和法官与政治之间关系的改变[*]

维奥莱·胡塞　著[**]　　裴太雷　杨宁　译[***]

摘要：本文借助于 20 世纪 90 年代法国所发生的政治丑闻，探寻法官与政治之间关系的转变，指出在此背景下司法界与政界疏离的机制构成司法行为（独立）可能性的一个条件。然而，人们只能把后者完全解释为：在"案件"自身的进展中注意行为的连贯性。如果司法活动依赖于第一次司法与政治空间的分化的话，那么，整个司法界自治的进程会在丑闻的进展中再一次展开。

关键词：司法自治进程　法官　政治丑闻　有关司法实践的社会学

"政治经济案件"的发展，标记了近期的法国政治生活相对于政界和经济界而言，似乎是新型司法活动的显露。事实上，这些情况早在 90 年代初期就广泛地存在了，只是偶尔触及地位显赫的政界要人而已。人们认为法官作为重要的角色，单独参与其中，如同记者或者政治家一样。比如，人们倾向于自问那些在既定的时间内引导这些参与者将他们的活动投入这样的过程中。[①]如何理解司法实践的转变以及这些活动的构成？这个问题与行为及其变化的

---

　* 原文出处：Violaine Roussel，*Scandales politiques et transformation des rapports entre magistrature et politique*，Droit et Société，2000，n°44/45，pp. 13～39.

　** 维奥莱·胡塞（Violaine Roussel），法国巴黎第八大学政治学讲师，南泰尔（Nanterre）政治体系分析实验室成员。

　*** 裴太雷，法国社会科学高等研究院文化人类学博士研究生，现任德威国际集团几内亚分公司总经理；杨宁，法国里昂第三大学法学院欧盟法博士研究生，现任北京天驰洪范律师事务所涉外业务总监。

　① 此处，得到进一步发展的分析，是基于对一部政治学博士论文的研究：Violaine Roussel，*Les magistrats dans les scandales politiques en France* 1991－1997，Université de Paris X，janvier 1999.

分析问题相关,而后者有赖于大量的社会学工作。

因此,要分析法官的做法,马上就面临着一系列的解释。在我们的展望中,这些解释似乎构成了理解这些进程的障碍,而这些进程正是我们的兴趣所在。如果它们不能完全重合,那么这些解释则趋向于成为一些假设,或多或少地被参与者的一种"失落感"所控制。他们遇到此类检举揭发,其中法官可能成为卷入丑闻的其他个体的目标,尤其是政治人物。

这些假设需要证据证明,他们共同聚焦于特殊的属性,在既定的条件下,这些属性就如同规范作用于行动一样,在"业务"的框架下作用于这些法官。然而,他们的反驳以一种互相解释的模式充分加入其中。人们非常有效地阐明结构的转变和形态的转变,这些转变触及了法官的整体形象,考虑到这些,如同政界与司法界的距离感,也许更像先决条件,而不是解释,那样行使其功能。这便是基于目前的司法实践所观察到的。这只是与这些活动有关系,与丑闻存在联系,我们也可以感知到司法观念的逐渐转变,就此事实,这些关于政界要人和经济界人士的活动逐渐产生。

这种观点意味着对突然回归,又再次上演的情形给以特别的关注。因此,这一观点有赖于因果关系这一概念,要考虑原因和效果,如同同一个现象的不可分割的两面,相对于政界而言,自身承负着新的影响,并且存在于司法界的自治机制中,并作用于这样的历史背景。

一、法官行为的原动力

如果人们对 19 世纪法官的描述以及近期司法界的动荡进行重新审视的话,不难发现,该行业已经发生了深刻的变化。

随着 1959 年法官考试的确立和 1970 年国家法官学院（ENM）的建立,以及上述提及的司法界动荡中所发生的法官职业化进程,导致了该行业的某些深刻的变化。需要确定的是结构的变化,以及从事该职业的具体条件和法官存在的具体条件的改变,确实有必要解释:在政治丑闻的背景下,人们能够建立怎样的关系以适应近期司法实践的变化?

(一)行为的前期准备

有两种方式来面对那些充斥着"政治案件"的法官行为,其实在很大程度上是趋同的。在这个意义上,就如同规范产生作用的一种展示。一方面是新行为模式的突然显露,这可能归于用来标记个体的形态学上的改变和该职业中具有新的社会属性的个体的进入;另一方面是法官行为可能被认为是(法官)的社会和职业地位的下降所产生的效果。而后者是由于那些相关的个体、集体采取策略，重新划分和重新评估与政界要人、经济界要人的关系，以重新利用他们在社会上和职业上的"伟大"。

1. 招聘(制度)的改变，实践的转变

第一组需要解释的是对形态学的分析和被录用个体的属性的转变：职业实践的改变反映出法官根本属性和(或)发展轨迹中属性的改变。尤其是对于那些将精力投入于"案件"的(法官个体)，则尤为明显。这样一类解释将创新型实践的突然显露与具有新属性的个体进入司法界联系在一起。从而，法官职业的新型在代表很大程度上依赖于划分的确立：区分旧派和新派。旧派是传统行为方式的倡导者；新派则来源于新行为。这类二元论的概念可能是相对的，就如同让-吕克·宝迪盖尔所言的"继承者、名流显贵"，②这构成了某一类的司法精英。他们同时来源于旧的职业考试和 1959 年后的国家司法研究中心，即国家法官学院的对外考试，如"步兵对职业生涯的期望与贵族求职的期望是不相同的"。③ 这种两极划分将法官群体分为自然的一派和经过栽培的一派，也就是说，派来源于法官或法学家家庭，当然也包括官员和工程师家庭，这些都是招聘法官的传统来源，坚持以最权威和最有利的职业途径进入一个"美丽"的职业生涯；另一派法官由出身低微的个体组成，鲜有名气。

另一个在法官这个职业中进行划分的方法是：将通过竞争性考试形成的同类招聘制度与专业学校的途径作为一个区分界限，把法官这种新职业类型与通过传统招聘模式进入职业领域的那一类法官相区别。20 世纪 70 年代"红色法官"行为的突然显露，可能被认为是此种类型的双重视觉。皮埃尔·刚也将出身于中产阶级和新兴小资产阶级的"新法官"的到来与法律报告和法律规范适用的改变相关联起来。他尤其了解那个年代劳动法的结构："令'僵化的、不适应形势的司法体系'所失望的新兴法官阶层正在重新创造一种新的成为法官的方式。"④根据新的属性，这些个体是与新的职业描述不可分的，并具有改变行为方式的能力。在这种观点下，新型招聘模式和法官学校的途径就成为司法界结构性改变的根源和法官新型社会地位稳固的根源。

---

② Jean—Luc Bodiguel, *Les magistrats，un corps sans âme*，Pairs，PUF，1991，p. 138.

③ 同上，第 108 页。

④ Pierre Cam, *Juges rouges et droit du travail*，Actes de la recherche en science sociales，19，1978.

是否有一种类似的解释可能有助于阐明近期政治丑闻中的法官实践？对这个问题的回答是基于在当事者和他们的前辈及同类之间，就其属性和社会轨迹所进行的比较。一些从未公开的统计数据的建立，使得能够解决该问题的某些要素更加明朗。⑤ 这些已经确立的（法官）群体的社会学因素很艰难地与法官的二元论描述相靠拢。首先，那种认为来源于新社会群体的法官涌入的假说，几乎无法得到确认。这种假说通常与民主化结合起来；或者，在已知的数据中，又与法官职业的迅速贬值结合在一起。一方面，出身于"高"级阶层的（法官）个体的分量，不但没有减少，反而在 20 世纪 70 年代中期至 20 世纪 80 年代中期，有了明显的增长。⑥ 另一方面，在 20 世纪 80 年代，法官群体的结构可以更好地被描述为：如同一个来源于"中层和高层"公共职位的核心群体与来源于不同阶层的个体的聚合；亦如同在社会属性上相对立的两个群体的交锋。因此，法官群体中极化的作用，这个被皮埃尔·刚用来解释 20 世纪 70 年代法官实践发生变化的观点，最好被理解为是一种时局的表现，这种表现与由招聘机制的快速建立所产生的职位市场的开放相关，比先前通过竞争考试的渠道要更重要。

相反，在随后的十年中，上述这些特点明显地趋于被破坏的状况，在此过程中，该群体逐渐呈现新的轮廓。20 世纪 80 年代成为法官的个体，首先通常来源于"中层和高层"公共职位的家庭。⑦ 在他们中间，不同群体混合在一起，我们可以将其重新归为两极：其一是来源于那些更宽裕更合适的阶层的个体，即这些个体的父亲通常是私营企业的高级管理者或是自由职业者，但是他们

---

⑤ 研究者所汇集的数据涉及好几届波尔多国家法官学院的学生。这些数据来源于 1977 年到 1992 年之间。总计有 3000 多份资料被系统地分析整理。第一份处理涉及了三届国家法官学院的学生（1982A、1982B、1985），尤其包括一份对数据的原因分析。之所以选择这几届学生进行分析，是由于有相当数量的高级别的"涉事"法官出自这几届学生之中。因此这类数据分析对于关注这些特殊法官的属性和轨迹具有直接关联性。

⑥ "高"级阶层（高级管理人员和脑力职业）在法官父辈中的比例在 1982 年至 1985 年间为 65.9%，而 1976 年为 59.4%。（此数据来源于路易·克鲁斯特的统计，波尔多国家法官学院，年度统计。）

⑦ 对法官的父亲和母亲的职业进行考察，能够对这些家庭的优越性进行统计。父亲属于公共职务（B 类或 A 类公务员，尤其是那些指数最低的，则不能进入此类梯度的划分）的法官形成一个重要的群体（35% 的国家法官学院的学生，其中，老师仅占 5.6%，A 类公务员占 12%），那些在"中间职业"和"高等职业"之间进行划分的传统方法不易于领会此处。从事公共职务的父亲和同样是公务员的母亲的强势联合，使得公共职务的分量得到强化。更普遍的是，母亲从事法官职业的个体中 45% 是公务员（B 或 A——低指数）。

与母亲的从业观点联系得更密切,如公务员的孩子。因此,在"高"级阶层的这些优越的派别中,这并不是最合适的职位。其二为来源于那些,与位于"高"阶层的个体相比,更不利的,尤其是缺乏经济资源的阶层的个体(工人、雇员、小手工业者和小商人)。

当然,不能仅凭对社会属性的推断就对法官群体的结构和转变下结论。这就是为什么人们更详细地重新构建了他们在进入法官职业之前的轨迹,同时结合了其他相关的特征(比如考虑其地域来源或学习经历)。将那些对进入司法界起到支配作用的属性摊开来,有助于更加有效地进行区分,以便了解这个特殊的领域,并且逾越那些隐含的障碍以进入这个群体。其次,将上述这些特征与观察这些个体进入法官群体之后在十几年中(从 1982 年或者 1985 年起,至 1995 年)的轨迹联系在一起,竟然显示出,与其他群体相比,他们更占有某些特殊属性,以便有机会迅速进入法官群体的某些职位。如果我们对分析进行总结的话,我们能够重新归纳出三组轨迹——构成完美典型——这三组轨迹由以不同的途径进入该群体的具有不同属性的个体组成;并且也确定了他们可能获得的位置,以及其职业道路的模式和节奏。[8]

出身低微的个体,主要来源于工人和雇员家庭(非常例外地,包括中层职员),男性多于其他两组,第一组法官学校的学生,在缺乏可继承的社会资源的情况下,以投资获得一个大学文凭而获得一个社会(地位)的迅速升迁。有时通过公务员考试,[9]进入法官行业。在西部、西南部,有时在西北部的委任法官和代理检察长,通常,这些个体通过寻找和获得改变来达到职位的升迁。委任法官,在巴黎、巴黎地区或者南方,可能成为大法院的首席法官,或者成为中央司法行政机关的法官(MACJ)。代理检察长,在外省,尤其是在南方,抑或是在西北,如果他们不能(或不愿)离开这个地区的话,他们将有优势成为一个小法院(一或两个庭的)的负责人或者担任副职(检察官、副检察官)。因此,他们在司法界的经历是相当广泛的。

尽管某种方式更适宜"到达",高级管理人员和自由职业者的子女的职业轨迹与前一组的职业轨迹仍具有一定的可比性。在巴黎的大学完成学业之后,他们大量通过第一类考试,以获得第一个职位:在北方做委任法官或者代理检察长,以便大量地返回巴黎地区,他们通常是本地人,成为中央司法行政

---

⑧　更深入的分析,参见上面引用的博士论文 Violaine Roussel, 1999, pp. 149~197.

⑨　有三种途径可成为法官:(1)外部考试,或称"学生考试";(2)内部考试,或称"公务员考试";(3)通过 ENM 的途径,用以彻底摆脱上述困境的唯一招聘模式。

机关的法官，或者凭借职务的调动（此外，他们更多持有 IEP⑩ 的文凭，一个与迅速升迁的、"政治性"的职业生涯相关的重要要素），很少有成为首席法官的。偶尔，他们也有成为南部小法院的主管，通常实现了检察官的职业生涯（代理检察长）。在此背景下，他们能够获得升迁。

最后，第三组是中间职业和中级公务员的儿子，尤其是女儿，亦有某些高级公共职务（比如大学教授）的子女，他们在外省的大学获得学历。在东南部、东部或者东北部，这些法官在初审法院、大审法院⑪或者那些很少认为是法官群体的特殊岗位（少年法官、执行法官），开始他们的职业生涯。他们显得在他们的职业旅程中发展缓慢，这是由于他们多以 1995 年的法官、检察官为"基础"，还有法官、代理检察长，一般在他们的级别上没有升迁，而是大量离开北方，获得任命去南方或者在南方定居，他们中的大部分人是南方人。因此，在他们眼里，这种地域的迁移就可能成为一种进步。

这些所描述的法官群体的要素，与负责政治—财政案件的法官群体形成一种对比，这些法官是在同一时期大量进入法官群体的（也就是说，20 世纪 80 年代的前一半时期），试着理解，由那些个体⑫所具有的特殊属性而产生的实践。首先关注这个群体的成员的特征和命运，以及那些负责政治—财经案件的法官的特征和命运，尤其是涉及后者的社会职业来源。事实上，根据我们确定的三部分的划分方法，这些法官无法与他们的同类划分开：这就使中层干部和公务员所占的比例更低了，在所有社会阶层的子女（19.4% 至 12.8% 在法官学校的学生中）和高等阶层（64.5% 至 54.6%）之前。但是，如果我们只是对那些成为委任法官⑬的法官学校学生进行比较的话，这些让我们感兴趣的

---

⑩　政治研究学院。

⑪　Tribunal de grande instance.

⑫　我们汇集了与一宗案件有关联的 64 位法官（几乎代表了该案的所有法官），其中大部分属于委任法官，并且有几位是检察官（比如：代理检察长或首席检察官），同样的数据也来源于 1982－1985 届的国家法官学院的学生。

⑬　以同样的组织模式对分析对象进行比较，可以发现一种特殊的结构：通过下定义，他们中的大部分是（或最近已经成为）委任法官。因此，正如人们所预料的那样，他们处于一个职业生涯鲜有发展的阶段。既然法官学院的学生没有被盲目地在不同职能之间进行划分，并且，他们的经历和经验，尤其是来源于学校的，没有在获得职位的机遇中被忽视。与负责"事物"的法官相比，对于同样条件下的个体，这是可能的和有用的。

法官并未根据其所承袭的社会、文化地位或者进入法官群体⑭之前的轨迹进行区别，那么，这种差距就不明显了。在法官当中，尽管对比中间阶层的特征，他们倾向于拥有更迅速，可能更令人羡慕的职业途径，但是，他们的轨迹并不能明显地与他们的同类分开。总的来说，我们不能对这些法官的特征和轨迹归纳出一个足够明确的特点，以便对这些特征作出某种总结：我们不能靠20世纪70年代"红色法官"的模式，把他们描述成职场中的一组"新人"，也不能将其描述成社会地位的晋升使其进入通往这些阶层的一个职业，更不能认为我们把他们当作职业轨迹特别没有优势的法官群体，或者正相反，是职业轨迹特别有优势⑮的法官群体，这将在他们的职业实践中，呈现出与他们的职业关系相关的独特之处。

2. 是法官的心理失落感还是他们社会地位的丧失？

在对这些当事者的心理失落感所作的假设中，通过这些个体的行为前所具有的准备因素进行分析，并借助于对期望不满的感受，形成一种解释版本。因为，客观上，在所处的状况中，它们是混乱的。此处，法官对期望的失落是与他们从事职业时所处的实际条件和法官实际上所能获得的职业地位、学历背景所产生的贬值有关的。因此，通过相关联的法官群体所进行的，对政界要人和经济界人物所进行的跟踪，发现试图以对社会和职业进行重新划分的策略，来弥补社会和地位衰落状态的趋势。在这种展望中，对从实践中产生的社会地位的降低，可能有不同的理解方式。第一个简单的模式存在于，面对晋升系统的崩溃，对法官职业生涯预期的失望；发现在"案件"中，通过追随"目标"人物来摆脱平庸，这是可以同时弥补社会和职业（地位下降）的一种手段。我们已经提出，对直接负责"案件"的法官的轨迹进行考察，使得这个研究方向受挫。但是，我们可以强调，它对于理解法官群体对晋升预期的失落不再更有效。事实上，在实践中，当这种发展存在局部的迟延时，新的发展模式使得这

---

⑭　在成为委任法官的国家法官学院的学生当中，18％来自平民阶层，63％来自上层社会，14％来自中间阶层。

⑮　这里，被排除的推定是，相关法官的"权能"被假设为以非正统的方式实现。

种指数和等级的发展有了更迭。⑯

　　另一种理解法官丧失社会地位的模式是来源于社会性重新划分的策略，这种模式在于提出从事职业的物质条件的降低，同时，相对于其他群体，还有对司法职能的威信和社会认可。第一种角度似乎被法官自身的说法所确认。尽管如此，面对不利的工作条件，在公共职能中，个体的反抗是如此散乱，很难总结。而且，这种反抗毫无障碍地与对职业的非常重视的描述和对法官使命之伟大的信心交织在一起。涉及第二种角度的是法官的社会地位，尤其是在当地的生活中。需要解释的是，事实上，当事者失去社会地位的处境很难被他们感受到。在这个报告中，如果研究者能够重新构建，在本地处于统治地位的群体和被描述成"晚辈"的群体之中，法官的轨迹，通常像对 19 世纪末的法官大人的形象所作的比较。如今，法官们在他们自身的职业和个人的历史中，对这种社会地位的降低并没有经验，不会经常表现出"被降低"。尤其是当他们被划分或者评价他们的社会"价值"时，他们实际上相互比较得太少。对比我们通常所认为的被降低（省长或者副省长，市长或理事会成员，更通常的是当地的政治、经济"要人"），但是，他们与那些通常构成与他们对话的人（律师或者其他公共职业的从业者，社会身份不高的，一般涉及办事员，比如警员）相比，趋向于对他们的优势进行比较。

　　最后，这次，更特别地，负责"案件"的法官地位降低的机制可以通过他们不被重用而获得解读，如果他们不能通过考试，更具体地说，比如不能通过 ENA⑰ 考试，或者放弃了其他途径。这种假说不是非常具有说服力的。相

---

　　⑯　此前，我们提到了，从 20 世纪 80 年代初，通过对进入司法界的法官的十年轨迹进行调查，在这个群体里存在三种不同的晋升模式，可以部分地联系到这些个体的发展策略：第一种模式是凭借在外省的小法院获得一个司法系统中的职位；第二种模式，我们可以说更加"政治化"，通常是在司法部或者一个高等的司法部门获得一个在巴黎的职位；第三种模式是涉及绝大部分的法官，他们在中小法院处于"基层"法官的地位，但是，多数是为了迁往南方。我们提及这些，是为了指明地理性的发展。每个轨迹都主要是这些特别的社会阶层的事实，并且与所占的资源，尤其是学历资源有关。根据这种轨迹，等级的进步（根据功能和等级）是不平等的，但是，根据所涉及的个体的观点，每个都广泛地涉及"进步"（如果这属于一种进步的话）。

　　⑰　国立行政学院。

反,对于大部分当事者而言,[18]他们不但通过了那些通常能够得到最有利资质的[19]法官考试,而且他们往往获得了出乎意料的成功。因此,此处我们苦于认同心理失落感的机制,为法官提供补偿的策略,在丑闻的背景下,接受投资于提升地位的途径的方式。此外,也许应当考虑结构的转变。事实上,这种转变标记了,在相当长的一段时间内的法官群体、动荡的事实以及对 20 世纪 90 年代法官实践进行的分析的基础。

(二)政界与司法界之间所保持的距离以及对法官行为的分析

参考 20 世纪法官的行为和所处的位置,法官地位和法官职业的转变是可以得到评价的。21 世纪初的法官群体趋向于被地方名人中的显要人物所代表,并进入一个城市当中,成为名人关系网中的成员,主要是指外省,更不必说,尤其是当涉及司法界的领导的时候,更或常常是当其占有权力等级内部的一席之地时。相反,今日的法官群体则是另一种群体:[20]他们与地方政治和经济精英们的亲密关系的缺少,从此是经常存在的,并被描述得如同一种正常的,同时亦是适当的状态。

1. 政治距离,实践可能性的一个条件

法官们的地位和经验主要是一种与政界和经济界的距离感,更多地被体会为如同一种个人的选择和职业的必要性,抑或是一种被迫的放弃:更通常地,这样一种距离感被今日的法官所自愿接受。法官们的轨迹和他们的日常生活状况主要构成了一种世界观,在此,法官们和政治人物毫无共同之处。从今以后,他们生活在两种不同的世界里,他们不会互相往来,亦不会互相理解,无论是"基层"法官的经历还是很多中间等级的成员。相对于地方精英之间互相认可的体系,这种距离感主要是一种在不同的世界中对生活的不同感受,可能构成一种核心数据,用来理解法官的感悟是如何构成的,并得出,政治人物如同其他"那些应受审判的人"的结论,以及断定他们的司法追求是可能的、自然的和必要的。

考虑到如今的法官们通常的经验是不同于他们的前辈的。这使得我们理

---

[18] 只有一名被调查的法官尝试过国立行政学院的入学考试,他们中的大部分人并没有面对这种可能性,或者更少见的,他们在想象到这种考试后,就本能地排斥它。

[19] 尤其是,他们同时尝试警察局长、税务稽查员或者财政部督察的考试,并且常常获得成功。这也并不少见。

[20] 此处,我们通过与负责"政治案件"的法官的 52 次谈话,并以与其他丑闻当事者的谈话为补充(政治人物、记者、警察、律师、相关的企业干部)。

解，他们并不自认为具备这种团结：家庭和社会更加冷漠疏远，不仅是政界，还有地方要人和他们的前辈。他们可以生活在司法界与政界之间的令人生厌的默契中，如同他们的前辈所感觉到的，对职业道德的尊重和善良人之间的正常的关系。对过去的这种社会亲密的追忆，有助于理解这些串通技巧的游戏，㉑这种游戏使得法官们对某些政治领导者"闭上眼睛"，既然进入地方的这个领域，会产生大量的、难以想象的、由法官的追求所产生的义务。这样的描述也在检察官系统中的这个成员的言辞中表露出来，这个成员对日常实践牵连到当选者的问题感到愤慨。他通过对他所在法院的法官们的行为采取对位法的方式，安排了一种解决"在他之间"的问题的办法，这在于召唤当选者，以摆脱对他的追究，并且确立个人致富的通道，如同遭受的谴责，证明法官眼中的关于政治行为的权利，尤其是使其摆脱司法评价之间的分界线：

"当选的官员们都被威胁了！有的人做了不符合行政规范、财务规范的事，他们从来没有把钱放在他们的口袋了，这是一个漏洞！这才是真正的丑闻……现在，人们公开了司法信息。为什么？为了驱赶什么？是的，已经有刑事处罚了，我们要对其进行责任追究，这是某些国家议员（conseiller généraux）或者市政议员在一起为他们的利益进行研究得出的，我只知道这些。应当承认，所有的法国国家议员都做了同样的事情。**然而，人们却对他们说"现在，够了"，并对他们说"小心"，这就是我说的，检察官有权力独立地进行分类，而不应当犹豫着是否应传唤当选者，斥责他，或者对他说："听着，我们能够将你以轻罪的名义提交诉讼。"但是，不能让他们成为殉道者、替罪羊和法官雕像的底座！"**（外省的一位高级法官，58 岁，黑体是由我们标注的。）

相反，法官们处境的改变和对可能的描述的持久不变控制着联结在法官和政治人物之间的那些团结的中断。从此，不言而喻，一切为了法官们公正地追究这些个体的责任：在相对短的时间里，既然 20 世纪 70 年代进入法官系统的法官们，如今几乎是以完成一个周期的方式来证明，这些描述和实践的决定性的转变不仅影响到法官和"权贵"之间的关系，而且影响到司法系统内成员之间的关系。他们在其他时期、在其他的条件下成为法官，具有广泛对应的可行的和可理解的感知。这种在"基层"法官和法官体制之间的较量不应该掩盖这样的事实：正是在 20 世纪 70 年代和 80 年代进入法官系统的个体之间，构成一个令我们感兴趣的"法官系统的高级的层面"，某些法官在前一时期，在法

㉑ 关于串通，参见 Michel Dobry, *Sociologie des crises politiques*, Paris, Presse de la FNSP, 1992.

官工会的庇护下,以新的行为方式进入了这个层面。对企业负责人和经济界人物提起诉讼,有利于他们中的某些人被任命为"红色法官"。对于后者,这些行为模式的强加,通常具有代价昂贵的斗争形式,结果如同以武力征服,而且是脆弱的;同时,先前存在的和看见的方式看上去是一种太强大的控制。这些法官的行为的影响力是广泛的,他们如今处于高级阶段,比如检察官或是总检察官。现代法官们的描述和实践更加趋于他们的属性。一切进展的,从某种方式上讲,如同他们所沿袭的,但是在他们生存的范围内,这种"可能的状态"如同一种显然和一种必然,而不是一系列在运转的庞大体系内的局部征服。他们也从事其他事物并赋予其新的认识。而且,他们能够被理解为远离他们的前辈,即使他们受益于他们的某些创举。

如果这些不被理解的感受和社会地位差距的观念事先就存在于"案件"背景下的法官"游戏的开始",他们紧接着在丑闻的影响下被强化了。一方面,在司法领域内,法官之间就非正统的既决案件的实践可能会产生冲突(比如,媒体策略的使用);并且,一个等级体系使得大量存在于心照不宣的领域中的"指令"得到清晰的表达。[22] 另一方面,值此之际,法官们能够实践其具体经验,这个经验涉及使他们与政治界相分离的社会差距,他们先前仅有一点机会来直接证明。最终,在那些让法官们和那些个体(尤其是政治人物)投入到斗争中的案件的背景下,而那些案件通常他们触及不到,必要时,只有相关的法官能够具体地互相比较,并且可能评估他们地位的降低。就此意义而言,法官社会地位降低的假设,属于回顾性的幻想和无法说清楚的实践。即通过他们在"案件"过程中的实践,以观察的方法和评价的模式,归因于那些个体,因此,将外部的描述贴附在状况上,在这种状况下,涉及政治人物和经济人物之间的比较的问题就没有多大意义了。存在于司法界和政界之间的差距几乎使得他们的成员生活得彼此如同陌生人,这形成了丑闻中法官行为可能性的一个条件。

尽管如此,所表露出的感受的改变不能仅仅归因于这些改变本身,以便解释这些实践,既然这些改变使得在此期间进入法官群体的所有法官感到不安。并且,我们自问,在一个给定的时间里,某些法官所采用的在这些行为模式下

㉒ 事实上,在司法系统内,关系运转的常规模式不是由对命令的服从和位于"基层"法官之下的那部分成员或者在他们之下的那部分成员的迅速介入而建立起来的,而是由一种自然存在的自发的走向所建立起来的。这涉及,依据人们在继承等级优势中所处的位置,他们自身的一种假定的状态。正是这种"预期的期望",通常,它确定了态度,即允许法官保持良心、独立,既然他们从来没有进入"高等级"序列中。

投资于他们的业务的途径。

2. 自我整合的过程

为了还原逻辑,应当具体地、更加密切地关注丑闻的延续过程中的工作做法。这样一种关于法官行为的展望立即再次引出一连串的按照年代编排的法官行为的重要性:对于众多主导者,尤其是司法界,可能的、可行的、适当的并且是有益的行为所处的领域,它(这种展望)使我们看到从前的斗争或实践的结果发生改变的模式。事实上,在丑闻中,法官们所采取的实践,首先被他们的创立者所经历,如同冒险,甚至是职业上自杀式的创举一样,但是,这些实践所经历的成功,最初是出人意料的,而后逐步转变成这些用来赌赌运气的行为模式,构成可采取行动的指导方针,使得新的介入者在其他的地方场景下可能流动,这些参与其中的新的用途部分转变成新的行为被执行。㉓

将当事者归因于这些行为模式的含义是各不相同的,并且逐步地重新适应。法官让・皮埃尔在 Urba 案件中的最初行为,与集体行为模式相似,并且在工会逻辑中广泛获得认可,此外,还介入当地的特殊情形。㉔ 依据此种观点,这种最初的行为与此后有其他法官在其他场合下所采取的行为形成对照。他们的实践“通过”的事实,与所有先导者的预期是背道而驰的,已宣布的惩罚对法官让・皮埃尔是没有价值的,在其他当事者看来,上述事实参与改变法官所作所为的定义,尤其是相对于政界要人。但是,刚刚显露出来的新行为,与从前已经被采取的行为相比,已不再具有相同的含义,亦完全不再具有相同的形式。㉕ 我们也能够在短时间内,以一连串的描述来重建一系列的变化,这些变化主导了越来越多的法官在行为中的责任,并且因此主导这些新的行为准则的传播。任何事物的发生,如果存在原动力,这个原动力带给自身延续和发展的原则,我们将它称之为“自我整合的原动力”。这种原动力完整地形成于与丑闻交织在一起的行为过程中,因此并未提前起作用。换句话说,不应仅仅

㉓　法官行为扩大的这些现象,详见 Violaine Roussel, Les magistrats dans les scandales politiques, Revue française de science politique, 2, avril 1998.

㉔　被调查的这名法官以及他在于勒芒的其他法官进行合作中的行为,以及在标记 20 世纪 90 年代的法官群体的骚动的背景下,他所参与的活动、共同抗议的经历以及法官工会的共同工会承诺。该领域的详细分析参见参见上面引用的博士论文 Violaine Roussel, 1999.

㉕　法官们的举止不再表现出“把司法行为放在政治的列车上”的意愿(法官,外省,会见),而是个别地赞同一个关于法官是谁和法官应当做什么的新的定义(这个新定义的构建也正在同步进行中)。

凭借对预先动机㉖的一个认可,就猜测这个原动力处于上游位阶。

至于法官们的实践,首先,这个程序再次指向这些当事者所理解的,发生在司法界内部的,首先被定义成可行性的局限性:为丑闻确立标志的不同的司法冲突所呈现出的结果,有规律地表现出对法官有利。比如,由法官让·皮埃尔承办的 Urba 一案的预审程序,被昂热的上诉法院控告庭以及法国最高法院的刑事庭认为是有效的;或者对法院宣告的抵制,1992 年 1 月,范·吕贝克(Van Ruymbeke)议员在对社会党所在地进行的搜查也证明了这一点;或者,更晚些时候,最高司法委员会(CSM)在 Schuller-Maréchal(1995 年 1 月㉗)一案中支持法官阿勒凡(Halphen)的意见,使法官对可能性和或然性的新定义的描绘和预期成为焦点。根据审判管辖对政治人物的首次判决,如同那些由最高法院对预审法官的决定的上诉所作出判决的案子;或者上诉法院、最高法院的所有裁决,特别是那些令我们感兴趣的法官,所发生的事件的信息要素,在司法游戏的其他"层面"上,用于预测被覆盖的概率,用以评价资料中所呈现出来的有用的和"有利可图"的行为,并且形成坚实的行动基准。对于司法界及其外部的众多参与者来说,某些行为同时呈现出司法"心态"不可逆转的改变的标志(也就是说,今后我们所能预测的其他法官愿意从事的行为和每个人能够让自己来完成的行为),正是因为他们出身显贵,所以,从理论上讲,他们最能够接受正统观念;也因为,在有利于法官的观念中,他们的做法似乎结束了与政治世界的较量。分类的决定没有按照由巴黎检察官布鲁诺·柯特(Bruno Cotte)针对阿兰·汝贝(Alain Juppé)的诉讼程序,但是,不管怎样,这种分类的决定指出不法行为的存在并提出缺少追究的条件,也明确地驳斥了司法部长雅克·杜彭(Jacques Toubon)所主张的不构成不法行为的观点,并且在此种意义上(无论多谨慎),这种分类的决定能够参与构建认知和评估。这种渐进学习的结果是,今后,可能同时存在,"案件"中首次出现的法官行为的不确定性的改变;通过对可能的未来的状况的描述,对可能存在的影响犹豫

㉖ 就此观点,我们研究了"对途径的依赖"的分析,尤其参考:W. Brian Arthur, *Competing Technologies*, *In-creasing Returns*, *and Lock-in by Historical Events*, The E-conomic Journal, 99, 1989, pp. 116~131; Paul Pierson, *Path Dependence*, *Increasing Returns*, *and the Study of Politics*(《路径依赖、报酬递增和政治研究》), october 1997(未发表的手稿).

㉗ 这里涉及法官阿勒凡(Halphen)的岳父马歇尔(M. Maréchal),他接受了上塞纳的 RPR 的总顾问迪迪·舒勒(Didier Schuller)满满一箱子的钞票,用来给法官施压,以便压制上塞纳 HLM 的资料,并旨在破坏法官对他的打击。

不决。自从 20 世纪 90 年代的后五年起，法官没有大胆提出惩罚的观点和他们与政界要人对抗的观点，以一个越来越广泛的被当事人分享和解释的司法胜利而告终。

"但如今，想象我们为了让法官进行预审或者不进行预审，而向法官施压，简直是件荒唐事。这里，我又带来一个未预审的资料，这涉及 Maréchal-Schuller 一案，就是这样，因此，人们明确地试图施加于我们的同事阿勒凡的压力，很明显地，被返给施压的人，舒勒先生的逮捕令已发出，现在潜逃中，警察局的一位领导也辞职了。不，这是件荒唐事，他们为此付出了代价，最后，政治人物如此为之，以为消遣，结果代价惨重。"（巴黎地区的一位预审法官，1996年）

关于法官可行性描述的总结的机制，我们能够将其描述为一种更具结构性的观点，如同丑闻过程中某些"游戏状态"的稳定作用。这些机制与司法领域外，与其他场景下所发生的事情毫无关系，尤其是与在他们固有的斗争的逻辑中通过其他当事人产生的司法实践结果的流动性毫无关系。全世界所发生的事情，政治活动或者司法决定，表现出一种对抗的状态，这里我们称其为一种游戏状态。在"案件"的背景下，这种游戏状态的属性被描述为一种强烈的可逆性，一种高度暂时的特征，既然它仅仅是一个长久行动的变化中的一个阶段。通过政治游戏中司法实践或司法决定的工具化，例如，通过处在游戏不同位置中的当事人以趋同的方式来定义一个游戏的状态，作为一个对抗的结果；以小型模式，同意一种产生于描绘的核心地段的权力关系临时状态的事件的定义。当政治人物受到司法裁决时（尤其是由最高法院批准的某些诉讼），它能够用来评价"案件"中政治游戏般的行为。因此，他们参与了强加给司法界当事者以及政界当事者的处境观念和他们后两者所产生的处境观念的整合；比如，我们不再"向后返回"并阻碍司法诉讼的发展。相关当事者的不同阶层广泛同意关于处境的定义：特别难以摆脱（特别难以改变原来的状态），显示出或然性转变的明显标志，这仅仅是权力关系的脆弱产物，能够成为一种整合后的游戏状态。

关注这些自我整合的进程以及它们存在可能性的条件——政界与司法界之间的距离——使我们看到了最初既得的自治形式、存在于司法界当事者和政界当事者关系中的行为、司法界所相信的自治机制的构建，这三者之间的关系。

二、司法自治:丑闻的动因和影响

在 20 世纪 80 年代,在我们所关注的丑闻开始之前,我们已研究了已经被分化的、自治的司法领域,尽管这一直是一种有限的自治。㉘ 对于司法界人物的某些数量的政治实践,在过去的十年里,通常被认为是"自然的";对于法官们而言,在他们的行为逻辑中,㉙这些政治实践也具有无法辩解的入侵的含义。然而,在"案件"的进程中,司法界的新的自治形式表现出:凭借这些变化,法官们政治行为的某些方式还很短暂,一点点地被理解成"干预",在司法游戏中的非法干预,并通过在这两种社会阶层中不断演变中的当事人,趋向于部分地或全部地被排除。因此,所有发生的一切,如同如果自治属于一个渐进的过程,那么在这个过程中,正是自治方式的预先获得参与,使自治的可能性变得更加显著的过程中。

(一)对司法界的领域和边界的重新定义

关闭司法游戏的机制,对于游戏本身而言,通过该领域的当事者提出他们行为范畴中合适的分界线,并且通过丑闻对这些局限性进行局部定义的方式突然显露出来。在此背景下,多个归属的经验,尤其是存在于政治领域和司法领域的经验,在法官眼里变得越来越站不住脚。

1. 存在于多个领域内的障碍

面对很多领域的游戏,此处指政治人物和司法界人物的姓名,被调查的法官所表现出来的缄默是很强烈的。由大多数被调查的法官们所表现出来的拒

㉘ 我们担心自治的程序是渐进的、不规律的程序,我们无法要求这些程序的不可逆性,尽管在向后返回的不可能中,当事者的信仰变得有点历史命运的意味。关于社会空间与社会领域自治的分化在不同的展望中,尤其参见:Pierre Bourdieu, *Les modes de domination*, *Actes de la recherche* en sciences sociales, 2/3, 1976;Niklas Luhmann, *The Differentiation of Society*, New York, University of Columbia Press, 1982;Michel Dobry, 1992,同前引文,尤其是第 97~119 页。

㉙ 透过在 Nucci 案中组成高等法院的法官们在丑闻后的反应,为此,大赦法案专门为了直接介入到他们的行为中去;如同透过,在大量的法官中,所引起的震撼和否定——也包括在某些出身显贵的人物中——面对让·皮埃尔(Jean-Pierre)在 Urba 案件(然而,许多法官对此案保持缄默)中的态度,在位的政治人物的言辞和行为,为了在先前的一段时期内,迅速唤起丑闻的发展,也已经感受到司法界与政界之间逐步产生的差距所带来的影响。

绝,在他们自身的行为中,就此观点,完全政治的节奏和迫切感,显得仅仅是强加在这两个领域之间的分隔的标志之一。在政治游戏和政治挑战中,如果关于法官无权介入和不适宜介入的特征的法官罪证,自从"案件"之初,就表现出来的话,这种罪证如同一个"混合类型"的危险,可能会使被调查者的职业行为丧失信誉,这种感受在丑闻的进程中不断得到强化。

避免在司法行为与政治承诺之间进行干预的一切代价的"必要性";被极力倡导的游戏逻辑的严格划分,这种严格划分通常导致完全地、简单地排除这两种行为同时存在的所有可能性;(上述两种特征)伴随着一种总是被强化的坚决,由被调查的法官㉚表现出来。

"他们不再是法官了,这是一种选择。但是我相信,这是两种完全不同的事情,我相信,不应该……法官的统治,我们稍后再谈,我绝对反对,法官在这不是为了统治。统治者在这是为了统治,法官在这是为了讲法律和伸张正义,如果他们来的话。并且,**我相信,应该将这两种义务好好区分开。应当避免这种干预。**"(巴黎地区的一位预审法官,黑体是由我们标注的。)

不但这种"存在于许多领域的游戏",对于大部分被调查的法官而言被排斥,因为人们不理解什么是法官应当做的;而且导致一个难以处理的、难度相当大的,并且在法官眼里可能会代价惨重的束缚。事实上,通过对立推理,某些法官的经验证明他们的多重社会身份实在太难于管理,尤其是当他们处理一起"案件"㉛的时候。在这种背景下,这种重复插入表现得比法官们所面临的准备调查的个体的大量重要案件;以及法官们所感兴趣的揭露行为逻辑中可能存在的混淆,更加难于处理。

"我的一个最要好的朋友是(法国东部某一中等城市的)预审法官。……他被选为(法国东部某一大城市的)市长助理。我想,他是第六任助理。他遇到了最坏的麻烦!而且,正如你们所知,他是(某一案件)的法官。昨天,他给我打电话,说了一些太无关紧要但却意味深长的话。上周是(案件开始)的第四周年,值此之际,(一个)(相关的)协会,(在他当市长助理的那个城市)组织

㉚ 工会的责任,作为一种党徒效忠的标志,是同样被法官所禁止的。对于从前加入工会的人,这导致各种实践的逻辑不适应地混合在一起。"如今,我不参加任何工会,并且我想,考虑到人们所处的社会地位,公众绝对不知道他们所处的地位,我这么说,他们被强行拉入任何一种运动中。时代改变了,公众期待我们的其他事情,并且比从前更加谨慎地表示独立。"(巴黎地区的一位预审法官,原为 SM,黑体是由我们标注的。)

㉛ 尽管,应当解释,此案仅仅触及了资料中所提及的法官中的一名,以及在很多领域内这些游戏状态,如今对于没有负责这些特殊程序的法官们来说,同样显得代价昂贵。

了一次公众游行，我想，目的是抗议当局对案件调查的迟缓，我不太了解细节。因此，为了此次游行，他们要求警察当局开绿灯。出于某些理由，因为他们担心骚乱，或者因为其他我不知道的原因，当然，这个请求被拒绝了。（法官）根本不在其中，但是，最终还是被拒绝了。媒体提到：'警察……是城市警察；城市警察，是……市的市长，；……市的市长，是第六任助理……先生；……先生是法官。'这样，这个结就结下了。然而，他认为，事实上他与此无关。我不是为他做辩护，他显得他没有什么。但是有一个可读性的问题，如果你愿意的话，可读性，外部的，确实这管不了，管不了。"（巴黎的一位法官）

尽管，我们在利益之外看到，其实已经众所周知了，㉜当事者试图操纵多重社会身份的状况，导致后者承担这种来自于两个空间的游戏的代价，它如同压力和不舒服的阻碍的来源一样存在着。这些被同时表达，并且通过被调查者的工作被部分地解决了，以便达成一致；在他们自身的用途之前，这些模棱两可的身份以及既定的多样性与行为相关联，在不同的空间里被混杂在一起的逻辑所支配。这在法官眼里是能够容忍的，在政治世界和司法世界中同时发展的事实，正是在令人相信的那些自治形式得到第二次发展的时期。这是两个行为之间最大的分隔，也就是说，一种行为，可能限制存在于两种行为领域之间的干预。但是，这种双重身份也可能被当事者认为是一种"两者之间"的状态，这种状态既不能使他在一个世界的逻辑中得到真正的认可，也不能使他在另一个世界中得到真正的认可（并且是合法的认可）。这种状态赋予他一种定义，首先是对于他自身，同时也是为了面对其他个体的煽动；表现出一种或多或少统一的、一致的身份，通过这种身份，各种被显露出来的行为能够组织在一起，以便形成一个"谁坚持"的轨迹。而且，法官不顾一切地通过运用调查结果，弄清对政治世界和司法世界的对比的企图，成为法官和政界要人和解的必要性的入口。尤其是，法官的这些企图，通过采纳存在于两个集团（法官所理解的）之间的"中间"观点，使混乱的逻辑得到统一。当这些观点不相互对抗时，它们来支配两个世界中的正常行为。尽管进入到许多游戏，在法官日常的经验中，可能被描述成一个困难和不安的源泉：

"我，我涉嫌一起调查，那是 94 省的一个调查，我想，在司法部长的要求下，他要求我们面对一项针对法国人的，根据服务的满意程度，就划分国家服

㉜　参见，尤其是 Luc Boltanski，*L'espace positionnel*，*multiplicité des positions institutionnelles et habitus de classe*（《位置空间，机构的立场和阶级习性的多样性》），Revue française de sociologie，14，1978.

务行为和这些服务的当事者所进行的调查。人们发现：司法机关和政党被排到最后面，在警察、消防员、护士、小学老师等的后面！也就是说，司法机关和政党同时被认为是不令人满意的，不能够胜任它们的使命。在我看来，存在不信任，存在一个人们对政界和司法界统统不信任的危机。然而，我，我绝不是说这些案件不应该出现，不是这个意思。我是想说，这对共和国的体制是有害的，如今，这种政界和司法界之间的憎恨和无法沟通是绝对长期存在的。因为，归根结底，人们将其视为利益规则……司法界和政界应当努力找到新的对话方式。因为，这让我觉得，确实是有害的。我，我感受到这一点，我非常具体地感受到这一点。**当我在法庭上的时候，通常我谈论我的行为或者政界的行为，我很清楚地看到法官们的处境。但是，当我在我所加入的政党中的时候，在我与其他人、与政界人物交谈时，我很难为司法界辩护。这是一种聋子的对话。**"（巴黎的一位法官，黑体是由我们标注的）

最后，他的多重社会身份显得这位法官更像一位游戏的失败者，他迷失于这两个游戏中，如同获取利益的手段，通过革新来自于另一个游戏中的资源。我们可以认为，尤其是与这种多重身份相关联的成本的重要性——隶属于司法领域和政治领域——恰恰是关联于，在我们所感兴趣的历史背景下的自治现象，以及那些司法界游戏的关闭机制。正是因为，司法界的当事者比以往任何时候都更加希望政界人物不要对他们的行为进行干预；正是因为，与法官们将法律运用于他们的实践中相比，政界人物对法律的领悟较差；正是因为，大量的当事者认为这涉及他们直接或间接的对手所造成的游戏逻辑混淆的暴露。对于身居其中的当事者而言，对这类双重游戏的管控尤其显得困难。相反，在政治游戏中，引进司法领域外的资源节约型的转换性能（众所周知的司法鉴定人的形象），对法官而言，是可能的并且有利的，在他所不能及的范围内——如同当让·皮埃尔参与飞利浦·维力艾运动时，他所做的——在他的法官行为中，摆脱了来源于双重游戏中的双重障碍。并且，我们没能考虑到某些当事者的大量介入，以及这种多重社会地位所带来的影响，尤其是，被调查者经历这种双重身份的方式，无论是特殊的情形，还是这种方式所存在的游戏状态。很显然，表面上，这些直接附属于个体的双重社会地位的属性，仅仅表现出，在不同领域之间的，被调查者展示他们的行为的关系所处的状态。因此，对于与政治和司法双重外表有关的代价的理解而言，司法领域的自治进程并不是无关紧要的。

相对于政治而言，自治的影响对于一方，取决于面对外界关闭法官们与问题直接相关的行为；也取决于他们对干预的抵制；同时，司法领域内成员们具有象征性的统一,是通过主要的界限的改变而产生的;这种统一不是对立于检察官的,这种统一隶属于政治权利,隶属于法官席位,但是法官、检察官也许不隶属于其他领域的专业人士,尤其是政界要人。伴随着这种统一,这些自治的影响得到关注。

2.“检察官或是审判官,都从事同一个职业”[33]:标示界限的逻辑

审判官,也就是说,我们通常所说的裁判官,以及直接负责讯问资料的检察官一下子就断言,他们具有共同的法官身份:实践中,在职能上,有时是在不同的等级上,他们所实施的行为是如此混乱,但是,他们却全体一致地认为他们在从事着相同的工作,隶属于同一职业。对于检察官而言,定义是相似的,相关的法官——当他们强调与法官的相似性的时候,就和检察官一样——首先考虑到他们在司法界的对话者,在他们看来,也就是负责处理那些他们有权了解的“案件”的个体。同时进入这个阶层的,显得直接与共同游戏的经历有关,与对法官属性和法官应做的行为的描述类似。

“关于定性,关于扣押,我并不总是与检察官意见一致,有时,我们会争执得不可开交,但是,关系上,我们是同事,**我们是关系不错的同事。我是审判官,从前,我是检察官,我认为我们都是司法官。**”(外省的负责“案件”的预审法官,黑体是由我们标注的。)

这种对法官的描述,不同于对法官和检察官的界限的划分,[34]其中的某些个体——检察官,通常是“基层”检察官,但是同时也排除了其中的其他当事者,尤其是某些高级法官和某些成员,这些人对政治的接近和顺从实在太强烈或者太有感应了,根据政治逻辑,恰恰是被怀疑者,并且最大限度地与政治界的当事者相类似。

“同样,我们可以说,检察官是法官;同样,我完全不认为香榭丽舍的代替者是法官。但是,我不是唯一这样想的人。有很多人认为这是一个应该由行政者或者普通公务员来确定的角色。因此,如果确实存在一个几乎可以确定的方式,磨炼精神系统和狂热的顺从的产所的话,那一定是这里了。并且,当我们看到很多高级法官经过这里时,这几乎是一个必不可少的过程,人们感到可怕。”(巴黎地区的一位预审法官)

如果根据划分的原则对分界线进行描述的尝试能够产生影响,并且趋向

---

[33]　预审法官,外省,访谈。

[34]　Luc Boltanski, *Les cadres:la formation d'un groupe social*, Paris, éd. de Min-uit, 1982.

于逐步地被强化，而且，作用于司法界的政治控制的问题经常被提到，并且，在政治界，被视为有待解决的问题，尤其是涉及中断或者放松检察官和政界人物的关系的讨论。法官能够相信，以体制的形式，使已经提及的那些限制[35]具体化，是可能的。

这种用来定义这个阶层具体轮廓的方式，有时是两种。在法官的言辞中，伴随着被定义的这个领域的分界线的关闭，面对外部逻辑，也就是说，尤其是政治逻辑。这不仅仅是回避可能存在的直接或间接的"压力"，这些压力可能在"政治"资料的框架下被施加了，但是，更广泛地，这是相对于，外部逻辑介入司法运转的模式，尤其是招聘，或者法官可能招致的惩罚，法官——也包括他们中的某些身居要职的人员，以及与政治游戏的亲近和他们伟大的逻辑——有要求垄断的趋势。对于司法界相对于政界的自由的反复强调，通常借助于空谈独立性的形式，从高级法官、工会干部或是"基层"法官那里传出了，最终表明——与我们最初所能想到的相反——新的自治形式的获得，而不是司法界自治的减弱。就此意义而言——为了振兴马克思关于人道主义的主张，它仅仅提出了它能够解决的问题——法官趋于仅仅是恳求他们能够获得的自治，从某种角度讲，他们已经得到了的自治，好像是证明这种意愿的可能性一样，这种表达很少部分地依赖于当事者接受这点的成功的可能性。

（二）自治的集体产物

直接负责一起"政治案件"的法官们不是唯一的，其行为促进了关闭司法游戏影响的产生的当事者，而是使这种结果成为可能的各种干预者的统一体。在这个行为的联合体中，最高司法委员会的存在，有利于他们在法官，主要是更高职位的法官，录用的培训上加强控制，这对法官们的形象产生了严重的影响，如同对于政治人物的影响一样。

1.司法空间的关闭和丑闻的原动力

借助于"政治案件"，这种最高司法委员会成员的流动大量出现。当然，他们介入游戏并不是丑闻中无中生有的产物，这应该是广泛存在于体制自身的历史中及其已经积累的资源中。尽管如此，负责"案件"的法官实践的成功和可能正在进行的形象的转变，都与通过这个司法系统内看上去更有活力的法

---

[35] 关于给分界线做标记的行为，以及关于在一个空间里累积的结构的技术，使得个体将他们的行为从外部干预中解脱出来，见：Michel Dobry，1992年，同前引文，第108－110页；Michèle Lamont，*La morale et l'argent. Les valeurs des cadres en France et aux Etats-Unis*，Paris，Métailié，1995，surtout pp. 23～40.

律手段所逐渐产生的需求无关。这一点尤其表现在 1996 年的人士调动之际，在这次运动中，最高司法委员会的成员用一种明显的（有效的，至少是这样）抵抗来反对政治的暗示。㊱　而且，最高司法委员会的成员能够获得一个开放的位置，这个位置是通过公开已经介入丑闻中的政治干预而获得的，以便确保他们的利益，减少法官体系管理中的政治控制的必要性。在他们看来，这些流动能够指引其他法官的观念和行为；流动的可能性；如果必要的话，还有最高司法委员会建立在他们的观点和实践之上的正当的支持。拒绝对最高司法委员会的组成进行政治控制也是为了挑战（法官）组织模式的管理的专制并进行自我管理：事实上，抵抗最高司法委员会或多或少的绝对司法化的构成，要求整个司法界内在的职能的转变，既然法官职业的录用和惩罚都依赖于最高司法委员会。根据这种观点，在尼克拉斯·卢曼（Niklas Luhmann）的观念㊲中，司法界的职能趋于一种循环的、自我参照甚至是自我创造的模式。在"案件"的进展中，法官机构的实践也同时表明：它们使自治机制运行。此外，法官工会（SM）的责任，通过与它们的政治盟友、掌权的社会党人的决裂，得以完成，以便支持让·皮埃尔法官面对完全针对他的抨击。尽管法官工会中可能存在各种分歧，以及那些已经表现出来的沉默，法官工会的管理者们自认为应当坚持他们的所作所为，应当使他们支持一名法官的行为得到明确的承认，也就是说，根据党徒团结的逻辑，这些最终都属于他们在司法领域的行为；也就是说，这是他们根深蒂固的观念，同样也表现在政治游戏中。因此，他们相关的行为趋于被在司法界占上风的社会性逻辑所广泛地吸引着，逐渐排除其他的行为动力。更为广泛的是或者曾经是工会成员的法官们，通常具有分化旧原则的经验，借助于政治游戏，针对法官机构，他们一点一点地越过他们所坚持的分歧，围绕共同的观点——司法的地位、法官的独立性，等等。这使得法官们在应对法官体制管理的挑战的辩论中，同时处于政治人物的对话者和反对者的位置。加入越来越明确，在这种背景下，在丑闻发展的影响下、尤其是在司法挑战的逻辑下，工会干部的行为也不同于政治斗争的行为，工会干部的行为同

㊱　下一步，最高司法委员会将要获得重新改变其意见的权力，并且，在事先没有被请求的情况下——他将要表达，一个与他们的特权相比，全新的用途——表达一个与他们的培训相关的被加强的分量，当录用高级法官的时候，并且有强迫自己在有关问题的对比中，成为核心人物。

㊲　Niklas Luhmann, *A sociological Theory of Law*（《法律的社会学理论》），Londonn, Routledge ＆ Kegan Paul, 1982；Günther Teubner, *Le droit. Un système autopoïétique*, Paris, PUF, 1993.

时也成为一种自治的原动力。

然而，我们不能当然地扣除，事先存在于法官工会和各个政党或者政治潮流或今后不再投向它们在政治上的行动中的相似性。比如在大多数的改变的时机下，与香榭丽舍的一班新的人马相结合；但是我们可以认为，工会的责任应当视为提出（也就是说，通常在实践中应依据）一种行为逻辑，最先根据司法游戏的规则（而与政治游戏和挑战无关），其中越来越清楚地缺少政治的干预。在与政治人物就改革的辩论进行对峙的谈判中，在"案件"的进程中多次出现，在其中，自治形式的制度化和管理中自我参照的原则制度化起着作用。他们和其他当事者一起，对司法界"外部"的自治的无意产生，作出了贡献。

2. 对问题进行政治管理的结果："外部"的自治

此处，我们想要提及，来源于"外部"的、作用于他们自身的司法界职能的关闭机制，也就是说，这些关闭机制不是首先来源于对法官的管理，或许，与他们的关于他们的行为应被组织起来的信仰相矛盾。如此说来，我们不能假设，自治进程的突如其来，通常，必然应该与处于为了获得这个结果的范围中的个体的流动有关，与追求相反目的的当事人的实践相悖的。相反，这些机制产生影响，最通常既不是自愿的也不是被什么强迫的，转而朝向其他的结局，这些机制导致个体的联合行动，联合行动的策略受到各种不统一的社会逻辑的指引。我们已经看到，在司法领域内，尽管"案件"的预审法官们参与了这些案件，并且加快了该系统内自我参照机制的增长的进程，但是，其他当事者，诸如法官工会，也带着利益和有点不同的赌注，为这种累积的原动力的存在作出贡献。然而，这些行为不能够真正地对关闭司法游戏逻辑本身产生影响，也不能使司法行为摆脱外部干预，因为这些介入的实践，在政治人物自身看来，在丑闻的进展中，变得不可行：这些当事者迅速发现，试图介入其中，是成本高昂并且毫无效果的。同样，所有躲避指向政治人物的证明的请求（尤其是媒体），这些躲避在于确定人们不能进行评价和批判；这些躲避在司法界或者一个司法决定中产生，并显示出对所有干预（至少是可见的）的（强烈）抵制，这些干预趋于强加给政治当事者，或者至少，从此具有一个面对司法案件的逻辑，完美的外在表现的重要性。为了凭借"案件"去理解这些值得一试的转变，我们能够有效地关注，公众对于与这种司法行为相对立的、社会党第一责任人的抗议的自发性实践——著名的"司法盗窃"，乔治·科曼（Georges Kiejman）用来指责法官让·皮埃尔的，在他对 Urba 公司所在地进行搜查时；甚至企图更加谨慎地质疑范·吕贝克议员侵犯重刑的保密性调查，随着亨利·艾玛昌力（Henri Emmanuelli）所进行的调查——伴随着掌玺大臣更晚些时候就职时，对不干预的庄严宣告,以及 1995 年雅克·杜彭,或者 1997 年 6 月伊丽莎白·吉古(Elisabeth Guigou),后者最终提出,对这种标准规范实现法律上的客观化。

　　无论对这种不介入的规则是否是真正对象进行观察,使看到的事实如同与其完全相符一样,这个重要性已经表现出体制内潜在的变化,并且尤其是,它们事实上能够具有的形式。如果表达他的不介入司法资料的意愿也迅速变成坚定不移地获取政治地位的话,那么这种介入将在实践中越来越难于实现;对指定的法官的可行性和可接受性的描述中产生了改变,同时,在与这种改变的关系中,这种介入越来越无效。由于个体,尤其是在新闻界,⊗准备好谴责的事实的存在,对于它们的创始人而言,则冒着被评价的成本过高的风险。在新闻工作者自身职业行为的逻辑中,当他们适应认同并适应公开谴责干预法官案件的政治企图时,通常被描述成实现独立一样——或者当他们用痛斥法官的政治动机(或者仅仅是非职业的)来替换政治声明时——他们迫使当事者,在他们的引导和他们的意图中,吹捧他们属于确定领域内的特有逻辑的一部分,完全阻止所有其他的行为准则。同样的,正是因为存在当事者直接谴责与所表现出来的原则不相符的行为举止;这正是"规则",根据此项规则,部长应当放弃进行调查,这个规则能够具有某种"权力",并且表现得如同施加于当事者的强制力;此外,在此逻辑中,这种规则始终保持不断增长,与此同时,新的个体屈服于它,并且,也证明着它的"效力"。此处,我们去研究新的、标记这些进程的历史性,同时还有自治机制的渐进性。但是,应当同时强调的是,首先,是适宜于政治游戏的独立和对抗,这主要是政治的引导,这种联合的效力,对政治领域和司法领域之间界限的强化起作用。

　　通过政治竞争者表述的,互相失去比赛资格的企图,当他们指责他们的前辈的介入行为时,或者,在司法案件中的,他们的反对者,抑或是当他们,比如,指责在资料中被起诉的、要求其辞职的政治对手,这些当事者强迫其他主导者,以便使大家看到他们的引导的合法性。同时,他们自身要承担展现(至少是表面上的)类似态度的义务。为了努力承认——在政治游戏中,我们没有什么可自责的,或者我们准备好服从司法决定。在这个政治游戏中,对个体的诉讼或者对司法界施压的意愿暴露出来并成为一个有效的武器。通过他们所排斥的干预的形式,这些实践最终导致,相对于政界的司法自治的加强,因为某

　⊗　看到这些行为转而对抗他们的创始者的危险,也使我们理解了政治当局者最终没有做,并且通常理论上是可能的,在与他们的政治对手进行的竞争中利用司法,同时谴责他们的做法是非法的。

些介入的形式已经开始消失；因为所有可能被揭露的危险，都可能变得代价非常沉重。在这一点上，以控制某些法官的行为、以更加广泛地阻止"案件"的增多（尤其是改革以缩短服务期限为目的的滥用社会资源的不法行为）为目的的政治策略的失败，通常是促进加强政治当局者同法律和法官一起，展示"遵守规则"的必要性；并且，在司法行为的逻辑中，表现一种严格的不干涉。类似的事实同样能够导致政治人物，就断绝香榭丽舍（即：政治）和法官（即：司法）之间的联系的必要性，连续不断的声明——雅克·杜彭的观点，1996 年 12 月，雅克·希拉克的观点，更具体地，是共和国的观点，提出"调查使法官独立于掌玺大臣的必要性"——在纯粹的政治竞争的逻辑中，如同法官诉求的产物，这带来了更多的、针对挑战的观念。

自治的事实，最终触及司法领域，该领域来源于互相关联的实践整体之间的趋同性。此外，这些事实还表现为环形的进程。并且，这也是司法界、政界、经济界之间所存在的距离；在地方的层面上，伴随着内在的分化和或多或少的非常亲密的关系。这种距离导致了在"同一个世界中"的人们之间的所有团结的情感的消失；导致了在接近他的个体社会行为中互相认可的趋势的消失。相反，政治人物和企业主们的行为和存在方式变得完全不同于法官，并且，当它们出现在法官面前时，法官则认为这些行为和存在方式是令人反感并应当受谴责的。因此，相对于政界和经济界（或者，至少是这些领域中的某些政党），标注着这些描述的改变，早已源自司法领域自治的一种形式，这些改变成为后者的一个结果。同时，这些改变表现得如同一个原因——或者更确切地说，如同可能性的一种条件——使自治更加有力地发展，在这个范围内，正是因为，对政治人物的行为闭上眼睛，不再显得自然而然；在这些行为中，通过强化政界与司法界之间的差异，某些法官能够将精力投入到对丑闻的追究中去。

Political Scandals and the Changing Relations
between Judges and Political Actors

Violaine Roussel

Abstract：This study analyses the changing relationships between political and judicial actors，and the transformation of judicial activities in the context of recent political scandals in France. It is argued that the gulf existing between the political and judicial worlds forms a condition of possibility of judicial practices but not an explanation. According to this point，judicial practices are based on a previous differentiation of judicial and political spheres, but one of the main effects of political scandals can be found in the autonomisation process of the judicial world that is again at stake in the context of these mobilisations.

Keywords: autonomisation of the judicial system; judges; political scandals; sociology of judicial practices

司法在社会中的地位和方式[*]

菲利普·图洪库瓦　著　　李晓兵　译[**]

"神的裁判和人的裁判"……"请求、恳求、呼唤正义"……"正义已逝"……。为了理解赌金的高度、谋杀的力量或调解的道德,只需少留一点时间给这些与司法有关的日常用语所表达的意义即可。如果说那些要求是具有永恒性的东西,它们在民主社会中可能不会被激化,就像在法国,常常有对立的情形,限制是为了更自由、更平等、更安全,接受所表现出来的各种各样的差异。由于司法化的双重手段,司法机关越来越受到吸引,这一地位对于法律来说总是更重要,这一诉求对于法官来说总是更加急迫。

对于司法在社会中角色演进的评价,考虑到行政、立法和司法机关所保持的关系,审视司法独立的程度,首先应思考对于法治国家的稳固和作用,考虑到在法国司法权/司法权威的讨论仍在继续,要求成立最高司法委员会(Conseil Supérieur de la Magistrature)实现完全的自治,同时还有对于宪法委员会扩大权力以及开放提请审查门槛的支持。

然而,司法同样直接面临社会的转型以及其寻找其所意味着的新平衡,这涉及对于安全和自由需要之间的紧张,或者还有——法官创造性地行使权力在这里就显得很重要——司法活动也带来了家庭转变这样的后果。如果我们国家的限制,如同在其他国家一样,存在普通司法系统和行政司法系统的二元司法体制,植根于国家的传统,历经时间的检验,表现不俗,在 20 世纪后半叶,司法部门的机构和职能发生了一系列的演进。法律从此不再强调国家和国际

---

[*] 原文出处:Philippe Tronquoy, *La justice dans la société：quelle place？quels moyens？* in Philippe Tronquoy (dir.), *La justice, réformes et enjeux*, Les cahiers français, n° 334, La documentation française, Sept. —Oct. 2006, p. 2.

[**] 李晓兵,南开大学法学院副教授。

之间的封闭性,欧洲大厦的建设,比如各种各样国际条约的出台构成了各种法源,它们之间所存在的关系导致法国司法管辖的多元化。

各种改革和新的运作带来社会迫切的要求。这同样导致邻近法院的发展或青少年法院的调整改变——它产生于两种热烈的争论——让司法更易于被接近的考虑和青少年犯罪的增加能够对此作出解释。对于司法具体方式的审视显得无法回避,在这方面,尽管在近些年来可以觉察到得到了增加,但司法预算的微薄依然被继续批评,批评还涉及在法国国土上法庭的地方化,涉及所公布的司法架构不能适应人口变化的现实。

最终,一些问题带来了特别的讨论,乌特尔(Outreau①)案件为此带来了新的活力。这首先涉及预审法官的存在问题,以及对于职权主义和控辩模式的诉讼制度各自优点比较的审视。这对于法官接受培训的种类,以及可以对法官施以的惩罚来说也是一个机会。法律能保留辩护或适用于轻罪行为的刑罚种类同样被广泛讨论。监狱,就对其身份进行宣告来看经常就是灾难,在现实意义上阶段性地发挥着作用……而与此同时,其失败感继续存在,由此导致的结果就是矫正道德和准备重新拘捕收监。

---

① 乌特尔是法国一个城镇,位于加来海峡省,在北加来海峡地区。——译注

在媒体上司法是否是不可定位的?[*]

安托万·卡拉邦 著[**] 董士靖 译[***]

摘要:当下的司法与媒体的关系被认为是纯民主的当代幻想。人们对司法制度的指责已经发生了从其功能紊乱到不称其职的微妙转变,最终媒体粉墨登场开始代替制度的自我监督作用。尽管受其本身所处位置所限,但是媒体由于其特殊属性充分证明其能作为司法的替代品更好地发挥应有的作用。正因其能更好地呈现民意,促进公民之间的交流,媒体已然成为了纯民主的竞技场。自此,法院除了进行调解和讨论时,已脱离了感性和理性的框架而成为公开场所。简而言之,我们正在见证媒体,这个可以游离民主本位的幻想的真正含义。或许像"我们可以预见什么样的东西能完善我们的制度,或者什么样的东西会破坏我们的制度"这样的问题依然会被提起,但是我们会不会冒险重走原始之路呢?

关键词:媒体 司法 直接民主 公众舆论

"民主原则的变质,不仅是当人们丧失了平等精神时,而且还会出现在极端平等时,都要与他们所推举的领导他们的人平起平坐。为此,人们不再忍受其所委托的人拥有权力,而想要取而代之,审议元老会问题,代替司法官行使职权,替法官判决案件。"(孟德斯鸠:《论法的精神》,第八部分,第二章)

一些司法案件在历史上扮演了特别重要的角色,使我们进入了一个可以

---

* 原文出处:Antoine Garapon, *La justice est-elle délocalisable dans les médias?*, Droit et Société, 1994, n°26, pp. 73~89.

** 安托万·卡拉邦(Antoine Garapon),法国国家法官学院高级讲师,法国司法高等研究中心秘书长,人类和法律社会学专家。

*** 董士靖,法国马赛第三大学法律专业博士研究生。

进行辩论的时期：在卡拉斯①案件中反抗议会的专横，在德雷弗斯案件中人权推翻了政府的主张，在此只引用最重要的案件。第二次世界大战之后，"威尔曼案件"无疑成为最受关注的案件。它是唯一值得我们关注的案件吗？此外是不是意味着我们的注意力并没有放在儿童杀手身上这个唯一令我们感兴趣的案件（让我们想起布鲁亚安纳特瓦案件，毋庸置疑该案件在多个案件中留下了痕迹，其名字在我们的记忆中留下深刻印象：席琳、安娜依斯、卡莉娜等）？难道没有反映出人们对公众事件的不满？人们对此失去了所有期望。结局究竟如何变得没有意义了。生活中人们不再互相交流，时间不是花在感兴趣的司法评论上，而是花在了追捕藏匿于平静村庄的"匿名者"上。媒体，没有引导进行社会评论，而成为了引导公众质疑其本身采用的方法。

在调查的高潮中，上百名记者逗留在莱庞热周围。这是一场挖掘遗漏资料的独家新闻竞赛。前三封匿名信的复印件在《巴黎竞赛》中刊登，是对整个事件的记录。谁还记得兰伯特法官和其拙劣的媒体表现？记者们很快分成两个派别：支持威尔曼和反对威尔曼。媒体进行侦查。宪兵们召开了日常新闻发布会，告知即将公布结果并将很快确认犯罪人身份。警察同样召开发布会：更糟糕的是，他们选择他们的对话者。媒体近期在司法事件中的角色相对于过去大众媒体或者被卷入事件的媒体，已经变质，不再通过传统的揭露或者揭示来干扰司法部门的工作。不要只是辱骂记者，责任应该由法官和政客来承担，甚至学者也应该承担责任（还记得在同一案件中的玛格丽特·杜拉斯的态度）。

能够清楚地阐明当今司法与媒体的关系的，只有当代视角下的直接民主和其推论，即权利的疏忽。疏忽，既不是表示无视也不是违背，而是无声地逐渐消失，也不是积极的支配权利而是建立具体的机构。权利的疏忽以所谓的道德名义从法律的一般禁令开始。这个现象揭示了变迁中的共同点：权利的非形式化——或者相反，取消机构调解的资格。在人们说权利的回归时，这与我们现代社会并不矛盾，而是仅仅剥夺了保留此人的身份之处。

自此，除了法律调解和纯讨论的区域，司法完全公开，不再局限于感性和理性的框架之中。简而言之，我们正在见证媒体，这个可以游离民主本位的幻想的真正含义。或许像"我们可以预见什么样的东西能够完善我们的制度，或者什么样的东西会破坏我们的制度"这样的问题依然会被提起，但是我们会不会冒险重走原始之路呢？

---

① J. Cubero, *L'affaire Calas*, *Voltaire contre Toulouse*, Paris, Perin, 1993.

一、十字军精神和制度疏忽

法国媒体对法官感兴趣的,大多数时候是一些"小法官",在媒体看来其他的法官都不出彩。可能"小法官"和"小记者"两者在同一类型中有相同之处:揭露事实、本身无污点、以弱对强,用笔和法律对抗金钱和权力。要求法官有坚强的意志,不断采取迂回的方式对抗政客直到最终。人们很容易将法官置于其阶层的对立面:这样就变成了贴近民众以及充满好感的"小法官"对抗疑似最能感受政治压迫的阶级斗争。②

于是,十字军精神在法官之中传播。瓦朗西纳检察官通过对道德的关注证明案件中媒体的作用:预先防止被政客吞没的危机。③ 由于舆论不信任里昂的法官,将"博东案件"的卷宗移交到最高法院的刑事法庭。"这一被很多报纸指责的为媒体辩护的论题突出两个层面:一方面,在此案件中它展示了被谴责的媒体的特性,就如不能证明错误的严重性案件中的绝望的受害者。另一方面,说明了舆论对于司法体系运转的干扰。④"虽然司法不能参与政务,但是媒体将它们联系在一起并推进调查。

舆论压力产生的第一个后果是将诉讼的重心推向第一阶段,也就是最受监督的诉讼部分。失去了判决的事实和理由,诉讼看起来像是一个多余的形式。与司法相反,诉讼唯一的关键在于保证程序化。丹尼尔·苏蕾·拉维赫认为:媒体与司法的关系由于法官主导制度败坏而变坏,给予预审法官的位置太多,而给庭审的太少。这就是为什么要比较一下媒体和庭审的工作,而不是无法进行辩护的预审。庭审的重要性被媒体发现,比如最近发生的小席琳案件中。⑤ 但是还剩下多少这种知名的法律专栏记者呢? 现在媒体的每个部门

---

② 参见 Les ailes coupées du juge Rousseau; Paul Weiss-buch évolue sous la haute surveillance du parquet général (titre); Sera-t-il prochainement l'objet d'une mutation — promotion? (chapeau); La hiérarchie judiciaire, quant à elle, se méfie de ce magistrat un peu trop "accessible" (Le Figaro, 16/12/92).

③ 瓦朗西纳检察官是否没有援引"职业道德"中的规定为其向媒体作出的宣布提供支持?

④ Laurence Derrien et Weronika Zarachowicz, Les relations presse — Justice au travers de l'affaire Botton, mémoire de troisième cycle de sciences politiques, non publié, pp. 24~25.

⑤ Maurice Peyrot, Le Monde, 20/12/92.

都要选择领域,也就是说一部分,或者更精确地说一个人(嘉雷塔、塔皮埃)负责一个案件,也就是交换意见变得不可能。对于媒体来说,作判决的机构少于主观上反对公众舆论的人,从而产生一些不可想象、难以置信的免诉行为,使记者不相信这一判决,就像这个判决不是一个司法判决而是某个人简单的观点。⑥ 法官的明星形象被大大削弱:法官不再是法律的代言人,而是代表着主观性。因此揭露法律的骗局、无罪推定的假定:理查德·罗马,一直处在公众舆论的眼睛下,由于法律的主张,被推断为两个杀人犯中的一个。⑦ 如果法官没有通过公众舆论的直接干预进行法律调解就判定,而往往是为了保证公正要与公众舆论保持距离。

无罪推定会被以司法的名义公开嘲笑。⑧ 可以看到出现了一种特殊的承认合法的方式,其形成消极且负面。但是不同于法院不再担任媒体承认合法的职责,也不同于法官再次重申其合法性的媒体逻辑。这两种情况下,都不能找到支持其理由的根据。⑨ 为此我们将这个规则称为堕落。每个人都能为其违法免责:媒体成为法官,法官进入政治领域中,政客从竞争中获利挽回自己的名誉。政客斗争不仅是在权力领域上,并且表现在急于充当受害者,从而成为社会中最令人向往的存在,达到宣布废除法官的判决和媒体的策划的目的。经常出现好斗的暗喻(游击队、秋后算账等)。政客对法官的控告增多且战况激烈,无法化解,双方都不退让。

法律的力量在其强制性和其道德原则中被大大削弱。将其置于适当位置的可能性剥夺了必须施加于它自身的美德的法律规则,它不可能免除对其道德的检讨。这样一个态度,比让法官参与进来还要少见,在道德观念中也被认为是极端危险的:它鼓励愤世嫉俗、伪善和虚伪。当与权利的距离拉得很近时,任何人都不能将错误扭曲的法律引入到国家法律中。

---

⑥ D. Vernier, *La couverture du meurtre de Céline Jourdan dans* 15 *titres de la presse nationale et régionale*, p. 26:关于周四的事情,他只是在从事他的工作。

⑦ Nice—Matin, 24/10/90.

⑧ 为什么所有人都嘲笑预审和无罪推定?“是因为所有法官自己都不遵守它们吗?”查尔斯·维伦纽夫问道,“在法国,嫌疑人在被监禁时他的名声已经尽毁,之后再进行调查。预审法官和媒体把嫌疑人置于公众面前。所有都是公开的。最坏的情况就是,最后媒体会说谁是罪犯、谁是无辜的。这明显不是他们的工作。”(Le Monde, supplément radio-télévision du 02-08/04/90).

⑨ 参看 Stephan Rambour, *Cas n° 6*. 案例。文章中提供的引文是大学生们通过研究编写的笔记精选。无法再系统地找出与该资料出版版本相同的案例。

二、失去制度性调解的资格

在事实发生时没有采取任何预防措施。关于小席琳案，多米尼克·维尼尔指出：记者用直陈式现在时表述，大多数时候不参考消息来源，给读者的印象是直接事实证据。⑩ 记者作为大众情绪直接代言人的解释人，拒绝远离受注目的大案和他们的诽谤。与诉讼程序这一间接了解案情的方式不同，媒体报道直接使人们重温了犯罪。

指令性的措辞和媒体的关键词加强了这种直接性的感觉：采用图片，雷吉斯·德布雷说，证据不能产生证明的价值（必须建立、核实、评论和使其一致等），视频证据不会是伪造的。⑪ 图片给人直接传播的感觉，给人留下直接印象。否定所有差别，消除不同的声音。第 1 号证据中，受害人与法官和我们保持一致，而我们也站在他们一边。这就是为什么他们可以在私下跟我们联系，没有距离没有客套。⑫ 撤销截取的场景也能加强这种感觉。⑬ 我们与法官的位置相反，他们要通过作为双方之间第三者的身份准确衡量受害人和假定当事人之间的社会关系。

所有象征性的调解都失去信誉，而是以金钱的价值着手，作为唯一可能的赔偿。⑭ 我们不敢想象如果正义已经沦为了一般的等价物会如何。⑮ 司法信誉和法律级别被削弱。⑯ 正义来临的时间受到嘲弄："斯蒂芬参与了与其弟弟劳伦有关的整个诉讼，其弟感染血友病于 1 月 31 日去世，此时案件的审判还未进入评议阶段。"⑰在血液感染的诉讼中，正义的到来显得微不足道，因为受害人已经被命运的法律判处死刑，这是民法中唯一让我们疑惑的法律。记者们一直着重对人类法的脆弱性进行对比。没有说明道德法和自然法则都不能

---

⑩　D. Vernier, *op. cit.*, p. 9.

⑪　Régis Debray, *L'Etat séducteur*, Paris, Gallimard, 1993, p. 128.

⑫　Gérard Leblanc, *Happy ending? Scénarios de la vie ordinaire*, Esprit, n° 1, 1993, p. 38.

⑬　同上，第 38 页。

⑭　"确实金钱的价格远远高于血的价格，这是当前的现实，5000 法郎等于一个小孩的生命，这是一件丑闻。"（《费加罗报》，1992 年 6 月 22 日）

⑮　在罗马的诉讼中和在雅典娜中都能看到金钱的产生而使整个情况倒转。

⑯　只好阻止人们让血成为产品，其本身就是亵渎。（Le Figaro du 03/10/92）.

⑰　France—Soir du 06/08/92.

代替司法，舆论更容易对乔治娜·富瓦的名言产生愤怒——"承担责任但是没有过错"。那么过错和风险保障的区分是同一责任承担的法律的基础。谁有勇气解释一下？无罪担责，阿兰·佩雷菲特举例写道，"所有人都知道，这是法律的死亡，司法的任何形式的清算。"[18]而不是相反，也就是说有罪无责昭示着法律的终结？政治的引导角色已经变成了什么？

三、掺入主观感情的裁判

司法不显现悲剧以及痛苦的高度："这是对抗程序的痛苦。"[19]对审原则因诽谤而失信："当事人所遭受的盘问和回答不只是折磨——虽然有必要在法庭上演示，但是这种方法非常恶劣。"[20]"有什么用呢？"罗杰·布祖那卡[21]写道，随着小席琳案件罪行现场再现的结束，我们知道，这是由律师的逼供产生的。而当这些"残忍的人"已被逮捕时，寻找这些证据有什么用呢？这种态度代表着拒绝。现场模拟正是保持距离过程的开始。真人秀[22]认为："对结局和体验感受过的方法否定，是在回溯事件程序的基础之上的。"如果通过仪式和格言来命名、保持距离，那么象征是什么？这是整个社会礼仪的动力，从诉讼开始：用礼仪代替暴力，用金钱代替痛苦。象征是被越来越多的不可忍受语言、流失的金钱暴力和痛苦的情景所威胁。道德的愤慨揭示一个新的社会期望：在司法无法实现正义之时，寻找另一个共同的道德权威，难道这不是同样混淆了道德与法律吗？

一切都仿佛发生，正如媒体拒绝调整情绪宣泄，因为经历的唯一真实性是有价值，并能不可避免地感受所有不公正的象征。[23]没有什么比眼泪和微笑更有普遍感染力了。但是媒体将感情放在了司法之下，使我们远离了法律中的感情，让无辜的人更加艰难。他们采用直接方式自我宣称其作用，甚至粗暴地作为感情的而不是公众舆论的代言人。无资格代表从而无资格解释。代表不仅是传达信息还要解释，这是一个专业性的工作，与民主代表性没有相互矛

---

[18]　Le Figaro du 20/07/92.

[19]　此文件中揭示司法无法解释的问题？（Le Figaro，01/08/92）.

[20]　Le Figaro du 21/07/92.

[21]　R. Bouzinac, Nice—Matin, 28/06/89.

[22]　Gérard Leblanc, *Happy ending*？ *Scénarios de la vie ordinaire*, Esprit, n° 1, 1993, p.40.

[23]　参见：Stephan Rambour, Cas n° 6.

盾，相反，是非常重要的补充部分。社会不是利益的写照，它承载着潜藏的激情、普遍的诉求，必须理解传达，便于更好地呈现出来。不过舆论的力量产生的思想如今再也代表不了什么，而面临着直接民主这样一个更加坚固的虚像，直接民主通常能满足民众的期望和沟通。㉔

　　français 电视中假消息逐渐消逝和对法规虚构的争论有相关性吗？如果是假定，是否也是一种叛变（经验不丰富）而不是传达、再现或者开放⋯⋯在场的逻辑逐渐蚕食了再现的逻辑。㉕ 在真人秀中，电视说明了它不需要假设，因为它有能力与可能使我们中任何一个与之相关的参与真人秀的人一起揭露真相。这是电视观众想要做的，而不是仅仅作为一个旁观者。㉖ 人们维持这样的一个错觉，以保持一种无法在司法体制内实现需求的联系，就像皮埃尔·勒让德说的，它是一个话题的缔造者。这一情形无法实现，往往是与一些暴力性事件有关：少年法庭的法官通常有这样的经验。所以有了这样一个社会反应和实际参与者的司法时空的封闭的连续体。这个再现的法庭现场是不可或缺的，而去除集体暴力的作用由民主机构负责，很难以非正规的方式另外解决。构成司法现场的共同空间塑造和占据整个社会空间，传达出一个明显的表现方式，比如每个参与诉讼的人着相同的套装，代表着处于同一方。从这个意义上来说，充分展露预先设定的中立化的司法的仪式，使参与者只在口头上强势交锋。

四、微妙的司法公正

　　凯尔林和莱内曾经共同谴责过法官和专家在犯罪事件中评论性角色的不足，他们很少在法律事件中表达自己的意见，凯尔林和莱内希望这种不足能尽快得到改善，菲利浦·德布瓦曾经跟他们说过："我们也评论过事实，但是公众对此没有反应。"在结束与菲利浦·德布瓦多次的会谈后，两名作者表示："在我们离开巴黎南部的小城市弗雷讷时，从司法公正最基本最直接的角度来看，

㉔　Olivier Mongin, *Le politique*, *le communicateur et l'opinion* (*Les racines du malaise français. II*), Esprit, n° 2, 1993, p. 189. 27. Robert William Higgins, La sexualité télévisée, Esprit, n° 7/8, 1991, p. 50

㉕　Alain Ehrenberg, *La vie en direct ou les shows de l'authenticité*, Esprit, n° 1, 1993, pp. 15~16.

㉖　Interview de Pascale Breugnot dans L'Evénement du jeudi, 12 mars 1992, p. 48.

我们感到自己做了一件很有意义的事情。"凯尔林决定在接下来的节目"法国之司法公证"⑳中再次抛出此问题，比如，司法审判仅仅是审理人，而不再针对事实？电视媒体能够起到帮助公众目光转到审理事实的作用吗？这一以犯罪嫌疑人为主题的话题将拿出来和以受害者为主题的"一号证人"共同进行探讨。在节目播出时，他们呼吁大家不要打着正义的旗号去妄加评论，而应该从内心真实的感受去评判事件，这种做法是可以理解的，但令人担心的是，公众的意见从此很难达成共识，因为受到了周遭各种情绪的影响。通常情况下，公开庭审时，电视媒体和法官（律师往往是缺席的）总是站在受害者这一边，这三个不同角色的互动会导致这样一个结果，即人们既不会站在一个弥补受害者损害的角度，也不会站在司法公正的角度，更不会考虑到这仅仅是一场电视转播的角度去考虑问题，而是开始讨论起了如何采取措施对公共秩序进行一轮新的改革。⑳

难道说我们就没有混淆过事件的真实性和法律的公正性这两个概念？有人在法庭上对法官承认了错误，有人在心理咨询室对心理医生说出了实情，那么请问，在电视上也能产生同样的效果吗？"如果这种场景发生了，就会从根本上解开了隐藏在大家内心的疑虑，也许当事人永远也不会说出真话，让自己内心一辈子无从宁静。"⑳所有这些场景都不相同，但人们往往容易走上一个极端，无论是主观上还是客观上，要么就是对受害者及其家属表示极大的同情，要么就是对犯罪嫌疑人的命运表示扼腕。这两种观点都忽略了一个事实——司法的目的不是为了报复犯罪嫌疑人，也不是为了拯救受害者。他们还忽略了法官、受害者和犯罪嫌疑人这三者的社会关系，当然，这三者的关系要找到一个绝对合适的说法，恐怕不是那么容易。我们可以通过录像还原真相，但是无论是受害者还是犯罪嫌疑人，都没有太大区别，因为我们无法知道在某件诉讼中两者的真实关系。我们经常在电视里看的庭审诉讼，就算是主动讲出真话，也往往是犯罪嫌疑人，尽管这样对电视观众来说没有什么意义，但是至少让公众知道类似犯罪嫌疑人的做法是危险的，也是法律所不允许

⑳　Robert William Higgine, *La sexualité télévisée*, Esprit, n° 7/8, 1991, p. 50.

⑳　"我需要讲出来"，一种"必须的需要"，对于走出孤独非常重要，这样别人就"知道谁扰乱了我们的生活"（一位被杀害儿童的母亲在1993年9月20日接受《第1号证人》节目采访时的发言）。

⑳　Robert William Higgins, *La sexualité télé visée*, Esprit, n° 7/8, 1991, p. 53.

的。㉚ 在电视里的庭审现场，一方面要上演一方当事人讲出真话的情景，另一方面还需要播放当事人已经知道悔过和吸取教训了。㉛ 这样就可以让公众意识到一个真正的问题——当今社会文化在主导大众哪些行为是违法的。㉜

五、司法权的转移

我们常常私下谴责某执法机构或其临时的下属单位的不作为行为，并认为媒体可以充当这样的角色并做得更好，最终让媒体成为一个好像真正民主的地方，因为代表公众意愿并让大众之间自由交流的想法肯定是没有错的。媒体还试着去找司法程序的漏洞，认为司法审判时有时会掩盖了真相，其实犯罪嫌疑人并不止这几个，而且此事件中还有更多的受害者，犯此类罪的人肯定不止目前归案的人数，一定还有其他的受害群体，但很少有人提到，刑法是不具有永久追溯效力的，对犯罪嫌疑人的判决不能超过刑法规定的期限。公众依然认为媒体在案件审理中有时也会立大功，媒体本身也这样怡然自得。㉝

媒体还不仅仅拉近了和司法审判的距离，甚至会影响诉讼的进程，在当今民主社会，这是媒体应当充当的角色，但是它们往往还模仿法院的做法，在博顿事件中就是这样，媒体报纸编造事实发表一些文章，编造案件的会议记录，但它们忽略了这杜撰的仅仅是众多卷宗中的一部分而已，并无实际意义。媒体还会采取同样的手段将目光瞄准某个法官，关注细枝末节和案件处理的公平性等，一些记者还频繁参与各种调查，他们和司法工作者一样，表达相同的观点爆同样的料，不管有没有经过许可，就这样为公众源源不断提供信息源。在清点来自调查者阶层的档案中关于目击者证词证言时，我们可以断定这些记者们很容易参与到某些案件的调查中去。这些记者能够很巧妙地以担保人或是检验员的身份发布信息，声称自己获得了一些重大信息。比如法官找到了房屋的主人诺阿先生这样一个事实，记者们就会开始编撰文章了，㉞他询问

㉚　Ibidem, p. 58.

㉛　Antoine Garapon, *L'âne portant des reliques. Essai sur le rituel judiciaire*, Paris, Le Centurion, 1985.

㉜　Robert William Higgins, *op. cit.*, p. 45.

㉝　"事实上，被污染血液时间的事实被隐瞒了，需要等到受害者的申诉，然后是新闻媒体的报道，才使其暴露出来."（《世界报》,1992 年 7 月 30 日）

㉞　参见：L. Derrien et W. Zarachowicz, Cas n° 2.

了证人，并让证人与当事人对质，㉟随后我们就会在报纸上某一栏里看到律师与当事人的对话。㊱《法国南方人报》的记者前去采访了监狱里的理查德·罗马这名犯罪嫌疑人，而无人对此事知情，于是乎，最终大家都认为是这名记者让案件有了新的进展，通常情况下都是《世界报》或是《鸭鸣报》（法国两大知名报业）先出版，随后其他小报纷纷转载或引用。因此，被告或受牵连的人都认为有必要出来面对媒体作出解释。这样看来，报刊的文章实质上参与到了司法程序中。法官、记者都在通过正当程序或是庭外程序试图寻找事件的真相。

在对媒体角色有争议性的那段时期，我们可以在普拉德尔的节目或书中，感受到"尾巴主义"（媒体把一部分狭隘的群众的意见当作广大群众的意见，因而做了这些非理性者的尾巴）的悄悄出现，媒体于是站出来反驳它们这么做完全是为了表达自己赞成或是反对某个司法程序。这时法官和警察们又不得不出来证明自己工作中的合理性，以控制局面，结果却适得其反。媒体与法院之间相互防守，充满阴谋与较量。"媒体—法院竞技场"㊲，这一术语就表达了媒体与司法权力和能力相互交织的现实。难道说它们真的就对司法独立的政策不清楚吗？一些政党一次又一次打媒体牌对付法院，法院也会采取同样手段利用媒体对付政党，媒体就像民主社会赋予给它们的一块相互防卫的阵地。

六、不可忽视的新闻媒体力量

记者们的言论的出处，我们一直无从知晓。也许根本就不存在出处，他们好像一直在爆料实情，事实上很多信息根本就没有经过仔细推敲就发报了。媒体们一会儿站在控方这一边，一会儿站在辩方那一边，一会儿站在道德这一边，它们能够巧妙而不经意地出现在任何场合。㊳媒体的这种无处不在，不停地变换自己的角色，导致它们不用顾虑自己到底说了什么，也不用考虑连贯性。记者们今天说的和做的经常跟事实截然相反，由于不受约束与惩罚，他们充当着审讯者的角色，甚至充当最后的救命稻草，他们不停地谴责和弥补，说

㉟　"房东德莫扎夫人从她的角度和我们确认……里昂市长也如此解释"，L. Derrine et W. Zarchowicz, Cas n° 2.

㊱　如博顿事件一样，我们看到了律师不仅仅出现在法庭上，而是出现在不同媒体里。

㊲　这是 Daniel Soulez—larivi RE 新书的标题。

㊳　Joël Roman, *Ethique et journalisme，vers un civisme de l'information?*, Point d' histoire, p. 101.

话也不考虑后果，还经常煽风点火扰乱事实，我们就这样进入了一个新闻媒体泛滥的年代。媒体的这种无处不在使得大众的公共空间越来越狭窄。人们不禁要问，司法权会不会就这样轻易转到媒体身上了，这也许是民主制度进步必需的代价，如果说不能实现绝对的司法公正，但至少可以减少司法误判。

一场诉讼中，很多对话都是事先安排好了的，我们无法杜绝暗箱操控的现象，只能去假设而已。《费加罗报》（1992 年 10 月 2 日）的一名记者如实说，诉讼达不到揭开真相的目的，只能通过参与者的申述达到一种不好不坏、近乎平衡的结果。所以各个参与者在诉讼中必须要有自己明确的定位，要么是辩方，要么是控方。我们都清楚，踢足球时一个人不可以同时做中锋和裁判员。在法国，我们的确没有对抗公共权力的传统，但有些职位的描述真的很模糊，比如，最高行政法院的地位、审判委员会主席的角色。电视节目就不满足只充当一个角色，它可以取代所有角色，当我们走进庭审现场，轻而易举就可以辨认出谁是代理人、检察官、被告等，雅克·普拉德尔说："媒体可以独揽所有角色，可以以受害者的身份表达不幸的遭遇和痛苦，质疑审理的真实性，确认法官话语的合理性，出示相关证据等，媒体成了唯一有公共话语权和代表性的地方，媒体一直用'我们'自称自己，电视观众都知道他是作者，但我们不知道谁是受害者，媒体在代表谁说话，这就是我们伟大的神父。"在庭审现场，诉讼主体和各方代表位置都是明示的。而在某些不公开的庭审场面里（比如少年法庭法官、家事法官等，这些法官在庭审中行使自己的职能），这里不存在一个庭审的框架，法官的角色经常被置于治疗者之后。电视节目会诉说一切，就是不说接下来要做什么：娱乐，告知，治疗？谁？自己？别人？"他们（凯尔林和莱内）在选择作为行为人的解说员时掩盖自身的位置。他们的身份是电视人。他们在电视上所做的就是利用电视媒体，他们所做的只不过是一场游戏，利用人们的好奇心，展示给人们想看的，炫耀其内幕，而这些已经使得电视忘记了自己作为一个媒体机构的功能。"㊴

司法的公正性变得越来越难以捉摸，媒体利用进一步寻求真相、进行调查的借口干预到司法事务中来，㊵媒体之所以这样横行霸道，与"说出一切"、"展示出一切"里倡导的伦理思想不无关系，事实上，这只不过是对司法透明性的一种误解。

㊴　Robert Williams Higgins, *op. cit.*, p.50.

㊵　记者说："它从利益相关者的角度出发建立了一个真理。诉讼不会带来事情的真相。"《费加罗报》（1992 年 2 月 10 日）

七、被误解的司法透明

首先，透明，不是指人物的透明，而是司法程序上的透明。电视里，法人越来越少，自然人越来越多。[41] 是该思考一下公共话语权，以及在这样一个媒体主导的社会里如何保证法官的中立地位的问题。我们对来自公众的自由言论不管不问，只听媒体的一方之言。我们都不知道到底公众人物的概念是什么了，就像皮埃尔特·吕什一直强调的，法院不是一个自由说话的地方，而是一个代言人表达立场的地方，司法透明性与减少公众人物发表言论的次数其实是两回事，很遗憾我们经常混淆这两者，后果是严重的，只会导致公众言论的私有化。用来评论一项政策好坏的标准被用在了媒体身上，媒体才是揭开真相的最大功臣，政策都只是昙花一现的东西。[42]

其次，透明性并不是指知晓一切，而是知晓法律范围内有意义的信息，发表一篇逻辑算是一致的文章算是合法的吗？司法程序的意义在于以公正的方式告知事先规定好了的行为规范，什么是可以知道的，什么是该保密的，什么情况下该赦免，什么情况下该无罪，这也是英式刑事诉讼制和拉丁刑事诉讼制的最大区别，一个是吸收一切讯息，另一个正好相反，对于诉讼之外的信息来源有严格的限制，陪审团的作用越来越不明显，不想听到某些信息，就会让媒体来解决问题，让媒体来考量是否所有的信息都可以发布出去。

八、对审原则与对等讨论空间的联系

对审原则只有在被认可的情况下才有意义。只有当这一假想的领地能够使得认可有效时，它才允许控制现实。而这一原则是通过不合法的手段得到的吗？因此这不会被考虑进去。这一废除的过程只有在对等空间里才可以被理解。这种认可，从一开始就是对事实的不正常否认，只有在约定俗成的环境中才可以被理解。一旦真正的事实凌驾于虚构的事实之上，矛盾就自动消失了。历史上，媒体并不是第一个攻击虚假信息的：福利国家的社会法和对于某一事件判决直接效果的探究早已使司法程序失去效用。

---

[41]　Régis Debray, *L'Etat séducteur*, Paris, Gallimard, 1993, p. 26.

[42]　A. G. Slama, *L'angélisme exterminateur. Essai sur l'ordre moral contemporain*, Paris, Grasset, 1993.

媒体则是以一种更大众化，更具表现力，更加忠实于事实，更能呈现不同意见的表现工具出现的。简言之，媒体比法庭里的法律程序更加民主化。我们只需在媒体里稍微多加一点对审原则来防止某些意外的发生；我们忘记了诉讼案件是非常复杂和精细的整体，它依附于某种有形而程序化的对等空间。在这种空间里，一方面，我们可以把语言和意义统一在同一时间、地点和行动中；另一方面，也可以把它们呈现出来，换句话说，我们可以把某一智力逻辑活动和用以发泄集体情感的某种社会形式结合在同一时间、地点和行动中。正是新闻界使得这个由时间、地点和行动构成的统一体变得支离破碎。然而，这一统一体却是非常关键的：应该让所有人听到关于事件的同一陈述而非其他。陪审员为了让自己心里有个数，也为了让某一判决更加公正，应当看到法庭里所有在场的东西，并且听清所有的声音；这一成效，只有在对需要呈现的东西不加限制并加以挑选时，才可能实现。这是公众和群体之间的不同：公众看到的是全部的场景，而群体的成员却无法形成一个统一的整体认识，因而在所呈现的东西里，也就没有一个统一体。这是对审原则和辩护权之间的差别：和法国电视一台晚八点节目相比，《基督教见证》周刊上的一篇文章又算什么呢？在损失已成定局的几天之后，通过几句反对的话来行使辩护权，有什么用呢？在辩论中，人们拥有的武器是不平等的；更糟糕的是，媒体相反只能再现事实上的不平等以及力量的对比关系。对审原则与简单的争议不同，它不能只满足于行使辩护权。我们不要搞错了，这种不需要被自相矛盾建立的优越现实观，这种想要知道一切的意愿，使得最野蛮的问询方式成为正当，然而这些方式却是我们的法律一直想要避开的。用司法的这种对立面来换取论据，就像保罗·利科强调的司法的这种推论和论证性。[43]

九、牺牲的回报

记者将司法调查变成了一种象征性的决斗：法官对付他永远的敌人，通常是贪官和权势者。[44] 这就是不择手段的加雷塔博士，20 世纪 90 年代人们既

---

[43]　Paul Ricoeur, *Le juste entre le légal et le bon*, Esprit, n° 9, 1991, p. 20.

[44]　*Le face—à—face du juge et du ministre*, titrait le *Quotidien de Paris* du 24 octobre 1992.

爱又恨的经理人形象，同一形象还将在伯纳德·塔皮㊺身上展露无遗。人们很容易从一个极端转向另一个极端：魔鬼与善良的上帝。这种角色的转换非常之快：塔皮既让人着迷也让人愤怒，我们把他置于死地却又在他被欧足联委员会处分时，也即当他成为受害者时，为他辩护。所有这些只是 20 世纪 90 年代，关于美德和利益、穷人与富人等之间对峙的最有名版本，这是在共和国里所发生的对立里众所周知的典型。这两种人物形象——懂得迂回的人和不择手段的唯利是图者——经常出现在律师的身上，特别是法国电影里面律师的身上。㊻

把预审法官与被控法官放在一个级别上，给人的印象是，在这场辩论中，裁判不是法官而是记者。只有他可以评价对峙的激烈程度，只有他可以重建对峙的真正本质和可预见的结果，通过这样来证实。他还有其他一些话要说以及新闻社的总结报告。但这是错觉：这种所谓的阐释只能通过最古老的老生常谈来传达读者对它的期待，实际上，读者的这种期待是为了给自己安慰。"这种信息，更多地让人想起认可而非认识，因为骑士风度的确认缩短了我们批评所需的距离，所以它在接收者和发出者之间建立了一个情感共同体。"㊼我们所见证的远非只是真实的信息，而更是神话故事的重新构建，因为这些神话故事将侵入集体想象，而从不这样自我标榜，也不会被捕捉，因而更加深刻。戴高乐将军说："电视的用途在于，它是一个可以承载集体精神的出色工具。"然而我们也非常担心它会起反作用，引起公民的堕落：它会扩大最古老的集体哄闹，密使的受害和群体施暴机制的作用。电视是想象的载体，但不是具有代表性的想象的载体，也就是说，这一载体是具有不同意义的。意义并不因此而缺失，然而它却直接出自于他们的内部；人们会很快沉浸在幻想中，就像在小席妮案中，我们几乎可以想象出塞恩的那些智者的最后判决。

意义和事件不可分割，它们通常以一个整体的形式出现在一团不可分割的混杂中（"生活在社会边缘的人"、"毒品"、"邪教组织"、"宗教祭祀杀人"等）。

㊺　"新闻界把他描述为一个'有保险箱'、有活力、总是站着的人，一名'公共卫生行政管理政治游说团体的专家'。这名晋升为经理人的医生变成了他自己权力意志的人质。我们想象着他被自己的保镖围住。我们想象着他一跳一跳的。我们想象着他在自己辉煌的时刻组织大型节目。我们想象着他一人掌管着法国国家输血中心。我们因为加雷塔博士拥有十分罕见的好斗性格却在自我防卫方面采取如水一般的策略，并且疲劳开始使得他的特征更加突出。"（1992 年 7 月 9 日《世界报》）

㊻　Lyonnel Pellerin, *L'image de l'avocat dans le cinéma français*, non publié.

㊼　Régis Debray, *op. cit.*, p.47.

从新闻界与事件的关系中，人们看见的是另一种"事实"的构建（"印第安的"这个词与我们关于西方的想象有关，而这一想象是受美洲神话启发而再现的）。[48] 这种"魔鬼"的构建，罪犯的构成因为隶属于新闻界的一种不同的本质，[49]因而是非常狡诈的：结论是由法国电视一台晚八点新闻节目给出的，并且该栏目将它的头条放在精神病院里：[50]新闻界因而拥有最后的发言权。司法部门的结案只是徒劳——记者在此之前就已对该事件作出评判，所以利用同一场合斥责记者也是徒劳的，司法部门是没有权力为此开脱的。

为了精神的漫游而进行的逮捕，给一系列用以展现人物真正本性的性格特征，加进了另外一种成分（这个人"太聪明"，有迷人的魅力，温柔，像一个"精神领袖"等）。一切都应该揭示神秘、奇异、黑色魔术、差异还有疯狂：我们只能确信目前由新闻界给出的关于该事件的结局。这就是新闻界的终极胜利。我们本可以猜到，在事件已经被了解之后，再提起这件事是被禁止的。这是公众舆论的继续，却是最糟糕的继续：只想知道简单的事实，令人安心的简练事实。

十、故事撰写的伦理

我们发现，想要区分事件和评论、故事和社论，和想要把事件与法律分开一样可怕：这种对立应该被超越，通过证实对立双方共同合作构建意义来超越它们的对立；诉讼程序和对审原则，是撰写故事应遵循的某种伦理。诉讼案件首先并不比新闻界所杜撰的这种想象的故事更可靠。司法提供的额外保证是，有能力给这个撰写的故事命名并对其进行思考，因而有能力对其进行掌控。然而电视却不是这样的。此问题是司法的焦点：诉讼案件控制着故事的撰写，也就是控制着呈现、证明和阐述故事的方式；对于电视，现实的构建是不言明的，也从来不容许对其加以讨论。我们可以看见，对审的在场和缺失取决于，对由他者所构建的既成事实进行讨论的可能性。"争议简化为一场表演，一场更像是斗牛的表演而非理性的辩论。交流的结局变为交流本身，变成它

48　Michelle Perrot, *Dans la France de la Belle ? poque, les " Appaches", premières bandes de jeunes*, in *Les marginaux et les exclus dans l'histoire*, Paris, UGE, coll. 10/18, 1979.

49　H. Garfinkel, Conditions of Successful Degradation Cere－ monies, American Journal of Sociology, n° 6, 1956, pp. 420～424.

50　"他在阿拉伯世界的机构附近被逮捕（对于外国人来说是种吸引，这个'印第安人'），他光着脚（就在事情因为他而受指责的时候），他是一个危险分子"。

所带来的乐趣，所产生的喧闹，所提供的金钱和权力，而不是通过一部法典来让两个主体之间联系起来。"⑤

　　要有勇气承认，在我们这样民主的社会里，威胁司法公正的远非政治权力的介入，因为它介入的事件在数量上根本微不足道，而是任何制度都无法使我们完成摆脱的牺牲机制，因为就像勒内·吉拉尔所提到的，这种机制正处于司法仪式的核心位置。

　　直接民主的虚幻，那种想要没有媒体介入的最高法院的民主的幻觉，不再抵抗这种安全的转移。这种民主起源于自由的意识形态，在这种意识形态里，每个人的利益都处于一种自发的和谐之中，因为他们都处于民主位置的最好裁判的目光注视下：公众的舆论，然而"当群体的人数越多，这种民主也就越盲目"。⑤ 马基雅维利说："在共和国里，拥有一些可以让公民大众发泄他们对于另一个公民怨恨的机制是有用的，也是重要的。由于缺少法律所允许的方法，人们就采取非法的方式，这些方式毫无疑问会产生灾难性的影响。"⑤ 一种在体制中不再出现的民主，不仅不会再拥有任何理想，甚而还有陷入一种倒退的暴力中的危险。媒体在处理司法事件时不受任何法规的约束，从而将我们带入它们保护的机体内部中去，带入一种自然的存在中去。这难道不是我们这个时代的悲剧吗？我们为争取民主而做的斗争是否已经狡诈地变换了阵地？在反对这些机制的斗争几年之后，我们的阵线已经倾覆？我们是否应该学会保护他们免受孟德斯鸠所说的"极端平等"的危害？

Is Justice delocalizable to the Sphere of Media?

Antoine Garapon

Abstract：The relationships between justice and media are today clearly illustrated by what may be considered as the contemporary illusion of a *direct democracy*. A surreptitious move is made from the condemnation of the dysfunctionning of institutions, to their *disqualification*, and finally to the *substitution* of their work by the media. However limited in its degree, this

---

⑤　J. M. Domenach, *Morale sans moralisme*, Paris, Flammarion, 1992, p. 83.

⑤　Pindare, *Néméennes*, VII, 24.

⑤　Machiavel, *Discours sur la première Décade de Tite-Live*, Paris, Gallimard, coll. Pléiade, 1952, p. 400.

substitution is sufficient to illustrate how media are able to *"do better"*, how they have become the arena for true democracy because they are the most able to represent social expectations and facilitate communication between citizens. Henceforth, justice is sought in the public arena, beyond the mediating influence of rules, and outside the circumscribed space reserved for discussion, that is, without reference to an intelligible, intellectual framework for its development.

In short, we are witnessing through the media, the fantasy of a delocalized democracy, in the true meaning of the term. The question may nonetheless be raised as to whether what is foreseen will improve our institutions, or whether, on the contrary, we are not taking the risk of regressing to a natural state?

Keywords: media; justice; direct democracy; public opinion

司法职能的运行

——一场司法和媒体之间的权力角逐 *

雅克·戈迈耶 著 ** 阮叶海 译 ***

摘要:本文分析揭示了媒体和司法的权力关系:除了分析权力关系的形式,还研究权力关系的原因。本文思想的独特之处在于阐述司法由于不能完全扮演社会控制的角色,从而允许媒体来解读正义和真相。媒体和司法之间的这种互补性可以用来重新构建城市事务中的司法职能。

关键词:媒体 司法 权力关系 司法职能

社会科学往往很难对一些"社会问题"进行定位,尤其是这些社会问题属于社会政治争论的焦点。在司法和传媒的关系处理中,情况也是如此。对于司法的过度报道使之对违法行为增加了更多的道德上的考量。一个研究者往往带着许多自我的情感因素,用自我的标准来评判一个案件,这涉及一个理解问题。理解是试图揭示权力关系的深层次本质,而这一本质与社会和政治职能密切相关。

社会科学的优势在于能够在对方合乎情理的或是善意的诉求之前预先指出解决该"社会问题"的办法。这种预先解决方法应该事先建立在能有解决局部的问题和可能影响其相关活动的基础上。

在这种情况下,司法和传媒的权力关系通过一些物质的、商业的(尤其是

---

* 原文出处:Jacques Commaille, *L'exercice de la fonction de justice comme enjeu de pouvoir entre justice et médias*, Droit et Société,1994, n°26, pp. 11~18.

** 雅克·戈迈耶(Jacques Commaille),法国国家科学研究中心主任,巴黎政治学院副教授,法社会学家。

*** 阮叶海,法国马赛第三大学公法专业博士研究生。

"新闻界的运行机制越来越屈从于市场的要求"①）、思想意识的、体制的和职业利益而形成,就像信仰和价值观。

这是我们对司法和媒体权力关系的分析。从巴黎政治学院几个学生②的观点中得到启发,我们将媒体和司法的关系称之为司法职能的社会建设的过程。

事实上,在司法和媒体的镜子中,司法本身并不存在,它是"一个已存在的社会现实"。③ 所有的社会现象都是由个人或其代表进行的"社会建设"。但是相对于社会行为的自然表现,司法和媒体的行为更是一个刻意的实践活动:当然,媒体并不是以简单地证明法院的真实为目的。

媒体就像"现实的组织者",将社会现实搬上司法这个剧院的大舞台。这项社会建设工作主要有两方面的社会职能:媒体描写和展示一个社会的事迹;媒体遵守必要的习俗和惯例,为凝聚社会群体而宣传必不可少的社会象征和永恒的正义,而这也解释了为什么司法职能的履行一定要实现。④

司法和媒体构建了"公共空间",但是其各自的职能既有可能相互补充,也有可能相互竞争。这是现实中不断出现的状况。从这些现状中,我们则可以研究其形成的原因。

一、权力关系的形式

在媒体和司法的公共空间使用中,最明显的断裂性和补充性,我们将其称之为媒体和司法之间的"相互工具化"。一方面,媒体作用于司法,从社会的角度来看,媒体的报道可以确保司法以一种更令公众满意的方式实现其职能。另一方面,司法作用于媒体,在于定位司法职能的行使,在一个公权力关系背景下寻求社会的见证,并且在由诉讼程序、预审、庭审和听证程序或者是关于司法职能的不同政治观点所形成的限制之外寻求帮助。正如雷米·勒努瓦指

---

① Pierre Bourdieu, *L'emprise du journalisme*, Actes de la recherche en sciences sociales, n°101/102, mars 1994, p. 3.

② 上述新闻资料的分析是源于 1992－1993 学年为巴黎政治学院三年级学生所授的《司法职能与政治秩序》一课中。

③ Peter Berger et Thomas Luckmann, *La construction sociale de la réalité*, Paris, Méridiens－Klincksieck, 1986.

④ Antoine Garapon, *L'âne portant des reliques. Essai sur le rituel judiciaire*, Paris, Le Centurion, 1985.

出的,法官工会以"象征性革命"的名义通过"一个与媒体有关的系统企业"作用于司法人员。⑤

但是这种媒体和司法之间的相互工具化具有很大的风险。人们很难客观地认识到社会职能的特殊性,巨大的诱惑使得社会在实现自己目标的过程中成为一个服务者。

没有什么能够比媒体更好地证明法官"人性化"的工作,这可能能够解释媒体对司法人员所带来的积极因素,其促使司法道德不断增长,而这种积极因素可以排除表面因素和背后影响人物的干扰。

例如在很出名的"小法官"这一术语的使用上,这里的小法官是指一个在意识和价值观方面很朴实的、有能力的法官。当他面对政治权力的羞辱,他感兴趣的实践活动,他支持的党派,面对滥用职权或官僚主义以及金钱势力的影响,他除了个人道德和法律赋予其的权力之外没有其他的任何权力。⑥ 同时这种小法官的模式要求一种最普通的程序性的系统,在这一过程中所有突出的品质都会消失,他要求公众人物在道德品质上具有一种"虔诚"的狂热追求。

但是这种小法官的概念也包含着一种反面的可能性:在执行司法职能过程中,这一过于人格化的形式可能因为某些原因而彻底失去信誉。正如在司法发展史上⑦所表现的那样,小审法院的地方法官模式变得非常混乱。

这种对法官印象和其地位的变化表现为司法机关自身的一种担心——担心难于保持司法机关的距离性,从而难于保持司法机关的特殊性、神圣性,担心难于执行司法机关的社会职能。⑧ 而对于媒体而言,它们希望法官能具有团体性,从而能在社会空间中具体定位它们,以一种或多或少的意识和自愿的方式进入一个程序系统,而该系统在强调法官的"独特性"的同时,能最终实现司法职能平凡化;如有需要的话,甚至可以使它因失去信誉而消亡。

当法院的院长变成一个脸色红润的矮胖杂货店老板形象或一个普通的预

---

⑤　Rémi Lenoir, *La parole est aux juges. Crise de la magistrature et champ journalistique*, Actes de la recherche en sciences sociales, n° 101/102, mars 1994, pp. 82～83.

⑥　关于在法律领域这一表达方式和政治失格的的分析,参见:Jacques Commaille, *L'esprit sociologique des lois. Essai de sociologie politique du droit*, paris, PUF à paraitre.

⑦　例如参见:Marcel Rousselet, *Histoire de la magistrature française: des origines à nos jours*, 2 vol., Paris, Plon, 1957.

⑧　Jacques Commaille, *Ethique et droit dans l'exercice de la fonction de justice*, Sociétés Contemporaines, n° 7, Sept. 91.

审法官或者是一个具有 1968 年 5 月"风暴精神"的年轻法官时,媒体就开始关注司法的变化,因此吕克·波尔坦斯基(Luc Boltanski)向我们揭示了这一举动的重要性:法官应该是一个普通型的群体,他们必须忘记这个群体本身,不能维持这一群体的特殊性。毫无疑问,这是社会评论家们抗议不公的重要原因,在这些事件中,往往伴随着丑闻曝光,而抨击文章则经常使用粗俗的或色情的讽喻。这些具有团体性的法官往往满足于既得利益而不愿与其他人一起分享,人们只有在强大信仰力量的支持下才能揭露司法腐败。也就是说,法官职业的特殊性,在其宏伟外表之下的实质是要求其服务于公共利益。⑨

二、权力关系的原因

媒体对司法权力的侵占不能简单解释为媒体缺乏职业道德或是受到权力政策的制约。我们可以说,媒体与法院的关系正在系统化发挥作用。如果媒体部分占用了司法权的空间,只是由于司法不能完全保证实现其社会职能以及满足社会对其行使职权和实施社会监督的期待。

司法机关在行使正义的社会职能时正越来越容易遭受媒体的竞争。它将特别容易受到"约定主义"的质疑。⑩ 一些大机构、大型企业、意识形态的法律地位将受到巨大的争议,作为实施法律规则的司法机关和司法程序将受到比其他有关机构更多的争议。如果说司法机关的木星模式⑪是凯尔森(Kelsen)所言的金字塔形结构,⑫那么他和马克思·韦伯(Max Weber)⑬所定义的合法理性的统治模式一样将被弃用。在这篇重新定义合法性和重新考虑司法建设模式的文章中,我们探讨的是逻辑性而不是司法的机构性,我们探讨的是人类的正义。

也就是"人性化",司法不再单纯地讲述正义和真理。因此任何行使司法职能的机构的变化都是可能的。而媒体在社会政治关系调整中所处的位置,

---

⑨ Luc Boltanski, *L'amour et la justice comme compétence*, Paris, Métailié, 1990, p. 32.

⑩ Patrick Pharo, *Le civisme ordinaire*, Paris, Librairie des Méri diens, 1985.

⑪ François OST, Jupiter, Hercule, Hermès: trois modèles du juge, in Pierre Bouretz (dir.), La force du droit. Panorama des débats contemporains, Paris, di— tions Esprit, coll. Philosophie, 1992.

⑫ Hans Kelsen, *Théorie pure du droit*, Paris, Dalloz, 1962.

⑬ Max Weber, *Economie et Société*, tome 1, Paris, Plon, 1971.

使得媒体能够去弥补司法机关的不足,而媒体也渴望能够自行定义正义和真理。

为了能够圆满完成这项任务,媒体发展了相关的措施、专门技术和程序以便于能够使它已经占有的位置"合法化",从而取代或分担司法机关的职能。

事务的处理效果,我们通常同时关注效率和中立这两方面,而司法系统却既不有效也不中立。司法往往落后于社会的发展,司法表现出了一种落后性和反常性。而新闻实践往往紧跟时代,引领人们按照它的新闻内容去生活和思考,从而提高信息的价值。[14]

没有什么能更好地表达司法权和合法性的冲突,也就是说,为了得到社会公众的支持从而能行使一项社会职能,媒体和司法之间存在着一种竞争关系,而媒体往往声称它们代表着社会的呼声。[15] 在一场大的自然灾难(富里阿尼风灾难)或者相关机构的严重失职(受污染的血液事件)之后,面对不确定的后果,社会需要我们能够尽快降低损失。而媒体可以自己开展调查或为表达它们的需要而定义一个事件负责人,一个理由。而这正是人民所期待的"正义"。

从形势和结构上来说,人们在考虑法院和媒体的关系演变是否最终会使它们的关系更透明化。这是一些机构之间关于执行社会职能的经典权力游戏。正如米歇尔·克洛泽(Michel Crozier)在前一段时间所说的,"机构的职能是拨款的监管职能,而不是一个传统机构的位置"。[16] 一个老问题就是为什么媒体越来越尝试着代替这些传统机构去履行社会监督职能,或为何这些传统机构放弃它们的位置或同一些机构组成新的机构。

这可能是吕西安·斯费斯(Lucien Sfez)的著名解释所揭示的理由。这一解释不仅涉及法院和媒体的关系,还涉及一些普通的社会程序和"后现代化"的政治特征:"媒体不再仅仅是向大家讲述真理的一种行政工具机器,它们不再是左派和右派的政治代表,而是一种交流工具,并且着眼于那些被以前的意识形态所抛弃的地方,而这些意识形态组成了共和政体的共识(理性决定、平等、主权、代议制政体)。而媒体则是代表所有人讲述真相。"[17]

---

[14]　Pierre Bourdieu, *L'emprise du journalisme*, *op. cit.*, p. 5.

[15]　*Ibid.*, p. 8. 布迪厄提供了一个很好的例子,"小卡莉娜事件"演变成"国家事件",并由此在媒体的推动下通过了一项新的关于无期徒刑法律。

[16]　Michel Crozier, *La crise des régulations traditionnelles*, in Henri MENDRAS (dir.), *La sagesse et le désordre. France* 1980, Paris, Gallimard, 1980.

[17]　Lucien Sfez, *Critique de la décision*, 4e éd., Paris, Presses de la FNSP, 1992, p. 18.

不同寻常地，从整体上讲，当我们再次回来探讨司法的时候，不是为了简单否定现有的司法和媒体的关系，或是寻找能解决问题的秘方，而是从揭露出的问题着手，根据全新的自然社会规则，特别是社会监督模式，探索出司法能更好地履行其职能的方式。那么，从主要涉及的司法这方面来讲，这就需要一些革新的新方式来依靠媒体，不是将媒体与司法的关系简单工具化，而应该在一般的社会运行模式下定义司法职能。

在一个经典的法律现代化的进程中，法院地位的相对化仅仅是众多的表现之一。在法律后现代化[18]的背景下，我们需要重新审视司法的作用以及它的实施，从而更好地参与到政治与社会民主化进程中来。

当我们回顾历史，司法仅仅是"个人之间，具有诸多条条框框的封闭性游戏"，我们应当调整司法，使之更加"开放，这个模式能够使模糊的地方更加明确化，参与者能够有机会制定游戏规则"。[19]

司法涉及不同行业之间的错综复杂的关系——例如媒体，它们在社会经济、政治组织中越来越如"毛细现象"一样运行。而在运行中也产生了一些规章制度，同时也加强了司法对社会特有的控制作用。在"非定型的或具有流动性的"[20]的背景下，和在规范的"协商"而非"强制"的背景下，它们也可保持对其所涉及的规章的尊重，以及对诉讼程序的尊重。

在这方面，媒体作为合法秩序的破坏者的身份削减了，而作为"集体精神"[21]的合作者这方面则增强了，"集体精神"是通过公民积极支持法制和司法运行等方面表现出来，除了积极参与决策还支持新法的制定。而媒体所面临的挑战则是其代表职能的合法性。[22] 而确保能有一个马克斯·韦伯所阐述的"利益代表"[23]存在的关键则是媒体是否能够怀有维护"公共财产"的集体意愿。

当在民主政治建设中的理论框架下阐述司法与正义，我们不应成为天真

[18] Boaventura de Sousa—Santos, *The post—modern transition: law and politics*, in Austin Sarat et Thomas R. Kearns (dir.), The Fate of Law, Ann Arbor, The University of Michigan Press, 1991.

[19] André—Jean Arnaud, *Du jeu fini au jeu ouvert. Réflexions additionnelles sur le droit post— moderne*, Droit et Société, n°17/18, 1991, p. 38.

[20] François OST, *Jupiter, Hercule, Hermès*, op. cit., p. 262.

[21] Mona Ozouf, *Esprit public*, in François FURET et Mona Ozouf, *Dictionnaire critique de la Révolution française*, Paris, Flammarion, 1988.

[22] 关于此概念参见 François d'Arcy (dir.), *La représentation*, Paris, Economica, 1985.

[23] Max Weber, *op. cit.*, p. 301.

的社会活动家,而应调动多方面的知识,平衡多方面的利益权衡实现理想的必要性,甚至研究所有相关机构的合法性,这其中包括皮埃尔·卜迪尔(Pierre Bourdieu)关于法学家面对媒体的观念:"司法领域不是人们所想的那样,也就是说司法界不是一片净土而不被政治和经济牵连。但事实上,得到认可的法律事实有助于引起积极的社会效果,首先就是法律行业的从业人员。但是导致这些法律人士(……)成为众所周知的人物的,可能不是去服从真理和拥有超然的价值观,而是像其他的社会代理人在颠覆程序和等级制度之时,应当避开给予他们的束缚,如经济压力或者新闻宣传成功的诱惑。"㉔

Judicial Practice as the Wager of Power Between Justice and Media
Jacques Commaille

Abstract:In this article, an analysis is traced of what appears increasingly as a power relationship between Justice and media. Beyond the investigation of the forms taken by this relationship, the examination of the reasons for its existence are here of particular interest to us. One explanation put forward is that Justice has not been able to assume fully its role in the context of the reconstruction of social control, an argument which has allowed media to consider themselves able to assume the role of expressing *what is right and what is true*. Rather than opting for an attitude of resignation or indignation in the matter, the question remains of how to establish the basis upon which a renewed complementarily between Justice and media may be built, enabling the reintroduction of the function of justice into *city* affairs.

Key words:media; justice, power relationship; judicial practice

---

㉔ Pierre Bourdieu, *L'emprise du journalisme*, *op. cit.*, p. 9.

亲民司法,能否拉近司法与公众的距离?*

安娜·维为根 著　**徐琳 译***

摘要:亲民司法的理念的产生,促成了 20 世纪 90 年代"司法和法律之家"的设立,此举表明司法部门希望拉近司法与公民的距离,让司法服务进入公众的日常生活中,以便于倾听居民的意见。同时,司法改革要在施害者和受害者之间重新建立一种互动关系,并且能够迅速解决一些轻微的违法行为。2002年,在"司法和法律之家"地方实践发展的基础上,司法系统内部增设了"邻近法院",其管辖权限在 2005 年得到扩充。作者提出这种制度化是以牺牲质量方面的需求而转为从纠纷的数量上对大量琐碎的小型纠纷进行处理。因此邻近法官应当最好从社会中选拔,但是它的多样性在宪法委员会的一项决定后受到限制。

关键词:法国　亲民司法　邻近法官　邻近法院

"亲民司法"(justice de proximité)①:是一次创新还是一次徒劳无功? 是一种改良后的司法还是一种低效的司法?"邻近法院"是一个新成立的职能部门,由 2002 年 9 月通过的法律设立,第一批任职法官在 2003 年秋季上任。"邻近法院"的概念有着悠久的历史。原来我们提及它,主要是指儿童法院法官。该法官不穿长袍,没有专门的场所,法官在他的办公室内接待青年人,现

---

　　* 原文出处:Annes Wyvekens, *La justice de proximité, rapprocher la justice des citoyens*, in Philippe Tronquoy (dir.), *La justice, réformes et enjeux*, Les cahiers français, n°334, La documentation française, sept. —oct. 2006, pp. 43~47.

　　** 安娜·维为根(Annes Wyvekens),法国国家科学研究中心(CNRS)研究员。

　　*** 徐琳,湖南大学法学院副教授,法国尼斯大学国际法专业博士。

　　① "亲民司法"的理念有时用于一种广泛的意义,包括求助法律和法律信息等。在这里,只包括这个概念在司法方面的含义。

在我们定义其为"人性化"司法，旨在拉近法官和公民之间的距离。人性化司法是作为已消失的治安法官（juge de paix）的特征继承下来的。现代意义上的亲民司法是从 90 年代后紧跟着城市化发展的步伐，开始出现了"法律之外"（hors－droit）的社区。基于瓦尔杜瓦西（val d'Oise）省的司法与法律之家（maison de justice et du droit）的设立和数百位邻近法官的上任，一个新的司法理念已经产生、发展，逐渐成熟，呈现制度化的特征。这就是我们谈及的法国"亲民司法"理念，跟法国社会历史发展的阶段性有相似之处。

一、"亲民司法"的两种模式

除了诸多不能忽视的共同性问题，"亲民司法"在其表述中，可以看到有两项内容，从实践来看是完全不相同的论题。第一是来自于现实中的社会治安和犯罪行为，第二是源于立法改革的结果，指有关个人之间轻微纠纷的处理。

（一）"由下而上"：设立在法外社区中的司法与法律之家

司法服务不便捷、不通畅，治安乱的城郊地区需要在第一时间获得诊断和解决。在一些特殊地区，当地政府没有很好运用同行业机构的作用，频繁出现的犯罪现象让民众的不安全感始终存在，按照传统的方式是在轻罪法院审判，但是在实际过程中，有成本过高、审判时间冗长、证人缺席等等缺憾；因此，司法机构需要提供更适宜的解决方法。对于 80 年代中期根据建立和谐美好社区的要求创设的预防犯罪的社区委员会，法官对他们在其中的地位没有把握好，没有和社区委员会建立合作关系，没有和委员会的代表进行交流，也没有共同为社会服务的意识，法官们只是在"宣告法律"时起作用，在少数情形下还打击委员们的热情。检察院的检察官们第一次提出了"亲民司法"理念的雏形，在城市管理政治（地方层面，邻近性）和刑事政治（司法）之间寻找一个链接点，结合形成了"城市的司法政治"理念，获得了前所未有的发展。

第一个司法和法律之家是 1990 年在巴黎近郊的治安难点区域塞克基—庞图瓦斯（Cergy－Pontoise）建立的，之后又迅速在同一区域建立了三个市政司法中心。这些中心的设立所试图呈现的亲民司法理念，具有三个明显的特征：

1.地理上的便捷

亲民司法应当设置在法律已经很难奏效的，或已经认为被法律遗忘的地方。它应当拥有自己固定的办公场所。它这些场所不是空的。通过实践中发展起来的刑事调解和社区调解程序，特别是在 1990 年瓦朗斯（Valence）的检察官乔治·阿帕之后,检察官们发展了多种有条件不起诉的新方式。让一个小的犯罪行为演变成为一次争执事件,此行为本来是准备处罚的,但最后由中立的第三方通过推动当事人的协商而解决。

2. 与公众的亲近

亲民司法应当强调倾听更多的意见,了解更多的问题缘由,不仅重新建立司法和公民之间的联系,而且也建立犯罪人和受害者之间的联系。在里昂的司法与法律之家的实践中,调解和刑事纠纷的处理有效地衔接起来,以求得对纠纷在有效时间内的处理。通过建立检察院和司法警察局之间的联系,加快刑事犯罪行为的处理机制,每次一旦犯罪行为被查明,程序的后续进展就会通过电话进行联系,而不是采取传统的缓慢的刑事信件方式。②

3. 快速解决纠纷

针对不断增加的小型刑事案件,应当采用更快的解决方式,与犯罪行为人的逃避刑事责任的心态做斗争,避免受害人产生被抛弃的感觉,让有些堵塞的司法机器重新运作起来。

刚开始,除掉其刑事处罚的必要部分,"亲民司法"通过其实用主义,在实践中呈现其多样性。长期以来,高层没有下达任何命令。每个检察官都可以自由和地方议员合作或不合作,③以创造他自己的亲民司法。在 1998 年推出专项法律之前,④司法与法律之家首先出现在 1992 年的通报中（circulaire）,⑤随后 1996 年的通报⑥则描述了三个阶段:刑事调解之后很快又增加了求助法律（帮助受害人和其他法律咨询服务）和地方协助框架。

随着这几年治安环境的改善,司法与法律之家在增加,⑦它们所受理的刑事纠纷在减少,它们的工作重心转到求助法律的服务方面。司法方面,亲民司法一直驻守在治安乱的区域以解决犯罪现象。现在它也正往"民事"、法律和服务方面发展,有些类似于在同一城区内设立的市政公共服务机构。司法部

---

② 有关"有效时间内处理"的更为完整和新的定义,参见 Bastard, mouhanna (2006)。

③ 司法与法律之家的设立是一项社区司法的行为或市政府的行为。

④ 1998 年 12 月 18 日第 98－1163 号有关求助法律和友好解决纠纷的法律。

⑤ Circulaire NOR-JUS. D. 92－30022 C du 2 octobre 1992.

⑥ Circulaire NOR-JUS. D. 96－30031 C du 19 mars 1996.

⑦ 根据法国司法部 2005 年 1 月 31 日网站上的数据,55 个省设立了 117 个司法与法律之家。

提出刑事案件的指导和赦免，⑧由此在几年之后延伸出的城市司法政治，总秘书长为此进行协调，便推动了 90 年代末期第二代司法和法律之家的产生，同时，刑事调解制度得到发展，逐步进入到具体案件运行中，由专门的法律确立，⑨并且成为第三条道路，如此在法庭内部形成追诉方式的多种运作模式。

（二）"由上而下"：上诉法院辖区内设立的邻近法院

2002 年，一个全新的亲民司法理念得以产生。从司法的零星活动，到逐步系统化，但保留其成为政党活动的必要内容，亲民司法成为政治大选中的承诺内容，很快便成为制度的内容。根据里奥内尔·若斯潘和杰克·希拉克的方案，亲民司法的出现旨在回应司法与法律之家创设所引发的一些忧虑。这就是为什么在 2002 年春天总统大选之后即将推出的亲民司法会有所不同的原因。亲民司法是由法律确立的，它采取一种新的裁判机构形式，必将融入了司法体系中。

2002 年 9 月 9 日法律规定在上诉法官的辖区范围内设置一个新的第一审裁判机构，即邻近法院。该法院由非职业的法官组成，其设立的意图，如同 2003 年 2 月 26 日组织法律阐释的理由："对于日常生活中出现的小型纠纷和社会中出现的违反交通规则的小型违法行为，事实上并不存在合适的方法，而是要给予一个简单、快速和高效的司法结果。"

起初，邻近法院的民事管辖权限是限于自然人提起的满足非职业生活需要、诉讼标的额不超过 1500 欧元的债权动产案件；或者债权执行的标的价值无法确定，数额不会超过 1500 欧元的，与此类纠纷有关的督促程序。刑事方面，它有权处理由成年人和未成年人所涉嫌的第一级至第四级违警罪犯罪行为的大部分案件，和成年人所涉嫌的第五级违警罪，犯罪行为的部分案件。邻近法官在取得法院院长的授权后也可以对检察院提出的刑事和解协议行使批准的权力。

根据 2005 年 1 月 26 日法律，邻近法院的民事管辖权限得到极大的扩张：它能受理自然人提出的，既可为满足私人生活的需要，也可为满足职业特性的需要提出的不超过 4000 欧元的案件；或者法人提出的、根据前面相同的条件，债权价值虽不能确定，但是诉讼标的额不超过 4000 欧元的案件。在刑事方面，权限也更加清晰：以后它们有权受理违警罪的前面四级刑事案件，违警法院负责第五级违警罪案件。新法律还规定邻近法官可以出庭参与轻罪法院的

---

⑧　2001 年便产生了。

⑨　1999 年 6 月 23 日第 99-515 号有关加强刑事诉讼程序效率的法律。

合议庭。

这次改革也同样考虑到第一次亲民司法中所呈现的"亲民性"的多层含义。与公民的亲近性,体现在"提供一种解决日常生活纠纷的革新司法处理方式,更加注重调解的适用性和倾听参与诉讼的公民的意见";⑩程序上的便捷性则体现在:"遵循简单的程序规则和着重调解的适用及倾听当事人的意见,（邻近法院）应当努力打破曾经在公众心中形成的晦涩的和复杂的司法形象"。地域上的便利性也没有被忽视,司法与法律之家的设立中较少强调这点:邻近法院设立在小审法院的辖区内,我们知道现有的司法组织版图已经很长时间没有随着社会的演变而进行改革了,特别是在城市中的设置,暂时还没有进行修改。只剩下唯一的可能性,就是法律所规定的传统的开庭审理,可以在司法和法律之家进行,可以对这种不适应进行部分的修改。⑪。时间上的便捷性,或者不能采用这样的方式而言,已经回归到改革的中心:首先,它涉及的是第一审裁判机构超负荷运作,特别是面对大规模琐碎纠纷的出现,应当对进行改革留有比较宽松的空间。因此,众议院法律委员会的报告提出:"把纠纷转移至非职业性法官,首先⑫能帮助减轻小审法院因为其管辖权限的扩充而大幅度增加的工作负担;同时,也能提供一种日常生活中纠纷的革新性的处理方法……"

第一批邻近法官在 2003 年 10 月进入岗位。起初的计划是要招聘 3300 名新法官。⑬ 现在他们的人数不到 500 人。在 2004 年,他们作出 18 231 件民事裁判（小审法院也只有 482 200 次审判——2005 年司法部提供的司法数据）。2005 年的新法律生效,他们在民事领域的权力有了显著的扩大;同年 11 月,工作组第一次呈交了有关邻近法院活动的报告。一方面,确实存在一些可以纠正的困难（招聘的错误,培训方式的缺乏,一些新法官的隔离引起的"愚笨和不合适的态度"）;另一方面,邻近法官缺失帮助裁判系统减轻了负担。在一系列的问题下,我们有了一些沉思和反馈:"亲民司法程序的本质是什么？它是什么？它能否更加亲近？它的附加值在哪里？它自身的特色是什么？"从这里出发,这些问题都联系到一个想法,即"赋予亲近这个概念更多的内容"……

---

⑩ 法国众议院法律委员会的布内西报告（rapport Blessig）。

⑪ 有关邻近法院的工作组调研报告中的提议,在提及庭审活动在司法和法律之家的举行到现在为止很少运用。

⑫ 笔者所强调的。

⑬ 占当时在任的职业法官的一半。

二、两大核心改革问题

司法体系自身有很多缺点，很难全面地为大众服务，冗长、昂贵、适应性差和结果难以理解等问题，参与诉讼的人员经常难以接近。但是，亲民司法将可能带来解决的方案。实现未来的通融，议员、法官和研究人员共同制定出诊断方案（Haenel，Arthuis，1991；Faget，1992；Commaille，2000；Peyrat，2002，entre autres）。在一些治安区域差的街区，传统的司法机制体系正遭受着指责和批评。从司法与法律之家到邻近法官，改革意愿是不容置疑的。那么，这次改革将走向何方？这个问题可能涉及两个方面：是一种不同的司法，还是不同的法官们？

（一）一种不同的司法？从司法与法律之家到邻近法院，或者从地方化到大规模琐碎案件的管理

第一次亲民司法在法国的司法改革中是一次特别的改革。来自基层、单独个体的推动，个别机构的推动，但是源于这些机构自己的想法，没有上升到国家的层面。亲民司法在这个时期内没有什么同质性，而是根据检察官们自己的想象而各有差别。亲民司法呈现的是一种地方化的启动方式，寻求对于当地和当地的人所给予的司法回应的合适性。关键就是要采取别的方法，为去除刑事机构的臃肿性，质量的需求和数量的需求并驱而行。

从检察官们的口中证实，司法机构马上面来临真正的变革。"通过外部介入的方式"（外部地区、其他人员、不同程序）以保证内部改造。在一些检察官们的推动下，成功地在被认为不会有任何变动的机构内促使了改革的发生。刑事调解制度增加了追诉的替代性方式，丰富了刑事纠纷处理的结果，特别是对未成年人涉嫌的刑事案件的处理（Wyvekens，1998）。依法判案、有条件的不起诉、刑事和解在今天的刑事诉讼法典和司法数据统计中各据其位。

但是回归法庭和法典，又表明其命运的局限性。此司法并非亲民司法。它的特殊内容在回应大规模琐碎案件的处理中，逐渐被边缘化。原来的担忧是质的问题，如何做好。现在的担忧是量的问题，如何做得更多。在这种情况下又出现了两种批评的声音：第一种是技术层面，根据此变化的逻辑产生的公平评鉴趋势（Bastard，Mouhanna，2006）；第二种是意识形态层面，宣告一种因"社会的刑罚化"而引起的司法回应的普遍化（Bonelli，Sainati，2001）。

一些有改革意识的法官正在讨论，几个特别的司法管辖区内应如何负责操作，我们无法真正理解他们正在创造的那些容易的部分。任何情形下，大部

分法官并不喜欢去地方化;如果要在那些不安全的地区内举行庭审,这对他们的喜好是个挑战。2002 年,负责协调城市政治和司法部关系的法官,在对那些司法与法律之家和司法中心网络的空缺表示遗憾的同时,提议应当推广它们的普遍化,因为"(亲民司法)中所蕴含的内容——预防犯罪,快速处理小型纠纷,帮助受害人,求助法律——是一项社会利益的使命,应当成为国家领土适用的活动"(Peyrat,2002,p. 6)。三年之后,他又注意到"通过 13 年的筹建,不被察觉的协调和人员的边缘化,司法与法律之家在法律制度的边缘地带勉强运行着"(Peyrat,2005,p. 162)。

事实上,他从来没有思考过推广该行为领域的普遍性:创新的可能性。

(二)其他的法官? 从"为司法服务的公民"到"司法系统内的兼职法官"[14]

第一次亲民司法几乎完全忘记了有关完善民事纠纷处理机制的问题。在司法与法律之家中也没有注重民事调解的发展(Vignoble,1995)。一个相似的发展,如果不是,除了,根据 1998 年 12 月 18 日法律在每个省(département)设立的求助法律咨询中心(conseil départementql d'accès au droit),有些类似于司法与法律之家的法律服务部门的服务内容,如果不属于普通司法,也涉及法律信息方面的服务。但是小型民事纠纷的处理仍然不令人满意:第一审民事法院案件积压严重,当事人也很容易因为成本问题、进展缓慢和程序的复杂性而放弃起诉。如果称谓是相同的,辩论的理由也是相似的,但是 20 世纪除提出的亲民司法理念不同,正如夏尔维(Charvet)报告中(p. 9)强调的改革目标,不同于以往报告的是"在所有反思中去处理民事方面大规模的琐碎纠纷"。

地方或者让司法不适应地方,这不再是问题。如果我们试着去改变介入的方式,现在我们在司法机构中引入一个新的主体,或者说,一个新的法官:一个非职业性的法官,一个"为司法服务的公民",更加亲近于当事人。该法官将采取不同的方式进行审理,一种更为"人性化"的方式:"邻近法官的招聘应当尽可能来自于社会的广泛领域……毫无疑问,人品和心理方面的品质、相应的能力和法律知识同等重要……公民有权利期待法官证明他们对社会和人性的认知能力,同时具备倾听的能力。(……)关键的是邻近法官能够消除矛盾。而且,他们与职业法官不同,前者采取衡平审判方式去解决纠纷,后者则是推

---

[14] 邻近法官也正式出现公共生活的网站上 Fr:http//www. vie－publique. fr/poli-tiques－publiques/juge－justice－proximite/juges－proximite/organisation－judiciaire/.

崇法律规则的优先性的法律技术人员。"⑮这种不同的司法观念已处于司法改革的中心。但是在制订计划和新裁判机构实施过程中，产生了很大的间隙。

具体而言，在法官的人选上，这是亲民司法强调的第二个重要问题。让公民进入到司法服务中……但是，不是所有的公民都可以！在组织性法律通过之时，宪法委员会作出的一个决定⑯在根本上限制了新法官的招聘：法官的候选人必须证明其在法律领域的经验和知识。同时，当然，两者也不是没有联系——职业法官对邻近法官的态度非常冷淡。夏尔维报告揭示出来自职业法官的"真实的敌意"，特别是在2005年法律扩充邻近法官的管辖权限时。

邻近法官的形象最初来源于其活动的本性。但是随着时间的逐渐推移，我们注意到"新机构倾向于和传统法院同质化"（夏尔维报告，p. 53）。那些从法律顾问发展而来的邻近法官，作出判决时是依照法律而不是遵循衡平原则，他们也被职业法官命令撰写裁判，他们甚至替代了小审法官们。根据2005年法律，他们不再特殊化：以前只是对自然人之间的小型纠纷进行处理，而现在他们也处理法人之间的和很重要的纠纷。

我们很好地创造了一个新的司法机构，但是还没有到达"连接公民和司法"的终点，我们拒绝修改处理机制的可能性。围绕改革而展开的讨论在于提供一个亲近于公众的更为人性化的法官形象，一个别样的法官。一个补充的裁判结构登场了，和以往的结构有些不同。夏尔维报告的结论和建议都值得赞赏：建立强制性的调解机制，尝试建立衡平判决制度，更新亲民司法的理念。"为司法服务的公民"不是仅仅体现在修辞中。

三、结论

两个方向和两个未完成的结局。工作组的报告中提及的结论可能给我们留下一股苦涩的味道，同时它也让我们从它提出的建议出发，随后结合由"法律和司法"研究中心2006年主持的新的调研结果，去重新思考。

---

⑮ 法国参议院法律委员会报告（rapport Fauchon）。

⑯ 2003年2月20日宪法委员会第2003-466号决定。

The Justice of Proximity, whether to shorten
the distance between Justice and the Public?

Annes Wyvekens

Abstract: The concept of Justice of Proximity prompted the establishment of *Judicial and Legal Home* in the 1990s. The means present that the judiciary want to shorten the distance between the justice and citizens, and to let justice throughout the daily lives of the public, in order to listen to the views of the residents. Meanwhile, judicial reform should establish an interactive relationship between the victimizers and victims; and some minor violations can be resolved quickly. In 2002, on the basis of *Judicial and Legal Home*, developed by local practice, a new court named *Court of Proximity* was invented within the judicial system; its jurisdiction was expanded in 2005. The authors suggest that this institutionalization, at the cost of losing the quality of justice, pays attention to the quantity of justice, to solve a large number of trivial disputes. The judge of proximity should be the best selection from the society, but its diversity is limited after a decision of the Constitutional Council.

Keywords: France; justice of proximity; judge of proximity; court of proximity

史学路径面对司法真实:法官与史学家[*]

让－克莱蒙·马旦　著[**]　朱明哲　译[***]

摘要:一些案件涉及对过去的理解和阐释,人们借此机会寻找史学家的工作和法官的实践之间的区别与相似之处。史学家和法官都面对来自社会的要求,都与他们所在共同体的未来息息相关,也都接受把他们的判断标准与他们的时代相联系。两者得到的"真相"就算并不一致,也至少受到同样的限制,有着同样的界限。

关键词:历史　司法　犹太人大屠杀　真相

图维耶案中,法庭提出了准确来说属于历史学的结论,史学家在开庭时不得不面对这些结论。法庭首先把他们看作专家,然后才把他们看作对本案的细心观察者。史学家还惊讶于人们给图维耶定罪时仅仅考虑他活动中少量不可否认的"事实",以便审判得以继续。可以说这种惊讶一直持续到史学家读到人们因法官在裁判程序中谈论历史而期待他们"评价法官"。[①] 检察官莫尔内的话为人所知时,史学家更为震惊。他曾于准备起诉拉瓦尔和贝当时宣称"我们不是史学家。以后要完成的细致研究属于他们的工作……沉迷于过分小心地研究档案并不适宜。在一项案件中,只要能拿出一两份档案,而这些档案带来了有关于一项或两项事实的足够证据并不被相反的证据驳倒,就已经

---

　* 原文出处:Jean－Clément Martin, *La démarche historique face à la vérité judiciaire. Juges et historiens*, Droit et Société, 1998, n° 38, pp. 13～20.

　** 让－克莱蒙·马旦(Jean－Clément Martin),南特大学现代历史学教授。

　*** 朱明哲,法国巴黎政治大学法学院博士研究生。

　① C. Chomienne, *Juger les juges*, Le Genre humain, no 28, 1994, p. 12.

足够了"。②

尽管史学家质疑其事业与"真实"以及"实情"之间的联系（但把史学看作一种"残缺"学科或者相对于"硬科学"的"软科学"的想法则渐次稀少，因为史学是由一套阐释规则定义的，一个人们认可的共同体接受这套规则并且赋予其效力③）类似的交锋把各种认识论探索置于实践和方法的领域，从而更新这些认识论。在赋予由理想类型辨识出的不同观点特别的重要性后，围绕着某些个体，涉及历史与司法之间关系的辩论让人们得以把史学家和法官的实践相比照，既以此阐明彼此的特性，更为了强调这些特性对过去的社会效用的重要性。

在此构想了史学家所处的不同背景的有限视野内，人们常提到的是马克·布洛赫。④ 他强调了史学家不同于法官，不得臧否他们所研究的对象——历史中的人物。安托万·普鲁斯特持不同观点。⑤ 他认为史学家和法官并无二致，都在寻找事实证据、搜集蛛丝马迹，从而尽可能地判断某项行为，或者例证某一个情境。从这个角度看，史学家和法官分享关于"定性"或者"解释"给定"事实"的共同关切，以判断这些事实的性质、在获致确信的证明中整合它们。如果接受法学家夏威尔·拉加德的另一种不同方法，则可以说史学家也和法官一样，（在使用专业建议和供词时）受到证据确立规则的制约。他们也和法官一样强调其结论的合法性，而不去质疑那从本质上说无法达到的真实性的理念。⑥ "在法律界，我们并不声称自己在寻找真相"；⑦在史学界，每个人都知道历史还在继续，史学首先是"其时代的女儿"，逐渐退场入"史学史"，更好的研究随时登场，准备随时修正过去的结果。

---

② Archives nationales, 3 W—26；cité par A. Bancaud, *La justice politique sous Vichy et à la Libération：les procès de Riom et en Haute Cour*, dans ASSOCIATION FRAN？AISE POUR L'HISTOIRE DE LA JUSTICE（éd.）, *Les ministres devant la Justice*, Arles, Actes Sud, 1997, p. 223.

③ G. Nouiriel, *Sur la crise de l'Histoire*, Paris, Berlin, 1996.

④ M. Bloch, *Apologie pour l'Histoire*, A. Colin, 1974, p. 107.

⑤ A. Proust, *Douze Leçons sur l'histoire*, Paris, Seuil, 1996.

⑥ X. Lagaede, *Vérité et légitimité dans le droit de la preuve*, Droit, no23, 1996, pp. 31~39.

⑦ J. Carnonnier 所言，转引自 X. Lagardem 同⑥。作为对"既判力推定的真空"格言的回应。

一、历史学家必须裁判

"裁判"一词马上带来了困惑。很明显，因为那并不是社会赋予史学家的职能，所以他们只能处理对他们所研究的那些人物的道德判断，这点或多或少是众所周知的。那么他所冒的风险则是他们针对别人的判断反过来也评价他自己，以及过多或者过少地参与集体记忆的形成中，而他的结论既不是可以执行的判决、也不对他处理的对象施加限制——就像不会对其读者施加限制一样。然而，就算不像法官那样说出法律，史学家仍以知识分子的身份肩负责任：他尽其所能参与学术探讨，也参与到他那个时代的意识形态形成中。这一责任虽说有限，却非全然不重要；同样，我们也无法把布洛赫的态度贯彻到底——他希望自己能不去评价罗伯斯庇尔而是去理解后者所处的时代，因为此种态度显然不适用于希特勒和斯大林，或者也不适用于罗伯斯庇尔其人其行的某些方面。在了解集中营和古拉格的时候、在定义种族灭绝的时候，如何能不去反思恐怖呢？⑧

列维、威泽尔或阿伦特劝告我们不要去"理解"希特勒，他们的忠告在今天看来仍有价值：史学并不是一个纯然观察性的智力活动，它并非无关伦理和道德——它和道德在制造记忆中紧密相连。⑨ 按照定义，史学处理过去以回应现在的要求，⑩在此过程中它又于重塑集体记忆框架时改变现在，⑪在这一双重活动中，我们总是缩限第一项的范围：透过所研究个案，史学活动让大众知晓一套词汇和概念，这些词汇和概念确实让史学家可以理解不同时代的事实，

---

⑧ 这么说并不仅仅是象征性的，只需要想想我们自己于 1985 年到 1993 年间参与关于旺代内战时期的"种族灭绝"的讨论是多么受限。Voir J.-C. Martin, *Révolution et Contre-Révolution en France* 1789-1989, Rennes, Presses universitaires de Rennes, 1996.

⑨ 有关这些联系的论述，参见 A. Grosser, *Le crime et la mémoire*, Paris, Flammarion, 1991.

⑩ 按照克罗齐的说法，一切的历史都是当代史。利科则殊途同归地以言说当下的创制来诘问过去。

⑪ 有关探寻过去的工作的双重层面，详情参见 D. Poulot, *Surveiller et s'instruire. La Révolution française et l'intelligence de l'héritage historique*, Oxford, Voltaire fondation, 1996；introduction, qui s'appuie sur les ouvrages complémentaires de M. Halbwachs et de G. H. Mead.

但更决定了当下作出之裁判的形式。借由此深入工作，史学实质性地助益集体定向形成，而不限于可能附丽于史学阐述的显明道德教诲。在我们看来，史学与道德和意识形态领域之间存在的渗透关系——教学中我们可以了解相应的反馈，令人无法把史学毫无困难地放到社会科学整体序列中，也令史学家的任务和法官的任务产生了共鸣。

二、法官拯救史学家

恰好在涉及关于第二次世界大战、种族灭绝和毒气室问题争论的案件中，史学家自己也往往直接进入司法生活。学术界里那些令人不快的争论总是立刻暴露史学教授在回应持"历史否定论"者时的无能为力（译注：专指否定在第二次世界大战中存在针对犹太人和其他族裔的有规模屠杀的人），只好把这些问题带到法庭上——到头来唯一可以通过法律条文或者至少以保护公共利益之名阻却历史否定论的场合。⑫ 维塔尔－纳凯这样的史学家失望地投身于通过著述和演说谴责历史否定论的事业中，⑬他们期待那些得以确立一种真实的话语并让一个社会围绕这一话语而形成的判决，社会关系的必要性压倒了其他考虑。

与此结论相关的事实是它并非针对史学专家，而是面向共同体中的普通成员，这些人既没有能力也不一定有兴趣去鉴赏史学家冗长作品中的复杂论证。史学家的作品在研究准则和重要的科学标准来看都是值得尊敬的，对于个人和集体而言，那些朗朗上口的"三句简短的话"⑭却更为他们喜闻乐见，而且他们可以从修辞和操纵的技巧中获得信念。那么，如何想象"公共意见"会要求"它的史学家和它的社会科学专家"来裁判，⑮以确定"路人甲"可以从糟糠中挑出科学的谷子呢？因为如果法官的职能是确定的，史学家的资格可并非如此：大学文凭确实可以证明教学和研究的能力，与此同时，也有一些"爱好者"在大学之外写出了一些史学作品，阿利耶斯和科尔迪耶的例子就足够著名了。这一本质的特性并不意味着所谓历

---

⑫ 参见南特大审法院的裁判理由，23 Septembre，1987，*La Gazette du Palais*，1987，2ᵉ semestre，pp. 672～673，sur les propos de J.－M. Lepen，nonobstant l'absence d'un texte législatif.

⑬ p. Vldal－Naquet，*Les assassins de la Mémoire*，Paris，La Découverte，1993.

⑭ C. Charle et al.，L'historien et les falsificateurs，Le Monde，29 avril 1993.

⑮ A. Touraine，Retrouver notre mémoire，Ouest－France，29 avril 1992.

史研究的缺陷,反而说明了历史研究与社会需要和公共意见相连的优点,特别是在那些史学家的词汇并不特别艰深的情况下,每一代史学家都在他们上一代史学家的工地上修复前辈们的心得,并回应当代的问题。这正是拉加德所要表达的,"司法证据在法律所安排的程序中形成并且导向不可撤销的结论;这是它们区别于历史证据的两个原因"。⑯

困难在于一方面接受这一辩论中你来我往的观点交锋可以看作历史学科的常态,另一方面接受在某些特定的问题上禁止质疑真相。历史否定论者往往利用这一明显的自相矛盾为自己开脱,他们批评历史研究中的此等结论,并从这一批评出发得到对整个研究过程的否认。

此种复杂性弱化了一些历史学家所分享的如下信念:讲述种族灭绝一定会让历史否定论退却,⑰越来越多的物证将消除对毒气室真相的怀疑。⑱法官寻找证据的过程和史学家寻找证据的过程二者之间存在着复杂的关系,并也涉及他们参与建立的集体记忆之形成。难道不该接受,在对于集体记忆和社会而言皆刻不容缓的情况下,唯司法能够以判决确认一项极为重要的事实?这一类型的对立,似乎和与社会基础直接联系的历史问题之解答相关,看上去同样紧密地和"真相与和解"⑲委员会的实际运行相连,后者已经在若干受内战困扰的国家发挥了作用。为了取得社会和平,承认各自罪行的内战各方达成停火协议,并参与构建真相。吊诡的是,这一有益于社会关系重建的措施实质上却不允许当事人诉诸司法,⑳也禁止史学自由地针对各方责任进行辩论,以期新的共同体拥有一个各方所能接受而不再争论的历史,并在这个历史的保护中成长。

三、"历史化"(historiser)法官

如果研究法律制度的史学家或者法制史学家尝试把法学概念以及判决接

---

⑯　X. Lagarde, *op. cit.*, p. 32.

⑰　B. Comte, Le génocide nazi et les négationnistes, Historiens — Géographes, n° 339, 1992, pp. 141~150.

⑱　J. —C. Pressac, *Les crématoires d'Auschwitz*, Paris, CNRS, 1993.

⑲　P. B. Hayner, Fifteen Truth Commissions, Human Rights Quarterly, 16, 1994, pp. 597~655.

⑳　参见关于斯蒂夫・比科的文件样本,最终,法院拒绝轻言宽恕涉嫌对他的死负责的人,*Le Monde*, 11 septembre 1997, p. 2.

入社会的发展中，以资提出对此后时代的解释、也为了理解司法世界自身，那么对他而言最常见的办法就是研究法官留下的档案，以便重现案件审理的知识并建立内部比较，也以此理解司法制度的历史功能。[21] 于此领域之内，史学家采用了一种预期给他们提供从过去的案件中吸取教训的方法。他们要么把审理程序重现，要么给予事实另一种解读，要么就试图总结在不同的时代支配司法的原则。上述各例中，法官和史学家所使用的方法很少有相容的地方。

如果史学史整体希望调和案件和判决以寻求通过这些资料来确立一种关于过去的知识，史学工作更好的一方面已然包含了从另一个角度解读司法活动的方法，比如说，通过把审理女巫的案件放置于法国社会的整体发展中，或者对涉及荣誉问题的司法事件进行人类学解读。正是从这一视角，我们致力于理解 19 世纪和 20 世纪的商人破产问题或者 19 世纪发生在旺德地区的性犯罪。[22] 史学工作因此让人得以考虑人际关系、制度领域的强力，以便理解个体如何进行破产宣告，以及为何性侵犯被界定为强奸并导致诉讼。书写历史和实现正义的不同方法已经清楚地确立起来了，证据和裁判体系的变化也未动摇司法行为的地位。

有必要知道法官在为案件定性时受制于舆情、受制于力量关系、也受制于社会要求，它处理承认危害人类罪、针对图维耶的指控抑或在其他方面牵涉到针对性犯罪者的诉讼：判决的绝对性故此得到了给需要裁决的事物定性时所使用的标准和证据标准的相对性的平衡，诉讼从未停止过，随着时代而在判决的作用下发展。又因为诉讼的发展和书写历史不同规则之间有千丝万缕的联系——后者也和大的政治社会变动结合并且最终落实到人类社会与过去之间的纽带上。在这一视角下，史学家的身份和法官的又相去不远。他要确认待判断的事物，知道自己的动机和当前的认识水平及时代敏感性相关，却仍肩负讲述事实的责任使社会得以建立。并行不悖地，史学家的工作从此走过了对他信念的解构，借由强调催生史学史中诸传统的权力博弈的重要性接纳了一个"动态"的位置，更新他研究的所有前提、强制接受史学在研究和传播之间并不舒适的连接处、并同时使用专家的语言和大众话语。正如阐释法律但是也

---

[21]　一个好的例子，参见 le dossier du *Genre humain*，n°28，1994；Juger sous Vichy.

[22]　J. —C. Martin，*Commerce et commerçants à Niort et dans les Deux — Sèvres*，Bulletin de la Société historique et scientifique des Deux—Sèvres，1980，pp. 335~512；*Le commerçant，la faillite et l'historien*，Annales，conomies Sociétés Civilisations，n°6，1980，pp. 1251~1268.

努力让当事人就该当事实的真实性和责任达成一致的法官一样，史学家从史学史、科学的"把戏"以及他们的共同体提供的担保中收获甚丰，从而为社会提供可以得到修正的结论。

四、两种实用主义路径兼论普世主义（universalism）的召唤

以上谈到的立场历史并不久远；直到一切事物都热心争权夺利的 19 世纪末，史学家的共同体才围绕着足以正当化其结论的论证规则建立起来。证据的搜集和使用让不实的假说没有容身之地，以至于人们不能仅仅把历史叙事理解为一种没有事实依据的话语，就算历史叙事衍生于大历史的形式[23]中也不行。就算后者也是一套提出了可能的历史情势的话语和表现。确立寻找真实性的规则变得优先于找寻到的结果本身。[24] 因此，每个史学家共同体据以正当化自己结论的基础、词汇和内部一贯性，正是其所需要负责的。取得史学真实性的过程和获得法律真实性的过程别无二致，既有着同样的弱点，却也有相同的优长，它的研究技术和转化技术强而有力，它在理解我们塑造且必须由我们控制的领域方面行之有效，特别是当我们心甘情愿地抛弃把史学变成一种社会科学的历史观的想法时。[25]

为了回到针对犹太人的种族灭绝的例子并在整个多面向的史学活动（研究、综合、普及推广，以及其共同体根基和根本性的反思）背景中理解它，或许可以于研究奥斯威辛集中营（Auschwitz）时同时关注它的实质特殊性和偶然的特殊性。[26] 集中营牵涉到最为细节的史学技术，辩论总围绕着受害者的数字、责任归属，或者围绕着集中营与人体实验场所的比较。此处涉及的史学维度面向的是学者，是史学史的整体，是呈现事实证据的方式，也是概念之应用。

反之，在被视为象征着不可估量的恐怖之极致的奥斯威辛集中营后，很难再在人类之整体的意义上思考历史。[27] 上述观念视历史为由思想体系阐明并

---

[23] H. White, *Metahistory*, Baltimore, John Hopkins, 1993 (1re éd. 1973).

[24] 补充内容参见 A. Prost et G. Noiriel.

[25] 《起源（Genèses）》期刊的各种前见就是个可能的例子。（《起源》是由史学家杰拉·努瓦利埃尔和法学家奥利维·布等人创办的社会科学和史学期刊。——译注）

[26] 普莱萨克研究的核心就是这些事件的物质方面。

[27] S. Paulsson, *Denying Evil at the Gates of Hell*, The Times, 5 mai 1995, p. 24.

反过来解释文明的原则的人类经验之连续体。历史否定论者攻讦的正是这一观念。他们利用学院内讨论的不确定性，来质疑奥斯威辛集中营在集体历史中的重要性。而要在反思人性的范畴内评价奥斯威辛集中营的叙事则更加困难。㉘ 关于这最后一点，历史为个体和共同体带来象征和决定情绪基调的因素。这就是为什么扬科勒维奇主张，为了阻止人们忘却这一人类经验，就要强调奥斯威辛集中营的记忆是"不可或缺的"。㉙

于是，对于史学和司法的部分活动，它们接纳了由阐明、解释和应用的句子标志的诠释学姿态，的确，史学家和法官所主张的真实性仅仅局限于他们所能合法化的领域之内，但在建设使规则变得明确的社会这一目标上，他们则要遭遇其他所有的立场。不尊重这些简单的规范的历史，无异于政治宣传。史学家和法官的活动之间的区别，存在于这些有着不同预设的活动与其他领域之间的关系，因为史学意在记忆和身份构建，司法则旨在社会和平。区别也同样存在于它们的社会时效性，因为史学处理时间和过去，而司法解决急迫的事务。在社会关系形成中，史学家和法官共同承担责任，确定理解无边无际的现实所不可或缺的规则。

The Historical Approach versus the Judicial Truth：Judges and Historians
Jean-Clément Martin

Abstract：Recent trials involved in historical cases give the opportunity to establish the main characteristics of historical workshop and justice practices and to seek their analogies. Both historians and judges are confronted with social demands and are both responsible for the future of their communities, their criteria of judgment being dependent on the values of those communities. Even if their "truths" cannot be delivered in the same way, they sustain the same sort of constraints and are inscribed within the same horizons.

Keywords：history；justice；Shoah；truth

㉘　Voir J. Ricot, *Leçon sur l'humain et l'inhumain*, Paris, PUF, 1997.

㉙　V. JankéLévitch, *L'imprescriptible*, Paris, Seuil, 1996.

在国际空间中的法国司法[*]

克里斯托弗·苏拉尔 著[**] 张莉 译[***]

摘要:第二次世界大战结束后,由于欧洲一体化的建立和一系列国际条约的制定,法国法律在其运行中纳入越来越多的来自外部的法律原则。这种"渗入"结果包括一些条约和公约得到法国批准,同时还给法国带来了除法律文件外的国际法庭判例,其中主要有斯特拉斯堡法院和卢森堡法院的判例。即使法律渊源的错综复杂使得法官的工作更加复杂化,还不时增加了"实定法"的不确定性,法国法院的作用也没有削弱。通过"法官对话"或"交互影响"的博弈,国内法院的判例和实践使国际法院获得很多的灵感。对国际法律原则的采纳则提升了法国法院的权力,改变了民事法官和行政法官之间,以及基层法院和最高法院之间的关系。

关键词:法国司法 法律渊源 国际法律原则 判例

法国所处的国际司法环境在 20 世纪下半叶有了根本的变化。在第二次世界大战结束后的几年内,欧洲人权公约和创建欧洲经济共同体的条约相继成功签署,由此,国内法院开始承担起确保欧洲人权法院(CEDH)和欧共体法

---

* 原文出处:Christophe Soulard, *La justice française dans l'espace international*, in Philippe Tronquoy (dir.), *La justice*, *réformes et enjeux*, Les cahiers français, n°334, La documentation française, sep. —oct. 2006, pp. 36~42.

** 克里斯托弗·苏拉尔(Christophe Soulard),司法官,斯特拉斯堡罗伯-特舒曼大学兼职教授。

*** 张莉,法国巴黎第一大学公法专业博士研究生。

院（CJCE）①的规定被遵守的责任，而从这两个法院所产出的那些大量而又时常大胆的判决已经或将继续对法国法律产生大的影响。在 20 世纪末，又出现了国际海洋法法庭、争端解决机制和世界贸易组织（WTO），尤其是出现了如前南斯拉夫和卢旺达问题国际法庭等一些国际刑事法庭。后者对国家司法体制的冲击相对来说比前者小，但是和前者一样，显现出一种当今世界的司法化。

法国的司法体制对这种新的法律渊源接受起来并无太大困难。欧盟法律以及《欧洲人权公约》的规定在法国的实施大体上是根据卢森堡和斯特拉斯堡法院提供的法律解释进行的。而这种"接纳"也毫无疑问部分得益于法官间的频繁接触以及其所受的特殊培训。很多法国大审法官更是有机会旁听甚至参与到国际法庭的工作中，他们也从中得以更好地把握法律的精神实质，而且他们在工作会议或其他研讨会等场合接触其他国家同行的机会也不再罕见。除此之外，法国在若干其他国家设置了一种"驻外法官"（magistrat de liaison），职责在于方便国际司法协作，并给法国法官提供具体案件所需的比较法要素。而且，还不难发现，国际法院以及最高级别外部法院的判决如今在法学期刊、最高行政法院和最高司法法院的官方刊物中占据了相当大的版面。

对于外部法院所解释的国际原则的接纳义务，不可避免地降低了法国国内司法体制的自主性，但是，这种义务并没有削减国内法院的地位。事实上，不仅国际法院和国内法院的关系并未因此局限成为一种从属关系，来自国际（大体上来自于欧盟）的法律的勃兴，反而更无可避免地使法官，尤其是国内法官的地盘扩大——在这里，他们尽职于一个"法律的共同体"（une communauté de droit）②。

一、国际法律原则在法国法中占据日益重要的位置

（一）法律文件的倍增

毋庸置疑，在法国实施的法律文件非常大的一部分有着直接或间接的国际渊源，而且这一部分由于欧盟权力的扩张和国际公约的增加，从未停止增

---

① 欧共体法院（CJCE）在 2009 年 12 月 1 日《里斯本条约》实施后更名为欧盟法院（CJUE），由三个法院构成：欧洲法院（la Cour de Justice），综合法庭（le Tribunal）以及公共服务法庭（le Tribunal de la fonction publique）。——译注

② 法律的共同体，即相对于欧盟这一地域的、经济的或者政治的共同体而言。

长。

这些法律渊源的来源本身很多样化,大概是由于通过它们的机构多种多样:联合国(ONU),国际劳工组织(OIT),欧洲委员会,欧盟等等。其中欧盟所处的地位更具优势。而它们通过的法律文件不仅涉及商法,也涉及民法(如对消费者的保护)、行政法(如环境保护以及税法)、社会法(如劳动法和社会保险),甚至刑法——欧共体③及欧盟④如今在刑法领域有相当权限,而国内刑事法院不管具体情况如何、都要基于这种权限,有义务废除那些规定法律责任与欧盟法相悖的刑事法律文件(textes répressifs)。

国际法律文件的多样化也源于其法律上有效范围(portée juridique)的差别。它们当中的欧盟条例(règlement),可以快速而直接地运用于成员国。从这点上看,它们与国内法中的法律(loi)和法规(textes réglementaires)很相像,而它们所具有的很高的法律强制力源自于欧盟法的优先性原则。⑤ 其他的,诸如欧盟指令(directives communautaire),必须经一项国内法进行"转换(transposer)"后实施。在这里,作为国内法的国际渊源仅是间接的。况且,尽管被转换,指令也不会自动消失,因为国内法官必须比照它们来对国内法律文件进行解释。如果没有在特定期限内转换,指令能再次以整体重新出现。在这种情况下,当事人可直接引用指令来对抗国家或其他任何公法人——如果它的规定足够明确。而对于国际公约(convention)来说,唯有经过批准通过后才能实施,这样也降低了其作为一种法律渊源在数量上的重要性。⑥ 但是,国际公约却通常具有直接效力,也就是说它还可以在国内法庭前被直接引用。欧洲人权公约和民事权利和政治权利相关协议⑦中的大部分规定就属于这种情况,当事人也懂得不失时宜地利用它们。正是这个原因,1968 年 9 月 27 日

---

③ 参考欧盟协约第六节(通常叫作"第三支柱"),包括刑事法律方面警务和司法合作的规定。

④ 参见 CJCE 2005 年 9 月 13 日判决,Commission/Conseil, *aff. C*−176/03,目前并未在 Recueil 上刊出,在这项判决中欧洲法院认为欧盟有责任要求成员国对违反欧盟环境法的行为实施刑事处罚。

⑤ 这一原则首次出现是在 CJCE 1964 年 7 月 15 日 *Costa/ENEL* 案中。*Aff.* 6/64, *Rec.* p. 1141.

⑥ 因为,自从 1999 年 5 月 1 日实施的阿姆斯特丹协议开始,为实施欧盟协约第六节而缔结的公约只有经过半数以上的成员国批准才可以实施,而其中大多数都没有得以实施,因为通过它们的成员国没有达到规定的数量。

⑦ 在联合国框架内被批准。

《布鲁塞尔公约》中与司法权限和民商事判决执行有关的部分，⑧直接对法国法院的地域管辖权规则具有不容忽视的影响。而对欧共体第三个支柱下通过的"框架决定"（décisions）和其他"兜底决定"（décisions à toute autre fin）而言，虽不需批准，条约的制作者们却表示排除它们具有直接效力。

　　然而，法律国际渊源的重要性不可以仅仅通过现行法律文件的数量来衡量。它们中的某些，目的只是为了实现"协调（harmonisation）"，使自己的影响降到"最小（a minima）"，因此，在多数缔约国，比如法国，这些国际法律文件只被用于已经存在的状况。不过，这样一来它们通过的可能性显然会增大，因为这些法律文件是被欧盟这样一个多国的整体来通过——这里不单单指国际公约，而且指数量不容忽视的欧盟法律文件。如果要举例说明，欧盟确保社会政策⑨和消费者保护政策⑩实施的若干指令就是很好的例子，其中的"更换（transposition）"并没有实际修改现行的法国法律。在刑事协调领域，我们也很容易发现，2001 年 3 月 15 日有关刑事诉讼程序中被害人地位的"框架决定（décision－cadre）"事实上并没有包括任何强制性规定，因而也没有缩小诸如英国、爱尔兰和其他国家适用法律之间的差距。2002 年 6 月 13 日有关反恐怖主义的框架决定则部分授权各国定义恐怖犯罪，因为这一定义对于法律统一协作的作用甚微。其他法律文件，比如 2002 年 11 月 28 日旨在加强刑事框架以抑制帮助非法入境、过境和居留的框架决定的第一条，只设置了最低处罚，其意图在于让成员国依据"保护刑罚制度统一性"原则的要求判断是否违反法律，但这也在事实上（de facto）削减了其（框架决定）有效范围。但实际上，虽然欧盟起草的法律原则内容与国内法并无不同，前者的施行却依然有可能改变国内的实定法，这是因为国内法院必须依据欧盟法院对欧盟法律原则所的解释来解释国内法。同样，1977 年 2 月 12 日关于企业转让时职工权利继续的欧盟指令（77/187/CEE），虽重现了很久以前法国劳动法典第 L.122－12 条的内容，但由于欧盟法院在具体判例中对此条作出了相对于最高法院更

---

　　⑧　此公约在家庭法领域的实施被 1998 年 5 月 28 日的公约扩大，之前这两个公约不被欧盟规章所接受。

　　⑨　1975 年 2 月 17 日关于集体解雇的 75/129 指令，被 1998 年 7 月 22 日 98/59/CE 欧盟委员会指令修改；1991 年 10 月 14 日关于雇主有责任告知雇员合同条件或工作关系条件的 91/533 指令。

　　⑩　1985 年 12 月 20 日关于在商业设施之外缔结的合同中消费者的保护的 85/577 欧盟委员会指令；1993 年 4 月 5 日关于与消费者缔结的合同中霸王条款的 93/13 欧盟委员会指令。

为广义的解释,最高法院因此不得不修改与 L.122－12 条相关的判例。⑪ 这也就是说,国际法律的渗入(pénétration)不但是法律文件的渗入,而且是判例的渗入。

(二)国际法院判例的影响

1.斯特拉斯堡法院的判例

显然,如果没有对斯特拉斯堡法院(即欧洲人权法院)产出的丰富而庞杂的案例的认可,像《欧洲人权公约》第六条确认"公平诉讼权"(le droit à un procès équitable)的规定就不会在法国产生重大影响。虽然原则上斯特拉斯堡法院判决只对庭前诉讼当事人具有效力,但实际上,没有人会怀疑它对案件的解释有一种远大于此的强制力。正是为与斯特拉斯堡法庭判例保持一致,法国最高法院才在一项具体诉讼中驳回了上诉法院的判决,理由是:审判组成人员里包括一个顾问法官(conseiller),而这个顾问法官在另一层级的审理中,或者已从刑事法官那里得知用来建立被告人被驳回或提请证人证言被拒绝的全部或部分法律事实,或者已经参与过对法律事实的重新定性却没有要求被告人作出解释。同样,紧接着欧洲人权法院依据《人权公约》第八条所作的关于确保私人生活被尊重权的判决,使得法国立法者也不得不修改一项与电话监听有关的法律,以及修改海关法典中关于海关人员可以在未经法律准许情况下对私人住宅进行访问的规定。斯特拉斯堡法院判决甚至可以涉及法国最高法院的运行,我们已知的,例如它曾判决认为大审法院的首席检察官(avocat général)或最高行政法院的政府专员(commissaire du gouvernement)参与合议庭,并且不同于当事人,他们已经知道报告法官(conseiller rapporteur)意见和判决起草计划,这显然与公平诉讼原则相违背。此外,斯特拉斯堡法院判决的效力因刑事诉讼法典第 626－1 条一项特别条款的引进而加强,当认定被告人有罪的终审判决违背了欧洲人权公约的相关规定时,它允许对此终审判决进行"再审(réexamen)"。每年都有很多案件凭借这项规定而被重新审判。

除了对欧洲人权法院判决的简单执行,法国法院甚至依据欧洲人权法院判例的精神形成了应用于其他案件的推理。例如:(1)最高法院判决认为,海关法典第 374.1 条关于允许刑事法院未经传唤其所有人就没收用于隐瞒海关欺诈的物体的规定,与《欧洲人权公约》第 6－1 条相抵触。(2)最高法院认为"平等武装原则(le principe de l'égalité des armes)"与总检察官(procureur

----

⑪ Cf. Cass. Ass. Plénière, 16 mars 1990, Bull. civ. N'4.

général)在刑事被告人自己放弃此项权利⑫的情况下,依然可单独提请违警法院审判的法律规定相矛盾。(3)最高法院决定,对于针对某项债权要求给付保证金的诉讼、基于"无明显争议"的理由而裁决适用紧急审理程序(statuer en référé)的法官,不可以参与之后进行的对案件的事实审。(4)同样,在缺乏欧洲人权法院明确判例的情况下,最高法院依然认为 1997 年 7 月 19 日法令以及选举法典有关禁止在投票前一周刊出与选举有关的民意调查出版物的规定违背了欧洲人权宣言的第十条。

2. 卢森堡法院的判例

对于欧共体法院,其对判决所作的法律解释明确适用于所有法院和其他公共权力机关。欧共体法院判例的影响至少和欧洲人权法院的影响同等重要。其所作的扩大性解释,诸如对欧共体条约第 25 条(禁止关税和等价税),第 28 条(禁止对进口货物的数量限制),第 39 条(工作者的自由流动),第 43 条(自由设立),第 49 条(自由提供服务),第 141 条(男女薪酬平等),通过对它们的解释确定了一种直接法律效力。而最终旨在实施的衍生法律(droit dérivé),也会导致法国法院(不管是行政的还是司法的)来移除与之相悖的国内法。此外,我们也知道,欧共体法院确认了不少欧盟法基本原则,这些原则同样适用于成员国国家权力机关,因为它们属于欧盟法律的实施范畴。这些原则部分来源于欧洲人权公约,欧洲法院的解释方法尽量与斯特拉斯堡欧洲人权法院保持一致。但也有一些原则是新颖的,比如"相称性原则(principe de proportionnalité)"⑬和"合法信赖保护原则(protection de la confiance légitime)",它们组成了对于法国法官而言所谓的"补充性法律原则(normes supplémentaires)"。

3. 法官的工作变得更加困难

欧洲人权法院和欧共体法院的判例组成法国法院必须遵守的非成文法的大部分,但其他法律渊源也同时存在。举一个最近的例子,最高法院通过最近的一次审理使得一项国际习惯如同被国际法院判例解释过的法律原则一样产

---

⑫　这里指被告人放弃辩护的权利。"平等武装原则"旨在要求控辩双方获得同等的对待,不能因为双方身份上的差别而有所区别。刑事诉讼法应当对控辩双方进行平等武装,赋予双方对等的攻防手段,从而展开平等有效的对抗,推进诉讼的发展。法律对于控辩双方也应加以平等保护,不能因为控诉方代表国家就偏向控诉方、歧视被告方。法官应予控辩双方参与诉讼的同等机会,并在充分关注双方意见的基础上形成判决。——译注

⑬　或被有些学者译作"比例原则"。

生效力,即:在他国刑事法院前,一国的公务机关或组织,构成国家的"附属(l'émanation)",而其工作人员的行为从属于"国家主权(la souveraineté de l'Etat)"。这种法律和判例所形成错综复杂,使得法官的工作也变得复杂起来,虽然他们能得到补偿的是,可以大体上借助于互联网更容易地寻找相关法律文件或者判决,当然这也得益于我们之前提到的、国际法院判例的广泛传播。然而,从另一个角度看,这又恰好可能成为司法不安全之源。例如,由劳动法典规定的对妇女夜晚工作的禁止条款,最初被欧共体法院认定为违反了1976 年 2 月 9 日欧共体指令第 76/207/CEE 中有关男女同等工作机会和同等工作条件的规定。一开始欧共体法院认为这项指令可以被弃之不理,既然法国法要做的不过是实施在欧共体协议 CEE 生效前签署的国际劳工组织(OIT)第 89 号公约的规定(使得这项禁止符合国际法),但是由于这项公约后来被法国宣布废除(因此使得法国法再次变得与欧盟法不相容),法国最终只能修改自己的法律。

如果这样就得出欧盟法的存在构成了司法不安全之源这一结论显然也是错误的,因为从另一个角度来看,它却可以保护被告人抵御判例的突然"转向(virement)"导致的不利影响,以及可以用来抵抗法律的突然变更。因此,欧共体法院确认自己对一项法律所作的解释只对将来发生效力,并且依据"合法信赖保护原则"撤销了一项欧盟条例,因为此条例没有考虑到在其他法律制度下缔结合同的经营商利益而设定过渡的方法。

二、国际环境是法国法院新角色的源头

(一)法国法院对国际法院的影响

尽管法国法院远不及它的同伴德国、英国法院那样表现积极,即如果某项先决性判决不能令它们满意,就会立即向欧共体法院重新发问,但法国法院对国际法院判例有时会持消极应用的态度。正是通过它们的抗拒或者建议,不断丰富着国际法院的判例,从这点上可以说这才是真正的"法官间的对话"。最高法院和最高行政法院的判例给我们提供了很多实例。最高法院曾试图通过先决性诉讼程序(procédure préjudicielle)的途径,依据 1968 年 9 月 27 日《布鲁塞尔公约》精神来改变欧共体法院在合同履行地定义相关案件中的地位。⑭ 虽然这种想法并未实现,但有意思的是,欧共体法院在它的判决中却显

---

⑭　Cass. Com. 9 décembre 1997，*Bull. civ. IV* n° 334.

得认为很有必要长篇大论地解释它不接受这些争议的原因。这有一个成功的实例。最高法院向欧共体法院询问有关允许法国法院有权进行"家庭访问"（perquisition，这里即"搜查"）的权力，这项权力最先由欧盟委员会在竞争法领域提出。欧共体法院之前虽已就这点作出了说明，但是最高法院认为，对于一个有着积极意义的判决来说，它的解释显得已失去了它的部分直接相关性：或由于欧共体人权法院先前的判决，或由于国际公约的修改，或由于法国宪法委员会的一项决定。欧共体法院对此作出部分认可。同样，最高行政法院也是在一个先决性案件上，确认了在特别针对他国居民、使其受限于部分国家领土的对居留权产生限制的相关案件中欧共体法院判例可能产生的作用，它认为欧共体法院扭曲了自己的位置。

通常，国际法院判例和实践从国家法院判例中得到很多启发。这里我们只要想一下由欧共体法院确立的欧盟法基本原则就够了，因为它们中大多数源自于成员国法律的共同原则。尤其，对于欧共体法院判例的调查显示，其很多被认作是整个欧盟司法秩序建立基础的判例，只不过是认可了各国家法官极力推荐的解决问题的办法罢了。至于国际刑事法院以及国际法院，它们更是毫不迟疑地参考国家判例来建立推理。与其说这是"法院间之对话"，还不如说是种"交互的影响"。这种交互影响甚至可以在法院组织形式方面觉察到。因此，正如我们所见，欧洲人权法院的判例迫使最高行政法院和最高司法法院更改其组织；而作为交换，原本欧洲人权法院法官可以一成不变地参与自己国家的相关案件，以及欧洲法院法官的六年任期期限届满后可延续等，这些规定由于各国法官的共同地位而被质疑。

（二）国家法院角色在国内层面的加强

首先消除一项疑惑。国际法庭在第二次世界大战结束之后的勃兴并不是要在事实上剥夺国家法庭的部分职权。首先是在欧盟法中，一般主事法官依然是国家法官，而欧洲法院仅可以对一些特定争议作出决断（如对法律文件或不作为的合法性控制、欧盟责任的履行、对成员国违反欧盟法的处罚），或者仅限于阐释欧盟法，或者确认欧盟法在某个国内法院审理案件中是否适用。欧洲人权法院并没有大量替代国内法院，它只在当事人穷尽所有国内法救济途径之后才适用。对于国际刑事法庭而言，它的权限也只不过是辅助的。最后，1994 年设立的国际海洋法法庭的权限也不能跟国内法院形成竞争。确实也有人设想建立一种"欧盟检察官"，用来专门处理涉及损害欧盟金融利益的违法案件。但是，对于建立处理此类违法案件的共有法庭这一问题，都还不曾被正式考虑。

相反地,国际法律文件的目的经常是为了加强国家法院的作用。正如1968 年 9 月 27 日《布鲁塞尔公约》,旨在促进成员国法院的民事和商事领域判决在所有成员国的互认,从而提高了国内法院的效率。同样,被欧盟通过的大量刑事司法领域加强合作的法律就是赋予国家法院不断增长的权力,以方便追查和抑制违法案件,确保法院判决的更好实施。在这方面的标志性法律文件首先应属 2001 年 12 月 6 日创设了欧洲逮捕令(le mandat d'arrêt européen)的框架决议,其特别之处在于认可了下列事实:与传统引渡相反,引渡程序是纯司法的,不须经政治当局的同意。对于欧洲司法合作组织(Eurojust)而言,由拥有同等职权的检察官、法官以及警察组成,职责在于促进负责具体诉讼的国家权力机关间的更好配合,以及为严重跨国犯罪案件的调查提供帮助,这样能使法官们更好地行使其特权。

尤其,《欧洲人权公约》第六条确立的"有效司法救济权(le droit à un recours juridictionnel effectif)"更加强了国家法院的作用。例如,为实施这条法律,最高法院废除了关于迟交车辆差别税而导致的税收罚金,因为当一个法庭宣布此类罚金数量时,并没有规定任何的救济途径。同样也是这第六条,以概括的方式,导致法国法院废除了一项自己拒绝解释国际公约而交由外交部处理的判例。而欧共体法院自己也从很多实例中总结和确立了诸多有关法律和法官的原则,例如,任何欧盟公民均应享有可通过法律诉讼途径对抗任何国家机关作出的拒绝其获取工作决定的诉讼权利;为欧盟法令的实施而做准备的国内行政法律文件可以成为诉讼客体;一级法院在有权提出指定诉讼理由(moyen d'office)的情况下,如果这一诉讼理由是涉及违反欧盟法规定得出的,那么它必须要提出。欧盟立法者在众多法律文件中实施了这一原则。

1. 对国际原则的借鉴扩张了法国法院的特权

通常,移除与国际法律文件相悖的国内法律文件的义务直接赋予国内法院以新的特权,尤其当这项国内法律文件是一项法律(loi)时。实际上,法国法院并没有权力去进行法律的合宪性审查,但它可以仅从国际原则角度认可法律实施的合法性。不过,法国法院的审查权力仅适用于对已经颁布的法律而且宪法委员会之前并没有进行任何事先审查的这一种情形。此类创新最为可观的情况,是当这项法律旨在实施一项国际法律原则,而这项国际法律原则的内容恰好与国内法中一项宪法性法律原则相似时。例如在刑法上,对重法的不溯及或对轻法的立即适用原则[15]就是这种情况。也就是说,法国法院不

---

[15] 刑法中的"就轻不就重原则"。

能仅仅因为一项法律与宪法原则相违背这样的理由就移除它，但如果这项原则具有超国家性价值（valeur supranationale）时，它却可以这么做。

2.……改变了民事法官和行政法官之间的关系

对国际原则的接纳不仅在事实上扩张了法国法院的特权，这种接纳同时也是在整个法院系统被接纳。它同时也体现在对两种法院体制间相互依托关系的改变。以往，民事法官在质疑某个行政法令违反了更高一级法律原则的情况下，不能自行废除，必须先向行政法官提出。这项法律规则已被废除。当从欧洲共同体的规范出发判断某项行政法令的实施有问题时，民事法官根据欧洲司法法院的判例，有义务直接不适用此行政法令。也即在具体案件中，一旦某项行政法令不相容，民事法官无须事先向行政法庭提出先决性提问。

3.……加强了基层法院的作用

最后，在两种法院体系内部，对欧盟法的接纳旨在加强了基层法院的作用，甚至不惜牺牲最高法院。如果只涉及国内法，那么是最高司法法院和最高行政法院最后说了算，但是当基层法院认为某一最高法院的判例不符合欧盟法时，却可以直接向欧共体法院提出先决性提问。如果最高法院和欧共体法院有分歧，很显然，后者的司法解释胜出。

三、结语

传统上认为国内法近似是法国司法制度中唯一法律渊源的看法，在过去半个世纪以来被广泛质疑。这种变化不仅仅表现在国际法律原则的广泛接受上，同样表现在宪法委员会如今所占据的重要位置。另外，法国司法体制对于一个更为广阔整体的介入，其产生的意义也非常重要。有两条主线表征这次变革：法律渊源的多样化和非成文法原则的壮大。这种观点看起来似乎被司法界或政治当局广泛接受，尽管有人可能会宣称这是一种"法官之治"。诚然，它的范围需要很好地界定。在广阔的民法、刑法、行政法、程序法领域，大部分还继续保持着单一的国内法渊源，而仅仅在其边缘受到了国际法律原则的影响。但是，除了国际法律原则在其他法律领域拥有的直接效力外，国际法院或者国家法院的表达方法并不是没受到影响，例如它们提出了一种不同的推理方式，而在这个想法的基础上法国法院建立了它们自己的角色。正是通过这样一种交互影响的博弈，形成了一种适应于不同国家的共同法律文化，而法国也身处其中。

The French Justice in the Context of International Laws

Christophe Soulard

Abstract: From the end of World War II, due to the construction of the One Europe and the constitution of many international conventions, the French law has integrated in its practice more and more foreign norms. The integration brings the ratification of international treaties and conventions by France, and the jurisprudence from the international courts (mainly from European Court of Human Rights in Strasbourg and European court in Luxembourg). If the intricate source of the law has complicated the work of the judges and makes the "positive law" more uncertain, but the role of the French courts will never be weakened. With the "dialogue of judges" or the play of "influence crossed", the jurisprudence and the practices of the national courts inspire a lot from the international courts. The integration of the principles in international law had increased the primacy of French courts and changed the relations between the civil judges and the administrative judges as well as the basic courts and the highest court.

Keywords: the French Justice; source of law; the principles of international law; prejudication

与欧洲类似司法体系相比较的法国司法[*]

让-保罗·让 著[**] 张莉 译[***]

摘要：在欧洲，所有司法体系都在重新整合以应对新的现实：社会问题的司法化，诉讼的增加，违法案件的上升，欧洲人权法院判例引起的程序上的更改，对更好管理和更高效率的迫切需求。司法机关至此也面临着一个管理层面的、更趋合理化的逻辑，以"新公共管理（new public management）[①]"的若干方法引入作为标记。对法国司法体系与欧洲相似国家司法体系的比较研究，可以更好地定位法国的司法现状，理解它正在经历的重大变革。

关键词：法国 司法系统 欧洲司法体系 新公共管理

法国司法和欧洲的其他司法体系能否进行比较？此种比较操作起来显得似乎不大可能，因为多年以来所积累的诸多分析要素并不一致。起初，唯有大经济实体[②]常常懂得选择最适合自己的司法体系，通过一种"法庭挑选（fo-

---

[*] 原文出处：Jean-Paul Jean, *La justice française à l'aune des systèmes judiciaires européens comparables*, in *La justice en réforme：où en sommes-nous ?*, Regards sur l'actualité, n°374, La documentation française, octobre 2011, pp. 23~34.

[**] 让-保罗·让（Jean-Paul Jean），巴黎上诉法院代理检察长，普瓦捷大学兼职教授。

[***] 张莉，法国巴黎第一大学公法专业博士研究生。

① 这一"新公共管理"方式试图限制国家在行政性事务中的主导地位，将实施权授予自主机构，并且借鉴私营部门的一些方式进行管理。参见 F. Dreyfus, *La révision générale des politiques publiques，une conception néolibérale du rôle de l'Etat*, in La révision générale des politiques publiques, Revue française d'administration publique, n° 136, 2010, pp. 857~864；A. Garapon, *La raison du moindre？tat. Le néolibéralisme et la justice*, Odile Jacob, Paris, 2010.

② 这里指公司。——译注

rumshopping)"③的方式,在国际商业合同中根据自己利益来选择对自己争议有管辖权、可以进行仲裁或诉讼的国家和法院。但现在,一种较为客观的比较在司法领域也成为可能,如同对其他公共行为如教育、健康或科研领域的比较一样,通过指标来一并衡量其投入和产出,这样能更好地定位我们国家与其他欧洲国家相比大概所处的位置。各项调查、报告和研究将对数据库进行完善,并由欧洲各国定期大体上通过欧盟统计局(Eurostat)来不断更新。

一、欧洲作为统一的司法空间

自 2007 年 12 月 13 日签订的《里斯本条约》于 2009 年 12 月 1 日生效以来,司法领域成为欧盟的一项优先权。基于信赖而建立的对司法判决的"互认",强调各国司法体系应达到适于所有欧盟公民期望的"法治国家(Etat de droit)"水平,另外,欧盟法院在欧盟法特定职权范围里的作用也得以加强。这种互认的价值体现在:在民事领域内,如儿童监护、混合家庭(les couples mixtes)中的抚养费、或债务追偿等相关判决;在刑事领域中,如对欧盟逮捕决定的执行、打击有组织犯罪等,使得欧盟司法空间成为一个为实现公民权利和自由的统一协作、结果明确的空间。因而,在 27 个成员国中互认和提高司法运行机能,为成员国间相互协作提供便利就成为一种必须的要求。在这点上,欧盟得以借助在此类事务上已然扮演着开拓者角色的欧洲议会的工作,来帮助在这一"新欧盟民主"和由 47 个成员国组成的更大地理空间内建立法治国家。这一进程因欧洲人权法院判例影响力的提高而加快脚步,后者要求在遵守公平诉讼原则和合理期限原则的基础上实现各国诉讼程序的互相接近和司法秩序的逐步提高,不光要确保公民权利的被尊重,而且要提高司法运行效率。

正是在这种思想下,欧洲议会于 2003 年设立了"欧盟司法效率委员会(CEPEJ)",其一年两期的报告成为一种认可和评价各国司法体系的参考工具。欧盟委员会、各成员国政府、各成员国议会从今往后会有步骤地使用其数

---

③ 在英美法中,指利用国际民商事管辖的积极冲突,在几个有管辖权的法院当中选择最能满足自己利益的法院进行诉讼。这与消费者在集市选购物品相似,所以形象地称作 *forumshopping*。——译注

据和分析，它们也同样会被其他机构如世界银行引用。④ 2010 年 10 月公开发布的最近一次报告，纳入了由成员国提交的二百多万个数据，并在同一基础上被分析，以便于理解涉及 11 亿公民的欧洲委员会成员国的司法体系如何被组织运行，并产出了什么。⑤ 考虑到成员国之间历史、地理、经济的形势和国内法律传统的各不相同，CEPEJ 并不打算在国家间分门别类，而是帮每个成员国遵照适当的标准自己与他国进行比较。试图通过对一些共有现象的影响的考查评估，例如诉讼案件的上升或者此次金融危机对司法预算的影响，将有益于每个成员国间优缺互补，改进评估方式，了解基本趋势，以便着手进行更容易被接受的改革。

二、法国司法体系的对比和特点

在民意测验中，法国司法体制通常是被本国公民持否定态度的，虽然看起来恰恰是同样的公民在过多地依赖和求助于它。这种看法在司法灾难"乌特罗案（Affaire Outreau）"⑥之后得到扩大。但是，对司法的不信任现象也并非新近才发生的。一直以来，对司法的批评屡见不鲜。批评针对于它的迟钝、成本高昂、语言晦涩以及不平等的感觉（"根据你有权还是无势，法庭好判决你是清白还是罪孽不轻⑦"）。如果说欧洲大部分国家对司法都心存疑虑，那么来自北欧国家的调查却显得比南部国家更正面一点，当然这也源于这些国家中对公共服务一贯较高程度的信任指数。

----

④ 参见欧洲委员会对此的介绍，S. Leyenberger, *Propos introductifs*, in La qualité des décisions de justice, Actes du colloque de Poitiers, Conseil de l'Europe tudes de la CEPEJ, n° 4, juin 2007, pp. 5～10.

⑤ 参见 2010 年欧洲委员会欧洲司法体系专项报告：Le rapport 2010 du Conseil de l'Europe *Systèmes judiciaires européens*（2008）：司法的效率和质量，2010 版，可通过 CEPEJ 主页查阅，网址：http://www.coe.int/cepej.

⑥ 从 2000 年至 2005 年持续五年之久的"乌特罗性虐儿童案"，由于法官主观臆断、有罪推定加之司法漏洞等诸多原因导致数十人因此案蒙冤，家庭破裂或破产，震惊全国，使得法国司法界深陷不被信任的尴尬境地，被称为"司法灾难"，之后引起人们对现行司法制度的深层次反思。——译注

⑦ 原文 Selon quevous serez puissant ou misérble，即"根据你有权还是无势，法庭好判决你是清白还是罪孽不轻。"出自于拉封丹寓言《得了瘟疫的群兽》（Les Animaux Malades De La Peste）。——译注

如果要试着了解司法制度运作的实际情况,比较的数据却通常要相对化看待并可能引发争论。比如,已被 CEPEJ 引用且于 2010 年 10 月公开发行的报告,被媒体大肆渲染,也是司法和自由部通告(Communication)引以为豪的谈资,被视为法国司法的优势,然而,评论界和司法官协会却深信这恰是它的蹩脚之处。⑧ 实际情形的确更加差别微妙,尤其当每个比较分析要素都需根据各国司法体制及其历史和特点的不同,经过必不可少的方法论意见进行均衡。

接下来的对比,大体上从 CEPEJ 报告中提取的数据出发,对面积和富裕程度相近的西欧 16 国的民意抽样调查产生,其中有些在局部比较中被排除在外。⑨ 比如,英国就未被计入一项职业法官占公民比率的比较当中,原因是该国 90% 的诉讼归由非职业法官构成的治安法院(magistrates' courts)受理,与他国不具备可比性。

如同所有被叫作"标杆学习(benchmarking)⑩"的研究方式一样,比较始于一系列指数,对司法体系的评价首先探讨其用于运行的投入(input),之后再通过指数,试着得出这些投入带来的产出(output)。而这关系到的不仅是它的效能(投入产出比)和它的外在表现(比如审判期限),也牵扯到更为敏感的方面:提供给公民的司法服务质量。例如诉讼免费的权利、受害人的接待或者律师及翻译人员服务的效率等。

在试图比较前,有必要强调指出法国司法体系的几个特点,它们多少源自于对雅各宾或拿破仑时期传统的继承,比如中央集权、受政治影响大以及检察机关权限扩张。⑪

司法管理是一项近代产物,历史上对其划拨资金又少,直到 80 年代末才

---

⑧ 欧洲议会指出了强势与弱势之处,参见:http://www. presse. justice. gouv. fr/lactujustice-11598/commission-europeenne-pour-lefficacite-de-la-justice-cepej-21061. html, Lettre d'actualité du porte-parole du ministère de la Justice, 25 octobre 2010; *La justice française est-elle efficace? Quels sont ses moyens humains et budgétaires? Quels sont ses points faibles*, Le Monde, 26 octobre 2010.

⑨ CEPEJ, Etude sur 16 pays comparables, http://www. coe. int/t/dghl/cooperation/cepej/evaluation/2010/2010_pays_comparables. pdf.

⑩ 企业管理学词汇。——译注

⑪ J. -p. Royer, J. -p. Jean, B. Durand, N. Derasse, B. Dubois, *Histoire de la justice en France(du siècle des Lumières à nos jours)*, 4e édition refondue, PUF, Paris, 2010, 1 305.

逐步走上正轨,然而又不得不听从于上诉法院级别中划分的"检察官—法官(siège-parquet)"双元结构,因而显得尤其复杂并且缺乏管理文化根基。在历经法律膨胀和大量改革之后,法院的日常管理又被置于中央行政监控之下,中央行政通过信息集中化而手握重权,并且透过财政法组织法(LOLF⑫)和公共政策整体修订(RGPP⑬)而施加其优先权。

三、诉讼途径和当事人权利

直到 2010 年以前法国都是诉讼免费的五国之一(其他四国为:西班牙、冰岛、卢森堡和摩纳哥)。但是,诉讼免费的原则却因一项 2011 年(议会)拨款法⑭而重新产生问题。

法国拥有一个非常开放的法律援助体系,每年约有 90 万当事人在民事、刑事或移民法领域受益。法律援助制度至少在刑事领域中被欧洲委员会 47 个成员国中推广,虽然有时在一些东欧国家中还只是以萌芽方式存在。考虑到对于每个法律援助案件的平均花费和法律援助案件数量,英国、荷兰和芬兰在法律援助方面花费数额最为可观(图 1)。⑮ 在法国,通过法律援助途径诉讼的数量集中在家庭法领域,而且律师得到的酬劳相对比较低——这与其他按照行业协议标准来确定酬劳的国家刚好相反。2011 年 4 月 14 日法令⑯对刑事羁押的改革,扩大了律师的介入权,并将使这项预算增至 3000 万欧元。

---

⑫ LOLF:La loi organique relative aux lois de finances.

⑬ RGPP:Révision générale des politiques publiques. 参见 *La révision générale des politiques publiques*, Revue française d'administration publique, n° 136, 2010. Pour une remise en perspective, cf. le n° 125 de la RFAP, *Une administration pour la justice*, coordonné par J. -p. Jean et D. Salas, La Documentation française, avril 2008.

⑭ 2010 年 12 月 29 日的议会拨款法第 74 条明确指出每项民事案件辩护支出的 8.84 欧元将不包括在法律援助中。此外,2011 年财政法修正案第 54 条(即 2011 年 7 月 29 日 2011-900 法令)对刑事羁押的改革提供金融支持,从 2011 年 10 月 1 日起当事人在商业、劳动、社会、农村或行政法庭不再受益于法律援助,须自己承担 35 欧税费。Loi de finance:(议会)拨款法。——译注

⑮ 这些数据涉及刑事和民事。对法国的统计不包括未经过法律援助办公室的数据。

⑯ Loi n° 2011—392 du 14 avril 2011 relative *à la garde à vue*, JORF 89 du 15 avril 2011.

Graphique 1 – Aide judiciaire

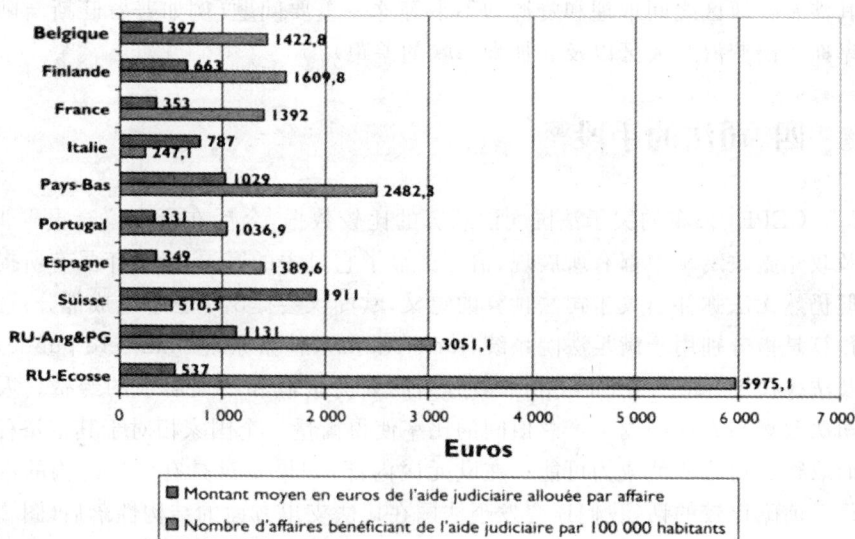

Source : Conseil de l'Europe, rapport CEPEJ, octobre 2010.

图 1　司法援助

　　资料来源:图表中列举了两组数据,第一组数据是平均分配给每个案件的法律援助经费数额,第二组数据是每 10 万居民中能获得法律援助的案件数量。第一组数据:比利时,397 欧元;芬兰,663 欧元;法国,353 欧元;意大利,787 欧元;荷兰,1029 欧元;葡萄牙,331 欧元;西班牙,349 欧元;瑞士,1911 欧元;英格兰和威尔士,1131 欧元;苏格兰,537 欧元。第二组数据:比利时,1422.8 件;芬兰,1609.8 件;法国,1392 件;意大利,247.1 件;荷兰,2482.3 件;葡萄牙,1036.9 件;西班牙,1389.6 件;瑞士,510.3 件;英格兰和威尔士,3051.1 件;苏格兰,5975.1 件。——译注

　　同样旨在加强建设"法治国家",我们还可以发现欧洲各国律师[17]数量也在持续增长。律师与居民总数和法官总数的比例最高的国家,除了英国就是南欧国家。意大利、西班牙和马耳他拥有的律师与职业法官数量的比例都超过了 25:1,几乎是比利时(10.2:1),法国(8.3:1),瑞士(8.7:1),荷兰(7.2:1)的三倍。职业人口统计学同时显示出法国存在的一些现实经济问题:比如如何安置年轻律师就业,以及仅巴黎就集中了 46000 位注册律师中的一半

　　[17]　这里指欧洲委员会定义的律师,这一定义排除了仅可以为当事人提供法律建议而不可以代表其出庭的专业人员。

等问题。就像医生行业一样,对执业律师的分布也要以全国视野进行均衡,因其涉及行政区之间地理和资源的不平等这一重要问题(例如普罗旺斯－阿尔卑斯－蔚蓝海岸大区以及北加来海峡的差距)。

四、司法的手段[18]

CEPEJ 公布的关于法国司法预算的比较数据,今后在所有议会报告[19]以及政党施政纲领中都有所展现,恰好凸显了它过去的窘迫,近几年虽有所提高但仍然无法弥补。关于司法预算的定义,欧洲议会提出了三个组成部分:司法预算是指分别用于满足法院系统(juridictions)、检察系统(minisère public)以及法律援助(aide juridictionnelle)方面的人力资源和物质需求的经费。人均司法预算与人均国内生产总值间的比率使得衡量一个国家相对于其富裕程度而取得的司法成就成为可能。在欧元区内部,如果要对具有可比结构的国家作一前瞻比较的话,我们还会发现法国在司法支出方面的结构性落后(图 2)。

用于监狱管理机关的预算并不计入这次比较当中,因为在有些国家它并不归司法部管。法国人均司法支出是 57.7 欧元,而德国几乎是它的两倍(106欧元),其他具可比性的西欧国家水平也很高(例如荷兰、西班牙、比利时、意大利)。在法国,如果说相比于国家财政预算,司法预算已经有了很大的提高(从2002 年的 1.7%到 2011 年的 2.50%),这个数据却恰好掩饰了之前的巨大差距。实际上,用于法院机关的支出是稳定的,而用于监狱管理机关的开支却大幅增长,1997 年它们才占整个司法部财政预算的 28%,而到 2011 年达到了39.5%(来源:审计法院)。并且这一问题随着在押犯和通过佩戴电子项圈服刑者数量的增多而加深。另外,随着以往在押犯转移和法庭安全的职责由法国内政、海外、地方政府与移民事务部逐渐划归法国司法与自由部管理,这也将进一步加重未来司法预算的负担。

---

[18] 作者把司法财政支出、法官数量和检察机关权限等作为"司法运作的主要手段"来逐个分析。——译注

[19] Y. Detraigne et S. Dutour, *Rapport de la commission des lois du Sénat sur le projet de la loi de finances* 2011, *programme justice et accès au droit*, 19 novembre 2010.

Graphique 2 – Budget consacré à la justice

Budget de la justice par habitant (en €)

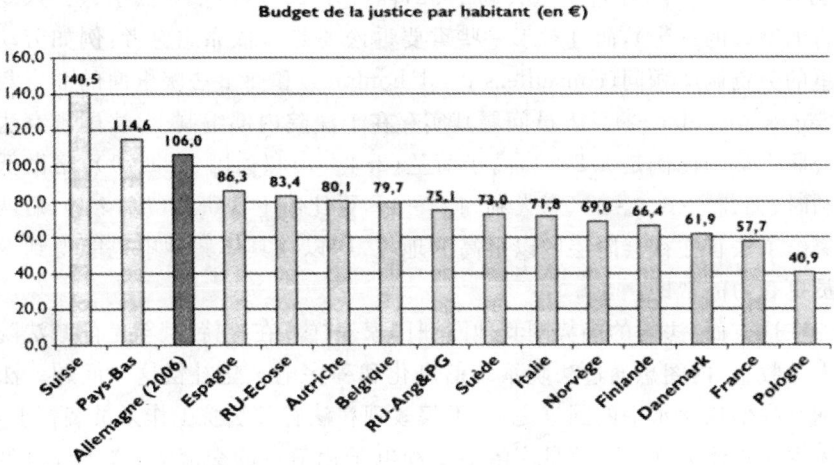

Budget de la justice en % de PIB par habitant

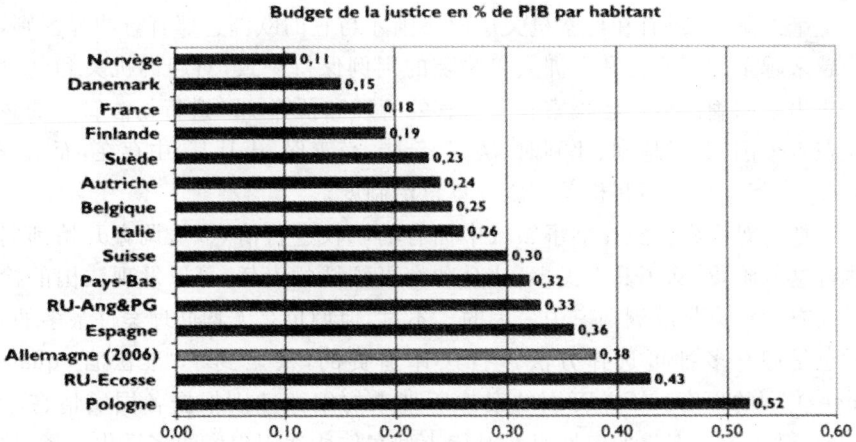

Source : Conseil de l'Europe, CEPEJ, J.-P. Jean, *Étude de pays comparables*, novembre 2010.

图 2   司法预算

资料来源:(1)上图表:司法预算(人均,单位:欧元)

（瑞士,140.5 欧元;荷兰,114.6 欧元;德国(2006),106 欧元;西班牙,86.3 欧元;苏格兰,83.4 欧元;奥地利,80.1 欧元,比利时,79.7 欧元;英格兰和威尔士,75.1 欧元;瑞典,73 欧元;意大利,71.8 欧元;挪威,69 欧元;芬兰,66.4 欧元;丹麦,61.9 欧元;法国,57.7 欧元;波兰,40.9 欧元。——译注)。

(2)下图表:司法预算占国民生产总值的百分比(人均)(挪威,0.11％;丹麦,0.15％;法国,0.18％;芬兰,0.19％;瑞典,0.23％;奥地利,0.24％;比利时,0.25％;意大利,0.26％;瑞士,0.30％;荷兰,0.32％;英格兰和威尔士,0.33％;西班牙,0.36％;德国(2006),0.38％;苏格兰,0.43％;波兰,0.52％。——译注)

法官数量近几年也有大幅度增长，并且达到了和邻国相近的水平（法国每 10 万居民 10.9 个，接近于意大利 10.2，西班牙 10.7，但依然低于只计入专职法官的德国的一半），而且对于一些重要诉讼还是要依靠志愿者：例如劳动法院里的劳资调解顾问（conseillers prud'hommes）和商事法院里面的商事裁判员（juges consulaires）。人员问题其实存在于法院内部编制上，法国现有法官与公职人员的比例是 3.2∶1，高于荷兰（2.4∶1）和德国（2.9∶1），略微低于比利时、葡萄牙（3.6∶1）、意大利（4.2∶1），更比不上西班牙（7.3∶1），后两个国家给了法官在社会阶层中以很高的地位，所以在具体案件中也能得到专业人员更有力的帮助。

在这方面，法国的趋势同其他欧洲国家一样意在维持、甚至是削减法院公职人员数量，内阁想通过法院系统信息化和程序电子化补偿这一问题。法国是拥有高信息化水平的国家之一，不仅表现在法官和法院工作人员装备上，而且表现在具体案件中对信息库的借助和电子化信息的交流上，这使得民事案件中法官和律师、刑事案件中检察官和警察机关的协作速度有了很大提高。

毫无疑问，只有在检察机关层面法国才与它的欧洲近邻有着明显区别，因为越来越多的国家为和欧洲人权法院的判例保持一致，对起诉机关和判决机关作出了明确区分。将检察官和法官的管理和预算统一进行司法管理的做法仅在六个国家（奥地利、比利时、法国、希腊、卢森堡、土耳其）中存在，而西班牙从 2010 年 1 月对检察机关实施预算自治制度。

如果对检察机关在刑事领域中拥有的职权进行清点，从调查开始到刑罚执行这一阶段，除了其在民事、社会和商事领域的责任，可以发现法国的检察官拥有的权力是欧洲国家中最大的。不过，他们也是人均办理案件最多的，同时也是拥有多种可选择方法进行法律追责的，甚至到了"准法官（quasi－juges）"[20]的程度。千差万别的案件所带来的细微差别根据各国实情在不断扩大，对于违法案件的定性以及对待小型案件所适用程序的多样化选择，越来越多地倾向于通过行政手段进行约束，尤其例如与公路交通有关的案件。同样，即使我们来对比下那些被归为"犯罪行为人不明的案件（les affaires classées pour auteur inconnu）"，考虑到 10 万居民中检察官所占数量，法国第一审检察官的工作显得尤其繁忙（每 10 万居民平均拥有检察官的数量，法国

---

[20] J. -p. Jean, *Les réformes pénales 2000－2010, entre inflation législative et révolutions silencieuses*, Regards sur l'actualité n° 357, La Documentation française, janvier 2010, pp. 8~22.

为 3,意大利3.4,奥地利 3.8,西班牙 4.8,德国 6.2,比利时 7.8)㉑。

五、法国司法的优势与劣势

但是,手段并非能解决一切问题。如果说所有公共服务都需要财政支持来运行,司法公正的质量同时也取决于组织的方式、人员效能、当事人的利益。然而,程序冗长、官僚主义、某些职业腐败似乎也能说明司法体系看似财政给予颇丰却又机能不良、行动迟缓的原因。正因如此,虽然意大利的司法部门的预算相比法国要高一些,但它却是因司法机能不良而最受欧洲人权法院指责的几个国家之一,特别是对合理诉讼时效的不遵守。

之前已确认了法国司法体系上的窘困和管理上的薄弱,下面我们可以快速清点一下法国司法的优势与劣势。

国民关心的首要问题是案件的处理时限。可以说,大体上,民事司法在法国运行得相当好。紧急审理程序的设置、专门争议的审理程序、审前程序的改良,不仅可以更好地满足当事人的请求,也使司法部得以逐个案件和法院㉒精准把握争议案件的管理状态。CEPEJ 提供的指数只不过是一种"清除率(*clearance rate*)"和"清除时间(*disposition time*)"㉓,只为进行一种大概的比较;而在国家层面,还需要讲求案件处理效率,以防止诉讼时效太长以及案件积压。总体上,虽然我们已知社会法(droit social)有关案件的大量涌现必定能引起司法行动迟缓,法国司法体系在处理民事和商事争议上依然不及奥地利以及北欧国家,但是比南欧国家如意大利和葡萄牙做得要好。

和所有欧洲国家一样,法国刑事司法体系正变得越来越繁忙,检察官的工作尤其繁重。如果说小型案件处理起来飞快,那是因为其中一半得益于多种诉讼方式选择(les alternatives aux poursuites)和简易程序(les procédures simplifiées),而其他案件的审理却是相当漫长。㉔ 面对欧洲普遍发现的诉讼

㉑　J.-p. Jean, *Le ministère public français au regard des justices pénales d'Europe*, Actualité juridique — Pénal, Dalloz, Mars 2011, pp. 106～112.

㉒　Annuaire statistique de la justice, La Documentation française, Paris, éd. 2009 — 2010, 6 Décembre 2010.

㉓　清除率用来衡量年度相同性质积案的比例,了解一个司法体系对大量出现案件的适应能力。清除时间使用一些前瞻性指标,衡量积案处理所需的时间,从而确定新案所需处理时间。

㉔　J. — p. Jean, *Le système pénal*, coll. Repères, La Découverte, Paris, 2008.

增多,可供解决争议的可选择方式也随着增多,比如调解(médiation),刑事方面尽量避免进行传统法庭问讯,而采取简易协商程序处理。㉕ 在 18 个国家中,检察官可直接商议或确定刑罚而无须法官介入,在奥地利、法国和荷兰,占相当重要比例的刑事案件通过刑事庭前和解程序(la transaction pénal)结案,这一措施在 2012 年将由一种惩罚性禁令程序(une procédure d'injonction punitive)来代替。在诉讼可选方式中,刑事调解已被 23 个国家实践,依照 1999 年 9 月 15 日欧洲委员会建议(Recommandation)R99 主张,调解适用于受害人和犯罪行为人的主动参与。但这项实践在法国却依然发展缓慢,虽然在未成年犯罪案件中实施的"调解—损害赔偿(médiation—réparation)"看似取得了很好的效果。

如果我们来关注更为实惠的政策,可以发现法国对受害人帮助的规定却相对于其他很多国家更为先进,尤其透过每个大审法院给予受害人的损害赔偿金。在实现权力的政策方面亦是如此,例如法国法官通过各省议会权利委员会和公正与权利院占据的独特位置。㉖ 虽然看似法院受理(Accueil)问题是重中之重,这从一丝不苟地授予一些法庭"象征公共事业的玛丽安宪章标志"(le label Charte Marianne des services publics)中可见端倪,㉗但是相比于英国、瑞士、荷兰以及北欧国家所采取的对诉讼当事人㉘进行的定期局部民意调查来说,法国还是显得十分落后。㉙ 这种民意调查的做法已写进欧洲法院服务蓝图,它以"操作与质量(démarche-qualité)"为中心,便于了解正在进行诉

㉕ 1987 年 9 月 17 日欧洲委员会 R87 号建议已经决定鼓励各国对于熟悉和没有特殊疑难的刑事案件,推广诉讼方式选择和简易程序的适用,以及公众听证的认罪(*guilty plea*)。

㉖ 关于法律援助的 1991 年 7 月 10 日第 91-647 法令(JORF 162 du 13 juillet 1991),被关于诉讼权利和和解争议的 1998 年 12 月 18 日第 98－1163 法令(JORF 296 du 22 décembre 1998)修订,给司法与法律之家(Maisons de la justice et du droit)以法律地位,并改革各省诉讼权利委员会(les conseils départementaux d'accès au droit)。

㉗ http://www.fonction－publique.gouv.fr/IMG/pdf/CharteMarianne.pdf.

㉘ Usagers des juridictions,直译即"法院的使用者"。

㉙ 法国采取的是对于受害人满意度的全国性调查。例如司法部对刑事案件受害者对于司法反应的满意度调查,参见 enquête 2008, http://www.justice.gouv.fr/art_pix/1_1_1_stat_satisfvict_20091105.pdf. "它只是针对诉讼当事人满意度的全国性调查",引自 GIP Mission de Recherche Droit et Justice, Institut Louis Harris,参见 Enquête de satisfaction auprès des usagers de la justice, La Documentation française, Paris, mai 2001, p. 24, http://lesrapports.ladocumentation francaise.fr/BRP/014000589/0000.pdf.

讼的人对司法公正的感受度,并非常具体地提高向当事人提供服务的质量。㉚
荷兰在这方面最为先锋,采取的是一种所谓"全面质优"的司法管理体制。㉛

对于司法现代化的政策以及未来投入问题,不得不再次提及法国司法的
高度信息化,对于诉讼程序的电子化发展以及视频会议的大量应用,既减少了
对犯罪嫌疑人的转移,也便于传讯证人。为了更好地适应这一切,法国在每位
法官身上投入的初始和后续教育培训费用也是欧洲各国中最高的,国家法官
学院(l'Ecole nationale de la magistrature)也为很多其他国家所借鉴。

六、司法的组织体系

在欧洲所有国家中,刑事司法都必须达到量与质的统一,实施时既要面对
大量待处理案件,还须遵守公平审判原则。舆论观点认为,由于金融危机导致
的预算资金不足加大了法官和检察官身上的压力,但是促进了机构改革以及
对简单无争议的案件适用"批量传讯(information massive)"。

就组织体系来说,对合理化和步骤精简的追求导致西欧大部分国家都在
减少法庭数量,同时训练它们中的一些更专长于特殊疑难诉讼。有些国家也
已采取了配套评估办法的五年战略计划来配合这种结构性改革,司法的主角
(法院等)也被涉及。但在法国情况有所不同,所有一切均由司法部来掌舵和
评估。法国最高司法委员会(Conseil supérieur de la magistrature)的职权仅
限于法官的任命、职业和纪律,这与其他一些欧盟国家相反,例如荷兰,其法院
系统从 2002 年起全归司法委员会(Conseil de la Justice)掌管。㉜ 法国法院体

㉚　欧洲司法效率委员会配发手册来进行欧洲委员会成员国法院使用人满意度调
查。Conseil de l'Europe, Septembre 2010 p. 25 Cf. *le rapport La réalisation d'enquêtes de
satisfaction auprès des usagers des tribunaux des ? tats membres du Conseil de l'Europe*,
J. —p. Jean et H. Jorry, Les études de la CEPEJ n° 14, éd. du Conseil de l'Europe, 2011,
p. 67, (édition en français et en anglais). 以上所有文件在 CEPEJ 官网上均可下载。

㉛　Ph. Langbroek, *Quality Management in Courts and in the Judicial Organisations of 8 Council of Europe Member States*, Commission européenne pour l'efficacité de la
justice, éd. Conseil de l'Europe, 2010, CEPEJ(2010)3. Cour d'appel de Rovaniemi, Fin-
lande, *How to Assess Quality in the Courts*? http://www. oikeus. fi/uploads/6tegx. pdf.

㉜　Ph. Langbroek, *Entre responsabilisation et indépendance des magistrats: la
réorganisation du système judiciaire des Pays — Bas*, Revue française d'administration
publique, n° 125, pp. 67〜79.

系的过于集中、复杂和组织管理上的繁重毫无疑问构成了各国政见一致想要实现的"司法现代化"目标的障碍，而由金融危机带来的预算上的捉襟见肘会导致情况进一步恶化。经过一段时期的不断发展，荷兰、英国、葡萄牙、西班牙，不用确指哪个，已决定从 2011 年起削减司法预算到一个比例，像对公务员那样，削减人员数量甚至工资。㉝ 在这些国家中，尤其如奥地利，想要减少诉讼案件及其花费的意愿所带来的实现司法正义成本的增加，限制法律援助受益人数量从而使得诉讼途径的减少，均是为了刺激选择其他诉讼方式，例如调解、仲裁和和解。

虽然依旧产生非物质财富，司法却再也不会忽视势必对公民的生活产生决定性影响的每个法律规定之上的束缚。如果现在是时候来为当事人利益而广泛引进优质管理和高效运行的现代司法管理学逻辑，我们还不能忘记，比以往更为激进的司法，其实更需要有耐心去作出有质量的判决。当然，这更需要适当的空间和足够的物质保障来确保其优先权，心平气和地面对公众舆论和数字的压力。㉞

The French Justice Measured by the
Comparable European Judicial Systems
Jean—Paul Jean

Abstract：All systems of justice in Europe are reformed to face the new realities：judicialization of the social problems；increase of the litigations and the delinquency；modifications of the procedure induced by the jurisprudences of European Court of Human Rights；demands for better managements and more efficiency. From now on the judicial institution is faced with a management level and more reasonable logic, marked by the introduction of the methods "new public management". To draw a parallel between the

---

㉝ 英国和荷兰决定在五年内阶段性削减司法预算的 20 ％，西班牙和葡萄牙决定降低法官工资 10 ％，参见 7 e Lettre d'information de la CEPEJ, décembre 2010.

㉞ Conseil de l'Europe, *Recommandation（2010）12 du 17 novembre 2010 sur les juges：indépendance, efficacité et responsabilités*；L. Cadiet, *La justice face aux défis du nombre et de la complexité*, Les Cahiers de la Justice, 2010/1, ENM et Dalloz, pp. 13～35；E. Costa, *Des chiffres sans les lettres. La dérive managériale de la juridiction administrative*, AJDA 2010, p. 1623 et s.

French judicial systems and the other countries' can help us to track the status of our justice and better understand the big revolution it is undergoing.

Keywords：France；justice system；the European judicial systems；new public management

一次革新的规范化：第四共和国
时期的最高司法委员会*

阿兰·邦考　著**　　李贝　译***

摘要：现实生活中，改革常游走于创新与回归之间；从最保守的意义上来说，它总是处在不断的重新定义和自我修正的过程之中。一些新近的档案材料所描述的最高司法委员会（1947—1958）的历史，便向我们展示了这一冲击了司法依附地位、动摇了国家古典结构，并且影响到司法体系代表等级制度的全新机构，在其发展过程中所经历的来自政治、官僚体制及社团等诸多方面的规范化进程。这一复杂进程将这个被打上了历史和竞争烙印的司法场域中所存在的政治和官僚——司法等各种力量展现无遗。

关键词：最高行政法院　最高司法委员会　司法　法官制度　政治　改革

现实生活中，改革常游走于创新与回归之间，从最保守的意义上来说，它总是处在不断的重新定义和自我修正的过程之中。第四共和国时期，或者更准确地说，1947—1958 年最高司法委员会的发展历史便是对此说法的极佳佐证。1883 年创建伊始，该机构曾采取完全不同的组织形式，后来它先后经历了 1958 年和 1993 年的两次改革。它以史无前例的方式延伸到了金融司法（1982）和行政司法（1987）的领域，并且在欧洲的其他一些国家中，我们也能找到类似的制度。本文的分析将着眼于这一处于司法与政治关系核心的机构所经历的一段漫长历史，因为它是真正"在法官从历史（政治主导司法的历史）

＊　原文出处：Alain Bancaud, *Normalisation d'une innovation*：le Conseil supérieur de *la magistrature sous la IVe République*, Droit et société, 2006, n°63—64, pp.371~391.

＊＊　阿兰·邦考（Alain Bancaud），法兰西国家社会科学研究中心现代史所研究员。

＊＊＊　李贝，法国巴黎第二大学私法专业博士研究生。

重负中解放出来的过程中发挥重要作用的模板,尽管这一作用的独立性因时代而不尽相同"。①

改革方案的制定过程本身并非本文关注的焦点,即使这一过程相较后续改革呈现出一定的特殊性,例如它涉及不同党派之间的博弈、妥协并且经过了国民议会的确认。② 在此我们所唯一关注的乃是这一改革的具体执行过程,是这一改革冲击了司法依附地位、动摇了国家古典结构,并且影响到司法体系代表等级制度的全新机构,在其发展过程中所经历的来自政治、官僚体制及社团等诸多方面的规范化进程。这一复杂的进程将这个被打上历史和竞争烙印的司法场域中所存在的政治和官僚——司法(bureaucratico—judiciaire)等各种力量都展现无遗。正如在司法版图上(carte judiciaire)一样,我们在此也能找到"社会政治、官僚阶层——还应当加上社团势力——的各种复杂进程,在这些复杂进程中,'复数主体追随着各自迥异的行为模式'"。③ 在这一场域中,各个行为主体不断地遭遇传统的阻挠,却也不断地操纵并利用着传统,它们互相之间有竞争、有碰撞,但也有协商、有妥协;它们各自推进攻克或者捍卫政治领地以及协议优先权(privilèges protocolaires)的战略,既要遵守各种行会社团的利益,但也人为操控着关于法官、国家、共和制等概念的定义。行业利益与政治利益休戚相关,密不可分。

---

① Anne—Laure Guyot, *L'évolution des relations de la justice judiciaire et du politique: l'exemple du Conseil supérieur de la magistrature*, Grenoble, IEP, 1996.

② Gérard Masson, *Les juges et le pouvoir*, Paris, Moreau/Syros, 1977, p. 228 et suiv.; Etienne Bloch, *Le Conseil supérieur de la magistrature de la Constitution du 2 octobre* 1946. *Une institution peut—être décriée*, in Jean—Pierre Royer (textes réunis par), ? *Etre juge demain*, Lille, Presses universitaires de Lille, 1983, pp. 179~205. 我们借助新近发表的一些资料对作者的观点进行延伸:新近出版的 1950 年卷的文森—奥利奥尔(Vincent Auriol)的 Journal du septennat,尤其是在国家档案馆的支持下对其保存的法官最高委员会的档案所进行的查阅。在此向其表示感谢。

③ Jacques Commaille, *Une sociologie politique de la carte judiciaire*, Paris, PUF, 2000, p. 122.

一、一次反对行政权与司法社团主义的改革

（一）一次开放式的改革

经历了战火的洗礼，重建的共和国更加倚仗选举代表的优先性以及对各种社会权利的保障。相较而言，司法改革并不被认为是迫切之需，而对于法官的独立性，共和国也仍一如既往地持怀疑态度。尽管司法地位以及法官的终身任期制被写进了宪法，但是对它的民主化进程仅仅局限于设立一个新的最高司法委员会。这一机构占据了整部宪法中规定司法地位的专门章节，并成为此章的标题。它甚至成为整个第四共和国唯一的创新举措。对法官体制的改革可以归结为一些零散的修改调整；那些为了迎合二战后解放的到来而采取的临时革新举措也很快随着时间流逝而被弃置不用。

另外，这次改革也处于一种未完成的状态之中。宪法提出了一些简明扼要、有时含混的原则，里面所提及的那部组织性法律也始终未见颁布。仅有两部规定最高司法委员会成员身份的法律和一部规定最高法院年度报告的法律被颁布施行。由此，这一改革便留下了一系列悬而未决的根本性问题，原先改革时的刀兵相见逐渐转化成了一场司法解释层面的大讨论。

（二）司法部长的边缘化

这次改革实际上是对维希政府，也是对第三共和国的一次公开宣战。它直接触及了当时由行政权和司法等级制主导的体系。这一体系由拿破仑一世时期的执政府所确立，在第三共和国期间获得调整，并在维希政权下得到强化。因此，第四共和国的这次改革预示着与过往的一种"决裂"，④但真正的司法权力却未因此得到正式确立。对司法权力的确认并非是这些改革者的初衷。一方面他们赋予了法官全新的代表制度，但另一方面，长期存在的对法官的不信任感也在他们身上得到了延续。他们反对行政部门的一方独大，但同时又坚信，通过合法选举产生的国会政治才是司法独立最强有力的保障。正如首席报告官在国会成立大会上所言："对我们而言，确保（司法）独立的最佳途径，莫过于依靠这些人民的代表来实现。"⑤

议会成员不断重申，此次改革的目的是要避免司法部长的主导地位以及法官职业团体的形成。首席报告官补充说："我们不想要——正如在过往的历

---

④　Gérard Masson, *Les juges et le pouvoir*, op. cit. , p. 246.

⑤　Assemblée nationale constituante, 17 Avril 1946.

史中，甚或在较近的一段历史时期中也是一样——那些，请原谅我的措辞，敬爱的司法部长大人，那些仅仅由司法部便能随意支配的法官，我们也同样不需要那些完全从属于法院内部负责人的法官。我们不需要一个唯司法部马首是瞻的法官体制，但我们也同样不愿意这个体制发展成为一个封闭的社团群体，不再为人民的利益服务，而仅仅是以自己社团的利害为重。"

与其他的一些方案对照来看，宪法的规定显得相对温和。例如国际工会法国部(SFIO，是法国社会主义党的前身)便直接排除了最高司法委员会的法官，并且规定检察官直属于内务部。作为一种妥协的产物，宪法弱化了司法部的权责。例如对惩戒、人事任免以及法院事务的行政管理这些传统上属于司法部长的权限，宪法将其赋予了最高司法委员会。但这一权能的转移仅仅针对审判官，也就是相当于整个法院体制三分之二的人员。这也显示了此次改革对拿破仑时期模式的继受，即检察官依旧属于法官体制之下，并且服从于司法部长。后者在这一体制中仅仅具有简单的代表权，并且要服从最高司法委员会的意见决定，其所代表的也只是低于最高法院以及上诉法院首席法官的其他职位的法官，司法部长作为相对边缘化的一员参与到这个由14人组成的委员会之中：名义上他是副主席，但是与国会和共和国总统这些新近加入机构的成员不同——司法部长并没有委任代表的权限。

这一机构的最大亮点之一，就在于总统的在场以及他所具有的优先地位。这一变化引人关注，因为相比他的前任，总统总体的权力得到了限缩。改革之后，他主持最高司法委员会的工作并且可以任命两名委员会成员。宪法将其视为司法独立的保障者，以及对最高司法委员会以及司法部长提议任命权(nomination sur proposition)的权力持有人，但是宪法同时限制了他以往最不可触犯的神圣职权之一——特赦权(le droit de grâce)。宪法的第一草案将这一权力赋予了最高司法委员会，最终的版本则更为传统也更加简练，仅规定委员会需要被"咨询"。更加含混的是，这一规定并未指明总统以最高司法委员会主席身份所作出的行为是否属于宪法所规定的议会责任制范畴，从而要求适用部长签名制(contreseing ministériel)的强制规定。

作为行政权力划分的一个核心部分，国会可以单独〔因此第二国会(deuxième assemblée)被排除在外〕委任最多配额的委员会成员(14人中的6人)。直到此次改革，国民议会始终不具有直接介入司法的权力。以往议员们只能通过法律以及对司法部长行使的官方、大量的提议制度来对司法进行干涉。

（三）全新的司法代表制度

法官代表制的变动是这次改革的第二个亮点。这些司法体系的成员首次被选举并代表全体司法工作者[一位最高法院代表,一位上诉法院代表,一位基层法院代表,另有一位代表治安法官(juges de paix)]。但是这次改革的条文也深深打上了忌惮社团主义和侍从主义(clientélisme)的烙印,这些都被认为是法官体制根深蒂固的自然倾向,并且这些结果带来的不良后果并不亚于政治对法官体制的渗入。由此,司法成员的代表不仅仅处于少数(14 人中仅占 4 席),而且也是歧视性的,因为委员会中仅这些司法代表不能连选连任:"之所以有这样的禁止规定",文森·奥利奥尔(Vincent—Auriol)在他的私人笔记中回忆道,"就是因为立法者想要避免这些最高委员会的成员利用其职务之便,在那些由他们所领导的法官和选举他们成为委员的法官之间发展一种主客关系(clientèle)。"⑥

通过将对法官的奖惩与晋升交由一个其构成成员中仅有一个最高法院代表、司法部代表完全缺席的委员会来负责,这次改革使得先前的官僚—等级代表制度以及司法部门参与自身管理的模式分崩离析。司法部的领导层——其中绝大多数是法官——与最高法院院长以及由司法部选举提名产生的最高法院(Cour de cassation)其他成员组成的联姻,这就是第三共和国时期确立起来的制度体系:1883 年,最高法院被赋予了纪律处分权力,而司法部长则拥有提起诉讼的排他权限;1906 至 1908 年间,一个负责人事晋升的委员会得到设立,由两名最高法院的领导、四名司法部提名的最高法院成员以及一名人事主管组成;随后该委员会的职权得到了扩展,其规模也日益庞大,并在 1927 年时涵盖了整个司法部的管理委员会;1934 年一部从未获得施行的法令试图建立一个新的委员会,对司法部长的晋升权限作出限制,其人员构成也更加合理:它仅仅包含最高法院的院长,两位由该院全体大会选举产生的咨询官,另加两位由司法部从其他层级法院中选出的法官。

这次改革的倡导人将矛头直指最高法院院长,因为他在人事晋升委员会中占据了决定性地位。这一地位的取得,主要归功于第三共和国时期的戴欧多尔—莱斯库维法官。他在其职业生涯中屡居高位,而司法部长却频繁更迭。除去他自身的职位,莱斯库维还在司法部的高层安插了不少自己的心腹。为了对抗这一等级制度,临时左派联盟(Front populaire)废止了 1934 年颁布的规定,并且降低了退休年龄,目的就在于排挤那些职位最高的法官,而莱斯库

---

⑥　Note, 1953 , A. N. 4AG 579.

维自然是首当其冲。⑦

这次的改革也是对那个被斥为违背政治意愿的社团主义所作出的回应。正如一位议会代表所说："我们发现，在很多场合下，法院的判例常常与立法者的意图背道而驰，并使得法律条文形同虚设。我们有必要矫正这一社团主义倾向。"

二、最高司法委员会的宏图大志

除去这个内容简略、有时甚至含糊的文本之外，最高司法委员会的创新意义还集中地表现在其成员，尤其是它的第一任主席文森·奥利奥尔的宏图大志上。他们自诩处于国家等级的最高阶层，要求一种"相对其他国家权力的绝对独立性"，在他们看来这些权力都是由最高司法委员会"派生而出"的。⑧

在对于官方头衔选择的讨论过程中，部分成员拒绝"咨询官先生"（Monsieur le Conseiller）的称谓：这一名称普遍存在于法官和政客之间，因而有损他们作为国家司法方面最高权威的地位。其他被提议的称谓有："国家首席"（Premier d'Etat）、"最高咨询官"（Conseiller suprême）、"司法部长"（Ministre judiciaire），甚至还提出了类似"掌玺大臣先生"（Monsieur le Chancelier）、"法国掌玺大臣先生"（Monsieur le Chancelier de France）这类颇具怀旧情结的辞藻。最终他们采纳了"高级咨询官"（Haut Conseiller）的称号，要求能够像部长那样佩戴三色绶带，对于协定书中没有赋予他们部长级的待遇，这些人始终耿耿于怀。⑨

按照他们的逻辑，司法部长充其量不过是检察官部长（Ministre du Parquet）而已。自视坐拥真正的引导和管理权限，这些委员会成员认为在涉及对审判法官的提名、规训以及荣誉军团勋章（Légion d'honneur）的授予方面，他们理所应当享有原本属于司法部长的所有职权（自然也包括那些负责法国本土以外的海外省部长的职权）。在他们的各项诉求之中，首当其冲的便是要获得对司法部人员的领导权力。作为最高司法委员会的代言人，文森—奥利奥尔向政府表态："我认为——并且这也是我们委员会全体成员的意见——对

---

⑦　Cf. réponse de Le Troquer, séance du 28 juillet 1936, Assemblée nationale.

⑧　Note du CSM à la commission Justice de l'Asssemblée, 1949, A. N. 4AG 660.

⑨　Note du Conseiller juridique de Vincent Auiol, 15 mars 1950, Le Monde, 16 juin 1950.

人员的领导权应当直属于最高司法委员会，当然，关于检察官的任命这样一些次级的管理可以不在此列。…… 因此，凡是涉及审判法官的材料和与他们有关的领导事务都应当交到高级委员会。"⑩委员会中聚集了多名往届人事主管，这也强化了它的这一野心。但在赦免的预审程序（instruction des grâces）上，最高司法委员会很快就作出了让步：它不再要求司法部交出此项权力，而仅仅是提议创立一个专职秘书长。换言之，它接受了在此领域仅仅扮演被咨询者的角色。但在涉及提名和规训的领域，它则要求全面取代司法部的决定权，并且对总统亦具有拘束力。

起初，最高司法委员会在法院的管理方面也想分一杯羹，而这在传统上也属于司法部的职权范围。"我们的职责绝非是对审判法官的座椅进行维修。"在奥利奥尔看来，最高司法委员会应当通过给出一系列的"司法程序的指导意见"，并且通过组织一些"审查"任务，来考察法院的实际运作，跟进在殖民地国家所展开的独立运动进程，从而扮演一个"促进"和"监督"者的角色。伴随着原先隶属司法部的司法业务审查处（Inspection des services judiciaires）的撤销，由最高司法委员会成员或者是由它们选出的法官所执行的这些任务就具有了更加重要的现实意义。

最高司法委员会还试图打破司法部在有关司法方面立法创议权的垄断。它们起草了关于未成年人犯罪、司法辩论通过广播媒介传播等方面的法案，尤其是关于它们自身、关于法官以及有关预审法官法律地位的草案。其中最后提到的草案直接触犯了司法部长久以来对于预审法官的监控权，因为它要求"使预审法官如同其他法官一样，都不受到来自公诉部门（ministère public）和行政部门的干涉。"⑪

对于最高司法委员会来说，它的独立性还建立在对传统的国会控制机制，也就是对共和国总统以委员会主席身份所作出的决议的部长签名制的抛弃。按照它们的看法，国会的控制依然存在，但是要通过其在委员会中的代表来实现。否则，一个部长的意愿便能轻而易举地使委员会的事务停滞不前。奥利奥尔的观点则更为极端，他主张委员会中国会代表的绝对独立性："使人员的提名受制于政府的署名制，这将会使得后者对国会负责，并且使得它能够对这一我们所希望履行的独立职能进行控制。关于特赦权也是一样……"为了确

---

⑩ Vincent Auriol, *Journal du septennat* 1947－1954 (7 tomes), Paris, Armand Colin, 1970 (pour l'année 1950, Paris, Tallandier, 2004), 23 mars 1949.

⑪ 最高司法委员会行政委员会报告，1949，A. N. 4 AG 579.

保其独立性，委员会不希望自己对司法部有任何物理上的依赖，它要求有自己独立的预算以及办公地点。

三、政府的反对

司法部长对最高司法委员会的仇视成了一种跨越党派的"传统"，而在奥利奥尔看来，其中最"顽固不化"、最"目光短浅"的无疑是罗伯特—勒库尔（Robert Lecourt），后者曾经三次担任司法部长之职。在两者的对峙中，政府无一例外地站在了司法部一边。

对最高司法委员会的抵抗并不仅仅是政府层面的，同时也是政治—行政层面的：其中司法部的领导部门首当其冲。自打开始，最高司法委员会的总秘书长就曾气愤地指出："我确信，司法部因为丧失了一些特权而恼羞成怒，并且决定不惜任何手段重新将它们夺回。"[12] 与部门人员的破坏行为相比，部长们反而显得比较矜持。"如果司法部办公室显得无动于衷，那些传统的管理人员却没有坐视不管。司法部表面上看似不动声色，实则暗中设置了不少障碍"，《世界报》（1950 年 6 月 16 日）如是报道。这些部门人员的反对是如此有力，以至于奥利奥尔将部长们不愿妥协的态度部分地归咎于他们。

奥利奥尔在任的最初几年是双方矛盾最为激烈的阶段：他曾表示，勒库尔"向我们公开宣战"。偶尔剑拔弩张，时常暗中斗法，两者之间的对抗早已成了不争的事实。一份报纸将其描述为"一场公开的斤斤计较的争斗"，一场"不失礼貌却暗怀鬼胎的小战争"，并且使用了"万多姆广场上演的一出行政心理剧"这样的标题（《世界报》，1948 年 1 月 16 日）。这些碰撞时不时地也会在双方之间形成某些妥协，但此类妥协往往对司法部更为有利，因为它对妥协内容并不严格遵守。司法部抵制自己权力的分裂破坏：更有甚者，它还参与到例如预审、提议、档案管理甚至是判决程序这些原本属于最高司法委员会职权范围的事务之中。

对于政府来讲，最高司法委员会不过是一个额外增加的仅仅扮演简单监管角色的组织，并不值得配以独立的行政管理权限。因此，政府通过立足宪法文本，捍卫由共和国创制或者传承已久的传统（例如司法体系的统一性以及国会负责制等）以及限缩财政预算等手段，致力于防止这个服从于奥利奥尔的委员会最终演变为另一个司法部。

---

[12]　Note du CSM à Vincent Auriol, 25 janvier 1947.

由此，在政府的鼎力支持下，司法部反对任何被认为是有利于审判官和检察官分立的人事调动，因为这些调动被认为会产生新的开销，并且与宪法赋予委员会的职责相背离：委员会为法官的独立性提供保障，而并非亲自践行这种独立性。司法业务负责人对此也作出了响应。他们保存了转交给最高司法委员会的那些法官所需要的档案和材料，并且建立了一份与最高司法委员会工作时使用的完全一致的成员名单。⑬ 部长则参与第一主席（premiers présidents）的提名。对于特赦方面业务的交接，司法部也坚决反对。借助一套非常复杂的程序（在肃清人员方面司法部对该程序的执行相当松散），它维持了自己在特赦申请方面的预审、建议以及选择权。为了给最高司法委员会不断施压，或者是绕过它擅自行动，司法部可谓"无所不用其极"，尤其是对有条件释放权力的滥用。这一系列的举措都引起了文森—奥利奥尔持久激烈的抗议。1951 年到 1953 年期间施行的赦免法令使得特赦失去了其政治意义，从而使得双方的对立关系得到一定程度的缓和。

在对法院人员的惩戒规训领域，最高司法委员会原本想让自己的专职委员会"从开始便掌控程序的领导权，并且一直持续到终了"，它抱怨司法部并没有在所有的预审程序之前都把诉讼请求以及相关报告向它传达。⑭ 政府则坚持贯彻部长署名制的要求，并且否认委员会拥有立法创议权，即便是涉及最高司法委员会自身法律地位的法案亦不例外。罗伯特·勒库尔甚至否认委员会提出司法建议的权力，理由是这样做可能会导致两方面的政治威胁：如果政府要按照最高司法委员会的司法建议行事，那么后者就成为了审查法律的法官（juge des lois）；政府询问最高司法委员会的司法建议，而后者的成员又要告知选举他们的国会团体，对这些建议的使用很可能会沦为政客的手腕。⑮ 委员会抱怨"每一天"都有那些直接关乎司法的法令被颁布施行，而它则既没有被咨询，也没有被事先告知。

在对法院的行政管理方面，最高司法委员会作出了让步：它将实际的管理权以及经费都留给了司法部，后者仅需要向最高司法委员会递交其从事管理行为的数据，委员会借助于对这些数据的研究以及它所设立的审查机关，来确保"判决的及时性"。这一权限的划分在理论上已经相当有限，但即便如此，它

---

⑬ Note du secréraire général du CSM, 22 janvier 1954, A. N. 4 AG 579.

⑭ Rapport du CSM, 1949, op. cit.

⑮ Viencent Auriol, Journal du septennat 1947－1954, op. cit. , 3 mars et 30 ars 1949.

也很难在现实中得到有效贯彻：由于不能得到司法部所递交的统计数据，最高司法委员会不得不在 1949 年向法院院长们索要他们法院的动态；面对有限的财政拨款，委员会也不得不限制它的审查机关的数量。

最后，政府甚至在物质条件上也反对委员会的独立性。财政部仅仅给了它一个司法财政预算科；司法部提供给委员会狭小简陋的工作地点，并且长期反对它的搬迁。一直到奥利奥尔结束了他的任期之后，委员会才正式有了自己独立的办公地点，并且享有了一个设备齐全的秘书处。

四、国民议会：漠视，不信任和政治化

尽管国会是改革的倡导者，并且在委员会中拥有最多的代表，最高司法委员会仍然遭遇了来自它的冷漠和不信任。奥利奥尔曾向一位通过辞去职务来抗议政府和国会所表现出来的"公开的或者是隐藏在冷漠表象下的敌视态度"[⑯]的委员会议会代表表示，最高司法委员会在这些司法代理人（commission justice）中间并没有太多拥护者。国会阻碍了关于委员会法律地位的草案的通过，而这一草案是由政府起草，并且也得到了最高司法委员会的认可。

国会的议员出于一些更加宏观的政治考量而不愿意同政府发生冲突，同时他们对于一个要求不受国会监管，试图限缩国会在司法领域的干涉，自称要脱离传统的国会负责制，不遗余力地倡导委员会成员在面对使他们得以当选的国会团体时具有独立性，甚至要求禁止推荐制度（système des recomandations）的组织，也充满了不信任感。按照奥利奥尔的说法，之所以最高司法委员会在议员眼中不具有很强的合法性，"恰恰是因为我们决定让法官不再受制于他们的专断和提名。"在议员们看来，法官在对共产党人的态度上不够强硬，这也更加剧了他们对最高司法委员会的不信任感：很多法院的判决都曾经遭到在议会强烈谴责。

一方面对法官表现出不信任，另一方面，议员们又通过将他们选任为直接隶属于各个政党的政治法官代表（délégués des magistrats politiques）来实现对他们的政治化。1947 年，共选出三个政治法官代表和一个替补，在 1953 年，则有一个正选和五个候补。所有的代表都要对选举他们的议会团体负责。勒库尔从中找到了自己反对委员会（各项主张——译注）的理由，对此一位代表回应道："我们是由议会团体选举产生的，因此有义务让他们知晓我们的工

---

⑯ Ibid.，6 juin 1950.

作情况。"⑰这种联系有时候采取相当极端的模式。法国共产党（PCF）的法官代表由于自己政党的授权而宣誓加入最高司法委员会，而当他对政党失去信心后又随即辞去了代表职务，在此期间，他将自己在会议上所做的记录转交给了《人道报》。⑱ 奥利奥尔不得不向他的委员会成员三令五申，禁止他们接触政客与法官，也不能接受他们的推荐。与第一次选举的情况不同，1953 年改选时国会已经无力克服内部存在的党派分立。经过 14 轮投票，它才最终选定了一个候补人选。

五、最高行政法院（Conseil d'État）的官僚规范化工作

最高行政法院在此所起的咨询以及司法裁判权上的作用，虽然不易察觉，却是至关重要的。由于宪法所援引的那部法律在现实中并不存在，法官便要求助于最高行政法院，而就一些战略性的问题，政府也会向其咨询。在这种双重角色的扮演过程中，最高行政法院将最高司法委员会转变成为一个受自己控制并且服从于自己的协定优先地位（primauté protocolaire）的行政机关，虽然与此同时它也保障最高司法委员会被限缩的权限。

（一）政府立场的合法化

最高行政法院于 1948 年 3 月 18 日所给出的司法意见为政府反对通过最高司法委员会法律地位的草案提供了依据。在该意见中，最高行政法院批评了关于将司法部中负责提名、规训以及法院管理的人员调动到委员会的条款。在它的支持下，政府提出了一个新的草案，其中，这一对最高司法委员会来说意义重大的争议条款被排除。委员会则一直致力于它的重新确立。

最高行政法院长期以来就以维系组织以及古典的政治—官僚结构的稳定性为己任，⑲对它而言，宪法中没有任何规定促使其作出人员调配的决定。这一调动很有可能会威胁到长期以来所确立的司法体系的统一性，可能因威胁到总统的特权而带来"无法解决的困难"，并且这一措施也未能使最高司法委员会的权威获得实质性的提升。最高行政法院力图避免在国家领导人、委员会以及司法部之间造成"不可调和的矛盾"。由于担心对总统的职能造成侵

---

⑰　Ibid. , 30 mars 1949.

⑱　Ibid. , 29 novembre 1951.

⑲　Danière Lochak, *Le rôle politique du juge administratif français*, Paris, LG-DJ, 1972.

害,它采用了类似司法意见和缺乏管理实质的控制等方式。

作为议会传统的捍卫者,它认为部长及其附属的工作人员参与到材料的准备与认知过程中具有"至关重要的作用",因为他们需要回复国会关于最高司法委员会决定的质询。对于涉及提名的法令,它认为部长署名制度也是必不可少的环节。

(二)处于监督之下的最高司法委员会

行政法官对于最高司法委员会的司法审核并非不言自明。新宪法难道不是设立了一个独立于其他权力的组织吗? 在 1931 年,行政法院难道不是拒绝了对当时的最高司法委员会所作出的纪律处罚决定作出审核吗?[20] 然而,通过将委员会所作的决定定义为行政行为,并且借由自己司法独立最高保障者的身份,行政法院得以对这些决定实施司法审查。根据一名行政法院的报告员(commissaire du gouvernement,他是法国行政审判制度中的一个成员,其主要的职责是在每次诉讼案件之前都对需要法院作出审判的问题进行一番陈述,并且给出他们对于案情的中立意见——译注)的说法,"尽管根据宪法的规定,最高司法委员会必须参与到审判法官的提名程序中,但是这并没有改变其所作出决定具有的行政行为性质,从而并不能排除(由最高行政法院行使的)合法性审查。"[21]最高行政法院认为最高司法委员会所提供的保障并不充足,并将其自身的控制描述为"一个额外的保障"。在此处谈论的案例中,最高行政法院对于法官任期终身制的捍卫力度就明显强于最高司法委员会,它否决了最高司法委员会在解放运动之后作出的驱逐一些法官的决定,为此最高司法委员会准备和司法部联合,通过一部法律草案授权它可以不考虑最高行政法院在司法人员清理上面所作的决定。[22]

随后行政法院又将它的管辖权延伸到了最高司法委员会法官的选举中,这一强力司法举措遭到了来自学界的广泛批评。行政法院要对负责选举结果的办公室进行监管,这个办公室由拥有最高职位的法官组成,并且按照法律的规定,其所作出的决定"不存在任何救济途径"。正如一位学者所说那样:"明眼人都能看出(最高行政法院的——译注)这一法律解释与法律文本异常清晰

---

[20]　CE, Le Scornet, 3 juillet 1931, Sirey, 1932-3-87.

[21]　CE, Véron-Réville, 27 mai 1949, conclusions du commissaire du gouvernement Odent, Dalloz, 1950.

[22]　Le Monde, 28 février 1948.

和毫无争议的内容是相违背的。"㉓对于最高行政法院来说,最高司法委员会,"由于它的首要职责便是要维护法官的独立性……是司法业务组织的一个组成部分……由此,就关于它的人员构成方面的合理性,尤其是确认其成员的选举过程中所产生的诉讼争议,理当属于行政法院的管辖范畴。"

行政法院的优越地位还体现在它为审判官和检察官提供救济。面对一位因为不遵守部门指示而被降职的检察官的上诉,行政法院的报告员(commissaire du gouvernement)支持对于检察官的处罚行为进行审查,认为法官可以超越自己的权限对事实的归类定性以及准确性作出判断,即使这些事实涉及司法公权力部门的运作。最高行政法院持一种更为谨慎的态度——承认自己拥有管辖权,但同时也尽量避免干预部长的特权。㉔

(三)为协定书的至上性而斗争

在将最高司法委员会类比为一个没有行政权的行政机构的同时,最高行政法院也不遗余力地捍卫自己作为仅次于政府当局的首席行政机构的协定书地位。1951 年巴黎上诉法院的听证会上,在司法部长的右首坐着一位被指定为总统个人代表的最高司法委员会成员,(最高行政法院——译注)的副主席在写给议定书主管的一封信中抱怨了此事。"最高行政法院副主席并没有坐在 1907 年颁布的关于在仪式以及上座次序规定指定的位子上。"最高行政法院排在总统、最高司法委员会副主席以及司法部长之后,但是一旦他们缺席,紧接其后的就是最高行政院的副主席:"他不可能同意被安排在一个法院最高委员会的普通成员后面,即便他是代表总统、司法部长或者是委员会的副主席来出席……。无论如何,这个'代理人'要想占据和'被代理人'相同的席位,应当由后者在官方的讲话中予以明确说明"。㉕

(四)作为权力限缩后的最高司法委员会的捍卫者

最高行政法院否定最高司法委员会的独立性,限缩了它的权限,但是在面对与之相竞争的司法部长以及提起上诉的法官时,行政法院还是致力于确保最高司法委员会的生存条件。它通过判决方式确定了最高司法委员会的权限,即使这些权限往往受到司法部长的质疑,并且也并不总为提起上诉的法官所承认。他们若非指责行政院无权干涉,便是将矛头指向了司法部或者海外

㉓ CE, Falco et Vidaillac, 17 avril 1953, *Gazette du Palais*, 1953, J—300. Note Eisenman, Sirey, 1954, III, p. 33.

㉔ *Le Monde*, 24 et 27 juin 1953.

㉕ Lettre du 9 octobre 1951, A. N. 552AP/95.

省部。杰拉德—马松指出:"随着时间推移,借着一系列提交到行政法院的诉讼请求,最高行政法院逐渐勾勒出了最高司法委员会这一机构的权力轮廓,尽管有时它会推翻委员会所作的决定,但是在它所划定的范围内,行政院赋予了最高司法委员会最大限度的权力"。[26]

当被问及关于第三共和国的晋升委员会的永久性问题时,最高行政法院认为最高司法委员会在提名方面享有排他性的管辖权,因此对于确立这个晋升委员会的法令,并不需要贯彻部长署名制。它赋予了委员会提出退休或者是临时离职的建议权。它甚至决定委员会可以对根据1953年颁布的一部法律所提出的恢复原职的申请作出决断,但是该法律仅仅规定了分级委员的介入以及部长决定的作出。经过一阵立场的摇摆之后,并且恰恰是在1958年改革的前夕,在涉及法官个体情况的问题上,最高行政法院似乎赋予了最高司法委员会一般法意义上的权限。[27]

六、在总统的阴影下

最高司法委员会的命运取决于总统所采取的个人战略。委员会本身不具有一贯的主张以及自身的合法性,并且不少事件也都直接损害了它的信任度:法国共产党的代表因为泄露了私密文件而辞职,他的替代者经过12轮投票才最终选定;1953年换届选举的政治化倾向成了"极端行为的温床",[28]14轮投票仅选举出一个代表。奥利奥尔主席的执着对于最高司法委员会影响甚剧,在他看来,这是"宪法中最完美的机构"——"享有公众知名度,是他最偏爱的机构,也是他最心仪的乐园"。[29] 最高司法委员会对于奥利奥尔的依赖更体现在他延续了机构组成的极大不稳定性:7位司法部长轮番上任,6位委员会国会代表中的4位以及4位法官代表中的2位都在他们任期届满之前被替换。

(一)在权力确认上的自相矛盾

文森·奥利奥尔上任伊始就将特赦权的王权性质强加给最高司法委员会。面对委员会的一些成员,尤其是法官代表要求设立无记名投票制度的主张,他坚持认为这个权力来自宪法的授予,并且其背后有未经推翻的传统作依

[26]　Gérard Mason, *Les juges et le pouvoir*, *op. cit.*, p. 271.

[27]　CE Brissaud, 7 juin 1957, *Recueil Lebon*, p. 387.

[28]　*Le Monde*, 8 novembre 1952.

[29]　*Le Monde*, 14 arvil 1949.

托:"总统,而且只有总统才能决定。这是与他的职能紧密相连的权力,在任何时候都具有王权的性质。"㉚他拥有设定其程序的绝对权威:"在行使我的王室权力时我所遵循的规则……"。这些规则在不涉及死刑犯并且不与司法部发生冲突的案件中给委员会留下了一定的决定空间。

相反,奥利奥尔认为自己在提名、规训以及法院管理上拥有管辖权。面对司法部以及最高行政法院关于最高司法委员会仅仅具有简单的咨询权的论调,他强烈反对("我说不……")。他认为在这些问题上委员会的职权是属于集体的:由委员会决定,总统在行使完他自己的投票权之后,将决定记录在案并且付诸执行。㉛

(二)委员会独立性的捍卫者

作为"最高司法委员会"㉜(Conseil suprême de justice)草案的撰稿者,以及说服国际工会法国部和法国共产党接受委员会中的一个法官代表席位的首要功臣,文森·奥利奥尔在最高司法委员会的创立过程中发挥了举足轻重的作用,之后他又以最高司法委员会的捍卫者和代言人自居。有时以委员会代理人的身份,有时以自己的权威,奥利奥尔始终支持最高司法委员会的请愿与抗议。在由他组织、在爱丽舍宫举行的会晤上,他通过"反复不断地介入"来向部长们表达这些诉请。他主张人事管理部门的转移,立法创议权,独立的财政预算,财政拨款请求,办公地点的搬迁(为此他提议了一处与总统办公地点相邻的处所)。当司法部长遗忘时,奥利奥尔便提醒他咨询最高司法委员会的必要性,他也提醒部长委员会(Conseil des ministres)关于最高司法委员会所具有的在对判决提出异议方面所具有的排他性权力。在此过程中他时常情绪激动。为了要抵制部长署名制的义务,"爱丽舍宫炸开了锅"。他将最高行政法院负责此事的报告人、它的副主席以及司法部长召集到一起试图说服他们。"气急败坏",他威胁要将此事告知国会。㉝ 为了表示抗议,他接受了委员会中一名议会代表的辞呈,但他更加倾向于全体委员会代表辞职这样的"集体性行为"。㉞

相对委员会的成员,或者至少其中的一部分成员来讲(从现有的研究资料

㉚　Vincent Auriol, *Journal du septennat 1947—1954*, *op. cit.*, 28 mars 1948.

㉛　Ibid., 23 Mars 1949.

㉜　Vincent Auriol, *Hier, demain*, Paris, Charlot, 1945, p. 261 et suiv.

㉝　*Introduction générale*, in Vincent Auriol, *Journal du septennat*, op. cit., p. LVI.

㉞　Vincent Auriol, *Journal du septennat 1947—1954*, *op. cit.*, 6 Juin 1950.

我们不可能对委员会内部的分歧有一个准确的认识),他的野心显然更大。当最高司法委员会已经放弃要求司法部在特赦方面实现业务转交时,奥利奥尔依旧对此不依不饶。㉟ 他还曾指责最高司法委员会的特赦委员会(commission des grâces),认为其所采纳的程序过于依赖司法部。㊱ 奥利奥尔试图打造一个既独立又高于其他权力的委员会。他告知罗伯特·勒库尔——最高司法委员会"在司法领域要高于政府,在这一点上我不可能改变态度,即使在国会面前我也会据理力争"。㊲ 早在 1947 年,他便通知了当时的司法部长——"我告诉他我是委员会的首脑,并且独立于国会和政府。"在此之外,他还加上了司法体系,因为他害怕后者形成社团主义。

为了营造一个所代表的利益相对和缓的"中性空间",他采纳和支持那些使得委员会成员脱离国会团体以及法官职业组织的措施。例如在由法国共产党推举的代表的宣誓词中,奥利奥尔便要求对方表示"法院委员会的成员从此不再对选举他的政党负责"。"为了防止已经开始萌芽的社团主义加剧",司法部规定最高司法委员会委员的身份与职业组织办公室(bureau d'une organisation professionnelle)代表的职务不能并存。这一提议也为奥利奥尔所用。法国共产党代表由于向其政党泄露了其"无权"向外界交流的信息而要被替换时,奥利奥尔提议不仅要避免法国共产党的成员,同时也要避免在职的法官入选:"我们不仅要防止委员会沦为政治组织,也不能让其成为一个社团组织。如果你们选举了另一位法官,那么这里就会变成(法官的)联邦了"。㊳ 他禁止了推荐制度,并且促使委员会每年进行改选,这样的轮换机制目的在于防止委员会代表的职业化,从而让外界无从辨识。

纵使奥利奥尔的举措十分激进,他也不可避免地要作出某些让步。在和司法部的全面对峙中,他承认"在最高司法委员会投票结束之后,应当制定一个双方都恪守的临时妥协措施,对此不存在任何疑问"。㊴ 对于法院的行政管理,他也作出了退让:"或许在这个问题上,我们还可以作出让步。"㊵ 即使是在特赦这个他最具权威的领域,他也进行了妥协。

㉟　Ibid., 6 juin 1950.

㊱　Note de Clément Charpentier, membre de la commission des grâces, 1949, A. N. 4 AG 660.

㊲　Vincent Auriol, *Journal du septennat* 1947—1954, op. cit., 17 mars 1949.

㊳　*Ibid.*, 29 novembre 1951.

㊴　*Ibid.*, 23 mars 1949.

㊵　*Ibid.*, 3 mars 1949.

（三）双重职能的力量

文森·奥利奥尔所发起的不少主张和提议背后，并没有最高司法委员会的身影。他更多地是作为总统，而非委员会主席，活跃在公众的视野之中。"他的这种双重职能使得他能加强干预，并且在一定程度上消弭委员会的行为。"[41]在殖民地展开的多场独立运动中，或者当他召见并且支持一位屈服于政治压力、与检察官发生冲突的法官时，便是这样的例证。他将自己极为重视的特赦权设定为最后的救济，那些被判处死刑的民族主义者的律师、要求罢工自由的工人代表以及被处罚的示威游行者，都要单独与他会面。他以委员会主席身份签署的提名法令也使他将过往法官对掌管他们职业生涯走向的司法部长所怀有的感恩敬意（déférence reconnaissante）一并收入囊中。

（四）通过授权的司法界教父

文森·奥利奥尔将自己的权力建立在那些对他忠心不二的委员会成员之上：两位由他直接选举产生的委员，或者还要算上国际工会法国部的成员，因为他曾考虑将其指定为代理人。尤其值得一提的是，通过对最高司法委员会总秘书长这一职务的任命，他立即使得当选法官感觉对他"亏欠甚多"。[42] 这位总秘书长负责向他汇报最高司法委员会最核心的工作，并且以他的名义行事。他甚至负责管理体现政治—侍从主义（politico-clientéliste）的推荐制度，这一制度表面上虽为奥利奥尔所禁止，并且最高司法委员会运作中一些限制也阻碍了它的发展，但奥利奥尔却一直让其延续着。最高司法委员会运作中的这些限制使委员会主席的话语仅仅具有决定性的作用，而奥利奥尔对于这些限制乐于接受的另一个原因在于，它们使他在面对司法部的领导时不用对一个在他看来过于具有侵略性的系统直接负责。

作为心腹之人，这位总秘书长的任职一直持续到了 1958 年，通过委托，他成为了新的司法界教父，接受来自各方的推荐或者是自荐。

七、法官的双重社团化游戏

最高司法委员会之所以不能服众，还归因于它在司法团体（corps judiciaire）中所拥有的较低的信用度，这一团体虽未直接参与到改革前的讨论协商中，其利益却要求改革作出相应的让步。司法团体的反应并不是"铁板一

---

[41] Gérard Masson, *Les juges et le pouvoir*, op. cit. , p. 310.

[42] Lettre à Vincent Auriol, 9 juillet 1958, A. N. 552 AP/160.

块"。在它的内部存在着互相矛盾的利益取向,它所付诸实行的模棱两可的战略让它在两种选择前踟蹰不决:或者将委员会转变成社团主义的赌注,或者反对最高司法委员会,而倾向于别的组织形式,而这些组织形式本身也是自相矛盾的。

(一)巴黎集团(bloc parisien)的反对

正如前文所说,司法部从一开始就表达了自己的反对立场。像奥利奥尔指出的,司法部的这种反对态度与行政部门为抗议对它们的夺权行为而采取的反应是一致的。这一"行政"反抗的特点在于它是由法官们所主导的。所有的负责人以及骨干成员都是法官(只有一位领导者在开始时不是,但是1952年时也成为了法官)。由此,最高司法委员会的发展遭遇到了来自政府部门司法人员要求自主和强化自身地位的运动。这场运动由来已久,在第三共和国的末期开始升温,并且在解放运动之后不断升级。随着编制的扩大,司法部成为了获得最高司法职务的一个专有通道,它的职员构成越来越稳定,因此面对周期轮换的政府,司法部也能保证其延续性。

行政领导部门的这些司法人员与政府部门办公室的人员不无联系,因为后者虽然不那么绝对,但其绝大多数也是司法人员。通常,这两者互相混淆:负责刑事案件的5位主管中的3位曾经在部门办公室工作,在一个更广的层面上,第四共和国最后一任负责刑事、民事以及人事的主管也属此例。

除了司法部的人员,巴黎的法官,尤其是检察官,也感受到了来自最高司法委员会的威胁。司法体系中的这两部分有着共同的利益,内部流通频繁,甚至有相同的法律地位,1936年创制的"司法行政中心法官"(magistrats de l'administration centrale de la justice)就隶属于检察官管辖。委员会的总秘书长向奥利奥尔抱怨它们"互相渗透互相扶持",并指出现在的法官体制已经"一分为二",一面是"巴黎团体",由500名司法部成员以及巴黎地区的司法机关人员组成;另一面则是"外省法官的乌合之众",后者无异于"盛宴上的面包屑"。[43] 按照既有的传统,司法部总是按其所好从巴黎的法官队伍之中选取自己的领导者以及部门成员。与此同时,它通过对于晋升委员会的控制也在事实上操纵了进入最高法院的通道。二者通过这种联系形成了在政治领域的一种优先代表制度,并且在一些主要的职业上取得了实际利益。另外,最高司法委员会由于排除了检察官,从而限制了检察官和审判官之间的流通,它还致力于将审判法官的编号仅仅保留给他们的领导,甚至认为这些领导对检察官给

---

[43]　Note du 25 janvier 1947,A. N. 4 AG 579.

出意见也是"可以接受"的，至少在听证业务方面。㊹ 但这直接触及了检察官自 19 世纪末就展开的双重运动：在法律地位上与审判官接近，通过取得的一系列权力而实现对后者的主导。

为了捍卫他们既得的特权，司法部的法官以及检察官又重新打出了司法部长这张牌。最高司法委员会的秘书长对司法部通过的涉及法官地位改革的草案表达了不满，因为后者没有关于最高司法委员会建议权的规定，并且给了检察官"明显的好处"，规定 55 名法官要分配给司法部，并且要求取消最高司法委员会中负责特赦方面工作的法官这一职位。在他看来，这背后是人事主管在操纵，并且是"司法部对于最高司法委员会的一种报复，附带的也是检察官对于审判官的一种抗议"。㊺

（二）对辅助监管的捍卫

对法院进行行政管理的野心，最高司法委员会不得不最终放弃，不仅因为这与司法部既有的特权相冲突，更是因为它与司法独立的传统理念相抵触，这种理念将任何对审判成效的控制都视为是对独立司法的损害。司法存在着一个坚实的辅助管理和辅助监管机制，并且，正如司法业务部门的监察员以及一位行政总监察员所指责的那样，还存在着一些司法辅助活动。㊻ 审判法官们对此尤为重视，因为这些辅助活动的存在抵偿了他们相较检察官时所处的劣势地位，以及他们拮据的经济状况。法官屈从且贫穷，但是他们却以个体的、人为的方式实现了对（诉讼程序——译注）时间的掌控。司法业务监察局并没有持续很久，它因为财政问题以及（法官——译注）独立的诉求而退出了历史舞台。

最高法院在行政管理方面一直享有较高的独立性，自然对最高司法委员会有所抗拒。它将记载审判程序进度以及未审理案件情况的年度报告交给最高司法委员会，后者在这仅有的材料基础上工作，它提出的批评意见以及改革的建议往往过于极端。但是最高司法委员会的报告，即使是全票通过，也会遭

㊹ Rapport de la commission administrative du CSM sur l'avant－projet de loi de la Chancellerie, de 1948, portant statut de la magistrature, A. N. 4 AG 655.

㊺ Note de l'été 1953, A. N.

㊻ Alain Bancaud et Jean－Paul Jean, *Les juges en enquête: histoire de l'inspection des services judiciaires*, dans *Juger les juges: du Moyen－Âge au Conseil supérieur de la magistrature*, Paris, La Documentation française, coll. Histoire de la justice, 2000, p. 194; Jacques Bardon, *Rapport sur l'organisation et le fondement des cours et tribunaux*, 1950.

遇到来自法院高层的冷遇:对此他们"根本不予考虑"或者很少考虑。[47]

最高司法委员会在对法官进行评估方面也困难重重,因为审判官的最高领导不愿意为他的同事进行评分。奥利奥尔抱怨说总检察官(procureurs généraux)的评价是最高司法委员会评估工作的基础。最高司法委员会的行政委员会遗憾地表示:"目前,最高司法委员会经常只能得到一些简短且中性的评语,这些评语不足以对所涉及的法官形成一个较完整的认识。"[48]

(三)优先性的社团组织

最高司法委员会还遭遇到了来自另一个不断壮大的组织的阻力,即法官的社团组织(l'organisation l'organisation corporative de la magistrature)。在经历了维希政府以及解放运动的创痛之后,面对新政策在加强司法方面的孱弱无力,越来越多的法官决定动员自身成员的力量,而不再是求助于外力来捍卫自己团体的利益,"我们要求助于保护机构,但是我们首先要靠自己",这是 1953 年最高法院的一位法官在国际法官会议上的表态。[49]

法官们指责最高司法委员会的二级代表制度,指责它对非法官人员作出的纪律处分决定,以及它对于司法体系的统一性所构成的威胁。这些因素都导致他们不愿过多地为最高司法委员会辩护。而委员会本身也并没有对这个饱受攻击的法官体制作出积极的捍卫。尤其是相对于媒体的宣传,它似乎更加偏爱行政报告的形式;甚至于在奥利奥尔之后,它更多地向司法部求助,而不是直接表明自己的政治立场。1955 年,法官联盟(UFM)以及所有层级法院的代表向最高司法委员会表达了他们对于法官制度备受攻击的不满情绪,而最高司法委员会则请司法部作为自己的发言人。[50] 委员会的这种消极态度使它的内部出现了矛盾:成员中的法官代表写信给总统——也就是最高司法委员会的主席——以表达他们因法官制度深陷窘境而产生的羞耻感。[51]

越来越多的法官都开始寄希望于一个社团性的组织,即法官联盟。这一组织始建于 1945 年,它的产生使得原先以等级森严而著称的法官协会(Association de la magistrature)边缘化,并在和与它同时期的另一个组织的竞争中

---

[47]　Rapport du CSM sur la Cour de cassation, 1949, A. N. 4 AG 660.

[48]　Rapport de la commission administrative du CSM, 25 juin 1948, A. N. 4 AG 655.

[49]　*Le Monde*, 6 mai 1953.

[50]　Note 1955, A. N. 4 AG 579.

[51]　Lettre de février 1954, A. N. 4 AG 579.

胜出,后者试图要聚集所有与司法相关的职业。这一联盟的特殊性在于它联合了审判官和检察官,并且致力于为法官群体"注入一些原本极度缺乏的整体意识",以及发展新的请愿运动形式。它承认最高司法委员会的存在,并曾数次求助于它,但由于它首要的请愿事宜关系到物质条件的改善,因此它总是将司法部作为优先交涉的对象。法官联盟致力于让它的请愿类似于最高司法委员会或者司法部所作出的提议:正如议会的司法委员会报告员所述,有关法官法律地位的草案是最高司法委员会、司法部以及法官联盟三方"工作的汇集"。

(四)社团主义的赌注

对最高司法委员会的批评并不妨碍法官联盟对它的大量资金投入。奥利奥尔和一位司法部长曾经提议要采取一些措施来遏制这一趋势,但最终徒劳而返。法官联盟推荐或者是支持大多最高司法委员会的候选者,不少当选者还隶属于它在地区或者全国性的机关。就连司法部长也希望自己的利益能够在最高司法委员会内部得到体现,为此他打出了巴黎法官这张牌。委员会秘书长曾向奥利奥尔表示,为了能够"保住自己的权力",司法部长开展了一次"轰轰烈烈的运动",旨在让最高司法委员会的成员都成为巴黎的法官。并且他在很大程度上取得了成功:1947 年时,议会所提名的 3 名法官中有 2 位来自巴黎(在 1953 年时,2 位中有 1 位来自巴黎);另外 4 位被选出的审判官中有 3 位是巴黎的(1953 年时 4 名中的 2 位)。

最高司法委员会由此成了社团主义的一个关键。它深陷在法官体制内部的争斗之中。1953 年的再选促成了一场声势浩大的选举运动,尤其是在巴黎与外省之间。后者不满通过妥协而达成的双重轮换制度:根据该制度,每一位巴黎代表都对应一位外省的候补;在改选时,原来由巴黎法官担任的职位必须换成外省的法官,反之亦然。选举之中充满了争议,几乎在任何一个环节都需要两轮投票。

结　　语

最高司法委员会在第四共和国时期的历史由此展现了这一新机构在发展过程中所遭遇到的反对、漠视、工具化以及妥协。它希望获得相对既有政治权力的独立性,希望获得建立在独立行政基础上的领导权,由此给司法体系的统一性带来了冲击,并且引入了法官代表的选举制度。这一系列的举措都对传统的政治、行政以及社团组织形式构成了威胁。另外,最高司法委员会也未能幸免于 1958 年的政体改革。我们在此研究的历史是一段"半失败"的历史。

第五共和国徒留其名,变更其实。由于被认为是国家解体和政治化的一种标志,最高司法委员会的主要职权都被司法部,尤其是被共和国总统所褫夺:作为司法独立的保障者,总统可以选择最高司法委员会的成员,主持其工作,并且可以不采纳最高司法委员会所给出的意见。法官代表的选举原则被废弃,并为传统的官僚—等级的代表、联合体系所取代,这一体系建立在最高法院与司法部的联姻之上。前者重新收复了过去的领地,而后者的权力则得到进一步的扩大。

尽管法官优先考虑了他们的工会组织的强化(以及多元化),并且政府也鼓励司法部层面与这些工会组织的联合,最高司法委员会的改革依旧成为了他们请愿的一个核心事项。1993 年在咨询了职业性组织之后付诸实施的改革,强化了最高司法委员会在政治与司法之间,以及在不同的司法派别之间所扮演的战略角色。

Normalization of an Innovation: the
Conseil Supérieur de la Magistrature in the 4th Republic
Alain Bancaud

Summary: Reformes are made and unmade, or, at the very least, redefined and reorganised in practice. The history of the *Conseil supérieur de la magistrature* during the 4th Republic (1947—1958), written on the basis of archives, reveals the process of political, bureaucratic, and corporatist normalization sustained by an innovative institution tackling traditional judicial relations of dependence, as well as the classic structure of the State and the hierarchic system of representation of the judiciary corps. This complex process reveals the political and bureaucratic—legal forces in play in a legal field marked by history and competition.

Keywords: conseil-Etat; conseil supérieur de la magistrature; justice; magistracy; politics; reform

现代历史中的法律职业：
在欧洲不同国家中的组织方式[*]

让－路易·哈尔佩林　著[**]　刁颖　译[***]

摘要：该报告以历史的眼光重新审视了近两个世纪以来在法国、英国、德国和意大利这四个主要欧洲国家的法律职业的发展，并指出了这些职业在其发展过程中同国家的不同关系，以及在职业培训、职业选拔和职业道德等方面的相似性和差异之后，认为政治和道德的因素才是影响司法和法律职业发展的最主要因素。

关键词：法制史　欧盟国家　司法职业　法律职业

这项研究的目的在于，在 1993 年欧洲大市场的框架下，用历史的眼光重新审视司法和法律职业的"现代化"和协调进程。它所针对的是从事自由职业、在司法机构中担任辩护和援助工作或担任法律顾问的法律工作者。这项研究的地理范围被限制在四个欧洲大国：法国、英国、德国和意大利。这些职业的演化被放在从 18 世纪末到今天，大约两个世纪的时期内来加以考察。在对职业结构、从业人员本身和职业惯例进行依次研究的时候，我们特别将注意力放在了这些职业的"组织方式"和职业法上。这一步骤有助于指出，在法国、英国、德国和意大利，这些法律职业在历史上的一些差别和共同点。

在众多的领域中，大量的差别依然存在着，而尽管有国际化的不断增长，

＊　原文出处：Jean－Louis Halperin, *Les professions judiciaires et juridiques dans l'histoire contemporaine modes d'organisation dans divers pays européens*, Droit et Société, 1994, n°26, pp. 109－115。

＊＊　让-路易·哈尔佩林（Jean－Louis Halperin），法国里昂第三大学，里昂法制史中心。

＊＊＊　刁颖，法国巴黎第二大学国际法博士。

这些差别的持续仍表明了各国传统的影响力。这首先表现在不同司法和法律职业的职责分配上。上溯到古罗马和中世纪,站在欧洲文化资源的角度上,普通法的传统导致了三种功能和三个职业的划分:律师职业、检察官或诉讼代理人职业以及公证人职业。在此基础上,近现代各国在演变中产生了分歧。主要的裂隙是由英国公证人的微小成功以及被称之为诉讼代理人和律师的职业融合的连续发展而造成的。然而,即使在欧洲大陆,每个国家也都是按照其自己的方式来解释律师、检察官和公证人的划分。其中任意两个职业合并的可能性和对其职能范围的定义产生出多种形态。在德国和在意大利的较小范围内,身份的多样化部分地从统一中幸存了下来。

在英国、德国和意大利这三个被研究的国家中,司法助理和起草法律文书的法律顾问的功能是在两三个职业中划分的。这些职业之间的领域分配是在19世纪——抑或在20世纪初在意大利随着会计的出现完成的,而自那以后所形成的"平衡"很少受到质疑。诉讼代理人和律师合并的计划从来就没能实现。在德国,公证人身份的现状最终得以保留,而在意大利,如果不将会计纳入到司法职业当中,律师和检察官的二元性就依然存在。在这一领域,法国以其在19世纪和20世纪前半叶司法和法律职业大量繁殖的加速运动,以及在1971年和1990年两个时期的合并重组而独树一帜。随着商业事务代理人、诉讼代理人和最近的法律顾问的消失,近二十年来的改革已经显著地削弱了这一法国特征。然而在欧洲,不同司法和法律职业的定义本身仍然没有达成一致。

在职业结构和这些职业与国家的关系领域,历史的影响也同样是巨大的。这恰好取决于相关四个国家的国家权力所具备的固有特征。在英国,司法组织的集中结构决定了负有国家使命的职业结构过早出现;而在法国、德国和意大利,司法审判机关的林立有助于在限定区域内地方主管机构中司法助理的重组。在后三个国家,行会的模式是必然的结果,而且法律从业人员依照地域,继续被集中到各个行业协会、公会以及社团之中。在英国,正相反,传统的行会架构——如英国律师学院(Inns of Court)——的影响力已经逐渐减弱,而建立在自愿加入而非指定基础上的联合结构,如法律协会(Law Socitey)和律师公会(Bar Council),则由于人数众多而能代表这个行业,甚至在某些情况下可以领导这个行业,而从中受益。这个在英美两国的相互影响下形成的"联合模式"在其他三个被研究的国家中是没有对应物的。

"行会模式"和"联合模式"在经过了19和20世纪之后已形成了集中。在欧洲大陆,司法和法律职业由于采用了代表的手段而超越了地区的范围。因此 20 世纪在意大利、德国以及很久之后在法国，根据 1990 年 12 月 31 日的法律公证人和律师组成了行业协会全国理事会。行业协会也都发展了起来，并寻求在这三个国家中重组同一行业内的成员。可是行业协会的多元并存在法国和意大利依然盛行，而德国的律师协会，尽管在一些时期势力强大，但从未像英国的法律协会和律师公会那样代表行业直接加入到政府当中。

在司法和法律职业与国家关系的观念上，甚至在每个职业所获得的自治程度上的差异同样是敏感的。同样，尽管有着自由和民主的诱惑，各国的习惯依然顽强地存在着。在英国，法律职业的自我管理，可以说是一个在 19 世纪和 20 世纪从未经历过专制制度的国家的自由传统，扎根在这些职业自身的历史之中。而大陆国家则没有这么幸运，它们在不同的时期都经历了国家试图对于司法和法律职业的监护。"司法权力"的脆弱性和公证人的公务人员特征，在法国、意大利和德国，也同样有助于限制职业结构的自主。时至今日，德意两国司法和法律职业的状况仍然带有长期令人无法忍受的，在法西斯和纳粹体制下尤为严格的国家控制的印记。德国律师一直以来都是由州司法部长正式录用的，而且和公证人一样，一定数量的法官会出现在他们的纪律诉讼当中。在意大利，根据 1933 年至 1934 年的法律第 15 条的规定，律师和检察官都处在司法部长的高度监督之下。国家司法委员会甚至在司法部的所在地设立。司法和法律职业酬金的规定收费在德国和意大利开展得较为深入。我们可以说法国在有关职业自治的问题上过去处在，今天依然处于一个中间地位。国家的法律法规对于组织和改革这些职业的地位和从事这些职业的条件的管辖范围从未受到过质疑，而律师和司法助理人员长期以来一直在为保证并加强他们的代表机构的独立性而斗争，并经常取得成功。虽然律师行业协会已不再是我们在 19 世纪初所理解的意义上的"自身的主宰"，但它依然拥有着相当大的自主空间。同样地，尽管有近来的一些发展，如英国的国家干预的加强，但过去所遗留下来的差异依然显著。

有关司法和法律职业的人员也能使我们想起"各国传统"。在意大利 19 世纪末和 20 世纪初所看到的数量巨大的法律职业已成为明日黄花。相反地，近年来经常被提及的法国法律"基础落后"的根源也是在 19 世纪。不同职业之间的数量关系也会认可一定的稳定形式，就像在英国一直存在着的"小"众的大律师和人数众多的事务律师之间的差别一样。然而在这里共同点则更多：增长的周期或者人员的稳定通常是与影响整个欧洲的经济形势相一致的，比如在两次世界大战期间。所有这四个被研究的国家在最近这二十年间法学院学生人数剧增。这一结果便导致了法律从业人员的快速增长。

　　在职业培训和职业选拔方面的相似和趋同还是比较清晰的。借助于导致培训时间延长的职业化运动、学院式要求的加强和不同实习形式的发展,每个国家以及每个行业的自身传统都有被抹掉的趋势。过去青睐在工作中学习的职业——比如公证员和事务律师——已经轮到要求拥有获得承认的大学学历文凭,而较早和学院知识联系在一起的职业——比如律师——则越来越感受到了跟随实践派职业见习的需要。当然,不管怎样,各国的独特性并不都是像英国律师学院的学生所必须参加的晚宴那样的民间特征。除了主要为了培养法官的实习以外,德国的实习期对所有的法律工作者来说仍保留着普通铸模的使命。在意大利,实践性职位的实习似乎尚未向有组织的以及——如同法国的法律资格证书预备和律师实习那样——以集体方式的培训这一方向发展。可是,尽管存在着上述差异,国与国之间的培训程度仍极为类似,这为在欧共体内的执业自由提供了便利。

　　我们为什么不同样为在选拔从业人员的研究上所遇到的相似性而感到吃惊呢?在所研究的四个国家中,司法和法律职业已有成为资产阶级的"势力范围"的趋势。这种对于出身卑微的谋职者的准封闭并不因此意味着这些职业是些世代相传的"社会集团":职位的更新率几乎总是要高于职业的世袭率。是父亲的社会地位,而不是其职业活动,决定着儿子进入司法和法律职业成功的可能性。在20世纪虽然到处都感受到了在成员选拔上的民主化,但这一民主化依然举步维艰。女性化运动在近二十年的可比范围内也同样影响到了被研究的这四个国家的法律职业。正如托克维尔所指出的,法律工作者通过自己的选拔和培训继续形成"一个特权阶层"。

　　最后,我们已经指出了,在培训和在这些职业的道德演变上,法国、英国、德国和意大利的许多共同点。在这些国家,司法和法律职业的成员,在19世纪,会顺从于针对那些被指责为冒犯这些职业尊严的行为的规则和惯例。这种主要由禁止所组成的职业道德依附于法律人的大公无私的做法和商人的唯利是图的做法的对立上。在此,职业道德是违背企业精神而忠实于前工业社会的价值的。用菲尔·费奈尔的话来说就是反企业的。司法和法律职业的成员,为了获得尊重,必须要为向他们寻求帮助的当事人树立一个公共和私人生活的榜样。这一帮助的报酬不是工资,而是以感谢的名义,由顾客自由支付的酬金。任何形式的诱惑和广告都是被禁止的。法律人与其顾客之间的关系和普通的代理,尤其是在责任方面的代理,是不相同的。从根本上唯一能够维系从业者与其顾客之间的信赖关系的正是职业的个人工作方式。

　　在四个被研究的国家中,尽管差别并不罕见,但这些原则在19世纪就已经被接受并得以确认。"传统"的职业道德在那些不需要跟在客户后面跑的富裕职业中获得了广泛的一致。它加强了团体的精神并塑造了这些自由的和知识的职业的形象。的确，一个国家或职业有其固有的惯例：从业人员间的联合在这里是容许的，而在别处则会被禁止或不被接受；酬金在这里是完全自由支持的，而在那里则被部分加以规定并由法院来支付……然而与整个欧洲这些职业都赞同的道德规则的共同基础相比，这些分歧还是较小的。这种为了确保从业人员的身体和思想独立性的冷漠的道德规范并非法国律师的专利，虽然在这一领域法国律师公会的惯例有着跨界的影响。值得注意的是 19 世纪的法国律师相信只有他们才拒绝通过法庭来取得酬金，可英国的大律师们却遵守着完全一样的规则。

这种职业责任的根深蒂固的观念部分地表明，在每一个国家都能看到，律师和公证人所表现出的矜持还是融入了商业生活当中。同时，一些法律从业人员也感受到了工业和商业资本主义的飞速发展所带来的新机遇。在法国、英国、德国和意大利，我们已经注意到许多面对商业环境职业道德所推崇的克制和长期以来以培养和提高富有成果的接触为目的的做法之间紧张状态的表现。如果说律师不愿意变成商人，可是商务律师一直以来都存在。从这一共同的脉络出发，我们可以注意到，每个国家和每个职业，对于阻止法律工作者和企业家之间过于紧密关系的大量法律和心理障碍的态度的差异。经过 20世纪，特别是近二十多年，传统职业道德的这些主要方面都已被放弃并被新的规则所取代。团队协作越来越得到认可，甚至还受到追捧：与大型商业公司的结构相类似的大型事务所应运而生。这种法律企业的集约化运动的步伐尤其自 20 世纪 80 年代以来得到了加快，并且甚至影响了长期以来对此类型的组织有抵触的国家，如德国和法国。目前，似乎只有意大利在抵制着这一还能导致法律工作者越来越专业化的原动力。司法和法律职业的成员变成了承担责任的代理人，而且在一定的限制下，可以求助于被认可形式的广告。酬金的规定价格——或者，如果不存在的话，对显示的费率表的控制——在意大利和法国都有所上涨。经常为企业提供非诉服务的法律工作者人数有了显著增加。我们注意到经济和社会因素对解释这场司法和法律职业的演变并非最重要的；政治和道德的因素不仅对这些职业有着巨大的影响，而且在法律领域已经占有了并将继续占有一个不可忽视的固有的自治空间。现代化也遵循着每个国家及每个职业各自的节奏。最后，尽管存在着现代发展的相似性，但是这些职业现代化的唯一的和优先的模式并不存在。司法和法律职业的历史，在比较层面上，在我们看来就是一个传统和现代化始终并存的复杂的和非特征性的历史。

Justice and Legal Profession in Modern History:
Organization Model in Different European Countries

Jean-Louis Halperin

Abstract: The report re-examine, from an historical perspective, the development of the judicial and legal profession in France, Britain, Germany and Italy, the four major European countries in the last two centuries. After analyzing the relations between the development of these legal profession in the same country, as well as the similarities and differences in the areas of vocational training, career selection and ethics, the report indicate that the most important factor in the judicial and legal career development is the political and moral impact.

Keywords: legal history; the European Union countries; judiciary profession; legal profession

法官的培育和责任体制的改革[*]

丹尼尔·吕代 著[**]   王倩 译[***]

摘要:乌特尔一案激起了许多关于法官培育及责任的疑问、思考和建议。作者重申了国家法官学院(ENM)在输送法官人才中的重要角色,指出了该学校面临的质疑,并为其今后更好地培养合格法官提出了一些意见。在讨论如何使法官责任机制更有效之前,作者还重新解释了法官的刑事、行政及纪律上的责任。关于这一方面,如果说出现的问题可能是将纪律程序的范围扩大到法官所作之判决,那么或许将此问题交给司法判例(由具体实例发展形成)来解决,比交给立法者介入要好。除了对惩罚的性质及影响提出疑问以外,或许还觉得有必要出现一些道德规范措施。这些措施使法官对那些能最大限度保证其行使职能的经验作出规定。

关键词:法官教育 培训 责任 国家法官学院 职业道德

在"乌特尔案"引起的诸多疑问中,由审判官和检察官为代表的司法部门所完成的工作质量问题在争议中占据了重要地位。

尽管各自采用的方法不同,但无论是议会调查委员会(commission d'enquête parlementaire),还是司法服务监察总局(Inspection générale des services judiciaires),都对司法工作提出了多方面的批评。一方面,议会调查委员会在其报告的第一部分中对"司法错误"进行了"X 光"扫描,仔细清点它

---

[*] 原文出处:Daniel Ludet, *Formation et responsabilité des magistrats*: *quelles réformes* ? in Philippe Tronquoy (dir.), La justice, réformes et enjeux, Les cahiers français, n°334, La documentation française, sept. —oct. 2006, pp. 77~84.

[**] 丹尼尔·吕代(Daniel Ludet),法官,曾任法国国家法官学院校长。

[***] 王倩,法国马赛第三大学硕士。

所认为的司法程序各阶段中不符合刑事诉讼法中的原则及规定之处,并提出要"从司法惨败中吸取教训"。① 另一方面,司法服务监察总局应司法部长请求而开展调查,完成任务后,在报告中总结道:"无论是在检察院的程序处理和侦讯的行政后续追踪方面,还是在预审法官对侦讯调查的指导和辩方在预审庭监督下对证据的讨论等方面,都存在不足之处"。②

这些证明指出了司法诉讼工作在完成的质量上有欠缺。对其解读后,会对我们的司法体系产生两方面的疑惑。首先是关于法官的教育方面,我们有权要求它保证法官具备胜任其司法工作的专业能力。然后是关于现行的责任制度,目的是为工作中所犯过失负责。针对以上任何一方面,都应当先总结其现状,然后再根据"乌特尔案"带来的教训,谈谈可能进行的改革。

一、法官的培养:颠覆还是改进?

(一)以学校为中心的有序体系

法官的招收和教育在当今依然主要建立于 1958 年机构改革所确定的框架基础之上,受到其主要发起人之一米歇尔·德布雷以及法国国立行政学校创建前十三年期间的部分观点之影响。年轻的大学毕业生通过考试后可进入培训机构,该机构首先被称为国立司法研习中心(CNEJ),之后改名为国家法官学院(ENM)。该校学生称为司法研习助理,他们带薪完成相当一段时间的学习,包括与法官职业各方面及职业环境相关的教学活动(讲座、小组作业),以及在法院、警察和宪兵队、监狱、行政机构及企业中的各种实习锻炼。学习结束以后,评审委员会就研习助理在司法方面的能力进行评定,根据教学活动、实习以及终考等分别对应的分数将其认定为合格者并按名次登记在名单上。这些研习助理再按照名次顺序在司法部提供的岗位清单里选择其第一法官岗位,然后就被任命在选定的岗位上。在其上任前,国家法官学院会组织为期几个月的专门培训。

此最初的培养形式逐渐往多元化方向发展。考试的类型增多,除了最初

---

① 旨在调查"乌特尔案"中司法运转失常的原因,并提出建议以避免此类错误再次发生的调查委员会呈交的报告,国民议会(Assemblée Nationale, n° 3125, XIIe législature, p. 23)。

② 司法服务监察总局关于"乌特尔案"司法处理情况的报告(法国司法部),第 141 页。

的从年轻的大学毕业生里选拔考试外，还先后确立了两种新的考试类型：首先是为公务员后扩充至为公共服务机构人员开放的考试，随后是对其他在私营行业、社团组织、工会组织或选举活动中从业的个人开放的考试。后一种考试类型对文凭未作具体要求。与此同时，还存在各种指定头衔的招收方式，要么是招收司法助理，要么是招收法官。这些招收必须要对应征者的文凭和工作经验有所要求，且需要获得绝大部分成员是法官所组成的接纳委员会的认可。通常在上任之前也会有一段时间的短期实习。近年来，面对以上人群的直接招考逐渐稳定下来，使弥补传统招收法官方式不足的特殊考试得到了"转正"。

在国家法官学院的主要活动中，继续教育的地位逐渐攀升，尤其是从 70 年代末以来司法研习助理的学习时间缩短，而对国家法官学院毕业的法官们增设了相应的强制性继续教育，即在参加工作后的前四年里每年必须保证一个月的继续教育期间。③ 四年结束以后，他们与其他同僚一样，属于非强制性继续教育范畴。

90 年代初，司法研习助理的学习时间被延长，强制性继续教育则被取消以平衡预算，而同时法官规约在 1992 年特别认可了接受继续教育的权利。

如今，在统一的继续教育框架下，法官们可以在国家法官学院提供的年度培训计划中选择一种参加方式，提供的选择包括实习、学术研讨会、小组实验、法国或海外的各种研修班，其形式多样化，且将职业化与对外开放相结合，并寻求各方合作伙伴。近六成法官每年至少会选择一种继续教育方式。

（二）备受争议的学校

前文所述的批评，尤其是对"乌特尔案"中主要预审法官的工作的抨击，顺理成章地将法官的招收与培养模式推到了争论的风口浪尖上。因为主要问题都集中在该预审法官经验太少这一方面，这是他完成高等教育以来的首个岗位，同时也是真正意义上的职业生涯的开始。

从议会调查委员会在工作中获得的大量证词来看，能够得出这样一个结论：一个年轻法官既不善于管理预审卷宗，也不倾向于证据的对抗且迅速又固执地反对辩方提供的证据，因此而未能足够考虑到辩护权利。

且不论准确与否，这样的意见足以酝酿出那些对国家法官学院及其所代表的司法界全盘否定之声。最具代表性也最具体的例子便是巴黎律师协会在 2006 年 3 月所提出的最后八条建议。该建议主张创建一个法律行业的"大学校"（grande école），同时培养法官、检察官和律师。值得一提的是写在建议之

---

③ 这为期四个月的继续教育随后被分散在参加工作后的前八年时间里。

前的一段控诉："国家法官学院在创立之初就被认为是一种错误,显得与世隔绝,有时与现实脱轨,且必然会在内部形成一种不当的精英主义,还伴随着一种阻碍司法公正的权威主义。(建议)应当取消这个学校,重新考虑整体法律人的教育问题。"④

"乌特尔案"以来,各种针对国家法官学院提供的法官初始教育模式的批评重新活跃起来:思想"模式化"、过早地给年轻学生灌输法官职能的权力意识以及对律师的不信任、教学培训内部消化,绝大部分课程由法官教授、计划规定的各种实习经验获取不足……丹尼尔·苏雷—拉里维埃尔律师兼作家在早前就曾说过,国家法官学院是给一群具有小法官公务员心态的年轻人颁发审判许可证的地方。这一说法引起巨大共鸣,被视为对该校的所有抱怨之经典浓缩。

(三)国家法官学院的绝望还是复苏?

公权力在"乌特尔案"以后针对法官教育而提出的法案或草案则相对显得更谨慎。为了减少法官与律师之间的隔阂,议会调查委员会建议让司法研习助理在律师事务所做更重要、时间更长的实习,使法官与律师共同接受培训。委员会显得对最高法院首席院长的反对意见很在意,因而没有采纳取消国家法官学院以及合并法官和律师的初始教育的建议。该院长强调,在同一所学校里以同样的方式培养两百名未来法官和数千名准律师是非常困难的事情。这个人数分别与当今这两种行业招录的人数相符。不难想象,这样的教育合并,其结果极可能在现实中变成初始教育地区化,使初始教育必然置于强烈的地方司法权之下。笔者对法官教育方式的倒退是否能带来正面效果持怀疑态度。

司法部最近拟定的某组织法预案中,关于(法官)培训的建议与这几个月各方辩论的激烈程度相比,则显得与现实错位,因为它仅限于承认通过国家法官学院以外的途径招录的法官所接受的培训具有实习的特点。另外,无须立法者介入的措施也已经准备就绪,其目的是为了让国家法官学院里的研习生在波尔多学习期间与几十名准律师联合,也便于深入开展由律师负责的关于辩护权利的教学活动。

这些提议或法案多数都是有意义的,但是否适合"乌特尔案"以来的争论所产生的要求尚待讨论。

---

④ 《共同迈向更好的司法》,由巴黎律师协会所提出的八条建议,最后被法国律师协会于 2006 年 3 月 14 日通过,并做成小册发行。

首先有必要说明一点：法官不对影响其教育体系的缺陷承担责任。自从1958 年 12 月 22 日法令设立进入国立司法研习中心的考试以来，有超过 15条组织法对其进行多处修改；且自从第一届司法研习助理从国立司法研习中心毕业以来，司法部每年都为应届毕业生提供其筛选过的法官岗位。直到2005 年由政要们"发现"，法官的使命任重而道远且能对他人作出影响重大的决定，而这些职位可能由实践经验非常有限的年轻人担任。这样的"发现"必然让人惊讶。

从多方面来看，现在的（法官）教育制度都需要革新。

1. 更好地衡量国家法官学院报考者的素质

进入法官学院的竞考是典型的学院式考试，只有最优秀的学生或者专门为此做了充分准备的学生才能通过，后者通常是去收费昂贵的培训机构。这样得到的最终结果并不能反映出报考者本身是否具有当法官的根本素质。如今复试阶段的"大口试"并不能对此作出评估。法官招录的整个程序都应当能够判断考生的品格。我们的共和国传统使我们专注于公职招录的中立性，不考虑观点、宗教、性别等差异。因此，应当在招录过程中纳入对考生素质的评估，同时对评估标准配备避免偏倚的保障。这需要负责招录的评审团成员具有独立的人格素质，而且在职业上多元化，比如来自哲学、社会领域等。

2. 通过其他平行方式来保证招录的协调一致

通过非竞考方式的招录，在针对的人群层次上、每次给出的条件的特殊性以及程序的多样性等方面，都显得很杂乱。这样导致在分配法官职位时，不容易辨别出哪些岗位是需要有工作经验的人来担任。笔者认为，可以借鉴荷兰模式，在法官规约中规定对有工作经验者的招录必须按指定的比例进行，且遵循统一的程序，交由上述的招录司法研习助理的评审团本着同样的精神来完成。该评审团将考虑每位合格者的条件来确定其入职前需要在国家法官学院负责下所完成的岗前培训时间。

3. 延长在律师事务所的实习期限

从考试内容来看，初始教育的绝大部分内容，尤其是在法院里的实习经历，都使司法研习助理只将案件当事人放在法官之权力相对方的位置上。从这点上看，笔者认为毕业时所获得的那点经验是不够的，可以通过将只占用司法研习助理等待排名考试那两个月时间里的实习制度改在律所来弥补此不足。实习期显然应当延长，而且应使他们完全投入律所的实习里，尤其以辩护人身份通过会面、庭审和其他法院活动或去监狱探视等方式，去充分接触案件当事人。这种尝试的好处将会是两方面的：以更丰富、更多样化的目光去关注案件当事人，以不同的方式去处理与其之间的关系；同时更好地理解法官的位置和辩护的角色。

4.延长学时

议会调查委员会已经有此意向，提议延长在律所的实习，然而却在总学时上保持沉默。当下的总学时为 31 个月，没有任何富余时间，如果要推行上述的丰富内容，则总学时也理所当然地要延长。然而，这样的计划却遇到了管理和预算方面的保留意见。延长学时需要成本，而且司法方面将会有一年缺少应届生去填补空出来的职位。很遗憾，即将结束的退休低潮期没有被利用起来。有些人认为，公共服务机构中的学校推行比在国立行政学校（ENA）还长的学时不合适。实际上这种观点在分析上有严重的错误。从当法官的第一天开始，法官就在行使对人、对其生活条件、对其人身自由、对其财产的权力，无法与国立行政学校毕业的公务员相提并论。这就证明了法官的初始教育应当强度更高、为时更长。以调查委员会的分量明显是应当能争取延长学时的决定的，但现实中它们没有这样做。

5.重新制定第一任岗位的任命方式

最后，司法研习助理第一任法官岗位的任命方式值得（重新）思考。依照考试排名选择第一任岗位，是否能在行使司法职能时所直接带来的责任方面站得住脚？这里仍然不能参照公共服务机构里的其他学校，笔者认为，一旦最高司法委员会能有更多威望以及合法性的构成和权限，则司法研习助理第一任法官岗位的任命应由它或在它监督下根据职位和地理上的需要，按照法官任命的一般规定来完成。

二、法官的责任：惩罚还是预防？

法官的教育主要目的是为了使他们在工作中尽职尽责。如果他们对自己的职责置若罔闻，就会面临不同形式的责任追究。诊断出这些责任制度的不足以后，有些议案提议使其严格化，尤其在纪律方面，目的是为了扩大责任制度的范围并使其更有效。这样一条布满荆棘的道路，显得尤为坎坷。

（一）责任明确，但未必有效

对职业人士而言，其责任分为传统的三类：刑事责任、民事责任和纪律责任。

1.刑事责任

对法官而言，此类责任无须多说。法官对其在工作中或工作以外所做的一般违法之事承担刑事责任，不享有任何特殊待遇。而且，在刑法典中，还有相关规定打击那些在行使法官职能时可能构成贪污、拒绝审判或滥用职权的行为。⑤ 不过最高法院还是作出了一个重要的说明："……根据保证审判官独立的宪法原则，对司法判决的异议，无论是在其理由还是其主文方面，都只能通过行使法律规定的上诉途径来完成；此原则和判决前的合议保密原则使司法判决本身很难构成重罪或轻罪……"⑥因此，司法判决的内容和对法律的运用一般不会产生刑事责任。

2. 民事责任

民事责任在于损害赔偿。涉及司法机关的民事责任，则在很长时间里都没能真正落实，因为旧刑事诉讼法典第 505 条所设立的问责制度实施非常难，最终结果是司法机关和法官在事实上无责任。对此状况的批评越来越激烈，于是出现了改进。1972 年 7 月 5 日法律⑦宣布国家有义务"对司法公共服务不善所造成的损害进行赔偿"，但同时强调"（国家）只在严重过失或拒绝审判情况下承担此责任"。起初此规定被严格实施，之后逐渐被扩大应用。最高法院全体合议庭在 2001 年 2 月 23 日作出的某判决就是很好的证明，其中，它将严重过失定义为"一切由单个或一系列体现司法公共服务无能力完成其任务的行为所造成的缺陷"⑧，这在很大程度上降低了对严重过失进行定性的难度。同时必须指出，许多法律建立了特殊司法行为损害所致国家责任制度：对无行为能力人进行监护中的任何过失造成损害的赔偿责任⑨、修改刑罚判决情况下的赔偿⑩、对无理临时拘留的赔偿⑪。

相比国家民事责任在司法方面的高效性，法官个人的民事责任则是"躲在树荫下"。1979 年 1 月 18 日组织法在法官规约中加入了第 11-1 条，提到"司法系统下的法官只对其个人过失承担责任"，若"法官所犯个人过失与司法公共服务相关，其责任只能由国家通过诉讼来追究"，"诉讼在最高法院的民事庭提起"。⑫ 对法官的个人过失带来的民事责任的法律限制参照了法律中对行

---

⑤ 分别对应刑法典第 434.9 条、第 434.7.1 条以及 432.1 条。

⑥ Cass. crim. 9 décembre 1981, Dalloz, 1983, jurisprudence, p. 352.

⑦ 规定收录在当今司法组织法典第 L. 141−1 条。

⑧ Bulletin des arrêts de la Cour de cassation, n° 5, p. 10.

⑨ 民法典第 473 条。

⑩ 刑事诉讼法典第 622 条及其后。

⑪ 刑事诉讼法典第 149 条及其后。

⑫ 此规定收录在当今司法组织法典第 L. 141-2 条。

政责任作出的机构过失和个人过失之区分。个人过失,除了拉斐里埃尔所作的著名表达——"表现出人的软弱、冲动、鲁莽"以外,在行政法判例中,当它未超越公务时还可能有以下两种情况:工作人员故意犯错,且错误特别严重。根据这些参照,法官的个人过失显得应当从狭义来理解。没有对法官的追偿诉讼行为并不能表明反对此观点。

3. 纪律责任

法官的纪律责任是依法官规约(statut de la magistrature)第43条中的定义而建立的:"法官一切违犯其义务、荣誉、尊严、高尚之行为都构成纪律错误。"

纪律诉讼通过司法部长向最高司法委员会提出请求而发起,也可以由上诉法院院长针对违纪的审判官向最高司法委员会提出请求,或者由上诉法院检察长针对违纪的检察官去提出请求。根据违纪对象的这个区别,最高司法委员会中的纪律部分别由最高法院院长或最高法院检察长负责主持。对于审判官,最高司法委员会在完成诉讼的对抗制程序后作出裁定,若对该裁决权有异议,只能向最高行政法院提起上诉。相反,对于检察官违纪,最高司法委员会只给出理由充足的意见,享有惩戒权的司法部长可以作出更严厉的惩罚决定。(当事人)可以在最高行政法院前对该决定提起越权之诉。[13]

法官规约第45条规定的惩罚类型,依照从轻到重的惩罚程度,包括谴责、记过、调职、收回部分职权、撤职并可能停止发放养老金。

起初纪律程序非常少有,之后稍有增加,但直到现在都不能涉及司法判决的内容。遵从主流司法判例的意见,最高司法委员会认为它作为审判官的纪律委员会并不能"对法官的审判行为作出任何评判,因为审判权只属于法官,任何对判决的不满只能由诉讼当事人按照法律为他们保留的上诉途径来完成"。[14]

(二)迈向更有效的责任承担?

近年来,针对法官责任不足的批评倍增。2005年夏初,国家部长、内政部长就一起牵涉到一名获得有条件释放的犯人的杀人案所作发言再次引起不断的辩论。萨科奇明确表示采取此措施的法官应该"赔偿",并以比利时最高法

---

[13] 司法部起草的某修宪法案预案提出:将针对检察院违纪成员的纪律诉讼裁决权也交给最高司法委员会,司法部长必须服从其决定。

[14] 例如 décision S 57 du CSM du 12 décembre 1991, recueil des décisions dicsiplinaires, p. 293.

院的判例为例，允许当事人直接对法官的民事责任提出起诉，谴责国家未发起追偿诉讼。政府部长的言论并非没有含糊之处：受指责的有条件释放是由合议庭本着商议保密这一根本原则作出的决定，被提到的比利时案例只涉及国家责任，而关于审判行为缺少国家的追诉是完全解释得通的，因为困难在于很难将审判行为从机构过失中剥离出来认定为法官个人过失，只有后者才可能招致个人责任。无论如何，在此情形下产生的争论由总统接受，他委任司法部长去考虑法官责任一事。

为此，主要由司法部人员构成的工作小组展开了工作，而"乌特尔案"以来的辩论给讨论工作带来了更多的现实性。

讨论之后的结论几乎将法官民事责任抛到了一边。议会调查委员会没有任何提议涉及此问题，且近期司法部拟定的关于法官教育及责任的组织法草案预案也同样对此保持沉默。调查委员会在其报告中（第 481～488 页）仔细分析了追究法官民事责任的困难，尽管多次强调问题的相对性，但它仍然没有提出任何解决方案。司法判例中存在的个别以国家承担责任赔偿审判行为所致损害的判决，应该是能够有助于在法官民事责任方面提出同样解决方法之建议的。但只为这一类有规约保证其独立性的特殊公职人员专门进行立法修改，会破坏（整体上）机构过失与个人过失区分的标准。

另外，调查委员会对甘夏尔德教授在 2006 年 4 月 4 日圆桌会议上关于法官责任的发言非常重视。这位杰出的学者建议将赔偿受害者的问题与追究法官个人责任问题彻底分开来看，前者将只属于国家责任范畴，不管国家之后是否发起追偿诉讼，而后者将只在纪律层面处理。他尤其认识到，只要不把目标定在追究法官个人责任，赔偿诉讼就更容易考虑到审判行为上的过失。

调查委员会有部分提议希望通过改善评估以及在法官规约中引入职业道德规范来预防纪律错误的出现，这主要参考了刑事诉讼和民事诉讼中的指导原则，详见后文。涉及更特殊的纪律程序，委员会建议，作为当事人申诉对象的国家调解专员在必要时可以请求最高司法委员会介入；由法官过失导致国家赔偿时必然要启动最高司法委员会；违反刑事诉讼和民事诉讼的指导原则者可以受到纪律上的惩罚；以及最高司法委员会应一半由法官而另一半由非法官组成。这些提议的某些方面在近期司法部起草的文案中得到了一些回应，引发了某些思考。

（三）加强最高司法委员会（Conseil supérieur de la magistrature）的介入

许多建议希望让最高司法委员会在其作为法官纪律机构角色里了解更多

事情,不管是通过国家调解专员转交其收到的申诉,还是通过转交因法官过失致国家担责之判决的方式。

由一个独立的机构以有组织且可见的方式来处理当事人的申诉显然是合理的。如果说国家调解专员的独立地位和能力都有所改善的话,那么他是可以担当此任的。但仍然应当指出,鉴于当事人提出的申诉的多样性,最终还是可能需要相关职业的纪律机构介入,不管是涉及法官、公务员、律师、司法执达员还是公证员等等。像司法部近期起草的某条法律预案那样只聚焦法官是说不通的。

另外,单纯以纪律事务请求最高司法委员会介入需要符合一定程序的起诉行为。让国家调解专员来完成起诉行为是不现实的,最好是各方各司其职,将合理的申诉呈交给主管机关以向相关职业的纪律机构提出介入申请。对法官来说,主管机关是司法部长。他必须在一定期限内将后续情况告知调解专员,后者将在其年度公共报告中作出汇报。

同样地,也可通过设立检查机构来将当事人的申诉与最高司法委员会的纪律程序联系起来。检查机构由最高司法委员会在其以外选择一位高级法官负责,接受当事人针对法官的申诉且发起请求最高司法委员会的诉讼行为。这样的规定可以对申诉进行必要的过滤,而且能避免最高司法委员会的自主介入。很显然这必须是在最高司法委员会的权限及威望都得到提升的情况下才能实现的。

笔者认为由法官过失致国家担责的情形中请求最高司法委员会的介入也需要有筛选或过滤。不应每次都把判决交给最高司法委员会去筛选,哪些是违纪造成的,哪些不是。考虑到纪律机构的公正性这一要求,提出起诉的选择应当来自它以外的其他权力机构。因此惩戒性的判决应当交给可以过滤筛选的机构,如部长、法院院长或前文所提到的检查机构。这样能保证只将本质上是纪律范畴的由法官过失而引起国家责任的案件保留下来。

接下来笔者将离开此话题,转而主要通过审判行为问题来讨论纪律机构所处理的这些事情的性质问题。

(四)纪律程序是否能够管辖司法行为?

在法官规约中指出"明显且故意的判断错误"构成违纪以后,司法部最终在近期某组织法预案中保留以下说法:"故意违反刑事诉讼和民事诉讼指导原则构成违纪。"这一表述有一部分借鉴了调查委员会的建议。

这样的目的是为了能够起诉逾越前述之限制的法官。这些限制是最高司法委员会之判例在其将审判行为排除在纪律监督范围以外时特别强调的。

　　值得强调的是最高司法委员会之判例并没有把全部的审判行为都排除在纪律责任之外。法官逃避责任、延期完成任务、工作中的疏忽等通常都会带来追责和惩罚。最高司法委员会甚至还受理了一位预审法官作的"无视对被告的确定罪名"而不予起诉决定，⑮但具体情况是该法官在几天内向检察院转发了 27 份待解决的卷宗，然后在同一天下达了 27 个不予起诉的命令。最高司法委员会受理的理由不是针对法官作了何种选择，而是没有作出应作的决定。

　　然而最高司法委员会拒绝评价"预审法官在处理其负责的案件中的思考步骤"⑯，因此通常使法官所作的判决以及判决中的选择不在纪律范畴之内。

　　这种情形并不是法国特例，在所有民主国家的司法系统里都在谨慎处理根据判决内容而追究法官个人责任方面。这种责任纠问方式甚至在英美法系国家里完全被排除。比如在加拿大，公民被明确告知其在加拿大法官委员会提出的对法官的申诉只能针对法官行为，对判决的不满只能走上诉程序。在与法国更相似的体系里，意大利关于法官责任的法律排除一切在阐释法律以及评估案情、证据等方面的个人责任。还有其他许多例子，但可以确定的是，出于对法官独立性之核心的决定自由的保护，才会普遍出现对法官的审判抉择提出起诉这一建议的迟疑。另外，在法国，最高司法委员会的态度至今都被最高行政法院在关于纪律决定的上诉中予以肯定。

　　是否应当在这些条件下扩大纪律监督的范围？前述法律预案中规定的"故意违反指导原则"，若按照《小罗伯特字典》的解释来看，是指明知故犯的、有意的违纪，过失不包括在此定义中。因此我们所讨论的似乎与围绕"乌特罗案"出现的或对或错的谴责毫无关系。

　　那么，冒险去对一个敏感领域作修改有何意义，有何重要之处呢？最好不要去触碰纪律过失的定义，而是留给纪律方面的司法判例去做，在拥有更多案情的基础上去确定是否且如何去扩大过失的定义。

　　司法判例是根据具体案件来形成的，而且是有一定保障的。在最高司法委员会里，近期的修宪法案规定了其新的成员构成方式，增添了由审计法院院长在纪律部任命一位成员，那些保障当然没有消失殆尽，但我们可以对多数成员由谁担任的并且多数或是由司法官以外的人担任的问题表示哀叹，这仿佛成了一场类似宗教的战争。议会调查委员会提议过成员构成平等化，最终议会为何不采纳此提议使法官与非法官人数相等，从而令所有人都无异议呢？

---

⑮　Décision S 10 du 2 mars 1961, recueil des décisions disciplinaires, p. 170.

⑯　Décision S 55 du 27 juin 1991, recueil des décisions disciplinaires, p. 286.

三、结语

追究责任作为对所犯过失的惩罚,是必须的,但并非全部。在 1995 年《权力》⑰杂志上的一篇文章里,我们在谈"责任—惩罚"的同时,还提出了"责任—行动",这一说法是指一个人负责任地做事,职业人士负责任地工作。责任问题不再是错误行为随时面临着惩罚的危险,而是鼓励人去完成令人满意的、负责的行为。

"责任—行动"这一观点印证在法官身上,则是需要在多方面对良好的经验、良好行使职能的指导规则进行定义。

这一司法伦理道德领域在法国仍然是空白之地。法官伦理道德思考委员会,也叫"卡贝纳委员会",在 2003—2004 年的工作中并没有给出雄心勃勃的建议,因为很不巧当时的工作环境对法官甚至对最高司法委员会持有一种不信任态度。

议会调查委员会则呼吁希望制定职业道德规范。

这是否会审视那些违纪处罚条例? 若是,或许有序地利用 1958 年到现在可查阅的、由最高司法委员会公布的法官纪律相关判例就足矣。如果是最终以具体的方式探讨伦理道德方面,则应当动员整个司法界围绕着如何确定指导原则来进行。将法官们拒之门外而仅由政界来制定这些原则注定是要失败的。

The Reform of Judges' Training and Responsibility

Daniel Ludet

Abstract:The Outreau case has raised many questions, reflections or suggestions relating to the training and responsibility of judges. The author recalls the central role of the ENM in access to judicial, emphasizes the critics of this school, and puts forward a number of measures to better prepare auditors of justice for their future tasks. He also reminds the system of criminal, administrative and disciplinary responsibility of judges, before wondering about how to make this requirement of accountability may be

---

⑰　*Quelle responsabilité pour les magistrats ?*, Pouvoirs n° 74, Paris, Le Seuil, 1995.

more effective. In this respect, if a possible broadening of the disciplinary proceedings to the decisions of the judges is questioned, here is probably best to rely on judicial precedents (which are made from concrete cases) rather than legislative intervention. Beyond the question of the nature and scope of the sanctions, probably is even more than the need for judges an ethical approach leading them to identify best practices that can ensure the best possible exercise of their functions.

Keywords: education of judges; training; responsibility; national school of magistrates; professional ethics

普通法院系统和行政法院系统:为什么是二元体制?[*]

贝珂那尔·斯蒂赫 著[**] 李晓兵 译[***]

摘要:二元司法体制深深地扎根于法兰西的历史,并作为具有宪法价值的原则;但是,在欧洲和其他大陆的实践中,并非只有法国而是很多国家都采取了二元司法体制。作者认为,在确定管辖权范围时,在一些诉讼中所存在的可接受的不确定性是有限的并且容易克服;行政法院法官的利益具有无可争议的独立性,并且他们懂得行政内部管理,这使得他们在此方面的表现非常符合要求,并能够更好地完成使命。

关键词:普通法院 行政法院 二元司法体制

介绍法国的司法组织体系时,二元的司法体制经常构成一个困难。一个有智慧的年轻人,通过美国电视连续剧所展示的方法去理解司法,将很难明白为什么会有专门的法官对行政诉讼进行管辖。特别是一些具有盎格鲁—撒克逊文化背景的外国人,总是疑惑于为什么此类法院由公务员作出判决,并构成行政部门的一部分。即便在我们国家,二元的司法体制也是经常性讨论的主题:有关司法改革的反省往往就其原则、正当性、永恒性提出一些质疑。

为了进一步阐释,二元司法体制应该在时间和空间的维度上进行审视。

---

* 原文出处:Bernard Stirn, *Ordre judiciaire, ordre administratif: pourquoi deux ordres de juridiction?* in Philippe Tronquoy (dir.), *La justice, réformes et enjeux*, Les cahiers français, n°334, La documentation française, sept. — oct. 2006, pp.25~30.

** 贝珂那尔·斯蒂赫(Bernard Stirn),法国最高行政法院纠纷部门副主席,巴黎政治学院兼职教授。

*** 李晓兵,南开大学法学院副教授。

在法国,它是悠久历史积淀的结果:它被更替的政体所打造,又因其跨越宪法变革的永恒性而得到加强。不仅如此,二元的司法体制同时也在空间上存在。与最经常被人接受的那种认为该二元体制与法兰西历史相联系的理念相反,它不仅仅是法国的特例:行政法院体系在很多国家是一个事实,俯拾皆是的行政司法审查的特殊性更有助于强化其存在。特别是在欧洲,二元司法体制并未表现出问题。相对于今日的世界,二元司法体制展现出其优势。并不是说要论证其成为一种普遍适用的模式,但是此模式确实经受了各种考验,并经常成为正义的王牌。

一、时间维度上的二元司法体制:历史长期的积淀

二元司法体制贯串法国曲曲折折的宪法历史,并以其连贯性和牢固性一直作为一个主题而出现。二元司法体制可以追溯到旧王朝时期,法国大革命宣告了其诞生,执政府和法兰西帝国对其予以组织,后来的政权维持了其存在,直至共和时期又对其加以确认。

(一)从旧王朝时期到第五共和国

封建领主自告奋勇地作为纠纷解决人对于涉及公共事务的诉讼进行处理。"如果说今天的行政诉讼演变为依然与行政管理相关的特殊诉讼形式,它并非与大革命时期的权力分立相联系,而是与封建时期的权力融合相联系。"让-路易斯·美斯特(Jean-Louis Mestre)教授如此评价。自从 13 世纪开始,同样的方式就伴随着王权而进行。在不同的形式下,国王咨议院(Conseil du Roi)——经常被称为国王的平政院(Conseil d'Etat du Roi)——在司法方面以及行政方面辅助国王。平政院推事和诉讼审查官就在腓力四世(1285—1314 年)统治期间设立。类似的做法也存在于旧王朝和大革命之间的托克维尔身上。

由于担心高等法院阻挡革命的进程,制宪会议通过 1790 年 8 月 16 至 24 日法律的第 13 条规定将政府部门确定性地置于普通司法机关的管辖范围之外:"司法机关必须始终与政府部门的职能明确分离。法官不得渎职而介入行政机关的操作,亦不得以行政公务人员职能为理由而对其进行传唤。"根据 1795 年 9 月 2 日至 16 日宪章而制定的命令明确规定:"禁止在各种法庭上提起关于行政行为的诉讼,不论其诉讼事件涉及何种问题,否则一律以犯罪论处。"

这些大革命时期的法律规定使得政府部门在此后十多年的时间里未能真

正地接受法官的裁判。执政府时期才填补了这一空白,1799 年 12 月 13 日宪法第 52 条设立了一个机构,"负责起草法律和公共行政规章草案,解决政府部门方面所产生的问题。"1800 年 2 月 17 日法律以相类似的规定设立了服务于各个省长的省咨议机构。行政司法管辖权就此得以确立。除了二元司法体制之外,行政法院的法官职能也显示出二元性:最高行政法院既作为行政的咨议机构又作为最高行政审判法官;省咨议机构在省一级同样具有双重任务。

所有的政权都相继支持此机构,于是其宪法稳定性得到了巩固。行政司法的发展随着历史的演进呈现下列几个重要的阶段:最高行政法院于 1831 年实现了公开的庭审,与此同时,新设了作为国王的审计专员的职能,其于 1849 年开始以政府审计专员的名义进行活动;1872 年 5 月 24 日法律最终设立了冲突法庭,该机构在第二共和期间第一次露面,其授予最高行政法院委托司法权(它自己从此作出裁定)终止了司法克制(裁决——至少原则上——属于行政首长);1945 年,国家行政学院重新纳新替代了根据执政官于 1803 年 4 月 9 日命令而设立的最高行政法院助理办案员;自 1926 年起各省的咨议机构转变为跨省的,而到了 1953 年,则成为了行政法庭,并设置了新的行政诉讼的审理法官;行政上诉法院则根据 1987 年 12 月 31 日法律而设立。

行政管辖权发展的各个阶段与法兰西历史是紧密联系的。第一执政在共和八年设立的最高行政法院以其自有的天资担负起了旧王朝时期的传统使命,同时也满足了 1789 年大革命的渴望,特别是随着最高行政法院助理办案员的开放,保障了公民根据《人权宣言》第 6 条的规定"依其能力而不是根据其他的区别,除非其道德和能力而接近所有头衔、位置和公共工作"的平等机会。深受其最初的两个基本点的影响,在旧王朝时期和大革命时期,该商业裁判机构——拿破仑法典的创造者和本质上帝国政府的机构,在复辟之后依然保存下来,并被七月王朝所强化。有了在第二帝国时期重现的光辉,该机构自 1872 年 5 月 24 日法律颁布之后,演变成为共和国的一流机构。在维希政权时期之后,戴高乐将军显示出了勇气,任命其一流同仁中的一个——伟大的法学家、后来的诺贝尔和平奖获得者,勒内·卡森作为其首领,赋予最高行政法院在自由法国所有的荣誉。

(二)具有宪法价值的原则

此种连续性催生了具有宪法价值的原则。宪法委员会首先在 1980 年 7 月 22 日的裁决中提出了司法独立的宪法价值,此源于《宪法》第 64 条规定的普通司法权威的独立性和自 1872 年 5 月 24 日法律颁布以来共和国法律确认的行政司法系统独立的基本原则。在 1987 年 1 月 22 日、23 日的裁决和 1989

年 7 月 28 日的裁决中，宪法委员会同样确认共和国法律确认的基本原则，以确认行政法官的宪法性权力。宪法委员会的裁决当然地作出判断，1790 年 8 月 16 至 24 日法律以及 1795 年 9 月 16 日命令，"提出了普通司法机关与行政司法机关的分离在一般意义上其自身并不具有宪法价值"。不过，宪法委员会的裁决补充提出这些法律文件表明"法国的分权理念"，其孕育产生了共和国法律确认的基本原则，"据此，除司法机关管辖的权限外，行政法院对那些由行使执行权力的行政机关和其代理人、共和国地方公共团体、或者根据它们的职权或控制之下的公共机构，行使其公共权力作出的行政行为，具有取消或更改的终审管辖权"。这些原则在法律文本和宪法中都有所反映。《宪法》原始条文中并未明文对最高行政法院作出规定，但有对于最高行政法院推事的任命（《宪法》第 13 条）及其咨询的职权，不过其职权更为宽泛，对（政府提出的）法律草案和法令进行评价（《宪法》第 39 条），以及在最高行政法院裁决宪法生效之后制定的法律如果介入到行政立法事项的领域，可以通过命令来加以修改（《宪法》第 37 条第 2 款）。《宪法》中首次对于最高行政法院的诉讼角色作出规定是通过 2003 年 3 月 28 日的宪法修改，其中涉及共和国权力下放的组织机构，并将有关条文引入《宪法》第 74 条，根据该规定，最高行政法院可以对被授予了自治权的海外领地行政区域议会的某些种类的立法行为进行"特殊司法管辖的审查"。从此，《宪法》通过上述尽管有些特殊的规定，不仅规定了最高行政法院咨询的职权，同样规定了其诉讼的职权。

除了从法兰西历史中获得宪法性的权威，二元司法体制同样也在空间上存在，特别是在欧洲。

二、空间上的二元司法体制：一种普遍的模式，特别是在欧洲

虽然二元司法体制经常被认为是法国的一个特例，但事实上，它在全世界得到了广泛的实践。一些国家是受法国所采取的模式的影响，而更多的国家确认稳固设立的司法体制，如突尼斯的行政法庭或黎巴嫩的最高行政法院。有的国家是在比较近一些的时间才确立了行政法院体系，表明其牢固的法治国家信念，如塞内加尔、摩洛哥以及阿尔及利亚。行政法院体系也同样在一些与法国没有任何联系的国家存在，如哥伦比亚、泰国。

（一）依照三种模式建立的行政法院体系

在欧洲，行政法院体系被广泛实施。欧盟的 25 个成员国中只有 5 个国

家——英国、爱尔兰、丹麦、塞浦路斯和马耳他建立了单轨制的法院体系。其他的都有不同组织方式的行政法院，大致上呈现出三种模式。第一种是有着双重双规的"法国版"的最高行政法院：行政法官在普通法官旁边存在，其不但拥有司法管辖权，还扮演政府的咨询者的角色。比利时、荷兰、意大利和希腊的最高行政法院采用这种模式建立。第二种模式是如德国这样的，行政的法官和普通的法官相区别，同时他们自身又区分为不同的分支，比如财政诉讼在德国就和一般的行政诉讼相分离，只是拥有规定的管辖权。除了德国之外，相当多的北欧国家和东欧国家也采取了这种组织形式，特别是奥地利、瑞典、芬兰、捷克共和国、波兰和立陶宛的最高行政法院。第三种情形的国家是如西班牙或卢森堡这样的，最高行政法院纯粹专司咨询之责，或在所有层次设立行政法院，或至少在最高法院设立一个行政庭，以与普通法院体系相分离。

如此地大相径庭——吉·布哈邦（Guy Braibant）院长将其称为"司法多元"——表明并无所谓理想的模式，各个国家根据其历史、国家机构体系以及其理念和愿望来构建其便利的制度。她同时强调行政法院体系根本不是法国的一个特色。除此之外，即便是在采用一元司法体制的国家，对于行政行为特殊的司法审查也在加强。这方面较为典型的是英国，一方面，其最高上诉管辖权的角色，上议院在"司法审查"的要求之下服从于行政机关的要求，这并不被称为是权力行使的上诉。另一方面，一些特殊的机构得以发展。一些"行政裁判所"在许多领域出现，特别是财税、城市规划、社会权利和移民领域。2000年，高等法院的一个分支负责处理公共事务，被称为是"行政法庭"。即便"行政裁判所"是真正意义的诉讼管辖必需的前置诉讼，如果不存在专门化的法官，特别是如果贵族院依然是唯一的最高审判机构，那么英国法也在很大程度上为行政诉讼的特殊性提供了位置。

不论这些国家采取何种模式，欧洲的那些最高法院采取了其接受和碰到的经验，并在其判例中实践一种互相的倾听。这些国家逐渐地在欧盟和欧洲人权公约下实践同样的权利。同样，它们还分享共同的基本原则，在程序方面有它们自己的共同标准。尽管与欧洲宪法法院存在一些摩擦，这就意味着二元的司法体制。

（二）欧洲人权法院和司法双轨制

对于卢森堡的最高行政法院，欧洲人权法院 1995 年 9 月 28 日 Procola 案中的判决涉及了其二元的职能：司法管辖权和咨询权。此外，此判决还对于卢森堡当时限制其最高行政法院所分配的为政府提供咨询的权力作出了回应。但事实上，欧洲人权法院仅仅是为防止出现如下的情况，即由同样的人在同一事件中在咨询以及其后的诉讼阶段进行处理。关于荷兰的最高行政法院，在 2003 年 5 月 6 日的 Kleyn 案中，欧洲人权法院确认只要已经采取了这种防范措施，该机构就可以实施咨询和司法管辖的双重职权，而不使程序公正受到损害。

欧洲人权法院在其判决中以显著性理论的名义对此给予了更多的探讨，涉及程序性的模式，以辅助性和边缘性原则评价各国是否选择适当的方式以满足正当程序的要求，能够使其各自选择国家最高司法管辖权。但是，在这一点上，欧洲人权法院不仅涉及了普通法院的法官，也涉及了行政法院的法官。在 1998 年 3 月 31 日的 Slimane Kaïd 案的判决中，欧洲人权法院试图矫正总检察长在最高法院行使其职权的方式。欧洲人权法院 2001 年 6 月 7 日的 Kress 案和 2006 年 4 月 12 日的 Martinie 案的判决产生了一些结果，涉及政府的专员在行政法院的问题。但是，这些问题无法掩盖趋同性的主导优势，例如在程序方面的庭审公开、报告人的地位、法院的组成或判决的合理期限等。这些帮助欧洲人权法院建立与各国法院之间的交流，从而能更好地了解各国的特殊性。

二元司法体制具有悠久的历史，并在众多国家特别是欧洲国家实施。在实践中，如果二元司法体制未表现出真正的优势，它就不可能有如此的根基。

三、经受实践考验的二元司法体制：正义的王牌

二元司法体制的缺点是有限的，这些缺点并不妨碍此模式对行政管理的必要独立性和要求的回应。在法国司法机构如今的演进中，二元司法体制是其一张王牌。当然二元司法体制在技术秩序上亦有不方便之处：原告在寻找法官方面可能有困难；经常出现需要先诉审查的问题；在两个法院体系之间判例的不一致性不可避免。另外，在原则上也有缺陷：两个法院体系的分立对于政府来说构成了特权，这在整体上降低了司法的形象。但任何的缺点都不构成将其废弃的理由。

（一）很容易克服的技术上的一些缺点

的确如此，在两个司法体系之间的权力分配有其奇妙之处，但对于大多数的诉讼而言，任何的迟疑都不是不可能的。就其判例而言，冲突法庭一直不愿将分配的界限简单化，以免过分的精细而构成权限上的障碍。比如，除有例外

的法律规定外,所有的公共行政服务机构无论其被授予何种权力都是公共机构,[1]由此试图终止先前判例一直纠结的根据职能性质进行判断的无用且复杂的区别。通过其能量以及其性质,冲突法庭的行为表明在两个司法体系之间的权力分配并非重大不确定性的来源:受困于每年提交给它的五十多件诉讼——在两个司法体系面前提交请求高达数以千件——而只有这其中的少数会由于真正的困难而被移送。

当一个司法体系感觉到被迫由另外一个司法体系的法院所审视以解决其被提交的诉讼,先诉审查会降低正义实现的速度。"明确行为"的理论限制了其空间:根据爱杜瓦尔·拉菲日尔(Edouard Laferrière)的表达,这些将不被提出除非基于清楚的意思而存在怀疑的理由。在不存在严重困难时,民事诉讼的法官得就命令的合法性进行宣告,行政诉讼的法官得就国籍或财产问题进行宣告。刑事诉讼法官对此还不得上诉:1993年通过的新刑法典第 L. 111-5 条规定了刑事法庭解释行政行为、行政法规或个人行为的权力,在进行审查时,为了评价其合法性,当其依照其被提交的程序进行处理。最终此类问题获得了行政法庭的关注,为了加速在行政法官面前先诉审查方面的程序,最高行政法院保留给上诉法院的法官作出判决,以应对此类问题。这样的安排和组织,对于先诉审查问题的上诉不得被认为是程序期限方面的一个明显重要的因素。

如果这些成为可能,那么在两种司法体系判例之间的不同更多地是存在于理论上,而不是现实。实际上,最高行政法院和最高法院之间互相认真倾听使得这些都能够得以避免,在各种情况下能够迅速超越。同样很少存在,除非可能在一些很少的情况下,只是入口太窄以及重大操作问题泛滥的分析代价太大而没有被遵守。两个司法体系之间丰富的讨论带来积极的成果,就如同我们所能够观察到的一样,为了援引一些在过去二十年判例中所提取的例证,关于与国际条约在国内法律体系中位置不同的问题,使用欧洲人权法院所确立的原则或医院和医疗责任的规则。

(二)一个具有独立属性和特殊要求的行政司法体系

除了技术方面的不便利,对于审判系统区分原则的反对并没有呈现实质性的难题。法国政府部门无疑是在平等和责任方面最为关注的一方,因此行政司法系统对它而言构成一个特殊的领域。无疑,更为严肃的是担心多元化将使得正义受到损害:普通司法权威似乎被切掉一块而不能对政府部门的行

---

[1]　TC, 25 mars 1996, Berkani.

为作出判断，行政法官在政府的一个特殊机构，由于缺乏一个一般意义上的最高法院在所有的维度表达实现正义的权力，法官未被完全承认。一些对于这些问题的追问是允许的。但是这些在重大的部分都存在猜测。一些法官的权力被两种司法管辖秩序所分享。但是这在行政法院与宪法委员会之间同样存在着。更有甚者，还要考虑欧洲司法管辖权的位置，或许将来还有国际刑事法院。这样的分配在其更大的范围内并未构成完全实现其角色的障碍。

普霍斯佩·维也（Prosper Weil）教授认为，根据法国国家机器的权力分配来看，行政司法体系堪称"奇迹"，因为，仅就其本身而言就提出了两重挑战：独立性和独特性。

最高行政法院的独立性并非由法律文本所保障，而是历史渐渐赋予其权威的结果。这种权威先是授予行政法庭、行政上诉法院，随后其地位在历史演进中逐渐得到巩固，一是行政法庭和行政上诉法院的最高委员会的设立，二是赋予最高行政法院对于法院和法庭的管理。在 2001 年 8 月 1 日财政法的组织法所确定的框架中，授予了一个计划，将其自己置于"委员会和国家审查"任务之中，行政司法体系确立起曾经拥有的威望，在最近的公共管理的机构中，拥有完全独立的确认和保障。

它同时对政府部门提出要求。因为它熟悉其内部运作，它在审查其决定时从不迟疑，而且不仅对其合法性进行审查，还包括法律理由。在有关滥用职权的救济途径中，公共权力责任承担的法律向行政行为提出了一个比它在行使中更为严格的框架。与此同时，行政法官很不安地授予政府部门必要的特权，以行使为了公共利益而归于其职责。这一对于正义坚定不移的追求，在保障公民权利和授予公共机关权力之间的平衡，是行政判例的标志。除了增加的操作问题，在所有的领域，都呼唤一定的法官专业化，构建这一大厦在一个作为政府部门一部分的司法体系无疑将会更加容易。同时，作出的裁决最终将得到更好的理解，因为它们受益于提高的国家行政司法体系层级所授予的权威。作为国家最高级别的机构，最高行政法院提供给政府部门实现正义的保障。作为经历小数量的程序性目标执行的困难，在相当多的案件中有效地提高速度，为了超越而预见。

正义作为整体，行政司法体系应该进行调整以适应面临的不断增长的申请数量的新需要，回应快速和有效性的担心，在法律的复杂下保障司法安全。为达到此目标，二十多年以来多项改革措施得以实施：创建行政上诉法院，开设新的行政法庭，增加法官的人数编制和书记室的工作人员，减少程序性安排，工作方法现代化，赋予法院发布命令权和强制措施的权力，改革提交紧急状态的程序。当然，需要做的工作还有很多，就像普通司法体系一样。在此革新的努力下，两个司法体系互相提供理念，比如一些解决办法。但是遇到的问题在不断增加，以致若分开处理会更为有效，因为如果提出相同之处，它们同样被不同的对待。这样二元司法体系就共同构成了正义的王牌。

$$* \qquad * \qquad *$$

在一元或二元的司法体制之间，并没有一个理想而必要的模式。每个国家都根据多种因素而选择其自己的组织形式。建立在一院制基础上的法院体系，美国和英国的法院就是权威而平等的例证。对于法国而言，与国家的历史紧密联系的二元司法体系就是明证。它正在使得对于公共权力的司法审查变得容易。在今天世界性的要求面前，如同在诸多的其他国家一样，二元司法体制对于正义的演进作出了很多的贡献。

就其组织方式而言，二元司法体制并不构成法制统一的障碍。所有的法官在一个国家、在欧洲和国际上在其权限范围之内整体适用法律。这种分割的缺失得到了强化：宪法原则渗透在法律的不同部门，国家法官是首先实施欧洲法律的，刑事法官越来越多地对于行政活动作出判断，行政法官则更多地参考刑法典或竞争法。与正义的统一要求相对应，法律统一的要求超越了一元或二元的司法体制，正如最高行政法院在 2004 年 2 月 27 日的 Mme Popin 案中所作出的判决一样——"以国家的名义，以不可分割的方法"。

附录一：

司法官:一个群体或两个群体*

迪也日 S. 雷诺　著**;李晓兵　译***

司法官群体根据审判官(即法官)和检察官(即公诉人,总检察长和代理检察长)的区分,其不能构成一个统一的群体。争论存在于适当的特征方面,而不是在同一职业生涯中,一个司法官能否连续担任检察官和审判官的职位。

就其明显表现出来的职权而言:检察官掌管公诉,审判官扮演法官的角色。另外,检察官不仅仅执行司法部长拟定的刑事政策,而且还增加了刑事职能,其可以经常接受预审检察官书面提出的公诉理由。当然,在一个被提交的案件中,检察官可以就强迫的命令保持自由意愿,例如在要求其提起公诉的案件中,面对书面的公诉请求,检察官可以在庭审中采取不同于上级领导的陈述。

事实上,检察官可以向法庭阐术根据其主张起诉不是适当的,其主张给予更宽大的处理。这一情形很好地说明了"笔受拘束,口却自由"这样的一句法律谚语。但是,在实践中,这种可能性是相当弱的救助。第一层次的思考在于两种确定性区分的职能依次行使,甚至将法官分裂为两个不同的群体。第二层次的思考,更为现代,实现对于一个只能向另外一个依次"通过"的严格限制。第三层次的方案是减少等级的分量,在尊重总检察长作为保护者的刑事政策规则的前提下,取消在司法文件中向检察官给予指令的做法。

我们同样可以设置国家总检察长和高级法官,经议会权能委员会听证而任命,掌管实施政府的刑事政策,以确立政治权力和法官之间的一种接触。

法律家展示的是另一种情形:一致的规则能以相互协调的独特和不可相

---

　* 原文出处:Thierry S. Renoux, *La magistrat : un corps unique ou deux corps* ? in Philippe Tronquoy (dir.), *La justice, réformes et enjeux*, Les cahiers français, n°334, La documentation française, sept. —oct. 2006, p. 30.

　** 迪也日・S. 雷诺(Thierry S. Renoux),埃克斯—马赛第三大学教授。

　*** 李晓兵,南开大学法学院副教授。

容的职权支配一致的群体。对于此法官群体更好的管理，就人力资源而言，要考虑到各自的能力以执行这样或那样的职权，最终还有在其承担职权时的限制，就担任某一职位而言，一个古老的最小的要求就是，遵守职业道德并无缺陷，成员之间相同的职业准备，依法确立的法定等级和行使管辖权的有效分立，统统成为了实现更高质量和更为独立的司法这一目标的所有路径。

附录二：

正义的具体方式[*]

迪也日·S. 雷诺　著[**]、李晓兵　译[***]

一、司法组织体系版图(la carte judiciaire)

1958 年 12 月，一个相当大的调整方案得以实施，以使得从旧王朝时期传承下来的司法系统实现现代化。民事法庭的数量被删减。今天，现有的司法版图已完全不适应当前的形势，它应当作出调整以适应国家的行政和经济的现实状况。但是地方反对的政治力量非常强大，因为除了象征声誉之外还意味着撤回一个城市在法庭的诉讼，该法庭在当地能创造很多就业机会并创建了一种社会关系：法官、参与性法官(juges consulaires)、律师、诉讼代理人……它将是适当的，至少诉诸一个上诉法院对此作出区域性的回应，省则诉诸更高一级的法院。目前，在法国存在 35 个上诉法院[①]和 187 个大审法庭[②]，法院系统一共有 7675 个法官(法官和检察官)。一个更好的空间上的分配将获得法院工作人员的再发展，从而能在某些方面获得改观，例如，当前就职业

---

　* 原文出处：Thierry S. Renoux, *Les moyens matériels de la justice*, in Philippe Tronquoy (dir.), *La justice, réformes et enjeux*, Les cahiers français, n°334, La documentation française, sept.—oct. 2006, p.31.

　** 迪也日·S. 雷诺(Thierry S. Renoux)，埃克斯—马赛第三大学教授。

　*** 李晓兵，南开大学法学院副教授。

　① 其中五个在海外领地。

　② 其中六个在大城市之外。

法官和居民之间的比例，法国在欧洲是最低的。③

二、司法预算

在此领域，所有的改革需要通过具体方式大量增加，即便是可以为相关各方缩短距离的电视电话方式的听证和会议，它们也不能取代法官职位或法院书记官的不足，更为严重的是缺少预防犯罪的教养院之类的基本设施。毫无疑问，62.7 亿欧元的账目，2007 年的司法预算净增长了 5.2%。但是它并未达到 2002 年司法规划法律所确定的目标，其目标是 72 亿欧元的预算和在五年之内创造 10100 个新的职位。总计，所有的职位混合在一起，司法部统计的所有实有工作人数为 72023（等于全部时期）。司法预算（除了行政法院）是 26 亿欧元。司法新的问题④——非常节约的账目——接近法律⑤依然是障碍重重。以国家预算的 2.3%，法国司法的预算显然低于实际需要。

附录三：

法国司法组织机构

一、普通司法体系

第一种司法管辖权调整在个人（法人）之间的诉讼和惩罚对于个人、财产和社会的侵害。当该案提交给法官来判断对于一个人是否违法的怀疑时（未经允许而采取行动、偷盗、谋杀……），这是刑事诉讼管辖。那些并未遭受刑罚而是要解决冲突（租赁、离婚、消费、继承……），这是民事诉讼管辖。最后，一

---

③ 每 100000 个居民中有三个检察官和六个职业法官。关于此项数据，参看欧洲理事会多设立的一个机构——欧洲司法效能委员会的研究，特别是《世界报》2006 年 10 月 5 日的报道，亦可查阅网站：www. coe. int/cepej。

④ 调查的技术（电话监听、电视电话会议设施、基因分析、鉴定）是昂贵的，越来越多的司法的新问题出现。审计法院宣布"相当的超支（……）超支的范围意味着要由议会提升所有预算的投票"《司法预算的变形》Jean-Charles Asselain，科学、道德和政治学术协会，http://www. asmp. fr，该项花销具体的计划在 2005 年投入实施。

⑤ 根据 2006 年欧洲司法效能委员会的调查，法国在接近司法方面的数据在一个非常良好的状态：每 10000 个居民中有 134 个案件受益于司法援助，相对而言，意大利是 17 个，比利时是 95 个（《世界报》2006 年 10 月 6 日）。

些诉讼由特殊的法庭来受理，比如，被雇佣者对于被解雇表示异议，他认为这是滥用权力，则可以将其提交给劳资调解委员会。

一审		
民事司法体系	特殊司法体系	刑事司法体系
大审法院 　　超过 10000 欧元的诉讼案件：离婚、亲权、继承、亲子关系，不动产……	劳动法院 　　关于被雇佣者或学徒与雇主之间签订和履行劳动合同或学徒期合同的诉讼	重罪法院 　　可能判处有期徒刑直至无期徒刑惩罚的犯罪（更为严重的犯罪行为）
小审法院 　　低于 10000 欧元的诉讼和消费贷款、民事资格的诉讼	社会保障法庭 　　在社会保障组织和参保者个人之间的诉讼	轻罪法院 　　可能判处十年以下监禁的和其他的刑罚（罚金、附加刑、公益劳动）
邻近法院 　　低于 4000 欧元的诉讼（消费权益案件、相邻权纠纷、付款或行为的命令之诉……）	商事法庭 　　商业人员或商业组织之间的诉讼	违警罪法院 　　可能判处罚金的第五等级的违警罪。它设立于小审法院中，由一名法官担任
	农事租赁法院 　　在土地或农业建筑的所有人和经营人员之间的诉讼	邻近法院 　　处理第一级至第四级的违警罪
未成年人司法管辖		
未成年人庭法官 　　对受危害的青少年采取各种保护措施	未成年人法庭 　　青少年所犯的轻罪和未满 16 岁的青少年所犯的重罪	未成年人重罪法院 　　16 岁以上的青少年所犯的重罪

↓

上诉

上诉法院

当某个人或某些人不满意于一审法院的判决，其可以提起上诉。上诉法院对此案进行重新审理。自 2001 年 1 月 1 日起，重罪法院的判决得由 3 个法官和 12 个陪审员组成的新的重罪法院提起上诉。

↓

复审（权力）

最高法院

此院并不重新审理案件，但是它审查并确认法律是否被初审法院或上诉法院正确适用，该法院位于巴黎。

二、行政司法体系

和普通司法体系相区别，独立于政府部门，行政司法体系由三个层级组成。

直至 1953 年，行政诉讼还是被提交给拿破仑于 1799 年设立的最高行政法院，以及各省咨议院，转变成为省际咨议院。

1953 年的改革建立了各个行政法庭，继而 1987 年的法律创建了行政上诉法院。

行政司法体系的法官们拥有和普通司法体系法官不同的身份和培训。

一审

行政法庭

在公民和公权力之间的诉讼，即：

—国家政府部门

—地区

—市镇

—公共企业

例证：拒绝颁发建筑的许可证；涉及占地计划或开辟一条公路的争议；征收；公共服务活动导致的损失的赔偿的要求；拒绝颁发居留证；驱逐外国人出境；与直接税收及其税赋相关的争议；与公共契约相关的诉讼……

这是省际法庭。

一审

特殊法院
—难民申诉委员会
—各省社会救助委员会
—职业秩序纪律惩戒部
—遣返赔偿委员会

↓

上诉

行政上诉法院

如果任何一方当事人对于初审感到不满意，其得进行上诉。行政上诉法院对于已经审判的案件进行再审。

↓

再审

最高行政法院

它监督行政上诉法院正确适用法律。它对于和一些重要国家机关的决定相关的案件直接作出裁定。对于一些案件（极少数的情形下），它是上诉法院。它坐落于巴黎罗娅尔官。

资料来源：司法部，2002 年 7 月，参看 www.justice.gouv.fr/ * justorg/justorg6b

The Ordinary Court System and the Administrative Court System: Why is the Dual Judicial System?

Bernard Stirn

Abstract: The duality judicial system deeply rooted in the history of France and become one of the principles of constitutional values, then in the practice of Europe and other continents, not just France itself, but many countries have adopted the dual judicial system. The author thought that the acceptable uncertainties exist in some litigation, in determining jurisdiction, is limited and can be easily overcome. The interests of the administrative court have undisputed independence, and understand the internal administrative management, which makes they showed very urgency in this regard, and enable it to better fulfill its mission.

Keywords: ordinary court; administrative court; dual judicial system

刑事司法与安全和自由的保障[*]

让·达内 著[**] 陈雪杰 译[***]

摘要:在过去的几年中,立法者越发地重视刑事司法,以此来应对侵犯人身财产安全行为不断增长的趋势。该刑罚化运动(mouvement de pénalisation)主要表现为罪名的大量创设、司法程序的持续加速和惩罚的不断加重,然而此运动不可避免地引发了如何平衡自由与安全这两项基本要求的问题。关于这一点的必要性,作者认为也同样适用于监控办法(technologies de contrôle)。监控办法的增强可能会威胁到个人自由,因此刑事司法部门更要加强管理,严格处罚公共或个人主体对此监控办法的挪用、滥用行为。

关键词:刑事司法 刑罚化运动 监控办法 安全 自由

刑事司法用于应对可能触犯刑法和提起诉讼的情况。一方面,人们期望刑事司法能够惩罚那些严重违背社会秩序和基本原则的行为,也就是造成人身财产侵犯的重罪和轻罪;另一方面,长久以来,刑事司法还被看作是维护一切法律规则的有力武器,用于惩罚那些触犯法律法规的行为。20 世纪,在刑事司法这座巨大的"刑罚宝库"里能找到各种武器来打击处治违法犯罪的行为。

20 世纪下半叶,随着对财产侵犯的增加,同时一些社会传统制约机制即

---

* 原文出处:Jean Danet, *La justice pénale face aux exigences de sécurité et de liberté*, in Philippe Tronquoy (dir.), *La justice*, *réformes et enjeux*, Les cahiers français, n°334, La documentation française, sept. —oct. 2006, pp.9~13.

** 让·达内(Jean Danet),南特大学,联合研究组与国家科学研究中心(CNRS)6028 法律与社会变革。

*** 陈雪杰,华东政法大学法语教师,法国佩皮尼昂大学经济法与商贸关系专业硕士研究生。

家庭、宗教、行业协会、学校和军队的约束力的减退,刑事司法被推到了人身财产安全保护机制的顶端。不仅它的适用范围在不断扩大,而且它的控制力也在相应地持续增强。

在以警察治安为首、以判决执行结束为末的司法链条上,刑事司法要考虑到每一环可能积压下来的混乱、不慎、失职和错误等问题。法国乌特尔(Outreau)案就暴露了司法不安全的危机,从而推翻了先前通过公共讨论得出的结论。我们忽然发现,司法也会是造成社会不安全的一个重要因素:议会特别调查委员会对负责此案的预审法庭展开调查,由此媒体展开了持续数月的辩论,而辩论的目的就在于衡量这种不安全因素。与此同时,刑事司法被放到了民主社会所具有的言论、新闻和批评自由的对立面,当然,该对立是前所未有的。总而言之,这是一种痛苦地争取安全和自由的历程。因为每当涉及保障个人安全的时候,新闻自由就能将刑事司法的缺陷性呈现在大家的眼前。

但是说如果因为考虑到像乌特尔案中的缺陷性和媒体曝光问题,就缩减刑事司法和安全自由保障之间暂时的对立性,那就大错特错了。刑事司法需要改革,而关于对立性的缩减可能会阻碍我们衡量这种改革的成效性。因为安全和自由的保障正通过一种更持久、更广泛、更深远的方式影响着刑事司法。

安全的概念很大程度地改变了刑罚。1995 年 1 月 21 日颁布了关于把安全作为一项基本权利的指导性法案,安全法从而得以确立。此后,上述的现象在扩大其影响范围。今天要提出的问题就是保障安全是否一定会引起刑罚的加重,同时我们还要研究这场刑罚化运动到底要走多远。

安全和自由之间的平衡,一方面是一个公共自由和国际协定共同制约下的立法结合的问题,当然,这里的国际协定首要是指《欧洲人权公约》。另一方面,这种平衡也是一个和刑事司法紧密相关的问题,因为司法要保障安全和自由之间的平衡,而这就不可避免地要通过惩罚侵犯自由的行为来实现。然而,那些新兴的信息和监控技术,无论是否用于保障安全,都可能给个人和集体的自由保障埋下重大隐患。

上述两点无疑是刑事司法未来需要对抗的两个最重要的问题。安全保障和自由保障的问题一直都存在,而刑事司法要找到合适的方法来同时回应这两项要求。

一、通过刑罚保障安全?

1995 年 1 月 21 日法律第一条规定："安全是一项基本权利,也是行使个人和集体自由的条件之一。为了保障安全,国家有责任在共和国的领土范围内对是否遵守法律、维护和平及公共秩序、保护人身财产的行为进行监管。"如果说,此条文分别在 2001 年和 2003 年被修改了两次,之后的安全权并没有因作为"基本权利"而被质疑;如果说此断言的法律后果很轻,那么在接下来立法者的思想里,它的影响力却是毋庸置疑的。

犯罪行为、惩治犯罪行为、刑事处罚从此不断地受到立法者的审视。自从 1994 年新的刑法典生效以来,以及 1993 年刑事诉讼法典的两项重要修改以后,刑事司法迈开了改革步伐。毫无疑问,这项刑罚化运动还没有完成。

二、安全和风险成为新公共秩序的基础

刑法不仅处罚既遂或未遂行为,而且它已经越发频繁地将矛头指向那些犯罪预备行为。刑法会辨别那些虽未造成损失、但其存在本身已对他人构成侵权的风险。而风险过渡到行为,便成为了犯罪预备。这种对他人构成的风险,需要被特别对待。无论涉及故意犯罪还是过失犯罪,对风险这一概念的考虑都有助于重新确定犯罪级别。立法者在社会问题和社会现象压力下,创造出了一些罪名,而通过惩罚种种犯罪,新的公共秩序宣告诞生。新公共秩序有三种,分别用于维护道路和公共场所的秩序、协助治安和保护人身安全。

第一种公共秩序重新定义了道路和公共场所的使用。法律处治"问题人群"在道路和公共场所进行的某些对他人构成风险的行为,诸如在楼房大厅里的非法集会、攻击性的团体乞讨、某种方式的卖淫等。

第二种公共秩序对拒绝配合治安的执业者或普通市民予以处罚,尤其是在警察为保障安全而使用信息技术时,需要他们配合提供数据的情况。

第三种公共秩序结合安全和个人尊严的相关定义,倾向于限制有违道德发展的行为、或即使受害人给予同意亦不足以使其合法化的行为:如性骚扰、卖淫、(对新成员的)欺辱……不仅这种对人格安全构成风险的行为会受到处罚,一切对人身财产构成严重威胁的行为也都逐渐地被纳入到刑法管理范围之内。

三、及时处置违法犯罪行为的意愿

在这种环境下处置违法行为成为一个重要却又矛盾的挑战。一方面,刑事司法被认为要毫不迟疑地处置违法犯罪,通过多样化的司法程序不断提高"回应率"。必要的刑事回应,被受害人看作是重新得到社会认可的条件。这个要求促使立法者和法官在过去的三十年间不断地延长公诉的时效,而刑法本身也在扩展它的适用范围。但是,从另一方面来讲,在司法和地方行政机关共同监管下的公共治安并不是可以无限延伸的。虽然我们限制预防式的治安方式,却不得不提前采取某些措施用以防范特定犯罪行为。刑罚不会是、也不允许是由立法者创造的能够辨认一切犯罪的工具。除非在涉及某几种犯罪时,新技术能够在我们选择提起诉讼的前提下自动确认犯罪。当然这也是需要付出代价的。

司法只对被检举或被追查的违法犯罪给予一个回应,而且是在警察有办法能澄清事实的时候。所以说刑罚永远不会只是选择性的,刑事司法的作用在于把由公共治安决定的在某一时期突出的犯罪现象带到一个能接受的级别。一个基本认识是,它的威慑力只能是相对的,就像它对安全法的有效性作出的贡献一样。

在我们这个时代,安全这一概念不但深刻地改变了定罪范围和刑事司法在处理过程中的使命,而且还颠覆了刑罚里蕴含的经济学含义。为了刻不容缓地解决问题,司法记录应该得到合理的整排,否则法官在大量文件资料的重压下,很难公正迅速地作出罚款或监禁等处罚,也就不能达到这一目的。一些刑事处罚以外的措施和惩罚可以由检察官来建议,并由当事人来接受;还有一些刑事处罚甚至是监禁,可以由当事人在出庭大审法院前认罪并接受。这些处理办法都进入了我们先前提到的"刑罚宝库"。为了达到刑事司法的有效性这一目的,我们率先在司法程序领域以安全的名义发起改革。

四、刑罚的新种类和刑法的新任务

但是如果我们细心观察后续的改革,就会震惊地发现存在另外两种现象:一方面是出现了刑罚持续加重的运动;而另一方面也存在关于刑事司法任务的深刻改革——刑事司法不但要处以包括监禁在内的惩罚,而且还要以安全和防治累犯为由,监管某些刑满释放的人员。

迫于媒体和社会的压力，立法者试图通过加重刑罚的方式，给法官们发出坚定的信号。在某些改革的过程中，这样的例子不胜枚举：有期徒刑从一个级别过渡到另一个级别，例如从五年升至七年，或者从七年改为十年。其他的处理方法也有着同样的结果。新的从重处罚情节被写入法律从而产生了某些刑罚的加重。实际服刑和宣判刑罚越来越倾向于不一致，但某些情况下这一差异又并不明显。刑事司法仍然把处理问题和立即执行监禁作为目的。然而我们确认了另一个反常现象，就是在监狱人满为患时的集体赦免政令和大赦面前，实际服刑不得不作出让步。有时出于对监狱安全的考虑，我们不得不缩短某些犯人的实际服刑时间。

涉及一些更为严重的案件，司法迫于保障安全的目的，不再局限于刑罚的执行，而有了新的任务。先前的处罚主要涉及监禁，犯人最终或服满刑期或获得假释，值得一提的是在 2004 年之前假释仍然部分属于政治范畴。而此后，司法机构负责执行一切处罚，包括假释。在经过受害者申诉和专家鉴定的司法程序之后，法官作出判决，同时还要评估是否存在累犯的风险：这要通过罪犯在整个服刑期间的表现才能作出最终的判断。

此外，自从 1998 年 6 月 17 日颁布的关于打击性犯罪和儿童侵害的法案以来，司法机构对刑满释放的惯犯采取了一种新的手段，即社会司法跟踪（le suivi sociojudiciaire）。先前由警察秘密监控惯犯，而自此对惯犯的监管被归入刑事司法范畴。通过强制惯犯佩戴电子移动手镯的方式，能获得更持久、更有效的监控。以安全和防治累犯的名义，社会司法跟踪把对惯犯的监管划入了刑事司法领域。

保障安全的要求迫使刑事司法发生了深刻的变革。悬而未决的中心问题仍然是：刑事司法是否能以其强制力使得立法者保障安全的所有要求都得以满足？在刑事司法介入下的刑罚化运动并不能确保改革的协调性和清晰性，该运动甚至可能会突出一些反常因素，造成体制的不稳定，所以一切司法改革都要考虑到这种风险。

五、确保监管和自由之间的平衡

如果说先前一些保障某种社会监管的机构如今在退后，同时把刑事司法摆到了第一线的位置上，那么从而产生的刑罚过度问题给自由和基本权利的实现带来了一定的风险。新的危机随着信息社会的发展而产生了。当然，在用于公共安全领域，例如警察事务和司法文件时，个人信息和数据开发技术从未如此让人敏感。但是如今,这些技术的总和,即监控办法,已被应用于一切人类活动范围。它的强大之处在于,一方面,它是秘密无形的;另一方面,它被错综复杂的权力操控着,无论是私人还是公共权力,来自国内还是国际的权力。

六、监控办法下的安全和自由

随着这些技术的发展,社会中衍生出了诸多不安情绪,因为通过监控办法能核查出大量精确、有效的个人信息,从而使得辨认和监管完全成为可能。在银行数据的基础上,就能勾画出任何"危险人物"或者"目标人物"。通过不同的文件和银行的公共或私人性质的数据,以及这些文件的查询和交换,就能够综合整理出大量各种性质的私人或者特定人群的信息。

至此,监控办法使用的技术虽然合法却引发了不安情绪。自由和安全之间的平衡被打破,人群的恐慌自然而然地呈现了出来。客观地说,先前提出的问题可能既太狭隘又太过宽泛了。

首先,我们说它太宽泛了。因为安全的存在不能凭借权力威胁到自由;而法律则应该起到控制和规范的作用。安全更应该作为一个目的,使对危险的必要限制变得合理。但是安全的目的在我们所述的变革之前就是存在的。此外,对于我们当代人,这是如此鲜明,即使它的形式新颖而赋予的意义却不变。1793 年的《宪法》不就是恰恰强调了社会给予每个成员的人身、权利和财产的安全保障吗?革新不在于寻求自由和安全之间的平衡,而在于解决自由和新监控办法之间可能存在的矛盾,而这种新监控办法的目的就是同时确保安全和监管。

其次,我们说它太狭隘了。因为负责安全的机构对此监控办法并没有独占性。这些技术包围了人类一切活动范围,尤其是商业领域和工作、健康、娱乐等方面。而且真正的问题无疑是寻找自由和监控办法之间的平衡。在这种背景下,我们需要更加全面地认识刑事司法的角色。

关于这一点,其重要性可与 1789 年法国确立起来的安全权相媲美,但后者到法兰西第三共和国时才得以实现。关于这项权利,欧洲人权法院重申其在民主社会有着特别的重要意义,曾被视为其他一切自由的后盾。因为只有保障安全才能保障个人的自由生活及其他一切自由权利,包括公共和政治权利。

七、司法是自由的保卫者

可以说我们缺少一种基本的保障，这里说的不是人身自由，而是公民个人的一切信息、数据、记录的权利保障。因此我们能任意地对他人行使各种权力，从而把自由推向危险之地。假想出一个任何信息、数据、记录都不被使用的世界是徒劳的。反而言之，编撰出一部不仅能保护人身安全，而且能确保一切涉及"人格"的信息都被加密的法律，毫无疑问是必不可少的。所以在这些主要问题的处理上，欧洲法官需要更强有力地进行介入。

类似于安全保障，它能够允许每个人保护自身的信息、数据不被合法途径以外的方式掌握或进行任意开发。

在安全和刑事诉讼程序方面，这种新形式的安全保障有着足够的内涵。它涉及通过监控技术，对安全权和治安司法程序实行比例性原则。因为像所有的权利一样，只要是基本权利，它的基本原则就是相对的。譬如生物认证技术，这种对个人数据、信息的开发就给自由带来了风险，这些问题也已经摆在了立法者的面前。

当然我们的刑法典已经在第 226－16 条至第 226-32 条规定了这方面的侵犯人权罪，涉及个人文件信息处理、个人基因鉴定和指纹分析等。这些条目不常用，但不代表它们无用，只能说我们对此没有提起足够的兴趣。这种谨慎的态度也从侧面表明了揭露这些犯罪是相对困难的。

我们不能确定这些宽泛的罪名是否足够用，也不能确定它们能否区分故意犯罪和过失犯罪、对他人造成损失的行为、对个人或群体构成的侵害、公共机关或者个人实施的犯罪等等。从现在开始，无论是公共还是私人性质的文件和银行数据，它们之间的联系、转让、交换、买卖、偷盗都在公共安全和其他领域引发了相对模糊的自由问题。所以需要国家数据保护委员会（CNIL：Commission nationale informatique et liberté）、法官尤其是刑事法官先发制人以防止篡改和消除痕迹行为的发生，让侵犯自由的犯罪在刑事范畴得到惩处。如果相信在行政处罚和当事人的自我规范下，这些监控办法就能免除刑事司法的作用，那就太过天真了。

但是，还需再次说明，它的重要性远远超过了公安或司法部门掌控的文件。刑事法官负责惩罚侵害自由的犯罪，所以他在一切监控办法的重压之下，成为真正意义上的人民自由和基本权利的保护者。

然而，这项新的职能无疑是赋予了法官一种非常具体的能力，在此基础上,我们才能更好地判断刑事司法。如果刑事司法不能用于因纠正监控办法而带来的偏离、过度和错误等问题,它就不能成为期望中的"第三方权力"。所以前方仍然面临着十分严酷的挑战。

我们刚刚强调过,如何在监控办法的压力下保障我们的自由和基本权利是讨论的重点。这项对刑事司法提出的挑战毫无疑问是最新的,但我们也能从中总结出其他问题:刑罚过度的风险,对约束和僭越公民生活无充足保障的风险,还有倘若从监控办法中衍生出的非法行为绕过一切处罚而造成的不明确和不和谐的风险。如果法律和刑事司法对监管社会的重要性考虑不周全,就标志着它们在这种新形式权力下的衰落乃至放弃。

与刑事司法改革直接相关的重要环节可能看起来是体制化、甚至是程序化的。这些在我们前述的乌特尔案中议会特别调查委员会的工作和此案引发的社会辩论中可以看出。然而对于刑事司法的体制改革和诉讼程序类型的选择,若想取得成功,就要采用一切保障安全和自由的新措施。而所有的一切都要取决于监控办法的前途及其伴随而来的风险。

Criminal Justice Facing the Demands of Security and Freedom
Jean Danet

Abstract:In the past few years, the criminal justice has been more and more solicited by the legislator to respond to the increased violations for the security of personal and property. This movement of penalization, which is translated into new incriminations, an acceleration of procedures, and heavier sentences, inevitably raises the question of the balance between the demands of security and freedom. The necessary observation of these two principles, explains the author, also applies to the control technologies, of which the multiplication can be dangerous for individual freedoms. It is for the criminal justice to invest more in the sanction of possible abuses related to the use of these technologies, which involve both public and private actors.

Keywords:criminal justice; movement of penalization; control technologies; security; freedom

欧洲刑事诉讼程序的多样性[*]

让·普拉岱尔 著[**] 蒋莉君 译[***]

摘要: 欧洲各国的刑事诉讼程序经历着一场充满矛盾的变革:一方面,继续呈现出国家的特殊性(根据各国所属罗马日尔曼法系或普通法系);另一方面,各国的刑事诉讼程序又非常相近,由于受到欧洲法律的影响,特别是受到欧洲人权法院判例的影响。这种变革表现为对于基本原则的趋同性,又同时秉持各自法系独有方法的特殊性。

关键词: 欧洲 刑事诉讼 预审法官 证据理论

要概述欧洲各国刑事诉讼程序的多样性是很困难的。首先,因为形式的多样性涉及各国家的不同等级。这里必须提到"大欧洲",即欧洲理事会(由47国组成);以及"小欧洲",即欧盟(由 27 国组成)。其次,由于刑法学家们通晓其自身所在的法系;在非属于其自身所在的法系和法院管辖权不明的情况下,这种熟悉可能阻碍其理解。最后,尤其是在全世界占重要地位的欧洲,形成了两大不同的司法传统。其一,是占主导的罗马—日耳曼法系或称大陆法系,法律主导刑事诉讼程序,而且被编纂成一部刑事诉讼法典;法官的任务是解释法律,而不是创造法律,尽管存在一些重要的判例,尤其是在德国、西班牙、意大利和法国。其二,是普通法系(被英国和爱尔兰承认),没有专门法律和法典,法官拥有更多的权力(人们称法官造法)。

---

[*] 原文出处:Jean Pradel, *La diversité des procédures pénales en Europe*, in Versune réforme de la justice pénale?, Regards sur l'actualité, n°357, La documentation française, janvier 2010, pp. 37~47.

[**] 让·普拉岱尔(Jean Pradel),曾任检察官、法国普瓦提埃大学名誉教授。

[***] 蒋莉君,法国巴黎第二大学商法专业博士研究生。

当问题上升到欧洲刑事司法层面,尤其是案件提交至欧洲人权法院时,这种二元性变得模糊。更准确地说,是由于坚持《欧洲保护人权和基本自由公约》(简称《欧洲人权公约》),其适用于"大欧洲"范围——当人们感受到欧洲特有的刑事司法程序时,会进行这种比较。反之,当诉讼案件不涉及《欧洲人权公约》的原则时,将遵循各国自己本身的刑法。由于司法体系所显示的多样性,各国刑事诉讼程序可以从以下主要章节分析:审前预备阶段的机构、证据理论、被起诉人的状况、法官在庭审中的作用和被害人的诉讼地位。①

一、审前预备阶段的机构和预审法官的问题

在所有欧洲法律中,通常由警察局或警察总队进行首次调查。除普通法系国家的警察局自治外,均由检察院掌管警察局或警察总队的职能。

然而,某些欧洲大陆的法律却有预审法官的特殊存在(如在法国、比利时、西班牙、葡萄牙和希腊)。预审法官拥有双重权力:

——其一是调查权,在警方侦查之后继续开展,或者之前无警方侦查的。

——其二是裁判权,与法官一样地作出裁判,例如决定继续追诉程序或终止调查(发回重审或不再继续)。

自从多年前,越来越多的属于罗马—日耳曼法系的法律开始废除预审法官体系(德国在 1975 年,意大利在 1989 年),而得益于一种新的体系,由警察局或检察院执行调查,其中裁判权由一位法官在判决前同时裁定羁押,通过多种直接形式(如搜查和电话监听),以及继续跟进案件(德国的预审法官和意大利的初步调查法官)。有呼声希望法国移植这种"大模式"体系。

从 1945 年,法国的多个委员会反对此改革方案,最新的委员会是在乌特尔案件后组建的。② 这个委员会主张保留预审法官,至少是为了加强多个判决的合法性,遵循预审由三个法官组成的形式,这一主张后来由 2007 年 3 月 5 日法律所确立。在这部法律实施之前,由莱热先生主导的刑事司法研究委员会于 2009 年 9 月提交了一份报告,其中的首条建议是"将预审法官转换成

---

① 有时候,我们会参考司法研究委员会的报告(简称莱热报告,以委员会主席菲利普·莱热之名命名),该报告于 2009 年 9 月 2 日提交法国总统和总理。这份不知何时(通过何种方式)会被法国正式立法的报告确实触及刑事司法程序的多个方面(这份报告已经提交,并且引发刑事法律的修改——译注)。

② 案件中被起诉的人,在先行羁押了两年后,最终被法庭宣告无罪。

调查和自由的法官,并专门赋予裁判职能,调查法官成为检察官。

最近几个月,在等待一份批准由莱热先生提交的委员会建议的法律草案,法国内部对此改革方案爆发了激烈的争论。目前,主要有三项论据支持废除预审法官:

(1)同一机构不能本身既是调查者又是法官(根据罗伯特·巴丹泰的表述,同时是梅格雷和所罗门);

(2)针对预审判决提出的上诉被批准后,案件量从 1960 年 20％的下降到现在的 4％;

(3)预审通常并不具有更多的现实价值。

第一个论据被众多检察官所驳斥,因为调查官和法官的职能是可以合并的,此外,上诉情况仍存在。第二个论据根据的实际数据是,包括第五级违警罪并不需要提交到预审法官;更多被提交到预审法官的是复杂的轻罪案件(特别是经济和财政案件)和犯罪案件。至于第三个论据,从总体来说的话,并不有效;这可能是由于检察院太晚提交给预审检察官。

此外,也另有三项论据值得注意。

(1)比起没有规定这项程序的体系,拥有预审法官的体系并没有造成更多的司法错误,例如对于 2006 年乌特尔案件的议会报告与德国对此案件的描述是相同的:二十多人被以性犯罪起诉,先行羁押两年后被宣告无罪。英国司法界也同样有这样出名的错误情况。

(2)预审法官可以提起控诉或不予控诉,四件案件中有一件将不予起诉。反之,检察院同时是起诉人,则专注于提起控诉。

(3)关键是,相对于检察院的检察官,预审法官是一个独立于行政权力之外的机构。一旦预审法官消失,检察院处理政治和财政案件时将容易倾向当权者。莱热报告提出,在前述案件中的被害人,同样将可能丧失在民事方面自动诉求法官的权利。此外,调查法官仅有一份意见不连续的材料,并且只有在检察院请求时才会出现。在莱热报告中,指出了预审法官对检察院来说是一种制衡。

二、证据理论

(一)无罪推定

在所有的司法体系中,都围绕着这个问题:如何提供有力的指控证据,当此证据不能被证实时,将被视为无罪。

法律条文中坚持无罪推定,并不意味着什么。自 1788 年国王路易十六的声明宣言,到 1935 年英国上议院的著名案例,可用一段诗句表述:"在英国刑法的屋顶,一个金色的烟囱总被发现,即证明被控告人有罪是起诉者的义务。"到了今天,《欧洲人权公约》第 6 条第 2 款重述:"所有人被逮捕指控时,被推定为无罪,直到有罪事实被合法地证明成立。""合法地"一词很重要,因为其排除由其他不合法途径取得的证据。

无罪推定原则,存在众多的局限之处。

从某些方面来讲,只要媒体提出了一个简单的怀疑,甚至只是在先行羁押中,就如同已经有罪,这对无罪推定造成了实际和不能容忍的损害。

同样,当某些司法体系规定了举证责任倒置,限制了无罪推定:对于某些违法罪行,起诉人就不需要证明被告有罪,而是要求被告自证无罪。然而,与妓女共同生活,没有能力去证明其生活的经济来源时,在法国是否会被看作是"皮条客"(法国刑法典第 225 条第 6 款),并且同样存在于英国 1956 年的性犯罪法案。

对于无罪推定原则的例外条文,被证明是出自于现实原因。大多数情况下,当辩护人往往拥有有利辩护条件时,起诉人是没有能力去证明被告有罪的。由于这些无罪推定并非是抽象的,因此斯特拉斯堡法院对此认可,集合了法国最高法院和宪法委员会的判例,例如,1988 年 10 月 7 日 Salabiaku 诉法国一案。

(二)不合法证据

当证据为非法取得时,是否需要排除并取消指控呢? 当招供是在暴力或者威胁下,回答是显然肯定的、必须的。但是在其他情况下,国家的法律还是摇摆不定的。

普遍来说,法官对取消证据的标准有严格要求,因为不愿意轻易进入此程序。此外,只有当形式有瑕疵的证据同时"事实上侵犯到一方利益时",法国刑事诉讼法典才承认证据的无效。最终考虑的并不是侦查者和法官的错误程序的严重性,而是对辩护人所引起的损害程度。只有违反公序良俗原则时,才被自动认为无效,如管辖权和判例的公布。而英国法则坚持其他标准:(1)证据取得的形式;(2)罪行的严重性,关乎是否要取消。判例标准来自于 1984 年的警察和犯罪证据法案,其中第 78 条规定当该证据"对程序的公平性造成损害"时,法官可以排除证据的适用。然而,此条的范围很空泛,留给法官较大的解释空间。

三、被起诉人的状况

至少有三个关于被起诉人的问题涉及刑事案件的核心内容。

（一）审判之前的自由和羁押

当疑犯或被起诉人有可能逃跑或是累犯时，因为需要查找真相，所以剥夺其来去的自由就被证明是必须的。总之，对自由的剥夺，通过简单假设，一般更多地是先行羁押而不是拘留（原则上根据法律和违法类型，限制自由的时间是在一至六天之间），这对于案件的相关人和无罪推定造成损害。基于此原因，《欧洲人权宣言》第 5 条严格规定在审判前对自由的限制，但并没有区分先行羁押和拘留。

从所属体系来看，国家法律要服从欧洲法的要求，特别是关于先行羁押的。各个刑事诉讼法典之间采纳的条件很相近：首先是要有重大嫌疑和严重违法，与比例原则相结合，采取羁押只可能是在个体对社会造成危害或者事实是有可以预见的危险（意大利刑事诉讼法典第 275 条第 2 款，德国刑事诉讼法典第 1125 条第 1 款），或者有逃跑或再逃跑的可能。

反之，羁押的持续时间就因考虑诸多因素而各有不同，总体来说，由于羁押的最长时间被法律限定，关系到整个审理进程的连续性，如果法官延长羁押时间，就必须对此决定说明理由。委托鉴定或由另一法院作调查（特别是当委托是国际性时），羁押的时间长、执行缓慢。欧洲人权法院依据《欧洲人权公约》第 5 条③第 3 款规定的合理期限，裁定众多国家违反要求。欧洲人权法对此提出三个标准：一是案件的复杂程度，二是被起诉人的态度，三是司法的连

---

③ 《欧洲保护人权和基本自由公约》第 5 条（摘录）自由权和安全权：（1）每个人都享有自由和安全的权利。其自由不被剥夺，除依据下列情况且根据合法途径进行：（……）c）如其被有管辖权限的司法部门逮捕和拘留，需要有合理怀疑其违法行为或有合理理由相信有必要阻止其作出违法行为，或者在作出违法行为后阻止其逃跑；（……）（2）任何人在被逮捕后，都应该在最短时间内，以其能理解的语言告知其逮捕理由和对其所有的指控；（3）任何人在本条（1）c 段落所述的情况下被逮捕或拘留的，应该立即移送法官或由法律规定行使司法职能资格的其他法官，并且有权在合理期限内受审，或在诉讼程序中被释放。假释必须有人担保确保其出席庭审；（4）任何人因逮捕或拘留被剥夺自由，有权上诉到法院以便其在短时间内裁定拘留的合法性，并作出释放命令—当拘留不合法；（5）违反本条规定而受逮捕或拘留的任何受害人都有权请求损害赔偿。《欧洲人权和基本自由公约》第 6 条（摘录）公平审判权：3.所有被告均有下列特殊权利：（1）在最短期限内，以其可理解语言和详细的方式被告知，对其指控的性质和原因；（2）拥有足够的时间和必要的条件以准备辩护；（3）自行辩护或由一位辩护人帮助代为辩护，司法公益要求如其无能力聘请辩护人时，可以得到免费律师的帮助；（4）提问或要求传唤原告证人，并且同样可取得原告证人和被告证人的见证和审讯记录；（5）当其不能理解或不使用庭审所用语言时，可获得翻译员的免费协助。

贯性。

莱热报告确定了羁押的最长期限：对于所涉及犯罪行为的刑期在三到五年间，羁押最长期限是六个月；如果刑期是大于五年但小于等于十年的，则是一年；对于重罪，是二年；对于涉及恐怖主义或有组织犯罪，是三年。

（二）辩护权

辩护权的明显开始增强和扩大是从 20 世纪的。

首先，辩护权的扩大包括聘请律师协助的权利以及以一切手段确保其辩护权，例如，要求对证人听证。具体涉及聘请律师的权利和辩护的原则，依照欧洲人权法院其包含"刑事诉讼的双方（……）有权了解所有证据和向法官提交的报告（……），目的在于影响法官和听者意见"。辩护的原则包括"平等武装的原则"，此出自《欧洲人权公约》的抽象概念，由欧洲人权法院明确，指起诉人和被诉人之间的平等对抗。虽然证人听证程序是有效的；但当起诉人是维护普遍利益时，证人听证程序可能对于诉讼程序的其余部分是多余的，因此此时起诉人被赋予特权，如公共强制力和警方的公诉状。

通常上述辩护权被法官所承认，相反地，依据国家法律对警方调查阶段的规定却是不平等的。然而，欧洲判例在这点上是明确的。如在 2008 年欧洲法院法官的一项判决中，"平等诉讼的权利（……）充分显示正确和有效，需要确定普遍原则，即在警方对嫌疑人第一次审讯时，后者就可以聘请律师，除非有证据证明案情中存在理由，可能限制这种权利的特殊情况④。"

其次，辩护权意味着嫌疑人或被告有保持沉默的权利。部分国家的法律直接规定沉默权，其他国家则没有。同样，法国只承认，在预审法官前的首次审讯才有此权。在承认的国家，在调查时，沉默权包括庭审审讯的阶段，拒绝回答是无过错的，法官不能以此出对被告不利的迹象。然而，无罪的人将很乐意与法官说话。

（三）被控告人和起诉人之间的协议

被控告人和起诉人间的协议源于 19 世纪的美国司法实践：为了削弱庭讯，而加强辩护原则的作用，律师和起诉人开始在起诉要点、被告承认的事实和起诉人请求的罪刑上达成一致。此称为辩诉交易（认罪请求协议），这种做法逐渐延伸到普通法系的所有法律中，接着是延伸到罗马—日耳曼法系的大

---

④　Cedh, arrêt du 27 novembre 2008, grande chambre, Salduz c./Turquie, § 55. Voir, dans le même sens, l'arrêt de la Cedh du 24 septembre 2009, section, Pischchalnikov c./Russie, § 70.

部分法律（至今仍有些不同⑤）。采取辩诉交易的诉讼程序弱化了法官的指导原则，当刑事被告承认事实，法官直接进入定罪刑罚的步骤，庭讯中将不再进行听证。这对节约时间作用是明显的，并且同样发挥出了法庭的作用，至今已经相当普遍。总有些批评认为，简化程序对无罪推定造成损害（然而对事实进行了确定）和减弱了辩护权（然而刑事被告在同起诉人谈话时，有律师在场援助）。

此协商体系原则上是极好的，显示了如此巨大的能动性，在莱热报告中建议将其扩展到某些重罪案件，并提出一种"对原有程序简化"。即庭讯仍旧真实地在被告和被害人之间进行；如果事实得到承认，并且法院确保罪行认定的真实性，在得到肯定性回答后，就避免了对事实的辩论，只针对罪刑的辩论将被简化。

莱热报告的建议对"小重罪⑥"有价值，尤其是强奸罪。莱热报告反映了上诉至重罪法庭（例如定性未强奸罪）的被害人和检察人员双方的希望，注重诉讼程序的经济性，倾向于保留轻罪的界定（如性侵犯轻罪）。在上述协商体系下，被害人将满意；同时，重罪法庭的辩论应当被限定在量刑上（因此程序将有所简化）。

此建议也有些弊端。当起诉理由充分，而被告的唯一目的是为了获得减轻刑罚，此时就有存在虚假有罪辩护词的风险。此外，这种简易程序不能确保一定会赢得时间，因为法官为了决定所适用的刑罚，不仅需要关注被告的人品，还要关注被控告的事实。而且，这种协议不符合重罪法庭的严肃性。

四、法官在庭审中的作用

普通法体系中，在作出判决前，法官只是诉讼程序的守护人。依据交叉质询的对抗性模式，是双方当事人去寻找证据。法官只能旁听，并且在双方完成互相提问后才可以进行一次提问。如英国上诉法院的判决（1945 年 Yuill 诉 Yuill 一案），"当法官自己提问时，像是进入了角斗场，朝着一种模糊且充满矛盾的方向。没有意识到，法官剥夺了自己冷静和清晰观察的优势。"此外，法官没有掌握调查的文件。简言之，在普通法系，法官不是一个调查员，即使现在

---

⑤ 例如，意大利刑事诉讼中的谈判程序（le patteggiamento）和法国刑事诉讼中的到庭先行确认有罪程序（la comparution sur reconnaissance préalable de culpabilité）。

⑥ 根据莱热报告之意，不涉及判处终身监禁的刑罚。

出现了一种赋予庭讯法官更多权力的倾向。这种倾向出现在判例和法律中。如意大利法在 1989 年加入普通法这一阵营，明文规定审判法官有权询问证人和传唤在席的其他人。

在罗马—日耳曼法系，法官（庭长）则是一个积极的角色，他和陪审员一起讯问证人或命令补充案卷材料。根据德国《刑事诉讼法典》第 244 条第 2 款，法院"应当自己找寻真相，将调查职能扩展到所有事实和对作判决起决定性证据的方法"。由于这条法律导致法官需要寻找证据，并且直接判断，没有中间人（正式直接性原则），这就要求法官必须无中断地参与庭讯（第 226 条）。

莱热报告建议我们的法律加入普通法阵营，去除法官寻找证据的身份职能和辩论领导人的职能。这个建议将与废除预审法官同时进行，可以保证对法官的保护，应对辩护中的攻击。

莱热报告的建议虽有可取之处，但存在延长案件审理进程的风险，因为控辩双方在庭审辩论中充当着更重要的角色。是否需要提醒人们，美国的辩诉交易产生于过多的对抗，并且今天 90％案件依据辩诉交易（认罪请求协议）处理，其几乎造成案件陷入困境。而且，强行减弱审判庭庭长的作用并不是我们的传统。在 1993 年 1 月 4 日的一项法律中已经作出尝试，但在同年 8 月 4 日被另一项法律废除。

两大法系唯一趋向一致的方面是关于证据的判断。大陆法系主张内心确信，而普通法系主张排除合理怀疑外的确信，有时这两者表达的是同一事物。这两者唯一的不同在于其规则的来源。在 18 世纪，这种无合理怀疑之外的确信产生于英国法官对陪审团的指令。在法国，内心确信原则出现在 1789 年的大革命中，是对抗之前体系的合法性的产物，当这样一个证据存在时就要求法官判决，即使他的确信是相反的。

五、被害人的诉讼地位

第一个问题是被害人是否有权起诉。在法国，被害人可以有效地直接引用之前起诉法院的判决，或者是通过民事途径提交到预审法官。在 20 世纪初，这两种途径正式由判例（1906 年的 Laurent Atthalin 案）确认，并且对被害人而言是个重大胜利，特别是检察院消极不起诉时。此外，在大部分国家，被害人只能向警察局提交投诉，然而起诉人有进行起诉或不起诉的自由。法国法对于被害人更有利，并且法人例如工会和社团也被法庭承认，许多的特别法因此被通过。有些情况是滥用"所谓的被害人"。立法者采取了多种手段遏制滥用，如对"所谓的被害人"追究损害赔偿，补偿因为"被害人"行为而被错误起诉的人。如果其起诉行为被裁定为恶意的或拖延的，可以对"所谓的被害人"判处民事罚金（最高达 15000 欧元）。

第二个问题是被害人是否可以得到由于刑事法官违法所造成的损害赔偿。罗马—日耳曼法系给出了肯定的回答，被害人可以起诉（法国、比利时）或调解（德国、荷兰、意大利等）。相反地，在普通法系，被害人只是一个证人，只能通过上诉到民事法官或道德途径取得赔偿，前些年，法律授权刑事法官给予被害人补偿的权力，例如增加刑罚或代位求偿。总之，这种补偿是不太现实的，法官职业的终身制是重要因素。概括为，相对于大陆法系，被害人不能作出任何要求。

此外，被害人的概念有严格的划分，在司法体系中：通常分为直接被害人和违法行为被害人，而刑法法官只是违法行为人的法官。

六、结　语

尽管基本原则是大模式受到斯特拉斯堡法院判例不断增加的影响而逐渐趋同，但普通法系和罗马—日耳曼法系还是存在很大差别的。值得注意的是，罗马—日耳曼法系和普通法系拥有一些同样的"判决"，如（辩诉交易）协议。此外，莱热报告只听取了赞扬的意见。这种定位的实际受欢迎度和必要性，仍旧有待证明。

The Diversity of Criminal Procedures in Europe
Jean Pradel

Abstract：The criminal procedure of European nations experiences an paradoxical evolution：on the one hand, they continue to present the national particularities (according to whether they fall within the framework of a legal system Romano-Germanic or Common Law); on the other hand, they are quite close under the influence of European law, in particular through the jurisprudence of the European Court of Human Right. This evolution results in the convergence of basic principles; meanwhile theses legals systems maintain own technical specifications.

Keywords：Europe; criminal procedure; Pretrial judge; theory of evidence

法国刑事诉讼中的法官独任制*

伊夫·斯特里克莱 著** 田庄 巢志雄 译***

摘要:法庭的组成问题是法国刑事诉讼领域的一个热点问题。实定法往往在法官独任制与合议制这两项制度间摇摆。独任制的优点主要是迅速、经济,且利于对罪犯进行教化;合议制的优点是更专业可靠,减少纪律问题与降低主观主义风险。法官的职能是依据法律,作出中立裁判,这是法官合法性的来源。随着违警罪法院权能的扩大,法官独任制适用范围也得以扩张。

关键词:独任制 刑事诉讼 法国

法官的独任制和合议制一直是刑事诉讼领域一个争执不下的论题。最近的一次论战重新回到了这一选择所面临的挑战上。一句法谚曾云"独任制有失公正"。然而,通过围绕轻罪法院对这一问题进行相关的阐述,证明了在轻罪法院适用法官独任制并无本质危害,只要对之加以限制即可。

某位法国总理曾说,不应由某一法官个人,而只能由合议庭来作出司法裁判。法国法官职工联盟主席瓦勒·图尔西(Valéry Turcey)认为,这一看法存在严重错误。Bonnal案表明,当考虑确保司法公正所需的构成要素时,合议制也总是隐含着问题。

实定法受司法组织形式的变化的影响,时常在法官独任制和法官合议制

---

* 原文出处:Yves Strickler,*Le juge unique en procédure pénale*,Les Petites Affiches,n°35,18 février 2002,pp.9~14.

** 伊夫·斯特里克莱(Yves Strickler),尼斯大学法学教授,私法研究中心主任。

*** 巢志雄,中山大学法学院讲师;田庄,中山大学法学院本科生。本文曾由海南大学王洪宇教授于 2004 年翻译,并发表于《中国刑事法杂志》2004 年第 3 期,但是翻译错漏较多且严重。故译者予以重译。

这两种制度间摇摆。在司法演进的历史过程中，总不乏对司法组织形式所应遵循的原则的讨论，它几乎要成为一个老生常谈的话题了。在这一点上，可以援引 1929 年布加勒斯特会议（Congrès de Bucarest）对这一问题，或者更确切地说，对轻罪的裁判，以及对在 19 世纪末被废止的采取了两项相对立的原则的草案①的讨论：一方面，是在审判时采用陪审团制度的意愿[1870 年的草案，奥托兰（Ortolan）是该项草案的主要负责人]；另一方面，与之相反，一项由英国引进的草案，旨在在大城市中引入法官独任制（以加快轻罪审判的进程，缩减先行羁押），然而这可能产生基于轻罪的严重程度及犯罪地的确立所造成的管辖权的失调。

从过去的体制当中（特别是刑事长官的设立，以及王室法庭，它们在开始时都是由单个法官独立办案的），可以发现在刑事法庭中采用法官独任制的例证。相反，在法国大革命时期，根据 1791 年 7 月 27 日颁布的法律，违警罪法院的审判庭由市议会指定的三名普通官员构成（1795 年 11 月的法典取代了以市议会的投票为基础的制度，但它并未产生预期的结果，也就是由一名治安法官以及两名陪审员共同组成审判庭）。随着 1808 年刑事诉讼法典的颁布实施，只有情节轻微的违警案件通过单个法官（治安法官）进行审理。

此后，法官独任制一直处于关注的焦点。我们熟知的有违警罪法官（之后演变为治安法官），或者是由 1945 年 2 月 2 日颁布的法令所设立的少年法庭法官，后者兼有预审及裁判的职能。② 同时，不能忘记二战后一段时期的法西斯奸细审判（从 1945 年 1 月 13 日颁布的法令到 1948 年 8 月 18 日的立法）。

我们还可以列举出预审法官、刑罚适用法官和预审法庭庭长，尽管他们并没有裁判权限。随着讨论的不断深入，可以发现，各种类型的法官独任制都与预审法官的职能相悖。我们通常认为，预审法官应采取合议制的形式处理案件，在条件不允许的情况下，我们倾向于让他们同自由与羁押法官合作。③

现行实体法表明，犯罪与司法权限的等级越高，法官合议制就越发地显得常规（违警罪法院、轻罪法院和重罪法院，将讨论范围限定于普通法院之中，我们还可以增加上诉法院和最高法院。总之，这是以普通法作为标准来展开讨

---

① 参见 Ortolan，Elément de droit pénal，Paris，Plon，1875.

② 参见该法令第 8 条；它并未给公正性要求制造任何困难。也参见 C. E. D. H.，24 août 1993，aff. Nortier c/Pays—Bas，série A，n°267。

③ 2000 年 6 月 15 日出台的第 2000-516 号法律，强化了对无罪推定原则和受害人权利的保护。

论的）。现有的观点已经相当符合逻辑，即待判决的问题的重要性决定了受理案件所需的法官的数目。"只有在重要性并不显著的案件中，法官独任制才能发挥其简便、快捷的优势"。④

法官合议制被采用的时候，往往会伴随着奇数制原则（但有例外：一方面，重罪法院的审判庭在初审判决量刑时，必须以至少八票对四票的比例通过；另一方面，最高法院在赞成与反对票数相等时，将根据《法国司法组织法》第131条第2款，召开一个混合庭的会议），同时还伴随着评议机密性原则（当然现实情况也有一定出入，在一些国际法庭中会同时公布合议时的异议意见）。

从比较法的层面上看，所有的国家都面临法庭构成的选择问题。在英国，法官独任制构成了普通法；同样地，在西班牙新修订的诉讼法中，一审案件原则上都采用法官独任制（上诉案件则采用法官合议制）。法官独任制同样存在于所有罗马—日耳曼法系国家。例如德国的区法院，作为普通法院系统中的刑事法院，它有时采用独任制，有时采用合议制（按照助理法官的模式运作）。

在法国，有一句众所周知的法谚：独任制有失公正。这一法谚一直延续至今，令法国人民感到十分诧异，因为在这一国度矗立着圣·路易（Saint Louis）的雕像——它在栎树底下主持正义。这尊雕像是法官独任制的原型。这一基本问题引起了国家法官学院的简·玛丽（Jean-Marie）的质疑⑤，她进行了相关的实践性实验，实验结果并不能得出合议制是司法公正的必要保障这一结论。如果我们在这一问题的讨论上暂缓片刻，不难发现，是某些独任制法官而非某些合议制审判团流芳后世，为后人所传诵。⑥ 有必要对这个问题进行深入研究。尽人皆知，目前针锋相对的论据是不容忽视的。这些论据的陈述，可以用于解释法官独任制所取得的进展。

一、针锋相对的论据

如果说目前相关的论据主要集中于技术层面，那么从政治层面来审视司法职能则是一个新的视角，将关于法官独任制这一问题的讨论引向了一个正确的方向。

---

④ Ortolan，见上述引文。

⑤ R. T. D. Civ. 1992. 532.

⑥ 例如，所罗门（Salomon）法官，圣·路易（Saint Louis）法官，以及距离我们更近的"优秀法官"马里奥（Magnaud）。

(一)技术层面

就法官合议制而言⑦，人们往往会强调通过这一方式作出的判决的可靠性，它能够避免法官有意或无意造成的错误。一方面，人们通常会考虑到，媒体以及权力部门施加的影响，有可能给法官造成一定的外部压力，以及法官面临的发展问题。这一切可能会带来贪污的风险，以及可能引起司法部门内部的纪律自查。另一方面，人们也考虑到，隐匿审判庭成员的姓名，将有效防止罪犯的报复（以之前提到的公布合议时的异议意见为前提）。

在判决作出前进行合议，能通过深化司法的专业性来减少司法错误的产生。除此之外，更可以强化年轻法官的培训。

此外，合议制能够降低主观主义的风险（一个经典的例子，就是有关狩猎罪的判决，往往会受到法官是否爱好这项活动的影响）。用最高法院院长德莱（Drai）的话来说，合议制往往会被看作一项"谦虚与容忍的课程"。⑧

补充谈到公众对司法部门的印象，他们认为司法部门倾向于承认一项新的职权，该职权凌驾于数位法官作出的裁决之上，这是有违传统的（然而这并非一个最佳的论据）。既然存在这样的可能，通过申请将独任制转换为合议制，那么独任制就显示得如同规则中的例外，在理论上仍是合议制占主导地位。另外，法官合议制突出强调它所宣称的一些功能，比如脱离个人审判以及直接与主权国家挂钩。⑨

也有相当的论据支持法官独任制。⑩ 首先，法官独任制能够迅速处理案件，从而有效应对轻罪案件的迅猛增长。另外，它能够带给法官更多的自由裁量空间。着眼未来，我们不能忽视审判期限合理延长所带来的后果，以及斯特拉斯堡法院所采取的警诫。其次，从同一角度看，对于一些特别简单的案件，商议几乎是毫无意义的，尤其是补充考虑到在现实中一些合议往往只是形式上的（特别是在裁决是当庭宣判的时候）。特别是在轻罪法院中，只有主审法

---

⑦ 在合议制的倡导者中，必须提到的是 Magnol 院长，以及 Stéphani 先生，Levasseur 先生，Bouloc 先生；卡尔伯尼埃先生撰文《生来对法官独任制反感》。参见 J. Carbonnier, *Flexible droit，Pour une sociologie du droit sans rigueur*，L. G. D. J.，p. 406：l'instinct répugne au juge unique。

⑧ 关于最高法院的全体会议及它的 25 位成员，参见 XXIe coll. I. E. J.，Dalloz 1996。

⑨ Th. S. Renoux, in XXIe coll. I. E. J.，op. cit.，p. 113.

⑩ 在论据的提出者中，需要提到的是 mile Garçon；p. Estoup, *La justice française*，Préf. J.—D. Bredin, Litec, Gaz. Pal. 1989, pp. 253～254.

官阅读了案件卷宗,而就同一案件而言,陪审员并不是常设的。陪审员通过在庭审中产生的印象,以及由主审法官指出的、并在合议中经过讨论的判案依据,形成他们的内心确信。⑪ 考虑到主审法官的主导地位,最终的判决可能是站在主审法官的立场上作出的。

另外,法官独任制使法官更深刻地认识到自己的责任(从一个相似的角度看,这也是一个裁定的问题,尤其是在承受着前文所述的外部压力的情况下作出裁定的问题)。同时,考虑到它的独特性,在独任制庞大的立法规制面前,法官的专门性有可能得到更多的推进。

此外,独任制使法官与受审判的人产生一种直接的联系,继而营造一种更为轻松的司法氛围。它与刑事诉讼程序所追求的目标一致,也就是使罪犯最终重新被接纳到社会生活中(我们应该注意到,对于少年法庭而言,这一点是至关重要的)。

我们补充分析道,在现实中,即使双方当事人被赋予申请将独任制转换为合议制的权利,他们却甚少行使这一权利(因而总是存在这样一个疑问,这种情况是否暗含着当事人的忧虑:担心申请后可能会被法官所轻视,或是可能会被认为阻碍案件的迅速裁决)。

关于年轻法官的培训问题,他们在法院实习期间跟随在职法官进行学习,这一点所取得的成效并不低于在合议制法庭进行学习——独任制完全胜任法官培训工作。

最后,从经济层面进行考虑。法国在长期以来一直保持法官数目的相对稳定,与此同时案件的数目却在不断增长(十年以来增长了超过一倍),因而由一个法官取代三个法官是有一定依据的。在独任制的发展过程中,有些人隐约看到了法官待遇提高的可能性……这尤其是降低诉讼成本的手段。经济成本和时间成本一样,是司法改革的考虑对象。⑫

经济因素固然十分重要,但还应当形成一个良好的司法体制:在当今合议制占主导地位的情况下,独任制是否能够有效处理案件?可以从政治层面继续对法官合议制的问题进行探讨。

(二)政治层面

奥尔托朗(Ortolan)在 1875 年出版的《刑法原理(éléments de droit

---

⑪　p. Estoup, *op. cit.*, p. 251 et s.

⑫　Adde A. Garapon, *vers une nouvelle économie politique de la justice?*, D. 1997, chr. 69.

pénal)》一书中⑬,确立了权力与程序间的区别。为使这一权力发挥效力(这里是指施以刑罚),必须经过适当程序。将这一区别引入我们的讨论当中,为了对公民进行管理,权力构成了司法权,而程序则形成了应当遵循的诉讼法。从而,司法权发展成一项组织化的社会权力,与政治权利相联系,在宪法框架下运作。

但是法官的职能并不属于政治职能。法官行使国家权力时,不受政府制约,他们的基本特征是独立存在于体制之外。

尽管如此,法官仍有权作出决定。我们必须回到一个首要问题上来(最基本的含义):法官是什么?⑭ 法官是被赋予审判权力的人。法官,就是裁判者。那么何为裁判?裁判就是给出一个意见,无论好坏,是作出一项决定。然而我们不禁质疑,行政管理同样也是作出决定。因而,有必要使之更加精确:法官通过阐明法律来解决讼端。他们仅拥有确定应适用的法律的权力。欧洲人权法院的法律原则表明:裁判,是指在法律规则的基础之上,通过合理的诉讼程序,解决属于法官职权范围之内的所有问题。因而,法官在社会中行使必要的职权(根据《法国民法典》第四条"禁止拒绝裁判原则",这项职权同时也是法官的义务),行使中立的权力,以及起到社会调控的作用。

行使中立裁判者职能的这种特点(不论是对双方当事人还是对整个诉讼案件来说,法官原则上都只能在其法定管辖范围内行使裁判权),以及法官所行使的必要的职能,赋予了法官职能的合法性。将法官与议会作对比,议会的合法性通过选举产生,间接代表制的目的并不是由单个国民议会议员或参议院议员表决通过法律,而是由整个议会集体行使权力。也就是说,议会是一个权力代表团。相反,尽管法官以法国人民的名义主持正义,但并非以代表团的形式集体行使权力。⑮ 法官首先是一个中立的第三人。因而十分重要的一点就是,他必须是一个局外人。讨论至此,独任制还是合议制,已经不那么重要了。从法治国家这一层面上看,这一问题显得过时,不值得再花精力进行讨论。⑯

同时,不必为法官独任制在立法和实践方面取得的进展感到讶异。

---

⑬　参见 spéc. Nos 1935 et s.

⑭　Adde G. Wiederkehr, *Qu'est-ce qu'un juge*?, in mél. R. Perrot, Dalloz, 1996, p. 575.

⑮　参见 la formule exécutoire, au bas des décisions de justice.

⑯　这一观点在 XXIᵉ coll. I. E. J 中常有提及。

二、独任制的发展

通过违警罪法院权能范围的扩大,可以间接推动法官独任制的发展(如同小审法院在民事案件、个人案件以及动产案件中管辖权比例的扩大⑰)。从而,1945 年划定了第 4 级的违警行为,1958 年划定了第 5 级的违警行为——这一级的违警行为几乎都由旧法中规定的轻罪组成。这一管辖权的扩大应与 1958 至 1993 年间的这段时期作一对比(尤其是在 1973 年 11 月 28 日宪法委员会作出了决定⑱,认为在赋予行政机关的规章制定权中,不包括在违警罪中设置监禁刑的权力,这一决定于 1993 年 7 月 19 日在法律中得到确认⑲),因为改革的结果赋予了法官判处监禁刑的权力。

"完全丧失劳动能力"判定标准的提高(根据现行《刑事诉讼法典》第 R.625-2 条,判定时长为三个月,旧法则规定为八天⑳),在此标准之下的过失伤害属于违警罪的范畴,这对违警罪法官管辖权的扩张进行了一个补充例证。

法官独任制同样可以获得直接的发展。宪法委员会提出的立法发展目标,是在轻罪法院采用法官独任制。轻罪法院将作为推广独任制的一个试点,因为一方面,它也属于普通法院体系;另一方面,有关合议制的讨论似乎并未涉及违警罪法院或重罪法院的组成。㉑

(一)1972 年的立法创议权以及以 1975《宪法》为切入点进行研究

根据 1972 年 12 月 29 日第 72—1226 号法律的规定,立法创议权属于立法者。㉒ 需要强调两个要素。第一,在国民议会中,有关独任制的法官权能的讨论,多于对它的原则以及它的创设的讨论。第二,有关独任制的法案,在参议院遇到了一定的阻力。参议院自认为应当专注于保障个人自由这一使命。

---

⑰　一个很有说服力的例子,参见现行《民事诉讼法典》的第 R.321—1 条,小审法院在动产和个人案件方面的管辖范围的最高数额从 25000 法郎上升到 50000 法郎(即从 3800 欧元上升到 7600 欧元)。

⑱　D. 1974. 269.

⑲　"考虑到诉讼中自由的重要性,为使人们不作过多等待,该部法律赶在新刑法典之前,一经颁布便迅速生效了。"

⑳　一个重要的例证,违警罪法官在审理公诉案件中附带的民事诉讼时,并不受标的额大小的限制——尤其是在交通事故案件中。

㉑　在最后这一点上,讨论得更多的是公诉案件在上诉阶段的法庭组成问题。

㉒　J. O. du 30 décembre, p.13783.

事实上，经过激烈的讨论，在参议院以优势票数通过了该法案。

1972 年通过的法律，修改和增加了《刑事诉讼法典》的第 398 条，以及第 398 条的第 1 款和第 2 款，内容涉及一些轻罪（支票方面的犯罪、交通方面的犯罪、过失伤害罪、狩猎和捕鱼方面的犯罪——有关这些犯罪的规定并不是十分明晰和无可争议）。但是，有关轻罪法院审判庭的组成，以及对法官独任制的使用的规范属于任意性规范，因为法律已经赋予了大审法院院长自由裁量权。裁量的标准取决于案件的重要程度以及复杂程度，裁决的结果会以司法行政决定的形式作出。根据规定，当事人不允许对该决定提出申诉。我们也注意到，犯罪嫌疑人和刑事附带民事诉讼的当事人是无权强制要求案件移送的，其中的司法理念是，这类诉讼的客体不属于民事当事人。㉓

1972 年的法律保留了将独任制转换为合议制的规定。一方面，法院院长（或者是他委派的代表法官）有权采取这一措施，独任制的法官也有权提出申请（但最终决定权属于法院院长或他的代表法官）。值得注意的是，法律委员会向国民议会和参议院提出的，关于将这项权力赋予犯罪嫌疑人和检察院的修正案，并未被政府所采纳。

另一方面，当犯罪嫌疑人在出庭日仍处于先行羁押时，移送审判是合乎法律的。我们应该马上注意到，1995 年通过的法律按照诉讼法法理的要求，根据即时出庭程序㉔，补充了嫌疑人被采取强制措施时的情况。

在肯定改革成就的同时（但政府似乎没有对这一问题作深入研究㉕），政府通过 1975 年的草案，表达出改良司法机制的愿望。诉讼周期的缩短，上诉比例的降低，在政府看来是一项决定性的试验。69 位参议员对此不以为然，他们向宪法委员会上交提案，要求投票反对政府这一政策。值得注意的是，在 1972 年法律和 1975 年法律之间，1974 年 10 月 29 日通过了一部宪法，向 60 位国民议会议员和 60 位参议员开放了宪法委员会的受理程序。

大审法院于 1975 年 7 月 23 日所作的批评，针对的是对平等原则的轻视，

㉓　R. Merle et A. Vitu, *Traité de droit criminel*, *Procédure pénale*, Cujas, 5ᵉ éd., 2001, notamment n°6.

㉔　这项许可先行羁押的程序被保留至今，因为检察院认为设立先行羁押制度是很有必要的。

㉕　参见 cep. J. Robert, *La loi du 29 décembre 1972 et l'évolution du droit pénal*, J. C. P 1973. Ⅰ. 2525, n°6.

而非对合议制原则的轻视。现在看来这仍是一项合适的选择。㉖

1975 年草案赋予大审法院院长自由裁量权,以决定对轻罪案件(除非法出版罪以外)的审判采用法官独任制还是法官合议制。宪法委员会认为,这项规定违背了司法平等原则:"司法平等原则,是包含在'法律面前人人平等'的原则之中,并为《人权宣言》所宣告的。同时,宪法在序言中郑重重申了这一原则","公民在相似的情况下,以同一罪名遭到起诉时,不能接受根据不同原则而组成的法庭的审判。"反对所有差别对待!"从程序的角度看,平等原则与人权保护原则同等重要"。㉗ 我们认为,尽管不能说独任制在原则上违宪,但当法庭的构成只取决于院长一人的决定时,独任制也就面临违宪的风险。

宪法委员会根据《宪法》第 34 条,明确表示,这样一项与公民的权利和自由紧密相连的规定,只有立法机构有权处理。规定法院的组成是立法权的一个关键,只能由立法机构制定相关准则,以确定法庭中的法官数目。

相反,法国法中并无要求在刑事审判中贯彻合议制的原则。自共和八年风月 27 日(1800 年 1 月 17 日)颁布的法律(第 16 条规定在轻罪法院适用法官合议制)之后,再无足够稳定的法律来得出这个原则。㉘

宪法委员会仅对在颁布前提交的法律进行审查。因而,1975 年决议并未对 1972 年法律提出质疑,尽管亚眠上诉法院提出了它的反对意见。亚眠上诉法院在 1976 年 1 月 22 日通过一项判决,撤销了另一份依据某些法律作出的判决:"因为这些法律的内容违宪。"㉙

人们往往并不赞同法官这一"离经叛道"的做法,主要论据是"立法屏障理论(la théorie dite de l'écran législatif)"㉚。根据这一理论,尽管某些被批评的法律涉嫌违宪,它仍然是具有法律效力的。㉛ 因而,即便宪法委员会通过分析宣称某一法律违反宪法这部根本大法,通过这一法律作出的判决也依然是公正合理的。还有另外一条论据,参见旧《刑法典》第 127 条有关渎职罪的叙

㉖ D. 1977. 629, note L. Hamon et G. Levasseur; J. C. P 1975, Ⅱ. 18200, obs. C. Franck.

㉗ Th. S. Renoux, in XXIe coll. I. E. J.

㉘ Th. S. Renoux, in XXIe coll. I. E. J.

㉙ Gaz. Pal. 1976. 1. 333, note crit. Y. M.

㉚ 这一理论是指当行政法令成为某项法律的立法依据时,行政法官不得再审查该法令的合宪性;这项法律成为行政法令合宪性的审查屏障。——译注

㉛ Arrêt Paulin, Cass. crim. , 11 mai 1833, S. 33. 1. 357; arrêt Sciavon, 26 février 1974, M. Puech, Grands arrêts, n°1. Idem C. E. , 17 janvier 1974, D. 1974. 280.

述。不过相关条文在新《刑法典》出台的时候自动失效了，因而这一论据现在已经没有法律意义。最后，再补充一项论据，只有宪法委员会才是法律合宪性的裁判者。

所有的这些论据似乎都有可能被推翻。首先，处于法律效力层级顶端的，是宪法而不是普通法。法官在适用法律时，有义务审查它是否与上位法保持一致。

其次，并非所有法律都经过宪法委员会的审查。一个明显的例子，是1992 通过的《刑法典》：这是一部全体一致通过的法典。反对党的同意，以及执政党不希望招致宪法委员会的反对，导致这部与公民自由关系密切的法典并没有被提交到宪法法院进行审查。

最后，存在一些迂回的方法，尤其是我们知道，《欧洲人权公约》中包含大量与刑法相关的宪法原则。

宪法委员会曾先行作出一项与法律有关的普适性的指导决定，以确定在法庭组成中采用法官独任制的案件。1995 年 2 月 8 日的法律在此指导决定的基础上，废除了将法庭构成自由裁量权授予法院院长的这一不合理规定。

（二）立法统一性

1995 年 2 月 8 日出台并于同年 3 月 6 日生效的第 95－125 号法律[32]，在第 138 条第 1 款中列举了必须使用独任制审判的若干罪名。由此，被起诉人可以提前知道并且确认谁将是办理他的案件的法官。[33]

该项法律曾提交给宪法委员会审查，但后者[34]并未对法官独任制的问题表态——这一问题并没有交予其评判。[35]

1995 年的法律增加了一定数量使用独任制审判的普通违法行为（例如，《刑法典》第 222 条第 11 款和相关条款规定的暴力性犯罪、第 331 条第 3 款规定的盗窃罪，以及第 433 条第 3 款规定的威胁公务人员的犯罪）。相反，该项法律将某些违法行为（将被判处五年以上监禁刑的违法行为）排除在使用独任制审判的范畴之外（例如伪造或篡改支票罪，这一罪名被规定在 1935 年 10 月

---

[32] J. O. du 9 février, p. 2175.

[33] 关于法定法官的法律原则问题，可参考 Th. S. Renoux, Le droit au juge naturel, droit fondamental , R. T. D. Civ. 1993. 33, spéc. p. 56；关于指派法官的问题，可参考《司法组织法》第 L. 710－1 条。

[34] Cons. Const. , déc. n°95－360 du février 1995, J. O. du 7 février, p. 2097.

[35] 相反，宪法委员会反对该部法律中有关刑事禁令的条款，参见 Rev. Justice 1995. 2, p. 302 et s.

30 日颁布的具有法律效力的政府命令的第 67 条,后来被纳入《金融货币法》第 163 条第 3 款中,构成此罪的,判处七年以上的监禁刑和 500 万法郎的罚金)。

为提醒起见,我们指出,五年的界限与旧法中轻罪的最高刑期一致,而新《刑法典》将最高刑期提高到了十年(《刑法典》第 131 条第 4 款)。尽管如此,法条中所列举的违法行为仍涵盖了 70% 的轻罪案件。

1995 年的法律规定了法官独任制转换为法官合议制的情况。如果被列入第 331 条第 3 款的轻罪,与另一轻罪相关联,而后者并未被列入该款中,则案件仍使用合议制进行审判。

人们在考虑到犯罪嫌疑人和检察院将案件转换为合议制审判的请求权时,也许会思索这么一个问题:针对 1972 年的法律所作的违宪申诉书,是否不应当被驳回?[36] 但即便对该法律作出修改,也很可能是没有意义的。因为既然法庭组成的决定权落入立法者手中,转换权就没有用武之地了——它已经失去了理论基础。[37]

1999 年 6 月 23 日的法律在《刑事诉讼法典》第 398-2 条中插入了一个第 3 款;1999 年的法律在 1995 年的法律中,补充了根据上级指示,或是当事人或检察官的请求而将案件转换为合议制的情况。我们认为,这项规定表明,在立法意愿中,合议制优于独任制。我们能进一步补充的是,仲裁庭组成的转换,与民事领域不同,在这里并不是一项权利。另外,1999 年的同一部法律正式规定了五年以上监禁刑的案件不适用法官独任制。

有时,人们会坚持认为,独任制的适用范围始终有一道不可逾越的界限:首先,上诉法院和终审法院总是采用合议制。其次,重罪法院是由公民,即主权人民组成的,是民主的既定形象(存在例外,最初是出现在反恐案件中,但仍旧采用合议制)。最后,同时也是最重要的一点,法律文本中仍流露着合议制更具可靠性的观念。在这里我们应当意识到,当犯罪嫌疑人在出庭时自由受限的情况下,就不能考虑采用独任制审判了。

然而,即便存在界限,也可能在某一天被打破。违警案件的快速简易程序,可以避免该类案件进入法庭审判。还有独审法官刑事裁定的例子,独审法官在判决前无须经过讨论,也不必说明判决理由。顺着这个方向继续往下走,

---

[36] 关于这一点,参见 A. Vitu, in coll. I.E.J., *op. cit*。

[37] Th. S. Renoux, *préc.*

从民事领域和婚姻家庭领域，一直延伸由首席书记官接替法官的职能。⑧ 从合议制到独任制，我们进入到已在进行的"非司法化"的讨论，这个词不算优雅，却表意明晰。

The Sole-Judge in Criminal Proceedings
Yves Strickler

Abstract：In France，The composition of court is a reccurent issue in the field of criminal procedure. Positive law tends to swing between the sole-judge system and the collegiality system. The sole-judge system has advantages including prompt，economic，and is beneficial to educate the criminals. The collegiality system seems to be more professional，more reliable，and to reduce the proportion of discipline problems as well as the risk of subjectivism. The duty of a judge is to make neutral referees under the law，which is the source of his legitimacy. With the expansion of the jurisdiction of the police court，the scope of application of the sole-judge system was also expanded.

Keywords：the sole-judge system；criminal procedure；France

---

⑧ 《民法典》第 334 条第 2 款：夫妻双方共同提起的非婚生子女易姓之诉，由大审法院的首席书记官受理。

论辩护权[*]

埃蒂安·威尔杰斯 著[**] 王倩 译[***]

摘要:如果说犯罪嫌疑人在警方侦查阶段所拥有的权利则是比较少的,那么犯罪嫌疑人或刑事被告人在预审以及审判时所拥有的权利是得到了明显加强的。通过对扩大辩护权范围的刑事诉讼法典修订提案的研究,作者认为其中有一些是可行的(比如加强与当事人及律师在卷宗上的沟通),而另一些从本质上看则是无意义地拖延程序(比如将拘留时开始的所有对质询问进行录音),甚至是从预算方面来看完全不现实的。另外,在辩护权与调查效率之间应取得微妙的平衡。

关键词:刑事诉讼 辩护权 调查取证 平衡

刑事司法再度被提上修订议程,各方辩论的焦点集中在有关辩护权的问题。"辩护权"这一说法本身有些含糊,没有任何一部诉讼法典对它具体作出规定,而只有学术界给出了其外延。亨利·莫突尔斯基认为辩护权是指"保护每一方的利益",对这一原则给出了一个特别宽泛的定义。[①] 这一扩大化的解释必然会使辩护权接近《欧洲人权公约》第六条中所说的公平诉讼(procès équitable)。这一解释在宪法委员会的案例中有些共鸣,比如"尊重辩护权之

---

* 原文出处:Etienne Vergès, *Quels droits pour la défense*? in Philippe Tronquoy (dir.), La justice, réformes et enjeux, Les cahiers français, n°334, La documentation française, sept.—oct. 2006, pp.71~76.

** 埃蒂安·威尔杰斯(Etienne Vergès),皮埃尔·芒戴斯—弗朗斯大学法学教授。

*** 王倩,法国马赛第三大学硕士。

① Henri Motulsky, *Le droit naturel dans la pratique jurisprudentielle*: *le respect des droits de la défense en procédure civile*, Mélanges Roubier, 1961, t. II, p.75.

原则……意味着诉讼程序公平、公正，保证双方权利的平衡。"②最高法院也不甘示弱，将"尊重辩护权之原则"上升到"宪法特色之基本权利"高度，却并未对其下定义。③ 因而在程序法里④，辩护权可以从广义上理解为诉讼当事人在程序上所拥有的权利。⑤

在刑事诉讼方面，此原则的意思是更狭义的。辩护权是被告人所拥有的用来"在诉讼中在对其造成的威胁面前自我保护"的权利。⑥ 我们会想到比如拘留期间与律师会面的权利，或请求预审的权利。此理念与"辩护权"这一表述并不完全符合。后者暗示诉讼程序已经启动，原告方与被告方对簿公堂。在刑事诉讼方面，事情并没有那么简单。在程序的第一阶段，即侦查阶段，是不存在真正的辩护的，没有任何诉讼提起。⑦ 被拘押者或被搜查之人都只是嫌疑人。相反，在预审阶段，公诉已经启动，被告人身份信息已在受审中确定。但是，受审者并非唯一享有辩护权之人。辅助证人（témoin assisté，嫌疑人成为受审者之前的一个过渡身份）尽管还不是诉讼中的当事方，也同样享有某些权利。其受到怀疑状态使他拥有某些诉讼当事方的权利。最后，在庭审阶段，辩方身份已完全确定：刑事被告人（prévenu，accusé）。此时的辩护权就是诉讼中被告人所享有的权利。

辩护权永远是受争议的权利。最常见的观点之一，是认为这些权利严重阻碍调查员在取证中的工作。由高压手段取得的效率问题相应地被忽略了。因此，旧制度下的刑事诉讼在庭审前拒绝一切辩护权。在刑事诉讼程序的最初阶段，侦讯、调查都秘密进行，将被告排除在外：被告无法获得律师帮助，也不能见到自己的卷宗。只在开庭后被告才有辩护权可言。也就是说，只有在受指控以后，被告才能在律师的帮助下进行辩护。1808 年颁布的《刑事诉讼法典》保留了这一体系的大框架。它引入了预审法官，却未使被告人在审判之前享有任何权利。直到 1897 年的法律才允许律师进入预审法官办公室，能从

---

② CC, Décision n° 89－260 DC du 28 juillet 1989，§ 44，*RFDA* 1989，n° 4，p. 671，obs. B. Genevois.

③ Cass. ass. plén.，30 juin，1995，*bull.*，n° 4，D. 1995，513，concl. Jéol.

④ 笔者在此定义为普通诉讼法，参考合著 *Droit processuel*（《诉讼法》），出版于 Dalloz 文集。

⑤ 其中包括提起诉讼权、上诉权、诚信参与诉讼权、证据权利等。

⑥ Th. Garé，*Les droits de la défense en procédure pénale*，*in Liberté et droits fondamentaux*，Paris，Dalloz，10ᵉ éd. 2004，p. 493，n° 634.

⑦ 既无公诉也无民事起诉。

第一次讯问起查阅其委托人的卷宗。进入 20 世纪后半期,随着《欧洲人权公约》的影响逐步扩大,立法者终于重新承认嫌疑人或被告人的权利。这归功于 1993 年 1 月 4 日及 2000 年 6 月 15 日颁布的两条法律。前者创制了许多刑事案件前期整理中应有的辩护权⑧,尤其是律师可在拘留时介入。后者在刑事诉讼法典中引入了预先条文,其中有许多与辩护权相关的诉讼原则(如知情权、辩护人协助权……)。

　　在漫长的演进中,随着陆续的改革,辩护权得到了加强。这一进程中伴随有反复(倒退)时期。概括地说,辩护权是断断续续地进步的,直到达到某种平衡。正是这一平衡再一次遭到乌特尔案议会调查委员会的质疑。该委员会提出了许多修订刑事诉讼的议案。⑨ 仅从个案出发,议员们就认为自己找到了整个刑事司法中的缺陷。即使方法不当⑩,刑事诉讼程序仍面临着全面的革新,尽管可行性尚未被证实且代价不明。调查委员会的许多议案都涉及辩护权。我们可以认为有一部分权利是既得权利,另一些是尚处于变化中的待定权利。后者将会在未来数月内引起无数争议。

一、既得辩护权

　　辩护权是在诉讼程序中逐渐显现的,直到庭审阶段完全展现出来。在侦查阶段,嫌疑人享有的权利极少。在预审阶段,辩护权(的多少)取决于受审人的犯罪涉嫌指数(indices de culpabilité)。最后,在庭审阶段,刑事被告人则享有最为宽泛的辩护权。

(一)侦查阶段犯罪嫌疑人的受限制的辩护权

　　不论是在警方的预侦查期间,还是在现行侦查期间⑪,被告人的身份尚不明确。警方会采取一些强制行动(如传唤证人、拘留)或入侵行动(如搜查、采集 DNA 及指纹、检查证件);但这些行动并非只针对犯罪嫌疑人。因此,这里

---

⑧　包括调查和预审的阶段。

⑨　参见由瓦里尼(A. Vallini)担任主席和雨依永(Houillon)担任报告人的调查委员会于 2006 年 6 月 6 日呈交的报告(n° 3125)。该委员会负责查明"乌特尔案"中司法运转失常的原因,并提出建议以避免此类错误再次发生。

⑩　如果我们要作比较,例如,"刑事司法及人权"委员会(又叫戴尔马—玛蒂委员会)在 1989 年及 1990 年提交了两份有关"刑事案件审前程序"的内容非常丰富的报告(Paris, La documentation française, 1991)。

⑪　现行调查紧随犯罪发生之后,比预调查更有强制性,但同时受到时间限制。

所说的权利，与其说是辩护权，不如更应该说是个人权利。辩护权似乎是人身自由受限之人享有的。

1. 嫌疑人与自由的剥夺

拘留是指在一定时间内扣留某人。⑫《刑事诉讼法典》按照《欧洲人权公约》第 5 条，规定司法警察有权拘留有理由怀疑参与犯罪或企图犯罪之人（《刑事诉讼法典》第 63 条、第 77 条）。被拘留者还不是被告人，而仅仅是嫌疑人。由于人身自由被剥夺，他便享有一些其他权利。

2. 隔离审查者有申请被移交至法官的权利

《欧洲人权公约》第 5 条第 3 款规定一切被逮捕或被拘留的人员"都必须尽早被移送到法律授予司法职能的法官面前"。这样，（在法国）由司法权来监督拘留程序在第一眼看起来似乎是符合要求的。因为刑事诉讼法典规定，检察官在拘留初始就知情。满二十四小时以后，由他来批准延长拘留时间。被拘者有权请求法律授权的法官来监督此措施。然而此措施并不完善，因为负责监督的法官在之后将成为诉讼当事方之一。⑬ 关于这一点，欧洲人权法院要求负责剥夺人身自由的司法权必须公正。它在"布兰卡诉意大利案"⑭中否认了检察官的公正性。照这样看来，法国法律关于隔离受审者权利之规定也不符合欧洲人权法院对前述第 5 条的阐释。或许将监督权交给专门负责自由及拘留的法官更合适。

3. 知情权

《欧洲人权公约》第 5 条第 2 款规定，"被拘者必须在最短时间内知晓其拘捕理由及对其所有的指控"。而法国《刑事诉讼法典》很晚才将这一要求纳入进来，第 63－1 条规定，"被拘留者有权立即知晓其受调查的罪行……"。⑮ 知情权具有重大的意义：嫌疑人应当知道限制其人身自由的原因；而且一旦他获悉罪名后，便可以通过保持沉默或撒谎，来试图干扰法官的工作。于是知情权不仅是根本性的保障（知晓其拘留理由），而且还是诉讼程序的保障（准备其辩护）。

4. 委托律师权

---

⑫ 拘留期间一般为二十四小时，可能根据调查中的犯罪性质有不同程度的延长。

⑬ 他在预审法官及审判法院面前提起公诉。

⑭ Cour européenne des droits de l'homme, 26 novembre 1992, *Brinca c/ Italie*, série A, 249－A.

⑮ 这一规定从 2000 年 6 月 15 日的法律而来。

该权利在 1993 年被纳入《刑事诉讼法典》(第 63-4 条)。律师有时被侦查人员视为眼中钉,因其出现在关键时刻干扰调查。司法警察一旦集齐对某人有嫌疑的信息便可将其拘留。这些调查以获得招供且控告罪犯为目的。侦查人员与嫌犯的交锋随时进行,不分昼夜(有时持续好几日)。嫌犯失去了自由,乱了阵脚。在这样极度不稳定的状态下,他有可能认罪,甚至揭发共犯或同谋。允许律师出现在拘留期间,无异于质疑原来的程序,使嫌犯在心理上及法律上都能寻求援助。为了不让律师有效地完成任务,《刑事诉讼法典》使用了几种方法。

第一种方法是推迟律师的介入时间。原则上,应在"拘留初始"就联系辩护人(律师),同样在"决定延长拘留之时",即在拘留的第二十四小时再次联系律师。特别情况下,律师的介入会被推迟,比如关于有组织的犯罪可推迟至第四十八小时,关于贩毒和恐怖活动则可推迟至第七十二小时。

另一种方法是降低律师的工作效率。律师不能在拘留的全程都协助其委托人。会面时间被限制在三十分钟以内。律师被告知犯罪的性质及推测的犯罪日期,但并不能查阅卷宗资料。因此他并不知晓调查员所掌握的所有控告证据,也就不能有效地给出辩护策略。

总而言之,我们可以说嫌犯和其律师在调查阶段是被排除在外的。侦查完全可以在他们不在场的情况下进行。他们无法接触卷宗,也就无法请求对其有利的调查。预审程序开始以后,情况就不一样了。

(二)预审程序里受审人之各种权利

预审构成了刑事诉讼的第一阶段。由检察官或民事原告方来向预审法官提出请求。无论谁申请预审,公诉都已启动。接下来涉及的就是确认被告人身份与其权利。这并非易事,因为,与民事诉讼不同,在刑事诉讼的预审中可能没有被告,即预审可能针对未指名之人。相反,若嫌疑犯的信息已经明确,那么他可能面临两种不同的地位:受审者或辅助证人。

受审者是指有重大迹象表明其有犯罪可能之人。若判定为此身份,则表示嫌疑犯成为了公诉程序的当事人,且享有相应的权利。这一判定是在非常正式的第一次出庭讯问中作出的。受审者有委托律师之权,其律师可以查阅诉讼的卷宗。从这一刻起,辩护全面开始。之后的任何讯问都必须在律师在场的情况下进行。[16] 律师可在讯问或对质前四天获得卷宗。但是《刑事诉讼法典》并未允许受审者直接查阅诉讼卷宗。这一状况在当今备受争议,尤其从

---

⑯　然而当事人可以拒绝享有该权利。

《欧洲人权公约》第 6 条第 3 款 C 项来看。此条款规定一切被告都有权（尤其是）"自我辩护或者在他选择的律师协助下进行辩护"。这意味着选择自己辩护之人必须能查阅卷宗，从而来准备辩护。另外，欧洲人权法院在 1997 年 3 月 18 日的"富歇尔诉法国"一案中认为，被传唤出庭受审者查阅卷宗对其准备辩护以及对遵守"平等对抗原则"都是必须的。因此，法国诉讼程序应当改革，保证决定自我辩护者全面地行使自己的辩护权。受审者可在诉讼中主动出击为自己辩护。他可以请求法官进行一切对他来说有助于揭示真相的行动。如果预审法官同意了请求，则是作出了有利于辩方的行为。

最后，受审者可对预审之合法性进行监督，必要时可针对某行为提出无效申请。这些辩护权是非常有用的，尤其是它们可以让带有控告证据的行为被取消。被取消的行为将从卷宗中撤销。

与受审者并列的，还有 2000 年 6 月 15 日颁布的法律所设立的一个过渡身份：辅助证人。这是预审法官不希望收审，却存有犯罪嫌疑之人（《刑事诉讼法典》第 113－1 条及其后）。辅助证人享有部分辩护权，且能最大限度地行使这些权利，不受约束。⑰ 他享有可查卷宗的律师援助，可要求与将其收审者对质，或者提出无效申请。但是，他无权提起诉讼及任何上诉。

在预审阶段的辩护是多种辩护权的集合。这些权利取决于受审者的嫌疑程度。在法院审判开始之后，这些权利再次归为同一。

（三）庭审阶段辩护权的全面行使

无论在案件初审阶段选择何种程序⑱，被告在审判法院前可行使的辩护权都是相同的。

被告人享有律师帮助权。该权利在任何审判法院面前都得到保障。甚至在重罪法庭，律师必须出席。如果被告人不自己选择，那么庭长会主动为其指定一位律师。相反，在轻罪法庭、违警法庭或邻近法庭前，犯人可以选择自我辩护（也可以委托律师）。庭审由庭长引导，但当事人双方也可采取主动权。他们首先可要求传唤证人。自 2000 年 6 月 15 日法律生效以后，他们还可以通过律师直接向证人提问。这是辩护权的一个重大飞跃，因为在改革以前，所有的问题都只能由庭长提出。从此，交叉询问的方式被引入法国刑事诉讼。

---

⑰ 不能将其置于司法监控之下或者临时拘留。

⑱ 调查、预审或直接传唤。

此方式源于英国,旨在通过与证人的直接交谈而作出最好的决定。⑲ 可以说辩护的功效得到了加强。

《刑事诉讼法典》允许刑事被告人或其辩护人做最后陈词,这也体现了对辩护功效的认同。因此,在法官或陪审团起身去商讨判决之前,被告人有最后一次影响他们想法的机会。

《刑事诉讼法典》给予的辩护权是随着诉讼程序的进展而逐渐增加的。但是,预先程序所具有的法官主导的特点(尤其是预审阶段),有时会使人觉得辩护权被忽视了。乌特尔案就令人觉得那些受调查又最终宣告无罪的人并没有获得充分的权利让预审法官来听取他们的声音。一场诉讼程序的改革正在进行,这是一场深入研讨并明辨某些待定辩护权的改革。

二、待实现之辩护权

负责调查乌特尔案中刑事司法机能缺失的议会委员会提交了一份重要的报告。该报告提出了诸多修订刑事诉讼法律的建议。其中有一部分是关于改善辩护权。政府提出的一项法案紧随其后。但由于总统大选临近及政府内部意见缺乏统一等原因⑳,该法案与其说是不确定,不如说是变数更大。不管怎样,议会委员会提出的议案预示着司法改革将很可能在 2007 年总统大选之后实施或继续深化。辩护权应当会在调查及预审阶段都得到改善。议案的最新颖之处在于要求加强庭审和询问的公开透明度之权。

(一)嫌疑人在侦查阶段的辩护

议案首先提出了改善被拘留者及其律师的知情权。嫌疑人将会从笔录中知晓对其指控。另外,与当下的体系完全不同的是,律师可以在拘留时介入且有权查阅卷宗。这些议案一旦通过,调查取证期间的辩护权将会有明显的增加。议员也意识到这样会大量减少获得招供或告发检举的机会,因此建议将律师介入的时间延迟至拘留后第二十五小时,而对于有组织的犯罪则不允许律师介入。㉑

报告中还指出,允许所有被检察官"打算"移交至轻罪法庭者交流卷宗,且

---

⑲　*Cf.* Ch. Ayela, J. Mestre, V. Péronnet, *Vérités croisées. Cross examination, une petite révolution procédurale*, Paris, Litec, 2005.

⑳　比如,关于记录在预审办公室进行的讯问。

㉑　律师掌握卷宗可能会不利于调查员摧毁有组织的犯罪网。

参与调查程序,也能改善辩护权。但这一概念非常模糊,而且调查的目的在于使检察院明确其起诉、不予起诉还是采取其他措施的选择。抛开此程序的含糊不论[22],被调查者的律师还是可以查阅卷宗,准备为其委托人辩护,并且指出调查中的瑕疵。他还可以请求检察官进行附加调查。如果请求未被接受,辩方就可以强调这是调查中的一个瑕疵,并在基层法官面前使用这一理由。

允许辩方参与调查进程的这一想法本身看来并不是坏事。然而,在调查中很难贯彻这一原则,因为当事人的身份信息并未明确。谁将成为享有此权利之人?检察官能否拒绝他并未"打算"移交至法院的人参与卷宗的交流?议会委员会并未就这些可能会在实现权利过程中产生的问题作出详细说明。

(二)受审人在预审阶段的辩护

在诸多要求加强预审之对审制特点的议案中,我们尤其关注律师在场及查阅卷宗这两方面。

在预审期间,律师可以一直在场陪同其委托人,但这并非必须。只要通知了律师到场,程序就是合法的。议会调查委员会提议律师必须到场参加所有的讯问和对质。为避免律师因故缺席而阻碍调查进行,预审法官可以自动指定一名替补律师。如果说这种(对嫌疑人的权利)保护所带来的效果尚不明朗,但极可能造成行政程序上的繁重是很明显的。法官要确认第一位律师缺席,将讯问延期,然后申请任命另一位律师;新律师将在不了解卷宗的情况下出席讯问。另外,这一提议在保障被告人自我辩护权方面违背了《欧洲人权公约》。

好在还有其他议案提出希望加强当事双方及律师对卷宗材料的了解,以及翻印材料之权利。有时律师很晚才能拿到一份完整材料的翻印版,而且位于法院辖区以外的律师也不能经常去法院直接查阅。[23] 基于以上考虑,议员提出了一些有益的建议。若律师在预审开始前五个工作日之内没有拿到卷宗复印件,则一切讯问或对质都不得开始。另外,受审人本人也可以查阅预审的卷宗。[24] 最后,还有一项特别调整,旨在让临时拘禁者获得交流卷宗的权利,能在狱所内部安全保密的条件下查阅并保管其卷宗。

以上所有议案在促使法国法律符合《欧洲人权公约》及方便辩护工作等方面是值得肯定的。但它们面临着一个极大的障碍——卷宗实体本身(厚重)。

---

[22] 传唤出庭于轻罪法庭不符合任何行为,也不符合诉讼程序中的任何阶段。

[23] 在"乌特尔案"里,律师等了好几个月才获得完整卷宗的翻印版。

[24] 但对有组织的犯罪是有限制的,这是为了避免证人受逼迫之风险。

因此,委员会主张普及卷宗数字化。尽管该措施成本极高,但其收益无论是在改善辩护方面还是在预审法官处理卷宗的质量方面都极可能会更高。

(三)询问及对质的透明化

议会委员主张用仪器记录(如录音)拘留及预审时的全部讯问和对质。这确实是整份报告中最革新之处,但同时也是最难实施的一点。这些记录的目的在于对开展讯问的具体情形产生怀疑。这样一来,在预审办公室中的记录就是多余的,因为据委员会所提建议,任何讯问不得在律师缺席的情况下进行;而律师本身就是为保证会谈的良好进行而存在的。如果律师在调查第一阶段之后都必须在场,那么调查员会极力在最初的二十四小时之内获得招供。被拘者当今所面临的受逼迫风险将会大大增加。因此,记录过程将会改变部分调查员对嫌疑人的行为且保障拘留程序的合理开展。

但我们会对实施这一措施的现实性持怀疑态度。委员会不仅希望记录是必须的,而且还应附有"引经据典"的无效理由。这表示不记录将会给拘留及其后续造成毁灭性的影响。㉕ 但遗憾的是,委员会并没有考虑给出该措施的成本(办公地点的调整、录音器材的采购、录音的保存)。如果委员会考虑过(预算)这一问题,那么它极可能意识到这一建议的不切实际。然而这一建议似乎被(政府提出的)法律草案采纳。㉖ "记录"这一问题再一次指出了刑事诉讼法律与财政法律的密切关联性。

结　语

制定永远无法实行的法律,要么是太天真,要么是政治宣传所致。无论是何种原因,这种姿态都显示出今后刑事诉讼改革在务实性及方法上的不足。在议会委员会所提出的建议中,有一部分是可以采纳的。㉗ 但只为得到这样

㉕ 整个程序也有可能被取消。

㉖ Cf. *Les réserves des magistrats et des avocats sur la réforme de la justice*, Le monde, 7 septembre 2006.

㉗ 比如,被告人可查阅卷宗。

的结果而花费 200 小时去讨论是不必要的，阅读一遍《欧洲人权公约》就足够了。其他一些建议仍需要商议㉘，而且希望这些商讨能在平静公正的环境下进行，而不是在总统大选之前。还有一些建议是完全不切实际的，因为在刑事诉讼改革的愿望与可批准的预算之间存在着鸿沟。

在最后，值得一提的是，发展辩护权会改善被告人的处境，有助于寻求真相，但有时也会阻碍调查取证。辩护权与调查效率之间的平衡是非常脆弱的。一切都取决于《刑事诉讼法典》的条文规定，以及运用或是滥用它们的方式。

On the Rights to Defense

Etienne Vergès

Abstract：If the rights of the suspect are fairly limited during the police investigation, they are enhanced for the defendant or the accused in the investigation phase and, more importantly, at the hearing on judgment. The author also examines proposals likely to feed the new reform of the Code of Criminal Procedure, which aims to increase the rights of the defense. Some for him seem justified (for example improving communication between the parties and lawyers on the files), but others seem likely unnecessarily to lengthen the proceedings (recording of all confrontations from the moment of custody) or quite unrealistic given their budgetary cost. He finally reminds the delicate balance between the rights of the defense and effective investigation.

Keywords：criminal procedure; rights of the defense; investigation; balance

---

㉘　尤其关于拘留期间律师的地位。

人民陪审员

——刑事司法中的公民参与[*]

——对 2011 年 4 月 11 日颁布的关于刑事司法中公民参与及审判未成年人的法案实施效果的研究(节选)

陈雪杰　译^{**}

摘要:在刑事司法领域,法国公民可以通过陪审团制度参与司法活动。该陪审团制度是在法国大革命时期被引进的。原则上掌握法庭的都是职业法官,但是,对于一些严重的犯罪案件,由于设有陪审团,普通公民在法庭上也有一席之地。陪审团由全体陪审员组成。在重罪法庭,其成员除职业法官以外,还包括数名具有特定资格条件的公民,即陪审员。正因为如此,人们常常将重罪法庭称为"人民法庭"。这种人民陪审员制度也同样适用于儿童法庭、上诉法院的刑罚执行庭等其他几种法庭。

关键词:法国　刑事司法　陪审团　陪审员　未成年人

刑事司法中的公民参与已经存在多种形式。

---

* 原文出处:*Les jurés populaires*,*la participation des citoyens au fonctionnement de la justice pénale*, in La justice en réforme:où en sommes—nous?, Regards sur l'actualité, n°374, La documentation française, octobre 2011, pp. 47~58.

** 陈雪杰,华东政法大学法语教师,法国佩皮尼昂大学经济法与商贸关系专业硕士研究生。

一、重罪法庭陪审团

（一）关于重罪法庭陪审团的设立和职能的历史回顾

刑事司法中自古以来就有公民参与的传统，而对此争议一直很大。自从陪审制度被引入到法国的司法体系中以来，无论是陪审团的权力范围，还是它的选拔方式，都经历了历史的变迁，最终发展成了我们今天的体系。

我们今天所说的陪审团是在法国大革命时期被引进到法国的。由 1670 年国王赦令（l'ordonnance）建立起来的刑事诉讼制度有很多弊端，例如它的专断性、预审的秘密性、法定证据体系的不合理以及对被告人权利保护的缺失等。因此，当时有很多指责的矛头对准刑事诉讼制度。1791 年宪法首次涉及对刑事案件实行陪审团制度的内容。随后，1791 年 9 月 16 日至 29 日的法律对此原则作出了明确规定，由此在法国同时出现了控诉陪审团（jury d'accusation）和审判陪审团（jury de jugement）。前者主要负责预审，后者是每个行政区的重罪法庭的公民组成部分，负责（协同法官）判断被告是否有罪。这里所说的每个行政区设立的重罪法庭（tribunal criminel）就是后来 1811 年设立的沿用至今的重罪法庭（Cour d'assises）的始祖。现在的重罪法庭参考了先前重罪法庭的种种特征：如法官的任命，在三十岁以上的富裕选举人中选择一些陪审员，以及口头裁决的程序等。

1808 年的《重罪审理法典》（Code d'instruction criminelle）取消了控诉陪审团，保留了审判陪审团。新的重罪法庭由十二名人民陪审员组成，是根据省长确立的名单抽签决定的。而这张名单上的候选人，是通过他们占有的财富、受教育程度和所从事的职业确立的。所以与其是说人民陪审团，还不如说是纳税选举人的陪审团。陪审团的成员根据少数服从多数原则决定被告人是否有罪。在 1832 年，法律明确授予陪审员根据减轻情节来减缓惩罚的权力。

在 20 世纪初期，有一项改革介入，目的是删除事实认定和法律依据相分开的原则。随后，1932 年 3 月 5 日的法律规定，陪审员和法官要共同商议，投票定罪，所以陪审员真正地掌握了一定的裁决权力。

（二）《刑事诉讼法典》规定下的刑事陪审团

1958 年的《刑事诉讼法典》（Code de procédure pénale）保留了陪审团体制，然而也进行了一些改革：审判陪审团的人数减少到九人，还确立了"少数赞成票有利于被告人"（minorité de faveur）的规则。根据这项规则，若没有陪审团中大多数人的同意，不得作出任何不利于被告人的裁判决定。自 1958 年以

来,有两项关于重罪法庭陪审团的改革:

第一,1978 年 7 月 28 日法律把地方权力控制下的半选举制度换成了普通的抽签制。至此,不靠选举而靠抽签组成的陪审团,成为了真正的"人民"(populaire)陪审团。此前的法律规定,理论上是由法官负责陪审员的选择程序,而事实上这是由地方议员们负责的。

第二,2000 年 6 月 15 日法律创立了针对重罪法庭决议的上诉制度。对此,法律规定的不是上诉法院,而是在另外一个重罪法庭展开一场新的诉讼。在这个重罪上诉法庭里,有十二名而不是九名陪审员。这里要值得我们注意的是,重罪法庭因管辖权限的区别而有不同的处理方式。不同于管辖一般重罪的重罪法庭,管辖恐怖主义犯罪的重罪法庭是没有陪审团的。在审理涉嫌恐怖主义犯罪案件时,重罪法庭在初审时由一名审判长(président)和六名司法陪审官(assesseurs)组成;而涉及上诉的重罪上诉法庭由一名审判长和八名司法陪审官组成(《刑事诉讼法典》第 689-6 条)。这些司法陪审官都是由上诉法庭庭长指定的职业法官。因此这种重罪法庭便没有人民陪审员(其成员全部是职业法官)。早在 1982 年,这种设立司法陪审官的重罪法庭就对在和平年代涉嫌重罪的军人行使管辖权了。而这种制度被写入法律是在 1986 年的一起"直接行动组织①成员"诉讼(procès de membres d'Action Directe)之后。审判此案时,被告们发出了恐吓威胁,以致一些陪审员拒绝出席庭审,诉讼只能延期。由此,立法者决定一切关于恐怖主义的重罪都直接由职业法官判决。1986 年 9 月 9 日的法律把这种制度正式确立下来。在审查这条法律的合宪性的时候,制宪议会(Conseil Constitutionnel)强调说,为了保证司法的管理,在这种情况下不用人民陪审团是能够保证宪法的利益的。②

1994 年有法律规定,对毒品走私重罪,不设陪审团的重罪法庭同样有审判管辖权。在 1996 年,雅克·杜邦(Jacques Toubon③)提议组建行政区重罪法庭(tribunal d'assises départemental),由三名职业法官和五名抽签选出的陪审员构成。检察官或被定罪的犯人应在与上诉法院(Cour d'appel)同辖区内的重罪法庭(Cour d'assises)提起上诉。这个重罪上诉法庭应该由三名职业法官和九名抽签选出的陪审员构成。至少需八票(共十二票)才能定罪。这

---

① 法国的一种无政府武装恐怖组织。——译注

② Cons. const., décis. n°86-213 DC, 3 sept. 1986, Rec. Cons. const. p. 122, consid. n°24.

③ Jacques Toubon,法国右翼政治家。——译注

一提议最终没有得以实现。

二、儿童法庭(le tribunal pour enfants)

1912 年 7 月 22 日的法律设立了未成年人法庭专业化的原则，并没有规定混合式陪审法庭(échevinage)。直到 1942 年 7 月 27 日的法律才制定出这一特色：由二名公民陪审员协助三名少年法庭的法官来裁决未成年人犯下的重罪。1945 年 2 月 2 日的法令保留了这种混合式陪审法庭制度，并设立儿童法庭负责审理未成年人涉嫌的轻罪行为的案件。儿童法庭由一名法官(juge des enfants)和两名公民陪审员组成。根据《司法组织法典》(Code de l'organisation judiciaire)第 251-3 条和第 251-4 条的规定，儿童法庭由一名法官作为审判长和二名陪审员共同组成。陪审员从具有法国国籍、年满三十岁、关注未成年人事务并且具有相应能力的公民中选任。相关的人员可向其住所辖区内的儿童法庭提出申请，然后由上诉法院院长拟定候选人名单，最终由司法部长任命，任期为四年。根据第 251-6 条规定，每个法官配有二名陪审员和四名替补陪审员。然而，在有五名以上法官的儿童法院，每个法官配有二名陪审员和二名替补陪审员。入选陪审员或替补陪审员的人要在大审法院宣誓：认真忠诚地履行职责并对合议内容保密。每个陪审员都与法官有着同等的决定权力，因为最终的判决是以多数票为准的。这些陪审员都是志愿者，但是在出庭的日子，他们是能够获得津贴的。根据第 251-13 条规定，陪审员在出庭的日子，可以取得儿童法院所在辖区的大审法院法官的平均薪水，且这部分津贴不纳税。此外，根据《刑事诉讼法典》第 41 条和第 142 条规定，在必要时陪审员还能享有交通和住宿补贴。

三、上诉法院的刑罚执行庭

涉及上诉时，社会人士代表已经参与到法庭的刑罚执行方面：即刑罚执行庭的组建，包括三名法官和两名社会人士代表：其中一名社会人士是受害人协助组织的代表，另一名是罪犯重返社会组织的代表(《刑事诉讼法典》第712-13条)。刑罚执行庭的管辖权主要涉及刑罚执行法院(TAP: tribunal de l'application des peines)关于解除羁押期(一直是刑罚执行法院的权力)、有条件释放和刑罚中止(当涉及十年以上徒刑或待服刑期超过三年时刑罚执行法院的权力)的上诉。这两位非职业陪审员和他们的两位替补由上诉法院的审判长经过本院的法官大会允许后任命,任期为三年(《刑事诉讼法典》第 49-9 条)。这些审判员要经过宣誓。在布尔日、第戎、南希和凡尔赛的上诉法院,这种陪审员制度把管辖权扩展到了其他权限的范围内(《刑事诉讼法典》第 49-9 条)。

陪审员制度在刑罚执行庭扩展权力引发两个现实问题:

(1)陪审员的协调问题:事实上每一方只有一位陪审员和一位替补陪审员,不容易确定开庭时间,以便双方的陪审员都有时间出庭。

(2)代表的公正问题:譬如上述重返社会组织的出庭代表本身就在服刑中,属于计划中要重返社会的一员;或者双方代表试图在刑罚执行庭中涉足本不该有陪审员参与的领域。

四、新喀里多尼亚④的轻罪法庭

1988 年 9 月 9 日通过了为新喀里多尼亚的自治做准备的法律,此后,1989 年 6 月 13 日第 378 号法律改变了新喀里多尼亚当地的司法组织机构。这项改革的重点在于组建了初审法庭外的分庭,以及把陪审员制度引入到法庭和分庭的合议制中。这些陪审员是从 23 岁以上法国公民中选出来的,并且具有公平、可靠、有能力的特征。经过部长决议的任命,法庭及每个分庭配有两名正式陪审员和三名替补陪审员。陪审员的管辖权只涉及轻罪。相关人士可到所在市镇的政府自荐。经过上诉法院院长推荐,总检察官和法官大会审查上诉法院院长拟定的名单,才能最终选出陪审员。陪审员任职前要在上诉法庭宣誓,公开就任。陪审员就职本着自愿的原则。而且法定选择程序并没有和地区人口组成相挂钩。事实上,公正和有能力等标准起了限制性作用。

人民陪审员在合议制的轻罪法庭产生了不小的财政影响。仅在 2010 年,财政就为新喀里多尼亚的陪审员职位拨出了 56 000 欧元的款项。其中,为努美阿⑤法庭的拨款就占了 48 500 欧元,它平均每周要开四次合议庭。同陪审员合议的职业法官对大部分陪审员的认真和付出表示赞同。但是他们同时也指出,一旦涉及法律专业等方面,由于缺乏相关知识和培训,这些陪审员都纷纷倾向职业法官,而且为陪审员作出司法解释在无形中拖延了合议时间。总而言之,陪审员的主要贡献在于对是否有罪作出判断,而这一点在新喀里多尼亚通常没有多少争议。至于涉及复杂的司法机制如对累犯的量刑等,陪审员

---

④　Nouvelle—Calédonie,法国的海外领属地之一。——译注

⑤　Nouméa,新喀里多尼亚岛首都。——译注

就显得无能为力了。

五、邻近法官（le juge de proximité）

（一）邻近法官作为刑事法庭审判长时的职能

2002 年 9 月 9 日的法律改革了邻近法院，随后 2003 年 2 月 26 日的法律、2005 年 1 月 26 日的法律和 2007 年 3 月 5 日的法律完善了这一改革。此项改革有双重目标：对于不复杂的案件，要减轻职业法官的负担，同时增加司法的公民参与，尤其是来自社会中有经验、有能力的公民。共任命了 678 名邻近法官，目前其中有 26 名离职。他们都是职业法律工作者：38％是退休人员，47％是在职人员，15％是求职人员。平均年龄是 58 岁，而且女性（52％）所占的比例比男性（48％）偏大。邻近法庭主要负责裁决一至四级的违警罪（contravention），除了涉及种族或歧视的私下的诽谤和侮辱罪（2005 年 3 月 25 日第 2005－284 号政令），及违警罪法庭（tribunal de police）负责的第五级违警罪。仅在 2009 年邻近法庭了结的刑事案件就达到了 328 000 余件。

（二）邻近法官作为轻罪法庭陪审官时的职能

2005 年 1 月 26 日第 47 号法律规定了邻近法官对轻罪合议庭的参与。这项工作占了邻近法官报酬的 40％左右。由此，邻近法官作为陪审官成为轻罪法庭的搭档。

附录一

关于刑事司法中的公民参与
及审判未成年人的法律（节选）*

第一条

刑事诉讼法典导论部分（titre préliminaire）作出下列修改：

第 10-1 条　依据第二卷第一编的第三章第二节和第五章的规定，公民能够以陪审员的身份，组成重罪法庭的陪审团。原文如下："他们可以被任命为人民陪审员……"

---

* 2011 年 8 月 10 日第 2011-939 号法律，于 2011 年 8 月 11 日刊登在第 0185 号公报上。

第 10-7 条　由上诉法院院长把人民陪审员分配到上诉法院的轻罪法庭或刑罚执行庭出庭。由大审法院院长把人民陪审员分配到轻罪法院或刑罚执行法院出庭。在此基础上，做好每一季度的预先分配。在每一季度开始前至少 15 天，要通知正式或预备人民陪审员他可能要出庭的具体日期和时间。然而，上诉法院院长或大审法院院长可以在经过本人同意下，在下列情形时随时召集一名人民陪审员：(1)当正式或预备人民陪审员缺席或因正当理由不能出庭时；(2)当根据第 10-8 条有必要再增加一名人民陪审员时；(3)当开庭时间不得不变更时。

第 10-8 条　当一场诉讼将展开长时间的辩论时，上诉法院院长或大审法院院长可以决定额外增加几名人民陪审员参与法庭辩论。这些额外的陪审员可以代替一位或几位不能够继续参与辩论的陪审员直到宣判结束。

第 10-9 条　上诉法院所在行政区的大审法院每年拟定一张名单中。被召集到上诉法院的轻罪法庭或刑罚执行庭出庭的人民陪审员就是从这张名单上指派出来的。必要时，经过本人同意，这些陪审员可以被写入上诉法院所在行政区的其他大审法院的年度名单中。由上诉法院院长通知大审法院的院长们前述名单的范围。

被召集到轻罪法院或刑罚执行法院的人民陪审员，是根据大审法院拟定的年度名单指派出来的。必要时，经本人同意，这些陪审员可以被写入上诉法院同一辖区的毗邻大审法院的名单中。由上诉法院院长通知大审法院院长前述名单的范围。

除非是为了有利于司法管理，一般来说同一名人民陪审员在同一年内不能被同时指派到上诉法院的轻罪法庭或刑罚执行庭，和轻罪法院或刑罚执行法院两个级别。

第 10-10 条　每年每位人民陪审员，包括预备人民陪审员，不能出庭超过 10 天。然而，如有一宗诉讼开庭时间超过了这个期限，则要求人民陪审员持续出席直到审判完结。

第 10-11 条　第一次出庭前，人民陪审员要起誓，誓词如下："我保证最认真严格地审查法庭辩论；不背叛犯罪嫌疑人、社会和受害人的权益；我不受那些仇恨、恶毒、恐惧和热爱的情绪影响；我告诫自己，任何嫌疑犯首先都是被推定为无辜的，对他要持疑问态度；我要根据检察官和辩护方的陈述、跟随自己的意识和内心、作为一名正直自由的人作出坚定而公正的决定；我对评议的内容会保密，即使是在我卸任以后。"

第 10-12 条　出庭的人民陪审员只能在以下情况下申请回避：

（1）涉及第 668 条中法官申请回避的原因之一。

（2）存在客观原因质疑他们的公正、名誉和正直。在审查案件内容前检察官、被告人或被害人可以提出对陪审员的否决，由三名法官作出决定。若陪审员认为自身有理由回避时，也可以在审查案件内容时提出申请。然后法院院长在第 10-7 条的允许范围内，替换人民陪审员。在开庭前，院长要提醒本条内容。

第 10-13 条 人民陪审员是一项公民责任。出现下列情况将被罚款 3750 欧元。

（1）被写入第 10-4 条规定的预备名单中的公民，没有正当理由地拒绝接受关于其是否有资格成为人民陪审员的审查。

（2）被指派为陪审员的公民，没有正当理由地缺席其已被安排的庭审。

第 10-14 条 国务委员会（Conseil d'Etat）的一项政令规定了本副标题下相关内容的实施方法。它详细规定了：（1）人民陪审员在就任之前接受关于刑事司法功能和人民陪审员职责培训的办法；（2）人民陪审员年度名单制定的必要程序和时间表；（3）对人民陪审员的补偿办法。

第五条

《刑事诉讼法典》第二卷第二编第一章第二节修改为：

第 399-1 条 涉及审判第 399-2 条列举的轻罪时，轻罪法院由第 398 条提到的 3 名法官和 2 名人民陪审员组成。其中，这 2 名陪审员是根据导论的第二小标题的规定被指派出来的。

第 399-2 条 依照第 399-1 条的规定，由人民陪审员参与的轻罪法院，对以下情况的轻罪进行审判：（1）刑法典第一卷第二编规定的处以 5 年或 5 年以上监禁的人身伤害罪；（2）刑法典第 311-4 条最后一款、第 311-5 条最后一款和第 311-6 条规定的行凶盗窃罪和第 312-1 条、第 312-2 条规定的敲诈勒索罪；（3）刑法典第三卷第二编第二章第二节规定的处以 5 年或 5 年以上监禁的对人身或其权利造成危险的伤害罪。但是涉及第 706-73 条和第 706-74 条规定的轻罪，不适用于人民陪审员参与的轻罪法庭的审判，除非出现第 399-3 条规定的情况。

第 399-3 条 由人民陪审员参与的轻罪法院，也对第 399-2 条列举的轻罪所附带的违警罪进行审判。涉及同上述条款相关的第 398-1 条第 1 款的轻罪，或刑法典第三卷第二编的第一章和第二章、第一编第一章规定的侵犯财产的轻罪时，由人民陪审员参与的轻罪法院同样具有管辖权。然而对于第 399-2 条规定的轻罪，当其依附于其他轻罪时，法院要根据第 398 条第 1 款的规定组成法庭。

第399-4条　对于事实认定、定罪及量刑的问题,法官和人民陪审员共同决定。而其他的一切问题,都由法官作出决定。

第399-5条　涉及第399-2条的轻罪,若同一案件的所有被告人都缺席出庭,法院要依据第398条第一款的规定组成法庭。

第399-6条　当民事诉讼没有和刑事诉讼一同被提起,轻罪法院要依据第398条第1款的规定组成法庭、依据第392-1条的规定确定寄存款项(consignation)的数额。

第399-7条　第179条第1款的法令规定,若犯罪事实涉及第399-2条规定的情况,诉讼须移交到由人民陪审员参与的轻罪法庭。

第399-8条　当由人民陪审员参与的轻罪法庭根据立即出庭的程序审理案件,依据第396条,3个工作日的时效被延至8个工作日。同时依据此条规定,已执行的先行羁押的时间被算入第397-3条最后两款规定的期限。

第399-9条　当依据第398条规定组成的轻罪法庭认定起诉书中的事实属于第399-2条规定的两种情况时,诉讼会被移交到由人民陪审员参与的轻罪法庭。若轻罪法庭根据立即出庭的程序已经受理案件,可安排司法监控下的移交或先行羁押犯人直至开庭当日移交法庭。

第399-10条　当由人民陪审员参与的轻罪法庭,认定起诉书中的事实属于按第398条第1款规定组成的轻罪法庭的管辖范围时,案件立刻由法官审判。当由人民陪审员参与的轻罪法庭,认定起诉书中的事实属于按第398条第3款规定组成的轻罪法庭的管辖范围时,案件或被移交、或由审判长单独判决。

第399-11条　当按照第398条第3款规定组成的轻罪法庭,认定起诉书中的事实属于第399-2条规定的情况时,要将案件移交至由人民陪审员参与的轻罪法庭。

第54条

Ⅱ.《刑事诉讼法典》第10-1至10-14条、第258-2条、第264-1条、第399-1至399-11条、第461-1至461-4条、第486-1至486-5条、第510-1条、第512-1条、第712-13-1条、第720-4-1和730-1条,及出自本法的1945年2月13日政令的第45条至第174条,从2012年1月1日起实验性地用于至少两所上诉法院,在2014年1月1日将达到10所以上。由司法部长通过决议确定这些上诉法院。在实验结束前的6个月,政府要向议会提交一份改革报告。

附录二

刑事司法中的公民参与情况在欧洲范围内的比较**

	犯罪性质	法庭的组成	非职业法官的地位
奥地利	较严重的普通犯罪（处以 5 年以上监禁的）	法庭由 2 名职业法官和 2 名陪审员组成	一排除司法或政治从业人员 一抽签选派
芬兰	较严重的普通犯罪（处以 5 年以上监禁的）	区域法庭由 1 名职业法官和 3 名陪审员组成	一抽签选派 一有薪水 一非职业法官接受司法初级培训
德国	一普通或不严重的犯罪 一实际服刑时间达到 4 年或以上的犯罪	一对实际服刑时间在 4 年内有管辖权的法庭，由 1 名职业法官和 2 名陪审员组成 一对严重犯罪有管辖权的法庭，由 3 名职业法官和 2 名陪审员组成	一排除司法或政治从业人员 一根据地区人口组成（年龄、性别等）列名单 一混合代表制度：1 名法官、1 名行政代表和 7 名法院所在区域的居民。其中，7 名居民是从名单和自愿者及被推荐者中以三分之二的多数票选举出来的

** 来源：让·勒内·勒塞尔夫（Jean-René Lecerf），以法律委员会的名义于 2011 年 5 月 4 日向参议院提交的第（2010-2011)489 号文件（附录三）。

续表

	犯罪性质	法庭的组成	非职业法官的地位
英国	90%的刑事案件,由地方法官和非职业法官审判: 一判处6个月大大大以上监禁的犯罪 一更严重的犯罪如盗窃、窝藏和欺诈,由被告人决定是否需要陪审团	裁判司署不配备任何职业法官,而会有一名法庭书记员提供必要的司法解释及协助	一排除司法或政治从业人员 一男女比例均等 一非职业法官接受司法初级和继续教育 一27至65岁的自愿者,且具有来自3个人的能保证其品质的推荐书 一司法部长任命,任期为6年
丹麦	对被告人有着重要特殊的影响或特别涉及公共利益的诉讼	一当实际服刑时间少于4年时,法庭由1名职业法官和2名陪审员组成 一上诉时,法庭由3名职业法官和3名陪审员组成	一排除司法或政治从业人员 一选举制
西班牙	法庭的权限由《刑法典》划定,主要包括谋杀、威胁、对处于危险中的人不提供帮助和受贿		
挪威	罪名种类相对较多	正处在改革时期:可能会让由陪审员参与的庭审取代陪审团制	一排除司法或政治从业人员 一男女比例均等 一在本地居住3年以上的挪威居民 一非职业法官有薪水

续表

	犯罪性质	法庭的组成	非职业法官的地位
斯洛文尼亚	罪名种类相对较多	一对于处以罚款或 3 个月以下监禁的犯罪:1 名非职业法官 一对于最严重的犯罪:2 名职业法官和 3 名陪审员 一对于其他犯罪:1 名职业法官和 2 名陪审员	一体制建立在自愿基础上
瑞典	罪名种类相对较多	一对于不严重的犯罪:1 名职业法官和 3 名陪审员 一对于严重的犯罪:1 名职业法官和 5 名陪审员,上诉时为 3 名职业法官和 2 名陪审员	
意大利	执行处罚		一体制建立在自愿基础上 一非职业法官由刑罚监察法院院长提议、司法高级委员会任命 一非职业法官有薪水

People's Jurors, the Participation of Citizens in the Functioning of the Criminal Justice

Chen Xuejie

Abstract:In the field of criminal justice, French citizens can participate in judicial activities by the jury system. The French jury system is introduced during the Revolution in 1790. In principle, it's the professional judges of the court who make a decision; however, for some serious criminal cases, thanks to the existence of the jury system, ordinary citizens can express their views. A jury is a group of citizens called jurors in a trial. In the felony court, in addition to professional judges, it also includes a number of citizens with certain qualifications, who are selected according to certain procedures. That is why the felony court is often known as the "people's court". This kind of people's jury system is also applied to the juvenile court, appellate court and several other courts.

Keywords: French; criminal justice; jury; juror; minor

民事司法与家庭的发展[*]

于佩·鲍思·普拉蒂尔 著[**] 韩京京 译[***]

摘要：分析民事司法与家庭的关系离不开两者的相互影响，因为正是两者的相互影响把它们联系起来。作者首先分析了家庭变化给司法活动带来的结果。接着他指出诉讼审查不完善地反映了家庭的发展，同时体现了法律的不适当。他还指出了法官造法功能在家庭法中所占的份额。

关键词：法国法律 民事司法 家庭法 法官造法

关于家庭的发展和司法，根据我们的立脚点不同，可以引申出两个疑问：一是家庭的发展对司法的影响；二则正好相反，指司法对家庭发展的影响。事实上，这一主题需要依次从以下三个方面进行分析：(1)家庭的发展对司法的影响；(2)家庭通过司法而发展；(3)司法对家庭发展的影响。根据分析角度的不同，答案也是不同的。

一、家庭的发展对司法的影响

在法国法律里不存在家庭司法（justice familiale）这一特定的概念。1993年1月8日的法律增设了家事法官（juges aux affaires familiales），并期待在

---

* 原文出处：Hubert Bosse－Platière，*Justice civile et évolution de la famille*，in Philippe Tronquoy (dir.)，*La justice*，*réformes et enjeux*，Les cahiers français，n°334，La documentation française，sep.－oct. 2006，pp.14～18.

** 于佩·鲍思·普拉蒂尔（Hubert Bosse－Platière），法国第戎（Dijon）大学法学院副教授。

*** 韩京京，法国巴黎第二大学私法专业博士研究生。

日后将所有有关家庭的诉讼集中于家事法官的手中。虽然在这之后家庭诉讼的分散性有所缓解，但这种分散性还是保留了下来。大审法院（TGI）一直负责有关亲子关系的诉讼、夫妻财产诉讼（不包含离婚诉讼）和继承的诉讼。家事法官有可能与儿童法官在管理权限上产生冲突。人类寿命的增长导致无行为能力的范围开始缩小，这样监护法官就越来越有机会遇到我们所认为的"弱势群体"。

（一）家庭司法：独有的特征

如果说有关家庭事务的诉讼没有一个独立的机构，那么它至少体现了一些不同的特点，这些特点使家事法官成为必要。家庭司法不仅仅具有解决纠纷的传统功能，而且还具有其他的功能，虽然这些功能不是其特有的，但是至少赋予其一定的自治性。家庭司法必须裁决冲突，调解、评定和适用法律，说明行为的社会法则，认证通过认可的事前协议，并且不限于非讼事务方面（即不属于争议诉讼的情况），控制和保护当事人，适用社会政策……面对这些不同性质的任务，家庭司法要求不同于一般民事法律的培训和行为，这些培训和行为必须更加具有活力、更加人性化，其基础是社会心理学而不是法律教条。① 自从 1993 年 1 月法律颁布后开始，家事法官一直是这样的典型。他被封为"多才多艺的人"。借助于社会调查，他的工作得到家庭事务助理的支持。儿童法官，又称儿童保护的"指导法官"，则是另一种情况，自权力下放以来，儿童法官与省里的关系，在儿童政策的实施中起着重要的作用。

（二）家庭关系的司法化

家庭诉讼的激增是最近三十年的一个突出特点，并且是法院案件堆积的原因之一。2003 年，大审法院受理的案件中 65% 以上涉及家庭诉讼。② 很大一部分诉讼又涉及离婚及其结果。然而，法院受理家事案件的增加有其复杂的原因。其中包括权利的扩张③或者说机制的倾斜：面对孤立和背井离乡的个人，法官确定人们行为的界限并帮助人们内化法律的要求。④ 这个私法领

---

① J. Carbonnier, *Droit Civil*, *Introduction. Les personnes. La famille*, *l'enfant*, *le couple*, t. 1, 2004, Paris, PUF, coll. Quadrige, n° 390.

② 587 858 件案件中的 395 039 件（cf. *Annuaire statistique de la justice*, 2005, Paris, La Documentation française, p. 72）。

③ Voir, sur ce constat, J. Carbonnier, *Droit et passation du droit*, Paris, Flammarion, 1996.

④ Voir D. Salas V° Juge (Aujourd'hui), *Dictionnaire de la culture juridique*, sous la direction de D. Alland et S. Rial, Paris, PUF, coll. Quadrige, 2003.

域司法扩张的阶段与卡尔波尼埃教授在他 1964 年到 1975 年法律改革中所讲的法律的收缩相一致："解除对一部分行为的司法处罚，其目的在于用其他的行为规范体系来代替，如道德、伦理和宗教。"⑤这一扩张更可能是一个合力的结果，因为在青少年心理和行为独立化的过程中给予其由其他行为规范的自由，他们可能承担不必然能够承担的责任。

（三）家庭纠纷处理的非司法化（déjudiciarisation）趋势？

可能我们需要质疑家庭关系的司法化在近些年是否有所回落。近来关于家庭关系非司法化的推论可能是全凭经验而无科学依据的，因为其论证本身就可能被其他的论证补充或者推翻……

最具证明力的一个例子是 2004 年 5 月 26 日关于离婚的改革，它是 2002 年 3 月 4 日关于父母监护权的法律中涉及父母分离对子女产生结果的后续。如果立法者没有取消司法对离婚的介入，立法者通过向其他部门转移调停及和解的功能深刻地改变了法官的作用。毫无疑问，当时这样做的目标是推进程序的进展，然而这也是法官在这一领域无能力的一种表现方式（根据民法典关于和解的条款的新的编撰——民法典第 252 条第 2 款——法官不再享有批准婚姻失败的权力）。这里司法仍然依赖于司法的辅助部门，只是这是在诉讼以外而不是诉讼之中。关于冲突规则间的友好协商方式的发展，特别是家庭调停，有效地减轻了法官的工作负荷。今后，律师、公证员有了更加积极的作用，而家事法官只负责通过认可其他人制作的文本批准，即便是在诉讼程序中也是这样（例如民法典第 268 条和第 373-2-7 条）。毫无疑问，在表面上，司法在法官的控制下实施，但是，面对大量的案件，司法常常避开了法官的掌控。

显然，在儿童保护方面，涉及犯罪的未成年人和处于危险中的未成年人，儿童法官在民事和刑事案件受理数量的增加又证明了一个相反的发展方向。在保护儿童方面，由儿童所属的省在与其儿童法官合作的基础上，制定合适的政策。这一权限代替了国家权限下放部门的权限，就像青少年儿童的司法保护一样，在 80 年代末期以来，它的任务就被拉回到镇压方面。在这方面，较为典型的是 2006 年 3 月 31 日平等机会法建立了一个家长责任合同，在家长不遵守他们的义务时，必须要有司法机关的介入，否则就可能导致其家庭补助金被中止发放。

毫无疑问，这一现象的原因是多方面的，其中之一就是资源的缺乏：自第

---

⑤　J. Carbonnier, *Droit civil*, *La famille*, t, II, Paris, PUF, 16ᵉ éd., 1993, n° 6, p. 24.

二次世界大战以来,法官的数量就一直是不变的。在欧洲人权法院(CEDH)根据《欧洲人权公约》第 61 条所做的)判例的压力下,诉讼必须在"合理的期限"内解决。

然而,法官的角色是保证个人的自由(《法国宪法》第 66 条),并且在一个民主的社会,家庭只能在司法以外寻求解决纠纷的途径,这是不合理的。

二、家庭通过司法而发展

企图通过家庭诉讼来了解家庭的发展是不切实际的。在这一点上我们应当谨记寻卡尔波尼埃教授的谨慎建议:"诉讼审查司法现实。实践的需要,并不是真实生活的需要,而是诉讼案件中体现的需要。并不是所有的法律关系都导致诉讼……有时相关人因为过于贫穷而不能进行诉讼,或者因为腼腆,又或者因为过于理性(判例法必然带有一些不正常性)。有时因为相关人过于强大(跨国集团之间的矛盾常常通过协议或者仲裁方式解决,至于采取以上哪种方式,我们不得而知)而导致避开诉讼的途径。"⑥

(一)家庭诉讼,对家庭发展的不忠诚的反应

如果说家庭法代表着家庭的发展,并且认为家庭的发展完全决定着家庭法,那么等于完全否定了当权者的权威。毕竟我们可以认定有些规则是与社会结构的变化不相适应的。由于社会是永恒发展的,所以二者之间的间断是不可避免的,并且家庭的发展变化过程又产生了新的效能。刚刚颁布的法律,就可能存在落后于实践的风险。然而一定要揭露"法律适应事实的秘密"⑦,因为法律并不是必须追随事实。当立法者试图通过 2002 年 3 月 4 日的一项法律达到使儿童同时姓父亲和母亲的姓氏的目的时,我们并不能确定这是基于个人深层次的愿望。不管怎样,通过诉讼,我们可以轻松地找到社会学家所描绘的家庭发展的大方向。家庭的破碎已经导致离婚诉讼的激增(2003 年有180538 个离婚诉讼请求,而在 1999 年只有 171345 件),人类寿命的增长,身体的和精神上的依赖性增强,监护诉讼也增长很快(92788 件监护请求代替了1999 年的 84617 件)。对孩子的渴望与领养孩子的诉讼密切相关(2000 年单纯收养的请求达到 6190 件,完全收养的请求达到 3489 件)。祖父母也不再犹

---

⑥　J. Carbonnier, *op. cit.*, n° 147.

⑦　C. Atias et D. Linotte, *Le mythe de l'adaptation du droit au fait*, D. S. 1977, I—251.

豫，他们为了能探望自己的孙子女而与自己的子女对簿公堂（参见法国民法典第 371-4 条；此类案件的数量在 1999 年为 2391 件，2003 年达到 2692 件）；这难道不是社会本身给了他们如此重要作用的一个补充证据？家庭的公共秩序规则的衰退已经导致公诉人地位的下滑，但是父母与子女的关系例外，因为社会维持了这方面的强制性法则。当然，在自然生育范围内，生育权是自由的，至少在表面上看来是这样。但是如果我们依靠人工技术生育或者收养，那么情况就不同了。这时法律的干预则成为必然，因为它涉及模拟的亲子关系，而这一模拟的亲子关系是建立在自然的亲子关系之上的。

（二）家庭诉讼，法律与家庭发展不适应的泄密者

家庭诉讼还有另外一个功能，即它可以显示出法律对社会学家所描述的家庭发展的不适应性。同居关系在很长一段时间内游离于司法之外就是这样的情况。

关于同居关系登记注册的统计数据可以说明一些问题：一方面，1999 年至 2005 年之间缔结的登记注册的数量很大，达到 203413 件[8]；另一方面，其年增长速度很快，2000 年为 22091 件，2005 年为 60040 件。两性结合方式的多样性已经成为一个不可避免的社会现实。然而，有关同居的诉讼却处于一个适当的水平[9]，特别是当我们拿它与离婚诉讼相比较，同时社会调查也确认了非婚姻结合方式的巨大脆弱性。

最高法院的判例有时成为法律漏洞的泄密者。最高法院坚持不懈地重申关于婚姻的法律不适用于同居。[10] 但法律的逻辑有时候是不理性的：怎样证明有关争夺共同住所所有权的法律不适用于同居的情况？

此类诉讼案件数量少的现实反映了这一不适应性。分离的双方因为他们的意愿而跳过法律，哪怕是在决裂的时候？显然，法律的退缩首先来自于相关人本身希望处在法律之外。法学家们坚持认为法律间断地以普通债法的形式重新出现，并且适用于结合体分离的时刻。然而这种方法只是权宜之计。实施这种机制所要求的条件是棘手的，并且判例有时是难以追随的，事先章程的缺失必然导致不可避免的混乱。

---

[8]　Rép. Min, n° 22847, JO Sénat, 8 juin 2006, JCP N 2006, actualité, p. 1136.

[9]　拿同居关系注册来说，几乎不存在司法上的诉讼，然而自 1999 年以来，同居关系注册破裂的数量就达到了 26713 件。

[10]　再一次参见关于婚姻开支的分担，例如以下案例，Cass. 1er civ., 31 janvier 2006, JCP N 2006, pp. 256～260.

随着异性非婚姻结合方式的大量出现,司法存在于婚外结合的关系中的观点被接受。一些人认为应当建立一个适用于两性结合的最小化的普通法律,无论是婚姻还是非婚姻的关系,通过这些普遍适用的法律可以达到在关系破裂的时候保护同居人的目的。但是这种想法的实施在技术层面显得有困难,因为它缺少一个可能的法律根基。

三、司法对家庭发展的影响

如同法律的其他部门一样,法官具有造法的功能,通过这一方式,法官可以间接地对家庭法产生影响。杰出的法学家们已经指出,司法解释如何造法:法官造法是不能避免的,因为法官必须明确并补充完善法律,必须排除悖论或者根据时事的发展变化而修改法律。家庭法被包含在著名的判例之中,而后者使司法得到发展,我们认为这些是有利于家庭法的发展的。毫无疑问,在家庭法的发展和家庭的发展之间存在着相互的作用,同时我们不能忽视法律的象征作用:一个司法判决能够体现针对某种发展的某一形式的社会认同。然而,这种造法功能存在着双重的限制。

首先,法官是在具体的案件中发挥其功能,这就导致其对法律条文的影响必然需要一个缓慢的过程,尽管下级法院就某一具体的新出现的带有很大难度并涉及不同案件的法律问题可以通过请求程序征询最高法院的意见,从而使其尽快地作出判决。关于家庭救济金的发放就是这种情况,最高法院认为在孩子交替住在父亲与母亲双方住所的情况下,家庭救济金应当相应地给予父亲或者母亲一方。[11] 其次,限制体现在法官对法律的依赖状态。法官针对其手中的案件,可以解释、修改或者补充法条,但他不能完全改变离婚法或者收养法。此外,这是判例方式相对于法律方式的缺陷之一,因为法律方式拥有改变法律的最广泛的司法方式:立法。2000 年 2 月 1 日宣判的马祖尔克(Mazureck)案件就是一个贴切的例子:如果欧洲人权法院认定法国败诉,理由是当时的法国民法典第 760 条赋予非婚生子女较少遗产继承份额,2001 年 12 月 3 日的法律则实现了对在世的夫妻一方的遗产份额的重新评估和婚生子女与非婚生子女继承权的对等。

判例对法律的从属也体现在它可以采取与法律相反的态度。

然而,就像家庭领域所体现的那样,在大部分情况下判例与法律的关系是

---

⑪　Avis Cour de cassation 26 juin 2006，n° 0060005P et n° 0060004p.

互补的而不是对立的。关于社会问题,在一个民主社会里,期盼立法者推动家庭法的发展是符合逻辑的。然而,最常见的是,法官是第一个面对家庭形式改变和法律不相适应的人。在其权限范围内,面对情况的改变,法官决定是否调整法律。他还可以采取不同的方式,要求立法者改变现行法律。最令人惊奇的是,面对近些年来的家庭法的立法狂热,法官根据事实调整法律的任务并没有减弱。

（一）法律根据家庭的发展而改变

因为其任务的异质性,家庭领域的工作特别适合法官(参见本文之前的内容)。此外,立法者经常使用内容可以改变的概念,如儿童的权益、家庭的利益……这些概念使法官具有根据不同的情况来适当改变法律的功能。这里有一个典型的例子:法国最高法院根据公序良俗原则于 1992 年 2 月 3 日承认旨在建立或者维持婚外关系中对非婚生子女进行赠与的合法性[12],而在这之前,最高法院一直持相反的态度。而且,特别是在其日常的认定事实和解释法律的工作中,法官也是根据家庭的发展而适当地变通法律。在这个意义上,我们可以说"法条不是来自于法官,而是产生于法官适用法律的行为……法律成为组织集体生活的主要方式,法官扮演着总建筑师的角色"。[13]

（二）法官和立法者为家庭发展而进行的合作

相对于公共权力,司法可以被引导成为家庭发展的中继站。在脱离道德和宗教的社会,家庭的不稳定性、个人的独立化、科学的发展……必然要求法官在充满着人权思想意识形态的客观法律范围内确定应当适用的法条,规定对法律的具体适用。在私法领域内,大部分的情况下是由法官来解决社会问题。法官只能在法律允许的范围内来行使这一权力,因为这一工作是依赖于法律的。但是当法律没有提供解决的办法时,决定的权力又回到法官的手中,根据情况的保守或者创新,正义得以彰显。

同性恋人士要求组建法律意义上的家庭的请求能够很好地反映出法官和立法者之间的复杂关系。在很长的时间里,司法对于同性恋夫妇持保守的态度。在 1989 年和 1997 年的轰动性案件里,法国最高法院拒绝承认同性同居与异性同居的相似性,理由在于同居的前提是表见的婚姻。这被认为是有违道德的歧视,于是这些判例事实上成为同性恋者诉求的理由:要求立法者立法的诉求最终通过 1999 年的一部法律得以实现(1999 年 11 月 15 日关于民事

---

⑫　Civ. 1ᵉʳ, 3 févr. 1999, Bull, civ, I, n° 43.

⑬　Voir D. Salas, V° Juge (Aujourd'hui), *op*, *cit*.

结合登记注册的法律)。现在的问题在于同性伴侣养育孩子的要求。虽然这一要求是通过父母的权威这个借口来表达的,这样的要求无论是通过婚姻还是通过收养的形式都是不可能的。在亲子关系没有建立的情况下享有父母的权威,能够在同性关系破裂后,避免没有亲子关系的父母处于无权的状态。最高法院在2006年2月24日的判决中部分承认了同性父母的父母权威。[14] 巴黎大审法院则有所突破,根据2002年3月4日的法律(民法典第377-1条),在2004年7月2日的判决承认了一种新的父母权威的授权形式,即通过同性恋母亲建立非血缘关系的收养亲子关系,这样第一个同性恋家庭产生了(同性恋人双方具有双重的亲子关系,共享父母权威)。但它缺乏最基本的东西:只有法律能够赋予这些个体社会认同。然而,面对敏感的同性恋问题,关于收养,司法向立法者提供了在同性婚姻之外的另一条可能的道路。

然而在关于司法、立法者和家庭发展的关系的讨论中,基本点存在于其他的方面。在一个越来越受其他国家法律影响的社会里,立法的传染现象经常会发生,即便是在敏感的养育孩子问题上,立法者和司法也是不能确定并维护规则。在法律内部形成市场、进行法律交易的可能已经成为了一个无法回避的现实,以至于我们可以自问根据法律自由主义最大化,给予人们最大自由的法律已经丧失了攻击其他法律的使命。如果在家庭法中存在一个内在的东西,那么它是很难确定的。这仅仅是一个节奏的问题吗?这只是在合适的时间找到合适的法律的问题吗?

在这一点上,司法具有立法所不具有的特点。在媒体的压力下,立法者有时会屈服于媒体集团的不停的攻击,屈服于个人的利益,甚至它的运转也不得不考虑到底公共利益是什么。相反地,根据具体的案件适用法律的法官,服从于根据案件的发展而进行缓慢的司法内在的命令。优于立法者的是,法官是圣殿的守卫者,因为他有将新的法规纳入已存的法律结构中的任务。通过驱除那些与上级法律相矛盾的法律或者相互矛盾的法律,法官真正的法律意义得以体现。面对社会问题,与立法者相比,法官在缓和相互冲突的利益和找到更加适合现实情况的解决方法方面,比立法者有更多的空间。

然而法官这一作用的发挥需要以司法的指导路线为前提:在这个意义上,我们经常提到最高法院主义。然而,司法缺少同质性,因为私法领域并不仅仅依赖于最高法院的判决。很长时间以来,行政司法也起着一定的作用,例如在对拒绝收养孩子的问题上的动机控制问题。在这方面,欧洲人权法院的作用

---

[14]　Civ. 1re, 24 février 2006, JCP 2006 obs. M. Reboury.

已经不用证明,它将对家庭法的将来有重要的定性作用。⑮ 判例不和谐的风险是不可避免的。此外,如果家庭法判例的发展体现着不可逆转的优势,我们并不能否认法律对于判例的承认和补充是必须的,我们也不能否认法律的效率性,法律对于家庭发展的影响可能依赖于其他比简单创设法条更加复杂的机制。

Civil Justice and Evolution of the Family

Hubert Bosse-Platière

Abstract:To understand the relationship between civil justice and family, one has to return to the examination of the interactions between them. The author at first analyses the consequences of the family transformation on the judicial activities. Then he notices that the examination on case imperfectly reflects the evolution of the family and shows the insufficiency of the law in this sense. He also explains where the creative part of the judge is in the family law.

Keywords:French law; civil justice; family law; judge made law

---

⑮　Voir l'importante affaire *Carlos Garcia Avello c/ Etat belge*, en matière de transmission de nom, Rec. p. 1—11 613; aff. C— 148/02.

互动中的法:试论既判力与单一诉讼原则

——论法国近代侵权纠纷之解决

贺林欣[*]　　**奥勒连·罗舍**[**]

摘要:法国社会虽无"好诉"之誉,但其民事诉讼体系依然尽力保证公民能自由地向法院寻求救济。关于劳动合同的诉讼尤其如此。然而,为保证司法的权威与效率,起着限制诉权作用的规则也不可或缺,如一般民事诉讼中的既判力和劳动法上的特殊规定——单一诉讼原则。在过去,法国最高法院的判决意见一方面限制既判力的范围,另一方面严格适用单一诉讼原则。结果前者导致了过多的重复诉讼,后者导致了对实体权利的忽视。近年来,两条规则在寻求诉权保障和司法效率平衡的过程中相互接近。因此,一种在保证实体权利的前提下集中诉讼的司法模式正在逐步形成。

关键词:法国民事诉讼　既判力　劳动诉讼　单一诉讼原则　诉权

甘夏尔(Guinchard)院长曾写道:"民事诉讼法有点像是法律家庭里一个淘气的孩子。"[①]因为它时常留给人们难以捉摸、复杂晦涩的印象。有学者续写道,既判力则是民事诉讼法的一个淘气的女儿。[②] 然而论及适用的复杂程度,既判力还有个旗鼓相当的姐妹——劳动法上的单一诉讼原则(l'unicité de l'instance)。或许更应该说单一诉讼原则是既判力的孙女。因为既判力自古

---

　* 贺林欣,法国巴黎第一大学社会法专业博士研究生。

　** 奥勒连·罗舍(Aurélien Rocher),里昂第三大学商法税法专业硕士。

　① S. Guinchard, C. Chainais et F. Ferrand, *Procédure civile, droit interne et droit de l'Union européenne*, Dalloz, 31ᵉ éd., p.1, n°2.

　② I. Delicostopoulos et C. Delicostopoulos, L'autorité de la chose jugée et les faits, in *Mélanges en l'honneur de Serge Guinchard*, Dalloz, 2010, p.680.

代社会就已存在③,在拿破仑时代被编入《法国民法典》(以下若无特殊说明均涉及法国法典)第 1350 与 1351 条中④;而单一诉讼原则则是立法者在 20 世纪初确立的。⑤

现行劳动法典 R1452-6 条如此规定"单一诉讼":"在相同当事人之间,所有与劳动合同相关的诉讼请求,无论是由原告还是由被告提出的,都只能作为一次诉讼审理的对象。若在当事人向劳动法院提交审理申请后,诉讼请求的依据才产生或为人所知,则本法条不适用。"在该规则制定之初,立法者的目的是为防止原告通过分割请求使得每次诉讼的金额都低于上诉要求的最低数额,从而剥夺对方当事人上诉的权利。换句话说,立法者推定进行多次诉讼的当事人滥用了诉权,并以剥夺诉权作为惩罚。因此,单一诉讼原则与既判力都以既存的诉讼审判为由禁止新的诉讼。但前者要求集中诉讼请求,后者则只针对既判事项;前者是劳动法上的特殊规定,后者是民事诉讼中的一般规则。

法谚"特殊法优先于一般法适用"(*Specialia generalibus derogant*)⑥解释了一般法与特殊法之间的关系。但法谚无法解释两种规则在适用中可能产生的相互影响。既判力与单一诉讼都起着限制诉权、维护司法权威与保证司法效率的作用。因而两者都必须面对司法管理与诉权保护之间平衡的问题。长期以来,既判力的适用更有利于诉权保护,单一诉讼的适用则倾向于避免新诉。结果前者引发了过度的争讼,甚至是诉讼策略的出现;而后者则导致了以程序规则否定实体权利的现象。物极必反,两种截然不同的适用情况近年来都在反思与批评中出现了重要改变,分别向着与原来相反的方向演化。而有意思的是,为了说明既判力的改变,有学者援引了单一诉讼原则;为了脱离单一诉讼面临的困境,既判力又成了备选方案。因此,一种新的"集中诉讼"原则隐约出现在民事诉讼法中,并把两种规范有机地联系在了一起。本文将试图通过对两者概念的对比(一)、对司法判例意见改革的分析(二)来重新思考两者的适用条件,以更好地满足诉讼活动的需要——保证司法管理与诉权保障间的平衡(三)。

---

③ J. Foyer, *De l'autorité de la chose jugée en matière civile, essai d'une définition*, Thèse, Paris, 1954, pp. 3~4;作者转述古巴比伦和古希腊的既判力机制。

④ 译文参见《法国民法典》,罗结珍译,中国法制出版社 1999 年版,第 324 页。

⑤ 1907 年 3 月 27 日关于劳动法院的法律第 33 条。

⑥ H. Roland et L. Boyer, *Adages du droit français*, Litec, 1999, 4e éd., p. 843. 在诉讼方面,参见《民事诉讼法典》第 879 条与《劳动法典》R1451-1 条。

一、既判力与单一诉讼的概念对比

立法者为劳动合同诉讼(procédure prud'homale)——从字面上理解是劳动法院(conseil de prud'hommes)适用的程序⑦——制定了若干特殊规则,其中以单一诉讼最为独特。一般认为单一诉讼与既判力在性质方面基本一致,但在适用条件方面二者则大相径庭。

(一)既判力与单一诉讼原则的性质

从司法实践角度来看,两者同属于"辩护理由"中的"不予受理";从理论角度来看,单一诉讼原则更接近所谓的"消极"既判力。

1. 作为"辩护理由"的单一诉讼原则与既判力

"辩护理由"(moyens de défense)包含了"所有可以帮助被告抵御其在初始请求中所受的攻击的手段"。⑧法国法上一般区分三类辩护理由:一是实体辩护(défense au fond)⑨,二是程序抗辩(exception de procédure)⑩,三是不予受理(fin de non-recevoir)。第三种较前两种更为复杂,倾向于两者的混合体。因为从效果上来看,它引起如实体辩护一样的终局裁决,而程序抗辩通常仅构成诉权临时性的障碍;而从对象上来看,它如程序抗辩一样不对实体权利的法律依据进行探讨。

《民事诉讼法典》第122条将"不予受理"辩护定义为"所有在没有对实体权利进行考虑的情况下,试图声明对方当事人因缺乏诉权而无法向法院递交请求的理由"。因此,不予受理明确包括了缺乏诉讼利益、缺乏诉讼资格、时效等理由。该法条也特别提到了既判力。其实作为判决效力的一部分,既判力

---

⑦ 直译为"劳资调解委员会",因其基本特征为劳资双方平等参加,并且当事人有事先调解义务。劳动法院的管辖权(只涉及劳动合同纠纷)也使我们将 procédure prud'hom-ale 译作"劳动合同诉讼",而非"劳动诉讼"。关于劳动法庭的基本情况,参见[法]盖斯旦等著:《法国民法总论》,陈鹏等译,法律出版社2004年版,第379~380页;李恒:《主要发达国家劳动争议处理制度及启示》,中国海洋大学,硕士学位论文,2010年,第23~25页。——译注

⑧ S. Guinchard, C. Chainais et F. Ferrand, 前引文, p. 281.

⑨ 即"所有试图证明对方当事人的请求没有法律依据"的理由,见《民事诉讼法典》第71条。

⑩ 即"所有试图声明程序不规范或已终结,或者要求中止诉讼的理由",见《民事诉讼法典》第73条。

的作用之一正是禁止重复的诉讼。学者们曾尝试从判决对实体权利或是程序权利的影响上来解释诉权的消失。⑪ 既判力因而获得了"不予受理"的机制，也就是说当事人可以在诉讼的任何阶段提出该理由。⑫ 程序抗辩则必须在实体辩护之前提出。

与既判力相对，《劳动法典》第 R1452－6 条并没有对单一诉讼作出同样明确的规定。虽然我们可以理解新的请求不能成为第二次诉讼的对象，但法官仍可以在"不予受理"与"程序无效"（nullité de procédure，程序抗辩的一种）之间选择。最初的判决意见曾先后将"单一诉讼"作为"不予受理"⑬和"程序无效"⑭。这充分证明了二者间的界限并不太清晰。从理论上来讲，不予受理是基于当事人缺乏诉权，而程序无效则是因形式或实质的瑕疵（比如文书的内容、缺乏诉讼能力、代理能力等等）而引起的程序无效。但在司法实践中两者时常有混淆的情况。⑮

贝罗（Perrot）教授认为，在单一诉讼原则的问题上，如果将其认定为"程序抗辩"则可以将提出它的时间限制在实体辩护开始之前，从而更好地保障当事人的权利。⑯ 然而在法律性质上，程序抗辩并不对诉权本身造成影响；通常只是延后了暂时无法继续的诉讼程序，以期当事人弥补形式上的瑕疵。与之相反，单一诉讼禁止所有新诉。这种无法受理新诉的效果正是"不予受理"的核心特征。而从本质上来看，单一诉讼原则如同既判力一样，标志着诉讼终结

---

⑪　J. Heron, *Localisation de l'autorité de la chose jugée ou rejet de l'autorité positive de la chose jugée*, in Mélanges en l'honneur de Roger PERROT, Paris, Dalloz, 1995, p. 137.

⑫　《民事诉讼法典》第 123 条。但该规则同样有限制，一是当事人不能滥用这一可能，否则必须支付损害赔偿（见同一法条）；二是在最高法院前不能首次提出该理由（见 Civ. 1re, 14 Nov. 1972, *Bull. civ. I*, n°238）。

⑬　Civ., 16 Juin 1914, *D.* 1918, 1re partie, p. 31；Soc., 3 mars 1988, *Bull. civ. V*, n°159.

⑭　Cour d'appel Dijon, 11 janv. 1983, *RTD civ.* 1984, p. 564 及以下, obs. R. Perrot.

⑮　比如，《民法典》第 413－1 条规定"未成年人因婚姻而解除监护"，也就是说获得了完全的民事行为能力。若其父母以未成年人的名义起诉，法院似乎可以基于无诉权而决定不予受理。但实际的判决认为是因无代理诉讼权而引起的实质上的瑕疵。见 S. Guinchard, C. Chainais et F. Ferrand, *Procédure civile*, 前引文, p. 661.

⑯　见前引评论, Cour d'appel, Dijon, 11 janv. 1983, *RTD civ.* 1984, p. 564 及以下, obs. R. Perrot.

后诉权的消失。因此,最高法院在 1986 年确立了新的司法判例,认为以单一诉讼为由的辩护属于"不予受理"类的辩护。⑰ 单一诉讼原则与既判力在性质上的联系似乎已经可以建立,但疑问很快又出现在了法官职权方面。

在"不予受理"方面,一般认为在法律无明文规定的情况下法官不能主动提出该理由。⑱《民事诉讼法典》列举了几种例外情况,其中第 125 条规定若不予受理涉及公共秩序,则法官有义务主动提出该理由。在既判力方面,虽然我们可以认为它保证了法律秩序的稳定和避免重复的诉讼,长期的判例意见却认为既判力只涉及私人利益⑲,因此法官无权提出该理由。有观点认为处分原则能解释既判力涉及的是私人利益。⑳ 但 2004 年的一次改革(2004-836号法令)修正了这一制度,并规定法官"可以"主动提出既判力的约束。㉑ 法令中用了"可以"而非"有义务",这说明立法者也无意彻底改变"既判力涉及私人利益"的论断。

在单一诉讼原则方面,由于没有明文规定,现有的结论仍是法院判例提供的。最高法院最早认为法官无权主动提出单一诉讼原则,因为法规的目的是保护上诉的权利,即保护的是私人利益。㉒ 随着时日变迁,该解释逐渐不再令人信服。许多主张取消该规则的观点认为最初的立法依据已经无法再支持现在单一诉讼原则的存在。㉓ 其他最常被引用的依据则是避免司法判决之间的冲突,又或是避免司法资源的浪费。㉔ 按此逻辑,单一诉讼原则维护的则应该是公共秩序,法官也应该有义务提出该理由。但这样的分析将忽视当事人的权益,因为单一诉讼的适用并不简单,而通常作为原告的雇员并不能很好地了解其适用情况。要求法官主动提出单一诉讼原则只能减少讨论实体权利的机

---

⑰ Soc. , 23 avril 1986, *RTD civ*, 1986, 636, obs. R. Perrot.

⑱ S. Amrani-Mekki, *La règle de l'unicité de l'instance*, in *Procès du travail, travail du procès*, M. Keller (dir.), LGDJ, 2008, p. 362.

⑲ Civ. 2ᵉ, 24 nov. 1976, *Bull. civ. II*, n°315.

⑳ V. Orir, *La règle de l'unicité de l'instance*, avec la préface de S. Amrani—MEKKI, LGDJ, 2012, n°120.

㉑ 《民事诉讼法典》第 125 条第 2 款。

㉒ Civ. , 16 juin 1914, *D.* 1918, 1re partie, p. 31;由 V. Orif, *La règle de l'unicité de l'instance*,前引文,n°122 引用。

㉓ p. Lyon—Caen, Le principe d'unicité de l'instance doit—il être maintenu ?, *Droit social*, 2004, n°1, p. 101.

㉔ S. Amrani—Mekki, *La règle de l'unicité de l'instance*,前引文, pp. 362~363.

会。无论如何，在目前的司法实践中，法官对于既判力与单一诉讼原则的职权都是不一致的，尽管它们同属于"不予受理"类的辩护理由。现在有必要更具体地比较二者使诉权消失的本质。

2. 起着禁止新诉作用的单一诉讼原则与既判力

法国学理上通常区分"积极"既判力与"消极"既判力。两者的混合实际上是既判力概念历史演化的产物，而混淆则可能引起对适用条件的误解。单一诉讼只能与消极既判力相对比。两条不同的法谚能帮助我们区分积极与消极既判力。

第一条是"既判事项被人们认为是真理"（res judicata pro veritate habetur）。[25] 与之对应的《民法典》第 1350 条规定法定推定（présomption légale）是由一条特殊法律所赋予某些行为或事实的推定，比如："（……）法律赋予既判事项的权威。"现在一般认为是既判力的存在保证了判决正确的推定。而既判力本身的法理依据仍应在法官权威与法律秩序的稳定等方面去寻找。不论其法理依据是什么，我们都可以发现这种既判力所维护的实际上是判决的正确性。而其必要的推论则是在所有其他诉讼中，已决事项都可以直接作为结论来使用而不引起争议。按甘夏尔等学者的观点[26]，积极既判力的效力因此体现在"法定真理"的效力中：一方面是其内容获得了"法律"般的地位，另一方面则是其保护与执行皆由"公权力"完成。这就是为何积极既判力在公力救济的社会体系中是必不可少的。

第二条是"一事不二审"（ne bis in idem）。[27] 它禁止当事人就法院已经审理过的事项重新提起诉讼，体现的正是消极既判力的作用。梅耶（Mayer）教授指出，用既判力来解释"以既判事项为由的抗辩"（exception de chose jugée）是较晚才出现的混淆。[28] 在罗马法上，后者是在程式诉讼（procédure formulaire）时期逐渐形成的（公元前 2 世纪中期以后）。[29] 而不作为抗辩理由的既判力则出现在公元 2 世纪以后。在现行法中，紧随《民法典》1350 条之后，立

㉕　H. Roland et L. Boyer，前引文，p.790。

㉖　S. Guinchard, C. Chainais et F. Ferrand, *Procédure civile*，前引文 n°1093

㉗　H. Roland et L. Boyer, *Adages du droit français*，前引文，p.534。

㉘　p. Mayer, *Réflexions sur l'autorité négative de la chose jugée*, in Mélanges Jacques Héron, LGDJ, 2009, p.332.

㉙　见前引文 p.336。关于罗马法的发展过程，见 M. Villey, *Le droit romain*, PUF, 2005, 10ᵉ éd.，p.25 及以下（关于程式诉讼）。

法者给出了既判力适用的条件，即诉讼标的、诉讼原因与当事人的三重同一。也就是说，《民法典》第1351条规制的是两次完全相同的诉讼。立法者实际上给出的是消极既判力标准，而唯有从这个意义去理解适用条件，才能正确理解近来司法意见的转变，也唯有在这个意义上单一诉讼原则与既判力才有可比之处。因为单一诉讼的设立目的在于禁止关于同一劳动合同的重复诉讼，而与判决的实质内容并不相关。也因为如此，单一诉讼原则总是作为抗辩理由出现在诉讼之中，与消极既判力一样。如果要比较两者的适用条件的话，也就必须确切分析《民法典》第1351条中"三重同一"标准的含义。

（二）既判力与单一诉讼适用条件的对比

《民法典》与《劳动法典》都明确规定了"相同当事人"的条件，然而在诉讼标的与诉讼原因方面两者则迥然相异。

1.关于当事人的条件

《民法典》第1351条与《劳动法典》第R1452－6条都明确要求前后两诉必须发生在相同的当事人之间。民法典更确切指出相同当事人必须有相同的资格（qualité）。这一"资格"既不应与诉讼资格（见《民事诉讼法典》第31条）也不应与诉讼中当事人的角色（如原告、被告）相混淆。这里的资格指的是当事人相对于他所主张的实体权利的身份，比如所有权人。司法实践中常见的情况是在有代理关系的情况下，同一自然人先后以代理人的名义和个人名义就同一权利提起诉讼。[30] 由于当事人的资格不同，既判力也就不适用。

在单一诉讼原则方面，法官们同样严格地要求当事人的同一。然而公司转让的情况曾引起过争议。《劳动法典》第L1224－1条规定，在雇主的法律情况发生变更时——比如买卖、合并等情况，"所有在改变发生之日有效的劳动合同仍然存在于新雇主与企业雇员之间"。那么在这种情况下，当雇员与旧雇主之间已经有过诉讼时，雇员能否向新雇主就同一劳动合同提起诉讼呢？最高法院认为由于当事人不再相同，单一诉讼原则并不适用。[31] 有观点认为，如此适用实际上违背了条文的精神，即要求当事人尽量在一次诉讼之中提出

---

[30]　Com., 7 janv. 1997, n°94－19.057，由 V. Orif, *La règle* de l'unicité de l'instance，前引文，n°54引用。

[31]　Soc., 10 mai 1999, *Bull. civ. V*，n°237.

其所有的请求。㉜由此也可以看出法官"严格"适用该规则的倾向。

2. 关于诉讼标的与诉讼原因的条件

诉讼标的与诉讼原因在既判力理论中占据核心地位。相反,单一诉讼原则完全忽略这两方面,而以"劳动合同的同一"取而代之。

在诉讼标的方面,学理上通常认为它指的是"一方当事人所主张而另一方当事人否认的权益(avantage)"㉝;又或者依据《民事诉讼法典》第 4 条认为是"当事人向法官递交的所有主张的总和"㉞。然而"权益"是否等于"主张"呢?或者说,诉讼标的到底应等同于实际的经济物质利益(尤其是在给付之诉中)还是应该包括法定的权利呢?罗马法上传统认为标的同一必须是"对同一事物的同一权利"(le même droit sur la même chose)。㉟ 莫图尔斯基(Motulsky)教授指出"诉讼标的"本身有歧义:在提起诉讼方面(因此涉及法官职权),因为诉讼人并不在意以何种法律依据来支持其主张,当事人所求之事就应是"诉讼人想要达到的社会、经济效果"㊱,比如给付一定金额、取消婚姻等等;而在既判力方面,诉讼标的则应是判决的对象——既包括了实际权益也包括了法院所认定的实体权利。㊲ 但《民法典》第 1351 条提到的是"当事人要求的事物"的同一。梅耶教授据此认为诉讼标的的同一指的是前后两诉当事人请求的同一,而非前诉的判决标的与后诉的请求的同一。㊳ 有意见认为近来的司

㉜ H. Flichy et L. Gamet, *Le principe de l'unicité de l'instance et l'article L 122 —12, alinéa 2 du Code du travail*, Procédures 2001, n°2, p. 5 及以下。同时,一种可能的后果是如果前后诉的判决结果不一致,新雇主很有可能要承担前雇主所不需承担的债务。

㉝ G. Cornu, *Vocabulaire juridique*, Paris, PUF, 2011, 9e éd., p. 695

㉞ G. Cornu et J. Foyer, *Procédure civile*, Paris, PUF, 1996, 3e éd. n°119, p. 523.

㉟ H. Motulsky, *Pour une délimitation plus précise de l'autorité de la chose jugée en matière civile*, Dalloz — Sirey 1958, chron. 1, repris in *Ecrits*, *études et notes de procédure civile*, Dalloz, 1973, p. 204

㊱ H. Motulsky, *La cause de la demande dans la délimitation de l'office du juge*, D. 1964, p. 235 及以下, repris in *Ecrits*, *études et notes de procédure civile*, Dalloz, 1973, p. 123, note 91.

㊲ 其他类似意见,见 S. Guinchard, C. Chainais et F. Ferrand, *Procédure civile*, 前引文 n°1095; L. Cadiet et E. Jeuland, *Droit judiciaire privé*, Litec, 2009, 6e éd., n° 505.

㊳ p. Mayer, *Réflexions sur l'autorité négative de la chose jugée*, in Mélanges Jacques Héron, LGDJ, 2009, p. 333.

法意见逐渐趋向于认为诉讼标的仅指事实请求，而不具有法律要素。[39] 这或许也是因为包含事实与法律两重要素的解释容易引起诉讼标的与诉讼原因间的混淆。虽然概念上二者很容易区分——标的涉及"是什么"（quid）而原因涉及"为什么"（cur）[40]，但实践中存在许多困难。[41]那么到底诉讼原因又指什么呢？

科尔努（Cornu）教授将诉讼原因定义为"诉讼请求的依据（fondement de la demande en justice），是主张的基础，并与诉讼标的一起共同确定诉讼问题（matière litigieuse）及法律规定的既判力的范围"。[42] 依照该依据是否包含事实要素和法律要素，我们可以总结出三种观点：一是诉讼原因只由法律要素构成（即当事人提出的法律依据，或者某一类的法律规则）；二是经法律定性后的事实要素；第三种则认为它只由当事人提出的事实要素构成。[43]莫图尔斯基教授依然细致地区分是在法官职权意义上的原因还是既判力方面的原因。对于前者，由于法官了解法律且有义务适用合适的法律，诉讼原因应仅限于事实；对于后者，由于涉及判决内容，诉讼原因必然既包括事实要素也包括法律要素[44]。然而依照这一说法，既判力方面的诉讼原因仍然难以确定。其中一个重要问题是诉讼原因与简单理由（simple moyen）的区分。一般认为原因是诉求的直接依据，而理由则是对原因的支持、论证。简单的理由的变化并不能引起既判力的消失，因为诉讼原因并没有改变。但这一区分是十分模糊的。比如从违约责任到侵权责任的变更到底属于简单理由的变化还是诉讼原因的变化？结论只能取决于法官的理解：如果法官采用广义上的诉讼原因，即"民事责任"，那么违约与侵权都只是具体理由；如果法官采用狭义的概念，那么违约与侵权便构成两个诉讼原因，甚至个人侵权、因物侵权等都可以成为独立的原

---

[39]　V. Orif, *La règle de l'unicité de l'instance*, 前引文，n°76.

[40]　H. Motulsky, *Pour une délimitation plus précise de l'autorité de la chose jugée en matière civile*, 前引文，p. 204.

[41]　比如承租人申请驱逐补偿和申请宣布出租人拒绝续约无效的两个请求本应属于诉讼标的间的不同，最高法院却认定是诉讼原因的不同。Com., 5 oct. 1966, *Bull. civ. III*, n°379, 见前引文 p. 204.

[42]　G. Cornu, *Vocabulaire juridique*, 前引文，p. 153.

[43]　H. Motulsky, *La cause de la demande dans la délimitation de l'office du juge*, 前引文，p. 103。

[44]　H. Motulsky, *Pour une délimitation plus précise de l'autorité de la chose jugée en matière civile*, 前引文，p. 206 及以下。

因。广义的诉讼原因也曾被解释为"由可互换元素构成的法律范畴"（catégories à composantes interchangeables）。[45]最典型的例子是关于"合同无效"的学说。通常认为合同无效可归结为"形式瑕疵"和"合意瑕疵"两类。依照广义的原因说，当事人若是就"欺诈"提起了第一次诉讼，他就不能以"错误"提起第二次诉讼，因为"欺诈"与"错误"同属于合意瑕疵。许多学者认为这一做法是十分武断的。[46]司法意见则总体倾向于采用狭义的诉讼原因，尤其是在1994 年的一份重要判决以后：在这份关于买卖合同的判决中[47]，最高法院进行了前后两诉的具体对比，并认定以"错误"为由的前诉与以"价格过低"为由的后诉，虽然都以合同无效为依据，但仍属于不同的原因。[48]可见传统的意见倾向于限制既判力的范围。

与既判力相反，《劳动法典》第 R1452－6 条追求的是高度集中劳动者与雇主之间的诉讼。它没有提到诉讼标的与诉讼原因，而是要求劳动合同的同一。因此只要满足了后者，当事人都不能进行新的诉讼。这一形式上的集中极有可能导致对实体权利的忽视。以诉讼标的为例，最典型的情况是关于重新定性劳动合同的诉讼。《劳动法典》第 L1245-1 条规定在某些情况下劳动者可以要求法院重新认定固定期限劳动合同为无固定期限劳动合同。那么因合同性质改变而产生的权利（比如解雇时的补偿金会发生改变）到底应该在同一诉中提出还是可以等待另一诉呢？从法律效力上来看，法院判决在该诉讼中确实只能确认现存法律关系（合同期限是什么），而不是使新的法律关系形成。因此相应的权利应该自始至终都存在于同一份合同中。那么尽管诉讼标的完全不同，单一诉讼原则仍然要求当事人（通常是劳动者）不得就以上权利提起新诉。最高法院也明确地认可了这一意见。[49]然而从程序进行的角度来看，劳

---

[45]　前引文，p. 211。

[46]　前引文，p. 212；及 E. Glasson, A. Tissier et R. Morel, *Traité théorique et pratique d'organisation judiciaire, de compétence et de procédure civile*, t. 3, Sirey, 1974, 3ᵉ éd., n°774.

[47]　Ass. plén., 13 Juin 1994, *Bull. D.* 1994. 395, concl. Jéol, *JCP* 1994. II. 22309, note X. Lagarde.

[48]　当然也可以有另一种解读，即认为"合意"和"价格"应算作两个独立的引起合同无效的"法律范畴"。但 Normand 教授认为这一解释脱离了当时司法意见演化的方向——即趋向具体原因的比较，因此并不可靠。见 J. Normand, *La portée de la chose jugée. Un renouvellement des critères ?*, RTD civ. 1995, p. 177 及以下。

[49]　Soc., 22 fév. 2005, *Bull. civ. V*, n°62.

动者并不能从一开始就知道判决结果，因此有理由等待胜诉之后再向雇主提出其相关权利。另外该请求遵循特别的程序（《劳动法典》第 L1245-2 条），劳动者不必先进行调解，而劳动法院必须在接到诉求后一个月内作出判决。而在不需要代理诉讼且以口头辩论进行的劳动合同诉讼中，我们有理由认为，在没有专业法律人员帮助的情况下，劳动者很难在如此短的时间内清晰地提出所有诉求。同样，在诉讼原因方面，如果当事人遗漏了一定的事实依据，他也将无法再利用该事实。

正因为单一诉讼对诉讼标的与原因的忽视有如此严重的后果，它的适用已在多方面受到限制。比如在立法上，《劳动法典》第 R1452-6 条第 2 款明确规定了对于在向劳动法院提出诉讼后才出现的或才为当事人所知的依据，单一诉讼原则并不适用。因此，对诉讼原因的忽视也就被限制在了一定范围内。[50]同时《劳动法典》第 R1452-7 条特别允许当事人在上诉阶段提出新请求。[51]但这些调整都没有影响到司法整体上严格适用单一诉讼原则的情况。

随着时间的推移，单一诉讼与既判力的适用情况暴露出了越来越多的弊端。改革促使着二者相互接近。

二、相互接近中的单一诉讼与既判力

在关于劳动合同的诉讼中，学理上不断强调应加强对当事人实体权利的重视，并最终导致了司法意见逐步向限制单一诉讼原则的方向发展。与此同时，最高法院为限制在一般民事诉讼中过多的重复诉讼，也提出了"集中诉讼理由"原则。

（一）单一诉讼原则适用范围的逐步缩减

除了忽视诉讼标的与诉讼原因引起的若干后果，单一诉讼最大的弊端其实源于它与复杂的诉讼终结规则的结合，这导致当事人极容易丧失诉权。因此近年来的司法意见不断将诉权与实体权利相联系。

1. 多样的诉讼终结事由可能引起的后果

㊿　法典虽规定以起诉为分界线，司法实践中却将该标准确定在辩论结束时。这里不予具体讨论，见 S. Amrani－Mekki, *La règle de l'unicité de l'instance*, 前引文，pp. 361～362.

[51]　这违反一般民事诉讼的规则（见《民事诉讼法典》第 564 条），也不符合法理上的两级审判原则和诉讼内容的不可变更原则。限于篇幅，这里不详细讨论。

《民事诉讼法典》把诉讼终结的事由（incidents de l'instance）分为以主要名义（à titre principal）和以次要名义（à titre accessoire）终结诉讼的事由。在第一种情况中，当事人通常可以在日后提起新诉，在第二种情况中则不能。实际上，所谓以次要名义终结诉讼的事由引起的主要效果是诉权的消失，所以诉讼终结只是其附带效果而已。

《民事诉讼法典》第 385 条列举了三种以主要名义终结诉讼的事由：一是诉讼时效消失（péremption）；二是放弃诉讼（désistement d'instance）；三是传唤失效（caducité de la citation）。在一般民事诉讼中，以上事由均不妨碍当事人日后提起新诉。最高法院长期以来却毫无例外地认可了单一诉讼原则的适用。[52]放弃请求的情况更具代表性。《民事诉讼法典》清晰地规定了放弃请求与放弃诉权（désistement d'action）的区别。后者是以次要名义终结诉讼的事由之一。然而在劳动合同诉讼中，最高法院仍然依据"诉讼"的概念适用单一诉讼原则：只要当事人提起了一次诉讼，单一诉讼原则就应当适用。[53]戴德维兹（Desdevises）教授早就指出这是完全取消了放弃请求与放弃诉权的区别，有违立法者的意图。[54]我们可以进一步注意到单一诉讼原则的适用不仅使两种撤诉完全等同，它更因忽视诉讼标的与原因而加强了放弃诉权的效果：当事人不仅失去了对已请求过的事物的诉权，更丧失了关于其他未请求事物的诉权。

其他以次要名义终结诉讼的事由包括：和解（transaction）、同意接受（acquiescement），在不可转移的诉讼中一方当事人死亡和最普遍的情况——法院宣判（《民事诉讼法典》第 384 条）。"和解"本质上是一份契约。根据《民法典》第 2052 条，和解达成后在当事人之间有既判力。接受请求则指通过接受对方请求而放弃实体权利。它相当于承认了对方主张的依据，因此接受请求和和解同样都导致了诉权的消失。在诉讼终结后，单一诉讼原则也同样适用。但这事实上忽略了两者的区别，因为和解是双方法律行为，接受请求只涉及一方，但单一诉讼取消的是双方的诉权。

在判决方面，最突出的问题是有的判决可以在毫不涉及实体权利的情况下终结诉讼。如果单一诉讼原则随之适用，当事人的实体权利将无法得到司

52　Soc., 20 oct. 1999, n°98—43.112；Soc., 19 févr. 1992，*JCP* 1992，IV，1182.

53　Soc., 27 janv. 2010, n° 08—42.82，*JCP S* 2010，1211，note E. Beynet.

54　Y. Desdevises，*Dispositions communes à toutes les juridictions et procédure prud'homale：deux illustrations*，Droit social，1986，p. 140 及以下，特别是 p. 144.

法救济,即出现了司法机关拒绝审判(déni de justice)的情况。然而依照严格适用的逻辑,最高法院恰恰在很长时间中认可了这一做法。在一个重要的案例[博塞纽(Beauseigneur)案][55]中,员工要求劳动法院重新为其劳动合同定性。但他遗忘了一项程序义务,结果法院撤销了程序(第一诉)。该员工修正了程序上的瑕疵并重新向同一法院起诉(第二诉)。然而法院却认为单一诉讼原则应适用,因此拒绝受理原告的请求。最高法院认为,法院的判决虽然不涉及实体权利,但原告确实已经提起过一次诉讼,而该诉讼已由生效判决所终结,因而法院正确适用了单一诉讼原则。然而该案的特殊之处在于第一诉中的判决宣布的是程序无效,原告也据此认为判决取消了第一诉的程序,因而单一诉讼原则并不能禁止他再次提起相同的诉讼。但最高法院的判决显然选择了严格地理解"诉讼",并将它与"程序"相区分。大多数学者认为该判决不仅直接违反了《民法典》第 4 条的要求,更不符合《欧洲人权公约》第 6 条的规定。[56]无论从何种依据出发,立法者都不曾要求法院因程序上的不规范而拒绝当事人关于劳动合同的请求。更有意见认为应该直接取消单一诉讼原则。[57]改革因此势在必行。

2.寻求实体权利保障的司法判例

在批评声中,最高法院也开始逐渐降低规则适用的严格程度,其中 2010 年的一份重要判例引发了劳动合同诉讼的一次深层改革。

最高法院首先调整了单一诉讼在上诉审中的适用。如前所述,放弃诉讼通常引发单一诉讼原则的适用。值得注意的是,单一诉讼是对所有当事人都适用的。实践中出现的一种情况是在一审结束后,雇主先提出上诉,然后解雇劳动者,最后主动放弃上诉(全面的放弃诉讼不需要对方当事人的同意)。严格的分析曾同样引导最高法院认为劳动者不能再提出新诉。[58]如此忽视实体权利的态度同样引发了基层法院的异议。有上诉法院认为在这种情况中应认为单一诉讼原则只适用于依据在一审判决前就存在的请求。最高法院终于认

---

⑤⑤　Soc. , 12 Nov. 2003, *Droit social* 2004, p. 103, obs. M. KELLER.

⑤⑥　关于欧洲人权法院的态度,见下文:三、(一)。

⑤⑦　G. Gelineau—Larrivet, *Quelques réflexions sur les cnoseils de prud'hommes et la procédure prud'homale*, in Le juge entre deux millénaires, Mélanges offerts à Pierre Drai, Dalloz, 2000, p. 343, 及以下概括, M. —L. Divialle, *Sur l'étendue pratique du principe de l'unicité de l'instance*, Droit social,2005, p. 288, notamment p. 290 et p. 293.

⑤⑧　Soc. , 17 févr. 2004, n°01—46.036, Revue de jurisprudence sociale, 2004, 5/04, n°591.

可了这一意见。[59]紧接着，一个与"博塞纽案"极为相似的案例被提交至最高法院：一名劳动者在没有遵守先期调解义务的情况下起诉其雇主，劳动法院宣布程序无效。在履行了调解义务后，劳动者再次就相同请求提起诉讼。劳动法院受理了部分请求，但上诉法院则认为单一诉讼原则应该适用。最后最高法院在其 2010 年的判决[60]中认为当终结前诉的判决不涉及"对实体内容的裁决"(jugement sur le fond)时，单一诉讼原则不适用。在其通报中，最高法院解释道，单一诉讼原则不应导致拒绝审判的情况出现。"对实体内容的裁决"比起"诉讼标的"来说有着更宽泛的含义，在某种程度上包括了诉讼原因，因为它通常也被认为是对请求依据是否成立的判断。该概念也更直接地构成了程序的对立面。因此，决定诉权存在与否的因素从最初单纯的维护司法管理秩序变得与实体权利的保障紧密相连。[61]我们更可以认识到，裁决实体权利的标准将突破程序无效抗辩这一特殊情况，成为所有诉讼终结后判断单一诉讼原则是否适用的准绳。从"诉讼"到"实体权利"的变化，是 2010 年这份判决所引起的深层改革。

2010 年以后的司法判决证实了这一趋势，我们试举几例说明。

在以主要名义终结诉讼的事由方面，诉讼时效的消失不再引起单一诉讼原则的适用。[62]这使得劳动合同诉讼中的时效消失最终回到了普通诉讼的规定中，即诉讼时效的消失不取消诉权。同样，放弃诉讼与放弃诉权也最终区别开来。[63]

在以次要名义终结诉讼的事由方面，最高法院合理地维持了原来关于和解的判例，即在诉讼进行中产生的和解引发单一诉讼原则的适用。[64]因为和解协议在当事人间具有既判力，相当于对实体权利的裁决。与之相反，由于接受

---

[59] Soc. , 9 déc. 2004, n°02－44.662, Droit social 2005, p. 294.

[60] Soc. , 16 nov. 2010, *Bull. civ. V*, n° 260；JCP S 2010, 1517, note I. Petel－Teyssie；RTD civ. 2011, p. 173, obs. R. Perrot.

[61] 我们也可以认为是诉权本身从程序权利说向实体权利说的演变。

[62] Soc. , 23 Mai 2012, n° 10－24.033, *Procédures* 2012, n°1 alerte 1 par A. Bugada.

[63] Soc. , 5 Janv. 2011, n° 08－70.060, *Procédures* 2011, comm. 88, note R. Perrot.

[64] Soc. , 13 Juin 2012, n° 10－26.857, *JCP S* 2012, n°26, actualité 319；A. Bugada, *Unicité de l'instance：portée de la transaction conclue en cours d'instance*, JCP S 2012, n°41, 1426.

请求只是单方法律行为,也只会使接受请求一方的诉权消失,因此不等同于对实体权利的裁决。另一方当事人则可以不受单一诉讼制约。⑥⑤其实践中的重要性则是防止一方当事人通过快速接受请求来禁止对方当事人提出其他诉求。

两年的时间尚不足以让改革的效果完全显现。我们仍可以设想对简易程序的影响、对裁决范围的理解等等。限于篇幅,这里不予详细讨论。有趣的是,在单一诉讼原则逐步从集中诉讼向保护诉权的方向演变时,既判力却在向相反方向发展。

(二)既判力适用范围的逐步扩张

为避免过多的重复诉讼,法官既在特殊领域中尝试借鉴单一诉讼原则,也更一般地要求"集中诉讼理由"以增强既判力。

1.既判力对单一诉讼的借鉴

通过建立单一诉讼来直接提高"集中诉讼"的要求主要体现在仲裁中。仲裁与普通民事诉讼在实质上具有同等效力。《民事诉讼法典》第1484条规定仲裁决定具有既判力。然而最高法院近来的判决意见却表明仲裁既判力更类似于单一诉讼原则。以2008年的一份判决为例⑥⑥,纠纷涉及商标特许合同。授权公司突然解除了合同。持有特许权的公司申请了两次仲裁:第一次要求裁定授权公司违约并撤除竞争商标;第二次则是根据合同的一条具体规定要求违约赔偿。两次仲裁的标的本不一样,但最高法院认为:"原告必须在同一次仲裁中提出所有有相同依据的请求,且不能在日后的仲裁中提出在此前没有及时申明的依据。"因此第二次仲裁被依法取消。博拉(Bolard)教授认为如此集中诉讼请求在实际上给予了法官(或仲裁员)变更诉讼内容的权力,因为既判力不仅涉及当事人提出的请求,也包含了未提出的请求,是典型的"过度判决"(*ultra petita*)的情况。⑥⑦洛堪(Loquin)教授认为合理的解释可以是诚实信用原则在仲裁中的重要性。选择仲裁本身反映出当事人希望节省时间、尽快解决纠纷的意愿。因此根据诚实信用原则,有必要要求在首次仲裁中提出

---

⑥⑤ Soc. , 4 oct. 2011, n° 10－15. 249, *Procédures* 2011, n°12, comm. 372 par A. BUGADA.

⑥⑥ Civ. 1re, 28 mai 2008, n°07－13. 266, *D.* 2008, Actualités juridiques 1629, obs. X. DELPECH; *RTD civ.* 2008, 461, obs. R. PERROT.

⑥⑦ G. BOLARD, Le demandeur doit présenter dans la même instancetoutes les demandes fondées sur la même cause, *JCP G* 2008, II 10170.

所有请求。⑱但从判决书上看，前引 2008 年的判决确立的似乎是一般民事诉讼中适用的规则。仲裁仅仅是作为该案的特别情况而被提及的。这引起了一定程度上的混淆，因为一般民事诉讼上的既判力在近期的重要变化是要求集中诉讼理由，而非诉讼请求。

2. 寻求集中诉讼理由的司法判例

上文中已提到，自 20 世纪 90 年代以来，在对消极既判力的"诉讼原因"同一的理解上，最高法院采取的是法律与事实因素相结合的解释（参见上文：一、（二）2）。在 2006 年的一份重要判决⑲［塞萨琉（Cesareo）案］中，案件事实与前引的 1994 年 6 月 3 日的案件可谓基本相同：作为共同继承人的两兄弟中的一人曾一直为其父亲的生产活动提供无偿劳动。他以农事法典的一条规定为依据向另一共同继承人提出支付延期工资的请求。法院以职业活动不构成农业经营为由驳回了该请求。当事人又重新以民法典中关于不当得利的规定为由向法院提出了返还同一数额的请求。上诉法院却以既判力的约束为由拒绝受理新的请求。原告向最高法院申诉。最高法院认为："原告应在第一次请求所在诉讼中提出他认为能支持该请求的所有理由。"换句话说，支付劳动报酬与返还不当得利仅仅是两个不同的理由，而不是两个不同的诉讼原因。而在前引的 1994 年的案例中，同样旨在取消买卖合同的合意瑕疵与价格不足则被认为是两个不同的原因。毫无疑问，原本与诉讼原因相近的法律依据现在只和简单的理由等同了。那么现在"诉讼原因"的概念指什么？

答案实际上在之前所提过的对消极既判力的两种分析中：第一种认为应该将已决事项与后诉中的要求相对比以确定当事人是否受既判力约束，因此诉讼原因指的应是经过法律定性的事实依据；第二种则认为应将前诉与后诉的事实依据进行比较来确定，因此诉讼原因应该只与事实依据相关。在"塞萨琉案"中，由于法律定性的变化不再左右既判力的范围，诉讼原因指的也就是案件所涉及的事实依据。我们也可以清楚地看到，两者之所以存在差异，常常

---

⑱　类似意见参考 R. Perrot, Autorité de la chose jugée: sa relativité et le principe de concentration, *RTD civ.* 2008, p. 552; Ch. Jarrosson, L'autorité de la chose jugée des sentences arbitrales, *Procédures* 2007, n°40, Etude 17.

⑲　Ass. plén., 7 juillet 2006, n° 04−10.672, *Bull. civ.* 2006, ass. plén., n° 8; BICC., 15 oct. 2006, Rapport Charruault, note Koering−Joulin, Avis Benmakhlouf; *D.* 2006, p. 2135, note L. Weiller; *JCP G* 2006, I, 183, obs. S. Amrani−Mekki; *JCP G* 2007, II, 10070, note G. Wiederkehr; *RTD civ.* 2006, p. 825, obs. R. Perrot; *Droit et procédure* 2006, p. 348, note N. Fricero.

是因为法官裁决的范围会比事实所允许的法律依据的范围要小。这自然说明了程序效率与诉权保障间的两难选择，但也说明了若要真正解释"塞萨琉案"的判决，则必须认为在法官作出判决后，所有可能的法律依据应被推定为已经经过辩论且并不影响最终判决的结果。[70]然而在对审原则和禁止拒绝审判等原则逐渐成为诉讼基本原则的今天，该推定是十分薄弱的。最高法院此后的诸多判决在实践中加深了人们的这一印象。比如对"新诉讼原因"的理解。在此之前，最高法院认为如果在判决以后出现了新的司法意见、并改变了对相关事实的定性时，当事人将不受既判力的约束。[71]但在"塞萨琉案"以后，最高法院却认为新司法意见的出现不构成新的诉讼原因。[72]这或许能起到减少重复诉讼的作用，却远离了"集中诉讼原则"本身的法理依据——避免当事人反复更换法律依据、滥用诉权。因为当事人不可能预见司法意见的改变，也就不可能同时提出所有的法律依据。

但除了这种理解外，我们也可以认为这是新原则适用过程中所产生的不确定因素。近两年来的不少判决都在试图改变过度集中诉讼的趋势。首先是最高法院民二庭明确否定了"集中诉讼请求"的原则。[73]其次，同一民庭认为如果有新的法律事实出现，那么诉讼原因也发生了变化。[74]最后，法院应该会通过扩大在上诉审中接受"新"请求的可能来平衡"集中诉讼理由"所带来的影响。《民事诉讼法典》第564条规定除了几种特殊的情况外，当事人在上诉中不能提出新的请求。这是出于对两级审判原则的遵守。然而"集中诉讼请求"的出现导致了许多原本不同的请求（因为诉讼原因不同）都变成了同样的请求。换句话说，在上诉审中，法官应不能再拒绝当事人通过变更法律依据来支

---

⑦　其后出现的判决：Civ. 2e, 18 oct. 2007, n° 06 – 13. 068, *RTD civ.* 2008, p. 147, obs. Ph. Thery, 该判决将两种不同的担保认定为不同的诉讼理由；Civ. 2e 25 oct. 2007, n° 06 – 19. 524, *RTD civ.* 2008, p. 159, obs. R. Perrot, 该案将刑事诉讼判决的既判力扩展到后续的民事赔偿诉讼中。

⑦　Civ. 1re, 15 janv. 1985, *Bull. civ. I*, n°21.

⑦　Civ. 1re, 24 sept. 2009, n°08 – 10. 517, *RTD civ.* 2010, p. 155, obs. R. PER-ROT.

⑦　Civ. 2e, 26 mai 2011, n° 10 – 16. 735, *JCP G* 2011, n°29, 861, note Y. — M. SERINET.

⑦　Civ. 2e, 6 mai 2010, n°09 – 14. 737, *RTD civ.* 2010, p. 615, obs. R. PER-ROT.

持其主张。⑦我们也可以从另一个角度来解释这一必然的变化。上文已提到过,立法者建立了法官在上诉审中可以接受新的请求的规则以平衡单一诉讼原则的适用。这实际上是保护诉权的一种方式。"集中诉讼理由"面临着同样的问题。法官也可以依立法者的逻辑来适当调整上诉审的程序。

至此我们已可以看出受集中诉讼影响的既判力与单一诉讼原则间的众多关联。可以说,它们都是为提高诉讼效率所做的努力,都是为了避免当事人通过利用程序规则对对方当事人造成损害。因此,它们共同的问题都在于如何兼顾对诉权的保障,尤其是在诉讼基本权利逐渐兴起的今天。

三、直面两难:创设新的既判力标准并以之取代单一诉讼?

经过了对概念和判例意见演变的分析,我们清楚地认识到现行规则仍不够稳定。我们有必要重新思考既判力与单一诉讼原则的法理依据并在此基础上尝试重新确立集中诉讼的标准。

(一)既判力与单一诉讼原则的法理依据

这里的既判力是指它在集中诉讼理由影响下的体现。如果说在一定程度上集中诉讼有其必要性,确定集中的具体程度时就必须考虑到对其他诉讼权利的保护。

集中诉讼首先起着改善司法管理、节省司法资源的作用。当下对民事诉讼的思考大多也建议在一定程度上集中诉讼。在国际上,由国际统一私法协会所提出的《跨国民事诉讼程序原则》的第 9 条与第 11 条倡导在诉讼开始阶段集中提出请求、辩护与证据等等。在法国法上,司法部为提高审判效率而完成的一份报告中就已提倡"建立集中诉讼的原则"。⑦报告参照意大利法上的规定,要求当事人在诉讼开始时提出所有能支持其主张的"事实、理由和证据"。

此外,集中诉讼同样是诚实信用原则的一种体现。要求当事人在起诉和

---

⑦ 最高法院仍有些犹豫,见 Civ. 3ᵉ, 20 janv. 2010, n°09－65272, *Revue des contrats* 2010, n°3, p.935 note Y.－M. Serinet.

⑦ *Célérité et qualité de la justice*, *la gestion du temps dans le procès*, Rapport remis par le Président MAGENDIE au garde des Sceaux du 15 juin 2004, Paris, la Documentation française, pp.44～47.

受理阶段就集中所有的事实、理由和证据,能够使各方当事人更充分地行使其辩护权利,尤其是能更好地遵守《民事诉讼法典》第 16 条(对审原则)。⑦《民事诉讼法典》并没有直接提到诚实信用原则,但最高法院直接在判决中使用它⑧,认为它是民事诉讼中辩论的基本原则之一。我们也可以认为这是"程序公正"(procès équitable)的要求。然而,当诚实信用原则逐渐成为诉讼法上的共识时,单一诉讼原则的历史却能提醒我们它的局限。

单一诉讼原则设立之初同样是为了避免原告通过分割诉讼请求以禁止对方上诉。这是滥用诉权的表现之一,也违反了诚实信用原则。建立单一诉讼原则实际上推定了所有提出新诉的当事人都违背诚信。但随着时间的推移,人们发现这一依据越来越薄弱。事实上,更多当事人是由于对程序规则缺乏了解而没能集中所有请求。单一诉讼原则也就反过来对诉权进行了过度的限制。而今天,这一依据的消失也直接影响着单一诉讼原则的独立存在。该原则的法理依据大概只剩下两条:一是避免不同判决间的冲突和避免劳动法院受理案件的滞压⑦;二是保证上诉审中接受新请求的灵活性。⑧ 但第一种依据并不为单一诉讼原则所特有;第二种依据则有因果倒置之嫌,因为上诉审中可以接受新请求的规则恰是单一诉讼原则所引发的立法改革之一。

其次,集中诉讼必须在保证当事人基本权利的前提下进行。程序法上的基本权利主要包括获得公正审理的权利和辩护的权利。集中诉讼的要求主要与前者发生冲突,因为它直接对诉权进行限制。在现有的法律文件中,获得审理权利的具体表述虽然不尽相同,但可以确定的是它保证了当事人的三种权利:一是就自身权利所受侵害向法院提起诉讼;二是法院的判决必须在公正的环境中进行;三是法院的判决将是有效的判决。作为基本权利,它在法律体系中具有基础和优先的地位。在法国法上,宪法委员会从 1789 年的《人权与公民权利宣言》第 16 条出发,通过一系列判决确立了获得审理权利的宪法地

---

⑦　Civ. 7re juin 2005, *Bull. civ. I*, n°241, *Procédures*, août — sept. 2005, p. 3 chronique H. Croze.

⑧　比如确立禁止反言原则(estoppel)的判决,见 S. Guinchard, et al. *Droit processuel*, *droits fondamentaux du procès*, Dalloz, 2011, 6e éd. , p.1214.

⑦　S. Amrani—Mekki, La règle de l'unicité de l'instance, 前引文, p.362.

⑧　M. —L. Divialle, Sur l'étendue pratique du principe de l'unicité de l'instance, 前引文, p.294.

位。⑧

集中诉讼，无论是集中诉讼理由还是单一诉讼，都将导致当事人的某些请求可能永远无法得到审判。也确实有当事人分别针对单一诉讼和集中诉讼理由原则向欧洲人权法院提出申诉。但出人意料的是，欧洲人权法院两次都没有认定法国违反了《欧洲人权公约》。⑧仔细比较两份判决则可以发现欧洲人权法院把获得审理权利的标准定在了是否有获得司法救济的可能。法院也认可了法国政府的辩护，认为由于劳动合同诉讼十分便于启动，单一诉讼原则是避免滥用诉权的必要规则，它也能避免不同判决间的冲突；同样，集中诉讼理由有助于维持良好的司法管理、保证法律安全与程序中的诚实信用。然而，法院并没有理会国内法律界所存有的争议。而且以上理由只能说明相应规则的必要性。而在衡量它们是否过分侵害了获得审理的权利时，法院提出了"能获得司法救济"的最低标准。这样的判决结果无疑是有些令人失望的。应该说，它们反映出的更是欧洲人权法院尽量不干涉国内司法意见的原则。无论如何，消除司法上的不确定性、寻求司法效率与诉权保障间平衡的任务只能重新回到国内法律机构（立法者、司法者）的手中了。

（二）重新确立集中诉讼的标准

由以上分析可以看出，单一诉讼已不再具有独立的法理依据，而既判力也逐渐演变为集中诉讼原则。立法者可能的改革方向则是重新确立集中诉讼的标准并以之取代单一诉讼原则。为保证其可行性，受"集中诉讼"影响的既判力既不能忽视实体权利，也不能允许当事人通过诉讼策略而给其他当事人造成损失。处理实体权利应是原则，因为获得审理的权利是当事人的基本权利，而且"既判力"针对的仍然是既判事项。拒绝受理某些请求应是例外，因为这需要具体情况证明当事人违反了诚实信用原则。由此可见现行法的严重不足：在单一诉讼方面，严格的适用仍是原则，而对实体权利的救济是例外；在既判力方面，"集中诉讼理由"也是作为原则性的要求而存在于司法意见中的。换句话说，两者都"推定"了某些请求必然违反了诚信原则，或是会必然地加重司法负担。这样的推定无疑是缺乏足够依据的。

---

⑧　Conseil constitutionnel, 23 juill. 1999, 99－416 DC; 19 déc. 2000, 2000－437 DC.

⑧　CEDH, 23 oct. 2007, n° 17779/04, Beauseigneur c/ France，是 Beauseigneur 案的继续。CEDH, 26 mai 2011, n° 23228/08, Legrand c/ France，是前引 2007 年 10 月 25 日判决（见注 71）的继续。

如此情形不禁让人回忆起莫图尔斯基教授的建议⊗:既判力的效力应遍及"争议问题"(question litigieuse)。争议问题的范围则是由基本诉讼权利(获得审判、辩护权)的要求决定的,即经过双方辩论和法官裁决的问题。在这一基本原则的基础上,立法者或法官可以进行例外规定以取消当事人诉权,达到集中诉讼的目的。比如立法者可以规定某些事实、理由、证据应集中提出;或者赋予法官具体决定集中程度的职权。如此一来,基本诉讼权利将成为既判力方面法律推理的出发点,从而可以使诉权保护与司法效率间的平衡更令人信服也更加稳定。

行文至此,我们不难看出两条程序规则间的互动表明了:程序规则存在的目的是合理地通过司法手段保护实体权利;程序规则过分的形式化(按字面意思严格适用)必然导致该规则失去其法理依据。而这一要求超越了一般法与特殊法的区别,并有可能将它们统一为一条规则。同时,如果通过基本诉讼权利适当地"约束"集中诉讼,本文提到的两个"淘气的女孩儿"应该也会变"听话"的。

Laws in Interaction: An Essay on the "Res Judicata" Principle and the "Single Lawsuit" Rule

Linxin He, Aurélien Rocher

Abstract: Even though the French society is not as litigious as some others in the world, it is widely agreed that civil proceedings are very liberal under French law, especially in employment litigations. In return, some rules remain indispensable which aim at enhancing the efficiency of Justice by limiting lawsuits, like the general principle of *res judicata* and the special rule of "unicité de l'instance" (single lawsuit), applicable only in labor proceedings. These two rules share the same effect of extinguishing action, nevertheless to different extents. The traditional interpretation of the French Supreme Court on judicial matters (Cour de cassation) leads to a cautious protection of action in the res judicata case, and also to an overwhelming concentration of litigation with the labor rule. Recent judgments show that the

---

⊗　H. Motulsky, Pour une délimitation plus précise de l'autorité de la chose jugée en matière civile, 前引文, pp. 225~233.

two rules are coming closer to each other, trying to reach an equilibrium between right of action and efficiency of Justice. Hence, a certain concentration of lawsuit under the condition of protecting substantial rights appears in civil proceedings.

Keywords: French civil proceedings; res judicata; employment litigations; single lawsuit rule; right of action

司法鉴定在裁判形成中的地位：从对策到限制[*]

洛朗斯·迪穆兰　著[**]　董士靖　译[***]

摘要：一个多世纪以来，正义女神就给自己找了一类特殊的搭档：鉴定人。这种向其他专业知识和专业技术人士求助的做法，尽管法律规范已使其普遍化，但是它仍然对正义形成的基础提出了深刻的质疑。既然非法律专业人士的逻辑被引入了审判的核心，那么法律垄断在正义的定义中处于什么位置？尽管法律规范有些强制性的规定，但司法鉴定并不是一种被动的程序。司法鉴定作为一个对策——限制的系统，可以被司法人员用作工具，同时也可能对他们造成限制，并对裁判的形成造成压力。司法鉴定作为将知识引入司法空间的形式，有助于构成一个法官权限和角色的新式调色板。

关键词：法律　鉴定　审判　公正　合理性　知识

"神意裁判，然后是酷刑，再后来是陪审团，以及此后不久的司法鉴定：这些曾经是，将来也是想象中用来发现真正意义上公正的成功法宝[①]"，加布里埃尔·塔尔德（Gabriel Tarde）在 20 世纪末如是说。他对于一种更科学的司法的来临持肯定态度，事实上，他认为"一个自认为学识渊博的时代应该慎重

　＊　原文出处：Laurence Dumoulin, *L'expertise judiciaire dans la construction du jugement：de la ressource à la contrainte*, Droit et Société, 2000, n°44—45, pp.199~223.

　＊＊　洛朗斯·迪穆兰（Laurence Dumoulin），政治、行政、城市和领土研究中心（CERAT，格勒诺布尔）博士研究生。

　＊＊＊　董士靖，法国马赛第三大学法律专业博士研究生。

　①　Gabriel Tarde, *La philosophie pénale*, Paris, Cujas, coll. Bibliothèque internationale de criminologie, 4e éd., 1972, p.436 (1re éd. 1890). Essais & Recherches, 1991.

裁判不法行为②"。进入加布里埃尔·塔尔德写下这些话的那个时代,在整个20世纪中司法程序都向鉴定人开放。③ 为了寻求公正,司法机构不断地使越来越多的专业司法鉴定人围绕在自己身边:法医、测量、钟表、会计、建筑、信息等方面的专业人士。

这一类特殊的搭档置身于司法空间中,甚至深入到司法活动的本质和精粹的核心:审判。然而,尽管法律规范已使其普遍化,但专业知识和专业技术人士的在场对以法律和合法性的名义掌握审判权的裁判机构的基础提出了深刻的质疑。既然外行人士的逻辑被引入了审判的核心,那么法律垄断在司法的定义中处于什么位置呢?④

对于科学和技术的开放在一个为使其行为方式和决定合理化而忧心的机构范围内是有必要的,这样的一个机构受到一个正在崭露头角的"批判性社会"⑤的愿望的召唤,从此之后,对科技的开放使权利和司法理性与其他的组成方式和司法话语的辩白处于竞争中。那么一种"已经处在那儿"的、超验性的、肩负综合使命的知识与那些外源的、外行的,却又必不可少的知识之间的对抗会产生什么后果呢?司法之外的学科和法律在审判结构中分别占据什么位置呢?在司法裁决中法官和鉴定人又应该是怎样分工呢?

司法鉴定作为在司法机构中发展知识的一种优先形式,同时为重新审视法律对于其他学科的贡献和法官对审判的贡献提供了一个新的角度。⑥ 尽管法律将司法鉴定视作一种附属手段,但最终是制造确定性的能力决定了司法鉴定人在审判中的参与度。时而无关紧要,时而又具有决定性意义,司法鉴定对于陪审团判决的作用大小参差不齐,却使得法官扮演的角色多样化。审判

---

② 出处同上,p. 453.

③ Frédéric Chauvaud (avec la collab. de Laurence Dumoulin), *Experts et expertises judiciaires en France* 1791—1944, Rapport Gerhico/GIP Justice, Poitiers, ronéotypé, octobre 1999.

④ 我们将看到这个问题也适用于重罪法院. 参看 Louis Gruel, *Pardons et châtiments. Les jurés français face aux violences criminelles*, Paris, Nathan, coll. Essais & Recherches, 1991.

⑤ Luc Boltanski, Sociologie critique et critique de la sociologie, *Politics*, 10, 1990, p. 130.

⑥ 本文着眼于通过司法鉴定观察动态知识能力的较广泛的研究,它是一篇政治学博士论文. *L'expertise comme nouvelle raison politique？Un terrain privilégié: l'expertise judiciaire* et réalisée sous la direction de Jacques Commaille et Martine Kaluszynski.

官作为裁决者，同时也可以仅仅是一名组织者。司法的大门向外界搭档敞开，于是让人想到在司法机构内部实行的审判方式有可能会发生变化。

一、司法鉴定：在实践层面和法律规范之间

现如今，司法鉴定是社会科学⑦，尤其是政治科学的一个死角。如果说大约十五年以来，历史学⑧、社会学⑨、心理学⑩或社会语言学方向⑪已经出现缓慢发展，那么法国的社会科学整体上在该方面还存在很大的欠缺。鉴定的一般性主题定然会引起基于多个研究领域的许多工程。但很显然，司法领域还远没有这种倾向。司法鉴定领域内几乎不会存在经验论的研究，正如只能通过理论思考来论及司法鉴定。

相反，我们拥有或者来自鉴定人自己，或者来自法学家的丰富的专题著作。鉴定人的教科书尤其把鉴定视作一套方法，以做到与众不同。于是鉴定被视作将一种已定的学科知识和一个具体问题连接起来的实践，这种实践是在法律范围内按照法律程序完成的，且这是强制性的要求。专有技术的概念

---

⑦　这是指将司法鉴定作为一个整体的研究对象。然而，涉及鉴定的某方面的研究并不少见，特别是在法医和精神医学领域，参见 Michel Foucault 的成果，特别是 *Les anormaux. Cours au Collège de France* 1974－1975, Paris, Gallimard, Seuil, 1999. 同样参见：Robert Castel, *L'ordre psychiatrique*, Paris, éd. de Minuit, 1977；Martine KALUSZYNSKI, Identités professionnelles, identités politiques：médecins et juristes face au crime au tournant du XIXe et du XXe siècle, in Laurent Muchielli (sous la dir.), *Histoire de la criminologie française*, Paris, L'Harmattan, 1994, p. 215－235.

⑧　Frédéric Chauvaud (avec la collab. de Laurence Dumoulin), *op. cit.*

⑨　Philippe Fritsch, Situations d'expertise et expert système, in CRESAL, *Situations d'expertise et socialisation des savoirs*, Saint Etienne, 1985, ronéotypé, pp. 15～47.

⑩　Lock M. Villerbu et Jean－LucViaux (sous la dir.), *Éthique et pratiques psychologiques dans l'expertise*, Paris, L'Harmattan, coll. Psychologiques, 1998.

⑪　Monique De Bonis, *L'analyse du rôle de l'expertise dans le processus décisionnel judiciaire observé essentiellement du point de vue cognitif*, Rapport pour le ministèrede la Justice, ronéotypé, s. d. ；ID., *Langage naturel et expertise psychiatrique. Les marques de quantité dans la description des sujets expertisés：précision ou exactitude*, Droit et Société, 3, 1986, pp. 251～260；ainsi que Monique De Bonis et Danièle Bourcier, *Les paradoxes de l'expertise. Savoir ou juger ?*, Le Plessis－Robinson, Institut Synthélabo pour le progrès de la connaissance, coll. Les empêcheurs de penser en rond, 1999.

被认为是具备鉴定人能力的基础。这同样也要符合法律和司法的要求。如此一来,实践方法作为对一项命令的回应就使得鉴定人活动得到增值。在这种意义上,实践方法便从根本上解除了借助于高深学科有可能带入司法机器的问题和混乱。

同样地,法律规范提供了一种中立的鉴定方法。法律规定司法鉴定需要符合严格程序,该程序一方面是由《刑事诉讼法典》和《新民事诉讼法典》规定的,另一方面是由司法鉴定人及他们的实施政令⑫制定的。这一审前预备措施的轮廓是通过不同文本细致地刻画出来的:鉴定"只有在凭事实或询问使得法官不足以作出判决的情况下才能进行⑬"。

但法律手段也不仅仅是限定性的,也是自愿地"有所限制"。对在审判中运用各领域的知识可能引起的混乱进行衡量后,"立法者"仅仅将鉴定作为一种简单的程序形式,使其不能对判决的形成产生任何影响。因此,如同一些实践方法,法律手段把其他学科被引入司法内部的关键忽略不计。法律规范本身是这种关键因素的承载者,减弱了知识参与在司法过程中的重要性和可能产生的效果。从该角度而言,为正式的判决书指出的方向是没有歧义的。事实上,法律规范紧密地围绕着鉴定的实现条件,将鉴定人置于从属于法官的地位,并促使鉴定人话语的工具化。

然而,即使法律有权陈述事实,也不能完全约束事实⑭。法律手段按照规则和与规则的一致性进行推理,不能准确地了解有多大部分的现实不在法律"强制性"的管辖范围内。诚然,司法权实践的启发来自于鉴定的法律概念,但并不是对它的模仿。相反,司法实践给出了一种模糊的现实形象,玩弄规则于股掌间。在这里,我们想谈论的恰好不是围绕法律的规定而言,而是关注法律的实践。

---

⑫ 参见 1971 年 6 月 29 日第 71-498 号法律和 1974 年 12 月 31 日第 74-1181 号法令。

⑬ 新《民事诉讼法典》第 263 条。

⑭ 特别参见 Laurence Dumoulin et Cécile Robert, *Autour des enjeux d'une ouverture des sciences du politique au droit. Quelques réflexionsen guise d'introduction*, in Jacques Commaille, Laurence Dumoulin et Cécile Robert (sous la dir.), *La juridicisation du politique. Leçons scientifiques*, Paris, LGDJ, coll. Droit et Société. Recherches et Travaux, 2000.

二、司法鉴定作为权力的一种研究方法

为了从实践者的角度来对司法鉴定问题进行研究，首先应该提出一个有关司法鉴定的特有定义。

应该把司法鉴定放在一个普遍的和扩展的层面来理解，比如将科学技术的合理性引入司法机构、司法程序和司法判决所采取的所有形式。与其他类型的参与司法的人员相比，鉴定人不是法律专业人士，其身份建立在掌握有一门专业技术或科学知识的基础之上。然而，鉴定人员参与到诉讼过程中以及审判的准备中，刑事证明理论方面、实施调查方面和责任评估方面。我们同样可以把司法鉴定人视作科技参与者，尽管不具备法律上的合法性，但他们参与到了司法机制中，特别是参与了审判过程。

基于此，鉴定人的活动通过可以采取的不同方式和表现形式发挥作用。因此鉴定人的活动便涵括了所有实际参与司法程序中的技术或科学性质的调查，无论是在初步调查、预审还是判决阶段，无论是应检察官、预审法官或审判法官的要求，还是应诉讼当事人的要求而实施的调查，也无论调查采取的是观察、调研、预断还是咨询的形式。事实上，法律框架、诉讼程序的阶段或鉴定人的身份都不如所进行的研究重要，这些研究才实质上为司法材料和法官的思考提供了素材。

在法律规范之外，我们将得出司法机关的日常运作中灵活且诡诈地运用法律条文。法律所表达的想要限制知识的作用范围并注意它们对于机构原则和行为方式的无害性的意愿确切地证明了司法鉴定敏感且类似于神经痛的特性。这是好的，因为"事不宜迟"，专门技术需要被限制在一个真正的法律程序的枷锁中。另外，某些法学家和法律实践者也指出，鉴定人权力不断增加，他们对于诉讼案件结果的影响越来越大，这是危险的。⑮

同样也该重建一种尺度：专门技术在审判中的参与承载了哪些关键因素？该尺度是正式的判决主文以及法理的评论完全避免的，同时暴露了它们的不适。毋庸置疑，在鉴定人以及/或者可以被视为放弃职责的法官的统治背景下，涉及的恰是法官和鉴定人各自的权力的问题。

重新建立起法律作为简单的程序所特有的关键因素后，我们在这里对司

---

⑮　参见例如：Jean Pierre, *Le métier de juge d'instruction*, tudes, 1988, pp. 43～52.

法鉴定在司法机构内部以及对司法机构本身所起到的作用以及产生的影响提出疑问。⑯ 鉴定人意见在判决中扮演着什么样的角色？鉴定人意见又是怎样被审判机制的参与者（法官、律师、当事人）所理解和利用的？实际上，鉴定人话语的用途问题应该在以下范围内被提出：在这一范围内其直接涉及法官和鉴定人在判决的系统阐述和证明中各自的权力。于是，专门技术的作用将从鉴定人、法官和律师掌握权力的比率，以及负责鉴定的学科和法律通过上述人员所掌握权力的比率的角度来考察。

如果法律创造了一种一开始就限制了这种关系的法定从属联系，那么彼此的位置则是在具体的相互作用中得到定义的。法官和鉴定人之间的动态权力关系尤其按照不同情况被不同地安排和组织起来。从司法鉴定在判决过程中完全被忽略的情况到判决完全出自于鉴定结果的情况，上述关系会产生各种不同的情况。

三、论证的结果

法律将鉴定置于一种狭窄的甚至是局限的标准范围内。法律降低鉴定人的知识在判决中的重要性，以更好地限制它。所观察到的一些司法实践采取的是这种资源利用式鉴定（*expertise ressource exploitée*）的模式。司法程序的参与者确实把鉴定当作工具，用以支持其观点。然而，我们不能满足于这种片面的观点。正式判决书的履行还要根据其他法律规定之外的条款执行。于是出现了一种强制性鉴定模式（*expertise contraignante*），强加给法官，剥夺了他们的一部分发挥空间。

（一）司法鉴定：一种可以自由运用的资源

如果一些法学家认为鉴定是法官和鉴定人之间的一种合作，将一些法官的身份和实践结合在一起，那么规范性文本中建立的更是一种不平等的关系，从有限责任股东到无限责任股东，从业主到承包商。来自于正式判决书的这

---

⑯ 我们的材料包括法律文件、访谈、档案，以及案例研究在这些审判记录中，一些或者更多鉴定被运用。在本文中，我们分析的重点涉及普通法的民事庭审记录（格勒诺布尔大审法院和上诉法院）和特别法庭的民事法庭，选择鉴定作为特殊的关联称为一种信息来源（格勒诺布尔大审法院的商业租金法官）。已系统分类和编码的文件系统，被设定为当引用一些片段时，不会损害匿名者的利益。最后指出，这篇文章提出了一些民事材料整理后得出的结论。这些一手材料从刑事的角度进行提炼和比较。

种鉴定的概念在司法机关中为一些可以观察到的实践指明了方向并赋予了它们特性。司法参与者从鉴定报告中汲取了用以支持他们的立场和论据的东西。当鉴定人的结论成为判决的唯一支撑时，他们设的"鱼钩"便有了"神效"。

1. 鉴定，一种不平等关系[17]

法官和鉴定人之间的关系构成了与鉴定相关的法律规范的重要内容。司法鉴定人与法官之间被视作存在一种密切的相互联系。正如学者所言，"法官和鉴定人是不可分离的一对。"[18]"在整个执行任务的过程中，他们应该形成一种真正的搭档（……）以相互帮助，互相支持，互相求助于对方。"[19]"在指派任务的法官和提供报告的鉴定人之间确立了一种真正的相互信任的协定。"[20]然而，伙伴关系和合作并不代表在场各方之间是平等的。合作，是为了共同的目的而在一起工作，但这并不表示合伙人之间有可能存在力量均势。

围绕鉴定人程序的法律规范设计了一种垂直结构，在这种垂直结构中法官控制着司法鉴定人。"这些角色都有清楚的定义：法官向鉴定人提出一个技术方面的问题，鉴定人核查事实并给出一个答复，法官完全自由地作出决定。"[21]从这一决定主义概念[22]中产生了一种围绕法定的不平等和支配关系建立的关系。一个推动、赞助、命令，而另一个反应、回应、服从。任务的分配是工作的划分，但同时，可能尤其是角色的等级。

鉴定人因此被视作服务行业经营者。在其资助者为其规定的界限内，鉴定人为司法部门提供协助。鉴定人涉足的范围止于任务的说明。"任务，只有

---

⑰　正如著名法学家指出的：专家在法官的权威下与其合作！（Marcel CARATINI, *Experts et expertise dans la législation civile française. Principes généraux*, La Gazette du Palais, Doctrine, 22 janvier 1985, p. 44）.

⑱　出处同上。

⑲　Michel Olivier, *Aspects juridiques et déontologiques du rapport d'expertise vétérinaire*, in Michel Olivier, De l'expertise civile et des experts, tome 2, Paris, Berger-Levrault, 1995, p. 40.

⑳　出处同上。

㉑　Jean Padel, *Les rôles respectifs du juge et du technicien dans l'administration de la preuve en matière pénale*, in INSTITUT D'ETUDES JUDICIAIRES, Les rôles respectifs du juge et du technicien dans l'administration de la preuve, Paris, PUF, 1976, p. 68.

㉒　Jürgen Habermas, *La technique et la science comme idéologie*, Paris, Gallimard/NRF, 1973, pp. 98~100.

任务,但一切都是任务"㉓,一位杰出的法学家如此反复推敲。然而,最世故不过的想法或许也不过是这只是"相对于授予法官完全评判自由的法院,司法鉴定人具有外在性,无论是在向司法鉴定人求助方面,还是在法官作出判决方面。"㉔限制鉴定人在程序中的作用的意愿引发了这种情况。

鉴定人的工具化回应了并符合一种将法律、司法机构及其实践者神圣化的观点。只有法学家掌握了这种难以定义的艺术,那就是法律艺术㉕,只有法官维持着"与统治权之间的一种深奥的联系"。㉖"的确,法官享有多好的条件啊!他肩负多崇高的使命啊!法律将其置于社会的中央,就像被尊奉在一个很高的位置上,以能够更好地发现破坏和谐的骚乱……难道他不是在一定程度上参与统治权吗?其中最美好的特权,就像最神圣的职责是将公正分发给团结在其法律之下的民众。而且如果这种权力只是创造者自己的一种印象和表现,其无形的使命统治着天下,如此说来,法官难道不是更人道吗?"㉗

法官因其职能而变得崇高,是道德高尚的、非凡的,甚至是超人类的人,直接与神圣化和超自然相联系。㉘鉴定人是被纳入司法机关圣地的外行人物,若没有冒"使司法权功能的清白变质"㉙的风险,则不能逾越规定的范围。判决的艺术和正义的定义应该是法律、司法理性和法学家的固有特性。因此,鉴定人和法官之间的工作划分超出了能力的不同,这是一个身份和合法性的问题。从法律和法学家的角度而言,鉴定人只有在得到法院邀请的情况下干预

㉓　Michel Olivier, *L'expertise en matière civile*, in ID., De l'expertise civile et des experts, tome 2, *op. cit.*, p. 17.

㉔　Bruno Oppetit, Les rôles respectifs du juge et du technicien dans l'administration de la preuve en droit privé, in INSTITUT D'ETUDES JUDICIAIRES, *Les rôles respectifs du juge et du technicien dans l'administration de la preuve*, *op. cit.*, 1976, p. 57.

㉕　Jacques Commaille, *L'esprit sociologique des lois. Essai de sociologie politique du droit*, Paris, PUF, coll. Droit, éthique, société, 1994, p. 221.

㉖　François—Xavier Testu, Présentation générale, in Guy Canivet (sous la dir.), *L'expertise*, Paris, Dalloz, 1995, p. 7

㉗　G. DE ROULHAC, *La dignité de la magistrature en général et de celle de la Cour en particulier*, discours de rentrée de la cour d'appel, 9 novembre 1812, cité par Jean—Claude FARCY, *Magistrats en majesté. Les discours de rentrée aux audiences solennelles des cours d'appel XIXe—XXe siècles*, Paris, CNRS éditions, 1998, p. 150

㉘　Alain Bancaud, *La haute magistrature judiciaire entre politique et sacerdoce ou le culte des vertus moyennes*, Paris, Lgdj, coll. Droit et Société, 1993

㉙　Bruno Oppetit, *op. cit.*, p. 62.

到司法程序中才是合法的。

就像所有法官是司法机关的辅助者的关系,鉴定关系属于一种按传统由法学家创立并实施的支配关系。㉚ 法官从法律中汲取了与鉴定人保持一种从属关系的方法。通过实践,他开动了由"立法者"提出的法律范围,并使其引起反响。在这种情况下,尽管法学家能够容忍外行和内在的人士在场,但是仅限于在他们指定的界限内。鉴定人被召集来从技术或事实方面处理诉讼,他们应该避免在法律方面和判决方面插手诉讼案件。他们属于法官的分包商,他们负责按照他们的资助者严格制定的技术规格书完成一项任务。法律问题,尤其是裁判功能是专属于内行人——法律秩序的教士的,鉴定人是无权过问的。㉛

然而,法律所禁止的是它所忧虑的。这是因为引入一种非法律的逻辑可能是危险的和破坏性的,因为法学家在筑造他们的堤坝。鉴定人的知识被紧紧地限制,被禁锢在次要的、附属的、无关紧要的空间内,因为它们有可能使法官的传统职权遭到质疑,有可能在审判过程中与法律和法官产生竞争,在更大的范围内,有可能损害到法律调节的完整性和有效性。法律之外的学科和参与者被用作工具,因为他们是造成不稳定性和竞争的潜在因素,可以使司法建筑建立在其之上的法则和平衡遭到质疑。鉴定被限制在诉讼程序的范围,其关键因素被剥离。

《新民事诉讼法典》作为鉴定程序涉及范围扩大的标志,因此可以被诠释为对法律及其实践者想要说明、实施和保护其在社会上意味深长的价值观,尤其是公正这一观念的企图和使命的重申。本文围绕法官的优越性以及关于知识的规范秩序而展开,并保证上述优越性和规范秩序。它给了法官法律工具,凭借这些法律工具,法官可以使其司法实践更为坚固,并使专业知识、专业能力和专业技能成为了他们的工具。法官远没有成为鉴定人话语的囚徒,反而掌握着可以全然自由地评定鉴定贡献大小的合法方法。

㉚　这种支配关系尤其以法官的品质为支撑:大公无私、忧国忧民……雅克·戈迈耶引用了一名来自上诉法院的信使的例子指出,"相对而言,法官的形象首先是从一种对于司法机关的辅助物的严厉批判中树立起来的"。参见 Jacques Commaille, *Territoires de justice. Une sociologie politique de la carte judiciaire*, Paris, PUF, coll. Droit et Justice, 2000, p. 53.

㉛　参见《新民事诉讼法典》及其评论:"司法鉴定人没有终结权。他无权言语法律,法律是法官的特权。"(Michel Olivier, *Mesures d'instruction confiées à un technicien*, Répertoire de procédure civile, Paris, Dalloz, 1997, p. 26)。

2.“摸牌的艺术”

事实上,鉴定报告就像是一座思想库,法官可以从这思想库里掘出很多元素。鉴定报告不被参与者视作整块石头构成的石块,相反,其被看作是由许多个体构成的整体,可以被分解开来,也可以被重新组合,或者是在个体内部,或者是与其他来自证据、证明等的项目进行重新组合。那么,鉴定报告就像是一系列“元素”一样发挥作用,每一个元素都可以从其所处的环境中独立出来,同时保持着它自己的意义。司法参与者(法官和律师)所进行的拆分用以支撑他们的推论对策。[32] 每一位参与者引用鉴定报告中的这一段或者那一段来支持他们的论据,于是便把它只是用作了对策,也就是说“力量储备”[33]。那么鉴定报告作为资料、数据、文字、鉴定文本的提供者来发挥作用,这些文本可以适时地被这些参与者或那些参与者借用,并将其用于他们的推理中。

这里有一个尤其具有说服力的纠纷,经格勒诺布尔大审法院建筑工程分庭审理。[34] 原告起诉一次滑坡毁坏了他们平台的一部分以及别墅下方的私人道路。鉴定人在报告中作出定论:70%的责任归于业主主管部门的工程师,30%的责任归于该市镇,其在此次滑坡发生两年前在所有权属不确定的路堤下方进行了地下管道铺设。法官同时采纳了鉴定人的意见以及他自己提出的理由,舍弃了对于责任评判无用的内容。起初,在涉及一名仅属于行政法庭管理权限的公共参与者的情况下,他拒绝对市镇的责任表态。尽管法官后来同意业主主管部门负有大部分责任的结论(80%),但他将部分责任归于起诉人(20%),其理由在于受害人本人也必定有一部分责任。法官是怎样得出这一结论的呢,为何这一结论与鉴定人的报告大不相同?

确切说来,他运用了由司法鉴定人收集的以及附在其报告中的责任。尤其是,他停留在了市镇与原告之间签订的一份协议上。我们可以清楚地看出,如果机关鉴定人提供了经核准的事实因素,一系列的因果关系则有助于隐约看出责任所属,那么法官有可能将鉴定人从中得出的解释和责任划分拆分开来。也可以提出其他异议,在这一点上,优先采纳还是忽略资料中的一个文本

---

[32] Pierre Hebraud, *Rapport introductif*, in Institut D'ETUDES JUDICIAIRES, *La logique judiciaire*, Paris, PUF, 1969, p. 33.

[33] 《拉鲁斯百科全书》给资源下的定义,即我们能支配的资源:资金、人力、粮食等;行动的方式,力量储备,创造性,即开发智慧的所有资源。(*Dictionnaire encyclopédique Larousse*, article Ressource, éd. 1978). 力量储备这一概念,非常好地切合了鉴定的可见其用途的本体关系。

[34] Dossier B5.

就可以确定了。这份在诉讼案件各方中传递的协议绘制了相互保障的构架图,引导法官梳理了责任交叉的游戏,而方式与鉴定人所提供的方式完全不同。这个例子就说明了法官完全在从事着一种司法艺术的构成艺术——摸牌的艺术。

同时,在一份文件中还有可能出现鉴定与反鉴定相继出现和相互交融的现象;保险方面的鉴定人参与时尤其会出现这种情况。面对反对的立场,有时是赞同的立场,法庭并不是完全没有行动方法的。下面的例子清楚地说明了法官在阅读鉴定报告时享有的自由。[35]

在一起关于汽车的诉讼中,原告公司因一辆受损车辆对其保险公司提起诉讼,许多鉴定得出了一些相去甚远,甚至有分歧的结论。法官公开批评报告的质量,但后来这并没有妨碍以此作为论据,"尽管他们的结论相矛盾,但鉴定人的意见让我们得出了有用的线索。"[36]然而,由于鉴定人之间意见相左,法官受其扰乱,认为原告"没有提供充足的证据来证明他指出的损害的严重程度符合事实。"[37]法官意识到自己收到的是一些不可靠的、不合实际的,归根结底是没有得到证明的相关意见,他从经双方同意的因素,尤其是已进行的论证中抽取出他能抽取出的东西。尽可能地从赞同的证明中摆脱出来之后,法官将从鉴定报告中挖掘到的因素融入他的整个论据之中,以得出一个具有决定意义的法律论据:原告应该为其陈述提出证据。

但是"摸牌艺术"并不是法官的专利。律师同样会对鉴定人的鉴定进行拆分并在其推论对策范围内将它们工具化。[38] 如此,在一起建筑工程方面的诉讼中,被控告的主要公司的律师认为鉴定人的言论是"推算[39]"。接下来这并不妨碍其采纳鉴定报告中的某些观点。毋庸置疑,律师对鉴定质量进行评估时,首先衡量的是是否有利于自己顾客的利益。当鉴定人提出的关于混乱状况的解释妨碍了他所辩护的一方,律师就会对鉴定和/或鉴定人提出激烈的反对意见。相反,如果司法鉴定人与其代表的利益方向一致,律师则认为报告是"公正的"[40],确切地说是因为报告对他而言是有利的。

---

[35]　Dossier A1.

[36]　Jugement du TGI, 13 février 1997, p. 5.

[37]　出处同上。

[38]　38. Dossier B4.

[39]　Conclusions, 10 Novembre 1994, p. 6.

[40]　Conclusions additionnelles, 6 mai 1996, p. 2.

同样也会出现鉴定人的结论完全对其中一方有利的情况。该方的律师于是全盘采纳，并将其作为其结论的唯一论据支撑。在一起关于建筑工程的案件中[41]，律师评论了鉴定结果，并引用了鉴定报告中的段落，结束时说了这句话："一切都在结论中作出了说明[42]。"他使用被认为有益的鉴定人意见，并使其充分发挥作用。

因此，对于鉴定的理解取决于它与律师的陈述相一致的程度。它是通过律师陈述的防守或进攻策略的棱镜来解读的。所采用的阅读表格就是鉴定人话语机遇的表格。尽管法官和律师进行的实践目的不同，但就鉴定而言，上述实践是按照同样的提纲进行的。按照在正式法律审判主文中发展的演说，法律的实践者将鉴定报告视作在论辩过程中的一种战略手段。

3. 鉴定报告作为战略手段[43]

律师们的目标是胜诉，也就是说拿只属于他们或他们客户的那个版本的事实与其他的解释相斗争，使他们这个版本的事实得到审判的认可；他们这个版本的事实不仅成为了主要且正式的版本，而且按照判决事务权威的原则，它甚至超越了现实。"律师的作用不是为了建立一种确定的事实、一种被证明了的事实、一种驳不倒的事实，而仅仅是为了得到法官一时的赞同，这种赞同在一次判决中被表达出来，这一审判陈述了一种足以令律师满意的司法真相。"[44]从这种观点来讲，律师们发展了一种战略，既是军事意义上的战略，也是米歇尔·德·塞尔托在《日常生活的实践》[45]中给出的意思。他的确用战略来反对战术，战术不是根据一种空间矢量发展而来的，而是从其不能公开否认的统治内部发展而来的：战术，是一种从内进行的抵抗。

律师的行为当然是战略性的。律师进入他所代表的任务角色，从而以他

---

[41] Dossier B4.

[42] Conclusions au fond après expertise，30 mars 1987，p. 4.

[43] 请注意这里讲的是鉴定关系的策略运用，事实上，本文的结果不是如何对待规则，而是提出了实施的程序。

[44] Bredin, La logique judiciaire et l'avocat, in INSTITUT D'ETUDES JUDI-CIAIRES, *La logique judiciaire*, *op. cit.*，p. 94.

[45] "我称之为策略、计算（或操纵）的权力关系，这将成为可能，源于意志和力量（一个企业，一个军队，一个城市，一个科研机构）的时刻。它作为一门学科可以隔离。它假设一个地方，可以作为一种清洁的外接基地管理目标或威胁的外部（客户或竞争对手，敌人，农村包围城市，目标和研究的对象等）的关系。Michel de Certeau, *L'invention du quotidien*，tome 1，Paris，Gallimard，coll. Folio'Essais，1990，p. 59。

的名义、站在他的位置上说话，用第一人称复数相称呼，用这一人称即使不代表一致性，至少也表示处境相同。那里有一个独特的地方，一种明显地甚至是强烈地区别于另一方——敌人、对手、抗辩方的独特之处，与其存在力量均势者以正面的以及身体的方式介入进来（庭训、恢复原状、就地运输……），或者以间接的和通过中介的方式介入进来（信件、证人陈述、证据……）。

至于法官，在那一点上，战略的观点同样代表了司法工作的某个方面。尤其是它很好地说明了一名对于纠纷持有自己立场的法官的观点，这种立场既是职业的立场也是私人的立场，来自于文件数据与其参考文件和表现形式的对立，这可能来自于他的个人经历、最初的教育、其从属于某个工会组织，或者甚至来自于法院或者司法部在总体刑事政策范围内表达的普遍考虑。战略尺度使得法官的形象与"法律的口舌"完全分开，这一将法律的实践者局限在一种必要的消极性中，并遮掩了司法结构程序的复杂性的司法虚构，通过三段论推理的虚构将自身简化为一种将普通标准应用于特殊情况的机械应用手段。

肯定无疑地，法官在纠纷解决中享有一种行为自由。在一个相对开放的空间里，法官可采取多样化的、同质但不均同的解决方案，但是目的都旨在解决纠纷。以下的这个建筑工程方面的纠纷[46]让我们看到了法官自己立场的表达形式，以及一种主观决定的、在多个供抉择的解决办法中选择出来的战略的实施。

在一次诉讼中，一套新公寓的所有权属者对建设这套公寓的企业提起诉讼，尽管鉴定人用事实证明了原告所提出的混乱状况，并且他非常肯定地鉴定了事情起因以及企业应承担责任，但法官仍然驳回了起诉。法官认为他所观察到的反常状况的确不在十年保证期内。于是他通过对法律的一种"牵强的"解读证明了他的立场，而也只有他才有权对法律文本作出更灵活的解读。这涉及一处大理石铺面上的错误，他本可以将大理石视作声誉的保护层，大理石是以这样的名义介绍并出售给原告的，其在审美上的瑕疵与其目的相悖，因此进入了是十年保证期所关系到的问题领域。

然而，被引用的动机——在这种情况下是法律的漏洞——属于一种论辩和战略手段。对法律文本的这种解读既不是绝对必要的也不是不可回避的，它构成了一种选择权和对选择权的行使。纠纷的解决和最优解决方案的定义与评价这种情况的方法密切相连：这严重与否？是否会造成丑闻呢？尽管原告的怨言完全有据可依，但在法官眼中，这是次要的和相对的。确定无疑，法

---

[46] Dossier B1.

官认为在铺砌大理石石板的公寓中居住是无用且奢侈的这一事实影响了他解读法律的方法。

作为的确拥有独特职权资本的参与者，法官既不是有可能采取中立态度的仲裁力量，也不是凌驾于纠纷和当事人之上的超验性力量。他是一名浸入"激烈论战"的参与者，与他根据法律知识、理性审查实情，但同时也相信其直觉，让其常识发挥作用，并按照习惯等作出的选择相对质。总之，在复杂的认知过程中作出裁判，动机凭经验[47]合理化并得到证明。在这一过程中，鉴定报告为解决方案的表现形式及他们的论证扮演着有用工具的角色。这一工具可以被大量应用，直至成为了进行审判的唯一基础。作为审判的专有手段，鉴定报告得到认可，不会受到批判，甚至会受到持赞同态度的抨击者的保护。

4. 鉴定报告作为专属手段

有时候会出现这样的案例，法官一上来就不要求对鉴定结果进行任何讨论，并排除所有的批判立场。法官可能有办法控制鉴定报告，能够考问某些推理，某些估算结果，但法官直接干脆地认可鉴定人话语并将其作为判决的依据。法官不对司法鉴定人的陈述进行讨论或评估，肯定是由于习惯甚于由于原则。这种情况多出现于常规案例——司法机关"每日的面包"中，与老一套的纠纷有关。关于商业租金的诉讼是这种情况的典型代表。审判措辞和内容很少有变化，从一起诉讼案件到另一起，都有着稳定的结构形式：诉讼双方，每一方都有明确的立场，两种非常极化的要求[48]，差不多甚至是相同的论据，尤其是涉及两个坐落于相同的地理环境中的处所。[49] 有些家庭纠纷，尤其是关于离婚和收养儿童的家庭纠纷也是同样的情况。这些纠纷都各有其特点和背景，然而具有相对稳定的典型性。

法官毫不犹豫地整体采纳在报告中得出的结论，并原样誊写在判决理由中。多起案例证明了这种做法，一些法官都会使用这种做法，但实施情况不同。在一起小区住房的出租人和承租人之间的纠纷中[50]，法庭采纳了鉴定人

---

[47] 参见 Giandomenico Majone, *Evidence, Argument and Persuasion in the Policy Process*, New Haven, London, Yale University Press, 1989, 特别是 pp. 29~30.

[48] 双方观点呈两极化：在租赁期间届满时，当地的房屋市场因素发生了改变，可以以此为由，根据租赁价值，取消租金的限额和固定价格（出租人一方）；相反，当地租赁市场的因素没有显著改变时，这意味着租约可以重新无限制地更新（承租人一方）。

[49] 在一定时间内决定格勒诺布尔商业租金的共同因素：轻轨的铺设、步行街、欧洲科技园区等。

[50] Dossier C2.

关于选择一种特殊计算方式的论据后确认:"对于鉴定人在 23-8 条文中确定的住房价值,诉讼双方没有异议,不提出任何批判。现作出以下判决,于 1994 年续订的租约租金法为 71594 法郎[51]。"

同样,在另一起案例中,尽管律师对报告提出质疑,但法官还是整体采纳了鉴定人的结论。[52] 法官公开表示支持其指定鉴定人的意见:"关于商业租金的判决在该情况下有且只有采纳 X 先生作为指定鉴定人提出的意见(……)就该报告而言,法官表示认同。"[53]于是他通过鉴定人身份提出的权威论据证明了他的立场。诚然,一切的发生就仿佛法官所任命的司法鉴定人保证了司法参与的利益和价值,法官甚至不会过问或提及鉴定人的实际资历(学历、经验等等)或鉴定报告的实际质量(明晰、公正、准确等等)。面对律师的抨击和贬低,法官不是选择对司法鉴定人的内在资历或其计算和推论的中肯程度进行论证,而是对司法报告张开了保护的翅膀。于是强调了法官和鉴定人之间的连续性。法官利用其专断来"传播"其逐字逐句采纳其中的结论的鉴定人言论。这种全盘采纳自然发生在鉴定人在一定程度上是法官的耳目,是其在这些案例中的"附和者"的情况下。

鉴定的概念,但同样是法官—鉴定人之间的关系、冲突和法官职业的常规化、有限的时间以及快速作出判决的必要性可以解释这种"全盘"和系统采用鉴定人鉴定意见的情况。于是这种程序有助于对案件作出快速处理,在司法机关面对不断大量增加的诉讼案件的情况下尤为有用。宣布鉴定有效后,法官不再行使其裁判权。法官一直以来作为判决参与者和握有决定权的官方人员,将自己放在了一个几乎是对"按交钥匙承包的方式"提供给他的解决方案进行审批的行政位置。

然而,在审判中鉴定结果的价值化并不仅仅建立在法官个人意愿的基础之上。在这种意义上,鉴定报告并不仅仅是司法参与者为达到他们使人信服的目的而采取的一种"方法"。对策的尺度与限制的尺度密不可分。如果在一种情况下,法官决定并选择在鉴定中采纳的内容——包括完全放弃行使其自身权力的情况,在另一种情况下,他通过报告结果作出决定的能力受到限制。在一些极端的情况下,鉴定人话语对于法官的意义与一个次要角色无异:那就是在于决定鉴定过程中陈述的科学结论引发的法律后果。

---

[51] Jugement du TGI, 3 février 1997, p. 5.

[52] Dossier C1.

[53] Jugement du TGI, 27 octobre 1997, p. 2.

(二)司法鉴定：强加的约束

法理和法条试图在减少司法鉴定的程序，法律案宗的审查显示司法鉴定要优于法官或律师采用自己方法处理和提取信息得出的结论。能力和知识之间的修正主义关系使得司法鉴定看起来作用是有限的。它忽略了知识和能力的结合能力。在司法领域引入技术性手段会对法律决策系统产生一定的影响，它不仅会扰乱证据信息收集系统，也可能导致针对法官的强制执行行为。至少在某种情况下，知识会对判决产生影响，那就是司法鉴定报告对法官产生双重影响：事件的真实描述，它也是事实的叙述式说明。

1. 司法鉴定报告是法律事件的真实描述

司法鉴定是一种在诉讼活动中鉴定人运用科学技术或者专门知识对诉讼涉及的专门性问题进行鉴别和判断并提供鉴定意见的活动。一直以来，这份报告包括四个部分：序言、鉴定专业知识和研究结果、事实推定以及鉴定结果。也就是技术人员对信息进行鉴定后的一份综合报告[54]分成的四个部分各有其明确的功能，足以说明鉴定人进行司法鉴定的复杂性。

在前两部分，司法鉴定活动一般采用分析和综合的方法，序言会包括此次鉴定的目的、法律程序上的总结、各方介绍及其立场。在技术性部分，会有鉴定人技术鉴定的过程介绍，包括会议进程、观察结果、控辩双方反应。鉴定报告的撰稿人还会向他的上级部门说明在司法鉴定过程中发生的细节，通过观察、调查，重现案件的一些混乱的事实，通过对人物或地点的描述，通过测量、称重和拍照等方式将事件最真实的一面展现在法官面前。

描述并不仅仅是恢复事件原本形态，也是一种新型的创作，在报告中，鉴定人会将自己所见所闻记录其中，正是在这个信念的基础上，才能有事实和法律真相。鉴定人的鉴定，通过叙述事实来还原案件最真实的形态，从而加强了鉴定人鉴定结果的作用。鉴定人之言被赋予了一种特殊的力量，因为基于科学的合法性，它能产生一个极具说服力的法律司法推定。有法官代理并宣誓其真实性，赋予鉴定报告一种特殊的地位。此外，司法鉴定人员都是受人尊敬的国家机构人员，不仅具有特殊技能，还没有个人利益纠葛，这一切使得鉴定人的结论成为一个揭示主客观事实的化身。

54　Michel Olivier, *Rédaction du rapport d'expertise en matière civile*, in ID., *De l'expertise civile et des experts*, tome 2, *op. cit.*, pp.49~55；同时参见同一出处同一作者的另一篇文章，*Modèle du rapport d'exécution d'une mesure d'instruction en matière judiciaire civile*, pp.57~64.

　　鉴定人结论的这种特殊性可以从司法鉴定报告的法律地位中体现出来，事实上，鉴定人结论被重新披上一层外衣，作为案件的绝对证据。⑤ 然后鉴定人结论就像是已被鉴定过真实的文书，事实上，很多鉴定报告里的事实很难被认定其真实性，除非出现描述性的错误。随着判例的演变，序言、鉴定目的的介绍和描述保留了鉴定结果绝对的真实性色彩，《新民事诉讼法典》中第 246条表示"法官不受限于技术人员的看法或结论。"相反，报告的其他部分——讨论与结论成了简单的反证。⑤

　　总之，尽管司法鉴定的效力不再像之前那么明显，但鉴定人的结论依然在司法程序中具有相当大的作用，司法鉴定在还原事实时是对事实进行一个双重描述，其中有司法鉴定的过程，讲述事情是怎么发生的，在何种情况下发生的，不仅如此，这份报告还能说明案件真实性与诉讼的关系，以及双方的利益纠葛。这样不仅会引起法官的重视，还能吸引控辩双方以及其陪审团的目光，因为这份报告能对案件作一个诊断说明，找出问题的症结所在。鉴定人会从人的五个基本感官方面开始了解情况，他可能会观察某个小区，研究某个伤口、某件艺术品，细看某个建筑物或一辆汽车，通过肉眼或是显微镜发现目标物极其细微的细节。他会触摸病人的身体，感受红酒的香味，闻一闻易燃物的气味，嗅一嗅下水道的恶臭。他对奇怪的声音很敏感，能够听到对方的抱怨声，细听一个人对另一个人的评价，打开味蕾，细细品味一杯饮料或一盘菜的味道，技术鉴定人采用这一方式，利用经验和感官体验，不仅仅是纯粹的感官觉醒，因为他们有丰富的理论知识和经验及技能为基础，并且可以借助于一些测量工具进行分析和计算。

　　技术鉴定使人们认识到了他们个人与鉴定报告直接或非直接的联系，语态要么是说明性要么是肯定性，时态要么是现在时，要么是直陈式，要么就是过去时，不管是语态还是时态，在传递肯定性信息的同时都使用的是语义性词汇。比如"通过检查箱子的下部，我们在接口的地方发现了划痕⑤"；"浴缸是采用冷景泰蓝修补过的，修补之后很难被发现⑤"；"他步行时没有跛行，可能使用脚尖或脚跟行走，没有疼痛感……"，"没有骨盆倾斜的症状……肢体向左

---

⑤　Michel Olivier, *L'expertise en matière civile*, in ID. , De l'expertise civile et des experts, tome 2, op. cit. , p. 20.

⑤　出处同上。

⑤　Dossier A1, rapport d'expertise, 25 janvier 1994, p. 2.

⑤　Dossier B4, rapport d'expertise, 9 décembre 1985, p. 15.

倾斜 35°向右倾斜 40°。⑤"这些简洁又短小的句子，以直观的方式重现事实真相，一旦进入司法程序，就成为判决的重要依据，还会有一种镜面效应，那些没有被技术鉴定人提到的事实就被删掉和忘却了，就是说鉴定人没有看到的东西就是不存在的，鉴定人认为不合理的东西就没有存在的合理性。

在一宗与大厦业主、承包商、分包商有关的建筑纠纷中⑥，技术鉴定人必须"详尽描述这栋刚刚建好的建筑物有何缺陷或未达标的情况"，⑥之后他们发现设计失误，违背了劳动法，然后，鉴定人们指出了这个存在缺陷的位置，但说明"这个缺陷不明显"，"我们不可以当作证据"。⑥ 在司法程序中，经常出现类似的混乱的说法。

同样，在一桩汽车肇事纠纷中⑥，受害者声称扭伤了右手腕，"造成了巨大和持久性的疼痛"⑥，甚至可能残疾，而医生鉴定人们在他们的报告中认为病情是"相对较轻的"⑥，采用了这样的词语，"右手腕前屈、后伸和倾斜的手从严格意义上说是正常的"。⑥医生在其诊断结论书中画图来证明其损伤程度为轻伤，法官在判决时提到并确认病人"将后遗症想象得过于渺小了"。⑥ 毫无疑问，需要鉴定人在医学角度上为此伤害进行责任定性，以确定是什么原因造成的疼痛，评估后遗症及疼痛程度。从医学角度来看，如果造成了硬性损伤，就应该进行经济赔偿。受害者如实报告了自己在车祸中遭受的伤害，但实际上是鉴定人决定损害程度，当然，前提是不被法官驳回。

这些例子让我们看到了鉴定人在重建事实和消除歧视过程中所作的贡献。问题出在哪里呢，各方申述的针对性和准确性的标准又是什么？这样导致各方充满矛盾的陈述，鉴定人充当着重组当时真实状况的角色，总而言之，鉴定人的话就有重建真实情况的能力，法官的判决往往就是建立在鉴定人之言上的。鉴定人的话同样也具有一个解释性功能，更方便搞清事实弄懂真相。

---

⑤　59. Dossier F2, rapport d'expertise, 28 mars 1995，pp. 6～7.

⑥　Dossier B6.

⑥　Rapport d'expertise，15 octobre 1993, p. 3.

⑥　出处同上，p. 5/23.

⑥　Dossier F6.

⑥　Assignation devant le tribunal correctionnel, 6 mai 1997 p. 4.

⑥　Rapport d'expertise, 19 janvier 1996, p. 3.

⑥　出处同上，p. 3.

⑥　出处同上，p. 3.

再一次,鉴定人就像真理的代言人⑱,对司法程序产生了至关重要的影响。

2.司法鉴定报告:对事实的一个叙述性说明

在某些情况下,法典的系统化对司法鉴定的实施产生了一定的限制作用⑲,通常这种限制与鉴定报告并存,鉴定报告出具的往往是某事件确凿的可能性或不可能性。这种情况在亲子鉴定中较为常见。有关生物之间亲子关系的,不管是官方亲子鉴定还是社会亲子鉴定,都是通过血液分析来知道是否有匹配的生物链接。

在一个家庭事务庭审纠纷中⑳,存在两个对立的假设父亲,其中有一个承认是孩子的父亲,法官让他们做了一个亲子鉴定,"抽取血液进行分析,根据当时的技术条件,X 先生不可能是孩子的父亲㉑"。之后通过淋巴细胞毒分析的结果显示出了结果,该报告认为,"通过分析红细胞和棕黄色 HLA 基因型,X 先生不排除是孩子亲生父亲的可能性。并通过 Bayes 公式得出,此人有99.48%的概率是孩子的亲生父亲。㉒

面对这样的结果,律师的立场是研究这个结果是否能成为产生既定事实的依据。因此,申请人的代表律师提出,根据民法第 338 条,对另一个当事人"父亲"进行血液分析㉓,为了排除争议,法官只能求助于司法鉴定,"依据司法鉴定的报告结论,法院认定 X 先生正是孩子 L 的亲生父亲。最好让这个孩子今后将姓氏改成 X 先生的,并在户口本上登记"㉔。

同样,在另一起有关亲子鉴定的案例中㉕,司法鉴定的报告依然起了很大作用,根据三个人类白细胞抗原信息和积德与达非红细胞系统㉖的结果匹配,有三个以上的位点不同,即可认定目前他们之间不存在亲子关系。于是乎,对

---

⑱　治国之道中,至理名言就如财富。见 voir Michel Foucault, *La gouvernementalité*, in ID., *Dits et écrits*, 1954—1988, tome 3, n° 239, Paris, Gallimard, coll. Bibliothèque des sciences humaine 1994, pp.635~657.

⑲　这是特别在不动产销售的撤销与基于策略而作出的损害赔偿,参见 Michel Olivier, *Mesures d'instruction confiées à un technicien*, op.cit., p.8.

⑳　Dossier D3.

㉑　Rapport d'expertise, 6 juin 1995.

㉒　出处同上。

㉓　Conclusions après expertise, audience du 20 juin 1995.

㉔　Jugement du TGI, 19 juin 1996.

㉕　Dossier D1.

㉖　Rapport d'expertise, 27 février 1995.

方律师对此结论唏嘘不已，基于亲子鉴定理论，考查人类白细胞抗原的三个位点后，得出结论，"排除孩子目前的父亲是孩子亲生父亲的可能性……因此，孩子 M 与自认为是其父的 X 之间的父子关系，事实上，仅仅是一个完全违背现实的令人叹息的结果。法院取消了这一关系确认"⑦。法官也运用这一结论"由鉴定人作出了血液鉴定报告排除了 M、X 的亲子关系。从那时起，即 1994 年 5 月 6 日，孩子 M 在市镇作的身份证明确认必须被取消"。⑱

在以上两个案例中，司法鉴定报告都直接参与了重构事实和解决纠纷的过程，鉴定结果一出来，纠纷就自然消失，律师拿到司法鉴定报告，他会非常重视，马上用于辩论。因此，他们重新制定自己的战略，鉴于事态发展：他们要么放弃某些主张，或他们利用的情况，并提出反请求。对法官来说，他只能采用鉴定报告的结果，特别是涉及反诉请求时。

这种情况目前更多地是发生在血液亲子鉴定领域，在其他领域较少发生。我们依然可以想象，在某些特殊的领域，司法鉴定依然在起着不小的作用，比如 DNA 检测的结果就被认为比单纯的血液检测要证据确凿得多，对此，我们可以认为一项法条在多大范围的公信力可以决定认定事实特别是法律判决的依据，更确切地说，司法鉴定报告的不可置疑性是与学科性质紧密相连的，精密科学、实用科学产生的结论往往更容易被确信。

可是，我们不能当具体科学就是完全客观的，客观科学揭示的是所有的真理，像人文科学不过是具体社会历史背景下的社会活动⑲，它所揭示的真理很容易在日后或是别处被质疑或是推翻⑳，如此多关于砷元素的所有权的争论就证明了取证知识的脆弱性和可逆性。㉑

---

⑦ Conclusions après expertise, sans date.

⑱ Jugement du TGI, 24 janvier 1996.

⑲ 参见 Bruno Latour et Steve Woolgar, *La vie de laboratoire. La production des faits scientifiques*, Paris, La Découverte, coll. Poche Sciences humaines et sociales, 1996.

⑳ 参见 Thomas S. Kuhn, *La structure des révolutions scientifiques*, Paris, Flammarion, coll. Nouvelle bibliothèque scientifique, 1972; et Alan F. Chalmers, *Qu'est−ce que la science ?*, Paris, La Découverte, coll. Biblio essais, 1987.

㉑ 参见 Laurence Dumoulin, *La médecine légale aux fondements de l'expertise judiciaire, de l'activité de médecin légiste à la profession d'expert*, communication au colloque *Homocriminalis : pratiques et théories médico−légales XVIᵉ−XXᵉ siècles* Association internationale pour l'histoire du crime, Genève, juin1997 (actes à paraître).

具体科学(生物、物理、化学等)所揭示的真理仍然环绕着一个特殊的光环，这些科学被当作真理的代言人，能激起一种特殊的信任，而人文科学总是会让人产生质疑，于是，一些法律工作者立刻将科学分为自然、客观、可靠科学和人文、主观、随机科学，某位法官就曾经说过："那些针对科学技术的，比如法医尸检，酒精浓度相关的，没什么值得去讨论的，我们是可以继续讨论，但是譬如法医尸检，酒精浓度一类检测的结果，就像人们一直说的，它就是这样，没什么好讨论的。"相反，也存在一些不太精确的科学，比如精神学、心理学等，这些科学的定义有时候是有争议的，在这样的领域中，我们可以畅所欲言，一切都好像比一份精神鉴定报告要靠谱一些，心理检测不能算是证据，永远都不会成为证据。[82] 毫无疑问，这种对科学技术的双重代表性在司法鉴定报告结果产生的过程中起着一定作用，很多检测结果就被立刻拿来当作不可置疑的证据。当一名鉴定人说某个人是一个孩子基因学上的父亲时，法律工作者就认定这为事实，是不可置疑的事实，通过借助于科学知识，法官们寻找真相不是依靠法律，而是依靠科学。

总之，司法鉴定报告的局限性应该被预见到，它在法官判案寻求真相的过程中起的作用是多样的和可变的，可以产生令人完全不敢相信的结果，产生这种结果的因素各不相同，它们有可能去解释一件复杂的事情，而司法鉴定报告和法官判决之间有可能一致也可能完全不一致。

3.司法鉴定与判决：多变的关系

规则的社会地位和性质揭示了为什么司法鉴定在判决产生的过程中有如此大的作用，具体科学和人文科学更确切的细分对鉴定人进行司法鉴定提供了极大的便利，通过展示一些智能和多样化的操作方式，体现为两种极端方式，一种比如观察、发现、描述、抄录、计算、测量等方式，一种比如询问、评估等方式，这两极之间的区别体现在操作性层面上，确保了一个具体案例的分析与已经存在的知识之间的连贯性。

这种"多孔的"两分法有这样一个优点，让我们想到操作程序与最终结论之间的区别，从这种角度上说，两分法似乎比传统的科学类法律和人文科学之间的划分更丰富、更具启发性，此外，它还有更深远的意义，有其独特的存在理由，如何去实施，目标是什么，在医疗鉴定领域和传统医学咨询领域就有明显

---

[82] 1998 年 6 月 3 日与格勒诺布尔高级初审法院(TGI)预审调查法官会谈。

的不同，这样的学科分割使得人文科学有时也参与到了自然科学中去⑧，这个分类是基于生物学、物理学、数学以及一些技术性学科比如摄影和计算技术、计数、计量、测量、阅读、绘图等学科的平等性基础之上的。司法鉴定的结果是可以被核实和伪造的，在另外一种主观性占据很大作用的法律和科技的分类中，经常涉及的是人文科学和应用科学（心里精神学、医学等），说开来就是可解释的人类自然活动。在所研究的材料中，法官都更倾向于使用司法鉴定的结论，相比之下，其他的鉴定报告看起来缺乏系统性。

自从司法鉴定报告中不再有伪证的内容，肯定或否定的答复后，司法人员就有了更多的自由裁量权和更多的行动自由。他们将司法鉴定当作一种工具，其使用取决于各种因素。技术人员的经验丰富程度、与法官的关系以及处事灵活程度也能决定他们的鉴定报告在法官那里的采用率，按老话说，鉴定人和法官就是一对关系相对稳定的搭档。⑧

相反，法庭会相对较少地使用司法鉴定，因为法官们认为司法鉴定存在程序上操作失误的可能，缺乏职业性。在一桩建筑合同纠纷中⑧，一名工程师因被质疑与自己的两名商品鉴定人有关⑧，而被律师要求其司法鉴定报告作废，面对这样的情况，法官试图维护鉴定人的地位，因为法官个人认为鉴定人的鉴定报告相当合理，在与他碰面之后，法官驳回了申请鉴定报告无效的请求，如果需要采用另外一种鉴定工具，不仅案件审理要被延期，对双方带来的经济负担也不小，尽管法官私下会承认，有些鉴定报告的确存在程序上的失误，但是法官们依然会采纳这一司法鉴定的结论。出于提高效率、节省时间方面的考虑，我们经常看到在庭审中鉴定人的鉴定报告被法官进行质疑和批评。

总之，如果鉴定人们的鉴定程序更具可靠性并对他们今后的判决产生决定性影响的话，其他的一些因素也会产生一定作用，这些因素包括：案件是否为常规案件，法官与鉴定人的关系，鉴定人的技术能力以及权宜考虑的具体情

---

⑧　参见 Karl R. Popper, *Conjectures et réfutations. La croissance du savoir scientifique*, Paris, Payot, 1985.

⑧　Danièle Bourcier et Monique DE Bonis ont déjà mis en évidence l'existence de ces couples dans *Les paradoxes de l'expertise. Savoir ou juger ?*, op. cit.

⑧　Dossier B6.

⑧　司法鉴定专家是指为了协助被指定的专家完成其使命，而向其提供严谨帮助的专业人士。然而，这类技术人员必须是特殊专业专家中的专家。（Michel Olivier, *Mesures d'instruction confiées à un technicien*, op. cit., p. 46). 在这种情况下，他们通常是工程师和会计师。

况。

四、结束语：捍卫证实真理的权利

司法鉴定报告一直被法律当作一种纯粹而灵巧的工具，事实上，它是一种互动性的活动，所以它在司法领域出现并不奇怪也无可厚非。这样也会导致一种决策系统结构的转型，专业技能被当作一种资源，可以影响法官的判决，至少在某些案件中是这样。我们努力在立法、监管、法条上下功夫，期待让法律处在一个更公正的位置，但好像都无法扭转司法鉴定报告在法官判决中起到重大作用这一趋势。当法官的权力与鉴定人的报告发生碰撞时，这时，考虑到提高服务质量，重视当事人的看法，法官也会作出必要的让步。

合理化程序：在处理案件材料时，司法鉴定向法官提供一种证据调查和协助法官查明事实的方法。简略程序：当法官在某些情况下，为了作出清晰的判断，特别是找不到其他更好途径时，可以采纳司法鉴定提出的建议和解决方案。限制性程序：得出一些可能性的结果来约束法官摆正自己的位置，不再是一个决定者的角色，而是监督者的角色，这也是司法鉴定阶段预先产生的决策生效。

在这个法治社会中，各种各样的手段与方法将传统的"法律效力"[87]置于危险之地，也让法律工作者的自治性受到挑战。诚然，法律条文是司法活动不可缺少的一部分，它们往往还是法官断案灵感的来源，现在看来，法律好像面临着一场前所未有的危机，企业合理化改革的工具，也是"它自己的工具"[88]，在法律理性化之后产生了"技术—经济合理性"[89]的说法，这一说法的重点在

---

[87] Pierre Bourdieu, *La force du droit. Eléments pour une sociologie du champ juridique*, Actes de la recherche en sciences sociales, 64, 1986, pp. 3~19.

[88] Jacques Chevallier, *La rationalisation de la production juridique*, in Charles—Albert Morand (sous la dir.), L'etat propulsif. Contribution à l'étude des instruments d'action de l'etat, Paris, Publisud, 1991, p. 11.

[89] 出处同上，p. 12.

于提高效率。司法鉴定的发展参与到了这样一种管理模式中去⑩，有利于促进法律理由的弱化，寻找真正意义上的公平，利用外部信息寻求真相。尽管有反对的声音，但真理的不可抗拒性最终会影响法律的实施。还有助于法官和鉴定人角色的合理归位，就像一个受限的资源系统一样，对科学技术的利用同时会让司法机构的运行模式产生一定的变化。⑪

Justice and Knowledge: Expert Appraisal in the Forming of the Judgement

Laurence Dumoulin

Abstract: Although reduced to a common place in legal parlance, expert witnesses play an important role in the judicial decision—making process. Expert reports provide not only sources of ideas and arguments for the actors in the judicial scene, but help to establish certainties and may be viewed as a resource or a constraint and be decisive in the pronouncement of a judgement. Legal efforts to maintain the dominance of the law are not sufficient to abate the evolution of ways of judging and the grounds of a decision. In this interplay usually regulated by law, rival principles of action endanger the traditional force of law, bringing into question the role and scope of legal settlement.

Keywords: law; expert evidence; judgement; justice; rationality; knowledge

⑩ 特别参见 Jacques Chevallier et Danièle Lochak, *Rationalité juridique et rationalité managériale dans l'administration française*, *Revue française d'administration publique*, 24, 1982, pp. 53～94；Patrice Duran, Piloter l'action publique avec ou sans le droit？, *Politiques et management public*, 4, 1993, pp. 2～45，同时参见该作者的另一著作, *Penser l'action publique*, Paris, LGDJ, coll. Droit et Société, 1999.

⑪ 笔者想感谢对此文章的不同版本的友情阅读，以及与我宽容分享他们的意见和感想：Jacques Commaille, Martine Kaluszynski, Kristoff Talin et Philippe Warin. 笔者也要感谢所有的在这些领域内工作的受访鉴定人、司法官以及法律工作者。

法国人与法国司法
——重塑司法公信力 *

法国最高司法委员会　著** 巢志雄　田庄　译***

摘要: 司法信任危机如今在法国仍广泛存在。对司法的批评主要来自于公众意见、政治人物以及司法机关本身。因此,要重塑司法公信力,司法机关应集中处理好与这三者的关系。其中,扩大信息交流是化解危机的关键。通过抽样调查研究发现,公众对司法总体信任但仍有不满;他们对司法认识不足,但对司法改革寄予厚望。

关键词: 法官　司法　司法官　信任危机

序言:司法公信力的危机?

在 1997 年和 2001 年进行的两次调查研究中,公众对司法制度的不信任

---

* 原文出处:Conseil Supérieur Magistrature, *Les français et leur justice*:*Restaurer la confiance*, La Documentation française, 2008.

** 法国最高司法委员会(Conseil supérieur de la magistrature)是根据法兰西第五共和国宪法的规定设立的,协助共和国总统保障司法权独立的机构。同时,法国最高司法委员会也是对法官和检察官进行纪律检查和惩戒的特设机构。

*** 巢志雄,中山大学法学院讲师;田庄,中山大学法学院法学本科生。巢志雄翻译序言、第一章和调查报告研究,田庄翻译第二章、第三章结论和调查报告统计。全文由巢志雄负责校对和修订。

问题被暴露出来。① 2008 年 5 月,由法国最高司法委员会(CSM)发起、法国民意调查研究所(IFOP)实施的新调查表明:公众尽管对司法的印象稍有好转,但是对司法制度未能改善自身缺陷仍然不满。②

从乌特尔恋童癖案(Affaire d'Outreau)的诉讼程序来看,公众意见对司法的干预遭到广泛批评,因为这可能导致司法制度运作不良。我们发现司法制度尽管有合理的、错综复杂的、设计精巧的审理程序和上诉制度,但司法机器和司法工作者还是无法有效地摆脱因媒体和社会舆论干扰而导致的集体盲目。

公众意见每天都受"变色龙式"的大众传媒的影响,这些大众传媒的影响具有巨大的轰动效应,有时又具有强烈的戏剧性。公众意见干预司法的范围越广,就越难以发觉它对司法组织和司法功能造成的负面影响。

此外,我们见证了当代法国司法的功能不再局限于对某个人的法律地位和法律责任的裁判(无论是民事还是刑事案件),而是越来越多地分析造成人性悲剧的社会因素、经济因素(血液污染案、敌占时期的国家诉讼、生长激素案等),也时不时地为法国的未来设计蓝图(变性、积极安乐死、亲嗣关系、公诉案件的追诉时效等问题)。同胞们有理由对法国司法机关的真实能力和司法工作者的工作表示满意,当然,这种满意是指法律层面和社会理解度方面。

公众越来越频繁地求助于司法机关(无论是普通民事和刑事案件,还是行政案件和涉外案件),这表明:尽管公众对司法有诸多不满意和忧虑,但是司法在现代社会已经占据了不可动摇的重要地位。

法国的中央政治部门与司法机关之间也一直保持着矛盾关系。

一方面,根据成文法规定,司法是争议和纠纷的唯一可接受的解决方式。当新的法律规范出台时,法律条文会越来越多地规定违反该规定应当如何进行刑事处罚。媒体报道新闻时,也越来越多地在报道中添加针对最新社会事件的法律评论。如此频繁地借助"司法之境"来实现社会控制,这表明公众认可司法机关的社会影响力,也表明其他国家机关欠缺处理此方面事务的能力,

---

① 这两项调查分别是:1997 年 11 月《法国人与法国司法:评估与期望》和 2001 年 5 月《关于公众对法国司法满意度的调查》,这两项调查均由公益机构"法律与司法研究中心"进行。

② 本次调查由法国最高司法委员会发起、法国民意调查研究所具体实施。法国巴黎第二大学尼古拉斯·莫尔菲斯(Nicolas Molfessis)教授负责的公益机构"法律与司法研究中心"对本次调查给予智力、技术、财力等方面的支持。本次调查也得到了弗黑德里克·达比(Frédéric Dabi)先生和马迪也·庞兹奥(Matthieu Ponzio)先生的协助。

也无力在公共舆论中保持某种影响力地位。

另一方面,法国议会和行政机关等国家政治功能单位经常对作为民主之第三支柱的司法机关流露出不信任。过去与现在由法国议会倡导的对司法官责任的批评与反思,在一定程度上可以证明这一点。上述批评与反思有时推动了司法制度的改革,但不是推翻。对法国最高司法委员会的改革(针对委员会的组成和权力)反映了国家政治功能单位对司法机关的信任极为有限。

对司法的信任危机同样发生在司法官群体,他们对职业前景表示担忧。他们对法律职业共同体的稳定性表示怀疑,他们感觉外界对他们的批评是不公平的,他们质疑这个国家凭什么要求他们在享受一般待遇的情况下却要承担如此重要的职责。如今,司法官毕生为之奉献的职业和社会角色却反过来让他们迷失了方向。

我们关注司法公信力遭遇的危机,更需要深入分析导致这一危机的原因,从而寻求解决问题的方法。

第一章 危机的测度

当研究某一机构遭遇的信任危机时,我们有必要检讨批评来自何处、哪些人对该机构感到不满、哪些人最先表达了这种不满等问题。

对司法机关最广泛、最纯粹的批评声音来源于公众意见。因此,我们有必要对公众的批评意见进行分析,然后才能对司法信任危机进行测度。(参见第一节)

至于被选举出来的政治人物,这些人对司法的批评应当视为选民意见的精炼版,因为他们承担着为选民发声、代表公民利益和表达公众意愿的职责。这本来不足以让我们对政治人物的意见进行专门分析。但是,从宪法和行政法规的角度来看,对政治人物的意见进行分析可以还原政府、议会和司法三者之间的关系。我们能够从中发现导致司法信任危机的其他原因。(参见第二节)

最后,导致司法信任危机的另一个根源隐藏在司法机关本身。司法官在社会和国家机关中居何种位置始终是个难题,这一职业定位问题导致其他机

关和公众对司法产生怀疑。其结果是：人们只尊重掌握话语权的强者，也只信任自信者。（参见第三节）

第一节　　公众意见对司法的不信任

现代社会有四种趋势是导致公众意见与司法之间出现裂隙的原因。

第一，社会文化水平的提升导致公众对公共服务的关注和要求越来越高，这一变化非常明显地体现在公众对司法的要求。公众的知识水平越高，他们对公共服务的不满意度也越高。司法也无法摆脱这一定律，尽管存在某些特殊之处。

第二，社会的传媒化使所有国家机关做事都要谨小慎微，并且对大众传媒给予充分重视。司法机关也不例外。

第三，现代社会对"效率和成本"的重视是司法公信力降低的另一个原因。在所有领域，人们都在不断要求"提高效率"和"压缩成本"。由于司法的仪式要求和缓慢节奏，以及司法所依赖的但又非常耗时的重要原则和程序规则，司法机关的传统工作方式与快节奏的社会要求显得不协调。在所有领域，人们越来越倾向于用一种标准取代所有其他标准来测度人类行动，即"金钱价值"。这种消费主义的测度方法也被用于评价公共服务领域。因此，"司法服务的消费者"也会评估其作为一种投资而付出的诉讼成本（时间和金钱）是否会得到充分回报。对于法院的管理者来说，他们也在探索一种"行动—支出"量化管理模式，以此来证明法院也在努力实现《财税基本法（LOLF）》要求的"控支增效"要求。③

第四，国民生活水平比较高的、融入世界潮流的国家，例如法国，都已经进入了"复杂社会"。"复杂社会"是一个决策权、影响力和权力的混合场域，国家角色和国家权力已经很难像过去一样在该场域中发挥完全的、唯一的作用。"复杂社会"提出了更高的民主要求，国家若想进行改革，必须首先听取民意，并向公众进行解释。在这种社会背景下，与司法机关打交道的，并且司法机关应当听取意见的难道还是传统中的那些独立的个体吗？既然已经处于一种全

---

③　《财税基本法（LOLF）》是指 2001 年 8 月 1 日制定的《法国财政税收基本法》，该法自 2006 年 1 月 1 日生效。这部法律完全推翻了预算管理和政府财务制度，而从私有企业借鉴并在国家公共部门推行"目标—方法—结果"的管理文化。这是一种更有活力的、更可控制的和更为透明的国库管理方式。

新的社会关系网络和部门关系网络中,那么司法机关是否已经做好充分准备了呢?

将司法机关置于现代社会的上述四种趋势,这有助于我们更好地理解公众时常对司法提出的批评。

首先,在一些典型案件和热点案件中,公众与司法机关往往存在意见分歧。公众意见指责司法机关存在"司法错误(les erreurs judiciaires)"和渎职,而司法机关经常以当事人未能提出某种法律理由、法院难以协调与行政部门和政治圈子的关系、立法的复杂性和立法冲突问题等理由进行自我辩解。④

至于司法仪式,它不仅陈旧过时,而且烦琐混乱。人们无法通过仪式对司法中的各种角色进行理解和区分。这些司法仪式使公众产生法官们与普通人生活在不同世界的印象,而且认为这些法官不愿意进入公众生活的世界。

公民也难以忍受法律语言的复杂性。这种专业语言有着历经几个世纪沉淀的独特风格和专门用语,它导致司法的神秘化,法学家们也形成一个封闭的、不为外人所知的圈子。于此,公众提出了最常诟病的问题:当其他社会事务变得明确而简洁,易于公众学习理解,为何司法始终是法律圈内人的游戏,而且法学家还在继续将其过度复杂化。

司法组织是以管辖规则连接起来的,包括级别管辖和地域管辖。这些复杂的管辖规则也让公众难以理解。

公民能够体谅司法本身具有的复杂性,但这并不意味着公众能够接受诉讼拖延。每个诉讼都关系着启动和参与该诉讼的公民的直接与切身利益。

其次,司法存在时间控制方面的问题。尽管"接近司法"的改革项目已经进行了 20 年,作为改革配套的诉讼法修改也已经进行,但诉讼过程给公众的印象依然是要么仍然十分冗长,要么过于迅速。⑤ 此外,司法还面临执行难的问题,很难保证判决能在合理的时间内得到有效执行。

至于"接近司法"的全部费用(包括诉讼费、律师费、聘请专家的费用等),这笔费用仍然超出了公众的承受能力。对于贫困的人群来说,国家提供的法律援助也不会让任何人满意:收入低的人群(可获得部分法律援助)会抱怨正义被打了折扣,律师宣称法律援助的金额不足以支付全部律师费,而其他当事

---

④ 参见法国最高行政法院的历年报告(Rapport annuel du Conseil d'Etat)。

⑤ 多米利克·西莫诺(Dominique Simonnot)先生于 1998 年在《自由报》设立司法周报专栏(Carnets de justice),向人们展示了司法的高效率。因多米利克·西莫诺先生工作变动,该专栏于 2006 年起改设在《闲话杂志(Canard enchaîné)》周刊。

人会认为申请法律援助的门槛过低。此外，诉讼的"成本—收益"评估往往没有规则可循，也无法预测。

最后，司法面临的另一个重大的问题是交流。

法官有充分而庄重的理由坚持克制和保密义务，特别是在诉讼进行过程中。这与媒体的时效性要求形成了滞后性反差。司法机关始终无法对公民获取信息的要求、对知情权的要求和对透明度的主张给予满意的答复。

法国人对法国司法制度的运作知之甚少，而且比对其他复杂难懂的国家机关的了解更少，比如各级地方行政部门、国家议会、中央政府、省政府。法国公众不了解"siège（意指法官）"和"parquet（意指检察官）"、"avocat（意指律师）"和"magistrat（意指法官）"、"初审法院"和"上诉法院"等概念的含义和互相之间的区别。

导致法国国民对司法缺乏了解的原因之一是：在整个国民教育体系中，对司法方面的知识传播不够重视。孟德斯鸠在《论法的精神》的经典序言中，提出了三权分立的政治理论，也描绘了金字塔形的法院组织体系，但是对司法机关在"法治国家（Etat de droit）"中居于何种重要地位，发挥何种核心功能却几乎未置一词。例如，对私人权利和自由的保护、发挥社会规范塑造者的功能（家庭关系、劳动关系、侵权事故等）、检察官保护公共秩序和公民生活的安宁、对罪犯执行监禁刑或其他限制人身自由的刑事处罚。还有一个更重要的功能是保护人权以及其他重大的国际公认的基本价值。

国民教育缺乏对上述司法承担职能的宣传普及，导致公民难以理解司法机关的日常工作，尽管公民陆续不断地听到有关法院的新闻。

况且，"司法"这个概念往往有多种不同的含义：对于法律职业群体而言，司法是一个技术概念，比如诉讼程序、法的具体实施等。但是对于公众而言，司法更多地是指类似于"公正"的道德概念：享有专属性权力的法官必须对大小事务进行判决，而且判决总是能得到遵守和履行。

公民对司法的必要知识缺乏了解，但这一问题对于政府和议会是不存在的。因此，国家政治人物对司法的不信任肯定不是因为这个原因。

第二节　政治人物对司法的不信任

我们有必要探讨司法信任危机是否与法国立法、行政与司法机关之间的关系有关。事实上，对司法的批评或多或少有一些正是针对行政法院和财税法院的。

毫无疑问,司法与宪政国家的其他权力机关之间确实存在着既棘手又紧张的关系。⑥

这种部门之间的不良关系是由三个新的不同的社会现象导致的。其一是政治人物与司法官的关系发生转型,这是最重要的原因。伴随着国家政治力量的衰退,经济和司法的全球化以及 20 世纪 80 年代初开始的去中央化政治是导致政治与司法关系发生转型的推动力。与此同时,法国社会出现了司法化倾向,人们倾向于将大量社会问题交由法官裁判。其二是司法官对政治事务的参与,法官与其他重要政治人物一起走向前台,形成了 20 世纪 90 年代法官参与政治生活的社会潮流。⑦ 其三是政治人物对司法官参与政治生活的能力和倾向性表示怀疑。

一、国家政治力量的衰退与社会的司法化倾向

政治和经济的国际化无可避免地导致法国中央政府职能范围的缩小,同时要求法院具有对跨国经济关系的判断能力,而且要求法院具备适用实定法确立的新规范的能力。

与此同时,国家政治的去中央化进程有利于提升地方政府的执政能力,但是中央政府的行政职能、行政手段以及掌权者都在衰退。这导致国家政府部门对司法的干预越来越少,而法官获得了更牢固的独立地位。

政治人物在法国的影响力本来就比较有限,他们对经济领域的投资只能发挥有限的影响力,在唯意志主义的政治生态中,他们对宏观经济和微观经济的影响也很微弱。在此种情况下,政治人物越来越频繁地干预社会问题,这些社会问题常常是涉及大众利益和符号化的。例如,劳动法、消费者权益保护法、流动人口和移民政策、针对环境问题的司法政策等改革。这些政治人物参与上述公共事务时,与原先相比,他们的主张和观点越来越多地遭遇司法抵制。

事实上,政治人物掌握着立法权,他们从内心希望得到司法官的尊重。法官可以通过对法律作出解释,或者运用法律基本原则对个案进行裁判,从而在

---

⑥ 2008 年 6 月 19 日,法国《世界报》发起一项名为"法官与闪耀的民主"的调查。该报记者娜塔里·吉贝尔(Nathalie Guibert)撰文描述了此种情势:"权力机关与司法机关之间时常上演的矛盾关系导致法官被困于地狱囚牢";"人们把法官置于这种矛盾关系中,这导致了一个极大的悖论:社会主张更多的权利,同时又要求更多的反对权。"

⑦ "20 世纪 90 年代初,公众逐渐接受了法官的社会角色。人们发现,法官在这个国家中是一个独特的存在。"参见埃尔维·罗伯尔(Hervé Robert)法官于 2008 年春季在《评论》杂志上发表的评论。

政治人物的立法意图与法律的现实适用之间划出一道鸿沟。法律和法规数量的急剧增加、立法本身无法避免的缺陷，以及司法适用中的不确定性，这些都导致公众认为政治力量正在衰退。政治与司法之间的冲突越来越频繁。

为了尽量缓解公共政治受制于司法的情形，保障政治意图能够得到有效执行，政治人物试图剥夺法官的司法权，或者通过法律和法规对法官的司法权进行限制。这尤其表现在刑事司法领域，例如制定强制性量刑标准、限制司法解除禁驾令等。这些改革尝试也都曾遭到量刑个别化等司法理由的抵抗。

相反，在民事司法领域，由于社会生活的变化十分迅速，立法者只能制定并建议法官适用的一般性裁判标准，而无法对民事司法领域的各种特殊情形作出特别规定。

最近 20 年来，法国出现了一种非同一般的社会司法化现象。导致这一现象的部分原因是受国际环境的影响，部分原因是盎格鲁—撒克逊文化对法国的渗透。受盎格鲁—撒克逊文化的影响，法国司法和法治被提升到更重要的位置。法国法官拥有越来越多的机会参与公共事务，对各种社会议题发表看法。例如，胎儿的法律地位、信息技术和网络服务器、生物伦理、安乐死、身份关系、收养关系、同性家长、刑事追诉时效（特别是经济与金融犯罪案件）。立法者制定法律规则，法官适用法律规则的传统职能划分已经被深刻地改变了。很自然地，议会和政府部门也一直试图干预司法，有时是为了形成某个固定的判例规则，有时是为了推翻某个判例规则。

二、因法官介入政治事务而导致的不信任

20 世纪 80 年代末，法国司法官追随意大利同行的脚步，将几位高级官员送入刑事审判。这些高级官员来自各个政治派别，往往牵涉了某些地方政府的政府采购作弊案，触犯了刑律。部分案件与饱受批评的政党财务规范和集体违法行为有关，部分案件则纯粹是个人腐败。这些案件打击了部分政治人物，但也有部分判决被认为是粗暴的、不审慎的。为了保证公权力的透明度以及追究高层领导人的法律责任，当时的法国总理爱德华·巴拉迪尔（Edouard Balladur）提出了这样的规则：一旦内阁成员牵涉贪污腐败等刑事案件，内阁应立即集体辞职。

在几起刑事案件中，确实发生过几次内阁集体辞职的情况。多名政府官员因为牵涉贪污腐败等刑事案件而被解除职务，但是可能有共犯嫌疑的更多同僚逃脱了过度严苛的刑事司法。

1993 年 5 月 1 日，法国前总理皮埃尔·贝雷戈瓦（Pierre Bérégovoy）自杀。贝雷戈瓦涉嫌一起无息贷款事件，但他在 1992 年底已经用现金和变卖的

家具偿还。此事被一些政党和贪婪无良的媒体穷追不舍，导致贝雷戈瓦处处被动，有口难辩，最终选择了自杀。这一事件被认为是媒体审判。时任法国总统弗朗索瓦·密特朗在贝雷戈瓦的葬礼发表了措辞严厉的谴责声明。这一声明不仅针对某些不良媒体，而且针对部分司法官。这些司法官在不了解当时政治氛围的情况下，盲目参与这一事件。密特朗的声明是对这些媒体和司法官的公开谴责。

1988 年和 1990 年两次关于政党财务犯罪赦免法案的公投引发了公众广泛讨论，在司法官群体之间也形成了不同意见。

司法官介入公共事件（通常涉及刑事犯罪）意味着他们对政府在某些公共管理方面的行动表达不满和批评。例如，涉及公共卫生的"血液污染"案件和生长激素案件、涉及灾难或紧急事件处理的 Maurice Papon 案、Paul Touvier案、勃朗峰隧道火灾事件、爱丽舍宫电话窃听事件、为通缉犯制作假护照案件等。司法广泛介入公共事件的现象表明：法国社会缺乏其他途径对政府机关履行职能以及渎职行为进行监督和批评。依靠司法来评判政治行为和政治人物的法律责任并非最佳选择，因为这其中涉及政治制度问题，并非司法能够解决。司法对部分政治性案件的处理反而导致公众对司法产生不满情绪，人们发现司法未能找到和解决个人犯罪背后的症结。

如同情绪逆反效应（effet boomerang），一旦司法机关的差错导致了一个悲剧事件的发生，公众也会毫不犹豫地要求司法官承担责任。有些案件中，司法官应当承担直接责任（例如乌特尔案），有些案件则是间接责任（例如无罪释放判决、有条件的释放判决）。政治人物和部分法国人认为：当其他公权力都接受外部制约和监督，司法权却始终置身事外，毫无约束。这种观点直接推动了法官和检察官应当承担职业责任和个人责任的制度设计。

三、对司法官参与政治生活的能力和倾向性表示怀疑

部分政治人物（无论男女）有一种非常强烈的内心确信：部分司法官正在以一种激进的、意识形态化的方式行使法律赋予他们的权力。

对法官参与政治生活的质疑形成于 20 世纪 70 年代，源于法官在审理信贷案件和劳资纠纷案件时，拒绝适用对信贷机构和用人单位有利的法律条文。这些法官倾向于保护债务人和劳动者。

自从司法官工会成立以来，政治人物对司法参与公共政治的批评越来越强烈，特别是 1975 年作为工会成员的一位法官在审理一起工伤致死事故案件时，以过失杀人的理由对工厂负责人处以拘禁，羁押了 5 天。这就是轰动一时的 Jean Chapron 案，杜埃上诉法院的预审分庭在星期天的早晨紧急召开会

议,迫于压力决定将其释放。这些被俗称为"小法官"的预审法官,尽管面临被惩罚和被贬黜的风险,他们仍然坚持自己的职业理想。比如,1976 年,阿兹布鲁克市一名负责调查马赛石油联盟协议案件的法官被刻意调岗提拔,但是这名法官拒绝执行调遣令,即便被惩戒也在所不惜。对法官独立精神的追求使新一代的法官群体逐渐形成。自从 20 世纪 80 年代末金元政治大行其道,"小法官"们一直努力将财阀与政治人物之间的隐秘关系揭发出来。

由于对自身力量的信心不足,有时为了自我保护,有时为了维护自身形象,大多数预审法官为了使案件能够继续办理下去,都会借助媒体的力量。媒体将预审法官塑造为执法如山的正义形象,并且通过报纸杂志和电视为他们树立了一些典型人物。于是,司法官和政治人物之间的关系变得越发复杂和微妙。

只要预审法官着手对某个政治人物进行调查,政治圈子或多或少就都会怀疑这个预审法官被人利用,变成了政治斗争的工具,除非他本来就有不良政治企图。

政治人物与司法官之间的相互不理解、不信任至今没有改变,这导致双方在很多问题上产生持续性分歧。例如,外国人在法国的居留权问题、未成年人犯罪问题、劳动法的解释问题。

四、司法官工联主义的产生和发展加剧了双方的紧张关系

正如巴黎政治研究中心成员 Joël Ficet 在题为《法国司法官的身份重建与职业流动化:司法工会的角色(1945－2005)》的学术报告中指出:1945 年设立的司法官职业联盟(UFM)作为全体司法官意志的代表,着手恢复被部分维希政府时期的法官败坏的职业声誉。司法官职业联盟在全国抵抗委员会(Conseil national de la Résistance)的社会改革运动整体框架下展开此项计划。成立于 1961 年的司法官协会(AM)在司法官职业联盟所做工作的基础上,进一步通过要求改善薪水和身份待遇来重塑司法官的职业形象,他们努力将司法官的职业塑造成"神圣职业"。

1968 年,司法官工会(SM)成立;1975 年,司法官职业联盟改名为"司法官联合工会(USM)";1981 年,司法官职业联合会(APM)成立。这些司法工会的设立深刻地改变了政治人物与司法官之间的关系。

从这一时期开始,法国司法官的职业环境、司法独立逐渐被恢复到较好的状态。从 20 世纪 80 年代初开始,司法部与司法工会的协商和谈判被制度化了。司法官群体对工会的整体认可度也迅速提高。

当议会就社会组织和社会生活中的法律问题提出立法计划时,司法官具

备对上述问题进行法律分析的能力,而且他们对上述事项有直接的接触和经验。司法官和各种司法工会组织具有专业知识,有能力参与这些社会改革。

司法一直没有停止其活动领域的扩张,司法官越来越频繁地对立法草案、行政法规的制定发表评论意见。政府官员和议会成员很自然地会产生抵触情绪,因为他们感觉其专属权力遭到司法官持续不断的、不当的侵犯。

第三节　司法制度自身的问题

公众意见对司法的强烈批评,以及司法官群体与重要政治人物之间的分歧与紧张关系,这两者导致司法制度的根基被动摇。

这些外在的对司法的批评和质疑不能说明司法公信力危机的全部原因,还有一些内生的、较少被关注的、更具结构性特征的司法制度自身的原因。尽管公权力已经被普遍去神圣化了,但是司法官职业依靠其极为严苛和挑剔的准入门槛而仍然保留着一定的神秘感。未来的司法官们应当为他们即将投身的高尚职业而感到高兴,也应当为他们的良好前景感到安心。但事实并不完全如此。除了来自外界的批评、质疑,司法官们内心很清楚:他们即使被公众承认和尊重,但也不代表被公众爱戴。公众会爱戴他们的法官吗?如果人们用四分之一的时间在咒骂某人,这绝不代表剩下的四分之三时间是用来爱戴某人。司法始终处于紧张的氛围,时刻不停地作出裁决,出现差错也是在所难免,司法官们早已习惯了必须承受的激烈批评。

实际上,导致司法官内心不安的信任危机也有内部因素。

尽管最高司法委员会最近设立了秘书处,主要负责向司法官发布辅助性的指导意见或办案指南,但是这些指导意见反而给司法官的工作带来矛盾和争议,比如是对罪犯判处监禁刑还是重归社会,对问题青少年是再教育改造还是判处刑罚。

另外,从考核方式来看,司法很符合手工行业的特征。司法职业必须努力满足各种统计报表和测评指标的严格要求,特别是案件审理的数量和效率。法官的确会将这些考核内容牢记在心,但这种考核方式并不合理。司法官们普遍认为,这种考核方式是对司法独立和司法效率的伤害。

司法制度将完整的司法权切割成彼此独立的单位,例如预审法官、少年庭法官、刑罚执行法官等。每个司法官都有专属自己的裁判权限,这可能导致公众对司法独立与司法孤立产生认识上的混淆。司法独立已经获得共识,但是司法孤立主义是一种饱受批评的工作方式。

各界人士虽然对司法提出诸多批评，但是并未就如何改善司法达成共识，也很少进行有建设性成果的讨论。每当有大大小小的疑难案件出现时，源于不同行业的各种理由就都冒出来了，例如医学理由、国家安全理由、工业发展理由等。

还有一个老生常谈的话题是司法官群体的人员构成。虽然司法官的数量已经增加至将近 8000 人，但是他们经常抱怨人手不足。相反，政府部门公务员的数量增加比率远高于司法官，根据保守统计，两者比率大致是二比一。这已经成为司法机关抱怨最多的问题。

中央行政管理部门的上述做法的确是缺乏远见的，但是也应该承认，司法机关并未真正遭受所谓的打击。不过，司法机关的中层人员（比如法官助理，协助专门法官处理专业事务的助理、书记员）在职业升迁方面感受到了阻力，与中央行政机关相比，司法机关缺少充足的升迁机会和活力。在国家公职人员群体里，司法官群体处于边缘地位，他们不属于任何派系。

对司法效果和司法效率的要求，司法机关的工作方式，最低限度的合理化管理措施，这三者之间存在不协调。司法官习惯单兵作战的工作模式，他们的工作量非常大，但是一般都独立完成，而且他们并不总是在单位完成工作。这种工作方式对改进个人工作有利，但是对集体却毫无助益。这导致司法官缺乏集体精神，也无助于在司法工作中学习吸收他人的思想，他们的视野受到局限。

对于某些复杂疑难、涉及专业问题的案件，有必要对司法资源进行重新整合。这不仅是司法机关的工作，也需要涉及《财税基本法（LOLF）》的财政预算和人力资源的支持，后者是对司法进行制度改革的必要条件。法官似乎还没有做好充分准备来迎接改革，法学家似乎也只对司法的日常管理感兴趣，他们也缺乏推动重大改革的经验。司法机关的高层人物有时也是阻碍改革的因素。

在司法预算开支问题上，也发生很多争论。司法开支急剧增加已经是不争的事实，而根据《财税基本法（LOLF）》制定的解决方案却已经被证明是失败的。虽然财政问题尚未对司法独立造成伤害，但是司法机关因此而承受了无法消解的恐慌。最初提出设立近邻法官（juge de proximité）职位时，遭到财政部门的强烈反对，近邻法官凭借其独立性和工作能力才逐渐被接受。任何能够正常履行职能的司法机关都不应该因财政问题而被撤销。

在解除司法官职务问题上，司法部没有制定完善的协商方案。司法部的理由是：法国中央行政机关在作出决定时向来都没有进行协商的惯例，而且达成一致的办事方法并不适合法国文化。当中央政府其他部门推进多项难度甚高的改革计划时,例如军队的职业化改革、财税法院和财政部的合并等,它们并没有遭遇司法部所说的这些困难。

难道是因为司法机关奉行保守主义吗?这一猜测显然不公平。一方面,司法机关率先提出要进行彻底的司法改革,尽管效果不佳;另一方面,司法机关确实真心诚意地希望改革,他们愿意听取批评,并从中吸取有用的建议。司法机关的现有组织结构与公众期待仍然存在较大的差距,手工业式的司法工作模式也让改革倡导者十分忧心。

另外,司法官的职业一体化原则被现实严重扭曲。《司法官身份基本法》第1条明确规定法官、检察官以及其他司法官应当具备同等的职业素养。⑧所有司法官的就职宣誓仪式也是完全一致的。这就是通常所说的司法官职业一体化原则。

当然,该法律也规定了法官和检察官的职业区别。例如,法官享受职业终身制待遇,而且在司法工作中不受等级制约束。

人们一直对司法官是否应当保持职业一体化存在争论,有支持的,也有反对的。这种理论上的争论是没有结果的。立法已经将这一问题予以明确,对于这个问题,近期和可预见的将来都不会发生根本变化。

如果我们以常人的眼光来分析法官和检察官的日常工作,我们会发现两者的职能是全然不同的:检察官忙于维护公共秩序、代表社会提起公诉等事务;法官则忙于审理民事和刑事案件,并作出判决,有时也专注于对弱者的司法保护。

国家要求检察官多关注公共事务,希望他们走出法院的围墙与市镇长官、地方政府和社团协会一起工作。对违法犯罪行为的新的处理方法已经实施,它要求缩短公诉时间和审判期限,并且要求建立应对刑事案件的系统化的快速响应机制。

检察官与公众政治人物的联系变得越来越紧密,特别是在刑事案件方面。等级制的管理制度更进一步强化了政治观点对检察官的约束,在刑事案件里,倾向性的政治指导意见越来越具体化,而且干预范围扩大至公诉案件的全过程。检察官的司法活动越来越受到外界的干涉,而检察官对公权力的监督权(即便不是一种权力,也应看作一种事实)却日渐衰弱。公权力的领域日益扩张,而且被国家制度化,例如警察机关、监狱管理机关、海关。

---

⑧　根据 1958 年 12 月 22 日的第 58—1270 号法令作出的《司法官身份基本法》。

相比检察官而言，法官更倾向于谨慎地封闭在自己司法权的领地。无论是法官的地位还是司法权的行使范围，都比检察官更高更广。法官并不受制于等级制的管理体系，也相对较少地承受外部关系的压力。在扩大个人自由、被告人权保护、刑罚个别化方面，法官扮演着更为积极的角色。在落实欧洲人权法院为各国设定的人权保障标准方面，事实上只有法官才能完成这项使命。法官被要求缩短案件审理的期限，比如用统计数据报表的监督方式，或者改革诉讼程序使之更精简。职业律师具备观察司法运作情况的最佳视角，他们对法官和检察官之间的职业差异了如指掌，而且善于在办案过程中利用这种差异为当事人服务。

显而易见的是，法官和检察官之间的职业差异越来越明显，两者之间不再是若干区别，而是出现了一道越来越深的鸿沟。

只有在刑事诉讼中，法官和检察官才会真正打交道。双方的显著职业差异在刑事诉讼中得到充分展现。检察官强烈期望法官仔细聆听他们的意见，充分展开庭审程序，延长审理时间。法官通常不会理会检察官的要求，如果检察官不做好充分的公诉准备，法官不会花费过多时间专门聆听和等待。对于法官而言，民事案件和刑事案件同等重要，都涉及公众利益，都耗时费力。

法官和检察官之间的紧张关系，甚至是冲突对抗，是导致司法危机的一个内在原因。

司法官们也很清楚司法官职业一体化只是一种"法律拟制"，是一种不符合事实的法律推定，它纯粹是一种经不起推敲的设想。

检察官的职业苦恼远比法官多得多，与法官相比，他们的职业身份得不到充分保护。只要一有机会，检察官就想跳槽去当法官，这种单向的职业流动已经非常明显。即便法律规定司法官职业一体化，司法实践仍然使两种职业的差异得到充分展现，就像两种完全不同的职业。

回到法官和检察官的二元关系问题，作为司法官的两种类型，他们是"此消彼长"的关系。如果检察官的职业地位不能得到像法官一样的保障，那么法官将逐渐变成代表司法制度行使法律赋予的司法权的唯一代表。我们不再对这个问题过多展开，目前为止还没有出台针对这一问题的改革计划。司法官群体也不愿意过多地为这个问题奔走呼号，他们愿意做的只是呼吁公众对"司法官一体化"给予关注。谁都不愿意因此事引发公众的不满和咒骂，即便不为外人所知的内部分歧已经相当严重。仅靠公众讨论根本无法解决问题，应当尽快制定改革时间表，确定改革目标和计划，否则"司法官一体化"将变成一个真正的神话。

无论如何,是时候提出解决问题的方案了。

司法机关之所以面临信任危机,在于它没能很好地处理与公众的关系、与其他国家机关的关系,以及没能协调好司法机关内部相互间的关系。因而,要化解危机,应该努力处理好这三方面的关系。第二章将随之对此进行讨论。

第二章　信任的重塑

第一节　开宗明义

交流在现代社会中显然有着重要的意义。一方面,司法机关首先应该做的事情,是对公众进行更好的了解。另一方面,为了获得更多的理解,司法机关应该更"平易近民",简洁易懂:这是化解信任危机的第二步。总之,司法机关如果希望为公众所尊重,就应该朝这个方向不断努力。

一、司法应当更加公开

正如圣·奥古斯丁(Saint Augustin)所说,"我们只会钟情于我们所了解的事物"。[9] 如果公众对司法机关有一定的认识,就能够对司法机关的改良这一论题进行更深入的讨论。然而,即使对公民进行一些司法信息的普及,他们依然不能对司法运行机制产生最基本的了解。因此,法官需要对公众进行更为科学的知识性的交流。

为了实现这一点,司法机关应该更多地参与到教学计划中:在小学基础教育阶段开展基本教学的过程中,要突破以传统描述性的方法阐述司法权能的模式;随之,在初中阶段,在国民教育课程中加深学生对司法领域的认识,明确司法机关作为法治国家支柱之一的重要地位(这类教育在高中进行似乎更易为学生所接受)。

系统化并且注重实践的学习方式有助于填补理论教学的空缺:组织学生到法院旁听,每年在高中举行法官见面会,这不仅是为了描述他们的职业,更

---

⑨　正如圣·奥古斯丁所言,钟情与了解是一回事。

重要的是让学生认识到司法机关无可取代的地位。

与此同时，应该考虑与高等新闻院校（grandes écoles de journalisme）以及司法新闻协会（l'Association de la presse judiciaire）⑩定期举行会面与信息交流。仅有少数几个著名的电视新闻工作者和全国性报纸的资深作家（据我们统计，此类人群少于 15 人）对司法领域有较深的认识。除了他们以外，其他新闻工作者所作的关于庭审情况的解读，以及通过电视对各种犯罪行为或重要的诉讼案件进行的报道，都让司法机关意识到有必要着手进行一些法律普及和解释工作。一些由新闻工作者发表的意见及评论，属于他们的言论自由及表达自由的范畴，这种权利神圣不可剥夺。然而，于此之外，存在着许多模糊的有时甚至是错误的言论，它们充斥在读者和观众周围。公众很容易为这些观点所左右，从而，大众传媒加深了他们对司法机关的误解。为此，司法机关有必要扩大与新闻界的沟通，定期举行交流会。应在会议中营造一种和谐融洽的氛围，让会议的参与者（司法官与媒体从业人员）彼此间对对方的职业独立性予以尊重。

另外，法院应该与公众开展务实的交流：不能在承认司法机关在这些方面做得严重不足的同时，又拒绝考虑允许一些录音及拍照设备以适当的方式进入法庭。

实际上，多媒体当下还远远未能成为司法机关向公众传播法律信息的首选媒介。如果司法机关希望更好地被认识、被了解，就应该借助更多的大众传媒，而不仅仅是纸质媒体。仅仅通过对法官进行采访，然后通过文字叙述庭审过程，这样是不够的。

记者在没有办法从法院获取庭审照片和法庭审讯的第一手资料的情况下，只能把摄影镜头转向法院外围，采访一些诉讼参与者（当事人的律师，双方当事人，受害人与犯罪嫌疑人，侦查人员或者通常是来自于警察工会的代表），从他们口中了解案件的相关情况。但是法律对新闻界有严格的规定，禁止新闻界在报道中对法院进行描述，例如法院的审判过程以及主持庭审工作的法官。

---

⑩ 司法新闻协会（l'Association de la presse judiciaire ）是一家不为人所知晓的机构，尽管它就设在巴黎，但法官往往对它知之甚少：1887 年由亚历山大·米勒昂（Alexandre Millerand）和埃也蒙·庞旺甘尔（Raymond Poincaré）创立。（他们两人原本都是记者，后来成为了法国的总统）它的总部和办事处一直都设在巴黎法院。机构的现任主席是斯蒂凡尼·杜昂－苏弗朗（Stéphane Durand－Souffland）（《费加罗报（Le Figaro）》）。

　　这一领域的问题应该得到谨慎处理,因为它关乎利益与权利的选择与权衡,这两者十分重要但又往往存在冲突,关乎诸如对隐私权的保护、信息传播与表达的自由以及对庭辩能力不强的当事人的必要保护(尤其是未成年人)。然而,这些难题并不能够阻止我们在这一领域的前进脚步。对于司法机关来说,把握开放与限制的尺度至关重要。实际上,不宜毫无保留地将审判公开视为维护诉讼公平的最强有力的保证之一,抑或将其作为抵御专断最好的壁垒之一。司法机关应该对这一制度适度设限,禁止大众传媒任意对案件进行报道。

　　兰登司法委员会(commission Linden)的报告很大程度上为司法公开的前进道路清除了障碍,司法机关应该重新对它进行研究。这份报告大致提供了两个选择:其一是对新闻自由原则加以规范,厘清权利与义务;其二是要求新闻工作者在拍照和录音前须取得相应的授权。报告倾向于选择前者,在总体许可的前提下预先设定限制,以保护公民的权利。⑪

　　司法机关已经发表了关于司法公开的重要官方意见。总检察长梅斯勒在巴黎上诉法院年初的重要会议上,发表了如下讲话:"司法的公开必然象征着司法机关的与时俱进。从这个层面上考虑,我十分赞成在对权利义务进行严格规定的前提下,允许新闻工作者对法庭进行拍摄记录。我清楚反对者所提出的法庭被摄录并传播所面临的风险……在我看来,我没有任何担忧——司法公开必然能达到一个最佳平衡点。即使有风险存在,它也将远小于当下司法不公开所带来的弊端,我坚定地相信司法公开化的进程将不会停息……"⑫娜塔里·弗里赛奥(Nathalie Fricero)教授发表了与之相似的意见,尽管他的意见在某些方面上的论述稍有不同。⑬

　　我们必须承认允许摄像及录音设备对法庭进行记录确能带来很大的优

---

⑪　2005 年 5 月 22 日所作的报告,刊载于《法国文献》(La Documentation française)。

⑫　引自巴黎上诉法院总检察长(procureur général près la cour d'appel de Paris)梅斯勒先生(Le Mesle)于 2008 年 1 月 18 日所发表的讲话:原文见诸该法院的网站(http://www.ca—paris.justice)。

⑬　国家法官学院(L'école nationale de la magistrature)的福西塞罗教授(Fricero),在面向国家法官学院学生所著的系列丛书《法官的伦理学与道义论》(le cycleéthique et déontologie des magistrats)中表示,"如果庭审过程被摄录,显然,法官将会对他的言行更加谨慎,以免被审判的人内心对法官的公正度产生怀疑。……在法庭中引入摄像设备,将会提醒法官加倍小心,以维持他们的公正形象。"丛书的部分分析收录于国家法官学院所发行的分册之中,见诸该学院的内部网站。

势,它让那些不当的行为有所收敛,同时使公众能够对司法官的职能有更多的了解。

然而,为了更好地传达信息,司法机关还应当使法庭摄录的规则清楚且公开。

二、司法应当更加容易被人理解

这个目标看起来是能够实现的,首先应当将司法机关的对外宣传制度化。然而,每年一度的司法总结会议是法院进行官方对外交流的唯一形式。⑭

然而,这种宣传方式所发挥的效用是十分有限的,甚至会与司法透明与公开这一目标渐行渐远:对于公众来说,有关数字和统计表的说明是相当艰深晦涩的,充其量也只能引起个别的高级官员和现任议会代表的兴趣。况且,公众一般不会来参加类似这样的会议。许多司法机关的首脑正在力求降低它的枯燥程度:发放包含相关统计信息的资料,以取代冗长单调的口头叙述,从而集中精力对中心主题进行展现,减少讲话持续的时长。⑮ 这种方式应该得到积极推广。

在中央政府层面上,司法部部长于 1994 年创立了信息交流服务中心(SCICOM)。该部门从 2003 年至 2004 年开始真正发挥效能,因为时任的部长提出了两项方针:强化司法机关的对外宣传,重塑司法部的形象。随后的一项计划使这两项方针得以继续实施。该计划施行的时间为 2004 年至 2007年,主要是对被指派负责交流的法官进行专业化培训(这些法官现在主要在上诉法院工作,或是处理一些承受着强大舆论压力的诉讼)。最后,司法部部长于 2007 年 7 月 19 日向各法院院长发出通报,要求在每个季度的开端,由经过

⑭ 《司法组织法》第 R.111-2 条。司法总结会议是指一个法院对过去一年里的司法活动进行年度报告。上诉法院的司法总结会议可以对当年度的热点问题和重要的法律与司法问题进行研讨。

⑮ 在 2008 年 1 月里昂大审法院年初正式复工期间,院长进行了改革,不再在会议中发表讲话,而改用发放文件的方式,以助于在会议结束后紧随的鸡尾酒会上进行非正式的会晤。在年初的重要会议上的发言原则,由于一些原因,并没有总是得到采纳。这一传统于 1903 年至 1931 年被取消后,又于 1939 年至 1945 年再次被取消。这一最后的时间暗示了它的原因,人们试图让法官在这些自由遭到破坏的时期三缄其口(参见 *l'histoire de la magistrature* par le premier president Marcel Rousselet, aux Editions Pion ,1957)。我们希望有人重拾这一思想,改革创新、批判继承这一禁令。一些法官为了有所改进,主动采取这项措施。

培训的委派法官定期组织召开与新闻界，尤其是与当地媒体的会议。⑯

这种从司法机关内部着手，促进专业化交流的做法是值得赞同的。但是，只有在法官真正意识到这项工作的不可或缺性，同时意识到这不仅仅是一个简单的政治意愿的时候，这项措施才能真正发挥它的效能。

相比之下检察官无疑更习惯于与媒体接触：他们向当地政治界进行公开，他们和与司法活动有关的外围服务行业的会面更加频繁，同时还有一条特别的法律允许他们以适当的方式公开预审的情况。⑰ 这使得他们的对外交流更为便利。

相对而言，法官带给人一种甚少抛头露面的感觉：一个非正常的现象是这一占据司法机关三分之二人数的主体，在交流方面缺乏主动性，不披露司法运作的相关信息，也不透露引起舆论重大反响的司法案件的进展。为改变这一现状，中央政府应该倡导司法机关主动进行交流，并作为部长决定予以施行，以进一步激发起法官的主动性。

大多数的法官都不愿意接受有关司法公开的建议，因为他们认为法官必须严格遵循相关职业操守，确保该群体的谨慎与庄重，以及保护审判秘密。法官之所以产生这样的错误观念，是因为他们忽视了交流的重要性。因而，解决的方式还在于增强法官的意识，甚至在他们中进行一场思想变革。

我们可以试图在司法机关与军队（之前被称为"大哑巴"）之间作一个对比：国防部长掌管着不可胜数的秘密资料以及各级机密，这些资料的敏感度不亚于司法机关所拥有的资料。尽管如此，军队还是通过军区公共关系与信息服务中心（SIRPA），制定了十分有效的信息交流政策。

三、司法应当更加与时俱进

此外，对于公众而言，司法机关依旧有相当的距离感。他们脱离公众，形成一个陌生的司法阶层。因而，有必要采取各种措施，使司法机关能更好地与法国的多元社会保持联系和互动。

要实现这一目标，需要进行更为广泛的招聘：最新的改革有利于一些已经有过相应的职业历练的人进入司法系统，同时人们也考虑到当下是开展该项措施的一个适当时机。⑱ 大学预备班的创建也是朝着这一方向进行的：这次

---

⑯ 在司法部的内部网站上进入信息交流服务中心的网站。

⑰ 《刑事诉讼法典》第11条第3款。

⑱ 2007年5月5日出台的《组织法》修改了第18条第1款关于法官的规定，使得司法机关中三分之一的职位具有按资格招聘的可能（先前是五分之一）。

改革所能取得的初步成效值得期待。司法机关应该迅速与一些大学,尤其是一些大学研究院展开合作。国家法官学院可能会主动开展这些工作,从它的年度报告的描述上看,法官学院所招录的学生的形象,十五年来几乎一成不变。⑲

因而,应该努力增加新招收人员的社会多样性及地域多样性。在这一方面所作的改革的成效,并不是在数年之内就能显现的。对于那些新入职的司法人员来说,无论他们是否完整地行使审判权,无论他们从事法官职业是临时的还是永久的,无论他们是通过独任制还是合议制行使权力,只要这些来源于社会各阶层的法官能够在法庭中列席,都能有效消除法院在公众心中的距离感。除此之外,他们还必须参与其他的活动,例如担任:近邻法院的法官,商事法院法官,劳资调解法院调解员,青少年法庭陪审员,重罪法庭陪审员,调解员……这些志愿活动即使不能得到进一步发展,至少也应该通过各种有吸引力的方式使之得以保留。

出于同样的目的,由助理法官审理轻罪案件的审判制度,已经在许多法院以及一些拥有特别成文法的地区(Alsace－moselle,海外省)取得一定成效。因而,应该更多地推动它的发展。

同时,司法机关应该努力简化文书的写作风格:如果司法界的专业人士习惯于使用"attendus(鉴于)"抑或"considérant(考虑到)"等专业术语或者是独句成段且长达十数行,那么非专业人士阅读的时候就会感到难以理解,继而感觉司法人员在巧妙地维持他们在社会和文化层面上的距离感。

最后,先放下已经经历了重大改革的法院分布的问题,也不展开对诉讼的专业化和集中化的新趋势的讨论,也不触及司法秩序这一敏感论题,我们至少可以在一点上达成共识:每一个区域的司法机关,都应该设立相应的咨询窗口及咨询电话。这一做法大有裨益,它使公众在需要的时候能获得帮助和指引。

四、一个值得尊重和受尊重的司法机关

公众针对司法机关的行会主义、司法机关在重大机能障碍的前提下处理诉讼的能力的欠缺,以及其偶尔产生的严重后果提出了批评。为了减少这些批评,司法机关应该采取以下三项措施:首先,应该对这些机能障碍进行系统的分析,不能使司法机关内部的体制构成对自身的阻碍;其次,对司法人员的行为系统地进行管理,杜绝违反纪律或是违反职业伦理的现象;最后,防备公

---

⑲　新生绝大部分都是拥有大学本科文凭的年轻女生,她们已经在巴黎的一个政治学院(更确切地说是在巴黎二大)为考试进行过相应的准备,有较好的教育背景。

众的一些过分行为,以免干扰法官意见,进而有损法官所必须拥有的客观公正的形象。

一些民众对法官存有批评意见,并通过代表向司法机关提出。这些意见往往辛辣讽刺,甚至可能会蛊惑人心,有些可能在背后隐藏了一些政治意图。因而,法官不可再对它们置若罔闻。媒体经常针对各类案件提出对司法机关机能障碍的批评,这些批评主要集中在刑事司法领域。司法机关往往无法意识到这些问题的症结所在,从而无法克服它们,这导致了司法信任危机的加剧。法官对此所作的辩解,反而暴露了他们的无所适从以及法律和司法程序的复杂性,以及司法系统本身出错的可能性。同时,这些解释往往具有滞后性,并不能及时回答《司法错误(erreur judiciaire)》一书中揭露出来的问题。

因此,应该积极推动一些司法改革措施。应当开展一些部门会议以及法院和检察院之间的会议。在司法机能障碍被发现的时候,在每次产生关于诉讼术语的理解或是法庭组成形式的较大分歧的时候,以及在那些可能会使公众产生误解的司法判决作出的时候,都有必要开展相关的交流会议。最佳的做法是在庭审之前就对这些可能发生的情况采取预防措施。司法机关至少应该在每次机能障碍显现之后都进行一次系统分析的会议。然而,法官并没有在危机之后进行分析的习惯(就如一个来自英语的外来语词汇 débriefing 所描述的"任务执行情况汇报会")。实际上,其他一些具有较高决策权且应谨慎而为的职业(医生、军人、大型私营公司的决策部门)都将这种分析习惯化并随之制度化。如果他们不这么做,将不难发现,外界的一些人或机构会时常以一种不规律的粗暴方式,或者是借助媒体的干预,来迫使他们做这些事情。

2007 年 5 月 5 日通过的一项重要的法律,其中规定:因为司法机能障碍而导致国家赔偿的案件应该转交上诉法院院长进行审理。[20] 当检察官对犯罪嫌疑人作出不予起诉的决定、法官对被告作出当庭释放或无罪的判决,而该犯罪嫌疑人和被告被采取了临时羁押措施,那么犯罪嫌疑人或被告有权利获得国家赔偿的判决。上诉法院院长在审理国家赔偿案件时,可以召集申请赔偿所针对的案件的所有司法官和有关政府机构在特定的时间地点进行磋商。

当存在以下情形时,上诉法院院长就应当举行磋商会议:第一,当司法实践中对该问题有明显不同的做法;第二,当同一法院或上下级法院就该问题有不一致的判例;第三,不同法院对某个法律存在不同理解。

---

[20]　1958 年 12 月 22 日颁布的第 58—1270 号关于司法官身份的政府法令中第 48—1条。

为了实现法院司法裁判的统一,最高法院设置了制度化的混合审判庭以及全席审判庭的审判组织形式。这两种审判组织形式的功能是为了实现法律的统一。法律从未禁止法官之间互相磋商、获得灵感、统一裁判规则。

五、强化职业伦理与职业纪律

司法机关的性质和它们的职责要求法官严守并充分尊重职业伦理。如果某些法官违法乱纪,以致贬损了法官的尊严,这不仅有可能影响他工作的客观公正性,还可能通过媒体报道的放大效应而损及司法机关的整体形象。

因而,最高司法委员会根据它的纪律惩戒权限,考虑到公众对司法机关提出的近乎严苛但又合理的要求,不断强调要在司法队伍中时刻保持对职业伦理与从业纪律的重视,要求各法庭庭长和法院院长成为法官楷模。[21] 根据以往的案例,对有损法官名誉与尊严的行为的认定是非常宽泛的。在对这些法官采取惩罚措施之前,人们对这些法官会进行经常性的谴责。[22] 另外,考虑到现存的两种案件受理方式(由司法部部长受理或是由法院院长受理)不足以满足公众日益增加的需求,日前有人提议创设第三种案件受理方式。这种受理方式与前两种相比更为直接,表现为将启动纪律审查的权限委托给公众。[23]

有必要通过设置专门的课程,强化国家法官学院的学生对职业伦理问题的敏感度。最高司法委员会几年前已经着手推动这项课程设置改革,现在应该进一步强调并付诸行动。

六、法官应审慎公开地表达立场

法官表达个人意见时应当保持克制和审慎,有谨慎表达个人意见的义务,不应公开发表有违法兰西共和国基本价值的言论。[24]

我们暂且不从纪律层面讨论法官因口头或书面表述的不当言论、意见、主张所将产生的后果。在法庭进行公开审理时,法官的不当态度和言行将使公众对法官的公正、中立和独立性产生质疑。即便不是公开审理的案件,这些不当态度和言行也可能体现在判决或者法律文书之中,它将通过当事人间接地公之于众,或是被媒体曝光而呈现于公众面前。

㉑ 参见始于 1994 年的年度报告。

㉒ 参见最高司法委员会始于 1959 年的纪律裁决汇编(le recueil des décisions disciplinaires),以及始于 1994 年的所有年度报告,转载了相关年限所有的纪律裁决。

㉓ 参见最高司法委员会 2006 年年度报告第 81 页。

㉔ 1958 年 12 月 22 日颁布的第 58—1270 号关于司法官身份的政府法令第 10 条:对于整个司法机关来说,禁止进行任何政治评议。法官不得发表任何关于国家方针或者是政治体制的反对意见,也不得发表带有政治性质的有违法官言论保留原则的言论。

检察官在法庭上的言论自由以及法官在行使司法权力时的独立性,是民主的保障,任何法治国家都不得将其剥夺。总而言之,司法官参加工会的自由以及表达观点的自由不得少于一般公民。

尽管如此,由于司法官所采取的立场能够以各种形式传达给公众,影响到司法机关的形象,因而必须对此加以斟酌。司法机关所作出的,或是司法官以个人名义或是他所代表的团体的名义所作出的不当言论都可能影响到公众对司法机关的看法,让人们感觉到他们的言论已经跨越了司法的范畴而进入了政治领域。司法机关与法官的上述做法与他们时常强调的三权分立精神并不相容。

如何协调与理顺司法、行政和立法之间的关系,这是一个亟须解决的问题。

第二节 司法与重要政治人物的关系

政治人物和司法官曾一度力图避免相互批评,彼此划清界限,对对方的事务毫不过问。为了避免这一局面的再现,应该尽可能强化政治人物与司法官之间的联系。民主的进步、信息获取的愈发畅通,已经不再允许类似情况的发生。现代社会要求公权力的行使应当合法且正当,并且要求权力部门相互了解和相互尊重对方的性质、特征以及合法性。

一、国家政治能力的重建

人们已经认识到,政治领导人和司法官之间产生信任危机的原因之一,在于当代国家政治观点表达的弱化。因此,有必要对政治行为进行改造,使其具有更强的象征性权力。根据议会的职权范围,议会有必要在国家政治中扮演更为重要的角色,使议会重新变成民主辩论的场合。作为民主制度拥护者的政治人物,出于对自身利益的考虑,长久以来都在试图弱化议会的这项功能。

议会对自身进行重新定位,以期能够直面社会中的民主辩论。这一做法至少能够避免司法制度遭到滥用。司法制度本身无法解答公众向其提出的民主政治问题,但是法官又被迫对这些问题作出回答,尽管这种回答也可能受到其职业的制约,部分法官也可能仍热衷于此。

重塑政治领导人和法官之间的信任关系的方法之一,在于重建司法的安定性,它是司法安全的保障,既包括当事人也包括法官自身。任何改革在实施之前,都必须对其可能产生的影响进行充分考量。

法律的首要品质,或许就在于它的精练性。同时,法律应当清楚、明确,这样才能确保法律适用的确定性。

二、民主监督的施行

法官通过以一些重大事件作为切入口对政治活动进行批判分析，或者是通过对政治成员个人职责进行讯问的方式开展对于政治领域的干预。这种干预往往有它的必要性，同时，法官只需根据法律的明确许可，按法定程序操作即可。然而，它只能在法律授权的范围内进行，而不能有所越界。法官只能够向诉讼参与人以及公众阐述法律，确定当事人的法律责任，而不能够在历史、经济、政治原理等层面发表自己的意见。

如果说新闻自由是民主社会的基本准则之一，那么，必须承认的是，人们往往过分关注这一原则，而忽视了同样具有重要地位的无罪推定原则。因而，应该对司法机关与媒体的关系进行深入考量。在使新闻自由得到起码的保障的同时，也能够使每个受审判的人的权利得到保护。英国的相关体制似乎已经寻求到了一个平衡点，我们可以从中得到启发。

不难想象，法官的行为总是会受到检察官以及受审判的人的关注。它在整个诉讼过程中都可能受到质疑与评论。然而，只有那些与司法行为无关的个人错误，才能够成为纪律审查的客体。未来的政府组织法应该遵照最高司法委员会的建议，允许受审判的人申请启动纪律审查。但应该对这类民主监督进行规范，以排除那些旨在破坏司法平衡或者干扰法官思维的诉讼请求。为了做到这一点，除了对相关的诉状进行一定的审查并过滤之外，还应该确立一项原则——禁止在审判结束前对法官的行为申请纪律审查。该项原则在美国处于发展的过程当中，它也曾在法国制宪会议中被提及。

三、营造和谐融洽的关系

纵然重要政治人物和司法官的关系尚不存在走向对立的可能性，司法机关也应该及时制定一些相关的制度，以增加彼此的了解，并认识到那些施加在他们身上的限制。为了达到这一目的，在对法官进行培训的过程中，应该效仿派遣他们到一些国家机关进行实习的做法，组织司法人员到议会进行实习。从另一方面来说，这也有利于议员在日常工作中与法官进行交流。

实际上，考虑到地方议员和国会议员与市民阶层的紧密关系和直接联系，以及他们对于各种与司法有关的法律的讨论与投票的权利，可以称之为信息传播必不可少的中间人。因而，司法机关决不能忽视他们。法官应该打破他们的习惯性沉默，采取如下的态度：在对分权主义的理解上，那种认为与议员进行讨论并且向他们提供信息的做法有损法官威严的观念已经过时。实际上，讨论的内容并不涉及司法审判或个案问题。在这一领域，司法独立原则已经超越一般教条,成为必须奉行的真理了。

为了对各种将来可能产生的困境做准备,以及使法官和政治人物更为宽心,有必要将他们间的联系制度化或者通过议定一种合适的方案,使这些交流更为顺利。

参议院院长于2003年创立了参议院与司法机关的交流机制,其中的一项改革就是每年派遣若干参议员进入司法机关,连续三日深入法庭了解法官的日常工作。这一体制创新已经持续五年显示出它的成效。㉕那些参与过交流的议员与其他议员相比,自然更了解司法机关,同时更能认识到他们面临的挑战。

司法机关还应该考虑与国民议会,以及通过市长协会与市政官员建议类似的联系。

最后,任何立法改革在实施以前,都应该充分考量将来可能产生的结果。同时,还应该定期对司法运作的效果进行评估。

第三节　司法制度的完善

司法机关的不良境况可以在它的内部制度中找到原因。要改变这一状况,需要在实践方面进行考虑,以及重新塑造它的内部价值,诸如它在众多国家机关中的角色与地位。

一、改善司法实践与优化司法组织形式

在司法组织形式、司法效能与司法能力的问题上,大量的案件都由独任制法官审理并作出判决。在司法实践中较少采用合议制。

有必要将司法机关各下属部门内部及它们之间的会议制度化,以便加强对实践经验的思考总结并将其成果加以推广,尤其是要提高民事诉讼和刑事诉讼这两方面运作的高效性以及合理性。

每当出现大范围的司法改革的时候,以及在法官以及其他相关的公务人员初次着手进行工作或者发生职位调动的时候,司法机关的主管人员有必要给予他们一定的引导。这类引导应该涉及各个层面,既包括司法领域,又包括

㉕　自2002年11月到2003年4月中旬,五十位上议院议员被分派到五十个大审法院进行学习。通过这一项目长达五年的施行,超过一半的议员已经完成了一次,有的甚至是进行过两次在司法机关的实习。消息来源:上议院院长克里斯提·庞塞勒先生(Christian Poncelet)2007年7月5日的发言,详见上议院网站。

司法行政管理领域。针对一些新出台的法律，中央政府以及国家法官学院应该推广那些已被采纳的实践方法，以提供一些理论上的以及实践上的指导。通信技术的发展为这一举措提供了便利条件。同时，应该向那些初到法院入职的法官提供关于社会、经济和司法环境的信息。国家法官学院和中央政府还应当以一种非具体针对个案的形式，就这些法官的司法活动，更确切地说是他们的裁判或者其他的司法决定的作出提出建议，以节约法官的时间，并让法官感受到他并不是在孤身奋战。《丹蒂亚克人身损害赔偿评估手册（nomen-clature DINTILHAC）》刚出版即受到了法官、律师以及保险公司的一致追捧，以作为关于人身损害赔偿案件的评估鉴定书以及裁判文书写作的参考。这就是例证了上述做法能够通过统一标准，使司法裁决更为明晰化，这对司法有一定的帮助。㉖

对于那些相对复杂的问题，可以放在全体一致会议中进行商讨，紧接着在全国范围内公布其讨论成果。

另一方面，法官应该重新确立他们的工作中心，也就是准备、形成以及最终作出决定。为了实现这一点，应该更好地统筹安排相关的辅助部门以及法官助理的工作。应该发展团队合作以及增加在司法判决形成过程中的辅助工作。同时还需要法官显示出对于这一进程的明确期盼甚至是强烈迫切的需求。另外，为了弥补新入职法官的人员不足，需要对一些很少使用甚至很少受到关注的经验与制度进行概括与推广。对于法官助理㉗、书记员以及协助专门法官处理专业事务的助理来说，这同样是解决新招聘人员短缺问题的权宜

㉖ 让人们倍感欣喜的是，在国家法官学院的内部网站上，能够查阅到由若干法院的法官所编纂整理的司法指南，它十分大胆，且能够为其他法官所使用。然而它只涉及两个特殊的领域：诉讼（l'instance）和紧急审理（les référés）（参见 l'ENM 内部网站）。巴黎大审法院院长德克昂第先生（Degrandi）于 2008 年 3 月 24 日协助大学区区长 Guinchard 所领导的考察团进行关于诉讼分类以及法官职权范围的研究过程中，肯定地说："司法判决的模板化，以及法律文书的专业化与普及化，将给法官和律师的工作带来相当的便利"。一些典型的方法指导工具将推进这一步骤，因为它已经被一些实践家所重视及采纳：例如由法国最高法院组织的关于司法鉴定问题的全体一致会议，经过为期两年的努力于 2007 年取得圆满完成。司法部信息交流服务中心，兼之一些专业法律人士在近十数年间，当出现重要的改革的时候，或是针对一些特定的主题，进行了一系列方法论指导的普及。与之相类似，诸如《les CROCQ》这样的书对于所有的刑事审判官来说已经是必不可少的，因为这些书籍为法官每天都会遇到的各种难题提供了简单而又具有实践价值的参考答案。

㉗ 招聘对象是至少完成了硕士一年级学习的法学学生，每周至少工作两天。

之计。上述这些工作人员的任务是协助法官顺利地完成工作。法官应该更新他们的观念，明确当务之急是努力进行司法助理的招聘以及培训。为了实现这一点，其中的一个环节将是借助第戎的书记员学院的帮助。在这一点上，最佳的做法是联合两所学院对于某些课程进行共同教学。

公权力应该引导关于司法机关职能范围的思考：司法机关总是疲于应对大量的诉讼，同时新的诉讼程序也可能导致它们迷失方向，继而不能在一般案件与真正紧急的案件之中权衡轻重。当然，无论它们作出怎样的选择，都必须遵循这样一项原则：即便有必要进行严格的规范，也必须保证当事人向法院起诉的权利，以使他们的诉权以及平等诉讼的权利能得到保障。

合理调整司法机关的职能范围将使得法官不仅节约了时间以应对更为复杂的诉讼文件，还显得更有威望、更为庄严、更为清晰。因而，司法机关因职能范围的缩窄而稍稍减少与公众的接触，反而能在处理案件时更为专注，从而拉近它与公众的距离。

最近的一些重要决定再次划分了司法机关地域管辖的范围。下一步要做的是将分散在全国若干法院的专业性诉讼集中起来处理。这不仅有利于法院职权范围科学的分配与划定，还有利于将诉讼按照地理范围进行划分。

然而，法官与公众地理上的远离，不利于满足他们的诉讼需求。我们应当重视这些需求：婚姻家庭诉讼、涉及未成年人及老年人的法庭（监护法庭）、快速简易程序（紧急审理），地理上的远离给这些案件的处理造成不便。这除了可能产生较大的时间成本，还有损司法的效率。因而，除了要使处理各种类型的诉讼的法院在地理上更加接近公众，还应该使它们能够遍布全国各地。在近邻法官、越区开庭以及交流方法的革新等方面，应该进行更为深入的思考研究，并进行后续的改革创新。

二、一个统一的二元化主体

一方面，法官和检察官已经根据"法律拟制"形成了一个统一的整体；另一方面，他们的职能分化愈趋显著。司法官应该在日常工作中明确保持这样一种态度：对于实现对公民自由的保障的追求，是使得他们的统一大于分化的强大力量。

由此，法官和检察官应当尤为注意，不要让公众误以为他们之间有所勾结、串通。如果他们不能谨慎对待自身的言行举止，将可能引起公众的误解。因而，法官和检察官应避免同时进入法庭，避免在与案件相关的对公平极度敏感的公众面前窃窃私语。这对在刑事法庭中司法官的主要交流对象——律师而言，同样是有好处的。他们愈发难以容忍那些让他们嗤之以鼻的诸如在法院低声密谈的现象以及那些破坏诉讼平等的人。律师总是在尽可能地避免产生类似的行为。

法官和检察官都应该努力维护，其至共同确定在法定范围内完全自由地行事的权力，包括政治层面，更多的是司法层面——这是属于他们的职权：对于后者而言是提起公诉的权力，对于前者而言是独立作出刑事判决的权力。他们在行使职权的时候，能够免于遭受法定程序之外的指责与讯问。另外，法官和检察官应该更多地进行协作，以便更好地确定他们的职能，控制案件的移交。这些协作不仅仅体现在刑事诉讼文件的管理上、在案件处理流程的衔接上，还体现在司法活动中总体的联系上。检察官应该清晰地认识到，法官除了处理刑事案件以外，还需要处理其他的案件，比如那些重大的民事案件。这些案件尽管没有如同刑事案件那样得到很多的关注，却同等重要。与之相对应，法官也应该清楚，检察官的公诉具有紧迫性和必要性，必须及时对社会舆论作出回应。如果审判法官和检察官不能够积极保持紧密联系，他们就难以在彼此间形成相互的理解。

三、对于内部资源的重新利用

司法机关的职员被大量的日常工作占用了过多的时间，以致常常忘却他们从属于某一国家部门，与之相对，他们对后者丰富的作用也缺乏一个整体认识。因此，应该推动采取多项措施，包括消除交流隔阂、加大司法机关中不同职务人员的合作以及建立他们之间沟通的桥梁。法官、监狱管理人员、未成年人司法保护机关的工作人员、书记员，他们应当作为一个整体在相互理解的基础上积极开展合作。然而，我们并没有看到他们形成一个整体的合作关系，同时，也没能看到为完成共同任务而形成的集体主义精神。

中央政府部门最有可能重新激活职业间的交流。首先，充分利用从属的四大学校的教育机制㉘不失为一个良策。其次，应该批准司法机关不同机构间人员的流动。最后，可以在司法机关的内部，通过共同利益的驱动，发掘并利用特定的职业与机构的潜能以实现发展。㉙

㉘　国家法官学院（ENM, Ecole nationale de la magistrature），国家书记员学院（ENG, Ecole nationale des greffes），国家监狱管理学院（ENAP, Ecole nationale de l'administration pénitentiaire），以及国家未成年司法保护学院（ENPJJ, Ecole nationale de la protection judiciaire de la jeunesse）。

㉙　例如，监狱管理机关的工作人员，无论是在职的还是退休的，都可以用于负责法院的安保和犯人的押解。

除此之外，鼓励法官，尤其是巴黎以外的法院的法官进入中央政府部门，以及促使司法部的官员定期回归法院，能对司法机关产生有利影响。在这一方面，其他的一些政府部门处理得更为系统，比如国防部、内政部、外交部。应该确立起一个切实有效的职务调动政策，以便于法官的回归。一项最新的改革要求执行为期两年的不以行政级别为基础的职务调动，这看来是一个转变现状的契机。

另一方面，应该将法官分派到不同的机构——司法的或是其他的——欧洲内部的或是其他国际的：法国人的才能以及他们的笛卡尔精神在那里被广为知晓、赏识以及研究。这些短期的出国公办，除了大为扩大了法国的影响力、提升了被派遣的法官的个人价值之外，还给整个司法体系带来开放的思想。当然，该政策的实施仰仗于中央政府将其采纳的意愿，同时还离不开法官学院的支持。

第三章　结　　论

实际上，这里尚未谈及前文提到的某些解决办法所需的成本，以及将它们付诸行动的复杂程度。最高司法委员会清楚这些不确定因素的存在，然而它们并不能阻碍司法机关对这一危机进行深入思考：对于法兰西共和国而言，它所面临的挑战实在太多了。我们需要对司法所处的地位进行考量并据此采取一些实际措施，包括适当调整财政计划。㉚ 另外，就大部分的解决办法而言，它们能否发挥实际作用，不仅仅取决于能否落实实践层面以及思想层面的变革，可能还需要进行一些经济学方面的研究。

另外，这场信任危机已经持续了太长时间，因而，我们不能再在解决问题的道路上踌躇不前了。

首先，公众在某些对于司法机关的评论中所表达的意见是应该得到重视

㉚　我们注意到，尽管法国近年取得了稳步发展，但是由公民提供的用于司法建设的费用仅排在欧洲的第 17 位。信息来源于欧洲司法效率委员会（CEPEJ）的年度整理（该委员会隶属于欧洲理事会）。

的。

其次，政治人物和法官的关系应该朝着相互尊重的方向发展：民主国家总是摆脱不了国家机关之间不断扩大的持续争论，公民往往成为这背后的最终受害者。如果不能同德一心，不能强化相互间的认识，就难以找到解决这场危机的出路。这些公权力之争将把国家带入看不到希望的困境。它会让人们产生一些不良印象：政治人物企图弱化司法机关的作用，取得支配地位，甚至取代司法机关。他们将一些重要的原理抛诸脑后：在一个法治国家，法律对社会生活的各个方面都发挥着不可替代的作用。[31] 任何民主国家都不能轻视法律，轻视司法：一个国家如果弱化司法，它也就是在弱化它本身。[32]

最后，法官应该着手应对这三重挑战：职业能力（使工作的方法更加先进以及更为合理）、被认知程度（对外进行全方位的交流，交流对象包括但不限于所有地位卓著的机构）、自我认识（强化对自身的重视，包括对自己的地位以及作用的认识）。

首席院长勒芒（Lamande）曾在最高法院的就职仪式上，向他的同事发表演说。他首先指出"社会危机持续存在，它让人担忧，让人不知所措"，同时鼓励他们说"不要质疑……你们的正当性……以及你们的至关重要的地位"，表达了他对于司法机关能够保持从容沉稳的希望，"司法机关与社会能够形成相互间的信任"。[33]

应该建立起法国公民对于司法机关的信任，目的不是为了后者工作的舒适惬意，而是出于对公民的基本权益的保护：这种信任是由公民给予的，司法机关应该不孚众望。

---

[31]　"法律是进行决策以及制定战略的考虑因素，处于政治抉择的核心位置。"Molfessis 教授，《新观察者（Le Nouvel Observateur）》，2008 年 4 月（相关文章见于该周报的网站），值《司法圈（Cercle des justice）》发行之际的发言。《司法圈》是一个以智囊团的形式进行思考与交流的平台，聚集了政府的以及非政府的知名法学家和决策者。Nicolas Molfessis，巴黎二大法学教授，为现任《司法圈》秘书长。

[32]　Nathalie Guibert 在 2008 年 6 月 19 日《世界报》（前面已经提及，参见注释⑥）的评论中，援引了 Denis Salas（被派遣的法官，研究型教员）的话语："在这种没有硝烟的战争之中，人们难以真正享有民主。其他民主国家还告诉我们，政治和司法间的冲突并非不可避免。"她补充说，"在美国和德国，最高法院通过确立基本行为准则，已经实现了长时间的民主。"

[33]　于 2007 年 5 日 30 日发表的讲话（详见法国最高法院官网：www.courdecassation.fr）。

司法机关应该主动进行改革以强化公众的信任。这是一项紧迫的任务。

调查报告一：
《法国人，法官和职业伦理》
(2008 年 5 月 30 日)

由法国民意调查研究所(IFOP)在 2008 年 5 月所作的调查，该调查服务于法国最高司法委员会。

最高司法委员会衷心感谢公益机构"法律与司法研究中心"的主任杨·阿吉纳(Yann Aguilla)先生，以及他在这项活动中的代表——法国巴黎第二大学尼古纳斯·莫尔菲斯(Nicolas Molfessis)教授对本次调查给予智力、技术、财力等方面的支持，同时感谢民意调查研究所的负责人弗黑德里克·达比(Frédéric Dabi)先生和马迪也·庞兹奥(Matthieu Ponzio)先生的协助。

概　要

4.对于检察官的特点的印象

5.法官和检察官所应有的基本素养

6.法官所应有的基本素养

7.检察官所应有的基本素养

8.对关于法官裁判的建议的认同

(四)对于司法改进的期待

1.对关于司法改进的建议的认同

2.对于法庭审判组织形式的倾向

3.司法判决作出后的上诉途径调查

4.有关建立司法独立的新准则的合理性的调查

(五)最高司法委员会的知名度

1.最高司法委员会的知名度

2.对于最高司法委员会职能的认知度

3.对于法国最高司法委员会的各个方面的信任度

一、研究方法

本调查报告是在法国民意调查研究所(IFOP)的主持下完成,并且忠实地遵循科学原则和民意调查行业的职业伦理。本调查报告的内容仅指涉当前的民意,不包含对未来民意的变化作出任何预期判断。

未经法国民意调查研究所(IFOP)的明示许可,任何人或单位都不得出版本调查报告之全文或部分。

本调查报告服务于:	法国最高司法委员会
取样	总计 1008 名年满 18 周岁以上的法国人;对地域进行划分和对居民点进行分类后,采用比例配额的取样方法(性别、年龄、户主职业)保证样本的代表性。
意见收集形式	通过电话和入户调查两种形式
实地调查日期	2008 年 5 月 23 日至 2008 年 5 月 27 日

二、研究成果

(一)对于法国司法的信任比例

1.对于法国其他国家机关的信任比例

从整体上说,您对以下的机构是完全信任,基本信任,基本不信任,还是完全不信任?

	信任的总计 (%)	完全信任 (%)	基本信任 (%)	不信任的总计 (%)	基本不信任 (%)	完全不信任 (%)	没有陈述 (%)	总数 (%)
医院	89	28	61	11	9	2	—	100
学校	82	26	56	18	14	4	—	100
军队	81	25	56	18	11	7	1	100
警察	76	17	59	24	16	8	—	100
公职部门	73	13	60	27	20	7	—	100
司法机关	63	9	54	37	24	13	—	100
选举	44	5	39	55	33	22	1	100
媒体	31	2	29	69	42	27	—	100

2. 对于法国司法机关信任的原因

问题：在以下的理由中，哪些最能说明你信任法国司法的理由？首选理由？第二理由？第三理由？

调查基础：在调查样本中对信任司法机关的63%的人群进行调查	首选理由的比例（%）	被选择作为理由的比例（%）
无论当事人经济能力如何，司法之门都向他们敞开	23	53
司法官的能力	22	59
司法独立	16	49
法律面前人人平等	15	41
司法适应社会发展	10	36
司法是公正平等的	9	34
司法是高效的	5	23
其他理由（没有明示）	—	1
没有陈述	—	3
总计	100	（＊）

（＊）总计超过100，受访者可以选择三点理由。

3.对于法国司法机关不信任的原因

问题:在以下的理由中,哪些最能说明你不信任法国司法的理由? 首选理由? 第二理由? 第三理由?

调查基础:在调查样本中对不信任司法机关的37%的人群进行调查	首选理由的比例(%)	被选择作为理由的比例(%)
司法之门并未向所有人敞开	30	61
司法的拖沓	20	58
司法的不公平、不公正	18	43
司法机关未能与社会变革同步	11	36
司法的错案率过高	6	27
司法过程极其复杂	6	26
司法成本过于高昂	5	28
司法不独立	4	20
其他理由(没有明示)	—	1
没有陈述	—	1
总计	100	(*)

(*)总计超过100,受访者可以选择三点理由。

(二)对于司法职能的认识与评价

1.对于司法职能的评价

问题:您认为在当下法国,司法总体上运行得非常好,相对好,相对差,还是非常差呢?

	总计(%)
认为运行良好的总计	59
非常好	2
相对好	57
认为运行欠佳的总计	41
相对差	34
非常差	7
没有陈述	—
总计	100

2.对于司法改革的必要性的评价

问题:总体上说,您认为法国司法……?

	2006 年 4 月所作的调查(＊)	总计(%)
应该从根本上进行改革	44	32
应该对某些方面进行改革	51	63
不应该改革	5	5
没有陈述	—	—
总计	100	100

＊法国民意调查研究所在 2006 年 4 月 6 日和 7 日为法国司法部部长所作的调查。抽查的范围为法国 18 岁以上的公民,共收回 956 份有效样本。

3.对于司法机关各方面工作满意度的调查

对于以下列举的关于法国司法运行的各项,您的感觉是非常满意、比较满意、不太满意、比较不满意还是完全不满意呢?

	满意的总计	非常满意	比较满意	不满意的总计	比较不满意	非常不满意	没有陈述	总计
	(%)	(%)	(%)	(%)	(%)	(%)	(%)	(%)
诉讼进程	59	4	55	40	30	10	1	100
司法判决的透明度	52	4	48	48	37	11	—	100
司法判决的履行	47	2	45	53	38	15	—	100
当事人诉讼支持(倾听和指引)	46	4	42	52	40	12	2	100
对于司法运行的理解	35	2	33	65	47	18	—	100
诉讼成本	31	1	30	65	42	23	4	100
案件审理的期间	15	2	13	85	41	44	—	100

(三)公众对司法官职业特征的认知

1.对于法官和检察官职能区别的认识

问题:在法国,司法机关的结构建立在法官和检察官职能的区别上。您认为您对法官和检察官的职能的区别非常了解、基本了解、基本不了解还是完全不了解呢?

	总计(%)	有实质性司法体验的人	没有实质性司法体验的人
了解的总计	31	40	27
完全了解	6	8	5
基本了解	25	32	22
不了解的总计	69	60	73
基本不了解	45	38	49
完全不了解	24	22	24
没有陈述	—	—	—
总计	100	100	100

2.对于法官和检察官的特点的印象

问题:在法国,法官的职责是在诉讼过程中解决纠纷,惩罚犯罪。对于以下关于法官的描述,您是完全同意,基本同意,基本不同意还是完全不同意?

	对于法官	对于检察官
	(%)	(%)
尊重法律	87	91
具有良好的职业技能	87	89
保守职业机密	86	87
接受过良好的职业训练	80	84
廉政诚实	78	86
道德品行良好	66	74
在诉讼中客观公正	66	68
经济独立性	59	63
政治独立性	49	49

问题:在法国,检察官的职责是在诉讼中代表社会利益。对于以下的描述,您是完全同意,基本同意,基本不同意还是完全不同意?

——概况:同意的总比例——

3.对于法官的特点的印象

问题:在法国,法官的职责是在诉讼过程中解决纠纷,惩罚犯罪。对于以下关于法官的描述,您是完全同意、基本同意、基本不同意还是完全不同意?

	同意的总计	完全同意	基本同意	不同意的总计	基本不同意	完全不同意	没有陈述	总计
	(%)	(%)	(%)	(%)	(%)	(%)	(%)	(%)
尊重法律	87	32	55	13	10	3	—	100
具有良好的职业技能	87	22	65	13	10	3	—	100
保守职业机密	86	35	51	14	11	3	—	100
接受过良好的职业训练	80	20	60	20	15	5	—	100
廉政诚实	78	21	57	21	17	4	1	100
道德品行良好	66	10	56	33	25	8	1	100
在诉讼中客观公正	66	14	52	34	24	10		100
经济独立性	59	14	45	40	28	12	1	100
政治独立性	49	11	38	51	33	18		100

4.对于检察官的特点的印象

问题:在法国,检察官的职责是在诉讼中代表社会利益。对于以下关于检察官的描述,您是完全同意、基本同意、基本不同意还是完全不同意?

	同意的总计	完全同意	基本同意	不同意的总计	基本不同意	完全不同意	没有陈述	总计
	(%)	(%)	(%)	(%)	(%)	(%)	(%)	(%)
尊重法律	91	26	65	9	7	2	—	100
具有良好的职业技能	89	20	69	11	9	2	—	100
保守职业机密	87	28	59	13	11	2	—	100
接受过良好的职业训练	86	22	64	13	11	2	1	100
廉政诚实	84	19	65	16	13	3	—	100
道德品行良好	74	12	62	26	22	4		100
在诉讼中客观公正	68	14	54	32	26	6		100
经济独立性	63	12	51	37	29	8		100
政治独立性	49	11	38	51	37	14	—	100

5.法官和检察官所应有的基本素养

问题:在您看来,哪些是担任法官职务所应有的基本素养呢?首要素养?排在第二位的素养?

问题:在您看来,哪些是担任检察官职务所应有的基本素养呢?首要素养?排在第二位的素养?

——概况:首要素养——

	法官	检察官
	(%)	(%)
诚实,廉正	24	22
公正	21	14
尊重法律	13	17
权能	12	12
倾听的能力	11	12
对职业秘密的保守	5	4
质疑的能力	5	5
对社会的理解	5	9
决断的能力	3	3
工作能力	1	2
没有陈述	—	—
总计	100	100

6.法官所应有的基本素养

问题:在您看来,哪些是担任法官职务所应有的基本素养呢?首要素养?排在第二位的素养?

	首要素养	总计
	(%)	(%)
公正廉洁	24	44
无偏私	21	35
遵守法律	13	28

续表

	首要素养	总计
职业技能	12	23
倾听能力	11	24
保守职业秘密	5	12
怀疑精神	5	11
了解社会动态	5	12
决断能力	3	8
工作能力	1	4
没有陈述	—	—
总计	100	（＊）

（＊）总数超过100％，受访者有权选择两项答案。

7. 检察官所应有的基本素养

问题：在您看来，哪些是担任检察官职务所应有的基本素养呢？首要素养？排在第二位的素养？

	首要素养（％）	总计（％）
公正廉洁	22	40
遵守法律	17	31
无偏私	14	28
倾听能力	12	24
职业技能	12	24
了解社会动态	9	19
怀疑精神	5	10
保守职业秘密	4	11
决断能力	3	8
工作能力	2	5
没有陈述	—	—
总计	100	（＊）

（＊）总数超过100％，受访者有权选择两项答案。

8.对关于法官裁判的建议的认同

问题:对于下列建议,您是完全同意、基本同意、基本不同意,还是完全不同意? 从总体上说,法官在作出决定的时候……

	同意的总计	完全同意	基本同意	不同意的总计	基本不同意	完全不同意	没有陈述	总计
	(%)	(%)	(%)	(%)	(%)	(%)	(%)	(%)
应该更多考虑被害人遭受的损失	91	49	42	9	7	2	—	100
应该更多考虑疑犯的犯罪记录	88	52	36	12	8	4	—	100
应该更多考虑犯罪嫌疑人作案时的精神状态	69	27	42	31	21	10	—	100
应该对罪犯从严处理	65	26	39	34	26	8	1	100
应该更多考虑疑犯的社会地位	51	17	34	49	27	22	—	100
应该更多考虑公众的意见	38	15	23	62	32	30	—	100

(四)对于司法改进的期待

1.对关于司法改进的建议的认同

问题:我将会为您列举一些关于改善司法机关效能的建议。对于下列建议,您认为是非常好、比较好、比较差还是非常差呢?

	好的总计	非常好	比较好	差的总计	比较差	非常差	没有陈述	总计
	(%)	(%)	(%)	(%)	(%)	(%)	(%)	(%)
制定和实施司法官职业道德法典	94	47	47	5	4	1	1	100

续表

	好的总计 (%)	非常好 (%)	比较好 (%)	差的总计 (%)	比较差 (%)	非常差 (%)	没有陈述 (%)	总计 (%)
增加除司法官以外的司法工作人员（书记员、监狱工作人员、感化员、教导员……）	92	55	37	8	6	2	—	100
根据诉讼和案件的类别细化分工,增强司法官从事司法活动的专业能力	92	43	49	8	7	1	—	100
增加司法官（法官和检察官）的数量	89	45	44	10	8	2	1	100
简单案件向其他机构分流	83	36	47	17	10	7	—	100
强化对司法官的违纪行为的处罚	81	25	56	19	15	4	—	100
对现行司法管辖区的划分进行改革	74	29	45	24	16	8	2	100

2. 对于法庭审判组织形式的倾向

您倾向于选择哪一种审判组织形式?

	总计(%)
由独任制法官审理案件,以便加快诉讼进程和降低诉讼成本	26
由多位法官组成的合议庭来审理案件,以更好地考虑双方当事人的利益	73
没有陈述	1
总计	100

3. 司法判决作出后的上诉途径调查

问题：您认为以下哪种做法更有利于司法的良好运行？

	总计（%）
应当拓宽当事人上诉的途径	57
对当事人上诉进行更为严格的限制	42
没有陈述	1
总计	100

4. 有关建立关于司法独立的新准则的合理性的调查

问题：对于以下的两个观点，您同意哪一个？

	总计（%）
有必要制定新准则来强化司法独立	71
目前司法独立的现状是理想的，因而没有必要再制定一些新的准则了	29
没有陈述	—
总计	100

（五）最高司法委员会的知名度

1. 最高司法委员会的知名度

问题：您知道法国最高司法委员会吗？

	总计（%）
知道	46
不知道	54
总计	100

2.对于最高司法委员会职能的认知度

问题:您知道最高司法委员会的以下职能吗?

调查基础:总体样本中表示知道法国最高司法委员会名称的 46% 的人群	知道	不知道	总计
	(%)	(%)	(%)
保障司法官独立地位	68	32	100
司法官纪律监督	65	35	100
任命司法官	63	37	100
就司法独立问题向总统提供咨询意见	43	57	100

3.对于法国最高司法委员会的各个方面的信任度

在以下的几个方面,您对最高司法委员会是完全信任、基本信任、基本不信任还是完全不信任?

调查基础:总体样本中表示知道法国最高司法委员会名称的 46% 的人群	信任的总计	完全信任	基本信任	不信任的总计	基本不信任	完全不信任	没有陈述	总计
	(%)	(%)	(%)	(%)	(%)	(%)	(%)	(%)
制定"司法官职业指导规范"	84	15	69	16	13	3	—	100
监督司法官遵纪守法	79	12	67	21	18	3	—	100
保证司法独立不受侵犯	78	12	66	21	17	4	1	100

调查报告二：
《法国人，法官和职业伦理》
（2008 年 6 月 16 日）

概　要

一、研究方法

二、报告主文

（一）司法机关的公信力

（二）公众对司法的态度：基本满意但亟须改革

（三）大多数人不了解司法官职业，但是对司法官应有的资质有所认知

（四）公众对司法改革寄予厚望

（五）法国最高司法委员会：一个"陌生的"机构

一、研究方法

本调查报告是在法国民意调查研究所（IFOP）的主持下完成，并且忠实地遵循科学原则和民意调查行业的职业伦理。本调查报告的内容仅指涉当前的民意，不包含对未来民意的变化作出任何预期判断。

未经法国民意调查研究所（IFOP）的明示许可，任何人或单位都不得出版本调查报告之全文或部分。

本调查报告服务于：	法国最高司法委员会 (Conseil supérieur de la magistrature)
取样	总计 1008 名年满 18 周岁以上的法国人；对地域进行划分和对居民点进行分类后，采用比例配额的取样方法（性别、年龄、户主职业）保证样本的代表性。
意见收集形式	通过电话和入户调查两种形式
实地调查日期	2008 年 5 月 23 日至 2008 年 5 月 27 日

二、报告主文

(一)司法机关的公信力

1.法国公众对各国家机关给予总体之信任。

63％的受访者表示对法国司法机关给予信任,其中包括9％的受访者表示对司法机关给予"完全的信任"(tout à fait confiance)。

同时,我们也注意到,受访者对司法机关的信任比例与其他国家机关相比,仍然相对较低。比如,受访者对医院的信任比例为89％;对学校的信任比例为82％;对军队的信任比例为81％;对警察的信任比例为76％;对公职部门的信任比例也达到了73％。公众对国家机关的整体信任度较高,司法机关得益于此。司法机关因2005年"乌特尔恋童癖案"给公众造成的负面形象已经淡化。但是,我们注意到,受访者对警察的信任比例甚至超过了司法机关10％。

另外,受访者对选举的信任比例为44％,对媒体的信任比例为31％,这两项信任比例均未超过半数。

如果对调查结果进行深入分析,我们会发现公众意见的构成呈现出多元化的特征。

很明显,年龄是一个有决定性影响的变量。年龄介于18至24周岁的法国人中,有72％的人对司法机关给予信任;而年龄超过65岁的法国人中,这一比例仅为55％。

高等和中等社会职业群体也对司法机关持有更高的信任度:高等职业群体对司法机关的信任比例为72％;中等职业群体对司法机关的信任比例为71％。在社会等级分层中,随着职业社会地位的降低,这一比例也随之下降。比如,普通职员对司法机关的信任比例为62％;工人对司法机关的信任比例为64％;而退休人员对司法机关的信任比例仅为55％。

此外,还有一个值得注意的现象:有实质性司法体验的人对司法机关的信任度反而降低。曾经在司法机关进行过诉讼的受访者中,只有58％的人对司法机关给予信任;而从未与司法机关打过交道的受访者中,这一比例却为65％。

2.信任或不信任司法机关的理由较为分散,这表明公众对司法机关的认识存在差别。

司法官的能力是公众对司法机关给予信任的主要原因,接近六成(59％)的受访者在选择信任司法机关之原因时,选了这一选项。次之,有53％的受访者选了"无论当事人经济能力如何,司法之门都向他们敞开"选项,超过半数的受访者选择了这个选项，代表了大多数意见。再次之，49％的受访者认为"司法独立"是他们信任司法机关的原因之一；41％的受访者选择了"法律面前人人平等"。

最少受访者选的选项是"司法是高效的"，比例为 23％。

进一步研究受访者的偏好，我们发现：年龄小于 35 周岁的受访者群体选"无论当事人经济能力如何，司法之门都向他们敞开"的比例远高于 53％；而年龄大于 35 周岁的受访者群体中，大多数人（63％）都选择了"司法官的能力"这一选项。

占受访者人数 65％的高级职员群体，其中有 63％的人选择了"司法独立"选项，选择比例最高。高级职员群体与工人群体之间存在明显的偏好差异，53％的工人认为"无论当事人经济能力如何，司法之门都向他们敞开"可以作为他们信任司法机关的原因之一。

最后，我们察觉到一种更为明显的政治偏好倾向：持左派立场的受访者中有 65％选择"司法官的能力"，而右派立场的受访者中只有 56％的人选了这一选项；持左派立场的受访者中有 52％的人选择"司法独立"，而右派立场的受访者中只有 46％的人选了这一选项。持右派立场的受访者更多选择了"无论当事人经济能力如何，司法部门都向他们敞开"，而左派立场的受访者中，只有 51％的人选了这一选项。

受访者不信任司法机关的原因主要集中在两点：其一是司法的不平等，61％的受访者认为司法机关并未做到法律面前人人平等；其二是司法的拖沓，58％的受访者对此问题表示不满。

另外，也有不少人（43％）认为司法机关是"不公平"和"不公正"的，而认为司法机关是公平和公正的受访者比例仅为 34％。36％的受访者认为"司法机关未能与社会变革同步"也是他们不信任司法的原因之一。

还有少数受访者选择了以下不信任司法的原因选项：28％的受访者认为"司法成本过于高昂"；27％的受访者认为"司法的错案率过高"；26％的受访者认为"司法过程极其复杂"。最后，只有 20％的受访者认为"司法不独立"是他们不信任的原因之一。

这里有两个值得注意的现象：其一，得益于法律援助制度的发展，"司法成本过于高昂"已经不再是人们对司法不信任的主要原因，而这曾经是司法为公众所诟病的主要原因。其二，选择"司法的错案率过高"的受访者比例不高，这或许说明司法机关因"乌特尔恋童癖案"给公众带来的负面印象已经淡化。

进一步分析公众不信任司法的原因调查，我们发现：63％的女性受访者选择了"司法成本过于高昂"选项,而男性受访者选择这一选项的比例为53%;64%的年龄大于35周岁的受访者认为"司法是不平等的",而年龄小于35周岁的受访者只有49%的人选了这一选项;同样,43%的年龄大于35周岁的受访者认为"司法机关未能与社会变革同步",而年龄小于35周岁的受访者只有34%的人勾选了这一选项。

最后,我们从社会职业划分的角度来分析公众不信任司法的调查结果。高级职员群体对司法的不信任原因主要集中在"司法的拖沓"(勾选率69%)和"司法的不平等"(勾选率66%)。普通工人对司法的不满主要集中在"司法的不公平和不公正"(勾选率52%)。

受访者的政治倾向对司法不信任的调查结果也有重要影响。持左派立场的受访者中,有63%的人认为"司法的不平等"是其不信任司法的原因之一,而右派立场的受访者中,只有51%的人勾选了这一选项;持右派立场的受访者中,有63%的人认为"司法的拖沓"是其不信任司法的原因之一,而左派立场的受访者中,只有57%的人勾选了这一选项。

(二)公众对司法的态度:基本满意但亟须改革

1.大多数法国人(59%)对司法机关的工作表示满意,但是表示不满意的比例也达到了不容忽视的41%。另外,只有2%的受访者对司法机关的工作表示非常满意。

同样,仅有7%的受访者认为司法机关的工作非常糟糕,这表明在"乌特尔恋童癖案(2005)"过去了三年之后的今天(2008),法国人对司法的指责已经不那么严重了。

以下三个受访者群体对司法表示满意的比例明显更高:18至24周岁的年轻受访者中,有64%的人对司法机关的工作表示满意;65%的工人对司法机关的工作表示满意;64%的持右派政治观点的人对司法机关的工作表示满意。

此外,还有两个群体在这个问题上有较大分歧:居住在巴黎市区和郊区的受访者中,有67%的人对当前的司法机关表示满意,而居住在农村的受访者中,只有55%的人表示满意。造成这一分歧的原因,也许是大巴黎地区的居民在"司法的可接近性"方面获益更多,该地区的法院数量是全国最多的。

我们还发现了一个更加严峻的问题:曾经有司法体验的受访者中,只有50%的人对司法机关的工作表示满意,而从未有司法经历的受访者中,这一数据却为63%。

2.绝大多数法国人都认为有司法改革之必要,但是几年前"乌特尔恋童癖案"给司法造成的负面影响似乎已经淡化。只有 32％的受访者认为"应该从根本上进行改革"，与 2006 年 4 月进行调查的数据相比，下降了 12％。然而，超过六成的法国人（63％）主张"应该对某些方面进行改革"，这与 2006 年 4 月进行调查的数据相比，上升了 12％。只有极少数人认为不需要进行司法改革。

尽管这项调查的结果显示出一致性，但是我们发现主张从根本上进行司法改革的受访者中，年龄是一个重要的影响因素。18 至 24 周岁的受访者中，只有 23％的人主张"应该从根本上进行改革"；而年龄大于 65 周岁的受访者，这一数据为 39％。另外，对司法机关的工作表示不满的受访者中，有 52％的人希望推动根本性的司法改革；对司法机关的工作表示满意的人中，这一数据仅为 18％。根据逻辑判断，对司法不满的人往往更迫切地希望对司法进行根本性的改革。

3. 在司法机关各方面工作的满意度上，法国人没有一致性的认识。

在司法机关各方面工作的满意度调查中，只有"诉讼进程"（59％）和"判决的透明度"（52％）这两项获得超过半数的好评。在"判决的履行"和"当事人诉讼支持（倾听和指引）"方面，也分别有 47％和 46％的受访者表示满意，尽管没有过半数。

大约只有三分之一的受访者"对于司法运行的理解"（35％）和"诉讼成本"（31％）两个方面表示满意。

最后，"案件审理的期间"是公众不满意司法的主要方面。在这方面，只有 15％的受访者投了满意票（非常满意和比较满意）。这也与前一项调查结果相符合，即"司法的拖沓"是多数法国人不信任司法的原因之一。

从整体分析来看，女性对司法每个方面的不满意率都超过了男性。例如，在"判决的透明度"方面，59％的女性受访者表示不满意，而男性受访者不满意率为 47％；在"诉讼成本"方面，36％的女性受访者表示不满意，而男性受访者不满意率为 27％。不同的社会职业群体对司法机关各方面工作的满意度也存在差异。高级职员群体在某些方面对司法的满意度相对普通工人群体来说较高。例如，在"诉讼进程"方面，66％的高级职员受访者表示满意，而普通工人受访者的满意率为 57％；在"判决的透明度"方面，61％的高级职员受访者表示满意，而普通工人受访者的满意率为 52％；在"判决的履行"方面，58％的高级职员受访者表示满意，而普通工人受访者的满意率为 53％。但是，普通工人群体对司法工作的另外两个方面表示了相对较高的满意度：43％的普通工人受访者对"司法运行的理解"表示满意，而高级职员受访者的满意率为

35％;24％的普通工人受访者对"案件审理的期间"表示满意,而高级职员受访者的满意率仅为13％。

(三)大多数人不了解司法官职业,但是对司法官应有的资质有所认知

1.大多数法国人不了解法官和检察官的职能差别,大约只有三分之一(31％)的受访者声称能够分辨这两者的区别。值得注意的是,大约有四分之一(24％)的受访者坦承对此问题一无所知。

在这一问题上,社会职业身份的因素就显得特别关键。只有在高级职员群体和接受过高等教育的群体里,才有超过半数的人(前者有54％,后者有52％)能够分辨法官和检察官这两种司法官之间的职能区别。

同样值得注意的是,这种能力更多地体现在男性、年轻人和巴黎市民身上,尽管都未超过半数。37％的男性受访者有能力分辨司法官的职能,而女性的数据为25％;年龄小于35周岁的受访者中,有38％的人有能力分辨司法官的职能,而年龄大于35周岁的受访者中,这一数据为28％;40％的巴黎市民有能力分辨司法官的职能,而农村居民有此能力的仅为24％。

最后,在曾经有过诉讼经历的人群里,也只有40％的人能够分辨法官与检察官的职能差别。尽管这一数据相对高于整体受访者,但是仍然偏低。这也再次印证了被公众诟病的"司法的复杂性"。在"司法的平易化"方面,仍然有进步的空间。

2.鉴于法国人难以分辨法官与检察官的职能差异,他们对法官和检察官的资质也有雷同化的认识。

比较而言,公众对两种职业的正面评价相差无几。稍有不同的是,更多的受访者认为检察官应有"无懈可击的道德品行"和"良好的职业训练",这两个数据都比法官高8％。

公众更看重法官和检察官的个人品行。比如,87％和91％的受访者认为法官和检察官应当尊重法律;80％和84％的受访者认为整体而言,法官和检察官在公众心目中的形象是非常正面的,特别是法官形象。检察官应当廉洁公正;66％和74％的受访者认为法官和检察官应当有无懈可击的道德品行。

在职业素养方面,公众最看重司法官的职业技能。87％的受访者认为法官应当具有良好的职业技能,而针对检察官的此项调查数据是89％。80％的受访者认为法官应当接受过良好的职业训练,而针对检察官的此项调查数据是84％。66％的受访者认为法官应当在司法工作中保持中立和无偏私,而针对检察官的此项调查数据是68％。

在本次关于司法官资质的调查表中,最多为公众所质疑的是"经济的独立性"和"政治独立性"。认为法官在经济利益方面具有独立性的受访者有59％，认为检察官在经济利益方面具有独立性的受访者有 63％。认为法官和检察官独立于政治权力的受访者都只有 49％，没有超过半数。这一调查结果似乎说明：20 世纪 80 年代发生的几宗与政府要员有关的政治性案件，给公众造成的负面印象远甚于最近十年的几宗司法丑闻。这些政治性案件令公众对司法与政治的独立性方面产生了持久的质疑，而最近十年的司法丑闻所带来的负面影响却正在消退。

进一步分析调查结果，我们发现一个规律：男性、年轻人、高等和中等社会职业群体在个人修养和职业素养方面更认可法官和检察官。

3. 关于法官和检察官的基本素养调查，这两者的调查结果具有高度的一致性。无论是法官还是检察官，"公正廉洁"选项是勾选率最高的。44％的受访者认为"公正廉洁"是法官的基本素养；40％的受访者认为"公正廉洁"是检察官的基本素养。

然而，在"无偏私"方面，法国人对法官的期望更高。35％的受访者认为"无偏私"是法官的基本素养，而对于检察官而言，这一数据为 28％。相反，在"遵守法律"和"了解社会动态"这两项，被认为这两项应当为检察官基本素养的比例高于法官。分别有 31％和 19％的受访者认为"遵守法律"和"了解社会动态"是检察官的基本素养；分别都有 28％和 12％的受访者认为"遵守法律"和"了解社会动态"是法官的基本素养。

在其他几项司法官基本素养方面，两者的调查数据基本没有差别。比如，分别有 23％和 24％的受访者认为"职业技能"是法官和检察官的基本素养；有24％的受访者认为"倾听能力"是法官和检察官的基本素养；分别有 12％和11％的受访者认为"保守职业秘密"是法官和检察官的基本素养；分别有 11％和 10％的受访者认为"怀疑精神"是法官和检察官的基本素养。

最后，只有不超过 10％的受访者认为"决断能力和工作能力"应当是司法官的基本素养。

进一步分析司法官基本素养调查的结果，我们发现受访者的群体属性对此项调查结果的影响不是特别明显。但我们还是能发现一个不太明显的规律：年龄超过 35 周岁的法国人群体中，有 46％的人认为公正廉洁和无偏私是法官的基本素养，而只有 42％的人认为这两项是检察官的基本素养；年龄小于 35 周岁的法国人群体中，只有 14％的人认为法官应当具备了解社会动态的基本素养，而有 27％的人认为这应当是检察官的基本素养。

4. 在刑事司法方面，法国人的观念与现任司法部长所倡导的刑事司法理念高度一致。现任司法部长的刑事司法核心理念是：法官在处理刑事案件时，应当更多考虑被害人遭受的伤害。共有91％的受访者对这一刑事司法理念表示赞同，而其中有49％的人表示非常赞同。最近法国公众围绕刑事案件的累犯现象进行了一些讨论，在本项调查中，88％的受访者对法官应优先考虑犯罪嫌疑人的犯罪记录表示赞同，其中有52％的受访者表示非常赞同。严重的累犯问题也导致公众更加希望法官从严惩罚罪犯。65％的受访者希望法官在审理刑事案件时，对罪犯从严处理。

从倡导犯罪预防的角度来看，公众对犯罪预防的理解不突出，但也不差。有69％的受访者认为法官应当更多考虑犯罪嫌疑人的精神状态，也有51％的受访者认为法官应当优先考虑犯罪嫌疑人的社会地位问题。

最后，只有38％的受访者认为法官在进行刑事司法过程中，应当将公众意见作为优先考虑的对象。这也表明法国人对公众意见干预司法的有所警惕。

在这项刑事司法的调查中，我们发现公众观点因职业、学历、政治立场等因素而存在较多差异。

不同的社会职业对此问题有不同看法。在刑事司法问题上，工人和普通职员群体的观念与高级职员群体存在很大差异。特别是在法官是否应当对罪犯从严处罚的问题上，75％的工人、72％的普通职员认为法官应当从严惩罚犯罪，而在高级职员群体中，只有51％的人认为应当如此。此外，只有17％的高级职员受访者认为法官在司法过程中应当优先考虑公众意见，而工人群体的此项数据为54％。

公众的受教育程度在刑事司法调查中也有重要影响。没有接受过高等教育的人群中，有87％的人认为法官应当从严惩罚罪犯，而在接受过高等教育的人群中，这一数据仅为42％。此外，没有接受过高等教育的人群中，有64％的人认为法官应当优先考虑公众意见，而受过高等教育的人群则相当审慎，这一数据仅为13％。

不同的政治立场对刑事司法调查的结果有着明显不同的导向。持左派立场的受访者更注重从犯罪预防的角度来看待刑事司法问题，比如74％的左翼人士认为法官应当优先考虑犯罪嫌疑人作案时的精神状态，59％的左翼人士认为法官应当优先考虑犯罪嫌疑人的社会地位，而在右翼人士群体中，这两项数据仅分别为62％和45％。但是，关于法官是否应当严惩罪犯的问题上，左翼人士的赞同比例为54％，而右翼人士的比例却为79％。

(四)公众对司法改革寄予厚望

1.多数法国人主张(部分法国人极力主张)应当提高司法机关的效能。

94％的受访者主张制定和实施司法官职业道德法典,92％的受访者认为应当增加法院工作人员(除法官以外,例如书记官、感化官和教导官)的数量,92％的受访者认为司法官从事司法活动的专业能力应当进一步加强。以上三项是绝大多数法国人认为改善司法机关效能的最有效方法。公众对增加法院其他工作人员数量的呼声高于制定和实施司法官职业道德法典,因为有55％的受访者"极力"主张前者,而只有47％的受访者"极力"主张后者。

另外,有超过八成的受访者主张增加法官数量、简单案件向其他机构分流、对司法官的违纪行为给予纪律处罚。89％的受访者主张增加法官的数量,83％的受访者认为简易案件可以由其他机构来解决,81％的受访者认为应当强化对司法官的违纪行为的处罚。

最后,有74％的受访者认为应当对现行司法管辖区的划分进行改革,这涉及各法院的管辖范围问题。相对以上六项改革措施而言,这一改革呼声最小,但是也不能忽视。

高级职员群体对司法机关效能改革的调查,显现出一定的消极性。就每一项改革措施而言,该群体的认同率都低于公众整体。这似乎意味着该群体内部正孕育着一股日益强烈的对司法机关效能改革的怀疑情绪。

不同的政治立场对司法机关效能改革的调查结果也有影响。左翼人士更关注司法机关自身的效率提升,比如95％的左翼人士主张增加法院的工作人员数量,而右翼人士的此项调查数据仅为87％。相反,右翼人士更注重多元化纠纷解决、强调对法官违纪行为的处罚和重新调整司法管辖区的划分。87％的右翼人士认为应当借助其他机关的力量来解决纠纷,而左翼人士的此项数据为78％;85％的右翼人士主张强化对法官违纪行为的处罚,而左翼人士的此项数据为77％;83％的右翼人士认为应当重新调整司法管辖区的划分,而左翼人士只有68％的人表示赞同。

2.关于审判组织形式的调查,大多数法国人(73％)更倾向于由多位法官组成的合议庭来审理案件,这样才能最大程度使双方当事人的利益为法庭所考虑。只有26％的法国人倾向于选择独任制法官审理案件,以便加快诉讼进程和降低诉讼成本。在这个问题上,不同的社会职业群体都有着基本一致的偏好。然而,左翼人士似乎更倾向于选择由多位法官组成的合议庭来审理案件,有78％的左翼人士更偏向于选择合议庭,而只有67％的右翼人士有此偏好。

3.关于司法判决的上诉途径调查,57％的受访者认为应当拓宽当事人上诉的途径,允许当事人对更多类型的判决提出上诉。其中,高级职员群体、大巴黎地区的居民和左翼人士对此建议的赞同率高于大众平均水平。42％的受访者认为应当对当事人上诉进行更为严格的限制,其中,50％的右翼人士对此表示赞同。

4.鉴于公众普遍质疑司法机关未能真正做到司法独立,71％的受访者认为有必要制定新的准则来强化司法独立。只有29％的受访者认为目前司法独立的现状是理想的,尤其是年龄超过65周岁的群体(40％)、接受过高等教育的群体(41％)和右翼人民运动联盟(UMP)的支持者(38％)认可率较高。

以下四种人群要求制定新准则来强化司法独立的呼声最高:年龄小于35周岁的受访者中,有77％的人主张制定新准则,而在年龄超过35周岁的受访者群体中,这一数据为69％;普通职员受访者中,有83％的人主张制定新规则,而在高级职员群体中,这一数据为67％;左翼人士受访者中,有77％的人主张制定新准则,而在右翼人士群体,这一数据为64％;对司法机关的工作表示不满的人群中,有81％的人主张制定新准则。

(五)法国最高司法委员会:一个"陌生的"机构

1.最高司法委员会在公众中的"知名度"仍然有待提高,只有不到一半(46％)的受访者知晓这个机构的存在。

不同的群体对最高司法委员会的知晓程度存在差异。56％的男性受访者知晓最高司法委员会的存在,而女性知晓的比例仅为36％;79％的高级职员受访者知晓最高司法委员会的存在,而普通工人知晓的比例仅为30％;55％的大巴黎地区居民知晓最高司法委员会的存在,而农村居民知晓的比例仅为40％。

在这一问题上,政治派别对调查结果没有任何影响。分别有50％的左翼人士和右翼人民运动联盟(UMP)人士知晓最高司法委员会的存在。

2.在知晓最高司法委员会存在的受访者中,大部分公众仅了解最高司法委员会四项基本职能中的三项。其中,分别有超过60％的人知道最高司法委员会具有保障司法官独立地位(68％)、司法官纪律监督(65％)和任命司法官(63％)的职能。至于其"就司法独立问题向总统提供咨询意见"的职能,仍然不大为公众所知。在知晓最高司法委员会存在的受访者中,只有43％的人知道此项职能。

在了解最高司法委员会四项职能的公众中,男性、年龄超过65周岁的人、高级职员和巴黎市民所占的比例最高。例如,在进行此项调查的年龄超过65

周岁的受访者中，了解最高司法委员会具有"就司法独立问题向总统提供咨询意见"职能的比例达到 58％，超过 43％的总体比例。

3. 公众对最高司法委员会履行其多项职能的能力非常有信心。84％的受访者认为最高司法委员会有能力制定"司法官职业指导规范"；79％的受访者认为最高司法委员会能够监督司法官遵纪守法；78％的受访者认为最高司法委员会能够保证司法独立不受侵犯。

总体而言，在最高司法委员会的履职能力问题上，女性、没有接受过高等教育的人和曾经有过诉讼经历的人对最高司法委员会的履职能力更加有信心。

The French and Their Justice — Restore Judicial Confidence
Superior Judicial Council

Abstract：The judicial crisis of confidence remains widespread in France. The criticism of the justice comes mainly from public opinion, political actors, as well as the judicial office itself. Hence to restore judicial confidence, the judicial office should focus on good relations with these three. And to expand the exchange of informations is the key to resolve the crisis. According to the sample survey fidings, the public trust the judiciary in general but still with disatisfaction. They don't have a sufficient knowledge of the juridiciary, but have great hopes for the judicial reform.

Keywords：judge；justice；justiciary；crisis of confidence

法国司法改革:在工具化与民主之间[*]

雅克·戈迈耶　波努瓦·于埃尔　著[**]
宫林林　杨帆　贺林欣　译[***]

摘要:法国司法目前既面临着结构转变,也处于严重的工具化倾向之中。本文旨在回顾促成该转变的宏观社会与政治因素以及应时势而生的因素。同时,本文还将描述该演变的主要特征。在确认了以上事实后,本文将指出该演变的前景:一种是失控的前景,即司法将逐步向过度膨胀的方向发展;另一种是满足民主渴求的前景,它将反映出符合新型民主要求的法国司法改革的轮廓。

关键词:法官工具化　司法改革　司法与民主　司法的管理化　分权法院/检察院

在宏观的社会与政治层面,法官执法的环境正在经受着诸多转变。它们不断加深着司法工具化的程度。在今天法国司法改革(不论是大势所趋或是众望所归的改革)的语境中,这些转变都要求我们在建立新型民主的框架下重

---

[*]　原文出处:Jacques Commaille, Benoist Hurel, *La réforme de la justice française. Un enjeu entre instrumentalisation et démocratie*, Droit et Société, 2011, n°78, pp. 391~404.

[**]　雅克·戈迈耶(Jacques Commaille),法国高等师范学校 Cachan 校区(ENS Cachan)政治社会科学研究所(ISP)教授、《法律与社会》(*Droit et Société*)期刊主编;波努瓦·于埃尔(Benoist Hurel),克雷戴尔(Crétail)检察院检察官,法国司法官工会(Syndicat de la magistrature)全国书记。

[***]　宫林林,法语翻译,曾翻译《齐达内的忧郁》等书籍;杨帆,法国卡尚高等师范学院政治社会科学研究所(ISP)博士研究生;贺林欣,法国巴黎第一大学社会法专业博士研究生。

新定义司法与政治的关系。①

一、法官工具化的原因

（一）法律的变迁

司法与法律的命运不可分割，因为法律既是司法的参照基准也是保证其运行的工具。因此，司法的演变与法律本身性质的改变息息相关。法国司法原本扎根于与超验"理性"（Raison）相关的法律理性（rationalité juridique）之中。从这个角度来看，正如皮埃尔·勒让德（Pierre Legendre）曾准确强调过的，共和国的建立无疑更加坚定了以下观念：以国家为基准的法律正逐步替代宗教。从这种金字塔式的政治治理方式中只能产生出"朱庇特式"的司法模式②。然而，这种从本质主义角度构建的法律概念逐渐让位于另一种概念：一种较灵活、不绝对，更注重协商、多元以及实用的概念。这甚至模糊了罗马法系与普通法系之间的界限，也减弱了所谓学院性法律（law in books，它肯定了基于一套实体法规之上的普遍司法规则体系的权威）与实践性法律（law in action，它侧重于考虑如何根据不同的案件情况有针对性地给予相应的处理方案，其重心不在于司法的目的而在于当事人通过怎样的司法途径与程序来实现其目标）间的区别。

制定法律规范的过程最为清晰地反映着法律自身性质的变化。法律正逐步变为多方参与以及各类机构共同作用下的产物。法律的产生及其实施的过程呈现出多方协商的特征；这也是法律制定模式自身的结构所允许的，因为它

---

① 写作本文的念头源自一个主要由司法从业者组成的非正式团体的成员交流。该团体逐渐形成于多米尼克·夏尔维（Dominique Charvet）法官去世之后。其主旨在于坚持并深化夏尔维法官的分析，并遵从他所严正捍卫且精彩推行过的价值观。本文的思考并不排除同一框架下存在其他可能的观点。

② 朱庇特为罗马众神之主，自上而下发号施令。奥斯特教授（François Ost）因此以"朱庇特式"的司法模式指代以国家主权为基础、自上而下、带有神学政治意味的司法模式。该模式与所谓的"赫拉克勒斯式"的司法（赫拉克勒斯因其在人间的劳作而闻名，这里指代以法官的实际工作为基础的司法模式）和"赫尔墨斯式"的司法（赫尔墨斯为商业与沟通之神，这里象征着发挥解释法律、联络法律主体作用的司法）相区别。参见 F. OST, *Jupiter*, *Hercule*, *Hermès*: *trois modèles du juge*, in *p. Bouretz*（*dir.*）, La Force du droit. Panorama des débats contemporains, *Paris*, *éd. Esprit*, 1991, *pp.* 241~272. —— 译者注

更大程度上包含了组织性的规范,而非实体规范。因此,这使得一种逐步确立法律规范的持续进程成为可能,也促使或是强制地方上的相应机构进行协商。对国家地位的重新定义以及政治权力越来越难以依照其自身行动原则来强制推行法律的事实,都将一定的活动空间留给了社会运动或是有影响力的参与人,其中包括能影响立法进程(甚至是立法程序的启动)的经济组织。在这种背景下,法律也可以被看作一种"资源":政治权力在用尽了所有其他处理问题的政法手段后将使用法律。正如我们看到人们逐渐开始质疑国家能否作为规制现代社会的核心因素一样,法律的性质也呈现出同样的问题,因为它已成为现代社会调控方式的集中表现。

从以上新的分析角度来看,法律与司法的发展的确密不可分。在我们所处的环境中,原本不容触碰的法律基准正在变为政治权力和社会力量均可依其目标而动用的资源。于是,司法的空间可能会变成政治学家们所谓的"舞台"(arène):其中各种利用法律的方式互相交锋;当事人的目的也可能更是为了推行一种理念或是通过引起公众关注把一个普通问题转化为社会问题,而不仅仅是为了获得一份对自己有利的判决。司法于是变成了各种战略相互作用的场所,这也包括法官们自身的战略:他们的活动不能被简单地理解为严格适用字面上的法律。

因此,作为法律适用的最佳场所的司法可能将逐步从作为"法律唇舌"(bouches de la loi)的法官宣示法律的处所变为达成各种临时协定——也就是说可被持续更改的协定——的地方。法律也越来越侧重发展其程序化和契约化的一面并作用于司法活动,而司法活动本身也越来越多地运行在这种不确定的协同建立正义的逻辑之中。

(二)司法的管理化(managérialisation)

我们观察到"新公共管理"(New Public Management)模式在法国的引入。它的背景是推进公共管理与组织现代化的政策,它也关涉公共行为新的参考系的出现。这种现象是多种原因同时作用的结果,包括公共财政危机、削减国家职能的意愿、福利国家信念的崩塌与所谓的"新自由主义"转折点(tournant néolibéral)、超国家标准的强制实施以及"基准值"(benchmarking)的应用。它意味着对于最优体制和最优实践方式的追寻,例如通过欧洲人权法院追寻"合理的诉讼期限"。

司法的管理化根植于这一背景。它逐渐跳脱了政治机构理性化的历史进程,并逐渐呈现出功能平庸化的趋势。就好像一句被人们反复转述的话所描述的那样:"司法是一种公共服务。"起着决定性作用的是那些有关成本、效率、产值［通过某些指标对"业绩"（performances）进行测量］、行为评估的概念。司法也接受了以"好工作"为标准的"产出逻辑"（logique de résultats）。所谓的"好工作"越来越由外部因素来定义，比如对法官们的工作按照业绩来给予报酬——包括设立效率奖金③——的做法。最近对于法院地域分布的改革④几乎是对司法管理化一次极具讽刺性的诠释，因为它完全是由一种注重司法资源多于司法目的的会计模式所决定的。

可见在司法方面，管理逻辑至上的观点得到了普遍的承认。日本的情况可以充分说明这一点。改革司法、成立与传统法学院相竞争的新法律学校或是提议借由企业和协会实现司法私立化的理由大都是"为了使日本社会适应于经济全球化"并"保障日本经济在全球化的竞争空间中仍具有竞争力"。

（三）分权原则的动摇

分权原则在当代的演变也构成了法官工具化的重要原因。这里我们既不想回顾行政权侵犯司法权的历史——这不是本文主题，也不想虚构一个各种权力互相尊重、和谐共处的黄金时代的神话。事实上，权力的共存从不是和睦的，这里仅举一个例子：法国第五共和国初期，司法权是作为"权威"（autorité）——它已不再是"权力"（pouvoir）——出现的⑤，它无法反对行政权的蛮横决定。因此，如果我们感到今天的司法不受重视，其独立性遭蔑视且优先性遭剥夺，这或多或少是源自时间所带来的错觉。

如果我们放宽视野，我们甚至还能看到与上述感觉相反的现实，即司法的调控作用在持续地扩大：法院所接受的诉讼数量的上升，法官直接监督法律的可能（通过欧洲人权法院和宪法委员会），带有可对抗性权利（opposabilité）的

---

③ 以最高法院为例，奖金的发放以法官或检察官所获评分为基础。评分的标准包括"经验、处理卷宗的数量、处理卷宗用时、完成附属任务的情况、整体评价"。参看 E. Chelle, *Une politique de récompense dans la haute magistrature：le cas de la prime de rendement*, Droit et société, 2011, n° 78, pp. 407~427. ——译注

④ 该改革肇始于 2007 年 6 月，至 2011 年 1 月完成。政府提出的目标主要有二：一是通过法官专业化来提高司法质量；二是调整法院的人力与财政资源的优化配置。其主要效果是削减法院的数量。参议院最近公布的一份报告批评了改革过于重视降低司法预算而没有足够注意保障司法贴近公民的做法。参看 N. Borvo Cohen-Seat 和 Y. D？Tétaigne, *Rapport du Sénat*, session extraordinaire de 2011-2012, n°662. ——译注

⑤ 所谓司法是"权威"而非"权力"的说法首先体现在法国现行宪法（1958 年 10 月 4 日宪法）的用词上。通常的解释是司法人员不经选举产生，所以不具备如议会或是总统所拥有的权力。——译注

政策的发展(比如住房方面、儿童监管权等等)都是这一演变的具体体现。

　　无论如何我们都能确定,政治权力和司法权力所包含的不同的正当性(légitimité)以及社会安全问题的重要性必然会导致二者间的竞争;这种竞争因司法的二重性而更加激烈:司法既是独立机构也是公共政策的组成部分——后一种属性直接地给予了行政机关介入司法领域的可能。

　　这种结构自然会对司法的行政管理产生影响。现今司法管理正处于三种转变的影响下。第一种转变是,行政管理方越来越多地凭借其管理权力在涉及法官司法权的政策中干预司法(参见上文"司法管理化"的问题)。人们可以据理反驳道,公共政策的"合理化"过程并不仅仅存在于司法管理的领域中。但正是这种不重视司法活动特殊性——它是宪法元素与基建元素——的做法、这种将司法等同于任一活动进行对待的方法应该引人深思。

　　在国家中央方面,这种治理方式的深刻转变体现在数年前于司法部长旁设立的负责实现司法管理化的综合秘书处。近年来在这方面制定的直接影响司法工作的行政措施已是数不胜数。且看三个实例:一是在行政拘留中心设立审讯庭以便减少押运费用,但这把司法活动限制在了公众难以接近、且事实上受省政府控制的场所中。二是新近决定的要求法院院长把押运费用降低5％并增加视频会议使用频率的指令。我们还可以探究法院地域分布改革后的实施情况以及对司法活动本身造成的影响。至于地方上的情况,我们必须认识到自从 2001 年关于国家财政法的建制法(loi organique relative aux lois de finances)以来,财政法的制定完全没有给予司法领域特殊的考虑。在与公共政策的修订和预算的短缺两个因素相结合后,这部本来以尽可能使决定权归于实际支出费用的基层为目的的法律,却产生了完全相反的"集中"决定权的效果,从而在事实上极大地削弱了法院和法官的自治。从这个意义上来说,被许多国家认为是司法独立——即权力分立——必不可少的一环的法院财政独立,在法国的非行政司法体系中几乎没有任何实际的体现。

　　这一转变同样体现在关于法院院长招聘制度的改革中。从法院已有法官中直接选拔院长,司法部刚为有意成为院长的法官建立了一套特殊的招聘和培训机制⑥;而这些法官,像那些终身进入修会的人一样,也永远地(就他们的职业生涯而言)进入了晋升等级体制之中。这种变化自然而然地滋生出一种

---

　　⑥　该培训机制于 2011 年 1 月建立,并被称为"司法管理高级学习阶段"(Cycle supérieur d'administration de la justice),由国家司法官学校(Ecole nationale de la magistrature)负责。学员则由司法部确定,而不需要征求最高司法委员会的意见。——译注

"连带关系"，也就会导致法官和法院领导层之间不可忽略的隔阂。这种隔阂将不可避免地导致等级体制中"有权势"的人物出现在法院里——比如司法部的人，这也违背了法院领导自身的主要职责——保证在他们管理下的法官们的独立性。

第二种转变的根源在于司法系统逐渐日益强大却从属于行政权的检察机关所控制：检察机关有着"司法权威"——指宪法意义上的以及《欧洲人权公约》意义上的司法权威——所带来的种种"便利"，因此能作为行政权介入司法领域内部的杠杆；行政权也以此逐步将"管理化运动"引入司法界中。这里没有必要再详细叙述检察院对司法部的顺从：别的文章已对此作了详细说明，而且远不限于工会领域内的文章……我们也无须重申检察院在刑事诉讼中的影响如何重要：这里只需指出，借由所谓的"刑事诉讼替代程序"（alternatives aux poursuites），95％的讯问以及大部分的刑事决定都是由检察院单独完成的；这样的诉讼已在数量上大大超出了刑事法院开庭与判决的数量。除了上文提及的权力纷争之外，这些演变同样反映了财政预算上的要求：以上程序的费用都比涉及法官的诉讼费用要低。

第三种转变不过是前两种转变的必然结果：它表现为基础司法模型（即检察官起诉，法官判决）的逐步转变。现在的法官几乎被排除在司法活动之外。现行法律正悄然从传统的公诉方请求适用法律、法官决断的模式转向行政机关与检察院决定一切而法官只在对前两者决定的审查中出现的模式。这一变化是如此突出以致几乎所有的法官活动空间都受到了它的影响。官方的说法是"为了让法官重新把精力集中于自身工作的中心"，即让法官在涉及公民自由的问题上作决定，而不再是从头到尾地监管一份卷宗或是一次诉讼。有意思的是，我们可以顺便注意到这一说法也受到了某些法官的欢迎；他们更乐意做如所罗门王一样的"断"案法官，而不愿意做"社会保障助理"。他们并不总能意识到，在如此重新定义身份标准的同时，他们在帮助完成对其自身职能的规避。刑事法官的例子最为明显，因为"有罪辩护"（即审前认罪的情况）的逻辑要求公诉方和嫌疑人在刑罚方面达成协议，然后法官仅负责宣布该决定有效，或无效（其实我们还可以证明如何在事实上所有因素都促使着法官宣布它有效……）。在这种程序中，刑事法院只在辩诉双方无法达成协议时——客观来说这种情况并不多见——才介入司法活动。至于适用刑罚的法官（juge d'application des peines），在 1999 年对监狱负责罪犯重返社会与缓刑的部门（Services pénitentiaires d'insertion et de probation）的改革以及被称为"贝尔班 2"（Perben II）的 2004 年的法律的共同作用下，该法官不再监管相关情况，而只负责处理在跟进过程中社会工作人员与罪犯发生的纠纷。在同一逻辑的引导下,2009 年的监狱法赋予了检察院、甚至是上述监狱部门的主管,修改刑罚的权力:法官仅在罪犯不服相关决定时介入,像是在接受上诉一样……

有些法律草案试图推广这一逻辑。比如,在保护儿童方面,有意见认为应把所有跟进卷宗的权力都交给行政机关,儿童法官(juge des enfants)只在相关家庭提起诉讼的情况下才介入。这种新逻辑与现在的情况完全相反:目前负责一份卷宗的法官对应采取的措施具有普遍的权限。在预审法官方面,2010 年 3 月 1 日公布的《刑事诉讼法典修正草案》选择了同样的方案,但因没有足够的时间具体确定修改方案而被放弃。根据草案的规划,对案件侦查的日常管理将交由检察官负责;只有在管理方与当事人之间有争议时,人们才向预审法官申诉,并进行所谓的对抗辩论……

这是对法官活动范围一次史无前例的重新界定。在一审中,法官的职能仅限于对行政方或是检察院的决定的质疑。这不仅是行政权企图控制司法的表现,也显然是前述司法管理化的后果之一;行使审判职能的法官的介入被(或许正确地)认为比检察官或其他公务员的活动要更为昂贵。但这对当事人所拥有的保护同样造成影响。法官救济的表面无法掩饰行政机构已掌握实权的事实。比起通过自己的监管来作出最后的决定,法院通过审查推翻由日常监管卷宗的机构作出的决定要难得多。

因此,从以上分析可以看出,法官的工具化标志着司法活动中对法官的排除;其原因在于法官被用作遮羞布——一块为了保证法律体系形式上合法的遮羞布,但这一掩饰不能遮盖法官作用被极大地削弱了的事实。

二、几种可能的司法过度膨胀的未来

(一)作为政府机关(agence)且无政治"理性"的司法

国际上关于所谓"司法化"(judiciarisation)现象的著述指出了一股新潮流,其确定的目标就是让司法成为政府的一个机关。在此框架下,法院将需要参与公共政策的制定甚至是其内容的确定。于是就有了"法官确立的政策制定"(judge-made policy-making)的问题。如果我们认可这种法院在界定和施行公共政策中更为广泛的介入,这种介入将不仅仅是量的,也是质的。司法实践将脱离裁决(adjudication)和审判具体案件的限制,并可能从此生产出合乎社会和政治要求的成果。司法在公共政策领域越来越明显地出现意味着法律体系向着某种确定的行动目标的真正转变;这些目标依据的是建立"司法决策"（judicial policy-making）的理念，它们跟所有其他政府机关的目标类似。

依照这一我们可称为专家主导论（technocratique）的司法及法律理念，我们需要放弃一些固定的和预先订立的规则。于是法律不再是一套不变的标准，而是公共政策的工具，包含着嵌入公共政策之中的规则；这一转变的背景是以管理逻辑来确立治理模式。事实上，在此背景下，我们需要承认新的法律理念的确合乎逻辑，我们也要抛弃要求遵循所有预先存在的法律原则的法律理念；这一切的名义都是一种关于国家的新理念：该理念要求一种更加积极的法律，即较少地参照原则而更多地依据要达成的目标、并具备积极的政策制定（active policy-making）性质的法律。

根据这一理念，一个官僚国家的发展要求这样一种调控模式：它将不再以保证冲突力量间平衡的机制为基础，而是基于中央机构统一规划下的各种行动；中央机构将串联起规则的制定、审判活动以及政策实施的后续评估。因此，孟德斯鸠的三权分立结构宣告作古，另一种推行"有效且一贯"地行使权力的理念随之兴起；在这个理念下，法院应该与传统决裂，因为传统希望法院只完成审判工作。在新的框架下，"司法决策"应该纳入现代国家的构想中。法官应当成为政策制定者，因为政策制定成了政府行动的基本模式。对法国来说，这一演化提出了司法法院与行政法院间区分是否合理的问题。⑦

（二）政治"司法化"或作为政治"理性"（Raison）的司法

司法与政治形成体系。政治的危机，代议制民主的危机造成了对司法的过度依靠。政治似乎越来越无力对敏感问题作出回应，从而交由司法来建立"共同生活"的基本准则。政治无法体现及强制推行一种元理性（méta-Raison），因而我们看到因政治不足而求诸司法的情况。那么对司法的过度运用大概只是在面对逐步沉沦的民主模式时的不安表现。我们于是能够理解联合国高级人权专员路易·阿尔布尔（Louis Arbour）的评语："司法有着不为政治理性所知的理由。"⑧这表示有必要向政治强加一种更高层次的合理性（rationalité），而今天这种合理性只有司法能够承载。

在各国的著述中，这种有损于政治的司法延伸被概括为"政治的司法化"。这一表述因而被主要用于表达法院权力相对于立法权和行政权的增长。这一

---

⑦　法国司法与行政法院并行制度的形成有两个原因：一是权力分立原则要求司法权不得干涉行政权的行使；二是行政活动应该区别于一般民事活动。如果三权分立的基础不复存在，两种法院并存的合理性自然会受到质疑。——译注

⑧　法国《世界报（Le monde）》，2007 年 2 月 8 日。

现象特别揭示出伴随着司法权力增长出现的立法权的减弱,人们甚至可以担忧会出现"法官治国",即由司法治国(juristocracy)取代民主政体的情况。有意思的是,早在合宪性优先问题制度设立之前,亚力克·斯通·斯威特(Alec Stone Sweet)这样的作者已将法国的宪法委员会作为例子来阐释司法的势力相比起政治在如何上升。他切实谈到了一种"第三议会",甚至论及了一种由司法占据核心位置的新的治理模式。国际层面上,人们常强调最高法院或者说超国家审判机构的增加;它证实了这种"政治司法化"的观念。类似的现象还包括法官们越来越多地管辖在国外发生的刑事案件或者违反国际法的行为(比如皮诺切特事件或者比利时法院所要求的"普遍管辖权")。

三、新型民主中司法的未来

(一)寻求新司法的社会

法国司法正处于多种张力的中心:一种倾向——有人认为是不可避免的——是把司法纳入强化或建立新自由主义的过程之中(前文提到的管理化是其表现之一);另一种倾向是司法在政治危机中获取权力(由前述的"政治司法化"所阐明);还有一种,是司法积极地参与实现新型民主设想的过程。

如果我们试图逃脱某些宿命论——尤其像认为司法将无可避免地成为新自由主义一部分的观点,那么我们可以将注意力投向以下几种现象及其分析。

首先,公民似乎跟司法与法律建立了新型关系。这导致了新策略的出现,它们源于公民社会内部有组织的动员形式:这些社会运动的中心日益转向请求司法救济以及对法律与权利的应用。于是一种关于司法、法律和集体行动(action collective)之间关系的新理念呈现在我们眼前。正如美国政治学家迈克·麦克康(Michael McCann)所指出的,司法和法律的应用,尤其是为了强化处于社会边缘的公民的力量、甚至是普通公民力量或者少数派群体权利的应用,融入了政治进程。作为资源而被使用的司法和法律成为了社会运动中集体行动的优选工具;它们不再被认为受权力的绝对支配,而可能为公民所用,而且公民的"利益"、"诉求"(cause)可能得到法律专业人士的帮助[国际公益诉讼运动(cause lawyering)]。正是通过公民对自身遭遇以及对法律与司法可能起到的作用的感知,他们才对自己的权益有了更为清晰的意识。许多针对不同国家的分析都证明了这一点,包括中国的情况,当然也包括法国:比如无证件、无住所、无工作群体(les sans)的运动,反对转基因产品运动、女权运动以及承认同性伴侣和同性父母的运动。

至于司法这一特定层面,这些新的公民动员或许能让司法成为在公共领域推进某一种诉求的舞台。在这点上我们跟皮埃尔·洛桑瓦隆(Pierre Rosanvallon)的意见相近,他认为代议制共和国可能无法再满足的公民渴求,可以由宪法法院来回应;而这样的法院有可能成为"后代议制民主的基本要素;这种后代议制民主向公民提供一个新的决议场所,并将在公共生活中引入一种更客观、受司法推理模式约束的调控方式"。

此外,公民对司法的运用也可能促进新的司法形式的出现。在他们的组织中,许多非专业人士(新的社会工作人员、社团运动的推行者,可能还有地方选举中的当选人)已表明有意积极参与在新的社会问题中司法功能的发挥。

这些由公民社会主导、"自下而上"的新型司法活动更因其跨国化的趋势而显得重要。在这样的语境下,社会运动逐步被纳入一种全球公民社会之中,后者要求社会运动重新思考自己的策略并更新集体行动的模式,特别是如何运用司法舞台的问题。这尤其体现在生态、城市化、少数群体权利及女权领域,当然,也在经济领域。与跨国化影响下的公民动员新形式相呼应的,是法律从业人员自身的新策略,尤其是面对着全球化的法官们的策略(建立培训机制,对司法活动跨国化的种种尝试,尤其像建立全球化法律判例的尝试,等等)。

正是这种公民与司法和法律间的新型关系以及它们所蕴含的新型民主制度在催促着国际上进一步思考如何将司法与法律置于"民主治理"的核心。从这个角度出发,在充分考虑到代议制民主的危机以及对创立参与式民主的渴望后,我们应思考如何使公民参与到法律规范的制定与应用中来,尤其是司法活动中。这种思考更深刻的目的也在于通过获得公民的参与和支持,来重建"共同生活"规则以及更广泛的政治规则的正当性。

(二)从司法机构与法官角度看新型司法的要求

在以上粗笔勾勒出的社会环境中,并在雅克琳娜·德·罗米依(Jacqueline de Romilly)绝妙地称为"迂回策略"的概念的帮助下,我们可以怎样展开针对法国司法机构运作和法官职责的新一轮思考呢? 实际上,从上文提到的大动向和在民主方面显现出的潜力来看,迫在眉睫的任务是重新对法官身份和职能进行深刻的定义。定义的出发点是两个会与行政管理对司法的干预正面冲撞的目标;这些干预本身追求着经济、业绩和效率,因而有时不惜牺牲一些基本原则。

第一个目标在于将司法独立神圣化。正如之前所说的,司法独立在今天似乎腹背受敌。首先,各种权力试图控制"自身"司法系统的老式意愿只是最传统也最显而易见的一面。但在现今对司法的挑战中，最广泛且最重要的当属通过对公共政策的修正来使法官逐步臣服于新自由主义秩序的现实。正如我们在上文中指出的，这种臣服的影响已经渗透到了司法实践之中。

面对这两种干预法官行使职权的方式，我们亟须深入改造所有能保障真正的法官独立的机制，其中包括保障在法院内部法官对其上级的独立性的机制。法国的司法系统实际上建立在一个不可靠的假设之上；根据这一假设，法院院长的法定独立性自然地保证了他们的决定是公正的。支撑该公设的抽象认识实际上忽略了一种更为平凡的现实：职业生涯方面的考虑对院长们的影响往往甚于对其他法官的影响，从而常使前者顺从地承接当权者的意愿。

一种重建模式应着眼于能在最大限度上保障任命法官的机构的独立性的程序。实际上，最高司法委员会（CSM）⑨，目前既不完全独立，又不是真正任命司法官⑩的机构。其人员组成模式将其置于政治权力（共和国总统、参议院和国民议会主席各自直接任命两名成员）、司法机构领导和多数派工会（从任命模式来看，两者至少可以分别任命六名自己的成员）的三重监管之下。因此有必要思考新的任命方法：一方面应基于外部人员招募的多元化，这些外部人员可以由国会以特定多数投票任命；另一方面应尽可能忠实地体现司法人员的多样性。

此外，改革后的最高司法委员会的权力范围必须扩大。目前，它只就检察官的任命给出简单意见以及就法官任命给出批准意见，而几乎所有任命和提升的主动权都在司法部手中。最高司法委员会甚至没有能力让自己的人选取代司法部指派的人。因此必须在整个任命过程中赋予它权力，以避免所有可能来自行政权的干预。

接下来，有必要限制法院院长对法官发布命令的权力（*imperium*）——最近几个关于命令权的例子显示出，它更多地被用于讨好执行权，而不是为了保证以最佳方式指导司法工作和保证其成员的独立性。有两条改革之路可以试探。首先是通过国家条例（décret）来确定一定数量的法官职能。今天，预审法官、儿童法官、小审法院法官和量刑法官都在任命后均行使特定的职能——理论上这些职能是无法被剥夺的：他们是所谓的"特殊"法官。相反，一些职能是由"通科"法官行使的。这很明确地意味着一审法院或上诉法院的院长可以

---

⑨　最高司法委员会是由宪法第 65 条规定的保障司法人员独立性的机构。除了司法官的任命之外，它也负责职业晋升、违纪处罚等事务。——译注

⑩　司法官（magistrat）是法官与检察官的合称。——译注

自由地改变他们的职务。因此，2010 年六月克雷戴尔（Cretail）法院的院长在一夜之间告知一位负责自由和拘留的法官必须离职，因为该法官的一些决定受到了一家警察工会的投诉：这种令人震惊的权力滥用显示了法官独立性的明显倒退，同时也暴露了某些"法院头头"对于行政权的意愿俯首帖耳的事实。如果将最敏感的职务——这包括自由和拘留法官、家庭事务法官、轻罪法院院长和重罪法院院长的职务——变为由国家条例进行规定，法律将使这些法官的稳定性大大增强。这样的发展，虽然显然有悖于简便灵活的管理模式的要求，但对于切实保障法官独立性是十分必要的。

其次，我们同样应该就"自然法官"的问题进行思考。这个概念在法国几乎无人知晓，但在很多欧洲国家至关重要。所谓的自然法官是由客观、透明和预先制定的标准所确定的审判具体案件的法官。实际上，只要任一机构在指派法官负责某一具体案件上具有绝对的权力，独立法官的设立就几乎毫无用处。法官必须具备的公正性要求卷宗的分配只能遵循无可置疑的程序。在法国，设立自然法官的吁求在第三共和国时非常活跃，但在维希政权下被扫清了：1943 年 8 月 14 日的一部法律规定院长和首席院长可以独立决定审判庭的组成。在今天，卷宗分配的相关问题由一份简单的条例解决——1983 年 12 月 23 日的条例。与之相反，仅就法国的近邻而言，自然法官的原则被写入了德国、意大利、西班牙、葡萄牙等国的宪法。法官的分配、他们的替换模式以及庭审数量应该由全体会议——也就是说由法院的全部法官——预先规定。同样，卷宗分配只能建立在客观标准之上：相关的内容或地域、卷宗编号、当事人姓氏字母的排序，甚至通过抽签（像在西班牙的司法系统中一样）。

最后，法官与检察院的关系可以从司法独立的角度来重新思考，因为它在许多方面有着举足轻重的作用，尤其在确定法官职权范围方面。总的来说，二者关系的发展可以如此描述：检察院的作用和权力的不断增长（检察院在许多领域可以越来越明显地取代法官，而且其侵犯公民自由的权力在不断增大）；检察官对行政权的依赖越来越明显。司法的"效率"和可预见性方面的要求促进甚至是催生了这两种转变；但它们因自身内在逻辑的矛盾而带有根本的缺陷，并在一定程度上引起了当下法官的身份危机——他们处于检察院不断上升的核心地位的钳制之下。这些转变在欧洲主要司法体系中的表现并不完全一致。有的检察院比它们的法国同行拥有更少的权力和职责，有的则拥有一种可以保证在更大程度上自治的身份……

这种内在矛盾在今天似乎已经达到顶点，并构成了解读近来欧洲人权院和法国最高司法法院关于检察院的判决的众多方式之一。对这些判决的意义的澄清不可或缺,而澄清的方向已经被较为清晰地确定了:如果立法者决定拒绝赋予检察院成员切实的自治权(比如交由最高司法委员会任命,禁止行政权对具体案件的任何干预,对所有检察官自治的保障……)的话,立法者就应当缩小检察官的活动范围,而检察官团体与职业晋升相分离的问题也要正式被提出。相反,如果立法者有志让法国检察院成为欧洲人权公约意义上真正的司法机构,法国的情况将不再那么模糊也可能不再受到那么多批评。但仅就欧洲人权法院的某些判决来看,界定属于法官的不可让渡的职权范围的问题仍然存在;这些判决从检察院的本质出发揭示了它的局限:它在审判中负责"起诉"的地位决定了它无法满足公正的要求。

值得期待的司法机构改革/变革的第二个目标在于赋予它们自治的能力;没有自治,真正的独立无从谈起。但仍需确保司法机构对自身财政的管理不会变为导致它丧失独立性的工具,正如我们今天所见的一样。

如今最为清楚的一点是,司法"财政特例"这一构想本身就正面冲撞着全面调整公共政策的意图,更为广泛地说,它冲撞的是当代公共管理模式。若以后者为基础来分析,为了使成片的公共政策领域脱离财务逻辑而设立的特例、圣殿只能被认为是异端的产物。

然而2010年7月22日的建制法(loi organique)还是设立了这样一个例外:通过在1994年2月5日的建制法第12条中加入"最高司法委员会的财政独立由财政法中的专门规定加以保障",它确确实实想要以权力分立的名义使最高司法委员会脱离立法和行政权管理中的各种偶然因素的影响。进步是有目共睹的,但这一局限于最高司法委员会的进步只能更明显地衬托出在其他司法机构的改革方面完全缺少动力。

为什么提出这样的要求?因为人力与物质资源的供应极大地影响着审判活动的开展,也因为管理程序和财政规范必然地影响着司法独立原则的实现。

目前,行政权和立法权单方决定着资源的配置;其间既没有最高司法委员会的任何参与,也没有负责协商资源管理的民主机构的协作。确定需求和目标的决议场所完全不存在。至于为了最好地规定资源用途而制定的"业绩指标",它们纯粹是量化的,并似乎将司法简化为流量管理。

司法的自治,作为唯一能切实保障司法独立的方式,必然地要求一个本身独立的机构——比如最高司法委员会——有权向政治决策者提交一份预算规划。其确立的基础将是在全法各地由司法官与公务员组成的全体大会所制定的具体"法院规划"。至于作为检验支出收效的关键环节的财政管理报告,它们也不应完全脱离由宪法规定的保障司法独立的机构的管辖。该机构应就司法系统的支出提出公开意见。在地方上,预算的制定应以获得包含司法官和公务员的常委会的批准意见为前提。

在这些条件下,司法权威才能大致享有与其内在民主要求相应的地位。⑪

Reforming French Justice: Instrumentalization vs. Democracy

Jacques Comaille, Benoist Hurel

Abstract: The French judicial system currently faces structural changes as well as a pronounced tendency towards instrumentalization. This article's objective is to recall the macro-social, macro-political, and cyclical elements favoring the system's evolution as well as its principal characteristics. After establish-ing the facts, the perspectives of this evolution are drawn: the un-mastered ones that can be described as having a future for justice as excess and those following democratic aspirations that lead to the definition of what could be the broad contours of a reform of French justice equal to the requirements of a renewed democracy.

Keywords: instrumentalization of judges; judicial reform; justice and democracy; managerialization of justice; separation of powers; Court Procuratorate

---

⑪ 自原文发表以来(2011 年),法国司法改革的进程从未放缓。有兴趣的读者可以关注由卡迪耶教授(Loïc Cadiet)领导组成的委员会在 2012 年 6 月发表的报告(L. Cadiet (dir.), *Pour une administration au service de la justice*, le club des juristes, 2012;可在网上下载)。该委员会着重批评了现行司法对行政权的依附,并建议从司法官职业生涯的管理(改革最高司法委员会)、法院活动的评估模式(建立类似于大学活动评估的独立评估机构)、法院领导的选拔模式、法院财政经费、司法官全员大会的功能等方面着手,加强司法系统的独立与民主。——译注

自 2007 年以来法国司法改革
的总结与展望[*]

阿·玛蒂娜　著^{**}　　赵永升　译^{***}

摘要:本文阐述了自 2007 年至 2012 年期间法国司法改革中的关键步骤。首先,探讨在"立法膨胀"与刑罚加重之间寻求刑事司法的有效性问题,涉及加大惩罚力度、反累犯斗争,以及将难题转移到刑罚执行阶段的改革效应。其次,阐述在公民基本权利保护方面的主要革新,包括合宪性的优先权问题和拘留制度改革,并对改革的不彻底性加以批评。最后,论述司法组织的现代化,既包括司法与公共政策修订,也涉及对司法版图改革的批评,即重组举措规模虽大,却不彻底。

关键词:司法改革　立法膨胀　累犯　拘留　司法版图

法国司法改革在 2007 年总统大选时提出,后由法国政府加以推动。司法改革实际上已经深刻地改变了法国的司法制度组织。四年之后,在对司法改革进行总结时,大家的意见不一。在诸多领域,进步是肯定的;然而,给这个时期留下标志的"立法膨胀"却导致诸多的复杂性。另外,面对有时自相矛盾的多个目标,司法制度实难找到真正的一致性。

---

　* 原文出处:Agnès Martinel, *Les réformes de la justice depuis* 2007: *bilan et per-spectives*, *in* La justice en réforme: où en sommes−nous ?, Regards sur l'actualité, n° 374, La documentation française, octobre 2011, pp. 8~21.

　** 阿·玛蒂娜(Agnès Martinel),司法官。

　*** 赵永升,法国巴黎第一大学经济学院金融学专业博士研究生,中国社会科学研究院欧洲所访问学者。

最近对拘留（la garde à vue）制度①的辩论，已显现出将有效性与确保个人自由的宪法原则相结合，对立法者而言有巨大难度。毫无疑问，就在寻求有效性与保护基本权利之间，存有司法改革的"分水岭"。在国会调查委员会关于乌特尔案（affaire d'Outreau）②报告发布的第二年启动的司法改革，已阐释了意在治理公民与司法之间的信任危机，并更能满足当事人的期待。我们将对司法改革中的三个轴心措施所取得的成果进行评估：刑事司法的有效性、公民基本权利的保护和司法制度的现代化。

一、在"立法膨胀"与刑罚加重之间，寻求刑事司法的有效性

刑事方面的立法改革绝大部分反映了优先考虑安全轴心的公共政策。该倾向的形成已有十年之久。2001 年 9 月 11 日的谋杀事件，实际上已经宣告了一个新时代的开始。为了采用公平诉讼（procès équitable）的原则，2000 年 6 月 15 日法律在强化了无罪推定与被害人权利③之后，又多了一个不同的目标，即对不安全因素展开斗争；结果就引起了在刑法方面重要的"立法膨胀"。另外，在舆论的辩论中，尤其关于性犯罪行为，也同样导致整个立法朝着惩罚性的方向发展。在一定数量的悲剧性社会新闻之后，立法者介入了，最为常见的是在情绪高涨下颁布新的规则。此后，舆论对改革的影响有增无减，烙印最深的是一个性犯罪与累犯的例子；与此类犯罪行为的斗争成为一个重要的论题。

诸多不同的改革彼此相连，并围绕两个轴心：加大惩罚力度，尤其强调针对累犯的斗争。然而，如果随后出台的一系列法律改革方案都秉承这一思路，那么某些矛盾的产生就不可避免。

（一）"立法膨胀"与加大惩罚力度

刑事方面史无前例的"立法膨胀"成为立法的明显特点。在此期间，法律

---

① 参见 G. Carcassonne, *Quelle garde à vue en* 2011?, *Regards sur l'actualité*, No 365, La Documentation française, novembre 2010.

② 国民议会，以调查委员会名义发布的、旨在寻找乌特尔案中司法失灵的原因且提出避免重蹈覆辙建议的报告，N° 3 125, 2006 年 6 月 6 日。

③ 2000 年 7 月 15 日第 516 号关于强化无罪推定与被害人权利保护的法律（2000 年 6 月 16 日，JORF 138）。

的颁布非常频繁,涉及控诉类型的新设和处罚措施的加重。此趋势正迎合了
2007 年总统大选之前就已经启动的司法改革运动。因此,2007 年 3 月 5 日颁
布了关于预防犯罪的法律,④主要规定如何处理未成年人的犯罪行为,同时涉
及家庭暴力、性犯罪以及吸毒方面的制裁措施。因此,加重了对具有夫妻暴力
施暴犯罪行为者的刑罚。同时,鉴于袭警这种对治安警察的暴力违法行为日
趋严重,为了应对郊区频现的袭警事件,专门增设了针对"对公职人员伏击"这
一犯罪类型。

新的立法活动加强了司法改革运动。接着,国会通过了针对设立新增控
告及刑罚加重的诸多法律:2007 年 10 月 29 日有关反伪造斗争的法律⑤、2007
年 11 月 13 日有关反腐败斗争的法律⑥、2008 年 7 月 3 日有关反兴奋剂产品
走私斗争的法律⑦,2009 年 6 月 12 日有关打击非法下载的法律("Hadopi"
法)⑧。最后的文本将由宪法委员会按其规定加以审查,规定涉及关于非法下
载的"渐进反击式"举措;其规定促成在高层当局内部组成权利保护委员会,以
加强网上作品推广与权利保护⑨;该高层当局是一个独立的行政当局,处罚权
只由司法官加以履行。涉及考虑该审查规定的第二个法律于 2009 年 10 月
28 日⑩投票通过。

新增控诉类型有时也在其他文本中颁布,如 2011 年 5 月 17 日关于简化
和提高法律质量的法律⑪,尤其将经过预谋的伏击事件认定为谋杀的加重情
节。

---

④ 2007 年 3 月 5 日第 297 号关于预防轻罪的法律(2007 年 3 月 7 日,JORF 56)。

⑤ 2007 年 10 月 29 日第 2007－1544 号有关反伪造斗争的法律(2007 年 10 月 30
日,JORF 252)。

⑥ 2007 年 11 月 13 日第 2007－1598 号有关反腐败斗争的法律(2007 年 11 月 14
日,JORF 264)。

⑦ 2008 年 7 月 3 日第 2008-650 号有关反兴奋剂产品走私斗争的法律(2008 年 7 月
4 日,JORF 155)。

⑧ 2009 年 6 月 12 日第 2009-669 号利于互联网创作推广与保护的法律(2009 年 6
月 13 日,JORF 135)。

⑨ 针对互联网作品推广与权利保护的高层当局,简称 HADOPI。

⑩ 2009 年 10 月 28 日第 2009－1311 号关于互联网文学与艺术产权刑法保护的法
律(2009 年 10 月 29 日,JORF 251)。

⑪ 2011 年 5 月 17 日第 2011-525 号关于法律的简化及质量提高的法律(2011 年 5
月 18 日,JORF 115)。

(二)反累犯斗争,始终作为优先工作

一直以来,我们都在强调累犯所带来的危险。因此,三个重要的法律文本陆续颁布。

2007 年 8 月 10 日关于成年人与未成年人累犯的法律⑫,作为该立法"弹药库"的第一个法律文本,设立了对在法律所规定的累犯所犯违法行为的"最低刑罚"。因此,就司法官在某些监禁或徒刑定量中的自由度,立法者构思了一个对其加以限制的体系。从此以后,在规定内累犯(换言之,在第一次审判之后,在一定的期限内,并针对类似的事件)状态下所犯的罪行或轻罪,不得再被处以低于一定门槛的刑罚;该门槛由法律确定,并与现行的高限成比例。然而,出于特殊动机,司法机关保留了宣判低于该门槛刑罚的可能性,但须详述对被判刑罪犯再融入社会所作的担保。宪法委员会已经宣布了该法律文本符合刑罚的必要性及个性化的宪法原则(2007 年 8 月 9 日 2007-554 DC 决定⑬)。

2008 年 2 月 25 日关于安全扣留权(rétention de sûreté)与不负刑事责任(irresponsabilité pénale)的法律⑭的出台加强了该机制。该法律文本将比之前的走得更远,建立在"预期刑法"⑮的逻辑基础之上:指的是靠一个临床诊断来预防危险性。该法律因此设立安全扣留权制度,它是作为特例下的一个允许扣留的措施,在一个被称为"社会—医学—司法中心"的封闭中心,扣留由于某种犯罪而被判等于或超过十五年刑事监禁、其在刑满之时存有极高的累犯可能性和由其个性的高度紊乱而引起特殊危险性的囚犯。

该措施是在一个安全措施跨学科委员会对囚犯进行评估之后,由具有安

---

⑫ 2007 年 8 月 10 日第 2007—1198 号加强反成年人与未成年人累犯斗争的法律(2007 年 8 月 11 日,JORF 185)。

⑬ 汇编,p. 303,2007 年 8 月 11 日 JORF。

⑭ 2008 年 2 月 25 日第 2008—174 号关于由于神经紊乱而致的安全扣留权与刑事无责任声明的法律(2008 年 2 月 26 日,JORF 48)。

⑮ J. — p. Jean, *Les réformes pénales* 2000 — 2010:*entre inflation législative et révolutions silencieuses*, Regards sur l'actualité, N° 357, Paris, La Documentation française, janvier 2010.

全扣留权的地区司法机关⑯所宣布的；该委员会是一个地区间机构，依照 2005 年 12 月 12 日法律针对移动电子监控下的安置活动⑰而创建，由司法官、地区行政长官、精神分析学家、心理学家、监狱服务地区间主任、律师和被害人国家援助协会的代表各一名所组成。⑱

对安全扣留权的地区司法机关作出的决定，可以呈请至由最高法院的顾问所组成的国家司法机关进行再审。

宪法委员会在其 2008 年 2 月 21 日的决定（N° 2008-562 DC 决定）中，裁定安全扣留权并非一种刑罚，而是一项安全措施。关于该措施的特定特征，尤其是其剥夺自由的本质、剥夺的期限及其无限可更新的特点，孟邦西亚（Montpensier）街的智者们已经审查了这一条款：规定对在该法律发布之前被判刑的人，或者对该日期之前犯下的事件要等该日期之后审判，该措施的应用都具有追溯效力。

在高等法院第一院长 M. V. 拉蒙大（Lamanda）于 2008 年 5 月 30 日报告中提出的建议之后，应共和国总统之要求加以咨询，该机制经 2010 年 3 月 10 日法律得以圆满完成；该法旨在将累犯的风险最小化，并对刑事诉讼程序作了多项规定。⑲ 这样，该文本就完善了 2008 年 2 月 25 日法律，同时吸取了宪法委员会决定的结果。它具体规定了对被安全扣留者在其服刑期满之后，尤其是其由于遭受紊乱所需的适应性监禁期间安置的条件。另外，该文本在《刑事诉讼程序法典》中还引进允许对一个性犯罪累犯进行"化学阉割"可能性的条款。

法律的快速衔接着实引起了质疑。或者每个文本本身是有效的，人们可

---

⑯　根据 2008 年 11 月 3 日司法部长法令，设立了八个具有安全扣留权的地区司法机关（波尔多、里尔、里昂、马赛、南锡、巴黎、雷恩和法兰西堡），后者与安全措施跨学科委员会具有相同的领土管辖权。2008 年 11 月 3 日法令确定了安全扣留权的安全措施跨学科委员会与地区司法机关的数量、定位与职权（2008 年 11 月 5 日，JORF 258）。

⑰　2005 年 12 月 12 日第 2005－1549 号关于刑事犯罪累犯的处理的法律（2005 年 12 月 13 日 JORF 289）。

⑱　2005 年 12 月 12 日第 2005－1549 号关于刑事犯罪累犯的处理的法律，及其 2007 年 8 月 1 日第 2007－1169 号关于移动电子监控下的安置应用法令，为此创立了八个地区间委员会（波尔多、里尔、里昂、马赛、南锡、巴黎、雷恩和法兰西堡）；后者与专业的地区间司法机关具有相同的领土管辖权。

⑲　2010 年 3 月 10 日第 2010-842 号旨在将犯罪累犯的风险最小化，并对刑事诉讼程序作了多项规定的法律（2010 年 3 月 11 日，JORF 59）。

以质疑后续的功用；或者每个文本本身并非有效，而是假设了新的条款，而在这种情况下，人们可以怀疑其恰当性。

除了该质疑，由机制而引发的效应问题也被提出。一些学者在立法之初就预言，监狱因犯人口的增加已经导致将难题转移到刑事诉讼的最后一个阶段：刑罚的执行。

（三）改革效应：将难题转移到刑罚的执行阶段

2008 年 12 月 9 日，议员克里斯托弗·卡里斯（Christophe Caresche，社会党）与吉·吉奥夫洛（Guy Geoffroy，人民运动联盟），已经就 2007 年 8 月 10 日第 1198 号关于加强反成年人与未成年人累犯斗争法的应用，提交了一份调研报告[20]。根据该报告的结论，"最低刑罚"实际上已经产生了增加监狱因犯人口的效应，而监禁机构确实已经人满为患，状况令人担忧。另外，2008 年宪法修正案对集体赦免的取消，更是雪上加霜。截至 2009 年 9 月 1 日，194 个监狱机构有 53 323 个床位，而总监禁人口却达 61 787 名；所有这些导致监狱条件每况愈下，尤其随着自杀率的显著攀升（2008 年有 115 名囚犯自杀）。2011 年 9 月 13 日，共和国总统宣布从今至 2017 年，将在监狱内增设 30 000 个床位。

为了应对该状况，2009 年 11 月 24 日监狱法[21]扩大了监外执行的办法。从今以后，监外执行成了针对不到两年的各种徒刑的适用原则，累犯例外。对电子脚铐的使用更加便利。有条件释放的适用条件对年迈和生病的囚犯加以放宽。

实际上，该文本已经颇为有效，它减轻了法律对"最低刑罚"产生的效应。然而，它未能解决所有的难题。实际上，两个机制的联合应用，一个的结果是填满监狱，另一个是清空监狱，这样就引起了一个新的问题，即难题被转移至刑罚的执行阶段。截至 2010 年 12 月 31 日，应执行而未执行的刑罚总数，估算在 97 000 到 102 000 件之间。至今，官方数据仍是 80 000 到 87 000 件未执行监禁。2011 年 6 月初，埃里克·西奥第（Eric Ciotti）议员提交了一份报告[22]，考虑到了这个情况，并提出了一些倡议。

---

[20] 国民议会报告 N° 1310。

[21] 2009 年 11 月 24 日第 2009－1436 号监狱法（2009 年 11 月 25 日，JORF 273）。

[22] Eric Ciotti, *Pour renforcer l'efficacité de l'exécution des peines*, rapport au président de la République, La Documentation française, 7 juin 2011.

二、公民基本权利保护方面的主要革新

巴拉迪尔(Balladur)委员会主持下的 1958 年《宪法》修订活动的最重要成果是促成了 2008 年 7 月 23 日关于第五共和国机构现代化的宪法法案的出台。㉓ 在对该宪法修订的不同革新中,合宪性的优先权问题出现了;它使法国司法权的面貌发生巨变,并改变了行政权与立法权之间的关系。由此出现的深刻变化,通过新的经验控制领域作出的决定加以阐释;这样,宪法委员会就在拘留方面,对《刑事诉讼程序法典》的条款进行了根本性的修改。

另外,宪法法案大大地改革了最高司法委员会(le Conseil supérieur de la magistrature)。㉔ 然而,有一个问题被遗忘或者被往后推延,那就是检察官的地位问题。

(一)合宪性的优先权问题,或"司法权大爆炸"的历史

最初有些人认为这确实是"司法权大爆炸"㉕,合宪性的优先权问题无疑是 2008 年《宪法》修订最为重要的革新。从今以后,《宪法》的新条款第 61—1 条使所有当事人在进行的诉讼中,在由宪法所保证的其权利和自由受到损害时,可援引立法规定的违宪性。在一个诉讼中,各方面对实质(司法的或行政的)司法机关,均可提出问题;问题被转至高等法院或国务院,待后者决定是否再转至宪法委员会。宪法委员会将在三个月内作出决定。

在法国,直到现在,合宪性还只能以先验的形式加以监控;换言之,在一个法律颁布之前,宪法委员会只对一个政治机构提交审理。㉖ 诸多的欧洲国家(意大利、奥地利、德国等)很久以前就已经迈出脚步,而对通过向全体公民开

㉓　关于第五共和国机构现代化的 2008 年 7 月 23 日第 2008-724 号宪法法案(2008 年 7 月 24 日,JORF 171)。

㉔　参见 D. Ludet, *Conseil supérieur de la magistrature: une réforme achevée?*, Regards sur l'actualité, N° 364, Paris, La Documentation française, octobre 2010.

㉕　D. Rousseau, *La mise en place de la QPC crée un big bang juridictionnel en France*, La Tribune, juillet 2010; D. Rousseau, *La question préjudicielle de constitutionnalité: un big bang juridictionnel?*, Revue du droit public, No 3, pp. 631～644.

㉖　直至 1974 年 10 月 29 日宪法法案,仅有共和国总统、总理、国民议会主席和参议院主席有权在一个法律的颁布之前,在宪法委员会提起诉讼。1974 年修订将该特权扩大至 60 名国民议会议员或 60 名参议员。

放的特殊途径对合宪性加以控制的做法，法国还停留在对其断然拒绝的层面；尤其是随着两个改革项目的失败，最后一个追溯至 1993 年，在沃戴尔（Vedel）委员会的工作之后。从此以后，空白被填补了。2009 年 12 月 10 日的组织法[27]已经对合宪性优先权问题的实施条件进行了具体规定，尤其涉及最高行政法院（Conseil d'Etat）和普通最高法院（la Cour de cassation）。

现在，对合宪性优先权问题的处理是一个真正的成功。法国公民在大量使用该机制，用罗伯特·巴顿特（Robert Badinter）的话说，他们已经成为"宪法的成年人"了。宪法委员会已经于 2011 年 2 月 28 日记录了在合宪性优先权方面的 527 个决定：124 个决定被返回（其中 59 个属于最高行政法院、65 个属于普通最高法院），以及 403 个未返回的决定（163 个属于最高行政法院、240 个属于普通最高法院）。至 2011 年 2 月 28 日，宪法委员会已经就这 124 个事件中的 102 件作出 83 个决定。诸决定涉及的领域很广泛，既有社会法、抚恤金法、选举法，也有商业法、财产法和家庭法。然而，刑法和税法还是占据决定的主要部分。最具争议的无疑是关于拘留（2010 年 7 月 30 日 n°2010－12/22）的决定。正是这个导致政府继续沿着已经备受批评的约束措施的改革之路前进，尤其在欧洲人权法院的决定之后。

（二）一个主要议题的演变：拘留制度改革

2010 年 7 月 30 日，一方面是对公共秩序危害的预防以及对犯罪分子的查找，另一方面是对宪法所保障的自由的实施，宪法委员会考虑到这两者之间的结合不能再被视为平衡，因而判定《刑事诉讼程序法典》中关于拘留的规定违宪，要求立法必须在 2011 年 7 月 1 日之前进行修订。法国的拘留制度已经与欧洲人权委员会完全一致，在多个判决[28]中已经认定了自嫌疑犯第一次被审讯起，律师就要在场以及告知犯罪嫌疑人沉默权的必要性。

2011 年 4 月 14 日颁布了关于改革拘留制度的法律[29]，限制了对该入狱的轻罪约束措施，增加了律师在拘留的全过程必须在场的原则，并将沉默权的告

---

[27]　2009 年 12 月 10 日第 2009－1523 号关于《宪法》条款第 61－1 的应用的法律（2009 年 12 月 11 日，JORF 287）。

[28]　2009 年 10 月 13 日 CEDH 决定，诉状 req. N° 7377/03，Dayanan c/土耳其；2009 年 9 月 24 日 CEDH 决定，诉状 N° 7025/04，Pishchalnikov c. 俄罗斯；2008 年 11 月 27 日 CEDH 决定，诉状 req. N° 3639/02，Salduz c. 土耳其。

[29]　2011 年 4 月 14 日第 2011-392 号关于看守的法律（2011 年 4 月 15 日，JORF 89）。

知重新引到我们的法律中。③⓪ 但是，共和国检察官可以在最多十二个小时的期间内，延迟对这两个新法的实施，由于特定的状况使然：在紧急的情况下，汇集或保存证据，或者告知即将逼近的伤害。另外，在有组织的犯罪和恐怖主义方面共同法的抵触体制被保留了下来，而这与 2010 年 10 月 19 日最高法院刑事庭的决议相悖(Crim. ,Bull. crim. 2010，No. 163)。

另外，该文本没有重提国民议会法律委员会的建议，即提倡由一个自由司法官(juge des libertés)对程序加以监督，而非由共和国检察官监督。

该法律的生效日期定为 2011 年 6 月 1 日。

然而，2011 年 4 月 15 日③①，最高法院已经发布四个决议，认定普通拘留体制要与欧洲人权委员会第 6 条第 1 款的规定相符，不得延期。诸决议实际上使沉默权的告知以及律师协助权得以立即适用，该权利是由欧洲人权委员会提出的要求。

(三)最高司法委员会(CSM)：一场半途而废的改革

最高司法委员会的使命是确保司法的独立，这是一个负责协助共和国总统的宪法机构，在第四共和国时期诞生，并于 1958 年加以改革；但实际上，它已不再适应时代的变迁。乌特尔案已经加强了对该机构的职业利益保护的批评。

因而，2008 年的宪法修订深刻地改变了《宪法》第 65 条的规定。文本的第二个修订——第一个修订源于 1993 年 7 月 27 日的宪法法案——旨在在司法与公民之间重建信任。

它因此重新定义了该宪法机构的构成和属性，同时强调了该机构对外开放，以及给予当事人新的权利。

关于最高司法委员会的构成，改革方案是让行政权部分退出：共和国总统不再领导最高司法委员会，但部分学者③②强调其模棱两可性并未完全去除。实际上，共和国总统作为司法独立的保护者，《宪法》第 64 条并没有修订，该条

---

③⓪　此沉默权由 2000 年 6 月 15 日强化无罪推定与被害人权利的法律加以设立。2002 年 3 月 4 日法律(2002 年第 307 号旨在完善 2000 年 6 月 15 日第 516 号有关强化无罪推定与被害人权利法律的法律，2002 年 3 月 5 日 JORF)改变了该机制，同时阐述了从今以后被看守的人应该被告知其"作出宣布、回答问题或保持沉默"的权利。2003 年 3 月 18 日法律废除了整个方式。

③①　2011 年 4 月 15 日 Ass. pl. No. 10－30.316，No. 10－30.313，No. 10－30.242 以及 No. 10－17.049。

③②　G. Carcassonne，*La Constitution*，coll. Points，éditions du Seuil，p. 312.

款将最高司法委员会设定为协助共和国总统的角色。另外，司法与自由部部长如果不再由于其身份而成为成员的话，他依然可以参加非纪律性会议。

作为改革的标志性措施，最高司法委员会的新构成从此以后给非司法官的成员留下大部分位置：在七名司法官旁边就设有八名非司法官。其中六名成员分别由共和国总统、国民议会主席以及参议院主席，根据《宪法》第 13 条的程序加以任命。此与欧盟标准相比，显得法国的做法已经明显后退。可能由于这个原因，以及如另一位学者③③所强调，制宪会议成员在最终文本中，已与巴拉迪尔委员会的建议保持距离，同时将对席位组成和检察院的主持工作，分别委托给最高法院的第一院长和最高总检察长。

最高司法委员会组成的职权也有小变化。从今以后，检察院机构应该对检察院的所有司法官，包括总检察长的任命给出意见。然而，还有由改革正式产生的全会机构，其职权已经受到限制；它仅能对共和国总统或司法部长的提交审理给出意见。

但该改革最具象征性的革新，无疑是保留了让当事人在涉及司法官的举止方面诉诸最高司法委员会的可能性。在魁北克司法体系的启发下，乌特尔案议会委员会于 2006 年倡导该措施；毫无疑问，这在司法队伍里加强了在伦理方面所需保持的警惕性。组织法已将当事人新法的执行条件加以框定：术语"举止"禁止对司法官就其决定加以质疑，并且只有在司法官已经被一个导致对其质疑的程序所起诉的情况下，对该司法官的控诉方可构成。最后，最高司法委员会应该先考虑一个司法官可能构成一个违纪错误的举止。从今以后，该概念由一个组织法，依据由宪法委员会在其 2007 年 3 月 1 日的决定③④中所确定的限定加以规定：尤其构成对其自身权利的不尊重、严重侵害；该侵害由构成各方权利关键保障的程序法则的一名司法官加以断定，而该法则由一个最终司法决定加以确认。面对违纪行为，司法官的司法管辖活动不再是一个"圣殿"。在这种情况下，人们遗憾的是涉及检察院机构时，制宪会议成员并没有考虑到将惩戒权力从司法部转到检察院的构成。但是，这个检察院地位改革的问题在该时期每次均被搁置一边，通常作为真正的"后推"主题。

---

③③ 参见 D. Ludet, *Conseil supérieur de la magistrature：une réforme achevée?*, Regards sur l'actualité, N° 364, Paris, La Documentation française, octobre 2010.

③④ 2007 年 3 月 1 日第 2007-551 DC 号决定，在 2007 年 3 月 1 日第 2007-551 DC 号决定下的记录，宪法委员会细则，2007(22)，pp. 71~74.

（四）一个"回避"的话题：检察院的地位

检察院的司法官在最高司法委员会发布一个简单的通知之后，由共和国总统令加以任命；尽管司法官由于其实施刑罚政策的职务特性，而被置于一个等级森严的职业组织中，他们依然属于《宪法》第 66 条所指的司法当局不可或缺的部分。自从 1993 年 8 月 11 日决定起[35]，宪法委员会不断重新认定该原则。

2004 年 3 月 9 日法律已经强化了该检察院等级模式，同时在《刑事诉讼法典》的第 30 条中，宣布司法与自由部部长指导由政府所确定的公共行动政策，并且确保其在领土上所实施的一致性，同时向公共部的司法官发布一般指令。

《刑事诉讼法典》的一个宽泛改革计划在 2008 年启动，旨在取消预审调查法官，而在任何时候，都将不考虑开启对检察院的改革之门。诚然，直至今日该刑事诉讼改革计划也未见面世，由于其在司法界引起了前所未有的争议。迄今，该系统已是强弩之末。

多年以来，检察院的地位备受批评：检察院的权力与日俱增，有时甚至触及准司法管辖权的领域，例如它们对事先认罪出庭程序的介入。欧洲人权委员会在 2008 年 7 月 10 日的 Medvedyev 一个法令[36]中，认定法国检察院"并非是欧洲人权委员会第 5 条第 3 款意义上的司法当局……尤其，它缺乏面对行政权的独立性，因而不能这般称谓"。该分析接着在 2010 年 11 月 23 日的 Moulin 法令[37]中再次认定。一些学者，如米黑也·戴尔马斯—马赫迪（Mireille Delmas—Marty）认为检察院改革是"不可避免的"。[38]

在宪法改革流产之后十一年，改革的问题再次被尖锐地提起；宪法改革预期将检察院的司法官任命附属于符合最高司法委员会的一个通知。有人因此建议将对检察院里检察官的任命与法官的任命齐平，同时确定符合最高司法委员会通知的必要性。因此，立法者还应再次抓住这个"后续主题"。

---

[35]　1993 年 8 月 11 日第 93-326 DC 号决定，汇编，p. 217。

[36]　2008 年 7 月 10 日 CEDH N° 3394/03 Medvedyev/法国。

[37]　2010 年 11 月 23 日 CEDH N° 37104/06 Moulin/法国。

[38]　《世界报》(le monde)，2010 年 4 月 5 日。

三、司法制度的现代化

自 2007 年以来的司法组织改革进入了现代化的程序；该程序多年前已经启动，尤其在 2001 年与金融法相关的组织法（LOLF[39]）实施之后。在 2007 年总统大选之后的年头，司法与自由部，正如国家的其他公共部门一样，参与了公共政策修订。今天要总结司法改革的效果如何，尚为时过早，由于在设定的目标与可支配资源之间，还一直矛盾重重。鉴于此，该时期最为显著的改革举措，无疑是对司法版图的改革了。

（一）司法与公共政策修订，如何少花钱、办好事

在司法与自由部内，公共政策修订是围绕着司法公共部门现代化的六大目标而设的。诸目标的实施通过涉及司法机关组织以及专业实践的各种措施得以体现。

与司法机关安全化相关的议定书已由司法与自由部、海外与内务部、地方行政区（Collectivités territoriales）移民部签署，旨在将警察的部署最佳化，以确保司法机关、审判庭寄存财物的安全财产的保管。

另外，司法部还鼓励司法机关使用视频会议。这样，自 2009 年以来，每年平均减少 5％的囚犯转移数；这些囚犯应由司法官加以听证，视频会议因此减少了在囚犯转移中所需的治安力量。

附属于司法部秘书长的一个"采购任务"已经实施，以对采购者加以专业化，并且加强对司法部采购政策的试验。该试验的目标在于对司法部内部的采购加以互助化和标准化，2013 年预计将盈余一亿欧元。

另外，刑事司法费用的问题已经被提出。这涉及将这笔相当多的费用合理化。考虑在整体司法机关内推广实践指南，以获得更大的效果，并对支出控制更佳。另外，在两个试点大审法院的法庭（普瓦提埃和鲁昂）工作已经展开，主要目标在于加速对限定专家支付条件的司法费用诉状处理。

对源于私有部门技术试验的求助，尤其在日本汽车工业首创的"精益管理技术"的基础上加以发展。因此，司法管理的整个程序进入对成本合理化的私营方法的过滤之中。然而，我们仍可对这类方法的适应性及其对未来产生的后果提出疑问。

---

[39]　与金融法相关的 2001 年 8 月 1 日第 2001-692 号组织的法律（2001 年 8 月 2 日，JORF 177）。

这些措施通常进展不顺,已经加剧了在一个预算已陷入困难的机构中,目标与资源之间业已存在的紧张关系。欧盟司法效率委员会(CEPEJ)在其 2010 年报告中,根据司法预算在国家财政预算中的比例,将法国列为欧盟委员会成员国的第 37 名。假如说最近这些年确实作了努力,那么,在达到欧盟要求的最佳结算标准之前,要走的道路还很长。

(二)司法版图改革:重组举措规模虽大,却不彻底

司法版图改革是一个在司法辩论中被反复提到的问题。迄今,只有一个改革极大地重新考虑了法院和法庭的地理分布。由米歇尔·德布尔(Michel Debré)于 1958 年实行该改革,取消了治安法官以及 150 个司法区法庭。如下的尝试,尤其是 1990—1991 年由亨利·南内(Henri Nallet)实行的省级化计划,已经遭到强烈的反对,最终未能实现。1997 年伊莉莎贝斯·吉果(Elisabeth Guigou)使用从 DATAR 借鉴的方法,创建了一个司法版图改革任务。该举措的第一个效果是颁布 1999 年 7 月 30 日法令[40],该法令取消了 36 个小型商业法庭。

在 2007 年,一个司法版图的新改革正式启动。根据改革条例,其实施应在三年内以渐进的方式进行。因此,改革导致在 181 个大审法院的法庭中取消了 21 个,在 473 个初审法院的法庭中取消了 178 个;在 239 个商业法庭中 55 个被取消,新设六个;62 个劳资调解委员会被关闭。同时,在配备不足的地区,新设 14 个司法机关(七个初审法院的法庭、一个劳资调解委员会、五个法庭和一个商业混合法庭),以确保司法公共服务的连续性。

然而,在该程序的进展过程中,批评从未间断过。在那些不可避免地引起地方争议的已经运作的选择之外,人们观察到该改革为一个重大困难所削弱:计划没有预设将对诉讼分配的根本层面也纳入。面对越来越多的批评,司法部部长委托著名诉讼法学家金沙尔(Guinchard)先生领导改革工作组,负责研究在司法机关之间的民事诉讼分配问题。这份报告已于 2008 年 6 月提交给司法部,并且促成提交关于诉讼分配及减轻某些司法机关程序的一个法律提案(n° 3373)。该文本尤其考虑到了对邻近法院的取消问题,现正在议会进行讨论。

---

[40] 关于取消商业法庭的 1999 年 7 月 30 日第 99-659 号法令(1999 年 7 月 31 日,JORF 175)。

四、结语

这就是自 2007 年至 2012 年立法之初的法国司法改革中的关键步骤。当然还有其他改革，例如对约束式住院（hospitalisations contraintes）的改革、对上诉法院上诉代理人的取消、在上诉法院前民事诉讼程序的改革、国家法官学院的改革……另外，在 2011 年夏初，一个法案被提交到了议会，该提案旨在设立轻罪案件的人民陪审员以及对未成年人的司法改革，后促成了 2011 年 8 月 11 日法律的出台。[41] 鉴于此，我们在此仅提及脱颖而出、最有力的改革成分；这些成分促使在立法过程中出现的趋势加以显现。因此，这些改革表现出安全刑罚手段的长期性特征，以及司法的独立性与公正性的问题。在这两个趋势的衔接之处，存有检察院的地位改革问题。

The Summary and Prospect of French Judicial Reform Since 2007

Agnès Martinel

Abstract：This article presents the critical steps of French judicial reform from 2007 to 2012. At first, it discloses the efficiency problem between the *legislation inflation* and the penalty aggravation, including the punishment heightening, the anti-recidivism struggle and the puzzle of reform effects transferring to the penalty's execution stage. Then the author analyses the main renovation in the field of citizens' basic rights protection, comprising the priority problem of constitutionality, the reform in detention system and the critics concerned. Finally, the author dissertates the modernity of the judicial organization involving not only the modification of judicature and public policies, but also the critics on the judicial territory reform, in other words, the restructure is still not complete in spite of a large scale.

Keywords：judicial reform; legislation inflation; recidivist; detention; judicial territory

---

[41] 关于公民参与刑事司法运行以及对未成年人审判的 2011 年 8 月 10 日第 2011-939 号法律（2011 年 8 月 11 日刊登在 JO n°0185 上）。参见与该法律相关文件中的文章：*Les jurés populaires ou la participation des citoyens au fonctionnement de la justice pénale*。

2000—2010 年刑法改革:
在立法膨胀和无声的改革中*

让-保罗·吉安 著** 蒋莉君*** 译

摘要:在过去十年内,伴随着立法膨胀,刑事司法体系发生了深刻的改变。立法节奏在 2002 年后变得更快,立法膨胀延伸至实体刑法和刑事诉讼程序,通过颁布一系列法律,已经动摇了法国刑法体系,整体安全方针被重新定位。主要措施包括:加强被害人权利保护,确定轻罪特殊种类,将打击严重性侵犯累犯放在首位。刑事司法体系的立法改革思路立足于系统化和加强打击犯罪。同时为了有效遏制犯罪,加强了警察和检察院在诉讼程序中的权力。

关键词:刑法改革 立法膨胀 预审法官 先行羁押 拘留

从 1994 年 3 月 1 日新《刑法典》生效起,议会已经通过了 75 部刑事法律。其中 2002 年之前立法者通过约 20 部法律,2002 年之后节奏加快,立法者通

---

* 原文出处:Jean-Paul Jean, *Les réformes pénales* 2000 — 2010: *entre inflation législative et révolutions silencieuses*, in Vers une réforme de la justice pénale, Regards sur l'actualité, n°357, La documentation franaaise, janvier 2010, pp. 8~22。

** 让-保罗·吉安(Jean-Paul Jean),曾任巴黎上诉法院总检察长、法国普瓦提埃大学客座教授。

*** 蒋莉君,法国巴黎第二大学商法专业博士研究生。

过了 30 部法律,并且进程开始变得更快。① 事实上 2000—2010② 年间通过
的一系列法律(附录一),已经动摇了法国刑法体系,整体以安全方针为优先考
虑。③

2000 年 6 月 15 日通过的法律,加强了无罪推定和对被害人的保护,毫无
疑问成为刑事诉讼程序自由保障的最新的重要条文。④。欧洲人权法院在《吉
果法(loi Guigou)》的前言条款中确认了公平诉讼的原则,通过议会修正案得
到扩充,并且经过政治商议达成一致:即在普通案件中的拘留,律师可以在拘
留的第一个小时就介入;废除了预审法官实施先行羁押的可能,创设自由和拘
留法官,确立可对重罪法庭决定的提出上诉和对法官执行刑罚的主要决定进
行司法裁判。⑤

由于 2001 年 9 月 11 日的侵害和恐怖主义威胁以及之后众多的犯罪案
件,使得 2002 年春法国总统阵营开始关于法国社会安全的争论,并且从未停
止过。自 2002 年起,立法膨胀延伸至实体刑法和刑事诉讼程序,2002 年之后
的法律依次通过和颁布,这充分说明了膨胀的情况。整体安全方针被重新定
位,2002 年 9 月 9 日的《贝可本法 1(loi Perben I)》和 2004 年 3 月 9 日通过的
《贝可本法 2(loi Perben II)》通过 2003 年 9 月 9 日的《萨科奇国内安全法》,已

---

① 如果只考虑到占主导地位的刑事法律,从 1995 年至 1997 年 4 月朱佩(Juppe)和
巴拉迪尔(Balladur)政府期间大约通过十部新刑事法律;1997 年至 2002 年若斯潘(Jospin)
政府期间有 20 部;在 2002 年至 2007 年拉法兰(Raffarin)以及维尔潘(Villepin)政府时期
有 29 部,自 2007 年 8 月菲永(Fillon)政府起有 16 部。实施法律的政令和通函的数量更
多,诉讼程序的持续修改造成专业人士产生了听天由命的想法。平均每年有 10 部政令得
以颁布(1995 年至 2009 年间共 154 部)。

② 自 2002 年大部分被投票的刑法条文都依据紧急程序和仅有一次议会审议,这限
制了讨论并造成法律的质量下降。此外,法律修正案(即 2009 年 5 月 12 日法的简化和精
炼)的编撰来源并不明确,其结束了因欺诈而使法人消灭的可能,出现在一起关于科学论
教会诉讼案件的刑罚中。

③ J. Danet, *Justice pénale. Le tournant*, Paris, Seuil, 2006;J.-P. Jean, *Le
système pénal*, Paris, La Dècouverte, coll. *Repères*, 2008;M. Massé, J.-p. Jean, A Gi-
udicelli, *Un droit pénale postmoderne ? Mise en perspective des évolutions et ruptures cont-
emporaines*, Paris, FUF, 2009; *La pénalisation*, Pouvoirs, n° 130, 2009/3.

④ L. Bédier, *La loi renforç···nt la protection de la présomption d'innocence et les
driot des vicitimes*, Regards sur l'actualité n° 272, La Documentation française, juin 2001.

⑤ 对法官决定执行刑期的主要决定(监狱外执行、假释、减刑、刑期低于五年时假
释)以及司法行政的简单措施不能提起诉讼。

经组成警方和司法双方统一战线。⑥ 主要措施包括：加强被害人权利、确定轻罪特殊种类，将严重性侵犯累犯放在首位。近十年里，关于各种性质的控诉争议不断扩大，并且罪行也不断严重。为了有效遏制犯罪，加强了警察和检察院在诉讼程序中的权力，这也使得法官介入的范围更准确且有法可依。刑事司法体系系统化和加强打击犯罪的思路，使得焦点集中在刑罚执行阶段。立法改革清晰可见，尤其是法院日常运作的改革具有复杂性：伴随着立法膨胀和寂静的改革，刑事司法体系在过去十年内深入地改变了。

一、从司法角度观察立法膨胀

(一)赋予被害人特权和打击性犯罪累犯

自 2000 年 6 月 15 日通过的一部法律起，刑法的重大法案开始涉及被害人的部分，被害人在诉讼中被赋予更多的权利，值得注意的是，通过了关于受害人政治权利的政治援助。⑦ 这次改革系统性地加重了惩罚和刑期，包括当未成年人和由混合家庭作为实际监护人(父母、同居人)或与职业相关(孩子的委托监管人)的违法。

尤其加强打击涉及性方面的违法，特别是未成年的被害人。自 2004 年 3 月 9 日通过的法律起，对某些犯罪行为例如性犯罪的追诉时效，将在被害人成年后重新计算 20 年追诉期限，2004 年的法律是继 1998 年 6 月 17 日法律展开了 1989 年 7 月 10 日法律条文的延续，从此在政治上对于性侵犯的被害人不再沉默。

在众多悲剧案件中，性犯罪累犯者的威胁造成社会深层的恐惧，如精神病患者的残暴犯罪。难以治愈的性犯罪或犯重罪的疯子，因为患有精神疾病而不被予以起诉时，精神病患者的危险性成为争论的中心问题。在 19 世纪末，

---

⑥　J.-p. Jean, 10 *ans de réformes pénales：une recomposition du système judiciaire*, Regards sur l'actualité, La Documentation française, n° 300, avril 2004, pp. 33~48.

⑦　Robert Cario, *L'évolution des droits de svicitimes：dela reconnaisaance formelle à l'application concrète*, Regards sur l'actualité n°287, La documenation française, janvier 2003.

以积极主义理论为中心，在 21 世纪，因为在数份报告中论及⑧这个问题，立法者不得不重新认识此问题。2005 年 12 月 12 日和 2008 年 2 月 25 日⑨通过的法律，严厉地限制了累犯重获自由的可能性，在执行徒刑期间加紧实施担保措施，不予起诉的罪犯被直接宣判无责任，对于患有精神疾病的判处司法控制。

如今专家委员会维护刑法的预期性，目的不只限于违反刑事法律，而更多关注预期性法律，如同事先看病诊断，为了预防最终的危险。性犯罪的分类加紧了依据事后监狱的控制责任，扩展到所具有潜在的和危险性的累犯，这种情况由专家评估和预测并作出判断。⑩ 最近一份关于《降低累犯犯罪风险》的法律草案已经在众议院第一次审议被通过，此法案旨在加强担保措施的有效实施，尤其针对性犯罪累犯再次判处监禁时判处抑制性欲的治疗称为"化学阉割"⑪，对此司法医疗过程中进行追踪。私人回归社会退为其次，而社会风险和潜在受害人的预防作为优先的内容，执行刑罚法官的决定受到检察院的上诉使判决暂停执行效果结束。

刑法开始具有追溯性，担保措施重新提现和发展，包括使用手机电子监控；特别是在社区司法的领域中经常使用，以及在司法监控措施和轻罪犯人的文件追踪中。以预防风险为理由，社区司法建立的刑法几乎无止境——司法监控是一项追溯性措施和治安拘留（la rétention de sûreté）——所有的规定都表明了在宪法委员会通过后刑法的转变。⑫

---

⑧　*Santé，justice et dangeroisté：pour une meilleure prévention de la révidive*，Commisssion présidée par J. — F. Burgelin，juillet 2005；Rapport d'information du Sénat (Ph. Goujon et Ch. Gautier)，*Les mesures de sûreté concernant les personnes dangereuses*，juin 2006；Rapport au premier ministre du député J. — P. Garraud，*Réponses à la dangeroisté*，octobre 2006（tous ces rapports ont été publiés à La Documentation française）.

⑨　详情参见 L. Leturmy，A. Giudicelli 和 J. —L. Senon 的论述，载于 M. Massé，J. —p. Jean，A. Giudicelli（dir.），*Un droit pénal postmoderne ?*，*op. cit.*

⑩　B. E. Harcourt，*Against prediction：punishing and policing in an actuarial age*，Chicago，University of Chicago Press，2007.

⑪　法律草案完善了 2008 年 2 月 25 日的法律，结合宪法委员会对其 2008 年 2 月 21 日关于治安拘留的决定所提出的局限性和法国最高法院院长 M. Lamanda 提出的报告得出结论。

⑫　R. Badinter；*La rétention de sûreté permet qu'une personne ayant purgé sa peine soit condamnée non plus pour les faits qu'elle a commis，mais pour ceux qu'elle pourrait commettre*，Le Monde，24 février 2008.

（二）抑制未成年犯罪

2002 年 9 月 9 日的法律[13]在上议院一份题为《寻找尊重的共和国》的报告之后，插入了强化遏制未成年犯罪刑事条例的部分，重新提出《刑法典》第 122 条第 8 款的未成年人原则不再建立在未成年的年龄，而是建立在其判断的能力之上。1945 年 2 月 2 日的法令[14]实现彻底转变，创设了《教育性惩罚》（充公、禁止进入特定区域，禁止与特定人接触，恢复措施，参与良好公民培训的义务），此法令也同样适用于 10 至 13 岁的未成年人。当 10 至 13 岁的未成年人违法且面临至少 5 年有期徒刑时，地方警察可将其扣留 12 小时。如果其涉及 13 至 16 岁的未成年人没有遵守司法管制义务可以处以先行羁押，包括涉及轻罪的情况；但此规定在 1995 年被废除。当未成年人处在管制的特殊情况，从所处的封闭的教育中心出走时，也适用上述法条。2002 年的法律创设了一种新模式，设置未成年人预备教养院用以逐步替代未成年人监狱。

通过 2007 年 3 月 5 日关于预防犯罪的法律所设立的"立即报到"程序，其几乎等同于适用于成年人的立即到庭，"立即报到"程序被用于代替 2002 年法律通过的未成年累犯"尽快"审判程序。这种向成年人制度靠拢的做法得到认同。2007 年 3 月 5 日的法律通过适用于 13 岁及以上未成年人的刑事协商措施，排除了 16 至 18 岁罪犯将其未成年援引为理由的可能（未成年人刑期减半）。

2007 年 8 月 10 日法律对最低刑期适用于 13 岁以上未成年累犯，排除了将未成年援引为理由，16 岁以上的未成年人可能要承担与成年人累犯相同的最低刑期。

未成年人犯罪的刑法改革将根据 2008 年 12 月瓦利纳（Varinard）所提出的报告继续进行。

（三）扩大起诉的范围和加重刑罚

由于内政部长的立法提议权，刑法典的起诉范围被扩大，司法部长在刑法控罪和自由问题上被赋予优先权。

2003 年 3 月 18 日的法律在国内安全[15]增加了新的犯罪类型和加重罪行

---

[13]　此法创设了邻近法官（le juge de proximité），将上诉范围扩大至刑事和解（la composition pénale）和刑事命令（l'ordonnance pénale）。

[14]　在 1987 年和 2007 年间，以此法令为基础，连续修订了 31 部法律。

[15]　Jean—Dominique Nuttens, *La loi pour le sécurite intérieure*, Regards sur l'actualité n°290，La documentation française, avril 2003.

的情节。首先,为了抑制有组织的网络和人口贩卖(组织乞讨者,"沉睡的商人"……)。其次,为了打击特定目标:起诉被动拉客的妓女;以恶性方式乞讨的人;对恶意侵占他人土地的流浪者进行处罚;聚集在建筑物大厅的青年。设立不同的违法,如对法英两国足球赛后的暴乱游行的回应,公开侮辱国旗和国歌的轻罪⑯,对执行公共服务职能的代理人和其亲人进行威胁,违法如在外卖店场所扰乱公共安全等。

扩大起诉范围的目的在于要求允许警察可以全部介入,在众多不同的情况下,以便于警方询问身份和实施拘留。值得注意的是 2008 年 7 月 3 日的法律,对于运动员的非法毒品交易也进行处罚——然而在此之前,法律只允许起诉毒品供货商——此法律恰巧在环法自行车赛开始前生效,目的在于批准对自行车运动员的质询。

2007 年 3 月 5 日关于预防犯罪的法律⑰中的 82 条(在官方日报上共有 42 页),涉及了在巴黎郊区预谋袭击警察的埋伏行为(刑法加重处罚情节),创设了埋伏执行公共职务的人的轻犯罪,包括消防队坑道兵或公共交通网的工作人员。此法律针对使用埋伏和有组织团伙的暴力行为,加重处罚;重罪法庭将对其处以 15 年的徒刑,如果上述暴力行为造成大于 8 天的完全不能工作(法国《刑法典》第 222 条第 14 款第 1 行⑱)的后果。以破坏他人财物为目而持有或运输可燃物、拍摄的事实——"巴巴乐"(快乐地打耳光)⑲,或者是散布暴力文件(新闻报道和司法证据需要的情况除外)的行为均成立特殊轻罪。

此法作为对 2005 年 12 月 12 日法律的完善,对累犯加强通知报告地址和到警察局报到的责任,在国家暴力或性犯罪者自动档案(FIJAIS)对有期徒刑 2 年或以上监禁的罪犯作记录(《法国刑事诉讼法典》第 706 条第 53 款第 5 行),撤销判决的期限增加一倍,同样适用于累犯。但对于累犯的刑罚制度的彻底改革还是出自于 2007 年 8 月 10 日的法律,在第二次累犯成立时,其自动地确立由法官宣布最短监禁刑期,但也有例外的,出于特殊目的设立刑期小于

---

⑯　实施上述法律显然存在众多困难,但令人惊讶的是没有人注意到只有对法国国旗和国歌的侮辱,而不是侵害被邀请参赛的国家。

⑰　Bertrand Follin, *Le volet pénal de la loi sur la prévention de délinquance*, Regards sur l'actualité n°336, La documentation française décembre 2007.

⑱　同样被众议院于 2009 年 6 月 30 日的第一次会议中采纳 Estrosi 法律提案《加强对团伙暴力的遏制和对公共服务人员的保护》。

⑲　happy slapping 指对无辜路人扇耳光,并用手机拍下受辱照片的暴力行为,起源于英国伦敦。——译注

"最低刑期"，当刑事被告出示特别加入的或再次加入的担保。⑳

（四）加强警察局的特权

2001 年 11 月 15 日关于日常安全的法律扩大了违法行为人基因国家档案的收集。自 2001 年"911"事件之后，实施临时性法规允许警察局搜查车辆和检查，以及由机场或港口允许的私人安全机构搜查财物和搜身，并且出于国内安全考虑被 2003 年 3 月 18 日的法律确认为永久性法规。

毫无疑问，警方权力的加强构成了由内政部长尼古拉·萨科奇主导实施的新安全政策的主要特点，其通过的 2002 年 8 月 29 日法律㉑一并取得了警方和宪兵队的力量控制权。自从 2003 年 3 月 18 日的国内安全法颁布，调查官享有更多的管辖权，并且可以质询和拘留所有公民以便于其查清事实。告知嫌疑人拥有沉默权的责任被废除，尽管在法国所签署的国际条约中提及了此权利。身份监管变得更加容易，调查车辆的权力同样变得更方便，警方建立的个人信息档案延伸，涉及记名信息和基因指纹，国家信息和自由委员会（Commission nationale informatique et liberté）未被征求意见，对于上述延伸包括了保持沉默的责任。㉒ 数据信息文件不断增加，围绕 Edvige（Edvirsp）数据库的争论已经成为了媒体追逐的焦点。㉓

（五）预审程序中先行羁押的变化

创设自由和拘留法官，《无罪推定原则法》表明了减少先行羁押的政治意愿。但在自立法之后，总理利昂内尔·若斯潘（Lionel Jospin）指定朱利安·戴瑞安（Julien Dray）议员转化该法律的职能。为了将此原则转化为法律，2002 年 3 月 4 日的法律简化了警方的职能，在调查阶段扩大对于破坏物品和

---

⑳　Sophie Debail, *Le loi renforç···nt la lutte contre la récidive des majeurs et des mineurs*, Regards sur l'actualité n° 336, la documentation française, décembre 2007. Dans ce même numéro, Philippe Houilon, *Pour les peines plancher et l'adaptation de l'excuse de minorité en cas de récidive* et Jean—Paul Jean, *Le risque des peines semi—automatiques*.

㉑　Marianne Brun, *La loi d'orientation et de programmation pour la sécurité intérieure*, Regards sur l'actualité n° 284, La Documentation française, Septembre 2002.

㉒　STIC 数据库（警方）和 JUDEX（宪兵队）在立法方面被强化，包括查询个人信息文件。国民基因指纹数据库的最终目的被扩大，性犯罪被告的信息文件和大部分违法嫌疑人的信息文件被转化成基因数据。

㉓　Cf, Doisser *Sécurité et liberté publiques*, Regards sur l'actualité n° 349, La Documentation française, mars 2009.

累犯的先行羁押。

2002 年 9 月 9 日的《贝可本法 1（loi Perben I）》，司法体系的涉及面涵盖了成年人的先行羁押和关于立即出庭的上诉，也确立了快速裁决（référé-déntention）拘留程序，其给予检察官 4 个小时的期限在上诉法院对限制自由的公诉提出异议，在此上诉中法院裁决中止执行。虽然 2007 年 3 月 5 日的法律令人失望，但在乌特尔案件后，议会根据此案提交的一份详尽的调查职能报告中指出滥用先行羁押，限制了单个刑事案件以公共安全为理由而采取先行羁押措施的可能。㉔

当对拘留有反对争议时必须有律师出席，除有例外情况，拘留是公开的，并且预审法庭的权力也扩展到监督方面。此法也创设了预审组织，使法官联合审理的可能扩大。

此外，此法生效时间由原先预计的 2010 年 1 月 1 日推迟到 2011 年 1 月 1 日，并且毫无疑问的是，在采纳废除预审法官的法律草案之前，就已经由法国最高法院院长于 2009 年 1 月宣布，并且之后由莱热（Léger）委员会的报告在下一年的 9 月提出。

法律条文的变化、不确定和错综复杂影响了预审程序，先行羁押的条件和期限造成现在专家们之间的不稳定气氛且使得情况复杂，产生不确定的司法渊源和程序错误后，政治和舆论必然指责检察官。

二、无声的改革：刑法体系的新布局

（一）以提高效率为目的，检察院有力推动简易程序和协商程序在刑事诉讼程序中的适用

在过去十年中，刑事诉讼程序的连续性毫无疑问是每位司法部领导的意愿，在短时间内处理大量简单刑事案件的挑战，并且仅对最复杂和最有争议案件保留传统的庭审。㉕ 这种刑事司法的新精简，属于 LOLF（与财政法相关的组织法）的必然目标和结果，逐渐地构成刑事司法的合理性，从确认违法的阶

㉔　J. Pradel, *Les suites législatives de l'affaire dite d'Otreau. ? propos de la loi n 2007－291 du 5mars 2007*, JCP, G, n°14, 1, 138.

㉕　详情可参见 J.-P. Jean, *Le système pénal, op. cit.*, et aux références citées.

段到最后的执行决定阶段中贯彻效率的理念。㉖ 这也表明检察院特权的加强，唯一在整条司法线上贯彻公共政策，法官的作用只在个案决定涉及人身自由的情况时介入。

1999 年 6 月 23 日的法律提高了刑事诉讼程序的效率，在检察院的推动下，统筹替代模式，开启了刑事司法体系的重组（刑事诉讼法典第 41 条第 1 款中的训诫、赔偿、合法化整治、引导培训和调解）以及由法官确定刑法的组成和有效的替代模式（《刑事诉讼法典》第 42 条第 2 款），这些程序结束后，在执行的情况中，决定不予起诉。

接下来所颁布的刑事法律继续加强了此改革方向。1999 年刑事和解（composition pénale）强行适用于 4 种犯罪类型，历经 6 次立法修改后，到 2009 年推广至 17 种犯罪类型，现已延伸到未成年人犯罪案件的适用，并且产生了刑事和解协议由邻近法官（juge de proximité）批准的可能。简易程序也有所发展，特别是关于四个第一级违警罪的定额罚款，关于第五级违警罪的刑法政令以及一系列的轻罪，自 2002 年 9 月 9 日的法律数次修改后逐渐地扩大。此外，麻醉品的用途也包括在 2007 年 3 月 5 日的法律的一览表中，这使得对于众多消费者的罚款判决也被登记在犯罪记录中，其目的是为了重申法律或是以简单医疗转诊结束而不予起诉。㉗ 2003 年 6 月 12 日的法律加强打击道路违法，在超速方面的刑事自动回复的系统化：由自动雷达确认，推定灰卡持有人的责任，扣除驾照的分数，在立即支付情况下降低罚款率，全国实行自动系统管理。2004 年 3 月 9 日的法律也包含了这一理念，为了支持刑罚适用，对于所有在一个月内自愿支付且最高不超过 1500 欧元的，减少罚款金额的 20%，并且在每个法院设立刑罚执行办公室（BEX）以为执行提供便利。2009 年 6 月 12 日的法律明确了对不法网络下载将自动追查，此法规于 2009 年 10 月 22 日由宪法委员会通过生效，尽管要确认一个 IP 地址的真实使用人身份并不容易。

在这场改革中，《贝可本法 2(loi Perben II)》表明了一个历史性变化，即认罪辩护（有罪辩护）和到庭时预先承认有罪（CRPC）程序被引入法国。这种协商适用刑罚的模式，对于行为人无争议的轻罪，在诉讼程序框架下，提出详

㉖　Cf. Doisser *La LOLF：réduire les coûts et améliorer la qualité de la justice pénale*，Actualité juridique Pénal，décembre 2006.

㉗　通过刑事司法和药物的使用，cf. Doisser *Les addictions*，Archives de politique criminelle，N° 31，nov 2009，Ed. Pédone.

细的限制和担保（最高承受一年的监禁，法官的有效监督），避免衍生出美国的辩诉交易，其解决模式显示超过 95％由检察官办理的案件只追求成本的比例/效率。㉘ 这部重要的法律——由 224 个条文组成，在公报刊载 70 页，涉及刑事诉讼程序 418 个条文，已远远超过这一创新。最初的想法是在特定范围内实施，为了有效打击有组织的犯罪，发展到国际互助打击犯罪，将法国法融入欧洲判决的委任，随着对这部法争论的扩大，其实施结果颠覆了整个刑事诉讼程序。简一吕·霍斯曼（Jean－Luc Warsmann）代表的建议得到认同时延续形成一种新的理念，被引入关于刑事案件的执行司法化的法规中，创设法院执行刑罚，设立降低信用的刑罚和扩大对短期徒刑执行的整治。《贝可本法2》扩大了法国检察官在调查中（特别是当调查涉及检察官自身可执行和委托的行为，增加现行调查的时间）的特权和强制或协商刑罚（第三条路、刑事和解、"认罪辩护"）的可能。

改革成功地明确分开了调查职能和审判职能。大纲被逐步规划，审判的所有准备性措施由检察官执行，在法官（自由和拘留法官）的控制下，判决因个案有所不同，但没有创设新权利，此法官的作用是允许或是决定损害最基本自由的行为（搜查现场的情况，电话监听，延长拘留和先行羁押等）。基于此事实，渐进地减少预审法官的作用是有意义的，因为在 1999 年有 39 000 个信息被公开，而在 2008 年只有 23 000 个，在 10 年中降低了 41％。大审法院的检察官预见将来的改革将设立调查办公室，代理检察长在此办公室处理以前由预审法官管理的档案。

但调查阶段应当以公正的方式进行，然而《贝可本法 2》同时在司法部的授权下（法国《刑事诉讼法典》第 30 条）加强了检察院的分级，程序的逻辑是由检察官审理的案件受到法定的强有力的保证，不受到行政权㉙的干扰。

㉘ 关于辩诉交易，参见 Antoine Garapon et Ioannis Papadopoulos, *Justice en France*, Paris, Odile Jacob, 2003；关于到庭时预先承认有罪程序的经济分析，参见 J.－p. Jean, *Le système pénal*, *op. cit.*；关于法律的经济分析，参见 Lydie Ancelot, *L'analyse économique du plaider－coupable：application à la procédure française de comparution sur reconnaissance préalable de culpabilité*, Thèse de sciences économiqes, Nancy, novembre 2009.

㉙ 检察院的地位以及欧洲人权法院在 Medveydev 判例后的改革，参见 Doisser *Le métier de procureur*, Les Cahiers de la justice, n° 4, juillet 2009, Ed. ENM/Dalloz.

(二)检察官成为准法官

这是一场无声的司法改革,刑法体系的精简改革[30]将多于二分之一的违法行为人确定的刑事案件(轻罪和第五级违法)移送至检察院审理,依据替代追诉的程序、刑事命令或出庭预先认罪(CRPC)进行协商。

当人们回顾分析过往 10 年变革的处理方式,其每年约 500 万个诉讼程序被移送至检察院(2008 年 1500 万个被估计是可追诉的,也就是说行为人确定且案件是可以判决的),可以观察到,警察局的澄清案件率从 38% 上升至44%,不予起诉率下降至 46%(附录二)。这也可主要通过起诉程序的上诉(一半的案件只是简单重述引用法条,包括恢复、调解,医疗转诊等)作出解释,刑事和解越来越多(4.5%)。为了回应司法部特别指示,检察院也表明将回复所有违法事实的政治意愿:刑事回复率(le taux de réponses pénales)在 10 年中从 67% 提升到 85% 后,进入瓶颈阶段,不再上升。

针对 2008 年的数据存在争议, 在 1 288 891 件行为人确定且可以追诉的刑事案件中(刑事回复):

——替代起诉 544 715,占 42.3%;

——检察院的意见由法官决定生效(刑事和解和 CRPC)123 556 件,占9.6%;

——法官根据收费表直接作出的决定(刑事命令)136124 件,占 10.6%;

——法官根据传统模式公开开庭,超过三分之二的仅由一位法官受理476 620 件,占 37%。

1999 年和 2008 年间,司法机关面临不可能消化的大幅度增加的可起诉的刑事案件,只能严格限制不予起诉的案件;并且对于小案件的处理是移送检察院,在替代起诉的范围内直接决定刑罚;或根据检察官成为准法官,而法官只需简单确认的模式操作。今后,大量的刑事案件都以首先避免公开庭审为目标,使得刑法体系面对大量争议,在处理时以效率优先(最好的结果且支出最小)和不断增加的信息支持以加快处理案件。

(三)刑事司法的现代化和专业化

司法现代化和加快处理刑事案件的模式是得益于检察院的优先紧急回复和注重效率的运作,即通过所谓的实时处理,即使这有损于回复的质量。

同时,司法系统改革通过 2004 年 3 月 9 日的法律加快实施了专业化,大大减少了管辖有组织案件、最复杂经济、财政轻罪争议或环境、健康案件的法

---

[30]　为进一步发展,参见 *Le système pénal*, *op. cit.*

院数量。㉛

刑事诉讼程序在过去 10 年中经历了重大变革，涉及预审案件角度的措施越来越特殊，少数受审判人得到保护性程序加强的保障，其可以行使各种上诉。保护性程序使严重轻罪犯受益（当案件涉及重罪法庭）。在《欧洲人权和基本自由公约》的保护性原则（合理期限、平等的诉讼，法官公正），快速刑事调查和审判模式涉及直接出庭的轻罪审理程序，以及处于不利条件的人口数中，外国人和侨居的人是超过代表比例的。

（四）刑罚执行阶段的双重约束

体系化和加强打击的意愿，对累犯不断增大最低处罚影响，使得问题集中在刑罚执行阶段，㉜此阶段经受着不断增大的压力和双重约束：同时增加和加快入狱及寻找替代监禁的解决方法，犯人因审理中开放性的追诉措施可以提前获释，但在累犯的情况下将面临法官公开宣布执行刑罚的威胁。2009 年 11 月 24 日的监狱法也是出自此理念，允许法官可以执行一种半自由的制度。

2000 年 7 月 1 日，法国监狱关押了 52 122 名囚犯。到 2009 年 7 月 1 日，关押了 63189（增加了 21％），其需要增加一个新的数据种类，即"登记在犯人登记簿但未关押的犯人"，多于 4 000 名的犯人佩戴电子链在监狱外机构执行徒刑或在监狱外的工厂不住宿地执行徒刑。在刑事司法体系链的末端，执行刑罚的司法机关和监狱在刑法立法强硬的结果下，只能是一种高压管理，尤其是在累犯的刑罚执行层面。

性轻罪累犯的新法投票，实施瓦利纳报告对于 1945 年法令在未成年轻罪犯人方面的改革，尤其是在莱热报告之后，刑事诉讼程序的重大改革包括废除预审法官。近 10 年法国刑事司法实际上如同一个拥有众多监工的长期工地，但其实最需要的是一名建筑师。

㉛　J.－P. Jean, *Les nouveaux territories de la politique pénale*, Revue de sciences criminelles et droit pénal comparé, octobre 2007.

㉜　参见 2009 年 3 月司法服务总调查局的《进入执行阶段的监禁刑数量的发展》报告。

附录一

立法膨胀:十年内通过的主要的刑事法律

若斯潘(Jospin)政府时期

— 2000 年 6 月 15 日法律《吉果法》:无罪推定和受害人的权利

— 2000 能 7 月 10 日法律:非故意轻罪的定义

— 2000 年 12 月 30 日法律:对认定无罪为被告的补偿

— 2001 年 5 月 15 日法律:新经济法规

— 2001 年 6 月 12 日法律:打击安全运动

— 2001 年 11 月 15 日法律:日常安全

— 2002 年 3 月 4 日法律:修改关于无罪推定和受害人权利的法律

拉法兰(Raffarin)政府以及维尔潘(Villepin)政府时期

— 2002 年 8 月 29 日法律:国内安全的定位和规划

— 2002 年 9 月 9 日《Perben I 法》:司法的定位和规划(未成年人刑法)

— 2003 年 3 月 18 日法律:国内安全

— 2003 年 6 月 12 日法律:打击公路暴力犯罪

— 2003 年 8 月 1 日法律:经济安全(非刑事化)

— 2004 年 3 月 9 日《Perben II 法》:使司法适应犯罪活动的演变

— 2004 年 8 月 6 日法律:信息、文件和自由

— 2005 年 12 月 12 日法律:累犯的刑事违法处理

— 2006 年 1 月 23 日法律:打击恐怖犯罪,跨国界安全和控制

— 2006 年 4 月 4 日法律:预防和遏制对未成年人的暴力犯罪

— 2007 年 3 月 5 日法律:加强刑事诉讼程序的平衡(预审的权力制衡)

菲永(Fillon)政府时期

— 2007 年 8 月 10 日法律:成年人和未成年人累犯(最低刑期)

— 2007 年 10 月 27 日法律:打击盗版

— 2007 年 11 月 13 日法律:打击腐败

— 2008 年 2 月 25 日法律:拘留的安全和由于精神原因宣布刑事无罪

— 2008 年 6 月 30 日法律:对危险犬类的预防措施和对人的保护

— 2008 年 7 月 1 日法律:受害人的新权利和罪刑执行的完善

— 2009 年 5 月 12 日法律:法律的简化和精炼,程序的减轻

— 2009 年 6 月 12 日《HADOPI I 法》:遏制非法下载

— 2009 年 10 月 24 日《HADOPI II 法》:遏制非法下载

— 2009 年 11 月 24 日监狱法

附录二

表格:(1999－2008)十年改革对轻罪和
第五级违法且行为人明确的起诉

（来源：司法部）

	1999	2001	2003	2005	2006	2007	2008
可起诉的案件	1262948	1327848	1384143	1462429	1525114	1468486	1500411
不起诉 占不适合追诉的	410840 32.5％	434475 32.7％	385874 27.9％	323594 22.1％	298859 19.6％	239208 16.3％	219520 14.6％
代替起诉	214108 17％	269996	328905	421169 28.8％	467578	486581	544715 36.3％
刑事和解		1511	14785	40034	50430	58864	67230
刑事回复率	67.5％	67.3％	72.1％	77.9％	80.4％	83.7％	85.4％
起诉判决的： —刑事命令 —CRPC	638000	621866 13574	654579 105765 27200	677632 129577 50250	708247 129914 49712	683833 126124 56326	668946

The Criminals Reforms 2000－2010：between
Legislative Inflation et Silent Revolutions

Jean－Paul Jean

Abstract：In the past decade, following with the legislative expansion and the silent reform, the criminal justice system has great changes. The legislation rhythm has accelerated after the year of 2002; meanwhile, legislative expansion extends to substantive criminal law and criminal procedure. A series of laws passed between 2000 and 2010, has shaken the criminal justice system in France. To orient the new security policy, the main measures include: strengthening the rights of the victims, classification of the special misdemeanors, a priority to fight against serious recidivism. The legislative reform of the criminal justice system is based on the systematization and the fight against crime. In order to curb crime effectively, the power of the police and the prosecutors has been enhanced in the proceedings.

Keywords: criminal reform; legislative inflation; pre-trial judge; provisional detention; detention

如何实现法国刑事司法体系的现代化?[*]

——与菲利普·莱热^{**}的访谈

蒋莉君　译^{***}

摘要:2009 年 9 月由菲利普·莱热领导的刑事司法研究委员会,向法国政府递交了一份探讨刑事司法改革的报告。此报告中提出废除预审法官在刑事诉讼程序中预备阶段的功能,这些功能将由一个新法官,即调查和自由法官来承担。并且,允许被害人对检察院的不予起诉决定提出异议,可以向调查和自由法官提出上诉。受到荷兰法律的影响,报告中预设了 6 小时的司法扣留,此措施的目的旨在减少拘留的数量。

关键词:法国　刑事司法　莱热报告　调查和自由法官　预审　拘留

问题一:您所领导的刑事司法研究委员会于 2009 年 9 月 1 日向法国总统尼古拉·萨科齐和总理弗朗索瓦·菲永提交了一份报告。这些工作是如何进展的? 您能简要地谈谈这份报告的主要结论吗?

法国总统和总理在 2008 年 10 月决定建立一个研究委员会,旨在探讨刑事司法改革的可能性。当委员会的成员被任命后,我们中断了原有的工作思路,因为任务涉及的文书量巨大,几乎包含所有的刑事司法的各个方面(包括诉讼法)。因此,我们从一开始,就考虑到我们不可能在一年时间中囊括所有部分,必须决定优先侧重点。对我们来说,刑事诉讼程序是一个最迫切需要我

---

　* 原文出处:*Quelle Modernisation pour notre système judiciaire*, *entretien avec Philippe Léger*, in Vers une réforme de la justice pénale?, Regards sur l'actualité, n°357, La documentation française, janvier 2010, pp. 23~29.

　** 菲利普·莱热(Philippe Léger),曾为检察官及欧洲共同体司法法院总检察长,法国刑事司法研究委员会主席。

　*** 蒋莉君,法国巴黎第二大学商法专业博士研究生。

们思考的问题。事实上，从 40 年前（或者有些人认为是 20 年前），每年都计划在刑事诉讼法上有所改革。进一步而言，我们国家尚未找到一种稳定可靠的方式，适合于我们的刑事司法发挥作用。基于此事实，我们的法律似乎很难继续，并且容易有错误，妨碍刑事司法发挥作用。我们决定将遵循刑事诉讼程序的时间顺序展开研究工作：调查、询问、预审法官的调查及作出是否起诉的决定、法官的决定和定罪量刑等等。

我们对刑事诉讼的各组织主体展开调研活动，包括法国预审法官协会、刑事律师协会、警察局局长或宪兵总队队长，以及在法对外联络的检察官和法国驻外检察官。我们希望对欧洲的整体形势和邻国的发展有全方面的了解。我们延续了荷兰、美国、加拿大、意大利、德国和英国改革的步伐。总体上，对于我们所想讨论的主题，列举了一份问题和建议的清单。之后，我们通过研究和商议，对每个主题都达成了共识。通常，我们对问题判断是达到绝大多数赞同，但也时常出现态度坚决的少数派。然而，我们在报告中分别提及了多数派和少数派的意见，但没有给出具体涉及的人员名单。

我们于 11 月份开始了对刑事诉讼程序的准备阶段的研究，占据了整个调研进程 70％～80％ 的时间。现在，法国的检察官掌控调查 95％ 的案件，其余的 5％ 由预审法官决定。预审法官的调查可能是由于犯罪方面的法律效果所决定，或者是由检察院和民事当事人决定由预审法官来追诉。从 30 年前开始，预审法官的部分职权在刑事案件的整体调查中减少。之前，预审法官是最有职权决定先行羁押的；如今，情况已经有所不同。

因此，我们采纳了多数派的建议，在调查中应该授权于检察院。同时，加强犯罪嫌疑人和受害人的抗辩权。

3 月份，我们进入决定性阶段，即关于在审判之前选择决定是否继续的诉讼程序的调研工作。以往，预审法官先处理重大案件、调查并决定案件是否要移送给法官继续进行审理。这项规定令外国震惊，特别是对于英美国家而言，因为其法官的作用是综合中立的，只看重辩论的诚信度。基于此事实，我们主张庭审中审判长的中立性，这不同于欧美法系的机制；我们希望保留国家机关对调查的垄断。

在 4 月到 5 月初期间，我们对判决程序的问题进行了研究。我们对如何保留重罪法庭冗长和沉重的程序（重罪法庭一年宣判 3000 件案件）的持续性问题进行了探讨。我们考虑对某些重罪案件实现程序的简化，也长时间地争论是否可能适用对某些性侵犯方面的轻罪，我们最终否定了这种假设。

5 月份，我们探讨了刑罚的执行、附条件假释和准许外出等问题，我们认为没有理由去探讨已经决定或者本身混乱的措施。基于此,我们认为没有充足时间用于讨论现行的新《刑法典》(1994 年开始生效)。

考虑到现有多达一万多种的刑事罪名(违警罪、轻罪和重罪),2550 种刑事分类出现在犯罪记录中,以及检察院使用 300 至 500 种刑事控诉,我们特别主张对现行法规实现统一的穷举式分类。

问题二:预审法官的地位长期受到质疑,其是否会被废除?

多纳迪约·德·瓦布雷(Donnedieu de Vabres)教授于 50 年前,即从 1949 年起就建议废除预审法官。随着刑事诉讼法典的改革,预审法官的独立性在 1959 年增强。1970 年至 1975 年间,废除预审法官的意见又重现。为何我们之前没有废除呢? 预审法官扮演表达公共意见的知名人士和政策阶层,被认作是对公正调查的保证,并且其不受国家等级制的影响,不同于司法警察和检察官。

在乌特尔一案后,议会从未下决心要废除预审法官。1985 年罗伯特·巴丹泰(R. Badinter)曾建议预审确定 3 个法官,这种不现实且花费巨大的改革并没有改变预审法官的模糊性。预审法官有职责寻找真实,需要听取、搜集要素并且作出决定。

预审法官是一个源头性的机构,具有判决、调查的职能,根据罗伯特·巴丹泰的表达,如同"梅格雷和所罗门(Maigret et Salomon)"[①]。我们的社会在很长一段时期内都在寻求统一协调,这种情况同样也似乎是为了满足因为政治权力的更迭。事实上,案情涉及政治时,在初步调查和媒体曝光后,事实是当预审不起作用时(法官工作的独立性、负责的工作太重要等),案件处理往往历经数年。

问题三:在这种情况下创设的调查和自由法官(juge de l'enquête et des libertés)有何作用? 是用来取代预审法官的吗?

首先,并不是用调查和自由法官取代预审法官,而是废除预审法官在刑事诉讼程序中预备阶段的功能,只负责准备性预审的完成,扩大检察官调查的范围,同时创造一个新的法官。现有的自由和羁押法官(juge des libertés et de la détention),归属于大审法院并且拥有多种职能。调查和自由法官是居于检察院和双方当事人(被指控人和被害人)之间的专家和常设仲裁员。在羁押问

---

① 罗伯特·巴丹泰(R. Badinter),法国著名法学家,曾任总检察长、司法部长及参议员。乔治·所罗门(Georges Salomon),法国知名小说家,梅格雷(Maigret)是其众多小说中的主角人物,警察局局长。——译者注

题上,强制性或闯入性的措施,只有法官可以发布先行羁押、司法控制,甚至包括拘留、电话监听和搜查的命令。被指控人或民事主体可将对检察院决定的异议提交给此法官。当检察院和被指控人之间有争议时,应当由调查和自由法官作出决定。调查和自由法官本身不享有其他任何侦查权力,通常只是法官而不是"梅格雷"。

问题四:我们因没有加强检察官的独立性而受到指责。有人认为,在没有经过预审的情况下,法国前总统雅克·希拉克不应该直接被移送至轻罪法庭。您认为如何?

我们多数建议维持检察官的地位,是为了保持其和司法部长间的联系。但委员会中少数成员的意见是,如同审判法官,检察官将由法国最高司法委员会(CSM)任命,此举是为了更好地确保检察院的独立性。

我们的报告建议,在当事人向检察院请求之前,检察院就将调查预审的补充文件移送到审判的法院。在检察院拒绝的情况下,当事人(被指控人和被害人)可向法官上诉,法官有权命令检察院调查这些文件。

在轻罪法庭,检察长应当决定是否起诉,当其决定不起诉时,被害人有权到被指控人所在的轻罪法庭起诉,直接引用由检察院组成的材料。

问题五:对米歇尔·阿里奥-玛丽(Michèle Alliot-Marie)于 2009 年 11 月 4 日在《世界报》上关于调查和自由法官可以同样作出移送轻罪法庭的决定的发言,您有何看法?

米歇尔·阿里奥-玛丽提出了一种假设,在某些情况下,可以由调查和自由法官而不是检察官作出送轻罪法庭的决定。

根据我们的报告,检察院就应当是起诉的权力机关。在现行体系中,当事人可能由以下三个主体移送到轻罪法庭:检察官、被害人和预审法官。任何关于重罪或轻罪的调查,以一个起诉或不予起诉的决定终结。在轻罪方面,移送至轻罪法庭的决定不应当被上诉。在这种假设下,异议可以呈交法院。在重罪方面,有两种不同的意见。有人认为,不能对移送重罪法庭的决定提起上诉。这种方案允许快速起诉到法院,并且不用改变两审制,将可继续对重罪法庭的判决上诉。有人则认为,有必要维持可以对移送决定上诉的可能性。委员会建议,允许被害人对检察院的不予起诉决定提出异议,可以向调查和自由法官提出上诉,以取得补充调查材料或移送到重罪方面的决定(参见报告第10页)。

政府并未排除设立调查和自由法官的可能,在某些情况下,其可以自己命令移送到一审法院。关于此问题,我们进行了长时间的讨论,但意见仍不一致。是否会有检察院不起诉的风险？不禁让人假想，拥有很大权力的前任或现任部长的腐败事实。当调查结束后，如果起诉责任确实存在，而检察官并未予以起诉，显然反对党、舆论和所有媒体都会披露这种情况，并且质问司法部长，因其有权命令检察官履行职责、进行起诉。当起诉命令没有发布时，就需要政府承担政治责任。但我并未发现政府承担了此责任。

问题六：政治压力有可能迫使司法部长要求检察官起诉吗？

对，的确如此。我不在此谈及司法判决或诉讼程序，事实情况是有时媒体和政治确实施加了压力。

我想强调的是，虽然检察官结束指控不予起诉，但在调查或公共辩论后，司法部长通常可以命令其在案件中如何行事。如果检察官未按照命令行事，在民主社会，将追究司法部长和政府的政治责任。

问题七：您的报告也涉及拘留。您能为我们解释设立 6 小时司法扣留的原因吗？

在过去的 8 年中，每年拘留的数量几乎翻了两倍，从 2000 年的 364 535 件到 2008 年的 577 816 件。采取拘留的理由也层出不穷。拘留的决定通常都是在很糟的情况下作出的，并且不尊重个人自由。有时，拘留被认为是适于调查的一种手段，或者是取得口供的一种强制手段。警方拘留的数量在不断增加，因为其错误地认为最高法院禁止警方在未作出拘留的情况下询问当事人。事实上，这仅仅是为防止当事人逃跑而作出拘留决定的例子。

因此，要限定实际操作的情况、限定拘留的理由，并且允许律师介入。律师一般可以在拘留当事 12 个小时后介入。拘留被视作是进行调查的必须手段，当警方仅需要听取当事人陈述时，我们预设了一种 6 小时的司法扣留，这是受到荷兰法律的启迪。这种措施允许律师在拘留当事 1 小时后就介入。此措施的目的旨在减少拘留的数量。

在一个有人权的国家，如我们一样的民主社会里，需要不断探索，使我们的刑法体系更符合和尊重国民的权利。拘留从其数量、时间和羁押时间上来说是过度的。

问题八：依据您的报告，下一步应该如何？

委员会的工作已经结束了。之后将由政府和议会作决定。如乔治·韦代尔（Georges Vedel）所说"每天清晨，当我醒来时，有三件事是我不知道的，首先是，时间要到中午了，其次是与我同住人的心情，最后是最高法院作出的决定。"如果议会采纳的话，将修订到法条。

How to Modernize French judical——Interview with Philippe Léger

Philippe Léger

Abstract: In September 2009, a Research Council led by Philippe Léger submits a report of criminal justice reform. The report propose to abolish the function of pre-trial judge in the pre-trial phrase during the criminal proceedings, and create a new judge, named judge of investigation and freedom, who will take the ancient function of pre-trial judge. The victims can challenge the decision of non-prosecution and appeal to the judge of the investigation and the freedom. Affected by the laws of the Netherlands, the report has designed a prejudicial detained for six hours, the purpose of the measures aimed at reducing the number of detention.

Keywords: French; criminal justice; Léger report; judge of investigation and freedom; pretrial; detention

预审法官的废除:挑战和争论*

——与克里斯蒂娜·拉塞杰**的访谈

蒋莉君*** 译

摘要:克里斯蒂娜·拉塞杰认为,莱热报告的内容是对刑事诉讼程序的颠覆。此报告提案考虑到了可以将案件提交至多位预审法官,也考虑到了预审过程中各预审法官权力均衡的问题,并且谈到重新讨论打破预审法官的独一性的问题。报告评价并且排除了所有代替预审法官的可能性,提出了废除预审法官的两个必须的前提条件;首先,检察官地位的彻底改革是不可避免的;其次,深化改革,提供法院救助和辩护的公共服务。

关键词:法官 刑事司法 预审法官 调查和自由法官 莱热报告

问题一:刑事司法研究委员会于 2009 年 9 月 1 日向法国总统和总理提交了一份报告①,主张废除预审法官,并且创设调查和自由法官(juge de l'enquête et des libertés)。您对此有何见解?

这份报告的内容是对刑事司法诉讼程序的颠覆,令议会调查委员会深感震惊,在乌特尔(Outreau)一案的失误后,已经有众多详细的和一致同意的提案。这些提案考虑到了可以将案件提交至多位预审法官,也考虑到了预审过程中各预审法官权力均衡的问题,并且谈到重新讨论打破预审法官的独一性的问题。上述的议会调查委员会完成了一项出色的工作,他们于 2007 年 3 月

---

* 原文出处:Christine Lazerges, *La suppression du juge d'instruction:enjeu et débats*, in Vers une réforme de la justice pénale?, Regards sur l'actualité, n°357, La documentation française, janvier 2010, pp. 30～36.

** 克里斯蒂娜·拉塞杰(Christine Lazerges),巴黎第一大学教授,比较法研究所所长,曾任法国众议院副院长。

*** 蒋莉君,法国巴黎第二大学商法专业博士研究生。

① 也称为莱热(Léger)报告,以委员会主席菲利普·莱热(Philippe Léger)命名。

5 日发布第 2007－291 号法律,旨在加强刑事诉讼程序的平衡性。预审的权力均衡(collégalité de l'instruction)原本应该于 2010 年 1 月 1 日生效,但被推迟了一年。事实上,莱热报告回答了法国总统于 2009 年 1 月在最高法院庭审期间提出的要求,评价并且排除了所有代替预审法官的可能性。议会调查委员会通过数次刑事诉讼法专家的听证会(221 次)得出不同于莱热委员会的结论。反之,我之所以联系到莱热报告的观点,是为了反驳"法国诉讼程序早就不再是法官居主导地位的纠问式诉讼,而是书写和保密的"的言论。法国诉讼程序就其本身而言并非是控辩式诉讼,而是公开的和口头的,这显然变得有些自相矛盾。法国众议院 2000 年 6 月 15 日的报告,旨在加强无罪推定和对被害人权利的保护,我们的目的是将法国刑事诉讼程序转变成欧洲人权法院判例定义的模式,而非美国或类似美国的模式。我们可以看到一种互相对抗、尊重当事人双方利益均衡以及《刑法典》前言条款的诉讼模式已通过 2000 年 6 月 15 日法律的首条引入。②

问题二:在废除预审法官和实施调查和自由法官后,会有什么变化?

提出了废除预审法官的两个前提且必需条件,这是一种颠覆。首先,检察官地位的彻底改革是不可避免的。基于民主,调查和预审是不可能由依附于司法部长的检察官实现的。事实上,如果立法者长久以来都关注着预审法官,那么法国刑事诉讼程序的主要问题就是关于检察院的地位。欧洲人权法院在 2008 年 8 月 Medevdger vs France 一案中,对检察官隶属于司法权力机关提出质疑,大法庭对于此案在 1 月份有判决。争议涉及在何种条件下,法国军舰在佛得角群岛附近可检查扣押悬挂柬埔寨国旗的船只。法院根据其判例确认,法国检察官因其没有独立于行政权外的权力,不属于司法权力机关。

司法部长有权通过政令决定刑事政策,但其是否应该通过指令介入个案?《法国刑事诉讼法典》允许起诉指令,但没有不起诉指令。事实上,《法国刑事诉讼法典》第 36 条规定,"检察长可以通过书面指令将其归入诉讼程序档案,命令其他检察官进行起诉、履行起诉或以书面公诉状起诉到有管辖权的法院,由检察长作出合适的决定"。如果连续两位司法部长在第 11 届立法中(1997－2002)废除了实际介入个案的政令,那么从 2002 年起情况就会不同。作为拥有公共权力的公务员,公务员的问责制度是全球性的问题,我们是否可以想象法官、检察官担心不能达到司法部预期的直接出庭程序率和事先认罪的出

---

② 《法国刑事诉讼法典》位于刑事诉讼指导性原则之首的前言条款,首句便是以"刑事诉讼程序是公平的、有对抗的,且维护各方之间的权利平衡"开头。

庭程序（CRPC）率？

法国检察长和检察官的任命应当确保其独立性，即对法国检察官的任命是符合最高司法委员会③的意见的，然而这不是强制的情况，事实上，在如今的多数情况下，委员会持反对意见。检察长是由部长理事会任命的。意大利检察院完全独立自主，由法官组成的检察院同样分级化，也享有独立地位。

其次，建议深化改革，提供司法救助和辩护的公共服务。莱热报告所建议的程序需要到场的主体给予经济支持。现在，预审是无偿的。如果调查程序变得互相矛盾，并且双方承担文件费用如专家或反对专家，显然需要重新考虑扩大法院救助和提供辩护的方式。采纳莱热报告，就不贯彻始终如一的方式。

莱热报告仅有几行（在第二页）有关于检察院的地位，未提及法院救助。这份报告规避了以上这两个基本问题，因此不足以建立一个新的刑事诉讼体系。

问题三：因此，这是司法权与行政权相独立的问题。您对前总统雅克·希拉克不经过预审就被移送到轻罪法庭有何看法？公众的意见是否推动了司法部长命令检察官继续调查已被确定为不予起诉的案件，您如何认为？

法官公正和独立的义务是互相矛盾的。司法部长关注公众意见，但这并不组成一个担保程序。实际上，在莱热报告的主张之后，在现行刑法体系下，前总统雅克·希拉克直接被移送到轻罪法庭应当相当困难。此外，莱热报告明显地降低了被害人作为民事主体并直接提起公诉的可能，这些建议显然使刑事商业案件被合法地免予起诉。在经济和财政方面有争议时，被害人往往将提起追诉。基于此目的，在共和国检察官的第一步程序后，由民事主体组成的被害人起诉到预审法官。依据莱热报告所主张的新体系，被害人认为构成违法时，可以向共和国检察官告发，要求检察官在三个月内答复。当情况归类为不予追究，或在申诉三个月后，被害人可以起诉到调查和自由法官。调查和自由法官对上述起诉的答复期限并未被规定；如果被害人在拒绝起诉后尝试第二次上诉，与到预审法庭上诉的限制条件相同。

问题四：预审法官是一个超负荷运转的机构，您对推翻其现行方式有何看法？罗伯特是否在 2007 年 3 月 5 日的法律颁布前，就建议了预审法官的权力均衡？

1985 年 12 月 10 日由罗伯特提出的关于刑事预审程序改革的第 85—1303 号法案，由于一次政治的更迭阻碍而未生效。我所谓的不是指预审法官

---

③ 意见一致的任命是指不必通过最高司法委员会的任命。

个体,而是作为一个机构已经超负荷。我认为缺乏权力均衡的制度是个严重的错误。在法国,许多大审法院实际运作时只有一位预审法官。他们具有不可移动性,因为他们自从从检察官学校毕业后就在此占有席位,对他们仅有的控制是预审庭庭长的监督。并不是在每个大审法院都存在预审法官。现在只有 5% 的刑事案件有预审程序。虽然这个百分比是微不足道的,但预审涉及的案件往往很严重。在废除预审法官之前,必须要考核预审的权力均衡,评价预审的工作,预先确定复杂案件(在某些领域如健康或轻罪案件的特殊地位)中提交到两位或多位预审法官的联合起诉。如今,在巴黎大审法院的经济和财政方面的案件已经很少提交,检察院偏向用预先调查来处理案件,例如 Dray 案。加强自由和羁押法官(JCD)的地位也很必要。在 2000 年,作为替代措施,我们主张自由和羁押法官应当是拥有一定经验的,至少曾担任过法院副院长的职务。现在自由和羁押法官由审判庭庭长任命,而不是由政令委任。自由和羁押法官应当拥有与预审法官相同的地位,同时还是一位有经验和办事效率的检察官,并且其所在法院的院长不能将其替换。

2007 年 3 月 5 日的法律未经讨论而直接由多数表决通过,此令人震惊的方式解释了刑事诉讼程序的不稳定性,政府和议会也有相同问题。

问题五:您对戴尔马·马蒂(Delmas-Marty)于 1991 年 1 月出版的题为"刑事案件的进程"的报告有何见解?

戴尔马·马蒂的报告是关注于外国法、欧洲判例和宪法法院判例的一份出色的报告。其主张废除预审法官,并替换为准备法官(Juge de la mise en état),即有自由和羁押权限及可更换的法官。她同时主张改变检察院的检察官的地位。我很欣赏戴尔马·马蒂的报告中寻找平衡的理念,其受到 1949 年多纳迪约·德·瓦布雷(Donnedieu de Vabres)报告的影响。多纳迪约·德·瓦布雷德的报告保证了预审法官的独立性,其应当是拥有特殊地位且经验丰富的法官,但检察院在这方面并不足够。④ 戴尔马·马蒂的报告尝试中肯地回答这种责任监管的缺失,之后莱热报告也再次提到,调查和自由法官所具备的权力并不足以和检察院的权力相抗衡。

根据莱热报告,检察院有三重职能,包括首先是作为刑事诉讼的一方,其次是作为调查者,最后有权力作出予以起诉或不予起诉的决定。解读莱热报告的第 49 页,"他们(不同的建议)革新了检察院的作用,作出予以起诉或不予起诉的决定,应当是调查唯一的领导,拥有追诉的自然权力,作为庭审的控诉

---

④ 多纳迪约·德·瓦布雷报告建议由检察院进行调查,替换预审法官。

人"。通过废除预审法官解决了兼并职能的问题,但增加了检察院的职能。

问题六:意大利和德国是否多年前就废除了预审法官?

事实上,意大利和德国的体系是彻底不同的。

在意大利,诉讼程序确切地说转化为控辩诉讼制,而其检察院享有独立的实体地位。检察人员是真正的检察官,而不是简单的公务员;相对于其他人来说,检察官同样独立自主。

德国的检察人员并非检察官,而是享有特殊地位的公务员。德国人十分遗憾其检察院缺乏独立性。他们的调查和自由法官是一种大模式,与莱热报告的主张相同。德国人希望其检察人员拥有更多的权力。

欧洲的其他国家,有保留预审法官的,比利时和西班牙就是此种情况。普遍而言,在欧洲,当检察人员不是检察官时,其要求检察人员拥有被保障的地位⑤;当检察人员是检察官时,要求预设这种独立地位。

问题七:2009 年 9 月 2 日,刑事律师埃瑞克·杜彭·莫瑞提(Eric Dupond Moretti)在接受《解放日报》的采访中,谈到"预审法官现在已远离辩护,而是靠近检察官",您作何感想?

埃瑞克·杜彭·莫瑞提在此提出另一个有意义的问题。在法国,法官和检察官的共同执政问题通常被人遗忘。然而,这些法官出自同一学校,在一些小法院,法官和检察官直接有很多串通,即使他们的职责是完全不同的。此外,在乌特尔案中,检察院和法官有许多沟通,并且迅速地互相确信,这被证明是一个极大的错误,造成了严重的后果。越来越多的律师要求断开法官和检察官联系。事实上,对于辩护律师和当事人来说,分开这些司法职能是不合适的,在一场诉讼的中途改变法官和检察官是可笑的。依我的经验来看,我们应该保留法官和检察官。法官学校设置公共课程是合理的,基于公共课程和法定独立性。检察官文化和法官文化有所不同。对于法官和检察官两种职业生涯的选择,应当给予充分的时间分析考虑,这可以促进对如何选择这两种职业进行双重考虑,并且对即将成为法官或检察官有一个良好的认识。

最后,我希望引用巴黎第一大学的吉内瓦·吉于迪瑟利·德拉日(Geneviève Guidicelli-Delage)教授的话,"期望法官远离诉讼,但人们将承担无效率的风险。在调查阶段的司法保障,只有当法官处于合理位置时,才可能有效:不能太近以致蒙蔽双眼,不能太远以致盲目"。

---

⑤ 保障性程序是指担保基本权利和自由的程序。

附 录

"一个旧问题":废除预审法官

关于废除预审法官的问题,法国总统 2009 年 1 月于最高法院的庭审时重新提起。早在 60 年前一份著名的报告中,亨利·多纳迪约·德·瓦布雷(Henri Donnedieu de Vabres)就已经阐述了此问题。事实上,自从 1944 年,因受到 1938 年总检察长马特(Matter)草案的影响,亨利·多纳迪约·德·瓦布雷领导司法改革委员会的刑事诉讼程序部门负责准备一部新的刑事诉讼法典。上述委员会包括其他人,莫里斯·巴登(Maurice Patin)和莫里斯·盖松(Maurice Garçon),此委员会于 1944 年末组建,1945 年初暂停工作,并于1948 年重新开始运作。关于改革 1808 年的《重罪审理法典》(Code d'instruction criminelle de 1808)的草案,包括 620 条法条,虽然于 1949 年公布,但从未提交至议会。十年之后,作为瓦布雷的报告核心内容——强制废除预审法官的理念,即提出 1949 年草案的理由并未在 1959 年《刑事诉讼法典》中被采纳。

瓦布雷的报告引起了法学界和司法机关间生动的辩论,但报告并未就废除预审法官达成主要共识。⑥ 如同玛格丽特·阿赫纳乐(Marguerite Arnal)所述:"多纳迪约·德·瓦布雷报告的起草人充满了改革预审法官的热情。"难道莱热委员会于 2009 年 9 月 1 日提交给法国总统的报告中,不是同样也富有改革预审法官的热情?

1949 年至 2009 年期间,1991 年另外一份出色的报告被提交至司法部长,此报告出自于戴尔马·马蒂所领导的刑事司法和人权委员会。⑦ 戴尔马·马

---

⑥ 特别参见下列博士论文:Marguerite Arnal, *Le rapport Henri Donnedieu de Vabres, Les réformes qu'il introduit, les critiques qu'il soulève*, Paris, 1952.

⑦ Rapport de la Comission *Justice pénale et droit de l'homme*, La Documentation française 1991, Cf. Aussi *Extraits du rapport Delmas—Marty sur la mise en état des affaires pénales*, Archives de politique criminelle, n°13, p. 75, Pedone, 1991.

蒂委员会在为期两年的工作中,并未期望完成提案一部新的刑事诉讼法典,但其奠定了刑事诉讼程序的主要原则,并通过 2000 年 6 月 15 日的法律引入《新刑法典》前言条款。戴尔马·马蒂委员会的报告,陈述了废除预审法官的预备条件以及必需条件。

The Abolition of the Pretrial Judge:
Challenge and Debate——Interview with Christine Lazerges

Christine Lazerges

Abstract: Christine Lazerges think that the contents of the Report Léger is the subversion of the criminal justice proceedings. The Report propose to submit a case to a number of pre-trial judge, taking into account the balance of power in all the pre-trial judge in the pre-qualification process, and it comes to reconsider the issue of breaking the unique nature of the pre-trial judge. Report has evaluated and excluded all the possibility of replacing the pre-trial judge. To abolitish of the pre-trial judge, two conditions are necessary: Firstly, a thorough reform of the status of the Prosecutor is inevitable; Secondly, the reform should be deepened and provides the judicial aid and the public defense.

Keywords: French; criminal justice; pre-trial judge, judge of investigation and freedom; Report Léger.

恢复性司法运动："时机以已至"*

桑德琳·列弗朗** 卢边静子 译***

摘要："恢复性司法"运动的推动者宣扬其在刑事领域提供一条介乎补偿和康复之间的非正式化、非专业化的"第三条道路"。该词语可以概括很多的情形：如受害人、犯罪行为人、社区等。同时，它也包括他们的辩护者：新教再洗礼教派的延续存在，批评犯罪学，司法辅助职业的发展上……有关恢复性司法的分析研究如同一场动员团结社会各阶层的运动，通过此我们思量这场"激进的社会运动"的改革者们的抱负正在失去原有的激情。

关键词：刑事司法 非正式司法 弥补性司法 恢复性司法 社会运动 刑事改革 受害人

众多有志于改良刑事司法体系的思潮汇聚在一起，形成了今天所谓的"恢复性司法"(justice restauratrice)理念。① 该概念超越了"报应型司法"(justice rétributive)——即注重强调嫌疑犯的行为及其行为是否有罪，和康复型司法(justice réhabilitative)——即注重行为人的兴趣及其责任。"恢复性司法"理念的推广者认为在此理念的影响下，对于犯罪人员的刑事惩罚不再是未来唯

---

* 原文出处：Sandrine Lefranc, *Le mouvement pour la justice restauratrice：an idea whose time has come*, Droit et Société, 2006, n°63－64, pp. 393～409.

** 桑德琳·列弗朗(Sandrine Lefranc)，法国国家科学研究中心(CNRS)研究员，政治社会科学研究所(ISP)南泰尔(Nanterre)分所成员。

*** 卢边静子，法国巴黎第二大学国际经济法专业博士研究生。

① 本文根据致力于恢复性司法运动的组织和机构所提供的系统性制图，以及有关政治冲突问题解决的经验性工作(采访和大量的传记)写作而成。

一的主要目的②，而是双方共同参与的进程：不同于现有的国家垄断的专业型司法，而是授权于受害人、犯罪行为人和社区。这种新司法方式呈现出四个主要的原则：(1)所谓的犯罪，就是指一方对另一方的侵害（而非违反了法律规定）。(2)我们所要追求的是让犯罪人重拾良心，认识到自己的错误并纠正错误，弥补其错误行为造成的损失，以此避免重蹈覆辙、再次犯罪。(3)至于修补或预防的做法，就是通过非正式或非官方且双方认可的形式进行有建设性的交流。(4)应该致力于改善犯罪人与受害人之间的关系，从而帮助犯罪人重新融入遵法守法的社会氛围。③ 该四项原则从不同程度上影响着各种司法操作，如对受害人—犯罪人之间进行仲裁和调解，协调和解程序，或家庭式小团会议、团体处刑令，或是其他形式的仲裁调解。这些司法操作的共同之处就是在法庭之外组织侵害方和社区、侵害方和受害人，乃至三方共同参与的直接或间接的交流对话，这些活动有一个第三方的存在，如调解员、警察、"布衣法官"（如加拿大一些法官会褪去其法官袍）。这样，使各方主体能处于一个被平等对待的地位。

这一改革虽然没有真正引起法国学术界的关注，但"恢复性司法"理念如进口商品④一样，被其拥护者以一种混淆的视角，介于理论与实际操作之间的引进，这点有别于仲裁和调解。毋庸置疑，这是成功的。衡量其是否成功，我们这里是通过看它犹如某商品打进消费市场般迅速的传播速度，而且出人意料地受到了学术界及专业人士的接纳，而并非通过其对如何改善刑事司法制度的贡献，也不是仅仅因为它有助于众多国家现行法律体制的修补。⑤ 它的成功，更体现于其传播速度之快，要知道，此概念是在 20 世纪 70 年代后半期才开始引用的。"恢复性司法"这一概念包含了多种政治组织流派，这些流派之间有时甚至是互相抵触的（但所有的这些流派皆源于一种个人主义的自由哲学）；此外，还包含来自各地社会文化由此折中的实践行为，政治思想的动员（例如，女权主义、或不明确的犯罪受害人团体，此外还掺杂有各种宗教流派、

---

② John Braithwaite, A future where Punishment is Marganilized：Realistic or Utopian？,UCLA Law Review, 46(6), 1999, pp. 1727~1750.

③ 请参见 Gerry Johnstone, *Restorative Justice：Ideas，Values，Debates*, Cullompton，Willan, 2002.

④ 对该舶来词的法语翻译还在犹豫：例如恢复性司法、恢复、重建、修复等等。(justice restaurative，restaurative，reconstructive，réparatrice…)

⑤ 文献上有很多通过满足各方的大量尝试（通常超过 80％）。同样，程序公平也是主观评估的目标。

学者、专业人士的思想理念)；此结合多方思想流派于一体的概念，的确应该作为一面旗帜来引领众流派、实践行为及各种全民动员运动。不是因为该思想观念有着一种意义或是传播得如此神速，而这种意义或是快速的传播与传统社会学倡导的思潮背道而驰。"恢复性司法"集众多的思想流派，归纳为一个简单的词汇，用于多个方面：有被用于受害人一方的，也有被用于犯罪人一方的（尤其是年轻人），或是有着共同文化氛围的小团伙的组织，又或是持有极端政治意见的组织；另一方面，"恢复性司法"这一概念被引用，也出于维护下述提及的方方面面的原因：例如，为了新教再洗礼教派的延续存在，或其他宗教运动政策发展，批评犯罪学，濒危行业的可持续性（如社会工作者、感化官甚至司法工作者），以及新兴职业的发展（如调解员），或是政府刑法体制政策的合法化，等等。

"恢复性司法"犹如一身华丽的外衣，内由相互不协调的各组成成分凑合而成，很容易成为一直未有所改革的意图"躲避政治指责"⑥的强烈改革意图推动下的刑事政治中的最新变数。为何较倾向于描绘"恢复性司法"概念下众多用法中其中一面，而且采取这样概括简要的方式呢？主要有两个原因。首先是因为"恢复性司法"成为具有多种用途的一面旗帜，在这面旗帜下产生了连接不同的社会空间和地理空间之间的互动交流的运动，促进了当地习俗的形成。

另一方面，把如此包罗万象的复杂学说概括点睛，以此作为口号，这样一来，我们可以通过把理论、实践及组织动员运动用深入浅出、高度概括的方式来衡量运动改革的野心，这个"彻底的社会运动"⑦建立在替代诉讼原则的基础上。这所谓的替代诉讼原则，其本身也受到各种具有争议的犯罪学理论的影响，被认为不仅仅相当于刑事体制，同时也相当于各种形态的争议的解决方案，乃至于影响着整个社会的运作。这个思想体制形成的契机已出现。⑧ 通过重修"恢复性司法"的枝枝叶叶，我们可以想象到刑事司法体制改良运动的前景命运：要么体制逐渐衰弱，要么奋起改革，形成多元化的刑事司法体制。

---

⑥　R. Kent Weaver 摘自 Philippe Artiere, Pierre Lascoumes, *Gouverner et enfermer. La prison, un modèle indépassable ?*, Paris, Presses de Sciences Po, 2004.

⑦　根据 Chris Cuneen 的表述，"Thinking Critically about Restorative Justice", in Eugene Mclaughlin, Rose Fergusson, Gordon Hughes et al. (eds.), *Restorative Justice: Critical Issues*, London, Sage/Open University, 2003, p. 182.

⑧　参见 Richard Hofrichter, *Neighborhood Justice in Capitalist Society: The Expansion of the Informal State*, Westport, Greenwood Press, 1987.

我们可以看到在衰落的改革原则的一种制度化的运动的铁律（loi d'airain）和发人深省的激进项目。纵观 20 世纪 70 年代，这个时期的"恢复性司法"的命运，犹如重新演绎了当时以美国尤为鲜明的所谓扩大享有法律赋予权利的人群（这是从 20 世纪 60 年代发展起来的），这种思想主张很快地被理解为一种施舍，这样做，会通过国家行为来控制。但这一衰弱并不归咎于国家的自由管理机制，而是来自于"恢复性司法"所谓的成功，而这所谓的"恢复性司法"则是由那些动机不纯及价值观参差不一的团体掌控。

"恢复性司法"的生产和推广机制的重建缔造了历史。太多的文献曾大幅度、大篇章地进行介绍（然而，却几乎是英文的介绍）。该历史解释了这个改革运动的命运及前景。并非形成过程中各个组成时刻都可以确定地连贯在一起；例如，英国布莱尔政府的政策并没有受到打着"恢复性司法"旗号的首批宗教运动的影响。但权衡这些起源，行动或思想的相容性虽不易察觉，但也给出一个方向，匮乏制度改革的目的，即"恢复性司法"运动。

一、从传说到建立

有关"恢复性司法"的传说，概括说来：美国俄亥俄州的两个年轻人被控于 1974 年 5 月的一个狂欢夜毁坏财物，负责该案件的感化官在一次基督会议中突发奇想，希望安排犯罪人与受害人见面。没有人会想到这个事件会引发一场国际规模的社会运动。⑨ 但无论哪个版本，有关于"恢复性司法"的起源几乎都强调了"以人文本"的原则。这些关于"恢复性司法"来源的传说在于推广人性化治理的原则，该理念原则的推广不断地因成功的事例得到印证，如美国在 20 世纪 90 年代后半期在其政府司法部的支持下建成的 773 个安排犯罪人与其受害者面谈的仲裁—调解方案⑩，新西兰针对青少年犯罪的一般程序，欧

---

⑨　Howard Zehr, Changing Lenses: *A New Focus for Crime and Justice*, Scottdale (Pa.), Herald Press, 1995, p. 158.

⑩　Mara Schiff, Gordon Bazemore, Restorative Conferencing for Juveniles in the US: Prevalence, Process, and Practice, in Elmar G. M. Weitekamp et Hans—Jurgen Kerner (eds.), *Restorative Justice: Theoritical Foundations*, Cullompton, Willan Publishing, 2002.

洲国家众多的相关做法。⑪ 上述提及的人性化治理原则得到许多国际机构的认可，并且建立了相关的刑事司法机制⑫，以此证明对该原则的支持。“恢复性司法”有着其拥护者，相关的专业人士、协会、机制团体，这样的一个体系网络首先在英语国家（如美国及英联邦国家）发展起来，其后发展至欧洲国家（如比利时、荷兰等国），然后再到了南方。⑬

此外，这些关于“恢复性司法”起源的传说使各种不同的社会动员运动结合起来，这些流派彼此迥异，甚至相互抵触，它们分别是：女权主义团体、贫民请愿运动、持不同政见的宗教活动等。这些组织积极参与，很大程度上推进了原则性版本的制定，相关的文献甚多，这里就不一一细数了。各组织相互迥异，而要使它们能连贯起来形成统一的体系，只有依靠整个意识的不断加深，尤其是从法律角度上不断加深理解受害人及其承受的不安全感（假如我们认为“受害人”与“不安全感”这两个司法概念并非相互独立的话）。“恢复性司法”因而被认为是下述各种历史因素或改良运动的浪潮或历史事件共同作用后产物的代名词，如 60 年代争取各种权利的运动，英国殖民地独立后的声讨运动，支持犯罪行为受害人的各种声讨浪潮（受害人部分来自女权主义团体），由司法界及财经界人士发起的声讨运动，支持替代性纠纷解决（尤其是以社团形式共同参与，这样的模式在美国 70 年代末建立），集体疗法的拥护者⑭，批判犯罪学理论（如马克思主义、和平主义、女权主义、废奴主义等）以及其他动员运动（这些动员运动中的大多数已经演变成国际性质的）。90 年代后半期能够把上述理论或运动相对机制化，这与各种政府对于保护受害人相关立法意识不断提高不无关系。

虽无法衡量上述这些理论或团体动员运动在推动“恢复性司法”发展进程中各自所占的比重，但是，我们起码能概括地将它们划分为两个类别：“恢复性

---

⑪ David Miers 对 14 个欧洲国家和 4 个英美法系国家作了比较。David Miers, *An International Review of Restorative Justice*, London, Home Office, 2001 (Crime Reduction Research Series Paper, 10).

⑫ 所有的侵害和刑法程序都可能涉及：在审讯和中止检控之间的第三条道路，直到被监禁释放后。

⑬ pays du sud 即贫困国家，不发达国家。——译注

⑭ “恢复性司法”这个术语，往往归功于 Albert Eglash, *Beyond Restitution：Creative Restituion*，[1975]，in Joe Hudson, Burt Galaway(eds.), *Restitution in Criminal Justice*, Lexington (Ma.), Lexington Books, 1991. 心理方面的影响作用非常有利于情感的表达，此举在匿名的酗酒者中非常明显。

司法"的产生与传播。尽管这个类别在其形态、各自的着重点以及其时间性上彼此存在差异，然而在理论与实践的引用上仍常混淆不清。"恢复性司法"的产生源于美国俄亥俄州，由一个案子的感化官突发奇想得到与会成员的支持且得到法官的同意从而产生了侵害人—受害人调解做法，这在上文已有提及。来自感化官所谓的直觉联想，似乎更是对于宗教的"社团审讯"做法的再现；宗教的这个做法在同一时期的北美发展起来，运用在青少年犯罪的刑事审讯中；此外，安排违法人员与受害人面对面的做法渐渐替代了抽选志愿居民参与仲裁调解的做法。这种做法的传播，首先开始于某些宗教及类宗教团体（如门诺中心协会、基督与废囚主义共同协会、司法及纠正基督大公组织），这些团体往往能引起当地执法机关以及受害人协会的注意；而这些团体的大学方案享有公众集资的权利。至于把"恢复性司法"概念传扬国外，这要归功于大学学者（他们当中，有犯罪心理学及社工学专家）及再洗礼教派组织（例如在英国）。

随着同时在新西兰以及北美带有基督教色彩的所谓"土著司法"（justice indigène）概念的重新引入，"恢复性司法"得以传播。传说中，当地社团在它们的传统中作出决定，提出了父辈受到判决，可延续至下一代相承，对于不合理之处，子辈可要求上诉。法官或当地警官充当着决定性的角色。此外，这些司法机关的从业人士对上述司法程序在国际上的宣扬也是不遗余力。这些司法程序着重的是"社团"这一角色在当中所起到的推进作用（这些社团既是他们本身团体内部的一分子，同时也担当着社会角色；他们一般是医生、法律人士、教师等）。在新西兰，在当地的所谓毛利人群体（groupes maolis）施行的机制首先由执法人员引进了澳洲，接着是加拿大，这种做法有时甚至还得到了联邦政府的支持。随后，传至美国，但这次的传播者是一个教师协会，这个教师协会是于 20 世纪 70 年代针对青少年犯罪问题而建立的（其原名是"真正的正义"，后改名为"司法复权国际协会"，该协会运用了曾参与第一波进入浪潮中的司法人员的力量建立起来）。此外，新西兰的做法再次确定了北美土著少数民族团体及法官们联合起来对"恢复性司法"作出的努力。

至于第二种类别，"恢复性司法"的传播过程中，尽管也促使了相关政策的落实〔新西兰于 1989 年立法确立了"家庭小组会议"（Family Group Conferencing），作为处理青少年犯罪的常规法律程序，并且为恢复性司法建立了本地索赔运动（la revendication d'autochtonie du mouvement）〕，但现在亦由于引进"被害人—加害人的调解"而被废止。因为它不但造成了警方或政府财政拨款而饱受批评，而且它更倾向于对"社会"的批评（由于潜在的强横特性，使其在发达国家⑮难以实施)，此外，毫无疑问的一点是，相比于第一种类型的诉讼程序，其给予受害者的地位相对较弱。

在这两种情况下，学者/专家的作用都是至关重要的。霍华德·泽汉弗（Howard Zehr），门诺派，MCC 负责人，犯罪学专家，致力于北美洲被害人—加害人调解的发展，被认为是"恢复性司法之父"。约翰·凯瑟克，澳大利亚白领犯罪学专家，澳大利亚政府顾问，投入了大量精力，通过其论文"耻辱恢复（honte qui réintègre)"⑯来传播澳大利亚模式，并将其论文出版。他亦是恢复性司法的理论权威之一。

二、宗教运动

"恢复性司法"活动也有其宗教面，但这一方面往往被学者及专业人士所忽略，然而"恢复性司法"的这一宗教面对于它的起源及发展同样重要。两个运动都发生在北美，两者表现出来的性质有所不同：即新教再洗礼教门诺派（protestante anabaptiste mennonite）和新教福音教会（protestants évangéliques)⑰，对阐述"恢复性司法"方面（即"恢复性司法"运动的发展、成功、影响以及它的改革性)互补有无。门诺派常常被认为是"恢复性司法"概念的创始人，新教福音教会也并没有出现在关于"恢复性司法"起源的叙述中，但是，新教却积极地参与了其在国际上的传播，这也是归功于国际狱友组织的协助。

尽管这些起义运动发生在不同历史时期，然而它们彼此之间却是相互联系的。在某一程度上，这些运动都是源于共同的历史时刻（激进改革：这是一场发生在 19 世纪的彻底的社会改革）。当时新教的宗教性质不明，这有碍于它在"市场"⑱的发展，这指的是宗教为了赢得信徒们的支持的派别之争。此

---

⑮　Pays du nord 即发达国家。

⑯　John Braithwaite, *Crime, Shame, and Reintegration*, Cambridge, Cambridge University Press, 1989.

⑰　贵格会可能会更为突出，如在美国的天主教会，比利时或者其他国家作为传教士的工作。

⑱　参见 Roger Finke, Rodny Stark, *The Churching of America*, 1776－1990: *Winners and Losers in Our Religious Economy*, New Brunswick, Rutgers University Press, 1992.

外,福音教会运动的活力,影响着门诺会和贵格会(quaker)。⑲ 然而在被认为是相对独立的宗教竞争中,试图要履行来自不同领域的人群的承诺,这似乎是不恰当的。因为种种的这些承诺超过了他们的能力范围。他们的参与融入了其政治态度,更致力于把其宗教活动合法化。

(一)门诺派对"恢复性司法"的启蒙

如文章开头提及,专业人士及其推广者把"恢复性司法"的起源归纳为源起于 1974 年由加拿大基督感化官的突发奇想萌生的第一次"让受害人与人犯面对面进行调解纠纷"此一事件。该前所未有的"萌作",其系统化理论的成形多亏于霍华德·泽汉弗,他是美国一个信奉门诺派、钻研犯罪心理学的大学学者,同时也受雇于门诺派中心委员会。究竟这两人在"恢复性司法"的发展中充当着什么样的社会角色呢? 有关这场运动在宗教或专业运动中的重要的难解之谜,可以通过北美门诺教派的历史进行解释,更确切地说是这段历史:首要反对商品化社会经济和宗教的普遍兵役制面临的双重威胁。

20 世纪期间众多门诺派思想流传至城市(及进入城区作业市场)中去,这样,大大打破了原本城乡清晰界分的局面。这样一来,社会的普及化现象使得人们需要宗教归属感更为强烈(当时以福音教会为主)。两次世界大战期间,美国政府机制化其军事服役⑳,通过这样让其组内成员不再信奉"无阻论","无阻论"这一学说倡导的是门诺主义,维护我们常说的"绝对和平主义":所谓的"绝对和平主义",就是指拒绝持有枪械(甚至以这样或那样的方式反对使用武器)。而和平主义一贯被大众认为是门诺派主张的中心思想,因为他们以妥协的方式不参与政党之间的纷争,因他们的这种态度而面对相应的各种后果(他们所持的态度,就是他们谴责缺乏爱国主义思想,其至拒绝服兵役的行为),就是这样,学者们高举"和平主义"的旗帜,建立了代表其团体的机制,积极参与和政府及国会谈判公民义务准则。所谓的公民义务常常被简化,由此衍生出使其体现价值的多元化方面,如在监狱内、精神病院,其至在国外(如参与了支持战乱国家的和平运动)等,再者参与了协助很多的门诺派成员成为专业的感化官或刑事司法的专门学者。对社会工作的积极投入,再次把和平主义的信息传发给全体门诺会成员(所谓的和平主义,并非真正的和平主义,因为思想的传播者大多数是保守党人士),同时也使一小部分美国左翼政党人士

---

⑲ 请注意,这些教派由异教群体组成。

⑳ 情况和加拿大的有所不同,但这些充要的机构被两国共同的教派肯定,以促进学说的同质化。

参与其中。

(二)"好人建好社会"

"恢复性司法"在美国及国外推广中的中坚分子之一是 PFI 协会(狱友国际联盟协会)的发言人丹·万·尼斯(Danivel van Ness)。他也是相关文献或协会活动中常被提及的理论家之一。[21] 该协会主要是动员与帮助天主教会,协助他们给在押人员、出狱人士及他们的家庭做思想辅导,以此促进"恢复性司法"运动的开展。[22] 协会还要求在 112 个国家设点,它召集 100000 个愿意到监狱里帮助开展思想传播工作的志愿人士;因此,该协会得到了联合国经济社会协会承认的专家资格。

该协会由一个致力于重新改造在狱人员的专业团队组成。该协会培训且陪伴出狱人员,让他们重新走上正途;此外,它还致力于推进"恢复性司法"的刑事司法体系的改革。然而,这样的做法被基督团体认为是通过帮助在狱人士而进行的一种赎罪行为。基督团体秉承福音主义原则,通过与不同教派结盟,试图与美国天主教达成政策联盟(美国天主教当时拥有众多神职人员,已有相当规模),达成政策的普遍一致,尤其在其传播范围内与之均等势力。[23] PFI 协会一直致力于拯救社会边缘人士,甚至走进监狱进行传教(监狱被认为是改造在狱人士的基地,让他们不重蹈覆辙,从而减低重犯率)。协会通过让每位在狱人士与神对话、忏悔、阅读圣经、安排在狱人士与其他案件的受害人在狱内聚会交流(据不完全统计,约有 150000 名在狱服役人员申请参加过这种形式的研讨聚会,约有 50000 名访客)。类似的计划皆得到数个州政府的经济支持,其中包括得克萨斯州(乔治·布什自 1997 年以来担任当时的州长);也正是因为这个原因,美国联邦政府实行司法和宗教分离。然而美国最高法院却在 2005 年 6 月确立了一项保障在狱人士有权得到宗教援助的法案。

为了更好地了解 PFI 协会的性质及其行为,值得一提的是,协会的创建人查尔斯·科尔森(Charles Colson)。他在通过其狱中的经历及在狱中参加过新教福音主义教会活动后,于 1976 年建立了狱友协会。他在 1969 至 1973

---

[21] 例如 PEI 曾经参与了由国家法官学院的继续教育课程于 2004 年 5 月 6 日到 7 日主办的题为"恢复性司法与被害人"的研讨会。

[22] 或者说"传福音或管教犯人",参见 Judy Veenker, *Christianity Today*, 13 November 2000.

[23] PFI 的创建人是"Evangelicals and Catholics Together: The Christian Mission in the Third Millennium"这封信的签字人,于 1994 年 5 月(First Things, 43, may 1994, pp. 15~22)。Daniel van Ness 那时已经在一个天主教大学培训。

年担任美国总统尼克松总顾问期间,曾组织了一次潜入主张和平主义的精神学家丹尼尔·埃尔斯贝尔(Daniel Ellsberg)的家中的盗窃,他这样做,是为了使当时反对越南战争的左翼党失去民心(结果他因妨碍司法公正被判监禁 7个月)。[24] 自此,他成为了福音派保守党的引领人之一:他成功地把他个人重生的经历记载成册、发行出版以及通过电台的方式进行传播;此外,他被认为是近布什(Bush)派。查尔斯·科尔森是当时强烈反对强硬政策、反对多重刑法惩罚的批判家之一。[25] 他请愿要求吸毒或犯有无暴力性质的犯罪行为者无须入狱(在他看来,有一半的在狱人士应该被释放),暂停建监狱,对监狱系统的工作支付最低工资,取消执行刑罚的义务。重刑犯的投票权,拓展社团集体裁决的应用。据遗产基金委员会代言人称,查尔斯·科尔森是推动社会进步的最重要的人物之一。[26]

然而这些评论理应放在一个特殊的位置,因为它们似乎影响着美国政府沿用的所谓"富有同情心的保守主义政策",这个政策特别体现在 2001 年颁布的针对"慈善选择"(charitable choice)上的法令,该法令允许宗教协会举办的为社会工作的集资计划。[27] 在这种情况下,产生了这种带有宗教性质的帮助狱友或受害人的协会。[28] 这个刑法政策的改革计划连接了好一些所持态度迥异的极端保守主义党派。查尔斯·科尔森在进入教会之前,是尼克松政府中的保守党派人士之一。自此以后,他倾向于福音神学保守派的象征事业,他支持基督右派保守论:支持伊拉克战争(与大部分新教教会所坚持的有所不同,其中包括门诺派主义)以及坚持"宗教自由"[29]问题,坚决反对同性结婚并

[24] 参见 The Legacy of Prisoner 23226, Christianity Today, 9 juillet 2001, p. 28.

[25] 参阅 Christianity Today 的系列文章。

[26] 参见 The Legacy of Prisoner 23226,同上。

[27] Charles Colson 是这项政治活动的最活跃的推动者之一。参见 Amy L. Sherman, Evangelicals and Charitable Choice, in Michael Cromartie (ed.), A Public Faith: Evangelicals and Public Engagement, Lanham, Rowman & Littlefield, 2003, p. 163.

[28] PF 被计入在刑法政治上的一项有重要影响力的政策。(参见 Sébastien Fath, Dieu Bénisse l'Amérique. La région de la Maison—Blanche, Paris, Seuil, 2004, p. 148). 监狱方面的政治转变取得圆满的成功。据记者 Barbara Victor (La dernière croisade. Les fous de Dieu version américaine, Paris, Plon, 2004),90% 重罪的被监禁的白人囚犯都能获得重生(p. 132)。

[29] 参见 Allen D. Hertzke, Evangelicals and International Engagement, in Michael Cromartie (ed.), A Public Faith: Evangelicals and Public Engagement,同上,p. 226—227.

将其看作"文化的深渊"㉚及反对堕胎行为。

科尔森与 PFI 协会加入了"恢复性司法"浪潮中㉛,致力于协调其中的既保守又跃进的两种迥然却同时存在的属性,以及使其运动合法化(在困难的经济环境下)。然而它也意味着理想主义的兼容性,这种兼容性并不包括那时候的福音主义学者具有指向性学说的确定。㉜ 这个政策以救赎为目的,以福音主义者之姿面对社会、面对政治的承诺;所谓的福音主义者之姿,该理论是来自于个人信仰主义以及我们为之命名的相对主义,这所谓的相对主义被引进使其福音主义化,使其倾向于个人自我影响。㉝ PFI 协会的所作所为直接反映出其内在的中心思想:我们通过人与人之间的互动关系得到相应的变化(而并非通过集体策略的方式得到相应的改变),以及通过基督书籍中列举的小故事,所谓的"好人创造好世界"㉞(故事的主要思想讲述了人与神之间的关系以及强调了家庭的重要性)。这个关系理论导致我们不容易找出问题所在及其相应的解决方案以及确立一致的态度(这个态度,往往用于各政党派到各地游说争取选民时被提及的)。而个人选择原则因而强调道德专制。

意识到保守党福音主义团体对于"恢复性司法"的诞生及传播所起到的作用,从而使我们更能准确地衡量其对于潜在保守主义在司法体制改革上的价值(被认为是刑法体制渐进改良的主要希望㉟),非但如此,也能使我们更了解它与所谓的"无政府干涉"理论能否共存;此外,福音保守党作出的贡献尽管常在"社团理论"中被提及,然而认识到其在整个"恢复性司法"运动中起到的作用,能使我们更清楚地认识到个人主义理论当中的分量(例如,在刑事责任方

㉚ Charles Colson, *Sowing Confusion: One Small Ruling for Texas, One Giant Leap into a Cultural Abyss*, Christianity Today, 3 October 2003, p.156.

㉛ Charles Colson, What is Justice, Christianity Today, 11 ao？ t 2005.

㉜ 我们很难考虑到扩散过程像一个货币理论家,为了重提 Luc Boltanski 的比喻:意识形态可以通过增加…他们地下流通的长度和复杂性被洗涤(*L'espace positionnel. Multiplicité des positions institutionnelles et habitus de classe*, Revue française de sociologie, XIV, 1973, pp.25~26),但多重不同角色的演员参与作出决定性的贡献。

㉝ Christian Smith et al., *American Evangelicalism: Embattled and Thriving*, Chicago, The University of Chicago Press, 1998.

㉞ 福音教会的 Lewis Smedes 摘自 Christian Smith, *American Evangelicalism: Embattled and Thriving*,同上,p.191.

㉟ Barbara Hudson, *Justice in the Risk Society: Challenging and Re-affirming Justice in Late Modernity*, Londres, Sage, 2003, p.207.

面）。

福音保守党可维护的恢复性司法要求的是不同于刑事责任的道德概念；而这个概念体现在今天所谓的安全问题上。推广"恢复性司法"的成功更好地巩固了福音派在北美政策之争议中的地位。

三、改革意图的减弱或转向

（一）非专业化或使重新就业

"恢复性司法"不仅是作为一种替代的刑罚制度，兼具报应和修复；其在不同的情形下，与国家控制的正义和专业化对立。宣扬"恢复性司法"的相关文献中常常提及的犯罪心理学家是来自挪威的尼尔斯·克里斯蒂（Nils Christie）。他在其文献中向我们阐述了何谓"垄断社会"，尤其详论了所谓的"专业犯罪"，且从冲突谈至受害人，以及如何从其邻里司法（justice de voisinage）[36]经历中总结出怎样为犯罪人与受害人平等地享有平等审讯的权利。因此，"恢复性司法"运动是一个对法律界人士的挑战，正义适用一般的法律规则巩固其垄断地位，并推而广之到任何形式的专业；在社区以公开讨论共同审判的方式倡导平等审讯。法官及律师是我们为探讨该主题要着重针对的两类法律界专业人士：前者代表国家站在受害人或社团的立场上；后者代表的是争议的中心，站在情感中立的立场上。[37]

这个观点无切入专业之分（这个建立在所谓"社团共和理论"基础之上的参与性民主提议）当然已经显示出其局限性。正如我们已观察到的，正是所谓的"专业人士"在"恢复性司法"概念的产生及传播中起到了举足轻重的作用。该改良运动甚至被理解为"专业领域改进运动"[38]。没有对所谓"重组专业化"概念的意图性产生任何先入为主的偏见，我们可以注意到成就"恢复性司法"这一司法理念的，确切来说，就是能成功促使把不同业界的专业人士联合起来的能力。在美国所谓替代诉讼纠纷解决机制源于"恢复性司法"，后者主张的

㊱　Nils Christie, *Conflicts as Property*, British Journal of Criminology, 17, 1977, pp. 1～15.

㊲　John Braithwaite, Restorative Justice and De－Professionalization, The Good Society, 13(1), 2004, pp. 28～31.

㊳　Albert W. Dzur et Susan M. Olson, *Revisiting Informal Justice: Restorative Justice and Democratic Professionalism*, Law and Society Review, 38(1), 2004, p.145.

是庭外调解的方式,这样非正式的民间调停的做法,在这过程中矛盾产生。在美国,替代诉讼纠纷解决机制能够更好地发展起来,有赖于法官(尤其是联邦法官)、立法者(1990 年法例的成立)、律师(美国联邦律师公会的律师)以及其他司法体制团体或其辅助工作者(如社工、心理辅助人员等)。㊴

犹如替代诉讼纠纷解决机制,"恢复性司法"运动的发展得助于法律从业人员、法官、警察,同时还有社会工作者(如美国缓刑及假释协会)。投资或多或少的早期的协会或专业组织的运动,可以理解为为法律辅助职业(社工及感化官——自 20 世纪 70 年代在美国,他们的职能根据地域的不同而不同——或教师面对他们的职业发展)的重新合法化作出的努力。真正的正义,贡献自是由华池德(Les Wachtel)教师夫妇自 1994 年起创建的扩大恢复性司法社区分支,在已于 1977 年成立的青少年罪犯中心/学校里(在参与社会控制原则的基础上)。真正的正义的员工大多是社会工作者心理学家和联合前警务人员。

此运动最后在很大程度上得到了某学术界人士的支持,他把文献理论联系其实际操作经验,建立了一套名为"恢复性司法"的体系。所有著名的学者(文献中常常被提及的,在近期出版的关于"恢复性司法"程序的产生与发展文献中提及的有 Gordon Bazemore, John Braithwaite, Paul McCold, Mark Umbreit, Dan van Ness, Lode Walgrave, Howard Zehr,等等),他们不仅是理论家,同时也是实践者。尽管他们来自于不同的国度(分别来自美国、加拿大、澳大利亚、英国、比利时等国),然而他们的工作性质是类似的。他们重合着数种不同的身份,犯罪学家,同时在本国及国外提供建议的专家,也积极参加社团或宗教活动。他们并非来自美国顶级学府(在美国,大学普遍分布在东南部及中西部,然而并不是国内排名领先的学府;某些是教派性质的大学)。一般来说,他们的专业领域偏向于理工科,但又不是理工专科,或者是他们的专业处于两个领域之间(如法律与社会学或心理学与社工学之间),或是他们的领域的科学性备受争议(如受害心理学)。若从这个角度来看,为"恢复性司法"之争的运动可被看成是法律系派结构重组之争的延续。㊵

㊴ Carrie Menkel—Meadow, *When dispute Resolution Begets Disputes of its Own*: *Conflicts among Dispute Professionals*, UCLA Law Review, 44(6), 1997, p. 1871—1880; Yves Dezalay et Bryant GARTH, *Fussing about the Forum*: *Categories and Definitions as Stakes in a Professional Competition*, Law&Social Inquiry, 21(2), 1996, pp. 285~312.

㊵ Antoine Vauchez, *Entre droit et sciences sociales*. *Retour sur l'histoire du mouvement Law and Society*, Genèses, 45, 2001, pp. 134~149.

（二）从批判自由司法到对司法安全的考量

若"恢复性司法"可以被看作是一场改良运动，那么也是因为其观点支持下的一系列司法概念及社会规范相结合的成果。首先，"恢复性司法"是基于各种不同的有争议性的犯罪心理学，然后由这些改良运动开启了对自由司法其他形态的批判。所谓的自由司法，是由研究"恢复性司法"的理论学家与专业人士共同得出的成果。自从出现了所谓的"社团主义"，尤其是"共和主义"[41]以后，两种学说可以得到更好的区分、表述。在 John Braithzaite 及 Philip Pettit 最近的版本中，"恢复性司法"被引用到了某一政治团体有关共和概念下的刑事司法的阐述中。在所谓的共和概念影响下的刑事司法中，我们通过对话交流进行纠纷调解，采取的方式往往是简单直接的导向，这取代了所谓的强力干预影响及对此的被动接受的方式。然后，这样的一个个性化的解决方案却不被专业人士采纳。

相关的学术理论强调的是在一个司法程序中，其各方面人员都参与其中，如人犯、受害人及其家属、"社团"，因而，所有上述的这些学说整合起来，被归纳为一种所谓参与性民主的特别形式。此外，这些理论有着其共同之处，它们对于刑事司法体制[42]的根本重组及对于自由社会的总体职能来说，既是可相互取代的选项也是必不可少的原则。"恢复性司法"逐渐与各种批判性的传统理论不相适应，所谓的各种批判性的传统理论指的是，从"刑法废除主义"到右派政党提出的自由主义[43]，从社会矛盾[44]的价值化到主张统一价值观、集体观及相应的公关手段；上述的这些理论同时也在削弱改革运动。霍华德·泽汉弗在 1990 年时曾向大众介绍"恢复性司法"，把它形容成即将取代自由正义的圣经正义（juticebiblique）的化身，并且成为完善现有体制的补充，更有甚者，能从内部颠覆现有体制。[45]

现行的国家机器同时不可避免地存在着机制化的问题。来自北美方面的相关文献中，宗教激进党支持的替代性提案所描述的，很快成为了激进党、政

---

[41] 特别是 Amitai Etzioni, *The Essential Communitarian Reader*, Lanham, Rowman and Littlefield, 1998.

[42] John Braithwaite et Philip Pettit, *Republican Criminology and VictimAdvocacy*: *Comment*, Law & Society Review, 28(4), 1994, pp. 765~776 (p. 771).

[43] 合伙人特别是以 James Q. Wilson 为名，即 carreaux cassés 理论的作者。

[44] 参见 Nils Christie, *Conflicts as Property*，同上。

[45] Howard Zehr, The Little Book of Restorative Justice, Intercourse (PA), Good Books, 2002，特别是 p. 58.

党及大学学者之间共同组建的原则——这样的情况开始于 20 世纪 90 年代,其内容渗透至联邦政府。值得注意的是,该原则同时也涉及欧洲的首个机制化。在大学学者的协助下(如鲁文比利时天主大学),由国际机制所支持的:联合国社会经济协会,欧盟协会尤其是欧盟协会采用强制的方式和推广。[46]

值得一提的是该一系列行为所引入的政治企图,这些都有可能造成该原则的衰弱及转向。在法国,这个标志(并不常被使用)特别用于对实践中存在的调解的重新命名。该重新定性使得社工、联合稽查员、调解员有别于法律专业人士,因为后者遵循的是国家化的调解的法律条文,也即将法律置于检察院手中。但是,该标志最近被用于受害者的权利:相比对政府在刑事司法改革行动的定性,它更多是在证明受害人原因的制度化,由此产生其特殊性区别于替代性刑罚和刑事调解。

在英国,恢复性司法的命运已经大不相同。其引入英国比在法国更早、更直接。门诺派、贵格会和警察充当中介的作用;致力于被害人权利保护的协会也推动此原则的适用。尽管这个扩散活动家将托尼·布莱尔(Tony Blair)政府奉行的刑事政策引入其原则,如 1998 年(制定修复措施,即肇事者与受害者见面)和 1999 年。例如,贵格会和平与社会证人组织(Peace & social Witness)管理在此框架内推行的某些项目,而受害者协会[如支持受害者协会(Victime Support)]也加入了该刑事司法政策的推广。[47] 该标志已成为政府的有关刑事司法的"第三条道路"战略,相当于第三条政治道路。对于其广大的支持者而言,此政策正验证了恢复性司法的起因:付诸实施的法律规定强调警察的重要作用,加强了"社群主义"的原则,突出与强硬刑事政策的兼容性。一些学者认为恢复性司法在英国成为肯定新自由主义和新保守主义治理方式的工具。[48]

从"激进社会运动"的附属到"社会刑事化"的逻辑,可能意味着恢复性司法运动的结束。但是,在一定程度上,这些被用于政府和安全服务。虽然恢复性司法和有利于犯罪行为人的康复型逻辑之间存在差异,但它们毫无疑问她

---

[46] 欧盟议会 2001 年 3 月 15 日的框架决定,应当于 2006 年 3 月前被成员国纳入本国立法中。

[47] Heather Strang, *Repair or Revange:Victims and Restorative Justice*, Oxford, Clarendon Press, 2002, p.26.

[48] 参见 Barbara Hudson, *Justice in the Risk Society:Challenging and Re-Affirming Justice in Late Modernity*, op.c.t.

促进了受害人和加害人对称地位之间的衔接，并且促进了许多受害人支持协会的加盟。它们也允许反复提醒教条的正确，回到替代选择的范围上。关于此方向的屡次批准，有时也会有所冲突，不能控制其向"南方"⑭扩展，同时也向其他时间（在大规模的暴力事件后）和其他社会部门（如学校）进行扩散，成为一项适用于任何时间和任何地点的司法原则。随着此方针在各国的批准和在跨国间的移动，我们理解这种扩散是如何通过行为者和各种组织的动员而成为可能，有时还会带来意想不到的利益，调整自己的立场。⑮

The Mouvement of Restorative Justice：An Idea Whose Time Has Come

Sandrine Lefranc

Abstract：For its supporters, restorative justice is a less formal and professional "thirdway" in criminal matters, between retribution and rehabilitation. The banner is waved on behalf of very diverse causes：in the interest of the victim, the offender, the community, etc. It is also waved on behalf of their advocates, too, when it contributes to the survival of an Anabaptist denomination, to a criticalcriminology, or to the preservation of paralegal professions. This article analyzes restorative justice as a movement that links mobilizations located in different social spaces, thusshowing the impoverishment of the reforming ambition of a "radical social movement".

Keywords：criminal justice; informal justice; repaired justice restorative justice; social movements; criminal reform; victim

---

⑭ 恢复性司法可能推动促进发展替代性纠纷解决项目，例如拉丁美洲在美国国家助发展署（USAID）的帮助下推广此运动。

⑮ 感谢 Jacques Faget 和 Antoine Vauchez 的仔细阅读。

再论拘留改革[*]

让·皮埃尔·丹蒂亚克　著^{**}　韩京京　译^{***}

摘要：在历经多次的争论、欧洲人权法院对法国的多次判罪和宪法委员会 2010 年 7 月 30 日关于其合宪性决定①之后，2011 年 4 月 14 日的法律②又重新引起了人们关于拘留的讨论。该法律的生效日期被定于 2011 年 6 月 1 日，这个日子本来是可以被提前的，因为就在 4 月 15 日最高法院全体会议宣布了四个判决。如果说难以预料拘留的立法改革对刑事司法的影响，今后起码有一点是明确的：对拘留的适用将大幅减少，2009 年拘留的数量达到 600 000件，这已经创下了历史纪录。

关键词：法国　刑事司法　拘留　改革　人权

一、拘留的起源

从字义上说，"拘留"（garde à vue）意味着留住质询人并目不转睛地看着他。

---

* 原文出处：Jean－Pierre Dintilhac, *Retour sur la réforme de la garde à vue*, in *La justice en réforme：où en sommes－nous ?*, Regards sur l'actualité, n°374, La documentation français, octobre 2011, pp. 35～46.

** 让·皮埃尔·丹蒂亚克（Jean-Pièrre Dintilhac），法国最高法院荣誉庭庭长。

*** 韩京京，法国巴黎第二大学私法专业博士研究生。

① 宪法委员会关于合宪性审查的第 n°2010－14/22 号决定，参见 2000 年 7 月 31 日《法兰西共和国公报》第 175 期。

② 2011 年 4 月 14 日 第 392 号关于拘留的法律，参见 2011 年 4 月 15 日《法兰西共和国公报》第 89 期。

1670 年的刑事命令曾经这样描述,那些犯有明显轻罪行为的人和触犯法律的嫌疑人必须立即交给法官处理,法官是唯一享有法律赋予的采取强制性措施的人。

1791 年宪法规定任何人不能被扣押,除非这是为了把他带到法官的面前接受审判。

1801 年 1 月 27 日的法律要求一切执行逮捕的公务人员必须在最短的时间内将涉嫌轻罪犯罪的行为人交给检察官处理。

1808 年的《刑事诉讼法典》只允许逮捕那些明显涉嫌犯有轻罪的公民,之后范围扩大到有可能判处徒刑的所有犯罪。

1863 年 5 月 20 日的法律,通过确认逮捕犯有明显的可判轻罪刑的人的合法性,强制性规定这些罪犯必须立即交给法官处理。

1903 年 5 月 29 日的决定涉及国家宪兵队的组织和服务规则,它规定宪兵必须在 24 小时内将被逮捕的人交给检察官,在这之前被逮捕的人必须被拘禁在安全的房间里。

逐渐地,在法律之外,警察和宪兵形成了在逮捕和移交给检察官期间进行审讯并将审讯过程记录在笔录的习惯。

刑法学教授艾米勒·卡尔松(Emile Garçon)批评了这一发展,他认为这一违法行为之所以得到发展是因为有检察官和法院的支持,其中包括最高法院,这一行为是违反 1897 年 12 月 8 日法律的,即被预审法官审问的人必须有律师的陪同。

尽管拘留的发展经历了多次的暴力和专断的保留,但是考虑到在拘留期间审讯所带来的便利,1958 年《刑事诉讼法典》的编纂者并没有禁止拘留的适用,而是对其进行规范,这正如著名律师莫里斯·卡尔松(Maurice Garçon)在 1963 年 1 月 11 日《世界报》上的文章里所期待的那样。

在《刑事诉讼法典》通过之后,拘留的问题仍旧是强调镇压效力和强调辩护权保护这两种相对立观点争论的焦点。

拘留的机制经历了多次的改革,包括拘留期限的渐进和保障机制的引入。

不幸的是,法律设置的保障在实践中并不是都能得到运用,尤其是物质条件。相反,在法官居于主导地位的刑事诉讼中,警察在拘留期间的审讯占据了决定性的地位。

二、2011 年 4 月 14 日法律之前的法律状况

《刑事诉讼法典》第 63 条这样规定,"根据调查的需要,司法警察能够对犯罪嫌疑人或者试图犯罪的人实施拘留,前提是司法警察掌握一项或几项确定的原因足以怀疑其已经实施或者试图实施犯罪行为。"

奇怪的是,这项司法警察的专项权力并没有对"调查的需要"作出任何的细节性规定。

同一法典的第 64 条附带提及听取意见(audition),它在当时是拘留的基本目的,"司法警察必须在听取意见的记录中记录所有被拘留的人……"

这样,拘留最初的专有目的被彻底修改了:听取意见在后面的条款里被审讯(interrogatoire)所代替,成为拘留的第一目的,这导致在拘留结束后只有不到 10% 的人被送到法官那里。

自 1958 年以来,拘留体制的改革从未停止,在不同的体制中,权利的配置和多样的保障不断出现,尤其是关于被拘留人与律师谈话的可能性。

阿尔及利亚战争使拘留达到高潮,1960 年 1 月 13 日的法令带来了第一个改变,在宣布紧急状态的前提下,拘留的天数为 15 天。

之后的关于拘留期限的修改旨在改变拘留的目的,与审讯和对质相结合,拘留逐渐成为预审的一种形式,而不是给当事人留出在会见法官之前必需的时间。

最初,拘留被视为帮助警察调查的一项特权,按照勒鲁瓦教授(Leroy)的说法,拘留"变成一个包括被拘留人和警察两个主角的复杂的情况,赋予被拘留人与警察机构的权力相对应的真正权力是可能的"(JCP Proc. Pén. Fasc. 20−23)。

简单案件对应的拘留期限是 24 小时,这一拘留的实施是司法警察的专有权限,司法警察必须通知公诉人。在得到检察官同意的前提下,可以延长 24 小时的拘留期限,检察官可以在这之前要求与被拘留人见面。在实践中,由于这个会面会浪费时间,所以会面从未被视为是必须的,同时警察要求延长拘留的请求,几乎都被同意。

对于有组织的严重犯罪的嫌疑人的拘留可以延长至 96 小时,同时《刑事诉讼法典》第 706-88 条规定,在得到自由与羁押法官(JLD)或者预审法官同意的前期下,这一拘留可以延长 48 小时至 96 小时。

为了更好地严厉打击恐怖主义,2006 年 1 月 23 日法律(现为《刑事诉讼

法典》第 706-88-1 条）③已经允许拘留的总期限可以达到 6 天，最后两天的拘留需要自由与羁押法官在以下两种情况下作出，"根据初期的调查或者拘留本身可以得出在法国国内或者国外存在紧迫的恐怖行为的重大风险或者国际合作要求必须这样"。

这些不同的机制要求在调查的初期作出选择，然而有时判断我们是否面对恐怖行为或者有组织犯罪是有难度的。在有疑问的情况下，会存在选择赋予警察调查最多的权力和时间的机制的愿望。

最后，对于未成年人存在不同的规定，根据他们的年龄（10～13 岁，13～16 岁和 16～18 岁）和嫌疑犯罪的性质不同而存在不同的分级制。

尽管关于拘留的改革从未间断，拘留的实践还是招致了法律或者实践上的批评。

首先，最常见的，就是对于招致批判的、无效和无用的招供文化的维持：供认没有得到证据的确认或者证据过于薄弱；或者在存在确凿证据的前提下——在这种情况下，招供是没有任何意义的，在笔录中对控告的罪名和证据的陈述足以让法官作出决定，况且法官必须重新进行审问。

其次，司法警察的审讯也会形成被警察认定的事实，这将影响整个司法阶段，经常的情况是这种被警察认定的事实就被认为司法事实。乌特尔（Out-reau）案件就给出了一个悲剧式的说明。

最后，批评集中在关于近些年来拘留在法国的膨胀适用（从 2000 年的 300 000 件到 2008 年的 600 000 件）。拘留成为对所有类型的犯罪嫌疑人都适用的一项准则。媒体经常对轻微犯罪的罪犯实施的拘留作出回应，有时相关被拘留者自愿地接受媒体的采访，这样就对采访的代表性增加了不可置疑的保证。

此外，拘留的大量适用已经影响了拘留的物质条件，因为大量的拘留发生在不能保证人的尊严的环境中，而这些人应当被推定是清白的。

三、强制性改革

除人权保护组织的代表、刑法专家和媒体作出的批评外，在拘留运转不灵和明显滥用的背景下，在欧洲人权法院判决法国败诉以及最近的法国宪法委

---

③ 2006 年 1 月 23 日第 64 号法律涉及反对恐怖主义并包含涉及安全和边防控制的不同条款，参见 2006 年 1 月 24 日《法兰西共和国公报》第 20 期。

员会和法国最高法院综合庭的判决的基础上,关于拘留的改革开始了。法国逐渐重视《欧洲人权公约》的要求和欧洲人权法院所推崇的基本自由。

如果法国在 1950 年签署《欧洲人权公约》,到 1974 年对其作出批准,在 1981 年才接受个人诉诸欧洲人权法院的诉讼,这主要是因为 1958 年以前在法国不存在有关拘留的规章和《法国刑事诉讼法典》对于拘留保障机制规定的薄弱。这一状况随着旨在打击毒品犯罪、犯罪率和恐怖主义并把拘留的最高期限由 2 天提高到 6 天的 1970 年、1981 年、1986 年和 2006 年法律的通过而变得更加恶化。这样,赋予个人直接到欧洲人权法院起诉的权利并不让人惊奇,因为其目的是为了惩罚法国不遵守《欧洲人权公约》关于拘留的规定。但是在 20 世纪 90 年代,虽然欧洲人权法院通过 1980 年 11 月 6 日的判决明确认定在《公约》第 5 条的意义上拘留构成了对个人自由的剥夺,但法国最高法院还是曾经判决法国的条例规章符合公约的规定。

国内法与公约要求之间的差距通过刑事司法和人权委员会的分析变得格外明显。这一委员会通过法国司法部长令于 1988 年 10 月 19 日设立,并由米雷耶·戴尔马·马蒂(Mireille Delmas-Marty)任负责人,并于 1990 年 6 月提交了名为《刑事案件判决条件核实》的报告。这一文件中包含有关拘留的适用条件、拘留的决定权、拘留的期限和被拘留人的权利等多个方面的建议。

学术调研报告的压力和欧洲人权法院新的指控的威胁,使得法国立法者分别于 1993 年(1 月 4 日和 8 月 24 日法律④)和 1994(2 月 1 日法律⑤)年初修改了立法,赋予被拘留人一定的权利,特别是拘留开始 20 小时后会见律师的权利。然而直到 2000 年 6 月 15 日的法律⑥,才正式承认有关加强被拘留人尊严和其在最终的判决前享有无罪推定的权利。

《刑事诉讼法典》的前言和增加的首条都直接受米雷耶·戴尔马·马蒂委员会报告的启发,这一法律加强了检察官自始至终对拘留的控制。这一法律要求告知被拘留人其所涉嫌的犯罪行为性质,并规定告知被拘留人有权对调查人员的提问保持沉默。然而这一告知的规定,由于很少被警察所运用而变

---

④　1993 年 1 月 4 日第 2 号法律涉及刑事诉讼的改革,参见 1993 年 1 月 4 日《法兰西共和国公报》第 3 期。1993 年 8 月 24 日第 1013 号法律修改了 1993 年 1 月 4 日第 73-2 号法律,参见 1993 年 8 月 25 日《法兰西共和国公报》第 196 期。

⑤　1994 年 2 月 1 日第 89 号法律设置了一个不可压缩的刑罚,该刑罚涉及新《刑法典》及一些刑事法条和刑事诉讼。

⑥　2000 年 6 月 15 日第 516 号法律加强了对无罪推定的保护和受害人权利,参见 2000 年 6 月 16 日《法兰西共和国公报》第 138 期。

得沉默，最终被 2003 年 3 月 18 日关于国内安全的法律⑦取消，这反映了在政治意向影响下的法律的进步和镇压的效力二者之间传统的交替。2000 年 6 月 15 日的法律还规定了被拘留人在拘留开始后就享有会见律师的权利。

尽管这些改革，在很多观察者的眼中，法国关于拘留的法律和实践并没有响应《欧洲人权公约》的要求。这一观点被欧洲人权法院的决定多次确认，特别是其大法庭于 2008 年 11 月 27 日的判决（萨尔杜泽诉土耳其），在该案中欧洲人权法院认为"在没有律师参加的前提下，旨在确认犯罪控告的宣布在原则上对防御权造成无法挽回的损害"。

同样，在该案之前的 7 月 10 日的案件中（梅德韦季耶夫诉法国），法国检察官的身份受到质疑，因为它不符合司法机构独立性的标准。

更近一些，欧洲人权法院分别于 2010 年 10 月 14 日（布鲁斯科诉法国）和 2010 年 11 月 23 日（木兰诉法国）的案件中对法国定罪：

——2010 年 10 月 14 日的判决是因为被拘留人的沉默权没有被尊重和其在拘留开始 20 小时后才见到了律师。

涉及起诉人保持沉默的权利和律师出现的不及时，起诉人没有被告知其应当享有的权利，在其陈述时及之后都没有律师出席，人权法院的法官认为法国违反了《人权公约》第 6 条第 1 和第 3 款（享有公平诉讼的权利）。

——继 2010 年 7 月 10 日梅德韦季耶夫（Medvedyev）诉法国的案件之后，在我们并不确定 2011 年 4 月 14 日法律是否会招致对法国的新的定罪的时候，2010 年 11 月 23 日的决定提出了关于法国法的另一个性质的问题。

在这一案件中，拘留出现在预审的范围内，然而，在这样的情况下，应当由预审法官决定拘留。但是，木兰夫人是在距离预审法官 200 多公里以外的地方被逮捕，在这种情况下是不可能在 24 小时以内让她与预审法官见面的，按照《刑事诉讼法》第 127 条的规定，预审法官作了授权，木兰夫人被送到当地的检察官那里，这样木兰夫人就在当地的法院被剥夺了在预审法官面前组织辩护的时间。

人权法院对法国定罪的关键在于受理该案并作出临时扣押决定的检察官是否是《人权公约》第 5 条意义上的法官。人权法院作出的决定清楚地给予否定的回答，并引用了其在 2010 年 7 月 10 日在梅德韦季耶夫诉法国案中的原因——检察官是不独立的，此外，因为检察官是案件的一方当事人，所以他

⑦ 2003 年 3 月 18 日第 239 号关于国内安全的法律，参见 2003 年 3 月 19 日《法兰西共和国公报》第 66 期。

不能被客观地认为是公正的。

四、违宪性的确认

2008 年 7 月 23 日的宪法改革提供了一切个人因质疑某一法律对宪法承认的权利和自由造成损害而提起诉讼的可能。宪法委员会不得不几次就《刑事诉讼法》中关于拘留的条款是否合宪作出回答。宪法委员会于 2010 年 7 月 30 作出决定认为《刑事诉讼法》的第 62 条、第 63 条、第 63-1 条、第 63-4 条中第 1 至第 6 款和第 7 条违宪，主要是因为这些条款没有赋予被拘留人有效的律师救济和被拘留人没有收到关于其有权保持沉默的通知。然而，立即取消这些条款会招致明显过度的结果，所以宪法委员会决定推迟违宪性的宣布日期到 2011 年 7 月 1 日。这一决定要求议会在 2011 年 7 月 1 日以前修改宣布违宪的条款，给予其足够的时间通过《刑事诉讼法典》关于违宪质疑内容的修改，这些就避免了对在这一日期之前根据现行法律作出的措施的有效性的质疑。政府于 2010 年 4 月 13 日递交了关于拘留的法案，这一法案后来成为 2011 年 4 月 14 日法律。

五、2011 年 4 月 14 日法律

司法部长呈交了法案，并宣布说该法案涉及"两个具有同样宪法性质的要求的重新平衡：针对个人和财产的安全和保障，及对辩护权和宪法保障的自由的尊重"。事实上，新的法律规定是对宪法委员会和欧洲人权法院作出了各种不同的批评的回应。这样，该法引入了一个关于拘留的详细概念："拘留是在司法部门的控制下，由司法警察决定的一项强制措施，只有在调查人员有一个或多个可信的理由怀疑相关人实施了有可能判处徒刑的犯罪、不法行为或者准备实施这样的犯罪、不法行为时，才能对其进行拘留（《刑事诉讼法典》第 62-2 条）。"

法律同时指出，只有在至少可以满足以下一项时才能采取拘留：

——使包含着相关人出席或者参见的调查能够实施；

——保证相关人在检察官的面前出现，以使检察官能够指导接下来的侦查；

——防止相关人改变证据或者其他的实质性指标；

——防止相关人对证人或者受害人本人或者其家属、亲戚施加压力；

——保证旨在停止犯罪或者不法行为的措施的实施；

我们可以指出的是，法律并没有规定嫌疑人的陈述可以单独构成拘留的动机。

此外，法律还规定了多项原则和要求：

——任何定罪都不能只根据相关人在没有律师介入的前提下所作的陈述而宣布；

——拘留只适用于那些犯有可判处有期徒刑的犯罪嫌疑人；

——只要相关人没有被强制扣留，就不是拘留，也就是说相关人必须被告知其可以随时离开警察局或者宪兵队；

——被拘留人必须被告知其有权保持沉默；

——律师的出席是在拘留开始的时候就享有的权利，除非检察官在以下情况下推迟律师介入的时间，即可被拘留人所涉及的刑罚为 5 年及 5 年以上，或者在听取意见和对质的情况下；

——如果受害人与被拘留人会面，受害人同样可以要求律师陪同；

——立法者可以对之前只有通报涉及的问题发表看法：今后，全面搜查（la fouille intégrale，指"裸体搜查"）只有在一般搜查显得不足和不可能进行电子侦查的情况下采用。

最后，必须允许被拘留人"佩戴和持有那些维护其所尊严必需的物件"。法律最后规定其生效日期为 2011 年 6 月 1 日，其只针对在这一日期之后的拘留。然而，司法部在法律通过后即通过通函的方式通知法院"今天早上宣布的法律中包含的告知被拘留人有保持沉默的权利和要求律师介入的权利"立即生效。

六、最高法院全体庭 2011 年 4 月 15 日宣判的 4 个案例

立法程序刚刚在宪法委员会要求的日期内结束，在这之前，最高法院刑庭通过 2011 年 1 月 4 日的案例认为"上诉法院在 2011 年 7 月 1 日改变拘留体制的法律生效之前，根据宪法委员会 2010 年 7 月 30 日的决定判定该拘留的无效是错误的"，之后通过 2011 年 4 月 15 日宣判的 4 个判决，最高法院综合庭改变了上述观点。

根据司法自治的原则，最高法院综合庭认为应当删除《法国刑事诉讼法典》中与欧洲人权法院和《欧洲人权公约》相反的内容，这一删除不以新法律的出台为前提。这在事实上导致关于在拘留初始就享有的律师陪同权和沉默告

知权适用于所有正在进行的诉讼,特别是对于那些没有最终判决的案件,在没有律师参与下进行的审讯记录可能被认为是无效的。第二个结果是非常严重的,因为如果控告的罪名只由被拘留人的陈述支撑,那么它可能阻碍起诉。

与一些评论人士稍微过快的确认相反,最高法院并没有自己规定一个比议会规定的日期更早的法律生效日期。它的依据是一个惯用的判例,即国际公约的法律效力高于国内的法律,当二者不一致时,应当立即适用国际公约,而不用等新的法律出台,也不用等旨在协调法律和国际公约矛盾的新的条文出台。

七、悬而未决的问题

表面上看,关于拘留的问题不应该构成什么问题,但有几个疑问还是有出现的可能。

首先,涉及那些很平凡的问题,如在审讯特别是在对质期间,警察局和宪兵部门对于律师的参与给予极少的帮助,如人力和财政资源问题:律师有没有可能无论白天和夜晚,到所有的警察和宪兵部门参与拘留,司法援助是否足以补偿和支付律师的费用?

其他的是更加难以处理的问题,尤其是在其公布之前,2011 年 4 月 14 日法律没有被宪法委员会审查,很有可能的原因是这些优先的合宪性问题将在讨论一些新的法律条文是否与宪法一致时被提出。

为了揭示法律的"不足",在律师方面,多个意见已经被提及。例如,律师不能知晓调查记录的内容,在讯问时律师只能起到消极的作用。考虑到检察官的身份,他的角色扮演也可以成为抱怨的来源,特别是他不仅负责控制拘留,而且有权在最严重的犯罪(有组织犯罪、运输毒品、恐怖主义等)的情况下推迟被拘留人律师的介入时间。没有人中肯地质疑不仅检察官的现实身份与其独立性不相对应,而且所有检察院的检察官都是刑事案件的一方当事人,这在本质上与欧洲人权法院在多个决定中要求的客观公正性不相匹配。

更为根本的是,这一改革可能导致更加取消预审法官的根本性改革。在这方面值得注意的是,加强被拘留人权利的这一进步在某种意义上可能重新导致像 19 世纪末那样在刑事诉讼的侦查阶段,在预审法官的办公室里加入律师。直到 1897 年 12 月 8 日的康斯坦(Constans)法律,辩护权才被引入:从此,预审法官只有在通知被告人在没有律师的陪同下有权不作任何陈述的权利后才能审问,如果被拘留人要求,律师可以参加审问程序。

开始是沉默,随着案卷的逐渐深入了解和提请司法机关采取各种行为的可能性的增加,辩护在预审中的角色已经变得活跃;正如一些律师所指出的那样,辩护已经成为一个需要达到的新的目标。如果这一变化发生,那么我们应当就以下问题提出质疑,司法警察、一般警察、宪兵或者海关人员的性质,如何维护他们在内政部、海外省部、行政区域和移民部各部内部的上下级关系。这些公务员和军人,难道因为执行司法警察功能,就不能从属于检察官(们)？这些检察官本身也必须要保持独立,进而不能通过上下级关系向他们的部长交流和移转任何文件,否则他们就可能因为泄露预审秘密而被起诉?

这样,毫无疑问 2011 年 4 月 14 日法律在尊重辩护权和尊重被拘留人尊严上是进步的,但是我们不能由此认为该法律彻底地解决了刑事诉讼中这一敏感阶段的问题,在这个阶段中,我们应当在打击犯罪的效力和尊重相关人——既是犯罪嫌疑人同时又被推定为无罪人——基本权利二者之间寻找平衡。

Return on the Reform of Police Custody

Jean—Pierre Dintilhac

Abstract：After many debates, several convictions against la France made by the European Court of Human Rights, and the decision made by the Constitutional Council on July 30, 2010 concerning the priority issue of its constitutionality, the problem of custody policy has reached the end of its rebound with the law promulgated on April 14, 2011. It has been fixed that this law would enter into force on June 1, 2011. In fact, this date must have been anticipated because of the four judgments made by the Plenary Assembly of the Court of Cassation on April 15, 2011. It might be difficult to anticipate the impact of the legislative reform concerning police custody on the administration of criminal justice. One thing which is already certain is that： the number of persons taken into custody should be significantly reduced. It has hit a record level of 600 000 in 2009.

Keywords：France；criminal justice；police custody；reform；human rights

法国邻近法官的创立
是一场政治改革吗?[*]
——"邻近"概念在司法领域里的运用

安托万·佩利刚 著[**] 李卓平 译[***]

摘要: 自 2002 年,法国开始由邻近法官负责解决"日常生活的小纠纷"。本文介绍政治问题的演化及此演化的基础。就改革而言,通常被看作是因总统的心血来潮提出的,实际上是经历了漫长过程得出的结果。一方面,它针对非常具体的司法系统危机作出解释,另一方面,它表达了从根本上改变司法机关纠纷解决机制的愿望。此外,对这个改革专业人士表现出犹豫不决。实施这一改革需要进一步对此司法活动内容进行修订,并对新法官们进行一定程度的限制。

关键词: 公诉 司法职能 邻近司法 法官 社会调节

就邻近法官改革的展开,许多法律界人士公开表达了他们的惋惜态度,对于他们来说,这个改革无非是一个"政治行为"。针对"政治"这一头衔,他们拒绝将司法组织作为党派斗争的对象,反对司法组织作为政治决策"软着陆"的冲床。邻近法官曾经被看作是因应政客的要求而产生的产物,它被认为是实际上扰乱了当事人纠纷解决方案的人。然而,四年过去了,这个政治奇观诞下了一个司法现实。邻近法官并没有消失,相反,它牢牢地扎根在司法领域中:超过 500 人被任命(即使我们不再像 2002 年那样期望达到 3000 人);在 2005

---

* 原文出处:Antoine Pelicand, *Les juges de proximité en France, une réforme politique? Mobilisations et usages de la notion de proximité dans l'espace judiciaire*, Droit et Société, 1998, n°66, pp.275~294.

** 安托万·佩利刚(Antoine Pelicand),法国南特大学南特社会学中心和卡尚高等师范学校政治社会科学院联合培养的博士研究生。

*** 李卓平,法国里昂第三大学商法专业硕士。

年 1 月，法官的权限被大大扩展；关于法官的状态，通过基础培训和继续进修，得到合并重组。由此，邻近法官们在当今，与其他许多可替代性手段一起，形成一个"杂合机构"——就像埃弗里特·休斯所指出的，从某种意义上来说，一些社会活动是非常有益的，却不被认为是合法的。①

而某些演变是可感知的。的确目前，邻近法官是渐渐消逝于司法史的概念。② 但是它明显地在近年来得到恢复。始于 20 世纪 90 年代，四十多年来，普通法院已经确定地表达出对它的日益重视，它在某些法庭中已经成为成熟的替代性纠纷解决方式。这个理念的应用，作为"争端解决的替代性措施"，在各个方面作出了政治上的确认，尤其是在刑法方面（管辖权、法律适用、调解、国家派出单位，当然还有形式程序中的民事和解③）。同时它也是一个广泛应用的概念，在研究人员④关于政治责任⑤的论说中，被用于对试点项目作出模糊不清的定性。

之后邻近法官得到了法律的确认。在数年间（1996－2002 年），它被完整地定义，并且纳入到法律的范畴中。⑥ 地方一级的实践得到发展，从此其将受到约束，以要求其符合国家提出的相当一部分条件。

我们可以看到，这是转向形式正义制度化的里程碑。从 2002 开始，政治权力本身转向建构"邻近法官"地域的完全划分。通过这种方式，因为要适应

---

① Everett C. Hughes, *Les institutions bâtardes*, in ID., Le regard sociologique, Paris, Ehess, 1996, pp. 155～163.

② Guillaume Métairie, *La justice de proximité*, *une approche historique*, Paris, PUF, coll. Leviathan, 2004, p. 7.

③ 调解员自 1987 年 3 月 20 日的法令起存在。它被保持直至 1980 年年末，其招募被总理公署限制。见 Jean-Pierre Bonafé－Schmitt, *La part et le rôle joués par les modes informels de règlement des litiges dans le développement d'un pluralisme judiciaire*, Droit et Société, 6, 1987, p. 280.

④ Anne Wyvekens, *L'insertion locale de la justice pénale：aux origines de la justice de proximité*, Paris, L'Harmattan, coll. Logiques sociales, 1997, pp. 338～342.

⑤ 参见关于 1992 年 10 月 2 日司法部长的一个通函（NOR. JUS. D. 92 - 30022），或休伯特·黑内尔和让·奥图义的议会报告，《邻近司法建议》，巴黎，司法部，1994。

⑥ 司法调解员（conciliateur de justice）由 1996 年 12 月 13 日第 96－1091 号政令确立（下面参照此格式作相应修改）；司法调解由 1996 年 7 月 22 日第 96-652 号政令确立；司法与法律院由 1998 年 12 月 18 日第 98－1163 号关于法律可达和纠纷和解解决的法令确立；检察代表由 2001 年 1 月 29 日第 2001-71 号政令确立；家事调解由 2002 年 3 月 4 日第 2002－305 号关于父母亲权力的法令确立。

经验本身的多样性，它必须坚持不让某一方垄断。从最初的城市政策出发，十年的实践足以使邻近司法在国家的推动下形成司法系统改革的新面貌。

作为地方性和多样性特征混合的试验性设置，邻近司法迅速引起专业人士和政客们对这种邻近性的现实作出长时间的定向研究。司法机关与当事人之间是有距离的，这一事实本身就具有破坏性。在这个意义上说，社会科学一直致力于从多方面（象征的、社会的、经济的、地理的、空间的）来推动"邻近"这一概念，在改革的过程中从不同角度去考察司法设置并进行调整。⑦ 然而，邻近司法作为要达到的理想，这似乎需要得到一定的技术改进。

从 2002 年开始实行的"邻近法官"制度，邀请我们从另外的视角去观察这一系列的改变。我们在该领域上有所创新，由司法系统的地方参与者（检察官、法官、各联合会）从各方面推进"邻近法官"的产生，从国家一级形成雄心勃勃同时也按部就班的行动。最初，这只是一个改革的意图，表达了在国家顶端具备设计师理性的立法者的一个由上至下的行动方案，具备协调性和逻辑性。随后，借用公共行动的头衔，公开在专业人士范围内推广草案，使邻近司法得到良好构思，在突发事件和重新定位中确保其顺利进行。⑧

我们将在此着重介绍邻近性和它的政治影响。从 2000 年起，"邻近"的主题在公共话题中的比例大大增加，有些人甚至把它说成是有"普世"的价值。⑨ 作为许多公共机构（警察、社会服务、司法）应对危机的反应，公民和当选者或专业人士之间的脱节更是频繁得使人悲叹。从这个角度来看，邻近司法作为一个实现至关重要历史使命的司法机构，其调整方案和修正措施，不单单需要对司法实践进行研究，更应该对社会矛盾进行控制。难道它就只是由机构重组和提高司法工具技术这两个方面来实施吗？

这项工作显示了邻近理论不仅仅是一个简单的调整；它伴随着对承担法

---

⑦ 这在司法与法律院的活动中被讨论（Anne Wyvekens, *Justice de proximité et proximité de la justice. Les maisons de justice et du droit*, Droit et Société, 33, 1996, pp. 363～388），或由不同的邻近形式同时追诉引起的抗辩（Evelyne Serverin, *La proximité comme paradigme de constitution des territoires de justice*, in Michel Bellet, Thierry Kirat et Christine Largeron [dir.], *Approche multiforme de la proximité*, Paris, Hermès, 1998）。

⑧ Jean－Claude Thoenig, *La gestion systémique de la sécurité publique*, Revue française de so-ciologie, XXXV (3), 1994, pp. 357～392.

⑨ Christian Le Bart et Rémi Lefebvre, *Présentation*, Mots. Les langages du politique, 77, mars 2005, p. 7.

制社会功能的大量重新定义。⑩ 因此,邻近法官的改革,涉及法制社会这个最终主题和民主社会良好司法的关键点。尤其是它有可能表明政治的偏好,一方面,缓解在社会规范工作中对改变司法机关角色的忧虑(一);另一方面,赋予邻近法官确实稳定的职能,意味着混淆法官的专业身份也将引起严重的反对(二)。

事实上,我们试图通过制度的修订,伴随着不可避免的由当事人驱动的不同民主司法形态的压力,实行邻近司法制度来推进司法系统中的民主化。邻近司法制度由不同的参与者通过对司法行为的影响来进行,他们在这个改革运动中的不同地位或者不同社会角色,使他们在司法系统中的阅历存在差异。于是很难判定一些人是正确的而另一些人是错误的,否则对民主理念的标准定位就会有一个有偏好的错判。

在解释争议点时,在建立深层的政治逻辑时,社会学可以见证着司法在社会功能行使中的重新构造。如同教育与医学一样,司法制度不断地面临着两难境地。我们应该选择平均主义(这要求没有小诉讼的概念,对于所有的我们都应该同等对待)还是区分主义(每一个诉讼都应该根据它的个体性质得到判定)?什么时候应该倾向一个"简单司法"的直接合法性,或是倾向法律规范间接的和技术性权威?我们的司法系统是一个"民主司法"多元化概念中相互妥协的产物。研究邻近司法的实施,这是展示在不同力量的相互抗衡中建立起来的,可以称之为"均衡司法"的进化过程。⑪

但是,这些转变是发生在一个特定范围内的。邻近、民主……一系列的问题使司法机关面临民主化的考验。20 世纪 70 年代中期以来对司法的需求强劲增长,见证了 20 世纪罕见的社会行为平民化。⑫ 我们越来越多地使用统计数据来为司法系统导航,法官越来越多地失去他们的贵族形象,成为一个单纯穿礼服的官僚。换言之,正是这个身份的转变,推动了庞大的机构去重拾失

---

⑩ Jacques Commaille, *La déstabilisation des territoires de justice*, Droit et Société, 42/43, 1999, pp. 239~264; ID., *Territoires de justice. Une sociologie de la carte judiciaire*, Paris, PUF coll. Droit et Justice, 2000, pp. 245~251.

⑪ Antoine Vauchez et Laurent Willemez(avec la collab. d'Isabelle Boucobza et Stéphanie Hennette Vauchez), *La justice face à ses réformateurs*, 1980—2006: *entreprises de modernisation et logiques de résistances*, Paris, PUF, coll. Droit et justice, 2007, pp. 6~7.

⑫ Gilles Rouet, *Justice et justiciables aux XIXᵉ et XXᵉ siècles*, Paris, Belin, coll. Histoire et Société, 1999, pp. 113~145.

地，于是成为一系列痛苦的开端。他们中的参与者认为，他们的社会责任就是遵循他们的价值系统，清除使他们贬损得最严重的污点。⑬ 对司法而言，正是大量的诉讼要求，间接地带来了邻近司法制度。正如我们将要看到的，在邻近司法所运用的手段中，它不正是使一个专业的法官在行动与职权中撤退到更窄却更有价值的地方？

邻近法官的改革从何而来？ 在许多方面，邻近司法似乎只是 2002 年 4 月 21 日政治"地震"的意外结果。除了未成年人封闭教育中心这方面，集成在《司法定位与规划法》中，在颁布关于国土安全的"萨科齐法"后，它在事实上表现了组成政府和公共忧虑的再一次齐鸣⑭：六月份举行国会选举，七月份国会召开了特别会议。就掌印大臣宣布的紧急状况，两院不到两个星期就采纳了关于司法的新法律草案。⑮ 于是我们有了政府迅速决策和实现共和国新蝉联总统的画面。邻近法官正是这一些政治策略的结果。

然而，将邻近法官的设立类同于政治表演，阻止了我们去考虑可能的不一致性。由于缺乏投票过程，以至邻近法官这一主题引起了政治辩论，因为这在很大程度上形成了垄断，我们很清楚这是一个不安全的因素。但是在打击犯罪的方面，没有这个投票的过程，却能非常迅速有效地对不合法行为作出惩罚。

但是，这个形象和新法官的最终特许权限并不和谐。在今天，他们也涉足刑事领域的管辖，包括交通法典中规定的违法行为和轻微犯罪行为，而他们在民事领域的管辖权限更为受到争议。换言之，事实上这个草案的通过，并没有考虑到要求投票程序的呼声，同时，也没有相关的公布程序。

显然，邻近法官的构思并不能总结为 2002 年总统大选的插曲。在"邻近司法"的修饰语之外，并不存在提议和实现之间的逻辑联系。理解关于邻近性的司法系统更改的唯一方式是，重新勾画这一新司法机关的政治成因。在方法论上的主要困难往往是一词多义，"邻近司法"在 1996 年被安妮·韦维肯定

---

⑬　François Dubet, *Le déclin de l'Institution*, Paris, Seuil, 2002.

⑭　见政治日程的相关问题：Carole Thomas, *Une catégorie politique à l'épreuve du juridique: la "fermeture juridique" dans la loi Perben I*, Droit et Société, 63/64, 2006, pp. 507~525.

⑮　它涉及由《宪法》第 45 条规定的程序：对于法律议案，国会两院只审阅一次议案。在意见不一致的情况下，将由总理来集合一个双方代表人数相等的混合委员会来裁决。

义为"杂物柜公式"。⑯ 这个概念在 20 世纪 90 年代经历了非常的分化和孤立的过程。⑰

遵循邻近司法的政治命运，那么就意味着自愿地限制了它本身的意义。因此，我们的重点将不再在于过于贬损它的任命，而在我们正在研读这个改革的真正实行制度设置中，去了解在处理小型诉讼的非专业法官这样的一个司法制度的基层设置。这就是我们对其的定性，以避免对邻近司法的错误理解。

一、司法的邻近性，即改革的整体

在 2002 年进行的改革研究表明，在评价司法与社会之间的关系中，邻近司法这种特殊的形式与认知的革命是密不可分的。在社会调整的任务中，司法制度的内涵被重新讨论和质疑。显然，由此产生的思考的范围很广，但是它也对新的邻近司法作出了合理解释。对于国会对草案的采纳，多米尼克·佩尔邦——当时的司法部长，对他们的"工作，比如信息工作和参议院的调查任务"表示感激，因为这"是一项如何紧迫而重要的草案"。⑱ 由国会报告我们可以看到，草案通过上议院数个成员（即"宪法法律、立法、普选、规章和行政委员会"的成员）的直接努力得到概念化（这里的工作主要由让·奥图义、休伯特·黑内尔、皮埃尔·福淳、查尔斯·朱利博瓦、克瑞丝特安·匡塔、让雅克·伊叶、帕特里斯·杰纳来承担，至于反对者有罗伯特·巴丹泰和米歇尔·德雷福斯施密特）。

基本上我们就是面对由立法权力提出的对司法系统的整体思考的迫切要求。民选代表从事的工作很大程度属于法律的世界——休伯特·黑内尔是前任裁判官，皮埃尔·福淳、查尔斯·朱利博瓦、罗伯特·巴丹泰、米歇尔·德雷福斯施密特是律师，帕特里斯·杰纳是法学教授——让·奥图义、职业会计师、克瑞丝特安·匡塔是前任高级官员。他们在有任务或者参议院调查的机缘下提出了机构改革方案。在 20 世纪 90 年代，引进非专业人士去处理小型

---

⑯　Anne Wyvekens, *Justice de proximité et proximité de la justice. Les maisons de justice et du droit*, op. cit., p. 365.

⑰　我们可以参考丹尼·佩贺在《邻近司法》一之中对多个原创论述的概括 Denis Peyrat（dir.）, *La justice de proximité*, Paris, La Documentation française, 2002.

⑱　SENAT, séance du 25 juillet 2002, Compte—rendu des débats sur la loi d'orientation et de pro— grammation pour la justice.

诉讼，成为了让他们头皮发麻的问题。这个问题事实上触碰到司法体系框架的两个目标：一方面，对司法需求的管理作出优化；另一方面，对司法制度的限制重新作出定义。

（一）了解危机

从 2002 年开始，邻近法官的创建过程实际上已经包含了很长时间的潜伏期，也就是从 1991 到 2002 年。这是因为它与司法体系的理论工作密切相关，这些理论由一些对制度深层的、根本上的改革甚是忧虑的议员引导。在这十一年间，每次这议案被精心制作、讨论、加工，国会议员在对司法机构的侧重和对可能的变化进行反思：皮埃尔·福淳在 1996 年完成了题为《怎样的方式，为了实行怎样的正义》的报告，并探讨了在预算严格的背景下可能的发展变化；[19] 在 1997 年，《英国民事司法的改革》作出了国际上的比较；2002 年，克瑞丝特安·匡塔的《司法职业的发展变化》探讨了整个专业领域内部的统一维持。

更确切地说，"邻近司法"的概念是由让·奥图义和休伯特·黑内尔在 1991 年的一个引发争议的评估上建构起来的。这个评估是从 20 世纪 80 年代开始在一系列长期实现的、遵循现代化道路的研究，讨论了一个拥有司法制度的状态。[20] 两位参议员的研究成果得到特别关注和传播：这个报告首先被送至参议院，并在次年得到例外的公布，标题为《灾难中的正义，危险中的民主》。[21]

但是，随着邻近司法的逐渐发展，接下来的报告见证着对困难认知的显著变化。直到 20 世纪 90 年代初，考虑到当事人大量的需求引起的司法机构机能不全，由此产生分析强调司法机构的现代化的必要性。基本上，这是一个制度的僵化或人力和物力资源不足的状态，这就引起了我们所见到的机能障碍的状态。由此出现组织和财政的障碍，从 20 世纪 70 年代中开始，司法制度无法适应法院审理案件数目强劲而稳定的增长。

在司法的危机比以往任何时候都明确的分析中，黑内尔和奥图义 1991 年

---

[19]　Pierre Fauchon, *Quels moyens pour quelle justice ?*, Rapport d'information fait au nom de la Mission d'information de la Commission des lois chargée d'évaluer les moyens de la justice, Paris, Sénat, 1997 (rapport n° 49, 1996—1997).

[20]　Voir Anne Wyvekens, *L'insertion locale de la justice pénale : aux origines de la justice de proximité*, *op. cit.*, pp. 124~131 et pp. 145~155.

[21]　Hubert Haenel et Jean Arthuis, *Justice sinistrée, démocratie en danger*, Paris, Economica, 1992.

的报告揭示了一个深刻的转折,并由参议院的法律委员会接下来的工作进一步肯定。以诉讼为首位,它提出了相反的因果关系,从而解释司法性公共服务的退化。它关注了司法需求的激增:它指出,例如自从 1974 年以来一审的新民事案件激增到之前的三倍。在生成的具体分析中,倾向从制度的外部因素得出解释。这些在不同司法部门的诉讼增长曲线,包括民事的和刑事的,更多地是以法官工作的固有性质为题,引起如某些程序的不适当或者资源的不足。

再者,司法机构并不对通过统计指标展现的质量下滑负责,然它成为了在社会领域的受害者:让·奥图义和休伯特·黑内尔说的"一个跟随着诉讼上升而干涸的司法",皮埃尔·福淳说的"令人窒息的司法"。因此,这不再关注令人忧心的社会发展,而是重新直面司法;制度处于危险境地并面临一个无法通过本身努力克服的疑难。

在这项重新定义司法危机的工作中,参议员们超越了一个司法机构优先权的简单倒置,对此释放了裁决"所有"的责任。他们同样地用否定的方式解释负责的社会机构,以一个对司法需求的被描述为"病态的"的突然增长为依据。这后者并不被认为是安抚和促进社会日常关系的法律进步,相反地它作为我们社会日益脆弱的症状存在。因此,根据皮埃尔·福淳的说法,"传统社会调解的缺乏(家庭、宗教、工会和政治的)"导致大量的纠纷需法官解决。司法本身"伴随着越来越多的不幸,是社会所有机能紊乱的汇集点"。[22] 因此,参议员们向社会调节[23]模式的危机提出一系列报告,以解释司法本身面对的疑难。这样的情况表明,机构并不存在问题,只是它受到外在不良干扰的影响,尤其在于 20 世纪 80 年代被判定为稳定的以刑事范畴为代表的试验性社会开放的尝试。[24]

这个危机的新概念还影响着被使用的表述去描述从而去解释定量的发展:在"复杂诉讼"(contentieux complexe)和"繁杂诉讼"(contentieux de masse)[25]之间重拾对司法的要求,或者在其他时候被定义为"邻近诉讼"(这两个名字很快就会被视为等同)。这的确是一个二分法,因为这两种情况被指出

㉒　出处同上,p. 5.

㉓　社会调节理论是从 20 世纪 70 年代开始由法国社会学家让-丹尼尔·雷诺予以发展的社会学理论。它对社会关系作出讨论和规范。——译注

㉔　Anne Wyvekens, *L'insertion locale de la justice pénale: aux origines de la justice de proximité*, *op. cit.*, pp. 124～129 et pp. 286～290.

㉕　复杂诉讼是诉讼本身法律问题的复杂性,而繁杂诉讼是指案件多而且杂乱,解决后者的问题不一定通过司法审判。——译注

一个根本的区别：在解决"复杂诉讼"的时候必然对法律有所要求，而对于"繁杂诉讼"，"很少在于法律问题，也并不以司法分析能力和法官的审判本身为必需"。㉖

这个对于诉讼的新理解正符合了司法需求的新倾向，以被设置的类型学标准解释新的发展。"滔滔不绝地规律地增加"，也引发了司法制度的窒息，民事和刑事"繁杂诉讼"的发展构成其特点。㉗ 从这个角度来看，构成国会的任务并且出现了一个新的词汇，以反映对混乱的实际的规范化观点。繁杂诉讼在社会学范畴被理解为，社会调节的亚司法模式的衰退使司法受到侵袭。

因此，实现邻近司法的第一个问题构成在于司法制度危机观念的接受和从 20 世纪 70 年代起对司法需求的增加。诉诸始作俑者，由一个社会性多于司法性的"繁杂诉讼"，事实上我们可以区分诉讼和纠纷解决。"这是解释了现实情况的蔓延，且对此我们必须有一个适当的回应"。㉘ 考虑到司法纠纷的双重属性，我们要回到 20 世纪初盛行的形势，要求对所有纠纷平等对待，提高治安法官法律素质，如此才能负责对"小纠纷"的处理。㉙。

这只是现实中数据统计的显示。皮埃尔·福淳在改革开始两年后指出㉚：经验数据方面的薄弱难以确保设定现象的真实。这种事实的差异在新司法管辖投入使用的第一个月已被确认。虽然赋予新法官的职权范围常识的基准（程序开放给个人，少于 1500 欧元并且仅限于某些日常生活范围的案件），诉讼"群"表现得十分脆弱，不超过普通法院工作的 5%。实践证明，对司法的大量需求应存在于一个广泛的金融托架之中——最后在 2005 年得到调整，牺牲设置的一致性，而确定邻近司法管辖权限为诉讼标的额在 4000 欧元以下的纠纷，同时面向法人和自然人。

㉖　Sénat, séance du 7 novembre 1996.

㉗　Pierre Fauchon, *Quels moyens pour quelle justice ?*, *op. cit.*, p. 30.

㉘　出处同上，p. 100.

㉙　在这个头衔中，注意一个期间，区别于诉讼数量重要和规律性降低的司法机关中的争端消逝。见 Antoine Pelicand, *Das Recht. Ein Territorium staatlicher Hoheit ? Die Einfüh－ rung "bürgernaher" Richter in Frankreich*, Zeitschrift für Rechtssoziologie, 27 (2), 2006, pp. 263~273.

㉚　"分析数据的不足阻碍了判断，最初被赋予的职权范围过于狭窄，至少在民事方面，应使其活动具有（更大的）密度，新的任务不能不被体现"（参议院，2004 年 11 月 24 日会议）。

（二）重新关注司法

从这个意义上来说，参议员们采取的步伐不仅使得司法机构顺利运作，而且从更广泛的范围来讲，它涉及在社会规范的工作中司法的地位。必须看到的是，直到 20 世纪 90 年代末，非专业化法官项目与邻近司法这一名词才完全分离。在参议院的不同项目中，这与普通法院的活动、司法院和法律的新的植入、流动法庭或远程办公有明确的联系。多年来，邻近司法仅仅作为传统司法保留、优化及现代化的一个组成部分。它无法构建一个新的司法权。仅仅是到了后来，非专业法官的意见服务了优化"司法的邻近性"的审判质量。

初始的项目首先重新连接到对数量的考量上，这也就是上文提到的繁杂诉讼概念。这表现在司法机构的结构性改革上多于在诉讼替代性解决方案的问题上。尤其对于机构的同质化重新考虑，已经在 1958 年被假定——作为专业司法的例外——参议员们长期计划一个司法社会功能的变化。司法回到法院并为抗辩主体推动，在它本身已被证实无能力的同时从司法和社会方面单独处理所有纠纷的范畴中，显得不合时宜。因此，大胆的建议和定位的重申，在民事和刑事领域，朝向一个复数的司法，作为唯一一个有能力解决不同类型矛盾的存在。"任务并不忽视，从开创一个视角看，它被指责为偏离统一的概念，引发了几十年的司法运行的风险。同时它提出的措施仅仅在于司法工具目前被了解的困难这一高度。"③

在这种情况下，目前的改革涉及的问题远远超过调解或者越区审理听证这些简单概念。邻近司法的首要问题是，恢复迷失在 20 世纪 80 年代与社会方向不相称的制度的一些边角。休伯特·黑内尔和让·奥图义的调查报告坚持，从 20 世纪 90 年代初开始，对法律官员的必要的"政策中心的重新确定"，这是一个重新回归规范的观念。"因为司法是国家中心的一个主权功能，同时也是对实施法律的社会运作规范要求，因为它提供了对自由的保证，它要求明确限制使命的本质和控制内容以达到有效地发挥其作用的目的。"②

如果当今社会控制是邪恶的，对于这些政治家而言，也不能有力证明最古老的司法方式能取代失败的审级制度。相反地，对于解决社会争端，它必须鼓

---

③　Pierre Fauchon, *Quels moyens pour quelle justice ?*, op. cit., p. 100.

②　Hubert Haenel et Jean Arthuis, *Justice sinistrée, démocratie en danger*, op. cit., p. 5.

励除这些法官以外的社会权力的出现。因此，我们经常援引旧时的治安法官㉝和社会规制者角色在人群之中发挥作用。同样，邻近司法的倡议者更是经常在譬如国会辩论的报告中提出英国"裁判法院"的模式。㉞ 这每次都强调在社会层面，以非专业人员来为司法机构处理和解决一定数量的社会纠纷。

在这个意义上说，邻近法官，从参议员们选取的视角出发，对民事和刑事司法的基层法院负责，即负责处理在法院累积的繁杂诉讼。换言之，使司法机构多样化，确认其他选择性的社会权力，通过政治权力满足对通过专业能力处理"复杂"案情的专业法官的社会要求。㉟

由这个忧虑重新回到我们社会的司法调节的底部，我们可以很好地看到在这个改革的深层社会问题，分裂出在专门个体和其他社会群体之间判断的职能。邻近法官的实施，因此蕴含着对设计者而言一个司法社会功能的深层变化。在议员的项目中，除了对我们社会状态的道德判断外，存在一个真实的希望，去改变调整的范围，为社会改良主义而吸收：重新使用司法的结构改良去提升社会及其调节方式的改良。

二、专业法官的邻近判决

限制在法案的状态中，虽然改革自 2002 年开始，但邻近司法远远没有得到充分的启动。尤其是参议院的法案主要考虑到基层法院的改革，而不是新司法院的创建。事实上，在今天依然主导着机构创建的问题主要围绕"邻近法官"的素质。在各种报告中，这些补充性社会权力的轮廓并不明确，而其中一

㉝ 我们可以看到一个简单的例子，《治安法官的消失，一个不可抗拒然而使人后悔的发展》这章的改革介绍（Pierre Fauchon, *Rapport fait au nom de la Commission des lois sur le projet de loi organique relatif aux juges de proximité*, déposé le 25 septembre 2002, Paris, Sénat, 2002, p. 15（rapport n° 404, 2001−2002）.

㉞ 在英国的司法系统中，它涉及被刑事诉讼和某些民事活动中志愿服务的公民保障的司法裁判。

㉟ 本身，一个如此的司法活动的改组并没有不合逻辑。其他社会活动可以在这个提纲上运转。我们可以联想在城市自由行医的医生和医院医生的社会分工（Jean Peneff, *La France malade de ses médecins*, Paris, Les empêcheurs de penser en rond, 2005），（Jean−Noël RèTIèRE, *Etre sapeur − pompier volontaire：du dévouement à la compétence*, Genèses, 16, 1994, pp. 94~113）.

些迹象表现得十分矛盾。一些主张培训和司法经验的重要性。㊱ 另一些强调聆听的能力,调解或者和解的才能。在确定"邻近诉讼"和"复杂诉讼"之间本质的区别的同时,参议员们面临着区分裁决和法官的必要性。但是我们以什么为基础去区分司法实践呢?

(一)其他裁判

2002 年改革的有效启动引起了尖锐的问题,因为新的非专业法官的排他标准必须确定在法律文本中。主要在参议院展开的讨论,再次见证着面对真实需要的素质的不确定。由政府提出的这个草案采取了一个非常可观的立场,不顾其他对于邻近性的公开讨论:只考虑已经取得法学文凭并且在法律界至少有四年专业经验者,"对于行使司法职能的有特别的资格"。㊲ 于是我们得出一个传统的关注法律的设计。然而,对于国会对法律的最终采用,法官的素质要求显然被放宽了。除了对法律的了解,"在领导和管理的职能上"或者在一个调解员的延伸活动上拥有经验也被接纳为选拔的标准。

在 2002 年夏天实行的立法工作可能提出过对于新司法工作的明确观点。不过,这种情况在现阶段仍然显得混乱。要了解设置的含糊之处,有必要区分判决的实际和法官的选择。

诉讼根据具体的特点,"繁杂"或者"复杂",导致草案对在 20 世纪 90 年代判决的不同模式的重新要求。从这个意义上说,合法判决是由一些多数参议院㊳公开表达并且在邻近的新近主题引起回响,强调通过运用新模式使法官和接受裁判的人之间距离减小。

然而,即使建议在参议院委员会的最终报告中明确提出㊴,公平裁决的概念并不因为第二贝尔本法的国会辩论而被提出。我们依然在审视司法实践中,在对于法律应用的司法非常传统的视角下,唯一被提出的变化关注减少新

㊱　Hubert Haenel, *Justice de proximité. Premier bilan*, Pouvoirs, 74, 1995, p. 100.

㊲　由政府于 2002 年 7 月 24 日递交给上议院的组织性法律的改革草案(n° 376, 2001-2002)中第 1 条。

㊳　改革最热烈的辩护人即 Pierre Fauchon: La capacité d'arbitrer les litiges de proximité peut résulter de l'expérience acquise tout autant que de la formation juridique, JO des débats du Sénat, séance publique du 2 octobre 2002, p. 2587.

㊴　Christian Cointat, *Rapport d'information fait au nom de la Commission des lois par la Mission d'information sur l'évolution des métiers de la justice*, Sénat, session extraordinaire 2001-2002, Paris, Sénat, 2002, p. 202 (rapport n° 345, 2001-2002).

法官的工作量和大大鼓励调解。在复杂诉讼和繁杂诉讼之间本质的不同，在此并没有得出逻辑结果：新审判方法的投入使用推动了替代性争端解决方案的运作。

在现实中，邻近法官的唯一选择问题成为了创新措施的对象，根据扩大选择标准至有经验的、拥有"基本认知"的个体。但是由此根据什么使判决合法？合法的判决对法官保障了一个"借用的合法性"[40]，他们负责把国会通过的法律适用于具体情形中，而经常提及的经验和情理，却很少对裁判的本质产生影响。为什么这些新法官拥有这样的权威？国会议员们由此关注的问题之一是选择被推荐的社会群体去拥有一个足够的道德权威。此道德权威一方面存在于对"干部"（cadres）这个社会职业群体的信任（他们是"已在行政、经济和社会领域行使管理和领导责任"的候选人，通过其"在责任的履行中获得的经验"[41]所证明），另一方面存在于"资历"所获得的威望（排除了小于三十五岁的候选人）。

因此在这一点上存在一个明确的政治维度。通过司法另一种形式的主张，存在对法官现代性身份的强烈争论，即运用法律的合法性，也是司法权能，这是对邻近性的现实趋势的质疑。但是，由政治参与者采纳的举措，改变顽固司法工作的轮廓，也在今天有了新功能的定义。一方面彻底脱离法律约束的困难使他们更热衷于一个解决方案，司法可以替代，在保留相同司法实践或其他法院中合法判决。另一方面，重新塑造法官的专业身份来帮助司法以外的其他权能的愿望在讨论中被重申而没有最终达到顶点（见下文）。

由此付诸执行的规定比较模糊。对于这些本身处于弱势的新法官的任命未确定，工作也未足够确定，他们需要在遵循法律和邻近问题之间如何平衡给出答案。[42] 即使今天，邻近法官地位的加固依然徘徊在平衡必要权能和事实给予特权之间。一方面，在 2005 年 2 月通过的一项法律扩大了他们的权能，使邻近司法在法律模式中拥有更强的完整性。另一方面，有一些法官向总理

---

[40] Antoine Vauchez et Laurent Willemez, *La justice face à ses réformateurs*, 1980—2006. *Entreprises de modernisation et logiques de résistances*, op. cit., pp. 79~82.

[41] Pierre Fauchon, *Rapport fait au nom de la Commission des lois sur le projet de loi organique relatif aux juges de proximité*, Paris, Sénat, 2003, p. 5 (rapport n° 127, 2002—2003).

[42] Antoine Pelicand, *La création d'une justice de proximité*, Mémoire de DEA, Ecole normale supérieure de Cachan, 2004.

公署建议引入对少于 1000 欧元的案件作出审理，开启司法替代性模式的道路。⑭

（二）开启司法官职位

调整法官职位最终构成在邻近性的标志下被实现的改革最直接的目标。在这个背景下更深刻地标记着 2002 年 4 月 21 日的政治危机。这是在公共话语中占主导地位的话题。邻近性应该有助于法官，正如在警察领域，去减少由强大的专业身份的存在引起的疏离感。在 2002 年 10 月 2 日的国会中，多米尼·贝尔本清楚地阐述了这一愿望：在我的脑海里，以及对于共和国政府和总统，它采取了一系列的决定并予以政策的执行，以确保整个社会的司法得以进行。这个司法职能是非常重要的，女性和男性平等地担任这个司法职能，运用其和民间社会的长期对话能力来确定的专业经验。

早在 1995 年，皮埃尔·福淳已经开始根据一项法律提出对临时的司法官的招聘。⑭ 在这个时候，制度已经表现出一定的阻力，拒绝或者阻止少数候选人的出现（十三个职位将在七年内开启）。因此邻近法官的改革构成一个开启职业的新尝试，它似乎在这次有更好的调整。它不再引进外国个人到法官职位的群体中；邻近法官开始负责特殊的一部分，即通常不会重回司法的"繁杂诉讼"。在这个意义上说，非专业人士的到来，似乎被限制在以劳动法法官和商法法官为例的司法边缘中。新的诉讼界限并不是根据司法领域的新增，而根据对民法和刑法相关的一定案件重新切割，伴随着法官权能的政治化重新定义。

我们可以作一个类比，在宗教社会学的领域中，世俗存在于宗教信仰的保

---

⑭ 邻近司法的主张继续就其第一个小结被严肃地讨论："毋庸置疑司法喂养了法律，然司法只存在与法律中？且我们是否可以在此外找到另外根据或至少补充的根据去创建被认为是被当事人所接受并有可能执行的判决？"（Dominique Charvet et Jean－Pierre Vuillemin, *Rapport du groupe de travail sur les juridictions de proximité*, septembre 2003－novembre 2005. Bilan et propositions, Paris, ministère de la Justice, novembre 2005, p.88）.

⑭ 1995 年 1 月 19 日编号为 95-64 的组织法。更明确地说，这个法律设立了"司法助理"的功能，协助法院裁判官和上诉法院处理纠纷（如今呈急剧增长的趋势），和招聘为任期七年无须考试在普审法院和高等法院审理的"临时裁判官"。

留层面。⑤ 与之相仿,司法官职位被保留了一些符合其身份的神圣性。诚然,他并没有反对建立邻近司法这一政治意愿,也没有反对扩大他们的权能。但是司法机构新参与者的到来,事实上受到了很大程度的限制。首先,因为法律专业人士能够捍卫他们自己的信仰。自从改革推出以来,专业人士代表的公共干预(尤其是法官全国联合会)和工会联合起来从法律的民主视角反对"邻近"这个字眼。司法官植根于社会的概念,以有能力的和客观的司法官形象为特征。于此,并不在于对司法可被理解、可被沟通的要求,而在于对新司法官们"独立报酬"和"中立性"的疑虑。司法专业人士采用这种方法明确地反对民主司法的对立模式。⑥

同时,司法界使用这些优势去取得国教的地位。数个代表司法权力的机构面对国家机器时,应该运用他们的影响或者他们的权力去使立足于法律和审判技巧上的民主司法得到确认,强制政治权力作出重要让步。于是最高行政法院介入了法律草案的制定,在 2002 年 7 月首先确认邻近法官根据宪法的规定属于司法官体系,这不会对法律文本的解释造成问题。⑦ 这大大地延迟了法律的出台,迫使政府在 2002 年 9 月和 2003 年 2 月对组织法进行投票,安排招聘的条件。⑧ 在此期间,最高司法委员会在 2002 年 9 月对于历史第一次主动提出并且通过新闻界的声音表达它对邻近的限制性解释的偏向。然而,宪法委员会采取最坚决的行为反对此司法上的"法国天主教教会自制论"(gallicanisme),它数次重申国会投票通过的法律。2003 年 2 月的合宪性审查,它由立法权力去审查事实,了解邻近法官在非法律专业人士(更准确地,候选人行使了二十五年的"职权,即在行政、经济或者社会领域领导和管理的责

---

⑤　Max Weber, Wirtschaft und Gesellschaft, Tübingen, Mohr/Siebeck, 1921, pp. 278~279. 皮埃尔·布尔迪厄对此建议在政治领域进行改编：Pierre Bourdieu, Sur le champ politique, in ID., Propos sur le champ politique, Lyon, Presses universitaires de Lyon, 2000, p. 55.

⑥　Jacques Commaille, *Territoires de justice. Une sociologie de la carte judiciaire*, Paris, PUF, coll. Droit et Justice, 2000, pp. 238~242.

⑦　在 2004 年 9 月,政府故意避开国务委员会的意见:对职权扩大的法律草案,然被总理公署精心策划对创造司法官的代理组织商议,最后由数个参议院议员在法律提案的形式下被司法权力提出。

⑧　组织法负荷着明确公共权力功能的责任。更严格的条件(更长的期限、完整的两院制、系统性的合宪性审查)对于其被采纳应该被满足。另外,招聘的要件应该可以由有关的规章条例途径来确定。

任")中的职能行使。

最后我们必须看到,在司法官职务的压力下,邻近法官有失去他们的世俗性特征的趋势。一方面,在今天,司法技能是选择功能性候选人的重要标准,这是在最高司法委员会的监督下完成的。最高司法委员会负责审查材料,其审查在邻近法官的职权扩大后更加严格,由此促使了邻近法官的职业化发展。改革的结果是让邻近法官的招聘面向法律内行这个圈子。以前的司法调解员,范围幅度比较大的有司法专业知识的志愿者㊾,基本上已经销声匿迹(2003 年为 9%,2004 年为 3%)。与此同时,法律自由职业的比重显著增加(2003 年为 31%,2004 年末为 35%),其中大部分是律师。在私营领域有更大的增长,获得 bac+4(大学四年文凭)文凭,在法律领域有四年的专业活动经验(29%,48%)。如果只有这两者的其中一项,总数占超过招聘总额的80%。㊿

另一方面,本来留给非职业法官主持庭审的诉讼案件,因为有时引发法律程序适用方面的亵渎,此方式逐渐消退。法律专业人士的批判评价,和尤其是有直接关系的主审法官的批判评价,主要与民主原则不适应,民主原则被改革破坏,公开地违反司法常规,让人总是联想到新法官们的冷漠与无知。㉛ 通过培训使其越来越了解法律的整体,在区域法院任职以及以书记员和专业法官为伴,邻近法官只能格外小心地遵守规范。该草案目前处于轨道上,显著延长了新法官的时间培训,将责任委托于国家司法官学院,应该延迟了一个可能的司法"分裂罪"作为最后威胁出现㉜。从这个意义上说,包括了邻近法官的专

㊾　Yvon Desdevises et Charles Suaud (dir.), *Conciliateurs et conciliation*, *Rapport scientifique*, Paris, GIP Mission de recherche Droit et Justice, 2001, pp. 149~154.

㊿　Pierre Fauchon, *Rapport fait au nom de la Commission des lois sur la proposition de loi relative aux compétences du tribunal d'instance, de la juridiction de proximité et du tribunal de grande instance*, Sénat, session ordinaire de 2004—2005, Paris, Sénat, 2004 (rapport n° 66), p. 11.

㉛　例如,对于职权的扩大:"某些人,混淆了以友好方式自愿安排解决问题的调解程序和诉讼。一个以'你们的名誉'向检察官致敬,另一个在庭讯开始之前与在场各位握手。第三个起草判决书:'×先生,实际上因超速应受惩罚,以资证明我排除了所有疑点。'"(Nathalie Guibert, Juges de proximité: un membre du CSM critique le Conseil constitutionnel, Le Monde, 25 janvier 2005).

㉜　Dominique Charvet et Jean—Pierre Vuillemin, *Rapport du groupe de travail sur les juridictions de proximité*, *septembre* 2003—*novembre* 2005. *Bilan et propositions*, *op. cit.*, pp. 92~94.

业身份的问题；在今天看来基本上得到了控制。

结 论

如果给邻近法官的实施改革披上了政治的外衣，那么这就不是蛊惑人心。如果真的是这样，政府公告的效果才刚落实，急于彰显其决心，这个效果就优先作用于设置的可见性，在它有效率地通过此刻在当地法院改革中构成一个司法的新秩序，并且披上"邻近性"一词。在它所依靠的基础中，邻近法官迎合了非常具体的政治目标。两个潜在的问题随着草案而生。一方面，这些新法官的存在只在被定义为"繁杂诉讼"的特殊诉讼膨胀的观点中得到论证。但这个命名已经被政治言论广泛盗用。在这个意义上，邻近司法源于一个对司法的社会要求的规范性认知，与法院实际相符合。

另一方面，这个改革明确地记录了，为了特定的国会议员，回到国家的主权功能上，并且在与必然的社会权力的相互作用中更少地产生冲突。如果我们在国会的辩论中真的有一些设计国家理念的社会主义和共产主义反对派参议员，通过其司法官的声音作用在社会的范围内，那么问题并没有真实地作为公共辩论的对象存在。或许因为数据的薄弱，或许因为习惯的做法，司法专业人士似乎并没有能力将反对提高到普遍的程度。

与此同时，邻近司法的具体功能，由于要确认审判权力的行使条件和司法机构的权力分配，激起了不同参与者之间剑拔弩张的场面。这是我们确认初始草案需要的土壤：一方面，在我们的司法系统中法律意识的提高；另一方面，一个拥有特权的社会专业人士阶级的真实反应。目前邻近司法的情况是，对比起将其委托于一个可代替性司法，将司法公共服务委托给法律专业人士显得更不利。

但是，对于改革，用中立的话语事实上是荒谬的。草案的重新确定仅仅作为打破专业人士团体之间脆弱平衡的一个代价。司法官无法阻止邻近法官的创立，相反它只能将法官身份确认的决定性标准让出，作用在资格考试的选拔中。消失了五十年之后，邻近法官重新回到舞台上，虽然进入的通道很窄但为数很多，包括在法学院毕业的律师和法务人员。

附 录

改革年表

1991 年	让·奥图义和休伯特·黑内尔关于《司法权力相关部门的组织要件和功能条件》的参议院报告。
1994 年	让·奥图义和休伯特·黑内尔向掌印大臣提出的报告:《对于一个邻近司法的议案》。有众多的措施在普审法院的范围内建立"邻近诉讼的法官"。
1996 年	皮埃尔·福淳的参议院报告:《什么样的理由支持什么样的公正?》,由繁杂诉讼法官的产生提出一个普通法院的改革。
1997 年	参议院法律委员会的报告:《英国民事司法的改革》,被长时间作为裁判官法庭(magistrates' courts)的例子来评述。
2002	克瑞丝特安·匡塔的参议院报告:《司法职责的演变》,构想"和平代表法官"辅助以"邻近法官"为名的诉讼法官的诉讼活动。
2002 年 9 月 9 日	邻近法官的设立。新的司法权对 1500 欧元以下、由个人启动的,并对于在第一级和第五级之间几乎所有违章行为中一类的民事诉讼有权限。
2003 年 2 月 26 日	确定邻近法官招募要件的组织法。宪法委员会对法律技能缺乏的候选人的职能开启作出审查。
2005 年 1 月 26 日	治安法官对民事案件的权限扩大至 4000 欧元,面向法人公开。刑事管辖权的界限更加明晰(第一到第四类的所有违章行为)。在轻罪的审判中陪审官可能占有席位。
2005 年 11 月	《邻近司法权的工作组》呈交于掌印大臣的报告:提倡加强治安法官的培养教育和引入对于 1000 欧元以下案件的衡平审判的各种不同改良。

Neighborhood Judges in France: A Political Reform?
Uses of the Concept of Proximity in the Judicial Field

Antoine Pelicand

Abstract: In 2002, neighborhood judges were appointed in France in order to resolve "small disputes of daily life". This article addresses the political goals underlying this change. Whereas the reform is often presented as a presidential whim, it is, in reality, the outcome of a long process that rests both on a very specific interpretation of the crisis in justice, and on the determination to transform the judiciary's management of conflicts. In addition, the imposition of such a reform, within the framework of a reluctant professional environment, necessitated reviewing the content of this activity and the profile that these new judges should possess.

Keywords: public action; function of justice; neighborhood justice; judges; social regulation

未成年人司法的发展[*]

多米尼克·尤夫　著　方颂华　译[**]

摘要：1945 年 2 月 2 日的法令确立了未成年人刑法和成年人刑法之间的明确区别。因循这条法令，逐渐形成了一种禁止在强制基础上对未成年犯采用教育手段的司法理念。然而，从 20 世纪 90 年代开始，另一种司法手段取而代之。未成年人司法在保持自我特性的同时，表现出对公共秩序的更多关注，并发展出一种对少年犯的新教育理念。在这种理念里，教育并不排斥法律约束。同时，少年犯在犯罪行为中的刑事责任尽管被减轻，但依然被认为是存在的。作者还分析了 2006 年秋季呈交给议会的关于预防犯罪的法律草案，他认为这份草案呈现出与传统司法指导原则的一种断裂。

关键词：未成年人　刑事　司法　预防犯罪　教育

一、"保护模式"的不足

"保护模式"的产生在未成年人司法范畴的发展中形成了一次突破。此"保护模式"被宪法委员会的判例所确立，即少年犯必须由专门的法庭进行审判，而对他们的犯罪行为的处理上，教育措施必须优先于刑罚。然而，"保护模式"不可避免地存在一些严重的不足，而正是这些不足在很大程度上导致了

＊　文章出处：Dominique Youf, *Eduquer et punir：L'évolution de la justice pénale des enfants*, Esprit, octobre 2006，文章节选 Philippe Tronquoy（dir.）, *La justice*, *réformes et enjeux*, *Les cahiers français*, n°334, La documentation française, sept. — oct. 2006, pp. 48～54.

＊＊　方颂华，南京大学法国语言和文学专业硕士研究生。

"保护模式"在法国和很多国家遇到的失败。摒弃掉这些不足至关重要,因为只有这样,才可以防止在对儿童和青少年犯罪方面重新采用此前的"现代刑法模式",造成实质上的倒退。

(一)社会层面的否定

1945 年,"保护模式"在出现之初时,其宏大目标是要取代"现代刑法模式",它想在司法平衡中回应社会问题的诸多需要。它实践的是马克·安塞尔的"新社会防护"(la Défense sociale nouvelle)理论①,这一理论确信,治疗型措施是与犯罪行为进行斗争并保护社会的最有效方式。因此,自 1945 年直到60 年代,作为负责管理由少年庭法官(juge des enfants)托付的未成年犯的机构,即监护式教育局(la Direction de l'éducation surveillée),在运作上都考虑到了对社会的保护。这些年轻人被安置在一些监护式教育专业机构(缩写为IPES),他们服从的是一种惩戒式教育,他们会在课堂、车间和运动场之间轮流活动,出走的行为就等同于越狱。然而,从 60 年代末开始,监护式教育局认为社会需求事实上是一种排斥和标准化的需求。在 1980 年的指导方向公告中,监护式教育局承认,存在着一种"来自一部分公众舆论的不安全感,他们要求加强压制力度"。但是这则公告明确表示,必须抵抗这种安全上的要求,这种要求是"造成排斥和分裂的载体"。的确,"如果不加注意,它可能会导向另一种需求,就是将年轻人禁锢在一些机构里,在这些机构里,人们尽力维持教育的标记,却又使其承载公共秩序和公共安全的使命"。

监护式教育局和它代表的保护模式期待杜绝所有形式下的禁锢,并终止那种旨在进行惩戒和标准化的教育方式。公告中明确表示要放弃任何建立在约束基础上的教育权力:

"建立在'强制形成习惯—去除旧有习惯'基础上的教育手段已被放弃,同时,借助约束来进行教育的方式也将弃之不用。"

任何要求加强压制力度的呼吁与对未成年犯应采用的教育行为都是绝对相悖的:

"既然考虑到确定一种教育的观点,就要求一方面与社会排斥的逻辑进行持久斗争,而这种逻辑从源头就开始干预,另一方面则要在教育和压制之间进行明晰的区分。为了达到这个目标,任何教育措施都应该基于年轻人的认同,并且尽量避免将他们安置在机构里的措施。将年轻人安置在机构中的安排,只能是符合家庭关系破裂的年轻人的需要,尤其要避免使之成为关押的替代

---

① Marc Ancel, *La défense sociale nouvelle*, Paris, Cujas, 3ᵉ éd., 1981.

方式。"

这种保护模式的激进化演变产生了两种后果。它使位于城市中心外围的大型惩戒式机构（IPES 和 ISES②）消失，提倡的是位于市中心的可接收十余个年轻人的小型单位。在接收一个年轻人时，教育团队需要他本人来认同安置的决定。在开放式层面对未成年犯的教育看护（也就是说在他们的家庭层面）是被优先考虑的。由监护式教育局负责的对于少年犯的教育行为于是发生了深层面的自由化。然而，这种自由化的代价是未成年犯入狱数量的明显增长。在 1976 年呈交给政府的一项报告中，最高法院法庭庭长（也即监护式教育局前局长）让·路易－科斯塔说明了这种上升的势头。被判处入狱的 13 至 16 岁的未成年犯从 1956 年到 1973 年上升了 14 倍，而 16 到 18 岁的在押未成年犯增长了 10 倍。事实上，作为在 1990 年转变为青少年法律保护局的监护式教育局，忘记了它是一个必须尽力尊重司法平衡的法律机构。然而，由于这一机构拒绝回应社会需求，少年庭的法官将屡犯的轻罪未成年犯和重罪少年犯，或者那些拒绝进入监护式教育机构的年轻人都关押入狱。

（二）对教育定义的还原

年轻人犯下的违法行为被认为是一种需要治疗的病症症状。通过一种人格的检测，可能会为年轻人的问题提供最合适的保护措施或是教育措施。这种对违法行为的阐释，意味着在具体定义上要将教育行为看成是治疗行为。从此时起，理论上的参考依据主要建立在心理分析和家庭治疗上，就不令人感到吃惊了。相反，所有纯粹属于教育范畴的，以及根据《法兰西语言词典》中所定义的，"（教育是）塑造一个孩子的行为，使其在智力或体力上习得各种能力，并在道德上逐渐发展各种品质"，就被视为是次要的了。被公认为是一种传导过程的教育行为被归类到"行为主义（comportementalisme）"的范畴。③ 它不能依附在一种外部权力上，而应该以年轻人的需求为根本。一旦教育工作的开展主要需要依赖于师生关系，那么对年轻人采取的行动只是对这种关系的维持，在这样的一种框架下，有些研究报告强调这种师生关系必然会造成一种空洞乏味，就不令人惊奇了：

"在今天，教育关系（……）面对的是空虚——对一整天无所事事的未成年

---

② 分别是监护式教育专业机构和特殊教育专业机构的缩写。

③ "行为主义"是行为心理学的概念，行为心理学是 20 世纪初起源于美国的一个心理学流派，它的创建人为美国心理学家华生。行为主义观点认为，心理学不应该研究意识，只应该研究行为。——译注

犯的看护要求必须重建教育的实践方法④。"

　　只依赖于师生关系的教育工作产生的负面效果是,常常会看到,在青少年法律保护局的机构里接收的年轻人无论是白天还是夜晚,一整天里没有任何活动。面对这种令人焦虑的空虚,他们最常见的是通过一些激烈的行动甚至出走来进行自我表达。事实上,一种这样的教育哲学否定了青少年犯人的社会属性。它放弃了这样一种假设,根据这种假设,违法的年轻人需要面对一些限制,也需要获得一些能使他融入社会的知识及做人做事能力的综合品质。这些知识的总和可以使他扩展能力的空间,使得犯罪行为对他不那么有吸引力。

　　(三)一种对未成年人能力的否定式哲学

　　保护模式是一套家长主义的构建。它基于一种对未成年人的否定式理解,未成年人是通过他的不足而不是通过他的能力被理解。既然他易受伤害并且没有长大成熟,他就应该享受保护和教育。这便是他还不能享有成年人所有权利、也不能受限于成年人所有义务的理由。法律上来看,他不是完全行为能力人和完全责任人。这样的理解可能对于儿童(l'infantia)可以适用,但它对于青少年(l'adolescence)的适用则可能问题会更大一些。青少年的法律定义包含 18 岁的未成年人,它与未成年人的人类学定义之间存在着一种矛盾。就像让-克劳德·甘代尔⑤所指出的,未成年人完全依靠成年人,他没有独立自主的能力,他处于一种"他律"的状态下⑥;而成年人被其视为是一种类似全能的法律的承载者。未成年人没有能力负责,他不能回应他的行为。而有能力理解规则、批评规则并提出其他规则的青少年,就是完全不一样的。青少年能进入社会生活,即便他还处于一种建立适合自己的自我个性(服装的品位、音乐)和专有的社会性(朋友圈)的学徒阶段。他从今往后可以被认为是对他行为的责任人,同样也是依据其兴趣进行行动的能力人。这不意味着青少年应该等同于成年人。他应该始终享受法律上未成年人的保护体制,但是在这种体制里,他的责任和他的权利应该根据他的年龄有所发展。

---

　　④　*La PJJ face aux défis de l'éducation renforcée*, rapport du Cirese, Janvier 2002.

　　⑤　Jean-Claude Quentel, *L'enfant*, Bruxelles, De Boeck Université, 1993.

　　⑥　参见 Jean Piaget, *Le jugement moral chez l'enfant*, Paris, PUF, 1983.

二、走向一种新的未成年人刑法

从 90 年代起，未成年犯的刑事司法就被重新定义，尽管前后之间存在着法理上的相通性。每一次改革都回应了一种对公正和公共秩序的社会需求。为了做到这样的回应，无论右派还是左派，几届政府都在未成年犯的监护上采用了新的模式，但是，考虑到 1945 年 2 月 2 日法令的权威性，都避免了公开宣布对这条法令进行变革。不过，该法令在多次改革后已经基本没有留下原版的什么内容了。今天，法国未成年犯的刑事司法又走到了哪一步呢？为了避免形成理念上常会出现的争论，将非约束性的教育和对少年犯禁锢这两种方式对立起来，就很有必要来分析未成年人刑法的修缮问题，这样的修缮不仅要依赖于各届政府的意愿，还要参考司法界专业人士在立法文本上的实际工作。事实上，一部法律可以分别演化成政令、公告然后是行为人的实践。

（一）未成年犯的刑事责任

1993 年，随着"弥补措施"的引入，未成年犯的刑事责任法理产生了动摇。这是一种可以在整个程序所有阶段被法官采用的新的教育措施，它转变了司法的平衡、对未成年犯责任的理解以及教育行为的属性。这种措施旨在要求犯有违法行为的年轻人对造成的损失进行弥补，即使只是象征意义上的，这种弥补可以是直接面向受害人，也可以间接地通过一种帮助或者补救行为面向社会进行。这种措施尊重了司法的平衡。因违法行为造成损失的真正受害人被不折不扣地得到承认。既然这个年轻人可以完成有利于社会的一种弥补行为，社会秩序的恢复也不再受到忽略。但尤其重要的是，关于青少年责任的哲学得到了修正，从此也带来了一种少年犯教育的新哲学。于是，作为明晰了弥补措施相关法律的这条公告，它通过与 1945 年法令中司法理由陈述相矛盾的方式，明确了未成年犯的刑事责任："事实上，适用于未成年犯刑法的总体原则是一种考虑到他们年龄的减轻责任的原则，而不是一种无责任的原则，这意味着一种未成年犯随着年龄变化对其违法行为增加理解的可能性，它奠定了教育原则的基础。"

从此之后，违法行为就远远不再是像以前所阐释的那样，是一种未成年人无法掌控行为后果的症状，违法行为重新回到了通过教育措施来处理的方式。（违法）行为是一个行为人、一个主体的表达。青少年通过某一种方式与他的行为相吻合。他就是他的行为主体，他应该对自己的行为有所意识并对其弥补。未成年犯应该被认为是责任主体。但是他的少年状态没有被否认；他对过失的弥补不必像成年人一样。弥补是一种教育措施,通过这种措施年轻人应该意识到,他在受害人身上造成了损失,他应该象征性地对其进行弥补,哪怕是向受害人进行道歉,或者从事有利于社会的活动。因此,通过这一措施引导的是未成年犯的社会属性。违法的年轻人通过其行为变成了受害人社会的债务人。要求他进行象征性的弥补,就是通过他的社会性对其认可。"弥补措施"同样包含另一种与保护模式相断裂的对公正的理解。在保护模式里,违法的年轻人被认为是一种社会、家庭和心理状态下的受害人。作为这样的情况,社会应该对他进行弥补。"弥补措施"所包含的哲学不否认年轻人可能会承认一种社会不公的痛苦,但是它认为,刑事司法应该优先考虑司法的平衡,第一受害人是蒙受损失的人。

这一措施被人们寄予很多希望。一些人想从中看到一种新的司法模式⑦(弥补型司法),它可能会真正地取代以前的"现代刑法模式"。在未成年人司法的领域,弥补方式会特别使用在管理轻微罪行上;而很多国家的实践证明,这样的措施还可以用于更重一些的罪行上。在法国,"弥补措施"具有重新审视有关未成年犯责任的体制的功劳。要等到 2002 年 9 月 9 日被称为贝尔本一号法律的出台,这种新的体制才具有了法律的力量。然而,仅有这样的一种措施,它本身并不能回应与未成年人犯罪不断发展有关的安全方面的社会需求。

(二)公共秩序的优先性

直到 90 年代,安全方面的社会需求都不具有合法性,而 1998 年的内政安全委员会带来了一个决定性的时刻,它确定了公共秩序的优先性,与未成年人犯罪进行斗争被视为是国家的一项优先问题。直到当时都只有一些专业人士感兴趣的未成年犯的司法问题,从此变成了一个重大的政治问题。几个月里,便开始进行了几项报告的编纂。所有的这些研究主题都是同一个方向,它们与此前的报告完全对立。此前的报告通过建议强化保护体系⑧来反对未成年犯拘押数量的增长,而之后从 1998 到 2004 年的报告则对它们进行了严厉的批评。批评的重点包括未成年犯的相关权利,以及 1990 年转变为青少年法律保护局的监护式教育局采用过的教育行动。

---

⑦　参见 Antoine Garapon,Frédéric Gros,Thierry Pech,*Et ce sera justice*,Paris,Odile Jocob,2001.

⑧　请参见 1976 年呈交的"柯斯塔(Costa)"报告和 1985 年呈交的玛尔塔盖(Martaguet)报告。

　　紧随这些报告的改革措施有两个目标:通过一种威慑性的刑法使少年犯罪状况降低;将屡犯的少年犯安置在一些提供一种"强化式"教育的机构里。优先权不再像"保护模式"那样给予行为人,而是给予社会。比起与少年犯罪斗争而言,法规不再多谈合理性;对于未成年犯的教育行为必须要保证对少年犯所处社会的保护,而这种原则是通过一些机构的新增来实现的,例如即时安置中心(CPI)、强化式教育中心(CER)和封闭式教育中心(CEF)等。可以说,在今天,法国未成年犯的刑事司法是欧洲最严苛的司法之一,它会让人担心司法是否通过损失少年犯的权益而失去了平衡。然而,渐渐不再有太多人坚持这样的观战。事实上,这一改革也提供了一次对少年犯教育问题重新思考的机会。

(三)教育和约束

　　通过 1999 年 2 月 24 日的一份公告,青少年法律保护局推出了一项新的教育方式。这种教育方式不仅连续由几届政府不断采用并扩大范围⑨,还由创造出一种新的教育行为的专家人士们推广实施。坚持过犯罪生活方式的年轻人从今往后将被视为是一个"社会主体",是对他人造成损失的责任人。他也同样被看成是未成年犯,也就是说,是一个应该享有受教育权的青少年。少年犯首先并非是一个他无力掌控的社会、心理、家庭状态的受害人,他是一个应该学着遵守一些规则的责任主体,也就是说,他变成了一个自主独立的人。由青少年法律保护局推行的教育行为,首要的任务是对规则的学习。正如樊尚·德孔伯所强调⑩,自主独立性存在于一种学习过程中,少年犯首先要服务于法官和教育者的权威,随后才有能力认同接受规则的理念。社会必须要优先于未成年人。父母的角色,可能也包括少年庭法官和教育者的角色,就是传递这个社会及其文化的规则。

　　这种传递取决于未成年人融入社会的意愿,它同样可以通过使用约束和教育中的惩罚作为表现形式。对青少年犯人来说也同样如此。有的时候,社会约束是必不可少的,这样才能让少年犯意识到他人的存在,意识到还存在着一些与他的乐趣相对立的限制。这就是青少年法律保护局在 1999 年方向性公告上所倡导的精神:"在法律范畴中运用的教育行为,是存在着约束的。(⋯⋯)从这个意义来说,少年犯认同教育计划是一项目标而不是一个前提。"

---

　　⑨　在未成年犯刑法的发展历史上,引人注目的是对于少年犯的政策超越了左右两派的区分。两者之间的争议更多地是在细节,而不是在基本方向上。

　　⑩　Vincent Descombes, *Le complément du sujet*, Paris Gallimard, 2004.

在保护体系中,年轻人认同教育计划是教育行为的一项条件,因为社会对于他来说类同于债主。从此之后,青少年重新融入了共同世界。

(四)强化式教育

这个建立在责任、惩罚和约束基础上的新定义,被它的批评者们看作是回到了惩戒式教育和"现代刑法模式"。这种异议应当引起重视,因为它意味着在司法平衡中存在着一种对年轻人的遗忘。然而,贯彻实施的新教育方式的本意,不是要掩盖通过排斥少年犯来保护社会的意愿,而是要通过一种专门的教育即"强化式教育"来接收有屡犯行为的未成年犯。这种教育方式首先被运用在强化式教育中心(CER)内。

CER 接收的少年犯是一些"处于不断重复其行为状态的人,他们与其他人相比,缺乏最基础的教育。他们在认同法律、义务和成年人权威这些概念上会存在着问题"。[11] 教育行为通过 12 至 18 个星期的"断裂式生活"开展,在这段时间里,未成年犯的一个小型小组(6 到 8 个人)每天 24 小时不间断地与同等数量的成年人生活在一起。强化式教育的定义主要不是将年轻人安置在一些建筑里,而是为他们提供能从事的活动。这种活动可以是对在国外进行一些人道主义的行动,可以是在林场里,也可以是在远航的船上,或者是与一些捕鱼的水手们一起在渔船上生活等等。"断裂式生活"既考虑到地理上的远离,也强调着所提供的生活方式。这种生活方式是要学习各种生活的节奏,学习一些社会生活的规则:在某个精准的时间点起床、洗漱,尊重他人,参与一些对社会有用的活动等等。强化式教育的教育原理同时还以"协作"为基础。这意味着教育者要参与到他所指导的年轻人的同一种活动中。于是,教育者甚至在并没有技术能力的情况下,也会在林场或渔船上与年轻人共同工作。这种教育方式可以使教育关系不再是一种纯粹的权力关系。通过共同参与同一种活动,教育者和年轻人之间的接近变得简单,这也使教育的传递更为可能。事实上,强化式教育追溯的是专门式教育的源头,即童子军的培养。

封闭式教育中心(CEF)是强化式教育的另一个分支。这类中心是通过2002 年 9 月 9 日的法律创立的,当时遭到了青少年法律保护局的员工工会和一部分少年庭法官的强烈批评。它们的创立被解释为向教育禁锢的倒退,这种模式在 1978 年尤韦西中心关闭后已被废弃。的确,对于力图通过内部规划改造个体的全控机构,人们可能会表达他们的疑虑。历史的经验证明了这种机构的失败。然而,当人们审视这些机构及其具体运用的专业化实践方式的

---

⑪ 强化式教育中心的任务指导手册。

现实时，可以看出，大部分的 CEF 既不是全控机构也不是惩戒中心。

首先可以证明这一点的是机构里接收年轻人的数量，以及教导人员的比例。一个封闭式教育中心可以接收 8 到 10 个年轻人。平均有 25 个人在这种机构里工作，其中包括 17 个教导人员和一位心理学家。教导人员的比例与尤韦西中心毫无可比性——后者会接收几十个年轻人。说到底，CEF 的封闭更多地是象征意义上的，而不是实质上的。无疑，紧张和思想的集中是 CEF 教育方式的基础。能体现这种紧张和集中的最常见方式，是建筑外的一堵墙或者一个防攀越的环形栏篱以及一套封闭装置。但是这样的系统远远不能防止出走。所以说，工作人员的警惕性和通过教育活动引发的动员性才真正能表明这些机构的看护属性。在这类中心里，教育措施的具体内容来自于一本精确的指导手册。会有一份报告来评估所接收年轻人的身体和心理健康程度、他的知识水平，有时还会包含他所具有的职业能力。通过这份报告可以制订出一项个体的教育计划。这种计划重点放在学习上的知识，特别是对阅读、书写和计算的掌握。如果这个年轻人超过了 16 岁，还会开始对他进行职业学习的培养。体育运动和心理方面的跟踪同样也是 CEF 所实践的教育方式的重要一面。而且，不是所有的活动都在机构内部，同样也会在机构之外进行，例如体育活动或是参与职业培训的实习活动。封闭式教育中心与强化式教育中心有所不同，但采用的是同一种教育方式。以法律上的约束为出发点，它力图让年轻人学习社会里的生活规则，获得一套知识、做事做人的能力，这些能力可以使他融入社会。这种教育学是应该被定义为"行为主义（comportementalisme）"，或者是应该相反地解释为发展年轻人真正的自由呢？

三、未成年犯刑事司法和真正的自由

（一）发展真正的自由

如果要达到司法平衡，年轻人必须拥有属于他们的权利义务。这意味着年轻人首先要被认为是责任主体。但是这种责任必须考虑到未成年的因素。这种司法身份意味着，年龄低于 18 岁的年轻人必须享有一种保护和教育体制。青少年时期是人通过学习变得独立自主的阶段。这也就是为什么教育必须被视为青少年犯必不可缺的措施。这种教育的目标不是惩戒或者标准化，而是要培养出这些年轻人真正的自由。事实上,少年犯人群的知识⑫表现出他们在主动自由的一种不足,或者说,按照阿玛蒂亚·森⑬所提出的概念,是在"能力"上的不足。"能力"指的是行使一定数量的生活功能或者生活方式的实际的可能性。然而,一些有屡犯行为的少年犯们在学习上失败,生活在单亲家庭或者一些不太好的街区里,他们的"能力"被缩减了。一个青少年如果没有掌握阅读和书写的能力,尤其在他居住在一个不太好的街区里的情况下,他将很少有机会融入工作的世界里。同样,成长在父母或者兄长被判过刑的一个家庭里,也会减少其他孩子学习社会规则的可能性。"能力"的狭窄,也就是说青少年可能性空间的减少,增加了选择犯罪的可能。

一种真正与少年犯罪斗争的政策,可能应该发展的是不受社会青睐的年轻人的基础能力。这尤其是指需要与学习上的失败进行斗争,支持家庭亲情,从社会层面发展困难的街区。同样,未成年犯司法应该从下游增加违法年轻人的真正的自由。这些有待发展的"能力"是多种多样的,取决于每个年轻人的独特情况。⑭ 然而,我们还是可以区分出三种能力类型:要求学习的能力、要求财富或资源分配的能力以及发展福利的能力。发展这些年轻人的真正自由,特别是要发展对知识、做事做人能力的学习。这包括学习社会的生活规则、尊重他人、获得能让他融入社会和职业世界的知识和做事的能力。享有一个安全家庭、住房、资源的可能性,同样是青少年应该享有的能力的一部分。尽管难以详尽,但最后说起来,身体和心理的舒适度也是任何年轻人都应该享有的能力的一部分。一个学习上失败的年轻人形成了一种必须修复的不好的

---

⑫ 社会地位的不稳定、学习上的失败、贫穷、家庭的破裂、兄弟姐妹数量多,这些是屡犯少年犯的主要特征,这一点是塞巴斯蒂安·罗歇(Sébastien Roché)在他的研究《未成年犯和司法:伊泽尔省 1985－2000 年判决书未成年重犯法律卷宗分析》(*Mineurs et justice : analyse des dossiers judiciaires des auteurs mineurs de délits graves jugés dans l' Isère de 1985 à 2000*, CNRS, France 5)中提出的;法国国家卫生研究院 2005 年度报告中《青少年法律保护局下公共领域服务机构看护的 14 至 20 岁年轻人的健康》(*La santé des jeunes de 14 à 20 ans pris en charge par les services du secteur public de la Pjj*)一文也强调了同样的社会困难。

⑬ 阿玛蒂亚·森是 1998 年诺贝尔经济学奖得主。他的一部重要作品《一种新经济模式》,法文译者米歇尔·贝斯耶尔,巴黎,奥迪尔·雅各出版社,2000 年。(Amartya Sen, *Un nouveau modèle économique*, trad. fr. Michel Bessières, Paris, Odile Jacob, 2000.)

⑭ 阿玛蒂亚·森"能力"的概念出发点是完全基于个体之间的真实不平等。他多次举例说明,残疾人不会享有和正常人同样的真正的自由。

自我形象。心理学家强调精神上的冲突,系统分析则发展了对家庭内部冲突的研究,这些冲突的结果是使蒙受折磨的年轻人减少了真正的自由,这还不提像精神分裂患者和心理病症患者的病理性行为。法国国家卫生研究院(1998年和 2005 年)的两份关于青少年法律保护局看护的年轻人的健康报告,说明了这些年轻人对精神药剂的消费量、出走的数量以及高于同龄年轻人群的自杀比例,这表明一种内在的不适减少了这些年轻人的能力空间。对于违法年轻人的教育行为目标应该是发展他们基本的能力,这样的一种教育原理可以同时超越惩戒式教育和临床治疗式教育。从惩戒式教育那里,它保留了将犯罪少年社会化的愿望;它不是强迫一种在行为上的标准化,而是发展一种以年轻人需求的个体评估为出发点的真正的自由。从临床治疗式教育那里,它保留了教育关系的效能,只要教育者具有将知识和做人做事能力传递给被教育者的目标,只要"协作"关系能避免相互位置的不对称,被教育者就可以有更多被"治愈"的机会。最后,心理问题甚至精神病学的临床治疗都应该得到应用,来帮助年轻人处理一些会缩减他们可能性空间的精神方面的困难。

(二)权利的教育和它产生的动力

新的未成年犯刑法可以通过扩大违法年轻人的权利,来达到司法的平衡,而保护模式忽略了未成年犯所需要的权利,因为少年庭法官已被认为会代为寻求未成年犯的权益。每次的改革都强调了未成年犯的权利,尤其是在司法程序的所有阶段,律师都会出现。有关未成年犯的刑法从此之后将优先考虑有益的权利。[15] 这样的优先考虑同样在对未成年犯的教育看护中得到确认。事实上,2002 年 1 月 2 日有关社会行为和社会医疗行为的法律,将青少年法律保护局归入了社会行为的范围内,同时承认了使用者的权利。这意味着年轻人是青少年法律保护局所属机构和服务单位采取的教育行为的对象,他们享有一些专门的权利。这种使用者的权利形成了一种对公民身份的学习。因此,在青少年法律保护局机构里被看护的年轻人可以参加这一机构运行规章的制订。这些内部的规章确定了机构里每一个人的权利和义务。对于这些难于认同法律的年轻人来说,这些明文规定下来的规章可以成为一种宝贵的教

---

[15] 保护模式存在一种功利主义色彩。它的宏大目标是通过关怀所有人的权益——少儿及其父母以及社会的权益,超越基于传统权利的体系。更多的相关内容,我谨此推荐 D. 尤夫的《考虑少儿的权利》第二章《少儿的权利和父母的权利》,巴黎,巴黎大学出版社,2002 年,27 至 54 页 (D. Youf, *Penser les droits de l'enfant*, chap. 2, Droits de l'enfant et droits des parents, Paris, PUF, 2002)。

育工具。这些规章对他们和对里面工作的专业人员来说都是强制性的,它们并非任意所为,既然它们必须尊重考虑到使用者权利的整体框架⑯,而这些使用者有可能依据特别的程序参与到它们的制定、改革当中。2002 年 1 月 2 日法律确定的其他义务还包括所看护者的个人档案。这个档案文件应该通过年轻人和其父母的参与进行制订,确定教育行为的目标,并评估它们的实现情况。2002 年 1 月 2 日法律可以被认为是一种有关未成年犯教育学的革新工具,它同样还可以平衡将公共秩序优先于违法青少年的贝尔本法案。通过把青少年法律保护局看护的年轻人改变成具有权利的使用者和教育行为的行为人,这一文本平衡了任何刑事司法中都包含的必要的社会约束。

四、关于预防犯罪的法律草案或失去的平衡

2006 年秋,一项关于预防犯罪的法律草案正在议会讨论。这个法律文本既想改革少年犯罪的预防机制,也想对 1945 年法令作一些重要的修正,而此时 2002 年的改革措施尚未完全落实。这项草案引发了社会层面和司法层面大部分人的激烈反对。这种反对不仅仅是因为文本与司法平衡相矛盾,而且也与预防犯罪的机制相矛盾。这种断裂是符合内政部政治意愿的,后者认为未成年犯司法和预防犯罪机制的效率不高。它们没有使犯罪数量减少,也就是说没有保证公共安全。根据草案,两种方法可以有效地与年轻人犯罪进行斗争:对不能监护好孩子的家庭进行监控和惩罚;采用一种以更可靠的惩罚和更有效的教育(也就是说,能让少儿融入社会生活规则中去)为特点的未成年犯司法。"主导并协调"预防犯罪政策的市长将保证对家庭的监控。为了这个目标,当社会工作者需要对其所在市镇某一住户进行随查时,将向市长提供信息。如果有好几个方面同时介入,市长将指定一位协调人。专业工作人士和协调人被授权分享被随查家庭的相关信息和文件。市长还可以引导对此类家庭权利和义务的建议,由此,他可以"在由于缺乏监护或者因为学习上的不努力威胁到公共秩序或者公共安宁时,建议家长的介入,或者要求在家庭补助金上采用一种相关联的机制"。⑰

市长还将通过社会补助的银行机构掌握有关家庭的所有有用信息。

---

⑯　任何社会和社会医疗机构的运行规章必须遵守有关被接收者权利和自由的宪章。这一宪章竭力将人权哲学用于被社会和社会医疗服务机构看护的人身上。

⑰　法律草案的动机陈述,来自 2006 年 5 月 16 日版本。

"同样，教学学术机构将定期向他递交一份他所在市镇里因学习上缺乏努力而受到警告的学生名单。"

关于预防犯罪的法律草案再一次对 1945 年有关未成年人犯罪的法令进行了改革。首要的目标是要同未成年犯司法形成的逃避惩罚意图进行斗争。为此，内政部长的计划要将未成年犯司法与成年犯司法并行看待。事实上，根据尼古拉·萨科奇的看法，未成年犯与 1945 年时已经不再一样，未成年犯与成年犯的差异变得模糊不清。他们越来越不像是未成年人，越来越成人化。这是一些理性的个体，能够计算出在他们的犯罪行为中的得与失。因此更适合采用更快介入、更快惩罚的手段。这就是共和国检察官被赋予的新权力的目标所在，他们可以对未成年犯采用刑法上的组合模式。这种措施可以让某些违法行为的行为人履行一种或者几种义务，从而换取撤销起诉。适用于成年犯即刻出庭的程序今后也会用于 16 到 18 岁的未成年犯。根据该草案，通过更快地审判，"迅速引导至审判结束"的理念应该有利于向逃避惩罚的意图进行斗争。最后，它还为年龄低于 10 岁的未成年犯创立了一系列的新措施和教育惩罚方式——在一个机构里安置一个月的时间，针对违法行为进行教育工作，然后去学校参加学习，安置在寄宿学校一年。最有象征意义的新措施是"白天行为措施"。根据动机陈述的内容，它旨在邀请少儿和青少年犯人"融入社会规则当中，让他们了解工作的世界、这个世界要求的对他人的尊重，以及这个世界里演绎出的认同和团结的精神，特别是要融入对共同目标的实现行动中"。从某种意义上说，这项新的有关预防犯罪的法律草案是 90 年代末开始采取的改革的延续。也就是说，通过使年轻人融入社会规则的方式将其社会化。然而，它还是存在着与之前改革的一种断裂。它不再努力寻求平衡。在社会、受害人和犯罪人这三个参数中，是社会也就是说是公共安全近乎占据了整个空间的全部。对造成一些困难问题的少儿进行家庭监控就能够证明这一点。这并非是帮助家长拓宽他们的教育能力，而是在公共秩序和安宁受到威胁时惩罚他们。只谈"家长随查"或者"给家庭权利和义务的建议"，对于保证司法的平衡是不够的。当这种措施的结果可能是对社会补助的监管时，这些家庭很可能会将随查和建议当成是一种监控或惩罚。同样，只将"权利"这个词包含在内，不足以使家庭义务方面的建议能有所保证。只是对于这些"脆弱"家庭信息的共享可能会被解释为一种在尊重私人生活方面的权利侵犯。

对 1945 年法令的改革导致了同样的不平衡。诚然，对于未成年犯的教育义务被重新提起。但教育只被认为是一种安置手段和对社会规则的融入手段。如果说，在任何社会约束之外考虑少年犯的教育问题属于一种虚假的想法,设想这些年轻人会通过唯一的安置手段融入规则,同样也是虚幻的。为了使青少年融入法律,必须要让他们能适应法律,同时这些法律能变成他们的法律。这通过教育者、社会工作者和心理学专家尝试重新建立与年轻人的联系的任何一项工作中都能看得出来。一旦不存在一种对年轻人的社会认可和自我认可的修复工作,融入社会法则的情况也不会存在。⑱

附　录

未成年犯司法:欧洲的多样性*

拉蒂茜娅·德拉诺瓦　著**　方颂华　译***

一、司法规划上的共同原则

在处理未成年人犯罪问题上,每个国家都在普通法体制里存在着一种专门和例外的刑法,即便在违法犯罪行为的具体定义上,它与成年人的刑法也没有任何的区别。这种体制最明显的特征是以下这些内容:

——存在着专门的司法和服务机构(具有核心作用的青少年或未成年犯案件的专门法官、专门法院,保护少年犯的行政服务机构,负责有关未成年犯的警察或检察院分支机构等等);

——专门化同时避免形式化的程序;

——未成年被认可为刑事责任减轻的原因;

——未成年犯的教育作为是对违法或犯罪行为的回应。

这些特征是考虑到未成年犯正在形成的但依然脆弱的人格,他可能对于

---

⑱　这一主题请参见阿克塞尔·奥莱特在《与认可斗争》(法文版,巴黎,塞尔夫出版社,2000 年。)(Axel Honneth, *La lutte pour la reconnaissance*, trad. fr., Paris, Cerf, 2000)一书中的研究,它表明社会融入是要通过他人的认可和自我的认可完成的。

*　文章出处:Laetitia Delannoy, *Justice des mineurs délinquants en Europe*:à des défis similaires, diversité des réponses nationals, in La note de veille N°26, Centre d'analyse stratégique, 18 septembre 2006. 文章节选转载自 Philippe Tronquoy (dir.), *La justice*, réformes et enjeux, *Les cahiers français*, n°334, La documentation française, sept. —oct. 2006, pp.55~56.

**　拉蒂茜娅·德拉诺瓦(Laetitia Delannoy),就职于法国社会问题部。

***　方颂华,南京大学法国语言和文学专业硕士研究生。

理解其行为中应受指责和犯罪的特征存在着一些困难，同时还考虑到在普通法庭出庭会带来的一些伤害性后果。

在这些共同特征之外，欧洲国家在司法规划上还是存在着很大的多样性。各国（及地区）主要采用了三种不同的模式：①

1. "监护人"或"家长式"的保护模式，它优先考虑少年犯在教育上的恢复，而不是对被扰乱的公共秩序的弥补，因此它主张年轻人的刑事无责。罪行等同于一种就事论事处理的越轨行为。

2. "法学"或"保障主义"的司法模式，它则通过对犯罪行为的惩戒或刑事回应，通过更多地考虑被扰乱的社会的利益，来强调未成年犯的责任。

3. 最后一种是混合模式，它主张的是重建和弥补，它倡导刑事途径的一些变通措施，如调停、刑事弥补，也并不放弃传统的刑事回应。它优先考虑对所犯罪行的一种清晰、迅速的回应，同时为年轻人提供一些法律的保障。

比利时、苏格兰和葡萄牙从监护模式中得到了大量的启发，法国、西班牙、意大利和德国则发展了一种混合模式，而英格兰和威尔士则主要属于法学模式。这表明，即使在同一个国家，对年轻人犯罪问题的处理也不必一定要整齐划一。

在未成年人刑事责任这一基本问题上，以及在刑事未成年和刑事成年的门槛界定上，这种手段的多样性表现得特别明显。

二、未成年犯的刑事责任和年龄门槛的确定：一个微妙而矛盾的问题

在欧洲的大部分国家里，刑事成年人的门槛限定在 18 岁。根据具体情况，这个门槛在某些国家会有降低或提升。在比利时，犯法的严重程度、行为人的人格以及可能采用的教育措施能被预见到的无效，可以使法官将一名 16 岁的少年犯转到成年人的普通法律和体制下处理。

相反，在德国，刑事成年人的年龄被延迟。直到 21 岁的年轻人都可以被引入未成年刑法的系统中。这样的一种规定在德国涉及 60% 的青年成年犯。刑事成年限定的提升在某些国家采用的是其他的可能方式，例如在刑事成年框架之外延长教育措施（如在法国，法官可以决定对直到 23 岁的青年犯延长法律保护政策），以及／或者制订适用于青年成年人的专门体制或措施，这样的情况出现在瑞士和葡萄牙。

考虑到未成年犯的人格和可变的成熟度，对刑事未成年确定一个门槛仍

---

① C. Blatier, *La Déliquance des mineurs：l'enfant, le psychologue, le droit*, Grenoble, PUG, 2e édition, 2002.

然是随机和困难的。在这一方面,国际文本的限制度不强。儿童法律国际委员会的第40-3条款(它并非是在所有国家直接执行的法律),只是简单地规定"成员国尽力建立一种最低的门槛,在这个门槛之下的少儿被认为没有违犯刑事法律的能力"。

这一条例确定后,刑事未成年的门槛在西欧介于7岁(瑞士)和14岁(德国、意大利和西班牙)之间。总体来说,进入青少年(12至14岁)或者少儿阶段的结束(7至10岁)被认为是具有标志性的门槛,从这个年龄开始,未成年犯可以因其行为在专门法庭里受到起诉。

门槛的确定是与该国的司法模式和对未成年犯刑事责任问题的理解紧密相关的。在采用"司法模式"并有更具压制性趋势的系统里,刑事未成年的年龄更低(例如在英格兰和威尔士为10岁),未成年犯迅速地被责任化。

对于有监护传统的国家里,我们可能会期待刑事未成年的年龄在提升,未成年人应当会被更晚地认为是刑事上的责任人。但在实践中,有一些国家,例如葡萄牙和苏格兰,为了能通过一些教育措施和适当的关怀,在早期确定和处理少儿犯罪,还是确定了较低的门槛(分别是12岁和8岁)。最后,其他的国家例如法国,并没有确定刑事未成年的年龄,以便法官可以通过专门的适合具体未成年犯人格的方式进行回应(在教育辅助的民事回应或者刑事回应之间选择)。

有一些人指责这个系统缺少司法上的安全感,并扩大其包含的刑事领域的风险。这些批评存在着一些不实之处——事实上,按照法国的传统,少年庭法官或少儿法庭并不会事先确定将要宣布的措施的教育属性和刑事属性。这种属性将根据未成年犯的人格及其行为的严重性进行确定,教育措施依然是原则,刑事措施是例外。

此外,在刑事成年和未成年之间还存在着一些过渡的门槛,这能有效限定法官在决定对未成年人采取措施时的自由评估权力。

这样的机制并非单纯适用于法国,在所有的国家,都存在一些明确的法规,禁止在对某一年龄段以下的人采用过于严苛的刑罚。

因此,各国之间的法规和实践存在着极大的差异。苏格兰和英格兰的一些案例无疑能最有力地说明这一点。

在苏格兰,未成年犯关押比例非常低(仅有的一个少年犯惩罚机构容纳为655人),而英格兰是欧盟十五国里最高的之一。

三、欧洲未成年犯司法模式趋同的前景

今天,在欧洲出现了一种更强调责任、更多关心被扰乱的社会的利益的未成年犯司法模式。这一运动在各国都有或多或少的影响，根据各国或地区的具体情况存在着不同的形式。像苏格兰、瑞士和德国等对这一变化进行抵制。其他的像比利时、意大利和法国等国，则通过连续的改动对它们的体系进行了改革。

近来的这种变革存在着四种基本的趋势。

1. 更多强调年轻人必要的责任，更多强调对社会规范和价值观的学习，更多强调在这种前提下重新提倡减免自由的重要作用。

因此：

——重新出现了一些接收少年犯的封闭机构，其中包括一些已经废弃这种机构的国家；

——在很多国家里，立法确定并倡导了一些通过刑事途径、强调责任的变通措施，如调停、弥补等。它们具有较少的伤害性，更多倾向于未成年犯的重新融合和重新适应，同时也考虑到了公民社会和受害人。但这些措施看上去似乎只适用于轻微和中等的罪行。

2. 强化未成年犯法律，未成年犯被赋予责任，他成为一个主体而不再是简单的法律客体，以至于某些人感觉到未成年刑事程序可能会接近成年刑事程序的风险。

3. 对于有害于公民社会的行为更为敏感，增加社会监控（增加对少年犯的监护和控制，对具有危险行为可能性的人进行社会排斥）——这种增加表现为法网的扩张和网眼的收紧，以及预防装置的增多。

4. 加速处理少年罪行，对于未成年犯来说，速度越快，回应就越有效。司法的迟缓性被摒弃，能看到一种不断增长的去司法化运动，它更强调如检察院等相关角色的重要性，并出现了新的相关角色（家长和公民社会等都被赋予了责任）。

尽管存在着这些趋同的因素，但与未成年犯罪斗争的共同模式还远远没有形成。欧洲委员会刚推行了一项五年行动计划（2006—2010）吗？这项计划期待协调欧洲各国在犯罪和刑法领域的统计数据，这些数据如今存在着严重的不足。这一创新举措的无力证明了未来要走的路还很长。

The Evolution of Juvenile Justice

Dominique Youf

Abstract：The act of February 2，1945 makes a clear distinction of criminal law on adults and juveniles. A judicial concept is gradually formed which is banning the means of education for the juvenile on the basis of compulsion. However, from the beginning of the last century 90's, it is replaced by another judicial means. Juvenile justice is keeping its characteristic, at the same time, shows more concern for the public order, and the development of a new education concept to the juvenile offenders. In this concept, education does not exclude the legal constraints. Meanwhile juvenile criminal responsibility is lightened, but it is still considered to exist. The author also analyses the draft submitted by the Parliament in 2006 on the prevention of crime, in his view, the draft shows a disruption compared with the judicial principles before.

Keywords: Juvenile; criminal; justice; crime prevention; education

《司法》杂志
JOURNAL OF JUSTICE
稿 约

一、《司法》系以司法制度、纠纷解决和程序法为重点的学术刊物,每年出版一辑。

二、本刊强调"问题中心"的经验研究与理论探讨,关注中国问题,强调比较法视角,坚持理论与实践的互动,倡导法律与人文、社会科学的交叉研究。

三、本刊设主题研讨,一般只发表与主题相关的文章。每一辑为某一论题之前沿研究。征稿主题详见:http://blog. sina. com. cn/poetjustice。

稿件不拘形式,举凡论文、调查报告、评论、书评、译文、文献综述、研究纪要,均在欢迎之列。以学术为唯一价值取向,所刊文字没有上限。

四、本刊要求首发权,谢绝一稿多投。请通过电子邮件投稿,以 Word 文档,采取附件方式,将电子文本发至:justice. 2005@163. com。

投稿包括英文标题、中英文摘要及作者简介。

五、本刊注释体例参照《法学研究》,实行脚注连续计码制,请将注释号用阿拉伯数字标在右上角,格式为:作者,书名,卷次,译者,出版社及出版时间,页码。

六、本刊实行快捷审稿制,2周内通报初评结果。初评通过后,实行双向匿名评审制,1~2个月内通报最后结果。

七、稿件涉及版权问题(如译文、图片及较长引文),请事先征得版权人同意,本刊不负版权责任。任何转载、收录须事先获《司法》编辑部许可。

八、因定位于专题研究,本刊会对稿件进行严格的编辑工作,部分稿件可能有较大修改,当然主要是文字方面的技术处理。投稿者视为接受本刊对稿件的编辑和修改。

九、集刊接受国内外学者自行组织的专题研讨稿件,或委托其组织稿件,由其担任当期执行主编。

十、本刊为《中国期刊网》、《中国学术期刊(光盘版)》全文收录期刊和中国学术期刊综合评价数据库来源期刊。官方网站 http://blog. sina. com. cn/poetjustice。凡在本刊发表论文,视为作者同意本刊拥有文章的网络首发权。

《司法》编辑部

图书在版编目(CIP)数据

法国司法前沿/徐昕主编. —厦门:厦门大学出版社,2013.12
(司法;第 8 辑)
ISBN 978-7-5615-4937-7

Ⅰ.①法…　Ⅱ.①徐…　Ⅲ.①司法制度－研究－法国　Ⅳ.①D956.56

中国版本图书馆 CIP 数据核字(2013)第 315192 号

厦门大学出版社出版发行
(地址:厦门市软件园二期望海路 39 号　邮编:361008)
http://www.xmupress.com
xmup @ xmupress.com
厦门市明亮彩印有限公司印刷
2013 年 12 月第 1 版　2013 年 12 月第 1 次印刷
开本:720×970　1/16　印张:35.5　插页:2
字数:615 千字　印数:1～1 200 册
定价:60.00 元
本书如有印装质量问题请直接寄承印厂调换